당의 통략

東洋學叢書
39

동양학총서
39

黨議通略

당의통략

黨爭

조선시대 당쟁의 기록

이건창 李建昌 著
이덕일·이준영 해역

자유문고

『당의통략』과 이건창

『당의통략』은 조선의 지식인이 비판적으로 바라본 조선조朝鮮朝의 당쟁사라는 데 의의가 있다.

이 책의 저자인 영재寧齋 이건창李建昌은 전국적인 농민 반란이 자주 발생할 무렵인 철종 3년(1852)에 출생해, 조선이 사실상 망국을 눈앞에 둔 고종 35년(1898)에 사망한 조선 말기의 정치가이자 학자이다.

그는 19세의 어린 나이에 과거에 급제하여 23세 때는 서장관書狀官으로 청나라에 가 황각黃珏 등과 교제함으로써 문명을 떨쳐,『매천야록』의 저자인 황현 등과 교류하기도 했다.

그가 과거에 급제한 데에는 색다른 배경이 있다.

강화도에 살던 그의 조부 사기沙磯 이시원李是遠은 병인양요 때, 강화유수가 도망가자 중제仲弟 지원止遠과 함께 약을 마시고 순절殉節했다. 이를 기리기 위해 조정에서는 강화도에서 특별히 별시別試를 실시하고 그의 손자 이건창을 급제시킨 것이다.

이때 사망한 조부 이시원은 순조 15년(1815)에 정시庭試 갑과甲科에 장원한 재사였으나 소론이라는 집안 배경 때문에 노론이 득세한 당시에 별로 빛을 보지 못하다가 10년이 지나서야 겨우 정5품인 홍문관 교리에 올랐다. 그 후 경기어사·춘천부사 등을 지냈으나 성품이 강직하여 세가勢家들과 부딪치다가 파면당한 후 10여 년 간 향리에 은거하였다. 다시 등용되어 형조판서 등을 역임하다가 사직하고 향리인 강화도로 귀향하였다가 병인양요 때 자결로써 순절한 것이다.

이건창은 출사한 후 26세 때 호남 우도右道의 안렴사安廉使로 충청도의 암행에 나섰을 때 당대의 세도가인 충청감사 조병식趙秉式을 논핵했는데 오히려 조병식의 음모에 걸려 북변의 벽동碧潼으로 귀양 가기도 했다. 그 후 31세 때 통정계通政階에 올라 경기 13도의 진휼사賑恤使로 명성을 떨쳤다.

이건창은 30대에 잇따라 부모상을 당해 시묘侍墓를 했다. 33세에 어머니 윤씨가 돌아가시자 향리에 내려갔다가, 탈상 후 2년 후엔 양산梁山군수로 있던 아버지 이상학李象學의 상을 당해 복상服喪하였다. 그의 본격적인 문학수업과 저술작업은 두 번에 걸친 복상기간에 이루어진 것이며 『당의통략』도 바로 이때 강화도에서 저술된 것이다.

이건창의 출생지는 강화도 사곡沙谷인데, 그가 이곳에서 태어나게 된 데는 조선의 당쟁과 얽힌 장구한 사연이 있다.

그의 5대조五代祖 이광명(李匡明: 1701~1778)이 강화도에 은거한 스승 하곡霞谷 정제두鄭齊斗를 따라 이곳에 이주하면서 그 일문一門의 강화도 은거와 자손 대대로 이어지는 가학家學이 시작되었던 것이다.

정제두는 강화도에 은거해 이단으로 몰리던 양명학陽明學 연구에 평생을 바쳐 『학변學辯』, 『존언存言』 등의 저술을 남긴 한국 사상사의 거목이다. 소론 영수 명재明齋 윤증尹拯의 제자인 정제두는 당시 노론이 주도하는 주자학朱子學 절대주의에 반기를 들고 벼슬을 버린 후 강화도에 은거해 양명학을 연구했던 것이다.

그 후 이광명 같은 문인들이 스승 정제두를 따라 강화도에 이거함으로써 강화도는 조선 양명학의 본산이 되고 이른바 '강화학파'라는 한국 사상사의 특이한 한 학맥이 형성되었던 것이다.

이광명은 정제두의 아들 정후일鄭厚—의 사위가 될 정도로 하곡의 집안과는 밀접한 관련을 맺게 되었다. 이광명은 당쟁을 피하기 위해 영조가 즉위하기 전에 강화도에 은거했지만 끝내 당쟁의 피화被禍를 면하지는 못했다.

이광명의 백부伯父는 경종 1년에 소론 강경파 김일경金—鏡이 소두疏頭였던 유명한 '신축소辛丑疏'의 소하疏下 여섯 중의 한 명인 이진유李眞儒였다.

노론 사대신을 '사흉四凶'으로 몰았던 이 상소는 소론이 정권을 잡는 결정적 계기가 되었으나 재위 4년 만에 경종이 사망하고 영조가 즉위하면서 김일경이 장살杖殺되는 등 소론이 몰락하고 이진유도 유배되어 죽음을 기다리는 형편이 되었다.

조선 후기 들어 조선의 유력한 가문치고 당쟁과 관련이 없는 집안이 그리 많지 않았지만 조선시대 종성(宗姓: 전주 이씨)으로 불렸던 이건창의 집안은 그중에서도 심한 편이었다. 또한 그의 가문은 이진유를 제외하면 출사에 그다지 적극적이지 않았기 때문에 더욱 감회가 깊다.

그 가문은 정종定宗의 열 번째 아들 덕천군德泉君 이후생李厚生을 비조로 삼는데, 조선 중기의 명상名相 이경직李景稷과 이경석李景奭 등이 그 후손들이다. 이경석은 한때 송시열로부터 배척을 받으면서도 평생 당쟁을 조절하는 일에 힘을 기울인 명현이었으나 그의 증손 이진유가 '신축소'에 가담함으로써 이건창 일문의 당화黨禍가 시작된 것이다.

이진유는, 영조가 김일경과 목호룡 등 소론·남인 강경파만을 장살하고 나머지는 노론의 반대에도 불구하고 유배로 그치고, 정권을 이진유 등을 죽이려는 노론에서 소론으로 바꾸는 정미환국을 단행함으로써 일단 목숨은 건졌으나, 다음해 소론 강경파가 남인과 일으킨 이인좌의 난에 연루되어 장살되고 말았다.

이광명은 이런 당쟁이 발생하기 전에 강화도에 은거했으므로 직접적인 화는 피했지만 영조 31년에 발생한 '나주괘서사건'에 연루되어 그 자신은 함경도의 갑산甲山에, 광현은 기장에 유배되는 등 그 종형제들이 모두 극변으로 귀양을 가 그곳에서 사망하였다.

이때 이건창의 고조高祖 이초원李椒園은 거듭되는 환란 때문에 식솔을 이끌고 이곳저곳을 전전하다 다시 강화도로 들어오게 되었다.

이후 초원은 벼슬에 종내 뜻을 잃어 그 손자 시원是遠이 대과에 급제했는데도 기뻐하지 않을 정도로 출사에 부정적이었다. 강화도에 많은 토지를 갖고 있는 전주田主도 아니었기 때문에 그의 생활은 아주 빈한했다. 그의 아들 이대연李岱淵의 시구를 보면 이들이 어떠한 경제 상태에 있었는지 잘 드러난다.

'서강에서 사곡으로 돌아와 옛 살던 선포에서 낚시하다〔自西江歸沙谷 舊居釣魚仙浦〕'라는 시에서 이면백은 이렇게 읊었다.

"내 마음은 고기에 있는 것이 아니라
단지 청수를 지고 있음이 한이다.
다시 쌀과 땔감이 귀한 것을 걱정한다."
〔我心不在魚 但恨負清水 更患米薪貴〕

낚시를 드리우고도 생각은 저녁쌀과 땔감 걱정이었을 정도로 빈한했던 것이다.

이초원은 이러한 빈한함 속에서도 손자의 출사를 반가워하지 않을 정도로 당쟁에 부정적이었다. 그는 일찍이 「군자의 과오에 대한 말〔君子之過說〕」에서 당쟁의 원인을 밝힌 바 있으며, 그 아들 대연도 「어리석은 책〔憨書〕」에서 조선 당쟁의 근원을 밝힌 바 있는데, 이건창의 『당의통략』은 사실상 선조들의 이런 학문을 집대성했다는 성격을 지닌다.

이건창 가문의 가학과 양명학과의 연관성은 앞으로 연구가 진행되어야 할 과제이다.

그의 가문은 또 역사 서술에 지대한 관심을 지니고 있는 사가史家 집안이기도 했다. 조선 후기의 위대한 사학자이자 실학자로서 방대한 『연려실기술練藜室記述』을 저술한 이긍익李肯翊은 바로 광명의 종제인 이광사李匡師의 장자이다.

이건창은 『당의통략』을 지으면서 객관성의 유지를 위해 고심하게 된다. 그의 집안이 어쩔 수 없는 소론 가문이었기 때문이다. 그가 『당의통략』을 저술하면서 "국조문헌을 가리켜 모두 기술한 것이요, 창작한 것은 없다."고 한 이유는 이런 그의 집안 배경을 의식한 말이라 할 것이다.

혹자는 『당의통략』이 소론의 입장에서 쓰였다고 말하기도 하지만 그의 조상 이진유가 직접 관련되었던 '신축소'에 관해서도 나름대로 비판적 시각을 유지하는 등 그로서는 객관성을 유지하기 위해 많은 노력을 한 것이 사실이다. 『당의통략』이 상대적으로 소론을 지지하는 것은 사실이지만 이는 당파적 시각이라기보다는 이건창 자신의 학자적

견해라고 보아도 무방할 것이다.

이건창은 『당의통략』에서 조선의 당쟁을 비판적 시각에서 바라보았지만 그 자신의 실제 역사관은 조선의 양반 당인들이 지녔던 신분 위주의 한계에서 벗어나지 못한 것으로 보인다.

동학을 한갓 민란으로 여겨 강경 진압을 주장하다가 온건론을 주장하는 선무사宣撫使 어윤중魚允中과 마찰을 빚어 전라도 보성으로 귀양 간 일이나, 근대성을 추구했던 갑오경장에 끝내 비판적 태도를 보인 점 등이 그러하다. 그는 전통적인 주자학 절대주의에도 반대했으나 농민들의 처지에도, 새로운 근대 사회에도 부정적 인식을 갖는 한계를 지닌 모순된 사상가였던 셈이다. 그러면서도 중인 출신 김택영金澤榮과 밀접한 관계를 갖는 등 모순이 중첩된 생애를 살기도 했다.

조선의 당쟁은 일제 사학자들처럼 무조건적인 비판의 대상도 아니며, 일부 국내 사학자들처럼 무조건적인 긍정의 대상도 아니다. 모든 사물이 그러하듯 조선의 당쟁도 긍정적인 면과 부정적인 면을 동시에 갖고 있다.

긍정적인 면은 오늘날 계승하려 노력하고 부정적인 면은 버리려 노력하면 그만인 것이다.

조선의 당쟁이 후기 들어 그토록 치열해졌던 이유는 이건창이 「원론」에서 지적한 것처럼 8가지 원인에서 찾을 수 있을 것이다.

그런데 이건창은 「원론」에서 조선사회 자체는 신분제 해체라는 발전 방향으로 나가고 있었음에도 사대부들은 계속 신분제 유지를 통해 정치·경제적 특권을 독점하려 한 것이 당쟁 격화의 근본적 원인이라는 점을 간과했다. 앞서 말했듯이 그 자신이 모순된 사상가였기 때문일 것이다.

성호 이익이 『성호사설』에서 "관직은 제한되어 있는 데 양반 수는 계속 증가한 데 이유가 있다."고 말한 것처럼 양반 사대부 상호간의 정권을 둘러싼 자체 분열이 가장 큰 원인이었다.

또한 숙종 때부터 정치 공작을 통해 상대 당을 공존의 대상이 아닌 살육의 대상으로 바라본 것도 당쟁을 격화시킨 주요한 원인이었다.

『당의통략』에서 우리는 수많은 선조들을 만날 것이다. '당쟁'에 초점이 맞추어진 만큼 부정적 모습도 많이 드러날 것이지만 그 또한 우리 역사의 일부분인 점은 부인할 수 없다.

율곡의 '조제론調劑論'이 거부되면서 격화되기 시작한 조선 당쟁에서 우리는 오늘날 우리 정치권의 모습을 볼 수도 있을 것이다.

이 책을 통해 '당론黨論'이 '국론國論'보다 우선할 때 어떤 부작용이 일어나는지를 현재의 당인黨人들이 한 번이라도 생각한다면 이 책을 다시 세상에 내놓은 보람이 있을 것이다.

1998년 3월

천고遷固 이덕일 기

『당의통략』 개요

이건창李建昌의 본관은 완산完山이요, 자는 봉조鳳藻이며 호는 영재寧齋
다. 조선조 정종定宗의 왕자王子 덕천군德泉君 후생厚生의 후손이며,
이조판서를 지낸 충정공忠貞公 시원是遠의 손자다.

1852년 철종哲宗 임자년壬子年에 출생했다. 15세에 문과文科에 급제
하고 관직이 참판參判에까지 이르렀다. 일찍부터 문장으로 이름을
날렸으며 사군자士君子들보다 뛰어났다. 당시의 정치는 많은 지체
높은 가문들에서 나왔다.

이건창은 성품이 굳세고 가시가 돋쳐 아부할 줄을 몰랐다. 이로
말미암아 앞길이 험난하고 관직에는 중용되지 못했으나 그의 이름만은
더욱 알려졌다.

1898년 광무光武 2년 무술년戊戌年에 46세로 죽었다. 그의 저서로는
『명미당집明美堂集』 20권이 있다.

이건창이 일찍이 말했다.

"조선의 역사가 본래 난잡하여 후세에 증거로 믿기가 어려운데 또한
당파에서 주장하는 의론으로 인해 결렬되어 서로 치고 공격하여 진실로
공적인 마음과 공적인 안목을 가진 자가 아니면 그 옳고 그름을 저울질
하여 중용의 도를 얻지 못할 것이다. 이에 각 당파에서 기록한 것들을
참고하여 바로잡았다.

14

이것은 선조宣祖시대 동인과 서인의 분당分黨으로부터 아래로 회니懷尼논쟁이나 신임辛壬의 옥사를 거쳐 영조英祖 을해년(乙亥年: 1755)의 안案에 이르러 끝난 것이다.

진실로 당안黨案의 중요한 역사이다."

- 이건방

黨議通略　原寫本貳冊 李建芳寄本

完山 李建昌 撰

建昌字鳳藻號寧齋 定宗王子德泉君厚生之後 而吏判忠貞公是遠之孫也 哲宗壬子生 年十五登文科 官至叅判 自早年有盛名文章 冠薦紳[1]時 政出多門[2] 建昌性剛棘 無所阿附 由是轗軻不獲進用 而名益重 光武二年戊戌卒 所著有明美堂集二十卷 建昌嘗言本朝史乘猥雜難 以徵信于後世者 由黨議決裂互相攻伐苟非有公心公眼者 終莫能衡其是非而得其中也 乃取諸黨人所記述參互証正 自宣祖東西之論 下逮尼懷之爭 辛壬之獄迄于 英祖乙亥之案而終焉 洵黨案之要史也

※

1 薦紳(진신): 벼슬이 높은 사람. 또는 사군자.
2 多門(다문): 지체가 높은 많은 가문.

자서 自序

이건창

나의 조부인 의정부군(議政府君: 是遠)께서 『국조문헌國朝文獻』 100여 권을 편찬하였다. 이 편찬은 모두 손수 기록한 것인데 그 글자 크기가 팥알만 해서 그 글씨를 크게 쓴다면 그 권수는 3백 권 내지 4백 권이 될 것이다.

현재의 사대부(선비) 집안에서도 명주로 만든 작은 책상자의 풍부한 것이 이와 같은 것은 없을 것이다.

이 세상에서 어떤 사람은 이르기를 "감추어 둔 비밀스런 책이나 널리 알려지지 않은 일들은 외부인에게 보이지 않는 것이다."라고 했다. 그러나 부군(府君: 이하 조부)께서 평생 고심하고 부지런히 힘쓴 것을 모두 기록한 것들뿐이요, 별도의 창작은 없다.

이 편찬서는 다 역대 임금의 기거起居로, 주석한 것은 교령敎令이나 왕에게 올리는 상소문이나 선배들 중 이름난 정승판서들의 지誌나 행장行狀이나 문장文章이나 편지들뿐이다. 이러한 것들은 연年을 씨줄로 하고 월月을 날줄로 삼아 종류에 따르고 일에 비교하여 완전히 모자라는 것이 없이 보존하였을 뿐이다.

이러한 것들을 모든 필사관筆寫官에게 맡겨 사방으로 통하는 큰 도시에서 일을 시킨다면 못 할 것도 없을 것이다.

16

여러 유풍의 의탁한 것이나 편 속에 들어 있는 많은 인물을 차례대로 한다면 귀와 눈도 번거롭지 않을 것이다.

수십 년 동안 나 자신 사방의 벼슬살이로 떠돌아 옆구리에 끼고 다닐 수도 없는 것이어서 가끔 휴가를 얻어 집에 돌아오면 한 번 나들이 할 때 매미소리나 듣고 말 따름이었다.

이윽고 집안의 상을 당하여 집안에 있은 지가 오래되면서 거듭된 창독創毒의 재앙으로 눈의 시력이 감퇴되어 이따금씩 손에 책을 들지만 능히 읽지도 못했다.

이 글을 기록할 때 조부의 춘추(나이)가 50세 내외였으며 기년(耆年: 60세)에 이르러서도 중지하지 않았는데 나는 아직 40세도 못 되었다.

내가 어렸을 때를 돌아보면 조부의 품속이나 무릎에 앉아 글을 배울 때 글을 읽는 사이사이 문득 옛 일들을 몇 구절씩 얻어 들었으니 그것은 야사野史에 더욱 자상했다. 나는 그때 아주 어려서 잘 살피지도 못했는데, 조부께서는 퍽 재미있게 말씀하시어 도를 깨우친 자와 같이 여기며 말씀하셨다. 그런데 조부께서 나를 버리고 이 세상을 하직하셨다. 그런 뒤에 나도 점점 철이 들어갔고, 조부에게 들은 것을 풀어보았지만 아득하게 느껴져 가히 기록하지 못했다. 이루지 못한 사업에 한이 남아 있는데도 힘을 다하지 못했다. 하물며 오늘날에랴! 하물며 이를 지나쳐 버린 것에 있어서랴.

시력은 더욱 어두워지고 기억력은 더욱 흐려져 다시는 젊어질 수가 없는데다 다시 이 글을 마치지 못하고 조부의 입 속에서 나온 가르침을 저버릴까 두렵다.

당세當世에는 또 선생이나 어른이나 앞 시대의 언행이나 지나간 선인들의 행적을 많이 아는 사람이 적고 모든 아우들이나 다른 벗들도 이에 도리어 때로는 나에게 질문하여 연락 끊긴 항구의 한 뗏목으로 삼으니, 어리석어 부끄럽기도 하고 두렵기도 하여, 조부께서 기술한 여러 편 가운데서 그와 관계된 가장 큰 것들을 초鈔하여 모두 2권으로 만들어 그 중요 부분을 따고 그 간살(글의 짜임새)을 메워 내 자신이 열람하기 편하게 하고 여러 아우의 질문에도 응하려고 하였다.

다만 머리와 꼬리가 통하게 펴고 일의 정황이나 글의 문장을 점점 연속시키면서 그 사이에 부득이한 곳은 가끔씩 나의 억측이나 가느다란 생각을 보탠 것이 있다. 대체적으로 감히 정본正本으로 삼아서 드러내 놓고 모두가 좋아할 수 있는 저작은 아니다.

또 파당派黨의 의론을 먼저 한 것은 그 나름대로의 이유가 있다. 우리 조정이 한쪽 당에 치우쳤던 때는 어느 시대에도 없었기 때문이다. 곧 목릉(穆陵: 선조 8년) 을해년乙亥年에서부터 원릉(元陵: 영조 31년) 을해년까지 180년 동안 공공적이거나 사적인 문자를 기록한 것이 열에서 7이나 8할은 다른 것이 아니라 모두 누구의 옳고 그른 것, 얻고 잃은 것, 바르고 사특한 것, 충신이나 역적을 논한 것들이 대저 당론에서 벗어나지 않았다.

다른 날에 올바른 역사를 닦는 이는 반드시 먼저 당의黨議를 간략하게 추려 사마천司馬遷의 『사기』나 반고班固의 『후한서』를 모방하여 별도로 한 부를 만들어 놓은 뒤라야 그 다른 일이 정리되어 문란해지지 않을 것이다.

이러한 것은 송나라 역사에 먼저 도道를 표시한 다음 유림문원儒林文苑을 별도로 한 것과 같을 것이다.

대개 일이란 때가 있어 변하고 역사의 줄기도 또한 때가 있어 같지
않다. 이것도 또한 나 자신이 전날에 조부에게 얻어 들은 교훈으로
그 기본 뜻을 기록할 뿐이다. 아아, 슬프도다.

自序

先議政府君[1] 纂次國朝文獻百有餘卷 悉皆手錄 字細如豆 大書則 卷可
三四倍 今士大夫家巾箱[2]之富 鮮有若斯者 世或謂所藏多秘傳軼事 不
以示外人 然府君[3]平生苦心勤力 有述無作 此書皆列朝起居 注所載 敎
令章奏及先輩名公卿誌狀文牘惟是 惟是年經月緯 引類比事 以存其大
全而已 卽令付諸寫官 行之通邑大都 無不可者 第以類澤所寓 編袠浩
穰[4]不敢以煩耳目 又自十數年來 不肯遊官四方不能挈挾以自隨 每復
暇歸鄕 一出之以 曬蟬[5]而已 自頃守制 家居之日爲久而重罹創毒 目視
遂減 往往手卷而不能讀 蓋府君 錄此書時 春秋五十內外 或至耆年[6]未
已 而不肖今尙未四十也 復惟不肖幼時 受書府君懷膝間 課讀之暇 輒
口授故事日若干條 其於野史尤詳 不肖時方 駸多不省而府君 則言之津
津 如與无不曉者道也 及府君棄不肖 而不肖稍稍有知 尋釋前所承聆
茫乎不可記 墜緖[7]餘恨 靡有窮已 況於今日乎 況過此以往乎 視益暗
記益惛無再少之理 恐不能卒業於是書 以負府君辟咡[8]之誨 而當世又
鮮先生長者多識前言往行之人 如諸弟及他朋友 乃反有時叩質於不肖
以爲斷港之一筏[9] 庸是以愧以懼 玆於府君所述諸篇中 鈔取其關繫之
尤鉅者 都爲二卷 將以提其鈐領而塡其間架 旣欲自便其閱覽 而亦以應
諸弟之問 但以通叙首尾 事情文氣稍令聯屬故 於其間不得已處 往往有
臆見微辭之附綴者 要不敢著爲定本公諸同好焉耳 若其先之以黨議者

抑有說焉 國朝黨變爲歷代所未有 卽自穆陵乙亥 至元陵乙亥[10] 一百八
十年之間 公私文字之所紀載 十之七八 要非他事 無論誰是誰非誰得誰
失誰正誰邪誰忠誰逆 大抵不出於黨耳 他日修正史者 必先撮略黨議
仿馬書班志[11] 別爲一部然後 其他可整理而不紊 猶宋史先標道而次別
儒林文苑 蓋事有時而變 則史例亦有時而不同 此亦不肖 前日所承聆而
記其大意也 嗚乎晞矣

✻

1 先議政府君(선의정부군): 이 책 저자 이건창李建昌의 조부祖父 시원是遠을
　말하며 이조판서吏曹判書에 오르고 충정공忠貞公에 봉해졌으며 의정부군으
　로 추증되었다.

2 巾箱(건상): 건상본巾箱本으로 소형의 책자를 뜻한다. 명주로 꾸민 작은
　책상자.

3 府君(부군): 시원是遠을 가리킨다.

4 浩穰(호양): 사람이 많다는 뜻.

5 曬蟬(쇄선): 매미소리를 쬐다. 곧 매미소리를 듣다.

6 耆年(기년): 60세를 기耆라고 한다.

7 墜緒(추서): 부진한 사업. 곧 이루지 못한 사업.

8 辟咡(벽이): 입의 언저리.

9 斷港之一筏(단항지일벌): 단절된 항구에 한 벌의 뗏목.

10 穆陵乙亥至元陵乙亥(목릉을해지원릉을해): 목릉은 선조宣祖를 뜻하고
　원릉은 영조英祖를 뜻한다. 1575년 을해년에서 1755년 을해년까지 180년
　동안을 뜻한다. 이 때문에 300년 당쟁이 아니라 180년 당쟁이라고 주장하는
　학자도 있다.

11 馬書班志(마서반지): 한漢나라 사마천司馬遷의 글과 반고班固의 글. 사마천
　은 『사기史記』를 지었고 반고는 『한서漢書』를 지었다.

제1부

선조시대 — 광해시대를 붙이다

宣祖朝 附光海朝

〈선조·광해시대 정당 분포도〉

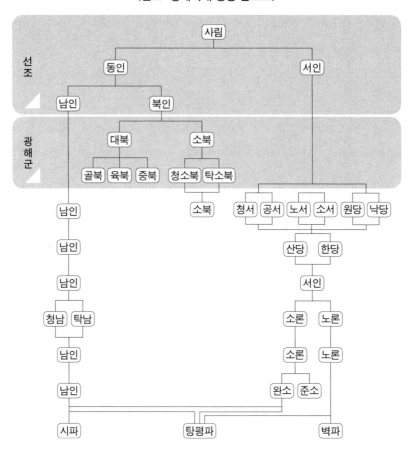

※ 인물 주석은 509~585쪽까지 참조.

1. 붕당 출현을 예언한 이준경

1571년경 선조(宣祖: 조선조 제14대 임금) 초년에 영상領相인 동고東皐 이준경李浚慶이 사망하였다.

이준경은 죽음에 임박하여 미리 임금에게 올리는 차자(箚子: 상소문의 일종)를 남겼는데 그 차자에서 말하였다.

"지금 사람들이 고상한 이야기, 훌륭한 말들로 붕당을 결성하는데 이것이 결국에는 반드시 이 나라에서 뿌리 뽑기 어려운 커다란 화근禍根이 될 것입니다."

이때 유학儒學을 공부한 신하 이이李珥가 있었다. 그는 도학(道學: 공자의 학문)과 재주와 꾀로써, 벼슬하지 않은 산림 속 학자들의 영수領袖 노릇을 하고 있었는데 선조 임금은 그를 매우 높이 여기며 아끼고 있었다.

이준경의 말은 이이 등을 지목하여 말한 것이었다.

이러한 이준경의 말을 들은 이이는 조급하게 상소를 올렸는데 그 상소에서 말하였다.

"조정朝廷이 맑고 밝은데 어찌 붕당이 있겠습니까? 사람이 장차 죽을 때는 그 말이 선하다고 했는데 이준경은 죽으면서 그 말이 사납습니다."

이때 삼사(三司: 사헌부, 사간원, 홍문관)에서는 이준경의 생전의 관직을 삭탈하게 하려 하였는데 유성룡柳成龍이 홀로 여기에 참여하지 않고 말하였다.

"대신이 죽음에 임박하여 임금에게 올린 말이 부당한 것이 있으면 물리치는 것은 옳지만 죄를 주기까지 한다면 너무 심한 것이 아닌가?"

또 좌상左相 홍섬洪暹 등도 모두 말하기를

"이준경은 살아 있을 때 공덕이 있었습니다. 죄를 주는 것은 옳지 못합니다."

라고 함으로써 이에 의론이 중지되었다.

이준경의 유언이 있은 지 수년 후에 그 말이 들어맞았다.

宣祖 初 領相¹ 李浚慶卒 遺箚曰 今人 高談大言 結爲朋比終必爲國家難 拔之患 時儒臣李珥以道學才猷 領袖山林² 上甚尊寵之 浚慶意指珥等 也 珥疏卞³曰 朝廷淸明 安有朋黨 人之將死 其言善 浚慶之死 其言惡 三司⁴請追奪浚慶官 柳成龍 獨不與曰 大臣臨死進言 有不當 斥之可也 罪之 無已甚乎 左相⁵ 洪暹等 皆言浚慶 有功德 不可罪 乃止 後數年 浚慶之言驗

※

1 領相(영상): 영의정領議政의 약칭. 조선시대 의정부議政府의 제일 높은 벼슬. 정1품의 벼슬로 내각內閣을 총괄하는 최고의 지위. 상상上相, 수규首揆, 수상 首相, 영규領揆, 영합領閤, 원보元輔라고도 칭한다.
2 山林(산림): 덕이 높으나 벼슬하지 않은, 산림 속에 숨어 있는 재야 학자.
3 疏卞(소변): 조급하게 올리는 상소.
4 三司(삼사): 조선시대 사헌부司憲府, 사간원司諫院, 홍문관弘文館의 세 곳을 합하여 일컫는 일반적인 명칭.

5 左相(좌상): 좌의정左議政의 약칭. 정1품 벼슬이며 조선시대 삼정승의 하나.
  영의정의 아래이고 우의정의 위다. 좌규左揆, 좌승상左丞相, 좌합左閤이라고
  도 부른다.

2. 동인東人과 서인西人이 싹트다

처음에 명종(明宗: 조선조 제13대 임금)이 윤원형尹元衡을 쫓아내고
이량李樑을 등용하였다.

　이량의 큰누님은 인순왕후仁順王后의 어머니였다.

　이때 인순왕후의 동생 심의겸沈義謙은 아직 나이가 젊었으므로 이량
은 과도하게 욕심을 내고 어지러운 짓을 마음대로 하였다.

　심의겸이 차츰 성장하고 또 귀하게 되었는데 이량의 하는 짓이 너무
방자하자 몰래 임금을 뵈옵고 이량의 죄를 고하여 귀양 가게 하였으며
그의 무리들을 받아들여 자신의 사람으로 만들어서 주위에서는 어질다
는 소리를 들었다.

　당시에 전랑銓郞으로 있던 오건吳健이 김효원金孝元을 추천하여 이조
전랑 자리를 맡게 하려 하였으나 심의겸이 이를 저지하였다.

　김효원은 청렴하고 가난한 선비라서 그의 후배들이 모두 으뜸으로
존경하였다.

　김효원이 젊었을 때에는 윤원형尹元衡의 집에서 처가살이를 하는
이조민李肇敏과 매우 친하게 지내 어느 때는 심지어 침구를 가지고
가 함께 잘 정도였다.

　어느 날 심의겸이 공무公務가 있어 윤원형의 집에 이르러 그러한 광경을 목격했는데 오건이 김효원을 추천하자

　"김효원은 윤원형의 문객일 뿐인데 그런 사람을 천거하다니."
라고 하면서 배척하자 옆에서 김계휘金繼輝가 손을 휘저으며 말하였다.

　"아예 그런 말을 입 밖에 내지 마시오. 그 일은 어린 시절 일이 아니오."

　이러한 사연이 있은 뒤에 김효원이 마침내 전랑이 되고 많은 명사名士들과 사귀어 스스로 돕게 하니 명성이 대단해졌다. 그때 심의겸의 동생 충겸忠謙을 전랑 자리에 앉히려고 추천하는 사람이 있었다.

　김효원이 말하기를

　"천관(天官: 吏曹의 별칭)이 어찌 외척들의 집안 물건이냐?"
하며 저지하였고, 또 심의겸을 헐뜯어 말하였다.

　"이 사람은 어리석고 고지식하여 쓸 데가 없다."

　이때는 인순왕후가 이미 죽은 뒤라 심의겸이 궁 안으로부터 후원자도 없고 선비의 무리들도 심의겸이 헛되게 이름난 것이라 하여 심의겸에게 등을 돌리고 의겸을 따르던 앞서의 무리들까지도 함께 배척하자 사람들이 일러 말하였다.

　"김효원이 전날의 앙갚음을 한 것이다."

　박순(朴淳: 號 思庵)이 우상右相이 되었을 때 대간大諫 허엽許曄이 조그마한 일로 박순을 추고(推考: 관리의 잘못을 심문하여 따지는 것)하자 박순이 스스로 우상 자리에서 물러났다. 이로부터 당론黨論이 드디어 나누어졌다.

　이때 김효원을 지지하던 사람들은 김우옹金宇顒, 유성룡, 허엽, 이산

해李山海, 이발李潑, 정유길鄭惟吉, 정지연鄭芝衍 등으로 이들을 동인東
人이라고 불렀다. 김효원이 한양(서울)의 동쪽인 건천동乾川洞에 살고
있었기 때문이다.

심의겸을 지지하던 사람들은 박순, 김계휘, 정철鄭澈, 윤두수尹斗壽,
구사맹具思孟, 홍성민洪聖民, 신응시辛應時 등으로 이들을 서인西人이
라고 불렀다. 심의겸이 한양(서울)의 서쪽인 정릉방貞陵坊에 살고 있었
기 때문이다.

'동인'들은 명예와 절개 숭상하기를 즐겨하였고 '서인'들은 경력이
많아 몸가짐을 신중히 하였다.

어질지 못한 자도 또한 많이 따라 다녔으며 혹은 동인이나 서인의
양쪽을 다 드나들면서 서로 공격하는 사람도 있었다.

이것을 '을해당론乙亥黨論'이라고 일컫는다.

初明宗 黜尹元衡 用李樑 樑姊 爲仁順后母 以后弟沈義謙 尙少 故 樑
得顓 恣貪亂 義謙 旣壯且貴 密奏樑罪 竄之 遂延攬前輩 得賢聲 銓郞[1]
吳健 欲引金孝元 自代 義謙 沮之 孝元 淸苦士 爲後輩所宗 其少時
嘗與元衡贅婿[2] 李肇敏 善 至携臥具就之 義謙 以公事 造元衡 見其狀
至是 斥言孝元 乃元衡門客 金繼輝 揮手止之曰 愼勿出口 此其少年事
也 後孝元 竟爲銓郞 多引名士 以自輔 聲譽藉甚 有薦義謙弟忠謙 可代
銓郞者 孝元曰 天官[3] 豈外戚家物耶 又短義謙曰 是夫戀 不足用也 時仁
順后已薨 義謙 無內援 士類 以虛名 排義謙 幷斥前輩之爲義謙地者
人謂孝元 修隙矣 朴淳 爲右相[4] 大諫許曄 因微事 請推考 淳 自引去
自是 黨議遂分 時 主孝元者 金宇顒 柳成龍 許曄 李山海 李潑 鄭惟吉

鄭芝衍 號東人 以孝元 居京東乾川也 主義謙者 朴淳 金繼輝 鄭澈 尹斗
壽 具思孟 洪聖民 辛應時 號西人 以義謙 居京西貞陵坊也 東人 喜尙名
節⁵ 西人 多老成持重⁶ 其不肖者 亦多附麗 或出入兩間⁷ 相攻擊 是謂
乙亥黨論

✳

1 銓郎(전랑): 이조吏曹의 정랑正郎을 일컫는다.

2 贅婿(췌서): 데릴사위가 되다.

3 天官(천관): 육조六曹 가운데 제일 으뜸으로 이조吏曹의 별칭.

4 右相(우상): 우의정右議政의 약칭. 정1품 벼슬이며 조선시대 삼정승의 하나.
   단규端揆, 우규右揆, 우정승右政丞, 우태右台, 우합右閤이라고도 한다.

5 名節(명절): 명예와 절개를 지키다.

6 老成持重(노성지중): 노련하게 성숙하고 신중을 기하다. 많은 경험이 있어
   신중하게 하다.

7 兩間(양간): 동인東人과 서인西人의 사이.

3. 윤두수 뇌물사건의 진상

좌상 노수신盧守愼이 이이의 말을 받아들여 임금에게 아뢰어 말하기를
　"심의겸과 김효원이 서로 시끄럽게 하여 선비들이 편안하지 못할까
두렵습니다. 청컨대 두 사람을 모두 내보내십시오."
하니, 선조가 말하기를
　"두 사람이 서로 무슨 일로 다투는가?"
하니, 노수신이 다시 아뢰었다.

"두 사람이 서로의 평생 허물을 들춰 싸웁니다."

이이가 또한 말하였다.

"이 두 사람이 반드시 깊은 원한이 있는 것은 아니고 다만 세상의 풍속이 들뜬 때라 친척이나 친구들이 각각 전해들은 소문을 가지고 서로 다니면서 이야기하여 드디어 이와 같이 소란스럽게 되었습니다. 대신大臣들이 이것을 진정시키려 하는 것은 퍽이나 좋은 일입니다."

임금께서 이이의 말을 따라 김효원을 경흥부사慶興府使로 삼고 심의겸을 개성유수開城留守로 삼아 내보냈다.

그런데 이조판서吏曹判書 정대년鄭大年 등이 말하기를

"경흥慶興은 오랑캐지방에 가까워 선비가 있을 곳이 못 됩니다."

하여 이에 부령富寧으로 옮기게 하였으나 부령도 또한 변방이라 동인東人은 모두 김효원에게 내린 처분이 너무하다는 것을 호소하고 또 노수신과 이이를 탓하였다.

이이는 다시 임금에게 청해 김효원을 다시 내지內地로 옮기게 하고 또 이발李潑을 끌어들여 전랑銓郎으로 삼았다.

이러한 일이 있은 한 해 뒤에 수찬修撰 김성일金誠一이 경연經筵에서

"왕성한 말들이 재물을 탐하고 방자하게 행해지고 있습니다."

하였고, 허엽許曄도 이어서 윤두수尹斗壽를 탄핵하기를

"윤두수가 진도珍島군수 이수李銖에게 쌀을 뇌물로 받았습니다."

라고 말하였다. 이발은 윤두수의 아우 근수根壽와 그의 조카 현晛이 숨겨진 나쁜 짓이 있다고 함께 말하였는데 이러한 것들은 모두 사실이 아닌 것이 많았다.

이에 김계휘金繼輝가 조급하게 글을 올려 이러한 것을 변명하자

이발이 스스로 사헌부司憲府에 나가 시장 사람 장세량張世良을 잡아
와서 직접 신문하여 이르기를

"네가 윤두수를 위하여 진도의 쌀을 받아 감추었다지?"
하고 온몸이 성한 곳이 없도록 고문을 했으나 끝까지 복종하지 않았다.

임금이 이 사실을 알고 의심하여 장세량을 석방하고 신문하지 말라고
하였다. 그런데 승지承旨 송응개宋應漑 등이 옳지 않다고 다투므로
임금이 송응개를 파직시켰다.

이때 이발 등의 무리들이 힘써 깨끗한 언론을 주장하고 의분에 복받친
기운이 날로 심해져, 비록 임금에게 굴복하기는 하였으나 선비들은
따르는 자가 날로 많아졌다.

이이가 여러 번 이발과 정철 사이에 편지를 보내 '두 사람이 마음을
합쳐 나라의 일에 힘을 쓰시오.'라고 하였는데 두 사람은 다 이이의
말을 듣지 않았다. 도리어 이이에게 이르기를 '일을 모호하게 만든다.'
면서 똑같이 불쾌하게 여겼다.

처음 동인과 서인으로 갈라지기 시작할 때 이이는 중립을 지켜 그
어느 쪽에도 기울지 않았다.

이때 어떤 이가 이이를 희롱하기를

"천하에 어찌 두 가지 일이 다 옳고 두 가지 일이 다 그른 법이
있느냐?"
고 하였고, 이에 이이가 답하였다.

"주周나라 무왕武王이나 은殷나라의 백이伯夷와 숙제叔齊는 둘 다
옳은 것이요, 춘추春秋시대의 전쟁은 둘 다 잘못된 것이다."

그런데 때마침 이발의 무리가 '쌀로 뇌물을 받았다는 사건'을 조작하

는 것을 보고는 점점 옳지 못하다는 생각이 들어 마음이 차츰 서인쪽으로 향하였다.

지사知事 백인걸白仁傑이 상소하여 동인과 서인을 화합시킬 것을 이이에게 청하자 이이가 그 글 초안을 잡아주었다. 소탈한 성품의 백인걸이 이 일을 누설하였다.

정언正言 송응형宋應洞이 이러한 사실을 듣고 이이를 탄핵하기를

"경연經筵의 신하로서 남을 대신하여 상소문을 초안해 준 것은 옳지 못한 것이 아닌가."

하였다. 이에 김우옹이 말하기를

"이이는 군자君子이기 때문에 탄핵할 수 없다. 우리들이 어찌 한 사람의 송응형 때문에 소인小人의 함정에 빠지랴?"

하고는 송응형의 직책을 교체하자고 청하였는데, 응형은 송응개의 동생이었다.

左相盧守愼 用李珥言 白上曰 沈義謙 金孝元 互言囂囂[1] 恐士林 不靖 請兩出之 上曰 兩人 互言何事 守愼曰 言平生過失耳 珥曰 此兩人 未必 深相嫌怨 但世俗 浮薄 親戚故舊 各以傳聞 相告語 遂紛紜如此 大臣 欲鎭定之 甚善 上 乃授孝元慶興府使 而義謙 爲開城留守 吏判鄭大年 等 言慶興 近胡 非書生所宜 乃移富寧 富寧 亦邊地 東人 多訟孝元屈 且咎守愼 珥 珥 爲請於上 復移孝元於內地 又引李潑 爲銓郞 歲餘 修撰[2] 金誠一 因經筵 盛言 貪黷恣行 許曄 繼劾尹斗壽 受珍島郡守李銖 賂米 李潑 幷論斗壽弟根壽 從子晛 隱慝 於多無實 金繼輝 疏卞之 潑自詣臺[3] 執市人張世良 謂爲斗壽 受匿珍島米 拷掠無完膚 終不服 上 疑之 命釋

38

世良 勿問 承旨⁴ 宋應漑等 爭不可 上 罷應漑 時 潑等 力主淸議 慷慨日甚

雖爲上所紲而 士類 趍附益衆 李珥 屢移書李潑 鄭澈間 勉以同心國事

兩人 皆不聽 反謂珥 含糊⁵ 共不快之 初東西 始潰 珥 中立 無所偏倚

或 譏珥 天下 安有兩是兩非 珥曰 武王夷齊 兩是也 春秋⁶之戰 兩非也

及見潑等 鍛鍊⁷ 米獄 而稍不直之 意頗嚮西人 知事⁸ 白仁傑 疏請保合東

西 李珥 爲搆疏 仁傑 性疏坦漏其事 正言宋應洞 劾珥 經幄⁹ 臣 不宜代人

草疏 金宇顒曰 珥 君子 不可劾也 吾輩 豈可爲一應洞 陷於小人哉 乃請

遞應洞 應洞 應漑弟也

※

1 囂囂(효효): 시끌벅적한 모양. 소란스러운 모양.

2 修撰(수찬): 서책을 편집해 책을 짓다. 조선조 홍문관弘文館의 정6품 벼슬.

3 詣臺(예대): 사헌부司憲府에 나아가다. 곧 취조하러 가다.

4 承旨(승지): 조선조 때 승정원承政院의 도승지都承旨. 좌승지, 우승지, 좌부승
  지, 우부승지, 동부승지同副承旨의 총칭.

5 含糊(함호): 애매모호한 것. 곧 아리송한 말.

6 春秋(춘추): 중국의 춘추전국시대春秋戰國時代.

7 鍛鍊(단련): 없는 죄를 꾸며내다. 혹독한 관리가 남을 억지로 죄에 빠뜨리다.

8 知事(지사): 조선조 때 지중추원사知中樞院事로 일컫는 종2품 벼슬과 지합문
  사知閤門事, 지사간원사知司諫院事들로 일컫는 종3품 및 지문하부사知門下府
  事, 지돈녕부사知敦寧府事, 지경연사知經筵事, 지의금부사知義禁府事, 지성균
  관사知成均館事, 지춘추관사知春秋館事, 지중추부사知中樞府事, 지훈련원사
  知訓練院事 등의 정2품 벼슬 중의 하나를 일컫는 말이다.

9 經幄(경악): 경연전을 뜻한다.

4. 모든 것을 이이의 탓으로 돌리는 동인

동인東人인 우성전禹性傳은 대단한 이름이 났다. 그의 무리는 서로 존경하였으며 '성전性傳이 높은 지위를 얻으면 모든 만물萬物도 다 이루어질 것이다.'라고 하였다.

우성전은 일찍부터 한 기생을 무척 좋아했는데 성전이 부모의 상을 당했을 때 그 기생도 머리를 풀고 들락거렸다. 이발이 우성전의 집에 조문 갔다가 이것을 보고 깜짝 놀랐다.

당시에 정인홍鄭仁弘은 산림에서 은거하던 사람으로 장령掌令이 되었고 뛰어난 식견이 있다고 스스로 긍지를 느끼던 사람이라서 제일 먼저 성전을 탄핵하였다.

동인들은 정인홍이 실상은 이발의 말을 듣고 그러한 것은 알지 못하고 이이가 시킨 것이라고 의심하였다.

이이가 대사헌大司憲이 되자 정인홍이 이이에게 청하기를

"내가 들은 바 심의겸이 일찍이 상을 당하였을 때 다시 벼슬하기를 시도했다는데 이것으로 보아 이런 사람들과 함께 조정의 공사를 논할 수 있습니까? 원컨대 공이 탄핵하면 저도 따르고 싶습니다."

하니, 이이가 말하였다.

"그것은 오래된 일이오. 떠돌아다니는 말만 가지고는 믿을 수도 없고 또 심의겸이란 사람이 지금에 있어서는 어미 없는 새끼나 썩은 쥐와 같을 따름인데 어찌 놓아두지 아니합니까?"

이에 정인홍이 벼슬을 버리고 귀향하려 하자 이발이 이이를 설득하며 말하였다.

"그대는 선비들이 그대에게 유감이 있는 것을 아시오? 지금 그대가 진실로 한 사람의 의겸을 단절한다면 선비들이 오직 그대 말만을 들을 것이며 동인과 서인도 다시 합할 것입니다. 그대는 의겸만을 아끼고 정인홍이 떠나가는 것은 홀로 아까워하지 않습니까?"

이에 이이가 마음이 움직여 정인홍과 함께 장계하여 말하였다.

"청양군青陽君 심의겸沈義謙이 권력을 탐하고 세력을 즐겨 선비들의 마음을 많이 잃었으니 파직시킬 것을 청합니다."

이미 장계의 초안이 잡히자 이이가 정인홍에게 말하였다.

"훗날 다른 말을 보태면 안 됩니다."

이에 정인홍도 승낙하였다.

다음날 정인홍이 홀로 장계하였는데 그 내용에 '의겸은 선비들을 끌어들여 명성과 세력만 키웁니다.'라고 하였다. 임금이 이것을 듣고 묻기를

"먼저는 선비들의 마음을 잃었다고 하더니 지금은 선비들을 끌어들인다고 하는데 따라다니는 자는 그 누구인고?"

하니 정인홍이 대답하였다.

"윤두수, 근수, 정철鄭澈 등입니다."

이이가 정인홍에게 이르기를

"정철은 기개가 있는 선비로 심의겸을 따를 사람도 아니고 또 일찍이 내가 정철을 추천했는데 지금 언관(言官: 간관)으로 있으면서 그대가 정철을 탄핵하는 것을 듣는다면 나는 이랬다저랬다 하는 사람(소인)이 되는 것이오."

하니, 정인홍은 자신이 난처해지자 다시 글을 올려서

"정철은 심의겸의 무리가 아닙니다. 신(인홍)이 앞에 올린 내용은 실상을 알지 못한 것이니 청컨대 신의 직책을 바꾸어 주십시오."

하였고, 이이도 또 상소하였다.

"정철이나 심의겸은 정은 비록 두터우나 기질은 멀어 같지 않습니다."

정언正言 윤승훈尹承勳은 이이의 말을 반박해 말하기를

"보통 사람은 반드시 뜻이 같고 기질이 합한 연후에야 서로 친밀한 것인데 이미 정은 두텁다고 하고 어찌하여 기질은 멀어 같지 않다고 하십니까?"

하니, 이이가 조급하게

"당唐나라 때 한유韓愈가 유종원柳宗元과, 송나라 때 사마광司馬光이 왕안석王安石과, 소식蘇軾이 장돈章惇과 사귈 때 다 정情은 형제와 같았으나 속마음은 연燕나라나 월越나라와 같이 판이하였다."

라고 대답하고, 다시 윤승훈을 비판하였다.

"윤승훈은 무식하여 선비들에게 붙좇아서 그들에게 놀아난다."

임금이 윤승훈을 외직外職으로 내쫓았는데 대사헌 이기李墍의 무리가 소를 올려 말하였다.

"이이가 도리어 윤승훈을 헐뜯고 사간원을 경멸하는 것은 마땅하지 못한 것이니 청컨대 함께 파직하소서."

이이가 처음에 심의겸을 폄하한 것은 동인을 위로하려고 한 것이지만 정철을 구하고 윤승훈을 배척하다 보니 더욱 동인들의 미움을 샀다.

이이가 탄식하여 말하였다.

"지금 사람들이 나를 윤승훈의 상대로 아니 내 어찌 이 지경에 이르렀

42

는가?"

이러한 일이 있은 한참 뒤에 임금의 친척인 경안군慶安君 요瑤가 임금과 자리를 같이하고 대화하는데 시속의 폐해를 장황하게 이야기하면서

"모든 것이 유성룡, 이발, 김효원, 김응남金應南 등이 권세를 전횡하고 나라를 그르치는 것에서 말미암은 것입니다."

라고 귀결시켰다. 임금께서 이 말이 옳다고 여겨 전랑銓郎 벼슬을 추천하고 교대하는 법을 폐지하였다.

옛 관례로 보면 전랑은 반드시 나이가 젊은 유신(儒臣: 선비) 가운데서 정선하여 끌어올려 임명하고 격동시켜 분발케 하고 청탁과 경중을 정확히 구분하여 자료로 삼게 하였는데 심의겸이나 김효원의 사이가 틈이 난 것도 또한 이것에서 비롯되었다.

이때에 이르러 갑자기 전랑자천제가 폐지되자 동인들이 다 두려워하고 기가 죽었고 이에 유성룡 등도 불안하여 물러났다.

이때 사람들이 다 "경안군 요가 이이의 가르침을 받아 한 짓이다."라고 떠들었다.

東人禹性傳 有盛名 其徒 相推重 以爲性傳 得地 萬物咸逢 性傳 嘗悅一妓 及遭喪 妓 被髮出入 李潑 往吊 見而駭之 鄭仁弘 起自山野 爲掌令[1] 以風裁[2] 自持 首劾性傳 東人 不知仁弘 實聞潑言 而疑李珥使之也 珥 爲大憲[3] 仁弘 請於珥曰 聞沈義謙 嘗居喪 圖起復[4] 義不可與此人同朝 願從公劾之 珥曰 事久 傳聞 不可信 且義謙 在今日 所謂孤雛腐鼠 盍舍諸 仁弘 欲棄官歸 李潑 說珥曰 公 知士類之有憾於公乎 今公 誠能絶一

義謙 則士類 惟公是聽 而東西 復合矣 且公 惜義謙 獨不惜仁弘之去乎
珥意動 乃與仁弘 聯啓曰 靑陽君沈義謙 貪權樂勢 積失士類心 請罷職
旣草啓 珥顧仁弘曰 他日 不可添增句語 仁弘 諾之 翌日 仁弘 獨啓
乃曰 義謙 援附士類 以助聲勢 上問曰 旣云失士類心 又云援附士類
援附者 爲誰 仁弘 以尹斗壽 根壽 鄭澈對 珥 謂仁弘曰 澈 介士[5] 非附義謙
者 且珥 嘗薦澈 今在言地 聽子劾澈 珥 乃反覆人[6]也 仁弘難之 復疏言
澈 非義謙黨 臣 前啓 失實 請遞臣 珥 又疏言 澈與義謙 情厚則有之
而氣味 逈然[7]不同 正言尹承勳 駁珥曰 凡人 必志同氣合然後 相親密
旣曰 情厚 何謂逈然不同 珥卞言 韓愈之於柳宗元[8] 司馬光之於王安石[9]
蘇軾之於章惇[10] 皆情如兄弟 而心事 若燕越[11] 又詆承勳 無識 趨附士類
受其風旨 上 黜承勳於外 大憲李墍等 疏言 珥 不宜反詆承勳 輕侮臺閣[12]
請幷罷之 珥始劾義謙 欲以慰東人 及救澈斥承勳 益取嫉於東人 珥歎
曰 時人 乃以我對承勳 我豈至於是耶 久之 有宗室慶安君瑤者對 盛言
時弊 謂由柳成龍李潑金孝元金應南 專權誤國 上頗納之 命革銓郎薦代
之法[13] 故例 銓郎 必以年少儒臣 極選相推引 爲激揚甄別[14]之資 沈金之
釁亦自此始 至是遽革之 東人皆惕息 而成龍等不安去 時人皆謂瑤受李
珥指云

※

1 掌令(장령): 조선조 때 사헌부司憲府의 정4품 벼슬. 태종太宗 원년에 사사使史
  를 고친 이름.
2 風裁(풍재): 뛰어난 식견.
3 大憲(대헌): 대사헌大司憲의 약칭. 조선조 때 사헌부의 으뜸 벼슬. 종2품의
  품계. 도헌都憲.

4 圖起復(도기복): 부모의 상중喪中에서도 벼슬을 하려고 기도하다.

5 介士(개사): 절개가 있는 선비.

6 反覆人(반복인): 언행을 이랬다저랬다 하는 사람. 곧 소인을 일컫는다.

7 逈然(형연): 거리가 먼 모양.

8 韓愈之於柳宗元(한유지어유종원): 당唐나라의 한퇴지韓退之와 유종원으로 둘 다 대문장가이다.

9 司馬光之於王安石(사마광지어왕안석): 송宋나라 사마광의 자는 군실君實이며 온국공溫國公에 봉해졌다. 왕안석은 신법新法을 창안한 사람.

10 蘇軾之於章惇(소식지어장돈): 소식은 송나라 대문장가로 호는 동파東坡. 장돈은 자는 자후子厚이며 왕안석의 무리로 왕안석의 신법을 복원함.

11 燕越(연월): 중국 연나라와 월나라. 겉으로는 가까우나 속마음이 다를 때 씀.

12 臺閣(대각): 사헌부, 사간원司諫院의 총칭.

13 銓郎薦代之法(전랑천대지법): 전랑자천제銓郎自薦制. 삼사관원의 추천권을 가진 이조전랑직은 대신들의 간여를 막기 위해 전임자가 후임자를 추천하게 하였다. 이를 전랑자천제라 하는데 이 자리를 둘러싼 다툼이 당쟁의 한 원인이 되었다.

14 激揚甄別(격양견별): 인재를 적재적소에 쓰고 또 그 인재의 자질을 정확히 판단하는 모든 자료. 격양激揚은 격동시켜 분발하게 하다. 견별甄別은 정확히 나누다.

5. 이이를 탄핵하다 귀양 가는 세 사람

때마침 북쪽의 오랑캐인 니탕개尼湯介가 국경을 침범하였다. 임금은 이이를 병조판서에 발탁해 모든 군사軍事의 일을 맡겼다. 이이는 자신의 편의대로 모든 일을 처리하며 혹은 임금의 결재 없이 처리하고 뒤에 보고하기도 하였다.

하루는 임금의 부름을 받고 궐 안에 들어갔는데 현기증으로 병조에 누워 있다가 임금에게 나아가지 못하였다. 임금은 이 사실을 알고 의원을 보내 진찰을 하게 하였다. 이를 두고 사헌부, 사간원, 홍문관의 송응개, 이발, 허봉許篈 등이 이이가 제멋대로 일하며 교만하다고 탄핵하였다. 이이가 대죄待罪하였다. 이에 임금은 이이를 더 지극히 위로하였다.

이이가 말하였다.

"청컨대 왕께서 좌우의 신하와 상의하여 신(臣: 이이)의 죄를 용서하실 수 있다면 신은 공무를 돌볼 수 있습니다만 그렇지 않다면 청컨대 신을 귀양 보내거나 죽이거나 하시어 언관言官들에게 사례하십시오."

이에 삼사三司에서는 또 말하였다.

"이이가 아랫사람들을 누르고 윗사람의 눈을 가린다."

영상領相 박순朴淳이나 호군護軍 성혼成渾은 이이를 두둔하여 송응개 등을 배척하고, 나아가 성혼은 그 주장을 한 사람이 누구인지도 탄핵하자고 하였다.

좌상 김귀영金貴榮이나 우상 정지연鄭芝衍은

"이 일은 모름지기 마음을 안정시킨 후 처리할 일이다. 조정에서 이이를 아낀다면 마땅히 그의 명예만 보전시키면 될 것이다. 지금 대각(臺閣: 사헌부, 사간원, 홍문관)을 꺾고 또 그 말을 한 뿌리까지 캐내려고 한다면 다른 날에 비록 권신權臣이나 간신奸臣이 나라 일을 멋대로 하더라도 누가 감히 말하겠는가?"

라고 반대하였다.

　임금이 김귀영과 정지연을 꾸짖어 파면시키자 도승지都承旨로 있던 박근원朴謹元이 소를 올려 우상과 좌상을 머물러 있도록 하고 이이와 박순과 성혼을 배척하라고 청하였다.

　박근원이나 송응개, 허봉은 다 이이의 논박을 당한 사람들로 이때에 이르러서는 이이를 꾸짖어 욕하는 것이 더욱 심해졌다.

　과거에 이이는 그의 서모庶母와 마음이 맞지 않아 집을 버리고 산에 들어갔다가 뒤에 뉘우치고 다시 돌아와 큰 선비가 되었다.

　과거에 오른 뒤 소를 올려 스스로 이 사실을 고백한 일이 있었다.

　이것을 기화로 송응개가 이이를 헐뜯었다.

　"이이는 본래 검은 옷(스님 옷)을 입고 머리를 깎은 후 몸을 변화시켜 다시 속세로 돌아와 권세 있는 집안의 도움을 받고 산림山林 속을 드나들며 스스로 이 세상에 특별하게 서서 초연超然히 세상 시비是非의 밖에 있는 듯, 혹은 심의겸의 단점을 이야기하고 혹은 김효원의 장점도 들춤으로써 지극히 공정한 명성을 구하여 아래로는 이 세상을 속이고 위로는 전하殿下를 속였습니다.

　또 처음에는 둘 다 그르다는 양비론을 펴다가 끝에서는 그 이론을 세 번이나 바꾸어 안으로 팔고 함정에 빠지며 자신의 머리를 써서 조정을 어지럽게 하였으니 이는 나라를 파는 간사한 자입니다."

　이때 이 말을 들은 태학생(太學生: 성균관 유생) 유공진柳拱辰 등 470명과 전라도 유생 서태수徐台壽, 황해도 유생 유대춘柳帶春 등 4백여 명과 왕자사부王子師傅인 하락河洛의 무리들이 서로 계속하여 이이와 성혼을 위한 소를 올려 급히 변명하니 임금은 칭찬하고 아름답게 여겨

이에 몸소 붓을 들어 교문敎文을 지어 이르기를

"부족한 사람이 임금 자리에 있어 조정이 편안하지 못하고 사구(司寇:
형조)가 형벌을 잃어서 국가의 기강이 정해지지 못하였다. 저자거리에
서 목 베는 것이 마땅하지만 가볍게 법을 적용하는 은혜를 베푸노라."
하고는 박근원, 송응개, 허봉을 귀양 보냈다. 이것을 '계미삼찬癸未三竄'
이라고 한다.

曾 北虜尼湯介 犯邊 上擢李珥爲兵判[1] 悉委戎務 珥便宜征調 或先擧後
聞 一日被召入內 兵曹眩臥 不能進 上遺醫診視 於是 三司宋應漑李瀁
許篈等 劾珥專擅驕慢 珥待罪 上慰勉甚摯 珥乞[2] 咨詢左右 如謂臣罪可
貰 臣不敢不從政 不然 乞竄殛臣 以謝言者[3] 三司又言珥禦下蔽上 領相
朴淳 護軍[4] 成渾 訟珥斥應漑等 而渾請讞 其主論者 左相金貴榮 右相鄭
芝衍曰 此事湏平心處之 朝廷惜李珥 宜爲之保全令名 今摧折臺閣 至
欲鉤探言根 他日雖權奸當國 孰敢言者 上責罷貴榮芝衍 都承旨朴謹元
疏請留二相而斥珥及淳渾 謹元應漑 篈皆珥所嘗論劾 至是 詬辱珥益甚
初 珥嘗不得於庶母 棄家入山 後悔 歸爲大儒 及登第 上疏自列其事
應漑詆珥 至言珥本緇髡[5] 化身還俗 夤養權門 出沒山林 自以爲特立當
世 超然於是非之外 或稱義謙之短 或擧孝元之長 以求至公之名 下誣
當世 上欺殿下 始爲兩非之說 終乃三變其論 內售傾陷逞智自用 以亂
朝廷 此賣國之奸也 於是 太學生[6] 柳拱辰 四百七十人 全羅儒生徐台壽
黃海儒生柳帶春 四百餘人 及王子師傅[7] 河洛等 相繼爲珥渾疏卞 上褒
嘉之乃御筆親撰敎文 有曰 憸人[8]在位 朝著不寧 司寇[9]失刑 國是靡定
尚寬肆市之誅 薄施惟輕之典 命竄謹元應漑篈 是謂癸未三竄[10]

※

1 兵判(병판) : 병조판서兵曹判書의 약칭. 조선조 육조판서六曹判書의 하나이며 병조에서의 으뜸 벼슬로 품계는 정2품. 기판騎判, 대사마大司馬, 사마司馬, 본병本兵이라고도 부른다.

2 乞(걸) : 청컨대. 곧 빌다의 뜻.

3 言者(언자) : 여기서는 언관言官. 곧 삼사三司의 언관들을 뜻한다.

4 護軍(호군) : 조선조의 오위五衛인 정4품 무관 벼슬.

5 緇髡(치곤) : 승려의 행동을 하다. 치緇는 검은 옷으로 승려가 입는 옷을 뜻한다. 곤髡은 머리를 깎다.

6 太學生(태학생) : 성균관의 학생. 성균관을 태학이라고 한다.

7 王子師傅(왕자사부) : 왕자를 가르치는 벼슬의 하나로 왕자의 선생.

8 憸人(섬인) : 간사하고 아첨하는 사람. 선조가 스스로를 낮춘 말.

9 司寇(사구) : 형조판서刑曹判書의 별칭.

10 癸未三竄(계미삼찬) : 계미년에 박근원朴謹元, 송응개宋應漑, 허봉許篈의 세 사람을 귀양 보낸 일을 일컫는다.

6. 이이, 서인이 되다

계미년에 세 사람을 귀양 보낸 후 임금은 자주 전교를 내려 이이와 성혼을 높이고 장려하여 말하였다.

"이이는 진실로 군자君子다. 이이와 같다면 당이 있는 것이 근심이 아니라 오직 당이 적을까 근심이다. 나도 주희(朱熹 : 주자)의 말대로 이이나 성혼의 당에 들고 싶다."

대사간大司諫 김우옹이 소를 올려 조정調停을 청하였는데 그 대강은 이렇다.

"이이는 선비의 학문에 박식하며 밝은 시대를 만나 전하께서 마음을 기울여 신임하므로 계교는 행해지고 말은 받아들여집니다. 그런데 아깝게도 그는 뜻은 크지만 재주는 소략하며 도량은 얕고 마음은 편협하여 자신과 친한 것에는 가리어지고 자신이 보는 것에만 한정되어서 능히 한 나라의 공론公論을 합하여 천하의 임무를 성취하지는 못하고 있습니다.

한갓 자기 한 사람의 사사로움에만 얽매여 온 세상 사람들의 정을 어기고 있으며 또 글로써 자주 아뢰고 있으나 억지 변명에 지나지 않습니다.

베푸는 것도 경솔하고 드물어 사람들이 바라는 것을 만족시켜 주지 못하고 선비들의 마음이 도모한 것을 잃기 시작했으므로 또한 한 사람의 사사로운 논의만은 아닙니다.

그러나 이이의 본심이야 어찌 다른 것이 있겠습니까. 이이의 본심은 선비들이 헤아리지 못하는 자가 없습니다.

처음에는 문득 그를 공격할 뜻이 있지 않았습니다. 그런데 뜻하지 않게 삼사三司의 의론이 점점 과격해져 탄핵하는 글이 너무 혹독해 듣기에도 놀랄 지경이 되었습니다.

그 과오나 무정한 일로 인하여 임금에게 거만하며 권력을 마음대로 한다고 손가락질 받고 있습니다. 또 그 말씨가 고분고분하지 않는 것은 변하지 않는 총애를 임금에게 요구하는 것이며 공론公論의 이름을 휘둘러 배척하여 나라를 그르치는 소인이라고 지목받아 추하게 버림받고 배척당하는 데 이르렀습니다. 이 어찌 족히 사람의 마음을 감복시키 겠습니까? 대개 요사이는 이이와 사림(士林: 유학을 닦는 사람들)들이 서로 협조하지 않아 괴상한 미신이나 다른 여론이 분연紛然히 그 사이에 섞여 나옵니다.

근래에 경안군 요瑤가 문득 유성룡 등 네 사람이 나라 일을 전횡한다고 지적하였으나 유성룡의 무리는 다 맑은 이름과 고아한 중망으로 산림 (재야)에서도 존중하며 실로 대궐 일의 보배로운 신하들이었는데 요의 말이 한번 나오자 점점 스스로 불안해져 이이를 의심하는 것이 더욱 깊어졌습니다.

이에 경조부박(輕躁浮薄: 방정맞고 성질이 조급하며 경솔한 것)하고 일을 좋아하는 무리들은 이 일로 인하여 함께 일어나 비로소 공격하고 들고 일어났으니 이 또한 어찌 사림들의 본심이겠습니까? 또한 유성룡 도 이미 떠났고 대각[三司]에는 다시 중망 있는 인물과 만물을 아우를 만한 인물이 없어져 마음대로 헐뜯고 배척하는 것이 여기까지 이르렀습 니다.

성혼의 상소 같은 것은 조정을 붕당으로 만들어 헐뜯는 것이요, 사림들의 근본 마음을 살피지도 않고 이이가 남들의 모략을 당했다고 하는 것이며 그 인심을 잃은 까닭을 찾지 않았기 때문입니다.

산야(山野: 재야)의 사람들이 조정 안의 곡절을 깨닫지 못하고 한낱 세상을 분개시키는 마음만 품게 되니 그들의 말이 비록 중용을 잃었다 할지라도 또한 어찌 가히 깊이 허물하겠습니까? 간절히 원하건대 전하께서는 이이의 본심을 살펴보시면 그 소원하고 그릇된 병을 알 것입니다.

삼사에는 그 부조浮躁한 것을 탓하지 마시고 사류의 정을 살피시어 진실로 깨우치시고 진솔한 마음을 막지 말고 저지하지도 꺾지도 않으시어 점점 예리한 것을 녹이면 그 옳은 것에 거의 가까워질 것입니다."

그러나 왕은 받아들이지 않았다.

이이가 이미 동인들에게 인심을 잃은 뒤에는 항상 우울하고 즐겁지 않아서 말하였다.

"진실로 공정한 안목을 가진 사람이 있다면 오래도록 나의 하는 일을 관찰하고 반드시 나의 마음을 밝혀 주겠지."

이이가 이조판서를 제수받자 자신의 허물을 빌어서 사양하고 박근원과 허봉을 용서해 달라고 청했는데 임금은 다 허락하지 않았다. 그러나 끝까지 송응개는 용서해 달라고 청하지 않았다.

또한 말하였다.

"계미년 삼사三司의 모든 신하는 다 가볍고 조급하여 다시 쓸 수가 없다."

백유함白惟咸을 뽑아서 전랑銓郎을 삼고 서인西人만을 전적으로 등용하였다.

이이의 문객門客 중에 송익필宋翼弼이라는 자가 있었는데 익필이 시골의 선비들을 모아 날마다 소를 올려 동인들의 나쁜 점을 들춰냈다. 이이가 그것을 금지하지 않으니 동인들의 원망이 더욱 뼈에 사무쳤다.

얼마 있다가 이이가 죽었다. 집안에서 저주한 일이 발견되었는데 어떤 이들은 이것을 동인東人들의 짓이라고 하였다.

上屢下敎 崇獎李珥成渾曰珥苟君子也 不患有黨 惟患黨之少 予亦用朱

熹之說 願入珥渾之黨 大諫金宇顒疏請調停 略曰李珥以儒學博識 遭遇明時 殿下傾心倚任 計行言聽 惜其志大而才疏 量淺而意偏 蔽於所厚滯於所見 不能合一國之公 以成天下之務 徒欲任一己之私 違拂擧世之情 章奏頻煩 不免强辯 設施輕踈 不厭人望 士類之心 始失所圖 亦非一人之私論 然珥之本心 豈有他哉 珥之本心 士類莫不諒之 初未嘗遽有攻擊之意 不意三司論議 漸至乖激 彈章峻刻[1] 殊駭聽聞 因其失誤無情之事 指以慢上擅權 又因其辭氣不服[2] 加以固寵要君 揮斥公論之名 至以誤國小人目之 醜肆詆斥 此豈足以服人心哉 盖緣近日 珥與士類 頗不相協 怪鬼異論 紛然雜出於其間 如頃日慶安令瑤 輒指柳成龍等四人爲專擅 成龍等俱以淸名雅望 取重山林 實帷幄之寶臣 瑤言一出 浸不自安 疑珥益深 而浮躁[4]喜事之徒 因事幷起 始有攻擊之擧 玆亦豈士類之本心哉 亦緣成龍旣去 而臺閣無復有重望鎭物之人故 恣意排擊至此也 若成渾疏則 以擧朝爲朋 譏而不究士類之本心 以珥爲被人中傷 而不原其失人心之所由 山野之人 未曉朝廷曲折 徒懷憤世之心 其言雖失中 亦豈可深咎哉 竊[5]願殿下 於珥則 諒其本心 而知其疎謬之病 於三司則 抑其浮躁 而察士類之情 開誠曉喩 坦懷無阻[6] 不沮不挫 潛銷鋒穎[7]則庶乎其可矣 上不納 李珥旣失東人心 常邑邑[8] 不樂曰 苟有公眼人 久久觀我所爲 必能明我心 及拜吏判 引咎乞致仕[9] 請有朴謹元 許筬 皆不許然終不請有宋應漑 又言癸未三司諸臣 皆浮躁不可復用 又引白惟咸爲郞 專用西人 珥客 宋翼弼 多聚鄕儒 日投疏發東人過惡 珥不能禁 東人憾之益次骨 未幾珥卒 家有咀呪事 或謂東人所爲云

※

1 彈章峻刻(탄장준각): 탄핵하는 글이 너무 혹독한 것.

2 辭氣不服(사기불복): 말씨가 고분고분하지 않다.

3 帷幄(유악): 휘장 안. 곧 대궐의 안.

4 浮躁(부조): 경솔하고 조급하다.

5 竊(절): 간절히. 간곡히. 그윽이.

6 坦懷無阻(탄회무조): 탄회坦懷는 아무 거리낌이 없는 마음. 곧 진솔한 마음.
무조無阻는 막힘이 없다.

7 銷鋒穎(소봉영): 날카로운 곳이 녹아내리다.

8 뫄뫄(읍읍): 조심하는 모양.

9 致仕(치사): 벼슬을 사양하다.

7. 이이에게서 마음이 멀어진 선조

처음에는 임금이 이이를 심히 융성하게 대접하다가 이미 사망한 뒤에는
은정과 예절이 특히 박절하였다.

영상領相 노수신盧守愼이 삼찬(계미년의 삼찬. 곧 박원근·송응개·허봉)
을 용서해 달라고 청하자 임금이 허락하고, 또 일러 물었다.

"송응개 등이 이이를 간사하다고 말했는데 이이는 과연 간사한 사람
인가?"

이에 노수신이 아뢰었다.

"이이는 자신에게 아첨하는 것을 기뻐했던 사람입니다."

이때부터 동인東人들이 임금의 뜻이 변해가는 것을 엿보고 이에
계책을 모아 이이, 성혼, 박순, 정철, 신응시辛應時, 박응남朴應男,
김계휘, 윤두수, 윤근수, 박점朴漸, 이해수李海壽, 홍성민, 구봉령具鳳

齡의 무리를 다 심의겸의 당黨이라고 이름 짓고 사헌부, 사간원, 홍문관
에서 탄핵하기를 하루도 거르지 않았다.

　이발은 소를 올려

　"신은 일찍부터 경제에서는 이이를 인정하였고 도학(道學: 성인의
학문)에서는 성혼을 추앙하여 평소에 두텁게 사귀었으나 지금은 공론
이 중요하고 사사로운 감정은 가벼운 것입니다. 옛 친구도 생각해야
하지만 나라를 저버릴 수는 없습니다."
하니, 임금도 이를 신뢰하였다.

　공주의 교수敎授 조헌趙憲과 생원生員 이귀李貴는 이이와 성혼의
제자들이었는데 자주 소疏를 올려 스승의 원통함을 말하고 또 노수신,
정유길, 유전柳㙉, 이산해李山海, 권극례權克禮, 김응남金應南, 백유양
白惟讓, 노직盧稙, 송언신宋言愼, 이호민李好閔, 노직盧稷 등을 함께
헐뜯었으나 임금의 대답이 없었다.

　이에 아랑곳하지 않고 계속 조헌이 소를 올리자 임금은 그 소를
모두 불사르라고 명령하고 조헌을 귀양 보내 버렸다.

初 上遇李珥甚隆 及卒 恩禮殊薄 領相盧守愼 請宥三竄 上許之 且曰
應漑等言珥奸 珥果奸乎 守愼曰珥 喜佞己者[1]也 自此 東人啚 上意改
乃合謀 以李珥成渾朴淳鄭澈辛應時朴應男金繼輝尹斗壽根壽朴漸 李
海壽 洪聖民具鳳齡等 悉名爲沈義謙黨 三司彈駁無虛日[2] 李潑疏言 臣
嘗以經濟許李珥 道學推成渾 平日交道甚厚 今公論重而私誼輕 故舊可
念而國不可負 上頗信之 公州敎授[3] 趙憲 生員[4] 李貴 李珥成渾門人也
累疏訟師冤 又歷詆 盧守愼鄭惟吉柳㙉 李山海權克禮 金應南白惟讓

盧稙 宋言愼 李好閔 盧稷等 不報 憲疏 不已⁵上 命焚其疏 而竄之

※

1 喜佞己者(희녕기자): 자신에게 아부하는 것을 기뻐하다. 간사한 사람을 좋아하다.
2 彈駁無虛日(탄박무허일): 비난하는 것이 빈 날이 없다. 곧 하루도 거르지 않고 비난하다.
3 公州敎授(공주교수): 공주는 충청남도의 고을. 교수는 지방의 사학四學에서 유생儒生을 가르치던 벼슬아치.
4 生員(생원): 조선조에 소과小科, 즉 초시初試에 합격한 사람.
5 不已(불이): 그치지 않다.

8. 정여립을 의심하다 웃음거리가 된 조헌

정여립鄭汝立은 전주全州 사람이다.

총명하고 의견을 내세워 토론을 잘하여 이이가 기특하게 여겨서 수찬修撰을 삼았다.

여립은 매양 이이를 공자孔子와 견주었다. 그런데 이이가 죽자 이발에게 아첨하고 따라다니며 무릇 이이를 해롭게 하는 일이면 반드시 마음에 달게 여겼다.

일찍이 여립이 경연經筵에서 지극히 이이를 헐뜯었다. 임금이 이것을 보고 말하였다.

"정여립은 송宋나라 때의 형서邢恕 같은 사람이다."

당시에는 동인이 조정에 가득했는데 정여립을 제일류로 삼아 이발이 더욱 힘써 추천했으나 임금은 끝까지 등용하지 않았다.

정여립이 이에 벼슬을 버리고 고향으로 돌아가서 사방의 무뢰한들을 불러보아 향사례(鄕射禮: 활쏘기대회)를 한다고 의탁하고 법도가 아닌 일을 몰래 꾸몄다.

조헌趙憲이 임금에게 소疏를 올려 '정여립이 반드시 겉과는 다른(배반) 뜻이 있을 것입니다.'라고 하였으나 그때 사람들이 다 그를 비웃었다.

鄭汝立 全州人 聰明善議論 李珥奇之 引爲修撰 汝立每以珥比孔子 及珥卒 諂附李潑 凡所以害珥者 必甘心焉 嘗於經筵極詆珥 上曰汝立 今之邢恕[1]也 時東人滿朝 以汝立爲第一流 潑尤力薦之 上終不用 汝立 乃棄官歸鄕 召聚四方無賴[2] 托爲鄕射禮[3] 陰謀不軌[4] 趙憲疏 有汝立必反 語[5] 時人皆笑之

※

1 邢恕(형서): 송宋나라 양무陽武 사람. 벼슬이 어사중승御史中丞까지 이르렀다. 정명도程明道의 문인이었으며 당시의 공경들과 교제하였다. 뒤에 사마광司馬光의 식객이 되어서는 사마광을 배반하고 뒤에 장돈章惇의 파가 되어서는 장돈을 배반하고 다음에 다시 채경蔡京 등의 심복이 된 사람으로 제자가 스승을 배반한 것을 형서로써 비유한다.

2 無賴(무뢰): 무뢰한. 불량한 자.

3 鄕射禮(향사례): 고을에서 활쏘기 대회 때 행하는 예절. 1년에 4번 맹월孟月 초에 모여 행하였다.

4 不軌(불궤): 법도가 아니다. 곧 옳지 못한 일.

5 反語(반어): 표면적인 뜻과는 반대되다.

9. 정여립의 옥사

송익필宋翼弼은 천민으로 태어났으나 재주와 기개가 있어 이이와 성혼이 친구로 사귀었는데 세상에서는 서인西人들의 주모자라고 불렀다.

이때 송익필은 사람들과 방죽을 다투다가 형관(刑官: 사법관)에게 쫓기는 바가 되어 군색하기가 심해져 이 사건을 번복시켜 벗어나려고 생각하고 있었다.

이에 성혼과 정철의 문인과 빈객들 중 호남湖南에 사는 사람들과 서로 왕래하며 모의하여 정여립이 모반하려는 정상을 다 얻어 시골사람을 시켜 고변하게 하였다.

정여립은 호남에 살았는데 정여립을 고변한 글은 처음에 황해감사黃海監司로부터 왔다. 이것은 송익필이 백천白川에 가 있었던 까닭이었다.

그때는 동인 이산해와 정언신鄭彦信이 정승이 되어 나라 일을 맡아보았는데 정언신과 정여립은 종친으로 서로 사이가 좋았다.

고변하는 사람에게 "난폭한 말을 하는군." 하고는 목 베려 하자 대사헌 홍성민이 옳지 않다고 말렸다.

이에 사람을 보내 정여립을 체포하려 하니 정여립이 도주하였다. 전국 각처를 수색하여 잡으라고 하자 정여립이 스스로 목을 찔러 죽었다. 그의 시체를 수레에 싣고 경사(京師: 한양, 서울)에 도착하여 그 시체를 무릎을 꿇리게 하여 죽였다.

그 아들 옥남玉男을 심문하였는데 이때 정언신이 죄인을 추국하는 관리가 되어 옥사를 다스린 지 한 달이 넘었다.

송익필이 정철을 설득해 상소하여

"죄인을 추국하는 일이 어리숙하고 너무 느립니다."

라고 논박하고, 백유함도 덧붙여 말하였다.

"이발의 무리가 정여립과 서로 사귀었으므로 정언신이 반역한 죄상을 덮는 것입니다."

영상領相 노수신이 말하였다.

"이번의 역모사건은 진신(搢紳: 귀한 사람. 곧 벼슬아치)에서 일어난 것이므로 임금을 위해서는 조용하게 처리하는 것이 마땅하고 헛된 말에 동요되어서는 안 됩니다."

이에 임금은 노수신과 정언신을 꾸짖어 파면하고 서인 정철을 정승으로 삼고 백유함은 헌납獻納, 또 성혼成渾은 이조참의吏曹叅議를 삼고 동인 김우옹과 정인홍을 귀양 보냈는데 우옹과 인홍은 정여립과 서로 친한 관계였기 때문이었다.

정철은 정여립의 조카인 집緝과 또 호남의 백성인 선홍복宣弘福이 밀고한 것을 기화로 임금에게 국문할 것을 청하였다.

정언신, 홍종록洪宗祿, 정창연鄭昌衍, 이발, 백유양, 정언신의 아우 정언지鄭彦智, 이발의 아우 이길李洁을 신문하여 오직 정창연만 석방되었고 그 나머지 사람은 변방으로 귀양 갔는데 이것을 '기축국옥己丑鞫獄'이라고 이른다.

宋翼弼 生於下賤[1] 有才氣 李珥成渾 與之友 世號爲西人謀主 至是 以與人爭堰[2] 爲刑官[3]所索 窘甚 思翻覆以自脫 乃與成渾鄭澈門人賓客之在湖南者 往來謀議 盡得汝立反狀[4] 使鄕人告變 汝立居湖南 而變書初從

黃海監司以聞者 翼弼在白川故也 時李山海鄭彦信 爲相當國[5] 彦信與
汝立 同宗相善[6] 欲以亂言 斬告變人 大憲洪聖民 執不可 乃發使捕汝立
汝立逃 大索八道 汝立自刺死 載其尸至京師 跐斬之 鞫其子玉男 彦信
爲委官 治獄踰月 翼弼說鄭澈疎 論鞫事踈緩 白惟咸復言李潑等 交結
汝立 彦信庇覆逆狀 領相盧守愼爲上言逆變起於搢紳[7] 宜從容而治之
不可動於虛說 上責罷守愼及彦信 起澈爲相 惟咸爲獻納[8] 又以成渾爲
吏參[9] 命竄金宇顒 鄭仁弘 以與汝立相厚也 澈以汝立從子緝 及湖南民
宣弘福所告 請鞫鄭彦信洪宗祿 鄭昌衍 李潑白惟讓彦信弟彦智 潑弟洁
惟昌衍得釋 餘皆 竄邊是謂 己丑鞫獄

※

1 下賤(하천): 비천하다. 천민.
2 爭堰(쟁언): 방죽을 다투다. 농사꾼들의 물싸움인 듯하다.
3 刑官(형관): 사법관司法官.
4 反狀(반장): 배반하는 것을 기록한 문서.
5 當國(당국): 국사를 담당하다.
6 同宗相善(동종상선): 일가친척으로 서로 가깝다.
7 搢紳(진신): 홀笏을 조회하는 옷의 큰 띠에 꽂다. 곧 의관속대함. 높은
  신분에 있는 사람을 뜻한다. 곧 선비 사회를 뜻하기도 한다.
8 獻納(헌납): 조선조 때 사간원司諫院의 정5품 벼슬. 정언正言의 위이고 사간司
  諫의 아래이다.
9 吏參(이참): 이조참의吏曹參議. 이조吏曹에 딸린 정3품의 당상관堂上官. 참판
  參判의 다음 서열. 삼전三銓.

10. 격화되는 동서당쟁

대간臺諫으로 있는 백유함의 무리가 송언신宋言愼의 무리 수십 인人을 함께 탄핵해 어떤 이는 귀양 가고 어떤 이는 파면되었다.

호남의 유생儒生 정암수丁巖壽가 소疏를 올려 말하였다.

"이산해, 한효순韓孝純, 유성룡, 김응남金應南, 이양원李陽元이 당을 지어 나라를 그르치고 있으니 청컨대 다 죄를 주십시오."

조헌은 귀양에서 겨우 돌아오자 또한 호남의 유생 양산숙梁山璹과 번갈아, 정암수와 같은 내용의 소를 올렸다.

임금은 본래 조헌을 미워했기 때문에 이에 말하기를

"조헌이 아직도 무서운 것을 알지 못하는 것 같다. 다시 마천령摩天嶺을 넘어보고 싶은가?"

하고는 특별히 유성룡을 이조판서에 제수하고 점점 동인을 등용하여 서인西人들의 세력이 나누어졌다.

또 교서를 내려서 말하기를

"송익필은 명적名籍을 이탈한 사노私奴인데도 날마다 조헌과 함께 소를 올리는 일만 도모하니 반드시 몸소 다스리겠다."

하니 송익필이 서인西人의 집에 숨어 마침내 나오지 않았다.

동인 홍여순洪汝諄은 서울에서 쫓겨나 전라감사全羅監司가 되었는데 죄를 두려워하고 상을 원하였다.

유생儒生 양천회梁千會, 양천경梁千頃, 강해姜海, 정암수丁巖壽 등과 함께 정여립의 당을 염탐하여 살피기를 꾀해 먼저 나주훈도羅州訓導

정개청鄭介淸이 정여립을 위하여 땅을 보아 주었다고 밀고해 그를 잡아다가 국문하였으나 아무런 증거도 없었다.

정개청은 학문에 힘쓰고 옛 것을 좋아하여 박순이 일찍부터 조정에 추천하여 벼슬을 시켰는데 뒤에 동인 이산해와 더불어 좋아한다고 하여 서인西人들이 이것 때문에 미워하였다.

정개청의 저서에는 '동한東漢의 절의節義의 폐단'이라는 말이 있다.

정암수가 소를 올려 "정개청은 절의를 배척하는 자입니다." 하고는 드디어 절의를 배척한 것으로 죄목을 만들어 곤장을 치고 유배시켰는데 유배 가는 도중에 죽었다.

臺諫白惟咸等 幷劾宋言愼 等十數人 或竄或罷 湖南儒生丁岩壽疏 列 李山海韓孝純 柳成龍金應南李陽元 黨比[1] 誤國 請悉罪之 趙憲自謫歸 與湖南儒生梁山璹迭 疏如岩壽語 上素嫉憲 乃曰趙憲尙不知畏 欲再踰 摩天嶺[2]耶 特拜柳成龍爲吏判[3]稍 叙東人 以分西人之勢 又教曰宋翼弼 亡命私奴[4] 日與趙憲 謀疏事 必窮治之 翼弼匿諸西人家 終不就 東人洪 汝諄 黜爲全羅監司 畏罪覬賞 與儒生梁千會千頃 姜海丁岩壽等 謀詗 察汝立之黨 首告羅州訓導[5] 鄭介淸 爲汝立相地 鞫問無驗 介淸力學好 古 朴淳嘗薦于朝而官之 後與李山海善 西人以此嫉之 介淸著書 有東 漢[6] 節義之弊 岩壽疏言介淸排節義 遂以排節義爲罪 杖流道死

※

1 黨比(당비): 무리가 모여서 친하다. 곧 당을 거느리다의 뜻.
2 摩天嶺(마천령): 함남 단천군端川郡 광천면廣泉面과 함북咸北 학성군鶴城郡 학남면鶴南面 사이의 도계道界에 있는 재〔嶺〕 이름. 이판령伊板嶺이라고도

한다.

3 吏判(이판): 이조판서吏曹判書의 약칭. 조선조 육조六曹 가운데 하나이며
  이조에서의 1위. 정1품 벼슬.

4 私奴(사노): 개인의 종.

5 羅州訓導(나주훈도): 나주羅州는 전라도 감영이 있는 나주고을. 훈도訓導는
  조선조 때 참외문신參外文臣에 임명되는 향교의 교관을 일컫는다. 곧 나주향
  교의 교관을 뜻한다.

6 東漢(동한): 중국의 한漢나라 유수劉秀인 광무제光武帝가 낙양洛陽에 도읍한
  후부터 헌제獻帝까지의 시대. 곧 후한後漢을 뜻한다.

11. 정여립의 난으로 도륙당하는 동인들

최영경崔永慶은 진주晉州 사람이다.

일찍부터 조식曹植을 따라 놀았다. 효도하고 우애하는 것이 지극한
성품이 있고 청렴하고 곤궁한 것을 견뎌내는 것이 세상에서 견줄 만한
사람이 없었다.

성혼도 그를 심히 존경하였는데 사람들에게 이르기를 "최영경을
만나고 돌아오면 맑은 바람이 옷깃에 가득하다."고 하였다. 이것을
계기로 조정의 부름을 받아 벼슬이 지평持平에 이르렀다.

뒤에 이산해, 정언신과 가까워져 몸은 임하(林下: 초야)에 있었으나
멀리 있는 조정의 의론을 듣고 있으니 차츰 성혼이나 정철과는 틈이
벌어졌다.

이러한 가운데 정여립의 옥사獄事가 일어났다.

역적들이 고문에 못 이겨 다 함께 말하기를

"길삼봉吉三峯으로 상장上將을 삼아 한 일입니다."

하여 조정에서는 길삼봉을 크게 찾았다. 그 뒤 역적들이 열거하는 것에는

"삼봉三峯은 진주에 사는 어느 집 종이다."

"삼봉은 나주에 있는 선비이다."

"삼봉은 최씨崔氏성이요, 길씨吉氏성이 아니다."

고 하며, 그 나이나 모습을 말하는 것 또한 사람마다 달라서

"나이 30세다."

"60세다."

하고, 어떤 자는

"얼굴이 비쩍 말랐다."

"살이 찌고 또 수염이 났다."

고 하여 확인할 수 없었다.

그런데 이러한 유언비어가 서로 전해져 이르기를 "삼봉은 반드시 진주 선비 최영경으로 나이 60세에 깡마르고 수염이 난 자이다."라고 하였다.

어떤 이가 홍여순에게 말하였다.

"서인西人들이 최영경을 정개청보다 심하게 미워하는데 진실로 최영경을 얻어서 고하게 되면 그 공이 크게 될 것이오."

홍여순이 이러한 말을 듣고 비밀리에 경상우병사慶尙右兵使 양사형梁士瑩에게 알려서 고을의 아전(관리)을 풀어 최영경을 포박하고 그 집안을 수색하여 글 쓴 것을 얻었는데 시사時事를 비평한 것이 많고 또

역적의 옥사를 사화士禍에 비교한 것이 있었다.

양천경이 소를 올려 말하였다.

"최영경이 실제는 정여립의 종주宗主입니다."

임금이 국문하라는 명을 내려 최영경이 국문 장소에 나아가는데 풍채가 양양(揚揚: 득의한 모양)하므로 옥졸들도 서로 돌아보고 놀라며 탄식하였다.

이때 정철이 옥사獄事를 주도했는데 문사랑問事郎 이항복李恒福이 조용히 정철에게 일러 말하기를

"이로부터 옥사를 일으킨 것이 한 해를 넘겨 역적을 많이 문초했지만 누구 하나 최영경을 지적한 사람이 있었습니까? 지금 길거리에 떠도는 말만으로 처사處士를 함정으로 몰아넣어 만에 하나 불행하게 된다면 그대가 무엇으로 그 책임을 질 것입니까? 또 밖의 논의를 들으니 그대와 최영경이 원한이 있다고 하니 이것이 어찌 옳은 일이겠소." 하니 정철도 깨닫고 사례하였다.

마침 성혼도 편지를 보내 정철에게 부탁하여 최영경을 구제하였다. 이에 정철이 성대한 말로 임금에게 글을 올려 '최영경은 행동거지에 기개와 절개가 있어 역모를 하는데 응하지 않았습니다.'라고 하여 이에 석방되었다.

최영경이 옥에서 나오자 성혼이 아들 문준文濬을 보내 위로하였더니 최영경은 성혼이 자신을 구제해 준 것을 알지도 못하고 문준에게 일러 말하였다.

"내가 너의 늙은이(아버지)에게 밉게 보여서 이렇게 되었다."

대간臺諫인 구성具宬과 조흡趙洽의 무리는 성혼의 문인들이다. 최영

경이 문준에게 했다는 말을 듣고 분노하여 다시 최영경을 국문할 것을 청하자 임금도 최영경을 미워한지라 다시 명령하여 정여립과 내통한 상황을 신문하여 최영경이 마침내 감옥에서 죽었다.

정언신 등도 다 정여립과 내통하였다고 다시 국문하였다.

정언신이 처음으로 체포되었을 때 그의 아들 율慄이 급히 소를 올려 '오래도록 여립과 왕래하지 않았습니다.' 하였고 성혼과 정철에게도 글을 보내 '대신은 죽이지 않는 법입니다.'라고 말하여 벌을 가볍게 하였다.

뒤에 임금이 정여립의 문서를 검열하는 가운데 정언신의 서찰이 많은 것을 알고 그 속은 것에 분노하여 곤장치고 유배 보냈는데 길에서 죽었다. 그의 아들 정율은 부끄럽고 한스러워 자살하였다.

이발은 본래 매우 높은 명망이 있어서 정철이 비록 이발을 미워했으나 여러 번 상소하기를

"이발이 정여립과 사귀었으나 좋아해서 나쁜 것을 알지 못했을 따름 입니다. 천하에 어찌 두 사람의 정여립이 있겠습니까."

하였으나 임금은 듣지 않고 더욱 독촉하여 심문하라고 하였다. 정철이 휴가를 청해 떠나고 유성룡이 대신하여 그의 직책을 맡았는데 그때는 이발이 여러 번 형벌을 받아 금방 죽음에 이를 지경이었다.

유성룡과 이발은 함께 동인東人이었으나 또한 서로 좋지 않고 또 두려워하고 조심하여 감히 구제하지 못했으며 끝내는 곤장을 쳐서 죽게 하였다.

이발의 어머니는 나이가 70살이요, 이발의 아들은 8살이었는데 그의 아우 이길과 함께 모두 감옥에서 죽었으며 백유양도 또한 세 아들과

함께 죽었다.

이발의 종제從弟인 서인 백유함은 날마다 사헌부司憲府에 나아가 탄핵하고 득의만만하여 스스로 만족해 하니 사람들이 다 미워하였다.

이때 참봉參奉 윤기신尹起莘, 도사都事 조대중曺大中, 별좌別坐 유몽정柳夢井은 다함께 이름이 났는데 아무 죄 없이 죽었다.

사방에서 고변하는 자가 계속 이어져 감옥을 다스린 지 한 해가 넘도록 동인의 연루자는 모조리 처벌하여 1천여 명을 헤아렸다.

崔永慶 晉州人 嘗從曹植遊 孝友有至性 淸苦絶世 成渾甚重之 謂人曰 吾見崔君歸 淸風滿袖矣 自是得徵 至持平[1] 後附李山海鄭彦信 身居林下 遙聞朝論 浸與成渾鄭澈有隙 汝立獄起 賊招[2] 皆云吉三峯爲上將 朝廷大索吉三峯 後有賊招 云三峯居晉州 乃私奴也 又有云三峯乃羅州士人也 又有云三峯 姓崔不姓吉 其言年貌 亦人人殊 或謂年三十 或謂六十 或謂面瘦 或謂肥且鬒 於是蜚語相傳 曰 三峯必晉州士人崔永慶 年六十瘦而鬒者也 或說洪汝諄曰 西人嫉永慶甚於介淸 誠得永慶以告 則 爲功大矣 汝諄乃密移慶尙右兵使梁士瑩 發吏捕永慶 搜其家得所爲書 多詆時事 且以逆獄比士禍 梁千頃疏言 永慶實汝立宗主 命鞫之 永慶就鞫 風釆揚揚 獄卒相顧驚歎 時鄭澈主獄 問事郎李恒福 從容謂鄭澈曰 自獄起踰年 賊招多矣 孰有言崔永慶者 今以道聽之說[3] 陷處士 萬一不幸 公何以辭其責乎 且聞外議 公與永慶有怨 豈有是哉 澈悟謝會 成渾亦致書托澈救永慶 澈白上盛言永慶行誼氣節不應爲逆 乃得釋 永慶出獄 渾遣子文濬唁之 永慶不知渾之救己 謂文濬曰 吾見惡於汝翁故 至此 臺諫具宬 趙洽等 渾門人也 聞永慶語而怒 啓請再鞫永慶 上亦

惡永慶 命更訊與汝立通問狀 永慶竟死於獄 鄭彦信等 皆以通汝立再鞫
彦信之始逮 其子慄 疏卞久不與汝立通 成渾與鄭澈書 言大臣不可殺
故得末減⁴ 後上檢汝立文書中 多彦信札 怒其欺 杖流道死 慄慚恨自殺
李潑素負重名 鄭澈雖惡潑 然屢爲上言潑交汝立 愛而不知惡而已 天下
豈有兩汝立哉 上不聽 飭令加訊 澈請告⁵ 柳成龍代爲委官 時潑累刑垂
死⁶ 成龍與潑俱東人 然亦不相能 且畏愼不敢救 竟加杖殺之 潑母年七
十 子八歲 及弟洁皆死于獄 白惟讓亦與三子俱死 其從弟惟咸 日赴臺⁷
彈擊揚揚自得 人皆嫉之 叅奉⁸ 尹起莘 都事⁹ 曺大中 別坐¹⁰ 柳夢井
皆有時名 以非辜死 時四方告變者相續 治獄踰年 東人株連¹¹以千計

※

1 持平(지평) : 조선시대 사헌부의 정5품 벼슬. 태종太宗 원년에 잡단雜端을
　고쳐서 일컫다.

2 賊招(적초) : 역적을 문초하여 지적을 하게 하다.

3 道聽之說(도청지설) : 길거리에서 들은 이야기. 곧 시중에 떠도는 소문.

4 末減(말감) : 형벌을 가볍게 하다.

5 請告(청고) : 말미를 청하다. 곧 휴가를 청하다.

6 垂死(수사) : 금방 죽으려고 하다. 곧 죽기 일보직전의 상태를 뜻한다.

7 赴臺(부대) : 사헌부司憲府에 알리다.

8 叅奉(참봉) : 조선시대 각 능陵, 원園, 종친부宗親府, 돈녕부敦寧府, 봉상시奉常
　寺, 사옹원, 내의원內醫院, 군기시軍器寺와 기타 여러 관아에 속하던 종9품의
　벼슬.

9 都事(도사) : 조선시대 의금부義禁府의 한 벼슬. 처음에는 종5품이었으나
　뒤에 종6품에서 종9품 또는 종8품의 벼슬로 나누어졌다.

10 別坐(별좌) : 조선시대 정·종5품에 속하는 벼슬.

11 株連(주련) : 연루된 자를 모조리 형벌에 처하다.

12. 동인이 남인과 북인으로 갈라지다

정철은 성품이 굳세고 강해 술 마시고 기세氣勢 부리기를 좋아하고
또 말을 함부로 하는 것을 스스로 유쾌하게 여겼다.

노수신은 이때 정승에서 파면되어 죄를 기다리고 있었는데 정철이
사람을 시켜 질문하였다.

"재상께서 전날 정여림을 뽑아 추천하였는데 지금은 어떠하시오?"

이에 노수신이 대답하였다.

"사람들이 보는 것은 스스로 같지 않은 법이오."

정개청鄭介淸이 공초를 받아 진술할 때 주자朱子의 말을 인용하여
변명하자 정철이 성난 목소리로 꾸짖어 이르기를

"네가 어찌 감히 주자朱子의 말씀을 이야기한단 말이냐! 주자가
스승을 배반한 적이 있느냐?"

고 하였다. 이는 정개청이 박순의 제자인데 박순을 배반한 것을 이른
것이다.

최영경을 국문할 때는 정철이 멀리 바라보고 웃으며 말하기를

"그와 같은 용모로 죽림(竹林: 산림)의 많은 사람 속에 드러누워서(숨
어서) 이 세상을 조롱하고 풍자했으니 남들이 어진 이라고 칭송하는
것이 당연하겠구나."

하였다. 또 손으로 스스로 목을 그으면서 이르기를

"저들이 나를 이렇게 하려고 하였지."

하였다. 대개 이 뜻은 최영경이 일찍이 '정철을 목매달아야 한다.'고

말했던 사실을 의미하였다.

그러나 정철은 정언신과 이발, 그리고 최영경을 죽음에서 힘써 구제하려 하였으나 동인東人들은 알지 못하였다.

혹은 전하기를 정집이나 선홍복이 형을 받고 처형당할 때

"우리에게 동인東人만을 많이 끌어들이라고 하더니 어째서 나를 죽이느냐."

라고 부르짖었다고 한다. 대개 정철은 손님에 불과하고 호남의 여러 선비가 한 것이며 정철은 또한 알지 못하는 일이었다.

성혼은 도학(道學: 성인의 학문)으로써 선비의 으뜸이 되었으며 이이가 죽은 뒤로부터 정철의 무리가 매양 무슨 일이 있으면 문득 편지를 보내 상의하고 결정하였다.

옥사獄事가 일어나자 성혼은 시골에 살면서 서울로 오지 않았다.

그 동인을 구제해 주고 풀어준 것은 많으나 끝내 동인이 되지 않자 동인들이 도리어 성혼이 정철을 시켜서 동인들을 다 죽인 것이라고 하였다.

처음에는 정인홍이 우성전을 탄핵했는데 이발이 주동이 되고 유성룡과 김성일金誠一과 이경중李敬中과 이덕형李德馨은 다 우성전을 두둔하였다.

그 뒤 정여립이 이발에게 붙어서 전랑銓郎이 되려고 하는데 이경중이 방해하였다. 정인홍이 이경중을 지적하여 시기하고 질투를 한다고 하였다.

정여립이 목 베임을 당하자 유성룡이 임금에게 아뢰기를

"이경중이 앞서 보는 것이 있었습니다."

라고 하였는데 이경중은 이미 죽은 뒤였다. 임금은 죽은 이경중에게 관직을 추증할 것을 명령하고 정인홍은 이와 관련하여 죄를 받았다.

　이발이 죽는데도 유성룡이 구원하지 않은 것 때문에 정인홍의 당은 드디어 유성룡과 원수가 되어서 남인南人과 북인北人으로 나누어졌다. 우성전이 남산南山에 살았고 이발은 북악北岳에 살았기 때문이다.

鄭澈性剛亢 好飮酒使氣[1] 放言自愉快 盧守愼罷相待罪 澈使人問曰 相公前薦引汝立 今何如矣 守愼答曰人見自不同耳 鄭介淸供[2]引朱子語 澈厲聲[3]曰汝何敢言朱子 朱子背師乎 謂介淸背朴淳也 崔永慶之鞫 澈望見[4]而笑曰 以彼之貌 偃臥竹林叢中[5] 嘲諷當世 宜人之稱賢者也 又以手自畫其頸曰 彼乃欲加此於我 盖永慶嘗云鄭澈可梟也 然澈於彦信潑永慶之死 皆力救之 東人不知也 或傳鄭緝宣弘福臨刑呼曰 嗒我以多引東人 何爲殺我 盖澈客湖南諸士所爲 而澈亦不知也 成渾以道學爲儒宗[6] 自李珥卒 鄭澈等每有事 輒書議以決之 獄起[7] 渾居鄕不來 其於東人多所救解而卒不得 東人反謂渾使澈 盡殺東人云 初鄭仁弘劾禹性傳 李潑主之 柳成龍金誠一李敬中 李德馨 皆右性傳 汝立附潑求銓郎 敬中沮之 仁弘指敬中爲娼嫉 及汝立誅 成龍白 上言敬中有先見 時敬中已死 上命贈官 而仁弘以此被罪 潑之死 成龍又不救故 仁弘之黨 遂與成龍爲仇 故有南人北人之分 以性傳居南山[8] 潑居北岳[9]也

※

1 使氣(사기): 자신의 기세를 부리다.

2 供(공): 공초를 하게 하다. 곧 죄인이 범죄 사실을 진술하게 하다.

3 厲聲(여성): 성난 목소리로 꾸짖다.

4 望見(망견): 멀리 바라보다.

5 竹林叢中(죽림총중): 죽림竹林은 대나무 숲. 총중叢中은 떼를 지어 사는 속. 곧 재야의 선비들이라는 뜻.

6 儒宗(유종): 선비들의 우두머리.

7 獄起(옥기): 정여립 역적 사건을 지적한 것이다.

8 南山(남산): 서울 중앙에 있는 목멱산木覓山의 속칭.

9 北岳(북악): 북악산北岳山. 서울 북방에 위치한 산.

13. 서인, 몰락하다

정여립의 옥사가 있은 뒤로부터는 시론時論이 다 좌상 정철에게로 돌아갔지만 영상 이산해나 우상 유성룡도 선조 임금의 신임을 받았다.

성혼은 정철과 더불어 이산해를 축출하고자 도모하였는데 송익필이 이 사실을 누설하였다.

이산해가 이를 알고 두려워하여 중상中傷하려고 생각하였다.

조정에는 아직 세자가 책립되지 않았는데 조정의 신하들이 다 광해군 光海君을 바라고 있었으나 임금은 바야흐로 인빈仁嬪의 소생인 신성군 信城君을 사랑하였다.

정철이 왕세자 세우는 것을 청하고자 하여 이산해와 함께 임금을 대면하는 것을 약속하자 이산해도 허락하였다.

약속한 하루 전에 이산해는 몰래 인빈仁嬪의 동생인 김공량金公諒을 불러 이르기를

"지금 정승인 정철이 광해군을 세우고자 하면서 신성군信城君 모자母子와 그대를 죽이려 한다."

하였다. 김공량이 크게 놀라서 곧바로 궁으로 들어가 인빈에게 고하니 인빈이 선조에게 울며 하소연하였는데 선조가 미덥지 않아 말하였다.

"이것은 헛소문이다."

다음날 이산해가 병을 칭하고 조회에 나오지 않아 정철과 유성룡 둘이서만 임금을 대좌하게 되었는데 정철이 제일 먼저 세자 세우는 문제를 아뢰니 선조가 크게 화를 내 말하기를 "지금 내가 살아 있는데 경卿은 무엇을 하고자 하는가?"라고 하니 정철이 창황하여 허둥대며 나오고 유성룡도 감히 말하지 못하고 물러나왔다.

이에 동인 조사朝士와 유생들이 번갈아 소를 올려 정철이 제 맘대로 전횡하고 방자하여 최영경과 기타 여러 사람을 죄주어 죽인 것까지 공격하였다.

사헌부, 사간원, 홍문관에서도 이산해의 지시를 받아 장차 함께 장계를 올리려 하였는데 김수金晬가 우성전禹性傳과 친하므로 찾아가 의논하니 우성전은 이산해를 미워해 김수를 참여하지 못하게 말렸다.

대헌(大憲: 대사헌) 홍여순이 소를 올려 우성전과 김수를 탄핵하여 그 직위를 삭탈하였다. 이로 인하여 남인과 북인의 논쟁이 더욱 격렬해지고 동인이란 이름은 드디어 없어져 버렸다.

홍여순이 일찍이 고하였다.

"최영경은 동인東人들이 끼워주지 않자 특별히 이산해에게 붙어 우성전을 탄핵한 까닭으로 드디어 이산해와 함께 북인北人의 우두머리가 되었습니다."

또 대사헌 이원익의 무리가 연이어 고하여 정철과 윤두수의 무리를
다 귀양 보냈다.

무릇 서인西人이라고 이름한 자는 다 축출하였다.

곤장을 쳐 양천경을 죽이고 최영경의 관직을 추증하고 정철 무리의
죄를 조정에 방을 써서 보이고 유성룡에게 이조판서의 사무를 겸하도록
하였으며 남인南人과 북인北人을 똑같이 등용하였다.

自逆獄¹以來 時論悉歸左相鄭澈 而領相李山海 右相柳成龍 亦爲上所
任用 成渾與澈 謀逐山海 宋翼弼泄之 山海懼 思中傷²之 儲嗣³未立
朝臣多屬望於光海君 而上方愛仁嬪 所生信城君 澈欲請建儲 約山海同
對 山海許之 前一日山海 密招仁嬪弟金公諒 謂曰 今鄭相欲立光海
而殺信城母子及汝矣 公諒大驚 卽入告仁嬪 仁嬪泣訴於上 上不信曰
此浮言也 明日 山海稱病不朝 澈與成龍同對 澈首言建儲 上大怒曰
今予尙任 卿欲何爲 澈蒼黃出 成龍不敢言而退 於是 東人朝士儒生
迭疏攻澈專擅自恣 殺崔永慶及他諸罪 三司承山海指 將合啓⁴ 金晬與
禹性傳善 往議之 性傳素嫉山海 乃止晬勿預 大憲洪汝諄 疏劾性傳晬
削其職 於是 南北之論愈激 而東人之名遂絶 汝諄嘗告崔永慶 爲東人
所不齒⁵而特以附山海劾性傳故 遂與山海 爲北人之魁云 大憲李元翼
等 連啓 悉竄鄭澈尹斗壽等 凡以西人名者 皆逐之 杖殺梁千頃 贈崔永
慶官 以澈等罪 榜示朝堂 以柳成龍兼行吏判事 悉用南北人

※

1 逆獄(역옥): 정여립 사건으로 일어난 옥사.
2 中傷(중상): 사실무근한 말을 하여 남을 모략하는 것.

3 儲嗣(저사): 세자. 동궁을 뜻한다.

4 合啓(합계): 함께 아뢰다.

5 不齒(불치): 축에 끼워주지 않다. 쳐주지 않다.

14. 왜란 중에 생긴 일

한 해를 넘기자 왜구倭寇가 쳐들어왔다. 임금이 서쪽으로 피난하여 개성開城에 이르니 백성들이 길을 막고 정철을 부르라고 요청하고 여러 신하가 모두 이산해가 나라를 그르치고 일을 망쳤다고 허물했다.

황신黃愼이 선조가 내리는 글을 초안하면서 이르기를 '제일 먼저 촉蜀으로 가자고 부르짖은 양충국楊忠國의 머리를 베어야 한다.'고 썼는데, 이는 이산해가 빈(邠: 서쪽)으로 가기를 주장한 것을 뜻한 것이다.

선조 임금은 이산해를 귀양 보낼 것을 명하고 유성룡도 함께 죄를 주어야 한다고 청하자 또한 파면시켰다.

윤두수를 귀양지에서 불러들여 좌의정에 배수하고 또 정철을 불러 평양으로 이르게 하여 서인西人들이 점점 진출하였다.

선조 임금이 의주義州에 이르자 윤근수가 홍여순과 이원익을 탄핵하려고 하였다. 이에 성혼이 말하였다.

"이원익이야 어떻게 감히 탄핵할 수 있는가?"

사헌부와 사간원에서 홍여순과 송언신과 이홍로李弘老, 임몽정任蒙正, 유영길柳永吉을 귀양 보낼 것을 청했는데 이홍로는 또 소疏로써 윤두수를 꾸짖고 이산해를 두둔하여 서로 의견이 분분해 그칠 줄을 몰랐다.

선조는 친히 시를 지어 모든 신하에게 보였는데 그 시는

"여러 신하들은 오늘 이후에도

동인이니 서인이니 싸울 것인가"

라는 내용이었다.

그러나 모든 신하가 끝까지 뉘우치지 않았다.

갑오년(甲午年: 1594년)에 선조가 서울(한양)로 돌아왔다. 윤두수를 정승에서 파면시키고 유성룡과 김응남, 정탁이 서로 이어서 정승이 되었다.

이때에는 종묘나 사직(社稷: 국가)의 터에 풀만 나고 여러 가지 일이 처음 시작하는 것과 같아 어수선한데 대사헌 김우옹의 무리가 제일 먼저 정철의 죄를 논의하며 말하였다.

"최영경이 원통하게 죽은 것이 병화兵禍를 부른 것이다."

또 삼사(三司: 사헌부, 사간원, 홍문관)에서는 정엽鄭曄과 신흠申欽이 정철을 두둔하고 김우옹을 배척했는데 선조는 이에 정엽의 무리를 파면시켰다.

김우옹은 비록 정인홍과 정여립을 좋아했으나 유성룡을 더욱 중요하게 여겼기 때문에 마침내 남인南人이 되었다.

이때 명나라 장수 호택胡澤이 와서 명나라 조정의 의중을 전하고 우리로 하여금 잠시 왜구들의 봉공(封貢: 봉물과 공물)을 들어주라고 주청하라 하였다. 유성룡이 허락을 얻고자 하여 성혼과 함께 선조 앞에 나아갔다.

　성혼이 극력 말하기를 "나라의 세력이 위태하고 급박하므로 모름지기 조금이라도 군대의 날카로운 기세를 늦추는 것이 스스로의 안전을 도모하는 것입니다."라고 하였는데 선조 임금이 대단히 성내어 박절하게 꾸짖었다. 유성룡은 입을 다물고 감히 말을 하지 못하고 물러나왔다.

　이에 삼사三司가 글을 교차하여 '화친을 의론한 것'을 공격하자 김우옹과 유영경柳永慶도 이를 주장하였다. 그러나 김우옹은 오로지 성혼만을 공격하였다.

　유영경과 이이첨李爾瞻은 북인北人이다. 두 사람이 유성룡을 미워했는데 소리 높여 말하기를 "화친을 주장하는 자는 유성룡인데 지금 김우옹을 시켜서 오로지 성혼만을 공격하고 자신은 스스로 빠지니 유성룡은 참으로 간사한 자이다."라고 하였다. 이것으로 말미암아 김우옹은 또한 자의대로 성혼을 공격하지 못하였다.

　초기에 선조 임금이 서쪽으로 피난을 갈 때 파주로 가다가 물었다.

　"성혼의 집이 어느 곳에 있느냐?"

　이홍로가 옆에 있다가 거짓으로 강 위의 마을을 가리키며 대답했다.

　"저기 보이는 저 곳입니다."

　"어째서 나를 보러 오지 아니하는가?"

라고 임금이 물으니 이홍로가 대답하였다.

　"이러한 판국에 어찌 즐겨 오겠습니까?"

　이때 성혼은 집에 있었는데 임금의 수레가 지나간 뒤에야 비로소 듣고 따라 가려고 하였다. 그러나 왜구의 병사가 이미 길을 차단했으므로 산 속으로 피신했는데 마침 광해군이 분조分朝를 맡아서 이천伊川에 있다가 성혼을 불렀다. 성혼은 이에 이천으로 갔다가 방향을 바꾸어 영변寧邊으로 가 선조를 배알하였다.

이홍로가 또다시 참소하여 말하였다.

"성혼이 이곳에 온 것은 광해군을 위하여 전위傳位할 것을 도모하기 위해서입니다."

선조 임금은 대단히 화가 났으나 방랑(파천)하는 때라 성혼에게 의지하는 것이 중요하므로 할 수 없이 높이고 예우하였다.

수도인 한양으로 돌아왔을 때 성혼이 해주海州에서 명령을 기다렸다. 선조는 그때서야 성혼을 꾸짖어 말하였다.

"처음에 내가 경이 사는 곳을 지날 때 경은 나를 찾아보지 않았으니 나에게 큰 죄를 지은 것이 아니겠는가?"

얼마 있지 않아서 다시 화의和議한 일로 꾸짖음을 당하자 성혼은 두렵고 부끄러워서 고향으로 돌아갔다가 얼마 되지 않아서 죽었다. 스스로의 마음속의 일이 임금에게 알려지지 않아 유언하기를 검소하게 장례를 치르라고 하였다.

이때는 정철도 또한 죽은 때였다. 선조 임금은 대간臺諫들의 말을 쫓아 정철의 살아있을 때의 관직을 삭탈하였다.

이로부터 서인西人은 다 배척되고 남인南人과 북인北人이 번갈아 국정을 맡고 서로 공격하였다.

踰年¹ 倭寇至 上西狩²至開城 百姓遮道 乞召鄭澈 諸臣皆咎李山海誤國敗事 黃愼 草教文 有曰首倡幸蜀³ 國忠⁴之頭可斬 謂山海贊去邠⁵也 上命竄山海 柳成龍請同罪 亦罷之 召尹斗壽於謫中⁶拜左相 又召鄭澈赴平壤 西人稍進 至義州 尹根壽欲劾汝諄 李元翼 成渾曰 元翼何可劾

78

兩司[7] 乃請竄汝諄及宋言愼李弘老 任蒙正 柳永吉 弘老又疏詆 尹斗壽訟[8] 李山海 相與紛紛不已 上御製詩[9] 示群臣曰 諸臣今日後 忍復各西東[10] 然諸臣終不悛也 甲午還京 尹斗壽罷相 柳成龍金應南鄭琢 相繼入相 時廟社墟莽 庶事草刱[11] 而大憲金宇顒等 首論鄭澈之罪 以爲崔永慶冤死 致兵禍之報 三司鄭曄 申欽 訟澈 斥宇顒 上罷曄等 宇顒 雖與鄭仁弘汝立善 而尤重柳成龍故 卒爲南人 時天將胡澤[12] 來致中朝意[13] 令我奏請 姑聽倭封貢[14] 柳成龍欲許之 與成渾入對 渾極言國勢危迫 湏少緩兵鋒 以自圖 上盛怒 切責之 成龍嚅不敢言而退 於是三司交章[15] 攻和議[16] 金宇顒 柳永慶 主之然 宇顒專攻渾 永慶及李爾瞻 北人也 并嫉成龍 揚言[17]曰 主和者 乃成龍而今使宇顒專攻渾 以自免 成龍眞奸邪也 由是 宇顒 亦不能恣攻渾 初上西狩 路過坡州 問成渾家何在 李弘老在側 詭指所見江上村曰 此是也 上曰何不來見予 弘老曰 此時渠豈肯來耶 時渾家居 車駕[18]過後 始聞 欲赴之 兵已塞路 遂避入山中 適光海君分朝[19] 在伊川 召渾 渾乃往 轉向寧邊謁 上 弘老又譖之曰渾此來爲光海圖傳位耳 上怒甚 然時方播越[20] 倚渾以爲重故 强尊禮之 及還京 渾自海州復命 上乃責渾曰始予過卿居 而卿不見予 予之得罪大矣 未幾 復以和議被譴 渾惶愧歸鄉 尋卒 自以心事未暴[21] 遺令薄葬 時鄭澈亦卒 上從臺諫言 追削澈官 自是西人多擯斥 而南北迭相攻擊矣

※

1 踰年(유년): 한 해를 넘기다.
2 西狩(서수): 서쪽으로 순행하다. 여기서는 피난가다의 뜻.
3 幸蜀(행촉): 촉蜀나라로 거동하다. 곧 촉나라는 오지이므로 피난을 뜻한다.
4 國忠(국충): 당唐나라의 양충국楊忠國을 가리킨다. 당나라의 현종을 촉나라

로 피난 가도록 했다는 데서 이곳에서 그것을 인용한 것이다.

5 去邠(거빈): 빈邠땅을 버린다. 곧 수도 서울을 버리다.

6 謫中(적중): 귀양 가 있는 곳.

7 兩司(양사): 사헌부, 사간원을 말한다.

8 訟(송): 임금에게 탄원하여 그 사람의 죄를 씻어 주다. 곧 편들어 주다.

9 御製詩(어제시): 임금이 직접 지은 시.

10 西東(서동): 동인東人, 서인西人을 말한다.

11 草刱(초창): 처음 시작하는 것과 같다. 곧 어수선한 모양.

12 天將胡澤(천장호택): 천장天將은 명明나라 장수. 호택胡澤은 장수의 성과 이름.

13 中朝意(중조의): 중국 조정의 뜻.

14 封貢(봉공): 편지와 공물.

15 交章(교장): 서로 글을 교대하다.

16 和議(화의): 화친하자는 논의. 평화조약 같은 것.

17 揚言(양언): 큰 소리. 악을 쓰는 소리.

18 車駕(거가): 임금의 수레.

19 分朝(분조): 비상시에 조정을 둘로 나누어 대처하는 것.

20 播越(파월): 방랑하다. 곧 파천하다.

21 未暴(미폭): 자신의 마음을 임금에게 보여주지 못하다.

15. 남인과 북인의 당쟁

유성룡은 비록 강직한 절개는 모자라지만 그 재주와 식견은 중흥공신中興功臣의 으뜸이요, 이원익과 이덕형도 나라를 다시 일으키는 데 노고가

80

있었다.

유성룡은 이순신李舜臣을 추천하였고 끝까지 힘써 보호했으므로 서인西人과 북인北人이 유성룡을 미워하였고 아울러 이순신까지 의심해서 헐뜯고 모략하는 것이 매우 심하였다.

이순신이 급히 잡혀오게 되자 그의 어머니는 걱정으로 죽었다. 김덕령金德齡 또한 서인西人에게 죽임을 당하였고 곽재우郭再祐도 죽음의 위기에서 겨우 빠져나왔다. 이들은 다 당론에 따라 당한 사람들이다.

서인西人들은 조헌, 양산숙, 고경명高敬命이 죽은 뒤로부터 절개와 의리로는 동인東人들을 앞섰으나 공업功業의 실상은 동인들보다 못하였다.

이러한 사실은 다른 책에도 기록되어 있으나 여기서는 당의 논쟁만을 나타낸 것이다. 아래의 내용도 이와 같다.

북인 이산해가 비록 축출은 당했으나 선조 임금은 그를 생각하고 끝까지 잊지 않았다. 정탁이 이러한 선조의 뜻을 파악하고 이산해를 용서하라고 청하자 김우옹이 정탁을 탄핵해 정승 직위에서 쫓아냈다.

북인北人들이 이 일을 가지고 말하였다.

"유성룡이, 이산해가 다시 등용되면 자신을 핍박할까 두려워해 김우옹을 시켜서 정탁을 축출한 것이다."

이로써 북인들이 유성룡을 더욱 미워하였다.

마침 명나라에 사신을 보내 양호楊鎬의 무고誣告를 변명할 일이 있었는데 선조 임금이 유성룡을 보내려 하자 유성룡은 병이 있다고 사양하였다. 이 때문에 선조 임금이 유성룡을 박대하였다.

이이첨이 이를 기화로 유성룡을 탄핵하려 했으나 이헌국李憲國이

따르지 않았다. 선조 임금이 이이첨을 옳게 여기고 이헌국의 관직을
파면하였다.

남이공南以恭과 김신국金藎國이 이산해의 아들 경전慶全의 벼슬을
청탁했는데 전랑銓郎인 정경세鄭經世가 고집하고 허락하지 않았다.

남이공의 무리는 정경세가 유성룡의 지시를 받아서 그러한가 하고
의심하였다.

또 선조 임금이 유성룡을 싫어하는 것을 보고 이에 유성룡이 화친을
주장하여 나라 일을 그르치고 군사를 뽑을 때 뇌물을 받은 모든 죄상을
탄핵하고 아울러 우성전의 무리인 여러 남인南人도 함께 논박하였다.

김우옹이 유성룡을 구제하자 이기李墍가 김우옹까지 함께 탄핵했다.

대간 문홍도文弘道가 홍여순과 정인홍의 지시를 받고 소를 올려서
유성룡을 꾸짖어 노기(盧杞: 唐나라 사람)와 진회(秦檜: 宋나라 사람)에
게 비교하였다.

김신국은 또한 북인北人이었으나 문홍도의 말이 너무 심하다하여
그 말을 고치라고 하였는데 문홍도가 이를 거부하고 자리를 사퇴하자
선조 임금은 김신국을 파면시켰다.

이원익은 상소하여 유성룡이 청렴하고 충성스럽다며 홍여순이 참소
하고 무고했다고 말하였다. 또 임국로任國老와 채겸길蔡謙吉과 정영국
鄭榮國의 무리를 탄핵했는데 이들은 모두 북인北人들이었다.

柳成龍雖乏骨鯁之節[1] 其才識 爲中興功臣[2]之冠 李元翼李德馨皆有勞
於再造[3] 成龍薦李舜臣 終始力保 而西人及北人 以嫉成龍 幷疑舜臣
詆謀無所不至 舜臣被急徵 其母以憂卒 金德齡 亦爲西人所殺 郭再祐

幾危而僅免 皆黨論之所敺也 西人自趙憲梁山璹高敬命之死 以節義勝

而功業實遜於東人 事具他書 此惟以黨議見 下亦仿此 李山海雖被逐

而上眷念終不已 鄭琢希 上指 請宥山海 金宇顒 劾琢免相 北人謂柳成

龍 恐山海復用 以偪己故 使宇顒 逐琢也 以此益惡成龍 會 遣使辨楊鎬

之誣 上欲成龍行 成龍以病辭 上薄之 李爾瞻欲劾成龍 李憲國不從

上是爾瞻而罷憲國官 南以恭 金藎國 欲以李山海子慶全通淸路 銓郎鄭

經世執不許 以恭等疑經世受成龍指 且見 上意厭成龍 乃劾成龍主和誤

國選軍车利諸罪 幷論禹性傳等諸南人 金宇顒 救成龍 李墍 幷劾宇顒

臺諫文弘道 受洪汝諄鄭仁弘指 疏詆成龍 擬以杞檜[4] 金藎國亦北人 然

以弘道言爲過甚 欲改其辭 弘道引避[5] 上爲罷藎國 李元翼疏言成龍淸

忠 汝諄讒誣 又劾任國老 蔡謙吉 鄭榮國等 皆北人也

※

1 乏骨鯁之節(핍골경지절): 핍乏은 모자라다. 골경骨鯁은 강직하다. 강직한
  절개는 모자라다의 뜻.

2 中興功臣(중흥공신): 나라를 다시 일으키는 데 공을 세운 신하.

3 再造(재조): 중흥과 같다. 곧 다시 재건하다.

4 杞檜(기회): 기杞는 노기盧杞로 당나라 활주滑州 사람. 자는 자량子良. 덕종德
  宗 때 정승이며 정사를 전횡하여 사회가 대단히 문란하였다. 회檜는 진회秦檜
  로 송宋나라 고종高宗 때의 재상. 자는 회지會之. 충신 악비岳飛를 무고하게
  죽이고 주전파主戰波를 탄압했으며 금金과 굴욕적인 평화조약을 체결하여
  후세의 대표적인 간신으로 지목된다.

5 引避(인피): 꺼리어 피하다. 후진을 위해 자신의 자리를 물러나다의 뜻.

16. 대북大北, 육북肉北과 골북骨北으로 갈리다

이덕형李德馨은 본래 남인南人이었는데 북인 이산해의 사위가 되어 남인과 북인 사이를 왕래하였다. 이때 북인의 당세黨勢가 점점 왕성해지자 다시 남인이 되었다.

북인 중에 호기 있다고 자처하는 자는 점점 홍여순 등과 함께 일하는 것을 부끄럽게 여겼다.

이기는 이때 이조판서가 되어 홍여순을 대사헌으로 삼으려 하였는데 이조전랑인 남이공이 붓을 잡고 쓰지 않았다. 또 김신국은 상소하여 홍여순이 재앙을 즐겨서 싫어하지 않았다고 탄핵하였다.

홍여순은 유희서柳希緖를 사주하여 남이공과 김신국과 송일宋駒과 박이서朴彛叙, 이덕형李德泂, 경섬慶暹, 이필영李必榮 등을 탄핵하다가 도리어 경박한 사람으로 지목되어 혹은 파면당하고 또는 쫓겨났으나 유희분柳希奮만은 임금의 외척인 관계로 별일이 없었다.

남이공과 김신국의 무리는 항상 중요한 직책에 있어 당시의 명망이 있었고 명예와 재능을 소중하게 아끼므로, 자리를 잃고 벼슬을 다투는 자들은 다 이산해와 홍여순에게 몰려들어 아부하였다.

이에 이산해와 홍여순을 지지하는 자들을 대북大北이라 하였고, 남이공과 김신국을 지지하는 자들을 소북小北이라 하였다.

소북이 임금의 꾸짖음을 받자 이산해와 홍여순이 또 서로 권력을 다투어 이산해의 당黨을 육북肉北, 홍여순의 당을 골북骨北이라 불렀다.

이이첨이 상소하여 홍여순을 탄핵하자 선조 임금은 두 사람을 내쫓았으며 다시 서인西人을 참여시키기 시작하였다.

얼마 되지 않아 체찰사體察使인 이귀李貴가 영남에서 돌아와 정인홍이 고향에 있을 때 불법적인 일을 한 것을 논란하자 정인홍이 급하게 변명하기를 "신(인홍)이 성혼이나 정철과 서로 사이가 좋지 못하고 또 유성룡과도 유쾌하지 못했는데 이제 또 그 무리들이 이와 같이 신을 미워합니다." 하고는 성혼이 앞서 최영경을 얽어 죽인 것과 국가에 어려움이 있어도 오지 않았고 왜란 때 화의를 강조한 것 등의 여러 일을 들어 심하게 꾸짖고 아울러 정경세가 상중喪中에 술을 마신 것까지 탄핵하였다.

대사헌 황신黃愼이 성혼이 무고를 당하고 있다고 급히 변명하였으나 선조 임금이 황신을 대사헌 자리에서 교체시키고 조정 안에 있는 서인을 모두 다 내쫓고 '간사한 성혼〔奸渾〕, 나쁜 정철〔毒澈〕'이라고 전교했으며 유영경柳永慶을 이조판서, 정인홍을 대사헌으로 삼았다.

이항복李恒福은 평생에 당黨을 가지지 않았지만 이때에 이르러 소북 유영경이 이조판서가 되는 것을 저지하고자 했으므로 유영경의 당에게 탄핵당하고 정철의 심복으로 지목받아 정승에서 파면 당하였다.

정인홍은 임금의 부름을 받고 옛날 최영경을 두 번째 국문했을 때 대간이었던 구성具宬의 죄를 제일 먼저 거론하여 귀양을 보냈다.

이때 얼마 있지 않아 유영경이 정승이 되어 정치를 전임하게 되었는데 정인홍의 무리를 많이 파면하고 교체했으며 오로지 소북小北만을 등용하였다.

李德馨本南人 以李山海婿故 出入南北間 至是見北黨漸盛 還投南人

北人之自好者 稍稍恥與汝諄等同事 李塈爲吏判 欲擬汝諄大憲 銓郎南
以恭握筆不書 金藎國疏劾汝諄樂禍無厭 汝諄嗾柳希緒 劾以恭藎國及
宋馹 朴彝叙 李德泂慶暹 李必榮等 因爲浮薄 或罷或出 惟柳希奮以戚
里[1]得免 以恭藎國等 常居要地 有時望 重惜名器[2] 失志爭進者 皆赴愬於
山海汝諄 於是主山海汝諄者 爲大北 主以恭藎國者 爲小北 及小北被
譴 而山海汝諄 又相與爭權 山海黨謂之肉北 汝諄黨謂之骨北 李爾瞻
疏劾洪汝諄 上兩黜之 復夤進西人 未幾 體察[3] 李貴自嶺南還 論鄭仁弘
居鄕不法事 仁弘疏卞曰 臣與成渾鄭澈不相能 又不快於柳成龍 今其徒
嫉臣如此 因極詆渾搆殺崔永慶 不赴國難主和議諸事 并劾鄭經世居喪
飮酒 大憲黃愼 疏卞渾誣 上遞愼 悉逐西人在朝者 有奸渾毒澈之敎
以柳永慶爲吏判 鄭仁弘爲大憲 李恒福平生無黨 至是欲沮永慶吏判故
爲其黨所劾 指爲鄭澈腹心 以此免相 仁弘赴召 首論崔永慶再鞫時臺諫
具宬之罪 竄之 未幾 柳永慶爲相專政 仁弘等多罷遞 專用小北

✳

1 戚里(척리): 임금의 외척을 뜻한다. 본래는 중국 장안長安의 마을 이름이다.
  중국 한漢나라 때 천자天子의 인척이 이곳에 살았으므로 임금의 외척의
  뜻으로 쓰였다.
2 名器(명기): 명예와 재주.
3 體察(체찰): 체찰사體察使. 지방에 군란軍亂이 있을 때 왕을 대신하여 그
  지방에 나아가 일반 군무를 두루 총괄하던 군직軍職. 재상宰相이 겸임하기도
  한다.

17. 소북이 유당柳黨과 남당南黨으로 갈리다

처음에 광해군을 세자로 책봉한 지 20년이 되었다. 여러 번 사신을
파견하여 명나라에 책봉을 청했으나 중국[明] 조정에서는 임해군臨海
君이 맏이라 하여 오래도록 허락하지 않았다.

임해군과 광해군은 모두 공빈 박씨恭嬪 朴氏의 소생인데 임해군은
성질이 광폭하여 많은 덕을 잃었고, 광해군은 백성을 감독하고 진무한
공이 있어 의인왕후懿仁王后가 일찍부터 자신의 아들로 삼아서 조정이
나 외부에서 마음속으로 복종하여 다른 말이 없었다.

의인왕후가 죽은 후 예관(禮官: 예조)이 다시 사신을 보내 세자 책봉을
주청하자고 청하자 임금이 물었다.

"왕비 책봉은 청하지 않고 세자 책봉만 청하는 것은 무슨 까닭이냐?"

드디어 인목왕후仁穆王后를 책봉했는데 뒤에 인목왕후가 영창대군永
昌大君을 낳았다.

영상 유영경이 세종世宗 임금 때의 광평廣平대군과 임영臨瀛대군의
실례를 들어 백관百官을 거느리고 하례할 것을 주장하니 좌상 허욱許頊
과 우상 한응인韓應寅이 "대군大君 한 명을 낳았다고 반드시 하례할
것까지 있겠소?"라고 반대하자 유영경도 이에 중지하였다. 그러나
사람들은 다 "유영경이 선조 임금의 뜻에 따라 대군大君의 지위를
튼튼히 하기 위한 것이겠지!"라고 의심하였다.

이때 선조 임금이 병환이 있어 비밀리에 세자에게 왕위를 물려주기
위해 전교를 내리고 모든 정승을 불렀는데 유영경이 "지금 임금께서

영상만을 부르신 것이니 다른 정승은 참여하지 마시오."라고 말해 다른 정승들은 모두 퇴궐하였다.

이에 유영경이 홀로 장계를 올려 세자에게 전위하는 것을 거두어 달라고 청하였다.

"오늘의 전교는 여러 사람의 뜻 밖에서 나온 것으로 신은 감히 받들지 못하겠습니다."

병조판서인 박승종朴承宗이 유영경과 공모하여 군사를 동원해 궁궐 안을 호위하며 비상시를 대비하니 인심이 흉흉하여 모두 말하였다.

"유영경이 세자를 세우지 않으려 한다."

이때 이산해와 이이첨은 유영경에게 쫓겨나서 오래도록 쓰이지 못하였는데 광해군의 은밀한 부탁을 받고 다음날 계획을 세우고 광해군의 빈嬪의 오빠 유희분과 밤낮으로 모여 의논하였다.

인정에 불평이 있으므로 대간 송석경宋錫慶을 사주하여 임금의 약을 쓰는 것을 살피지 못한 어의 허준許浚의 죄를 청하여 그 여파가 차츰 유영경에게 미치게 하려고 하였다. 이때 유영경이 약원도제조藥院都提調였기 때문이었다.

유영경이 송단宋騨을 시켜 다른 일로써 송석경을 먼저 치자 선조 임금은 송석경을 파면하였다.

이산해와 이이첨은 자신들의 계략이 실패하자 이성李惺과 이담李憺을 영남으로 보내 정경세鄭經世를 찾아 유영경이 왕세자를 위태롭게 하려고 꾀한다고 충분히 설명하면서 상소를 하라고 권하였다.

정경세는 사양하며 말하였다.

"길이 같지 않으면 서로 꾀하지 않는 것이다."

　다시 정인홍을 찾아가 설득했더니 정인홍이 개연慨然히 고향에서
상소하기를

　"유영경은 임금의 성지聖旨를 비밀에 붙이고 모든 정승을 쫓았으니
이른바 모든 사람의 정이라는 것이 나라 사람들이 원하지 않는 것입니
까? 예컨대 사사로운 당인들이 하고자 하는 것입니까? 다른 때에
이들이 장차 스스로 더욱 멀리하게 될 텐데 왕께서 우리 동궁을 구제할
것입니까?"

라고 하였다. 선조 임금이 이것을 보고 심히 노하여 말하였다.

　"정인홍이 세자로 하여금 속히 보위를 이어받게 하려고 하는데 사람
의 신하된 자가 어떻게 현재의 임금을 물러나게 하는 것을 능사로
삼는가?"

　이러한 일이 있은 뒤에 광해군이 매일 문안을 하면 선조 임금은
문득 꾸짖었다.

　"중국의 책봉도 받지 못했는데 왜 세자世子라고 칭하는가? 앞으로
문안하러 오지 말라."

　이 말을 들은 광해군은 땅에 엎드려 피를 토하였다.

　대간 이효원李效元 등은 정인홍이 상소를 올려 군부(君父: 임금 아버
지)를 동요시키고 골육 간을 이간한다고 탄핵하고 아울러 이산해와
이경전, 그리고 이이첨 등을 논박하여 다 귀양 보냈다.

　진사進士 정온鄭蘊이 상소하여 정인홍을 구원하려 했으나 대답이
없었다.

　그때 허욱, 성영成泳, 최천건崔天健, 홍식洪湜, 성준구成俊耉, 이효원,
이유홍李惟弘, 김대래金大來, 송응순宋應洵, 이덕온李德溫, 송단宋騨,

송일, 남복규南復圭, 유성柳惺, 박승종, 유영근柳永謹, 유영순柳永詢, 이정李淨, 이경기李慶禥, 박이장朴而章, 황섬黃暹, 황하黃昰, 황근중黃謹中, 조명욱曺明勖, 성이문成以文, 민경기閔慶基, 박안현朴顔賢, 신광립申光立, 신요申橈는 모두 유영경을 지지했는데 이들을 유당柳黨이라고 불렀다.

　김신국 또한 유당에 들어갔고 남이공, 김시국金蓍國, 남이신南以信, 박이서, 임연任兗, 임장任章은 유영경에게 붙지 아니하여 남당南黨이라고 불렀다. 유희분은 비록 광해군 때문에 대북大北과 함께 일을 도모하였으나 본래는 소북小北이었다. 남이공과 친한 관계로 또한 남당이라고 칭하였다.

　이들은 다 소북에서 갈라져 둘이 된 것이다.

初光海君冊儲二十年 累遣使請封 中朝以臨海君居長 持之不許 臨海光海皆恭嬪朴氏出 臨海狂暴多失德 光海有監撫功 懿仁后嘗取而子之 中外[1]皆屬心無異辭 及懿仁后薨 禮官復欲遣使請封 上曰不請冊妃而請封 何也 遂冊仁穆后 後后生永昌大君 領相柳永慶援世宗時廣平臨瀛二大君例 率百官陳賀 左相許頊右相韓應寅 曰一大君生 何必陳賀 永慶乃止 然 人皆疑永慶迎上意 爲大君地也 上有疾 密教傳位于世子 招諸相 永慶曰今召時相[2] 他相不得與 他相皆退 永慶獨啓請收曰 今日之教出於群 情[3]之外 臣不敢承命 兵判朴承宗 與永慶謀 勒兵扈宮 以備非常 人心洶洶 皆言永慶 不欲立世子 時李山海李爾瞻爲永慶所逐 久不叙 欲密托光海爲他日計 與光海嬪兄[4] 柳希奮 日夜聚議 因人情之不平 嗾臺諫宋錫慶 以用藥不審 請罪御醫許浚 將以及永慶 時永慶 方爲

藥院都提調[5]也 永慶令宋驤 以他事迎擊[6] 錫慶 上罷錫慶官 山海爾瞻計
不售 乃以李惺 李憺 往嶺南 見鄭經世 極言永慶 謀危儲君狀 勸其上疏
經世謝曰道不同不相爲謀 又往說鄭仁弘 仁弘慨然自鄕呈疏曰柳永慶
秘聖旨[7]而逐諸相 所謂群情者 國人之不願歟 抑私黨之所不欲歟 異時
將自爲彌遠而濟王我東宮歟 上怒甚曰仁弘欲令世子 速受傳位爲人臣
者忍以退舊君爲能事哉 自此 光海每問安 上輒責之曰 未受冊命[8] 何以
稱世子 問安其勿更來 光海伏地嘔血 臺諫李效元等 劾仁弘動搖君父
離間骨肉幷論山海幷慶全及爾瞻等 悉竄之 進士鄭蘊 疏救仁弘不報
時許頊 成泳 崔天健 洪湜 成俊耉 李效元 李惟弘 金大來 宋應洵 李德溫
宋驤 宋駉 南復圭 柳惺 朴承宗 柳永謹 柳永詢 李瀞 李慶禥 朴而章
黃暹 黃昰 黃謹中 曺明勖 成以文 閔慶基 朴顔賢 申光立 申橈 皆右永慶
謂之柳黨 金藎國亦入柳黨 南以恭 金藎國 南以信 朴彝叙 任兗 任章不
附永慶 謂之南黨 柳希奮雖以光海故 與大北計事 然 本小北 尤與以恭
善故 亦稱南黨 此皆於小北中 又歧爲二者也

※

1 中外(중외): 궁 안이나 궁 밖.

2 時相(시상): 실세인 정승. 곧 당시의 정치를 주관하던 정승.

3 群情(군정): 여러 사람의 마음.

4 嬪兄(빈형): 광해군의 아내 유씨의 오빠인 유희분柳希奮.

5 藥院都提調(약원도제조): 약원藥院은 조선조 내의원內醫院의 별칭. 도제조
都提調는 내의원 안에 딸린 벼슬로 영의정이 겸임하던 벼슬.

6 迎擊(영격): 저쪽에서 치려고 하는데 이쪽에서 먼저 치는 것. 선수 치는
것을 말한다.

7 聖旨(성지): 임금의 뜻.

8 冊命(책명): 천자의 나라[明]에서 정식으로 책봉을 받지 못한 것.

18. 폐모론廢母論이 성사되다

선조 임금이 승하昇遐하자 광해군이 그날로 임금의 자리에 올랐다. 이산해를 원상院相으로 삼고 정인홍과 이이첨을 석방하여 등용하고 유영경과 김대래金大來를 죽였다.

이때 유당柳黨은 다 죄를 받았으나 소북小北을 모두 쫓아내지는 않았는데 이는 유희분이 힘을 쓴 때문이다.

이때부터 적신(賊臣: 불충한 신하)이 국사를 담당하여 제일 먼저 임해군을 죽이고, 두 번째는 진릉군晉陵君을 죽이고, 세 번째로 영창군 永昌君을 죽이고, 네 번째는 능창군綾昌君을 죽이고, 다섯 번째로 연흥군 延興君을 찢어 죽이고, '폐모론(廢母論: 어머니를 폐하자는 것)'을 성사시 켰다.

그 전후로 흉악한 논의를 주장한 자들은 정인홍, 이이첨, 허균許筠, 백대형白大珩, 정조鄭造, 윤인尹訒, 이위경李偉卿, 한찬남韓纘男, 박정 길朴鼎吉, 박도홍朴道弘, 채겸길蔡謙吉, 이상항李尙恒, 이속李覬, 한희길 韓希吉 등인데 이들은 모두 대북大北이다.

그들의 회유와 협박을 당하여 능히 스스로 다르다는 소리를 못 하고 따른 사람은 정승 한효순韓孝純 이하 이루 다 기록할 수가 없다. 이들 또한 모두 다 대북이다.

유희분, 박승종, 이이첨은 함께 공훈을 봉함 받아 삼창三昌이라고 하였다. 그러나 유희분과 박승종은 점점 달라졌다.

박승종은 또 서궁西宮을 구원한 공로가 있었고 마침내는 광해군을 위하여 순사하였으니 이 두 사람은 소북小北이다.

남이공의 당黨이 또한 많았으나 '폐모론廢母論'에는 들어가지 않았다. 이산해도 광해군 초년에 죽었으며 그의 아들 경전慶全은 이이첨과 틈이 생겨 소북小北으로 바뀌었다가 뒤에 다시 '남인南人'이 되었다.

그 당시 바른 것을 지키고 절의를 세운 사람은 이원익과 이덕형, 정구鄭逑와 같은 이들로서 다 남인南人이었고 이항복과 정홍익鄭弘翼, 김덕함金德諴, 오윤겸吳允謙과 같은 이는 다 서인西人이었다.

대북大北에서는 오직 기자헌奇自獻이 영의정으로 올바른 의론을 올리다가 이항복과 함께 귀양 갔다.

정온鄭蘊은 처음에 정인홍을 스승으로 삼았다가 정인홍이 폐모론을 주창하는 것을 보고 이에 제자의 적을 스스로 끊어버렸다. 그리고 글을 임금에게 올려서 자신의 의견을 다 이야기하였다.

정창연鄭昌衍, 이명李溟, 유몽인柳夢寅은 정온을 도와서 자립自立하였는데 사람들이 이들을 중북中北이라고 일컬었다.

처음에는 술사(術士: 점쟁이)인 남사고南師古가 사람들에게 일러 말하기를 "나라의 도읍지인 동쪽에 낙봉駱峯이 있고 서쪽에는 안현鞍峴이 있어서 두 산이 서로 다투는 기상이다. 반드시 동인과 서인의 다툼이 있을 것인데 락駱이라는 글자는 각마各馬이므로 동인은 반드시 분열되어서 각자 다 자립하고 안鞍자는 혁이안革而安이라 서인은 반드시 혁명한 다음에야 편안할 수 있다."고 말했는데 뒤에 그 말들이 다 실제로 맞았다.

上昇遐 光海卽日卽位 以李山海爲院相[1] 釋仁弘爾瞻擢用之 戮柳永慶
金大來 柳黨皆坐罪 然小北尙不盡斥 以柳希奮用事[2] 故也 自是賊臣[3]
當國 一擧而殺臨海 再擧而殺晉陵 三擧而殺永昌 四擧而殺綾昌 五擧
而戮延興之尸 而廢母之論[4]成 其前後主凶論者 鄭仁弘 李爾瞻 許筠
白大珩 鄭造 尹訒 李偉卿 韓纘男 朴鼎吉 朴道弘 蔡謙吉 李尙恒 李覺
韓希吉等 皆大北也 其被誘脅而不能自異者 相臣韓孝純以下不可悉記
亦皆大北也 柳希奮 朴承宗 李爾瞻 幷封勳[5] 號爲三昌 然希奮承宗稍立
異[6] 承宗又有救護西宮之功 卒以身殉光海 此二人小北也 南以恭黨亦
多不入廢論 李山海卒於光海之初 其子慶全與爾瞻有郤 改爲小北 後又
爲南人云 當時守正立節者 如李元翼 李德馨 鄭逑 皆南人也 如李恒福
鄭弘翼 金德誠 吳允謙 皆西人也 大北惟奇自獻 以領相獻正議[7] 與李恒
福同竄 鄭蘊初師仁弘 及見仁弘不終[8] 乃自割弟子籍 上疏極言 鄭昌衍
李溟 柳夢寅以右蘊自立 人謂之中北云 初術士南師古 謂人曰國都東有
駱峯[9] 西有鞍峴[10] 兩山相爭之象也 必有東西人之爭 駱者各馬 東人必分
裂各立 鞍者革而安也 西人必得革除之時而安云 後其言悉驗

※

1 院相(원상): 왕이 죽은 뒤에 잠시 정사를 맡아보는 임시 벼슬. 왕이 죽은
   후 세자가 즉위하였으나 상중喪中이므로 졸곡卒哭까지 스무 엿새 동안 덕망이
   있는 원로대신(재상급)이 맡게 하는 직책.
2 用事(용사): 권력을 행사하여 힘을 써주다.
3 賊臣(적신): 불충한 신하. 여기서는 대북大北을 말한다.

4 廢母之論(폐모지론): 광해군시대에 인목대비仁穆大妃를 폐위하자는 논의.

5 封勳(봉훈): 훈작을 봉하다. 공적을 봉해주다.

6 立異(입이): 각자가 서로 다르게 뜻을 세우다.

7 正議(정의): 여기서는 폐모론을 반대한 것을 일컫는다.

8 不終(부종): 제대로 마치지 못하다. 곧 잘못되었다는 뜻. 여기서는 폐모론을
   주창한 것을 뜻한다.

9 駱峯(낙봉): 서울 동대문에서 동소문東小門에 걸쳐 있는 산의 이름. 낙산駱山.

10 鞍峴(안현): 서울 서대문에 있는 산의 재. 남쪽 기슭에 봉원사奉元寺가
   있다. 안산鞍山.

제2부

인조에서 효종까지
仁祖朝至孝宗朝

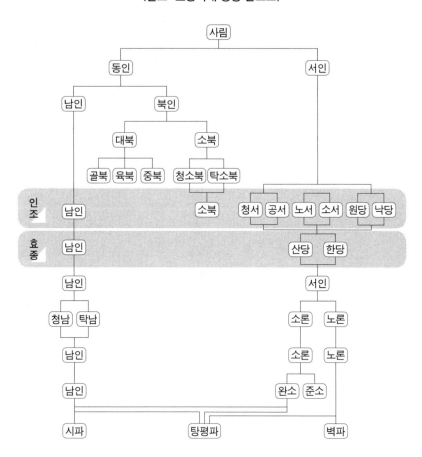

〈인조·효종시대 정당 분포도〉

※ 인물 주석은 509~585쪽까지 참조.

1. 인조반정 초년의 일들

인조仁祖 임금이 반정(反正: 정도로 되돌아가게 하다)하여 사람으로서
지켜야 할 도리를 다시 펴게 되었다.

　문무文武의 공신들인 김류金瑬, 이귀李貴, 신경진申景禛, 구굉具宏,
장유張維, 홍서봉洪瑞鳳, 최명길崔鳴吉, 심명세沈命世 등은 모두 옛날
이이, 성혼의 문인門人이거나 이항복이 일찍부터 천거한 사람들이었
다. 그들은 앞길이 막혀 금고당하고 유폐되어 있다가 중도에 일어나서
의거에 협력하여 도운 것이다.

　대북大北은 정인홍, 이이첨부터 그의 수하들에 이르기까지 다 목을
베어 죽여서 그 뒤로는 감히 대북이라 이름하는 자가 없었고 국론國論이
드디어 서인西人에게로 돌아갔다.

　서인西人들은 동인東人들에게 감정이 쌓여서 처음부터 남인南人과
북인北人을 함께 잡아 가두고자 하였는데 이는 김상헌金尙憲이 주장한
말이었다.

　그러나 당시 옛 신하들은 모두 죽어 오직 남인 이원익만 홀로 살아
있었다. 이원익이 반정 다음날 한강 북쪽에서 가마를 타고 조회에
들어오니 이때서야 인심人心이 진정되었다. 이에 이원익을 수상首相으
로 삼았다. 이로써 남인들은 버림받지 않았다.

　소북小北은 능히 자립할 수가 없어서 서인西人과 남인南人에게 많이

투항하여 붙었다.

여러 신하들이 제일 먼저 성혼과 정철의 복관復官과 제사를 지내도록 청하였다. 이원익은 기축년己丑年의 죄인인 이발 등의 복관復官을 청했는데 인조는 이 둘을 모두 허락하였다.

이때 서울 외곽에 사는 유생儒生들이 이이와 성혼의 문묘종사(文廟從祀: 배향)를 청하자 영남 유생들이 번갈아가며 상소하여 이이와 성혼을 헐뜯었다.

"이이는 산에 들어가 형체를 훼손(머리 깎은 일)하였으니 명교名敎에 흠이 있고, 성혼은 임금을 버리고 나라를 저버렸으며 선비들을 음해하여 죽였습니다."

이에 서인인 오윤겸吳允謙, 조익趙翼 등이 급히 상소하여 영남 유생들의 무고를 변명하자 인조 임금은 '두 신하(이이, 성혼)의 허물은 세상 사람들이 모두 아는 바라.'고 전교하였다. 이로부터 문묘종사 여부가 서인과 남인南人들이 서로 싸우는 큰 안건이 되었으며 조정의 선비들과 유생들이 서로 다투고 싸워 무사히 넘기는 해가 없었다.

기자헌奇自獻은 비록 절개가 있었으나 근본이 대북大北으로, 그의 아들 기준격奇俊格이 역모를 범하여 죽었으므로 다시 등용되지 못했다.

仁祖反正[1] 彛倫[2]再叙 文武勳臣 金瑬 李貴 申景禛 具宏 張維 洪瑞鳳 崔鳴吉 沈命世等 皆故李珥成渾門人 及李恒福 所嘗引薦者 從錮廢[3]中 起 協贊擧義 大北自鄭仁弘李爾瞻以下悉誅死 後無敢以大北名者 國論 遂歸西人 西人積憾東人 始欲幷錮南北 金尙憲 主其說 然當時舊德[4]凋 喪 惟李元翼獨存 反正翼日 自江上[5]肩輿[6] 赴朝 人心始大定[7] 遂立爲首

相[8] 以此南人得不廢 小北不能自立 多投附西南矣 諸臣首請成渾鄭澈
復官賜祭 李元翼因請己丑罪人[9] 李潑等復官 幷許之 於是京外儒生 請
以李珥成渾從祀文廟[10] 嶺南儒生迭疏詆 珥 入山毁形[11]有玷名教[12] 渾
遺君負國 陰戕士類 西人吳允謙趙翼等 疏卞嶺儒之誣 上有二臣釁累
人所共知之教 自是從祀可否 爲西南攻鬪之大案 朝士儒生 投甌相爭無
虛歲云 奇自獻雖樹立[13] 以本大北而其子俊格 犯逆誅故 遂不收叙

※

1 仁祖反正(인조반정): 1623년에 서인일파가 광해군 및 집권당인 대북파를
　몰아내고 능양군 종을 왕으로 옹립한 무력정변.

2 彝倫(이륜): 사람이 항상 지켜야 할 도리. 한 번 정해진 변하지 않는 인륜.

3 錮廢(고폐): 금고에 처하고 유폐되다.

4 舊德(구덕): 지나간 사람들. 곧 앞서 벼슬한 사람들.

5 江上(강상): 여주驪州를 말한다. 이원익은 폐모론에 반대하여 홍천洪川에서
　5년간 유배생활을 한 후 풀려나 여주에 머무르고 있었다.

6 肩輿(견여): 두 사람이 메는 가마.

7 人心始大定(인심시대정): 인심이 진정되다. 인조반정이 백성들의 지지를
　받지 못했음을 시사한다.

8 首相(수상): 영의정을 뜻한다.

9 己丑罪人(기축죄인): 1589년 정여립의 모반을 계기로 일어난 옥사인 기축옥
　사 때 관련된 죄인.

10 從祀文廟(종사문묘): 공자를 모신 성균관 문묘에 배향하는 것.

11 毁形(훼형): 형체를 훼손시키다. 어머니 신사임당의 죽음에 상심한 이이가
　입산하여 머리를 깎은 일을 뜻한다.

12 名教(명교): 인륜의 명분을 밝히는 교훈.

13 樹立(수립): 굳세게 서다. 곧 절개 있게 서다.

2. 서인과 남인의 분쟁

이괄李适의 난亂 때 기자헌과 북인北人인 김원량金元亮, 윤수겸尹守謙, 이시언李時言, 현집玄緝 등이 고변서에 이름이 적혀 잡혀 갔었다.

임금이 도성을 떠나 난을 피하려고 할 때 김류가

"모든 죄수를 곧바로 참참斬하여 반군과 내통하지 못하게 해야 합니다."
라고 청하였다. 이귀가 이 말을 듣고 간쟁하기를

"한 사람이라도 죄 없이 죽이는 것은 임금이 할 바가 아닌데 지금
아무 까닭 없이 몰래 죽이는 것이 옳은 일입니까?"
라고 반대하였다. 김류가 계속 청하자 이귀가 말하기를

"기자헌은 옛 정승으로 어두운 조정(광해군 때)에서 절개를 세웠는데
지금 함께 섞여 죽임을 당하게 되었습니다. 원컨대 창졸간에 부득이한
일 때문임을 알려서 죽는 자로 하여금 희생양임을 알게 하소서."
라고 청하였다. 또 목을 베어 죽이지 말고 매달아 죽이자고 청하였다.
이에 김원량 등 49명을 하룻밤 사이에 모두 죽였다.

이원익이 아침 조회에서 처음 듣고 깜짝 놀라 "이렇게 많은 사람이
죽었는데 수상首相으로서 듣지도 못했으니 내가 늙었구나! 장차 어디
에 쓰랴!" 하고 탄식을 그치지 않았다.

북인北人인 권진權縉은 전前 판서였는데 영남으로 귀양 갔을 때 반정
공신 구인후具仁垕가 감사監司 민성휘閔聖徽로 하여금 곧바로 목을
베게 하였는데 난이 평정된 후에는 살인을 함부로 한 죄로 민성휘를
체포하였다.

여러 공신들이 다 "민성휘의 마음은 실상 나라를 위한 것입니다."라고
하자 벼슬만을 삭탈하고 방면하였다.

유몽인柳夢寅은 본래 중북中北으로 폐모론에 참여하지 않았는데 반
정反正이 일어나자 서산西山으로 도망하여 나오지 않다가 뒤에 체포되
었다. 유몽인이 스스로 '노과부시老寡婦詩'를 짓자 형리가 스스로 자복
한 것으로 여겨 목을 베어 죽였다. 그의 생질 홍서봉洪瑞鳳이 이때
공신이었으나 구제하지 못하였다.

이로부터 박홍구朴弘耈, 이인거李仁居, 유효립柳孝立, 정운동鄭雲同,
권대진權大進의 옥사가 계속 이어졌고 사회가 불안하여 여러 해 동안
그치지 않았다.

이때에 대개 뜻을 잃어버린 자가 나라에 절반이나 되었는데 조정에서
도 평정 회복에 힘쓰지 않은 까닭이었다.

이때 묘당(廟堂: 조정)에서 전국 8도에 유시諭示를 내려

"기자헌, 유몽인이 폐주(廢主: 광해군)를 위해 복수하고자 흉한 계책
을 꾸며 모든 역적의 근본이 되었다."

라고 알렸다. 또 대북大北 인사들의 죄를 미루어 꾸며서

"광해군과 함께 선조宣祖 임금을 독살하였다."

라고까지 말했는데 그 말은 더욱 증거가 없었다.

인성군仁城君 공珙이 여러 역적의 계교에 끌려들어 갔는데 유효립의
옥사가 있은 뒤에 조정의 백관들이 사형에 처할 것을 청하였다.

남인인 대간大諫 정온이 상소를 올려 말하였다.

"지금 증거의 허실을 따지지 않고 역적의 공초만을 믿는다면 앞으로
옥사獄事가 없는 해가 없을 것입니다. 인성군을 제거한다 하더라도

어찌 또 다른 인성군이 없겠습니까? 이러다간 선왕의 자식들이 다 없어질까 슬플 따름입니다. '은殷나라의 거울이 멀지 않다.'고 하였는데 가까이는 광해조에도 있습니다. 광해군이 쫓겨난 것은 비록 혼란스러운 정치에도 있었으나 다만 동기간을 죽이지 않고 모후母后를 폐하지 않았다면 비록 전하의 덕으로도 능히 이 보위에 오르지는 못하였을 것입니다.

또 여러 공신들을 헐뜯어 극언하였다.

"전하께서 이 무리들 때문에 나라를 얻었으나 마침내는 이 무리들 때문에 나라가 망할 것입니다."

인조가 처음에는 인성군 공珙을 죽이지 않으려 하였으나 여러 공신들이 그치지 않고 죽이자고 하므로 부득이하여 따른 것이다.

이때 국혼國婚을 논의하는데 동인인 윤의립尹毅立의 딸이 뽑히자 공신인 서인 이귀와 김자점金自點 등이 적극적으로 저지하였다.

임금이 이에 대한 의견을 묻자 예문관藝文館 검열檢閱 목성선睦性善과 홍문관弘文館 정자正字 유석柳碩이 인성군을 죽이고 윤씨 집안과 파혼한 일들을 조정 대신들이 막지 않은 것을 비판하였다.

부제학副提學 정경세와 홍문관 전한典翰 이준李埈 등이 조정 내의 남인들과 함께 청의淸議를 부르짖어 이귀까지 공격했는데 골육을 살해하게 한 것을 이이첨에게 비교까지 하였다.

이에 서인西人들이 분노하고 원망하여 말하였다.

"남인南人들이 이 일을 계기로 조정의 판도를 바꾸려 한다."

그러나 정온과 정경세는 절개와 의리가 있다고 소문이 났고 그 지조는 조야朝野가 다 알았으므로 드러내어 배척하지 못하고 오직 지위가 낮고 젊은 목성선과 유석만 모두 일어나 공격하였다.

김상헌이 정경세의 뒤를 이어 부제학이 되자 상소를 올려 '목성선과 유석은 자신들의 당(남인)으로 임금의 외척을 삼아서 평화시에는 폐부(肺腑: 지극히 친하다)의 도움을 얻어 여러 역적들이 추대하는 왕자에게 마음을 두려 한 것이고 세상이 어지러울 때는 말로 응답한 공을 받으려고 한 것입니다.'라고 공격하자 듣는 사람들이 다 너무 심한 말이라 하였다.

우의정 신흠申欽과 대간臺諫 황감黃扂은 서인西人이었으나 정경세 등을 두둔하다가 이귀에게 욕을 먹었다.

대간大諫 이성구李聖求는 남인南人이었으나 도리어 목성선을 공격하여 목성선의 상소를 불사르자고 청하여 이 때문에 갑자기 등용되어 정승까지 되었다.

이때에 남인으로서 중용重用된 자는 오직 이성구와 이광정李光庭, 장현광張顯光, 김시양金時讓 등 몇 사람에 불과하였다.

북인北人은 오직 남이웅南以雄뿐이었는데 그는 일찍이 이조판서가 되어 임용 대상자를 천거하면서 서인西人, 남인南人, 북인北人을 나란히 등용하여 삼망三望을 만들어 그때에 삼색도화三色桃花라고 이름하였다. 남이웅도 오래지 않아서 탄핵을 받아 물러나게 되었다.

조경趙絅은 깨끗한 이름으로써 당시에 무게가 있었다. 일찍이 대간으로 있을 때 공신이자 정승인 홍서봉洪瑞鳳이 탐욕스럽고 사치스럽다고 탄핵하자 김상헌이 조경을 하옥하라고 청하였다. 그러자 민형남閔馨男이 상소하여 '간관諫官을 국문하는 일은 우리 조정에서는 없었던 일입니다.'라고 반대해 일이 중지되었다.

이계李烓는 글을 잘하고 의론을 좋아하였는데 김상헌과 원수 사이였다. 김상헌이 심양瀋陽에 갔을 때 "이계는 청淸나라 사람에게 붙어서 국가기밀을 누설하였다."고 말해 극형을 받았다. 그러나 이 사건의 진상은 불분명했으므로 남인들이 이를 원통히 여겼다.

당시 조정의 의론은 원종을 추존하는 일과 후금에 대한 강화와 척화 여부로 이견이 있었으나 남인과 서인의 일과는 관계가 없으므로 함께 기재하지 않는다.

李适之變 自獻及北人金元亮 尹守謙 李時言 玄緝等 名罣 變書被拿而 上將播遷 金瑬請直斬諸囚而行 以絶內應 李貴爭曰 殺一不辜 王者不 爲 今無故而加淫刑可乎 瑬堅請之 貴曰自獻舊輔相 立節昏朝 今混被 誅戮 願諭之以倉卒不得已之意 使死者自知非辜 又請勿斬而縊之 於是 幷殺元亮等四十九人於一夜間 李元翼及朝 始聞之 愕然曰誅殺如此 而首相不得聞 吾耄矣 將焉用哉 嘆咤不已 北人權縉以前判書 竄嶺南 勳臣具仁垕 使監司閔聖徽 直斬之 事定 以濫殺 逮聖徽 諸勳臣皆言聖 徽心實爲國 止削其官 柳夢寅本中北 不預廢論[1] 反正後逃西山不出 後 被逮 自陳所著老寡婦詩 按獄者以爲就服而斬之 其甥洪瑞鳳方爲勳臣 而不能救 自是朴弘耈 李仁居 柳孝立 鄭雲同 權大進之獄相續 反側不 安 數年未已 盖以失志者半國 而朝廷不能以恢平爲務故 至此 廟堂爲 文通諭八道 以奇自獻柳夢寅欲爲廢主復讎禱 張凶圖 爲諸賊之本 又追 著大北諸人之罪 謂與光海鴆弑 宣廟[2] 其說尤無據 仁城君珙多爲諸賊 所引 柳孝立獄後 百官廷請置辟[3] 大諫鄭蘊疏 曰今不問形迹之虛實 一 信賊招而已則 逆獄將無虛歲 仁城雖除 豈無仁城 先王之子噫其盡矣

殷鑑不遠[4] 近在廢朝 使廢朝雖有昏亂之政 但不殺同氣 不廢母后 雖以

殿下之德 不能有此位也 又極詆諸勳臣曰 殿下以此輩得國 終以此輩亡

國 上始不欲殺珙 諸勳臣爭不止 不得已從之 時方議圖國婚 東人尹毅

立 女膺選[5] 勳臣李貴金自點等力沮之 檢閱睦性善 正字柳碩 應旨言事

非斥廷臣誅仁城罷尹婚諸事 副提學鄭經世典翰李埈等 與諸南人在朝

者 倡爲淸議 至以李貴等 戕害骨肉比之爾瞻 西人憤怨 謂南人欲因此

變換朝廷 然鄭蘊鄭經世以節義經行聞[6] 其所執爲朝野所共知故 不能

顯斥 獨以性善碩卑少群起攻之 金尙憲代經世爲副學 疏詆性善碩欲以

己黨爲戚里 時平則結肺腑之援 欲留諸賊所推戴之王子 世亂則受酬言

之功 聞者皆甚之 右相申欽臺諫黃㦿西人也 然右經世等 爲李貴所訥罵

大諫李聖求 南人也 反攻性善 請焚其疏 以此驟用 至拜相 時南人柄用[7]

者 惟李聖求 李光庭 張顯光 金時讓等數人 北人惟南以雄 嘗爲吏判

每注擬[8] 叅用西南北 爲三望[9] 時號三色桃花 不久 被劾去 趙絅以淸名

爲時所重 嘗以臺諫 劾勳相 洪瑞鳳貪侈 金尙憲請下絅於獄 閔馨男疏

言 諫官被鞫 國朝所未有 事得已 李烓 善文辭 好議論 與金尙憲 有仇

及尙憲 赴瀋陽烓以附淸人告國陰事 被極刑 然事不明 南人寃之 當時

朝議 如 元宗[10] 追崇 及講和斥和之議 雖有異同 不繫西南故 幷不載

※

1 廢論(폐론): 광해군 때의 폐모론廢母論.

2 宣廟(선묘): 선조를 뜻한다.

3 辟(벽): 죄를 주다.

4 殷鑑不遠(은감불원): 앞 시대의 잘못을 지금의 경계로 삼는 것. 은나라
　주왕紂王은 전대前代 하夏나라 걸왕桀王이 폭정 때문에 망한 사실을 거울로

삼아 경계해야 한다는 것.

5 膺選(응선): 뽑히다.

6 經行聞(경행문): 돌아다니며 들리다. 곧 들려오다.

7 柄用(병용): 중용하여 정권을 잡게 하다.

8 注擬(주의): 주의하여 살피다. 이조에서 임용대상자를 천거하는 것.

9 三望(삼망): 나라에서 사람을 쓰는 데 있어 이조吏曹에서 인재를 추천하는데 수망首望, 차망次望, 말망末望의 세 가지로 나누어 하는 것을 뜻한다.

10 元宗(원종): 인조仁祖의 아버지를 말하며 선조의 아들이다. 인조가 즉위하고 나서 원종으로 추대를 받았다.

3. 서인의 이합집산

반정反正 초에 공신들이 정권을 잡게 되어 선비들이 많이 따랐는데 그중에서도 김상헌은 유독 뛰어난 식견을 가졌다. 이때 훈서勳西와 청서淸西로 나뉘었고 또 오래지 않아 노서老西와 소서少西로 변하였다.

훈서勳西 가운데에는 김류가 노장층의 영수이고, 이귀는 소장층의 영수였다.

노서老西는 신흠申欽, 오윤겸吳允謙, 김상용金尙容이었는데 이들은 서인西人과 남인南人을 함께 등용하려고 힘썼다. 이 때문에 삼사三司의 박정朴炡, 나만갑羅萬甲, 이기조李基祚, 강석기姜碩期 등은 다 김상헌의 기풍을 흠모하여 스스로를 소서少西라고 이름하였다.

남이공은 유희분과 함께 당黨을 만들었는데 광해군 때 고관으로 있으면서 끝내 폐모론에 참여하지 않았으므로 세상에서 이들을 많이 따랐다.

　이경직李景稷은 본래 당이 없었으나 이이첨과 먼 일가였다. 이이첨이 서성徐渻을 해치려고 하였는데 이경직과 서성은 집안이 서로 왕래하는 사이였으므로 이경직이 이이첨을 만나 서성을 풀려나게 하였다.

　좋아하지 않는 자들이 이경직이 이이첨과 통한다고 떠들었다. 폐모론이 일어났을 때 이경직은 정청庭請에 참여하지 않아 죄를 얻었다.

　이때 오윤겸이 남이공을 대사헌으로 천거하고 김상용이 이경직을 대사간으로 천거하자 박정 등이 다투었다.

　이귀가 임금에게

　"오윤겸과 김상용이 김류와 함께 허물이 있는 사람들을 진출시키려고 합니다."

라고 말하고, 김류는 또

　"박정 등은 사리에 어두우면서 남의 말도 듣지 않고 제멋대로 입니다."

라고 배척하였다.

　인조 임금은 박정의 무리가 당黨을 만든다고 의심하여 이들을 국문하려 하다가 얼마 있지 아니하여 먼 곳으로 귀양 보낼 것을 명령하였다. 대제학 장유張維가 삼사三司와 함께 박정을 구하기 위해 상소하자 내쳐 나주목사羅州牧使로 보냈는데 이 때문에 조정의 의논이 크게 소란스러웠다.

　이때 완성군完城君 최명길崔鳴吉이 상소하여 양쪽을 화해시켰다. 최명길의 상소문을 요약해 보면 다음과 같다.

　"분당分黨 이래 지금까지 주축主軸이 된 자는 전조銓曹를 근본으로 삼고 삼사三司를 조아(爪牙: 손톱과 어금니)로 삼았습니다. 또 그중에서

덕망 있는 한 사람을 추대하여 감주(監主: 영수, 즉 당수)로 삼았습니다.

무릇 인재를 등용하는 것과 막는 것, 정사政事의 옳고 그른 것들이 한결같이 감주監主의 사실(私室: 밀실)에서 결정됨으로써 삼사三司의 의론이 한 입에서 나오는 것과 같습니다.

인사권이 있는 사람에게는 탄핵이나 논박을 하지 못해 감주의 집에는 안장을 맨 말들이 문 앞에 가득하고 당당하던 공조(公朝: 공공의 조정)는 드디어 사당私黨의 와굴이 되었습니다.

반정反正한 뒤에는 이쪽이나 저쪽의 인재들이 일시에 등용되었는데 이는 다 자기들의 명망으로 인한 것으로 다른 사람이 이끌어 주어 오른 것이 아니었으므로 전조(銓曹: 吏曹)의 권한이 약해지기 시작했고 대각(臺閣: 사헌부, 사간원을 총칭함)에서 국사를 논의하는데도 상관의 지시를 받는 일이 없어졌습니다. 그러므로 비록 다른 의론이 간간히 나오기는 하지만 진실로 맑은 조정의 좋은 일을 해치지는 않았습니다.

지금은 몇몇 신하가 지나치게 높은 의견을 가지고 남을 너무 가혹하게 책망해 유언비어들이 떠돌아 들려서 그 실마리가 함께 발동하여 서로 따라 함정 속으로 들어가게 되니 이것은 가히 애석한 일입니다.

남이공은 비록 유희분, 박승종과 친하기는 하지만 폐모론을 주장한 자들과는 원수가 되어서 여러 해 동안이나 귀양 갔었으며 국사의 경험도 이미 오래되어 계획이나 사려가 넉넉하여 진실로 가히 함께 나라의 일을 도모할 만합니다.

신(臣: 최명길)이 이조吏曹에 있을 때 또한 등용하고자 했으나 쓰지 못했으므로 김류와 의논하여 비로소 청백하고 현명한 관리로 통하였는데 젊은 관리들이 용납하지 않았으므로 드디어 풍파가 일어났습니다.

그러나 신이 이제 와서 남이공을 버리고 젊은 관리들을 구제하는 것은 신의 소견이 변한 것이 아닙니다. 어진 여러 신하들이 남이공을 공격하는 것은 남이공을 아주 버리자는 것이 아니라 특별히 맑은 신망이 다하는 것을 허락하지 않기 때문입니다.

조정에서 여러 신하들을 박절하게 교대시키고 남이공을 억지로 등용하는 것이 옳겠습니까? 무엇 때문에 꼭 여러 번 굴욕을 가하여 높고 깨끗한 언론을 주장하는 선비로 하여금 다 불평을 품게 하여 거듭 남이공의 앞길을 막습니까? 이경직이 일찍이 이이첨을 찾아갔을 때 이이첨을 맞아 서실로 안내했는데 박자흥朴自興이 이를 보고 비방하는 말을 만들어 전파했습니다. 급기야 폐모론에도 참여하지 않아 예측할 수 없는 함정에 빠져 위태로웠습니다. 사람들이 비로소 이경직의 본심을 알았으나 그래도 비방이 분분연紛紛然하게 남아 아직까지 그치지 않는 것입니다.

이경직은 신과 동년배입니다.

젊어서는 재주 있다는 이름이 있었고 선비들과 교유하였으며 집에서 부모를 섬기는 데도 가히 모범적이었으나 다만 재주를 믿고 호기를 부리는 것이 이경직의 병입니다.

서실에서 이이첨과 사사로이 말했다는 것은 증거로 삼기가 분명치 않으나 폐모론에 참여하지 않은 것은 사실적인 증거가 있습니다. 밝히기 어려운 허물을 가지고 그 확실한 증거가 있는 좋은 일을 가리는 것은 전배前輩들의 논의입니다.

비록 폐모론에 응답은 안 했으나 발이 간신의 문 앞에 이르렀으니 이는 외밭에 발을 들여놓아 마침내 혐의를 면하지 못한 것으로 이는 후배들의 말이 또한 공정한 곳에서 나온 것으로 죄가 될 만한 증거가 되지 못합니다.

말세의 풍속이 들뜨고 경박하여 명목을 짓는 것을 즐거워하여 시끌시끌한 말들이 어제 오늘이 아니었습니다. 반정反正 초부터 또한 청서淸西, 훈서勳西, 윤서尹西, 신서申西가 갈렸으며 전하여 온 자가 심히 많았습니다만 끝까지 무사한 자는 조정에서 일찍이 분별하지 아니하고 무심하게 처리하였기 때문입니다.

대체적으로 선배들은 나이가 이미 높고 경험이 이미 많음으로 그 의론이 항상 너그럽게 용서하는 것을 주장하였고, 후배들은 혈기가 바야흐로 왕성하고 명예와 절개를 스스로 힘쓰므로 그의 말들이 항상 맑고 높은 것을 주장하게 됩니다.

너그럽게 용서하는 자들은 혹은 정이 지나치는데 흐르고 맑고 높은 자들은 혹은 지나치게 각박한 것이 실수하게 되는데 두 쪽이 다 숭상하는 것이 상반되므로 형세가 그렇게 되는 것입니다.

신이 젊었을 때 사귀던 선비의 한 무리 중에 황신黃愼, 정엽鄭曄, 오윤겸吳允謙과 같은 여러 사람은 유학儒學과 올바른 행동으로 선배들이 소중히 여겼습니다. 또 김류, 홍서봉, 김상헌 등은 맑은 이름과 번화한 명성으로 후배들이 추앙하였습니다.

일을 논할 즈음에는 완급緩急이 같지 않아 선배들의 말을 기롱하고 비평하는 것이 대개 또한 많았습니다. 그러나 선배들은 온화하게 처신하고 끝까지 개의치 않았으니 이것이 온전하게 사귀는 도리입니다.

세월이 오래되어 인사人事가 점점 변하고 옛날의 후배가 도리어 오늘날 선배가 되고 또 전날 자신들이 했던 맑고 높은 의론을 어린 사람들에게 양보하여 스스로 타인들의 기롱하고 비평을 받는 처지를 받아들이게 되니 서로 바뀌는 도리가 정히 하나의 웃음거리입니다.

지금 선배의 너그럽게 용서하는 도가 유독 허물이 없지 않은 몇 명에게만 미치고 한때 맑은 의론을 가졌던 선비에게는 미치지 않는다면 이것이 어찌 배가 한쪽으로 기우는 것을 싫어하여 왼쪽에서 오른쪽으로 옮기는 것과 다를 바가 있겠습니까?"

윤서尹西와 신서申西는 윤방尹昉과 신흠申欽의 두 집안의 자제들을 일컫는 말이다.

이들은 오래지 않아 다시 합하였다.

인조 말년에 이르러 또 원당原黨, 낙당洛黨, 산당山黨, 한당漢黨이 나누어졌다.

원당의 영수는 원평부원군原平府院君 원두표元斗杓였고, 낙당은 상락부원군上洛府院君 김자점金自點이 영수였는데 다 공신이었다.

산당山黨은 김집金集이 영수였는데 송준길宋浚吉과 송시열 등이 보좌했으며 다 충청도 연산連山 회덕懷德의 산림(山林: 재야) 사람들이므로 산당이라고 일렀다.

한당漢黨은 김육金堉과 신면申冕이 영수였는데 다 한강漢江 위에 살고 있었으므로 한당이라고 이름하였다.

反正初 勳臣當國 士類多附之 而金尚憲 獨持風裁[1] 於是 有勳西[2]淸西[3] 之目 未幾 又變爲老西少西 勳西中 金瑬 主老 李貴主少 老西申欽 吳允謙 金尚容 務欲幷用西南 而三司朴炡 羅萬甲 李基祚 姜碩期 皆慕尚憲 之風 自名少西 南以恭 與柳希奮 植黨 昏朝 爲高官 然終不預廢論 世以

此多之 李景稷本無黨 與李爾瞻爲疎屬[4] 爾瞻將害徐渻 景稷與渻 有通
家誼 爲往見爾瞻 而解之 不悅者譖言景稷 通爾瞻 及廢論起 景稷以不
叅庭請 得罪 至是 允謙擬以恭於大憲 尙容擬景稷於大諫[5] 烶等爭之
李貴白 上言 允謙尙容 與金鎏 合欲引進負累之人 鎏又斥烶等 狂愚自
用[6] 上 疑烶等樹黨 至欲鞫之 尋命遠竄 大提學張維 疏救三司 出補羅州
牧使 朝議大閔 完城君崔鳴吉 上疏兩解之 略曰 自分黨以來 當軸者
以銓曹[7]爲根本 以三司爲爪牙 又推其中 有重望者一人 以爲監主 凡通
塞人才 是非朝政 一決于監主之私室故 三司論議 如出一口 銓衡之地
彈駁不到 而監主之家 鞍馬盈門 堂堂公朝 遂爲黨私之窩窟 反正之後
彼此人才 一時登庸 皆因自己聲望 不階汲引之力 故 銓曹之權 始輕
臺閣論事 無所稟承 雖異議間出 固不害爲淸朝之美事 今此數臣 持論
過峻 責人太苛 流言飛聞 機牙幷發 相隨而入於罟阱之中 是可惜也
南以恭雖柳希奮朴承宗所親 而與主張廢論者 作爲仇敵 竄謫累年 閱事
旣久[8] 計慮優長 誠可與共謀國事 臣在銓曹 亦欲擬用而不果 因金鎏議
始通淸顯 而少輩不容 遂生風 然臣今捨以恭 而救少輩者 非所見有變
也 良以諸臣 攻以恭 非欲全棄 特不許淸望而已 使朝廷 薄遞諸臣 而仍
用以恭 可矣 何必累加摧折 使淸議之士 皆懷不平 而重閉以恭之路乎
李景稷嘗往見爾瞻 邀入書室 爲朴自興所見 造謗傳播 及庭請[9]不叅 幾
陷不測 人始知景稷之本情 而餘毀紛然 至今未已 景稷是臣儕輩[10]也
少有才名 交游士類 居家事親 有可觀之行 但負才使氣 此其病處耳
書室私語 叅證未明 庭請立異 事跡有據 不以難明之過 揜其有據之善
此前輩之論 是也 雖無酬酢於廢論 而足及權奸之門 苫田納腹 終未免
嫌 此後輩之言 亦出於公正 不可據以爲罪也 末俗浮薄 喜造名目 囂囂

之說 非今斯今 反正之初 亦有淸西勳西尹西申西之目 傳之者 甚多
而終於無事者 以朝廷未嘗分別而無心 以處之故耳 大要前輩 年紀旣高
閱歷已多故 其論常主於寬恕 後輩 血氣方强 名節自勵故 其說常主於
淸峻 寬恕者 或流於情勝 淸峻者 或失於過刻 二者所尙之相反 其勢然
也 臣少時 一隊士友 如黃愼鄭曄吳允謙諸人 以儒學行誼 爲前輩所重
金瑬洪瑞鳳金尙憲諸人 以淸名華聞 爲後輩所推 而論事之際 緩急不同
譏評前輩之言 蓋亦多矣 而前輩 處之怡然 終不介意 此全交之道也
歲月浸尋 人事漸變 昔之後輩 反爲今日之前輩 而又將前日淸峻之論
讓與一隊年少 而自居於受人譏評之地 互換之道 正好一笑 今前輩 寬
恕之道 獨及於若干人之不能無瑕點者 而不及於一時持淸議之士 是何
異於惡舟之傾 而移左以就右乎 尹西申西 尹昉申欽二家子弟之稱也
未久 皆復合 至上末年 又有原黨洛黨山黨漢黨之目 原黨 主原平府院
君元斗杓 洛黨 主上洛府院君金自點 皆勳臣也 山黨 主金集 而宋浚吉
宋時烈等 輔之 皆連山懷德山林中人 故謂之山黨 漢黨 主金堉及申冕
皆居漢上故 謂之漢黨

※

1 風裁(풍재): 뛰어난 식견.

2 勳西(훈서): 서인 중 인조반정을 주도해 공신이 된 세력.

3 淸西(청서): 서인 중 인조반정에 소극적 입장을 취한 세력.

4 疎屬(소속): 먼 일가. 곧 먼 일가 부스러기의 뜻.

5 大諫(대간): 대사간大司諫의 약칭.

6 狂愚自用(광우자용): 제멋대로 하고 남의 말을 듣지 않는 것.

7 銓曹(전조): 이조吏曹의 별칭.

8 閱事旣久(열사기구): 오랜 기간 동안 국사의 경험이 많다.

9 庭請(정청): 여기서는 광해군 때 폐모론을 말한다.

10 儕輩(제배): 나이와 신분이 서로 비슷한 사람. 또는 동년배의 뜻.

4. 산림山林 사람들이 조정에 나오다

처음에 김상헌은 의를 부르짖고 화친을 배척하였는데 도성都城이 함락된 뒤에는 산 속으로 도망갔다. 뒤에 청淸나라 사람들에게 수색당해 연관(燕館: 연경의 여관)으로 끌려가 얽매였지만 끝까지 굴하지 않았다.

해를 지나서 돌아와 정승에 제수되었으며 서인 김장생金長生과 그의 아들 김집을 왕을 보좌할 인재로 천거하였다.

김장생이 조정에 나왔다가 얼마 있지 않아서 죽었다. 김집이 상복을 벗자 다시 정3품인 찬선贊善이 되어 세자를 보좌하였다.

이때 김육이 경제經濟로 등용되어 공납을 고쳐 대동법大同法을 만들자고 청하였으나 김집이 반대하였다.

이때 이조판서 자리가 비었는데 조야朝野에서는 김집에게 알맞은 자리라고 여겼으나 임금이 임담林墰을 임명하자 김집이 벼슬을 버리고 떠나갔다.

삼사三司와 성균관에서 번갈아 글을 올려 잡으라고 청하고 또 임담에게 어진 사람을 위해 길을 피해달라고 청하였다.

임담이 이에 사면하자 임금이 김집을 불렀는데 조카인 김익희金益熙가 김집을 쫓아가서 임금의 뜻을 말하였다.

김집이 이에 돌아와 이조판서가 되어서 어진 선비들을 모조리 임용하여 조정에 포열布列시켰다. 이 중 송시열과 송준길의 양송兩宋이 우두머리가 되었으며 윤선거尹宣擧와 이유태李惟泰를 차례대로 불러들였다.

남인南人 권시權諰와 허목許穆, 윤휴尹鑴 등도 선발하자 선비들이 엄정하다고 하여 멀리 내다보았다.

세상에 전해 오기를 반정反正 초에 공신들이 모여 맹세할 때 두 가지 비밀스런 약속을 했는데 그것은 '국혼國婚을 잃지 말 것과 산림(재야)을 높여 임용하자.'는 것으로 이것은 자신들의 형세形勢를 굳게 하여 명예와 실익을 거두려는 것이었다.

바야흐로 송시열의 무리가 성대한 명성이 있자 공신인 김자점, 원두표, 이후원李厚源이 다투어 서로 추천하여 주인主人이 되기를 허락하더니 이때에 소현세자 빈嬪 강씨姜氏가 사약을 받고 죽었다. 이것은 김자점이 실제 그 화를 빚어낸 것으로 그 내용이 다른 글에 쓰여 있다.

선비의 의론이 이로부터 김자점을 배척하고 원두표와 이후원에게 돌아가자 김자점이 심히 유감스럽게 여겼다.

이때 신면이 중요한 위치에 있어서 김익희와 함께 권세를 다투었는데 김익희가 산사람(재야)들의 중망을 얻자 '신면이 김자점과 같은 당이다.'라고 탄핵하였다. 또 조경趙絅이 대사헌이 되어 여러 남인南人과 더불어 모든 당黨을 함께 무너뜨리려고 꾀하였다.

일이 발생하기 전에 송준길이 집의執義로서 경연經筵을 열어 이시만李時萬, 이이존李以存, 신면, 이지항李之恒, 이해창李海昌, 엄정구嚴鼎耈, 황감을 김자점의 당이라며 귀양 보내라고 청하였다. 또 이행진李行進, 이시해李時楷를 원두표의 당이라며 파면시키라고 청하였다.

이들은 모두가 선비들로서 공신들에게 붙어서 핑계를 삼았다. 사람의 많고 적음과 형벌의 경중은 달랐다.

初金尙憲 倡義斥和 下城[1]後 遁歸山中 後爲淸人所索 拘繫燕館[2] 不屈
經歲歸 拜爲相 薦金長生及其子集 有王佐才 長生造朝 尋卒 集服除[3]
起爲贊善[4] 輔世子 時金堉以經濟 進用 建請革貢賦 爲大同法[5] 集不可
會 吏判缺 朝野望集秉政 而上以林㙉 爲吏判 集棄官去 三司館學[6] 交章
請留 又請令㙉避賢路 㙉辭免 上召集從子益熙 追集諭意 集乃還 爲吏
判 悉引賢士 布列朝廷 二宋[7] 爲首 而尹宣擧李惟泰 次第徵召 南人權諰
許穆尹鑴等 亦預其選 士類顒顒望風矣 世傳反正初 勳臣會盟 有密約
二事 曰無失國婚[8] 曰崇用山林 所以固形勢 而收名實也 方宋時烈等
有盛名勳臣金自點元斗杓李厚源 爭相薦引 許爲主人 及昭顯嬪姜氏賜
死 自點 實釀其禍 事見他書 士論 以此 擯自點 而歸斗杓厚源 自點
憾甚 申冤 方居顯路[9] 與金益熙 爭權 益熙 挾山人重 劾冤黨自點 趙絅爲
大憲 與諸南人 謀欲幷傾諸黨 事未發 而宋浚吉以執義[10]筵啓 請竄李時
萬李以存申冤李之恒李海昌嚴鼎耉黃㦿 以黨自點也 又請罷李行進李
時楷 以黨斗杓也 俱以士類附勳宰爲辭 而人之多寡 罰之輕重異焉

※

1 下城(하성): 성이 함락되다. 곧 적에게 성을 빼앗기다.

2 燕館(연관): 청淸나라 수도에 있는 조선의 사신이 묵는 객사客舍. 곧 일종의
  감옥과 같은 곳. 속국의 관리가 볼모로 잡혀와 중국의 처분을 기다리는 곳.

3 服除(복제): 부모의 3년상을 마치다.

4 贊善(찬선): 조선조 세자시강원의 정3품 관직.

5 大同法(대동법): 앞서 현물로 바치던 공물貢物을 미포米布로 거두어들이던
  법. 광해군 즉위년(1608)에 처음 경기도에서 시행된 후 강원(1623), 충청

(1651), 전라(1658)로 확대 실시되다가 100년 만인 숙종 34년(1708)에 전국적
으로 실시되었다. 앞서 공납이 가호家戶 단위인데 비해 대동법은 전결田結
단위였으므로 양반지주들의 반대가 심했다. 고종 31년(1894)에 폐지했다.

6 館學(관학) : 성균관. 곧 성균관의 모든 학자.

7 二宋(이송) : 송준길과 송시열.

8 無失國婚(무실국혼) : 국혼을 잃지 않는 것. 곧 왕비는 대대로 서인 집안에서
   내겠다는 뜻이다.

9 顯路(현로) : 중요한 벼슬자리. 곧 뛰어난 벼슬자리.

10 執義(집의) : 조선조 사헌부의 종3품 벼슬. 태종太宗 원년에 중승中丞을
    고쳐서 일컬었다. 사헌집의司憲執義.

5. 산림과 외척의 원한

효종孝宗이 즉위해서 청나라를 북벌하여 복수하려는 마음을 단단히
가져 모든 국정國政은 송준길과 송시열의 의견만을 듣고 김자점을
쫓아냈다.

이에 김자점이 역관譯官 이형장李馨長을 시켜 청나라 사람에게 참소
하였다.

"새 임금이 구신(舊臣: 원로)들을 물리치고 산림(재야) 사람들만
등용시켜 벼슬의 차례를 기다리지 않고 있으니 그 뜻이 장차 무슨
일을 하려는 것입니다."

이 때문에 청淸나라에서는 육사六使를 파견하여 조사하여 물었는데
그 일의 기미를 예측할 수 없었다.

118

영의정 이경석이 직접 이 일을 맡아 예조판서 조경과 함께 만상(灣上: 지금의 의주)에 볼모로 갇혔는데 청나라 사람들이 얼마 있다가 의심이 풀려 그만두었다.

김자점은 처음에 귀양 보냈다가 얼마 안 되어 역모를 꾸민 사실이 발각되어 아들 익과 함께 처형되었는데, 익이 처형에 임박하여

"김자점(아버지)이 이형장을 보내 청나라 사람에게 부탁하기를 송시열의 무리들을 결박해 가라고 하였는데 그 꾀는 신면으로부터 나온 것입니다."

라고 공술하였다. 이로 인하여 신면이 고문을 받았으나 끝까지 굴복하지 않고 죽었다. 뒤에 이형장을 국문하였는데 이형장이 죽음에 이르러서도

"신면은 죄가 없다."

라고 말했다고 하였다.

어떤 이가 전하는데 송시열 등이 장차 조정으로 부임하려고 할 때 신면이 대대로 귀하고 성대한 이름이 있었으므로 사람을 시켜 의중을 전달하였다.

이에 신면이 말하였다.

"모든 산사람(재야)이 과연 나올 것인가?"

"그렇습니다."

신면이

"나와서 장차 무슨 일을 할 것인가?"

라고 묻자

"원수에게 복수하고 치욕을 씻는 것과 강빈姜嬪이 원통하게 죽은

것을 풀어드리는 것, 이 두 가지가 오늘날 먼저 할 일입니다."
라고 대답하였다. 신면이 다시 말하기를

"내가 산사람들에게 사례의 말을 하리다. 그대들은 봉황새와 같아 그의 명성만 듣고도 사람들이 스스로 사모합니다. 이런 때 나와서 사람들의 의표儀表가 되는 것이 안 될 것은 없지만 함께 내려와 닭이나 집오리처럼 바쁘게 몰려다니며 부인이나 어린아이들의 웃음거리나 되지 않을까 염려되오."
라고 말하였다. 이 말을 전해 듣고 산당(山黨: 산림) 사람들이 매우 화를 냈는데 신면이 이 때문에 죽었다는 말이 있었다.

민신閔愼이라는 자가 있었는데 그의 할아버지가 죽고 그 아버지는 불치병이 있었다. 송시열이 중국의 송宋나라 광종光宗과 영종寧宗의 일을 인용하여 민신으로 하여금 아버지를 대신하여 할아버지의 상을 담당하게 하였다.

김육이 이때 대간을 시켜 민신이 아버지를 폐했다고 탄핵하고 송시열 까지 침해하였는데 김육이 죽었을 때에는 그 아들 좌명佐明이 수도隧道 를 냈다고 하여 송시열이 또 사람을 시켜 상소하여 그의 참람한 것을 논박하였다.

조한영曺漢英이 김육을 두둔하고 민정중閔鼎重과 민유중閔維重은 송 시열을 두둔하여 서로 다투어서 결말이 나지 않았는데 이때부터 산당山 黨과 한당漢黨의 틈새가 물과 불같은 상태였다.

명성후明聖后가 빈嬪으로 책봉되자 김씨[김좌명]가 외척이 되었다.

김좌명이 본래 재간과 능력이 깊었는데 세상에서 기약하기를 '아버지 를 이어서 정승이 될 것이다.'고 했는데 송시열이 공언하기를 '외척은 다시 쓸 수 없다.'고 하자 선비들이 송시열을 두려워하여 김좌명을 방문하지 않았다.

김좌명의 아들 석주錫冑가 글과 명예가 있고 과거에 오른 지가 10년이 나 되었건만 좋은 자리를 주려 하지 않았는데 이 때문에 송시열에게 뼈에 사무치는 원한을 품었다.

어떤 이가 정태화鄭太和에게

"산인(山人: 산림사류)과 임금의 외척들의 원한이 깊은데 어떻게 다시 풀 수 있을까?"

라고 묻자 정태화가 대답하였다.

"세상일의 변화가 끝이 없는데 어찌 다시 합하지 못함을 알겠는가. 나는 늙었으나 그대들은 혹 볼 수 있을지도 모르지."

孝宗卽位 銳意討復[1] 悉以國政聽浚吉時烈 而黜自點 自點乃使譯官[2]李 馨長 譖於淸人曰 新王退舊臣[3] 進用山林之人 待以不次 其意將以有爲 於是淸遣六使[4]査問 事機不測 領相李景奭 以身自當 與禮判趙絅 就囚 于灣上[5] 淸人 尋 意解乃已 自點初命竄 未幾謀逆事覺 與子釴幷誅 釴臨 死 供自點遣馨長囑淸人縛宋時烈等以去 其謀出自申冕 冕被栲不服死 後鞫馨長 馨長至死 猶言申冕無罪云 或傳宋時烈等將赴朝 以冕世貴有 盛名 使人致意 冕曰諸山人果出耶 曰然 冕曰出將何爲 曰復讎雪恥 伸姜嬪冤 此二事今日所先也 冕曰爲我謝山人 君輩如鳳 聞其聲 人自 慕之 時出而羽儀[6] 亦無不可 但下與鷄鶩刺促 未有不爲婦人孺子[7]所笑 也 語傳 山黨大愠 冕卒以此死云 有閔愼者其祖死 其父廢疾[8] 時烈引宋 光寧[9]事 令愼代父承重[10] 金堉使臺諫劾愼廢父 以侵時烈 及堉卒 其子佐

明以隧道¹¹葬 時烈又使人疏論其僭 曹漢英右埈 閔鼎重維重右時烈 相
訟不決 自是山漢之隙如水火 明聖后¹²冊嬪 金氏爲戚里 佐明素有幹能
世期繼父爲相 而時烈揚言戚臣 不可復用 士類憚時烈 多不與通問 佐
明子錫冑 有文譽 登第十年而無肯許淸顯者 憾時烈次骨¹³ 或謂鄭太和
曰 山人與戚里之怨深矣 庸可復解乎 太和曰 世變無窮 安知其不復合
吾老矣 公等尙或見之

※

1 討復(토복): 정벌하여 복수하고자 하는 것. 즉 청에 대한 북벌北伐 계획을
　말한다.
2 譯官(역관): 통역관.
3 舊臣(구신): 앞선 임금의 신하들. 곧 오랜 경력을 가진 신하들.
4 六使(육사): 국가 간의 사신을 보낼 때는 상사上使 부사副使 서장관書狀官을
　삼사三使라고 한다. 이곳에서 육사六使라고 한 것은 1년에 여섯 번이나 보냈던
　것을 기록한 것 같다.
5 灣上(만상): 지금의 신의주의 옛 명칭. 옛날의 의주義州를 용만龍灣이라고
　했으며 만灣자만 따서 '만상'으로 하였다.
6 羽儀(우의): 한 세상의 의표儀表가 되는 것.
7 婦人孺子(부인유자): 부녀자와 어린아이.
8 廢疾(폐질): 고칠 수 없는 불치병.
9 宋光寧(송광영): 중국의 송나라시대 광종光宗과 영종寧宗으로 12대와 13대
　임금.
10 承重(승중): 장손長孫으로 아버지가 돌아가면 조부모의 상사를 아버지를
　대신해 맡아 치르고 대신 상주가 되는 것.
11 隧道(수도): 산이나 땅 밑을 뚫고 만드는 길. 또는 평지에서 묘의 광중까지
　비스듬히 파서 통하게 하는 길. 왕과 왕후의 묘에만 낼 수 있었다.

12 明聖后(명성후): 김우명의 딸. 곧 김육의 손녀.
13 次骨(차골): 뼈에 사무치는 원한.

제3부

현종시대
顯宗朝

〈현종시대 정당 분포도〉

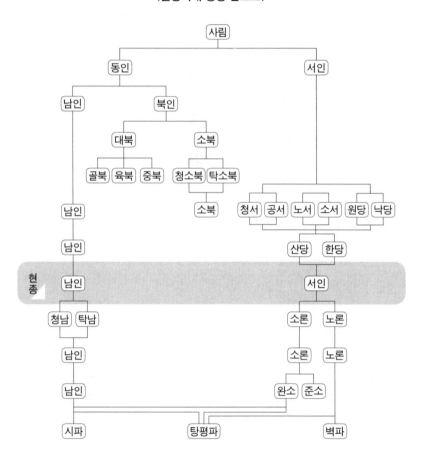

※ 인물 주석은 509~585쪽까지 참조.

1. 제1차 예송논쟁: 기해예송己亥禮訟

효종孝宗이 세상을 떠나자(1659년 5월), 자의대비慈懿大妃가 왕후궁에 있었다.

중국의 「대명례大明禮」와 우리나라의 「국제國制」에는 모후母后가 장자長子나 그 밖의 여러 아들이 죽었을 때 다 기년(朞年: 1년)의 복복을 입게 되어 있었다.

찬성贊成 송시열이 상복喪服에 관한 예를 인용해 말하였다.

"서자庶子가 비록 승중承重했다 해도 3년의 상복을 입지 못합니다. 고례古禮대로 기년朞年의 복복이 옳습니다."

이것은 효종이 본래는 인조仁祖의 둘째아들이요, 장자가 아니라는 것을 이른 것이다.

진선進善 윤휴尹鑴가 반박하였다.

"『예기』의 주소注疏에 보면 제1의 아들이 죽고 제2의 아들을 세우면 또한 장자長子라고 이름한다고 했는데 효종이 세자를 이었으니 이 글과 정확히 합치됩니다."

송시열이 다시 말하였다.

"『예기』의 주소에는 3년복을 입지 못하는 4가지 경우에 대해 나와 있습니다. 그 첫째가 체體이면서 정正이 아닌 경우〔體而不正〕입니다."

이것은 비록 자신에게서 나왔고 또 승중承重을 했더라도 장자가 아니면 정正이 되지 못한다는 것을 말한 것이다.

영의정 정태화가 송시열을 제지하며 말렸다.

"공(公: 그대)은 다시는 이런 말을 하지 마십시오. 만일 간사한 자가 이 말을 트집 잡아 조정에 재앙을 만들어내면 어찌하겠습니까?"

윤휴는 또 『예기』를 인용하여 말하였다.

"임금의 상사喪事는 내외內外의 종친들이 모두 참최복斬衰服을 입는데 이는 임금과 신하의 예절을 중하게 여기기 때문입니다."

송시열이 그 말을 자르며 말하였다.

"자식이 어머니를 신하로 삼은 도리는 없습니다."

정태화가 드디어 「국제國制」에 의거하여 기년상朞年喪으로 정하고 송시열과 윤휴의 설을 다 시행하지 않았다.

孝宗昇遐 慈懿大妃在東朝¹ 大明禮及國制 母后爲長衆子皆服朞² 贊成 宋時烈 引喪服禮 庶子雖承重³ 不得三年 當以古禮服朞 謂 孝宗本 仁祖 次嫡而非長子也 進善⁴尹鑴曰禮疏 第一子死 立第二子 亦名長子 孝宗 升儲嗣 正合此文 時烈曰禮疏⁵ 四種⁶不得三年 其一 曰體而不正 謂雖以 己出且傳重 而非長嫡則不得爲正也 領相鄭太和 止時烈曰 公勿復此言 萬一奸人 執此言 以搆禍於朝廷 奈何 鑴又引禮 君喪 內外宗皆斬⁷ 以重 君臣也 時烈折之曰子無臣母之義 太和遂據國制 定朞而時烈鑴之說皆 不行

※

1 東朝(동조): 황태후의 궁전.
2 服朞(복기): 1년상의 복.

3 承重(승중) : 아버지가 이미 돌아간 경우 할아버지 상사 때 장손長孫이 대신
상제 노릇을 하는 것. 여기서는 장자(소현세자)가 죽었을 때 둘째 아들(효종)
이 장자를 이었음을 뜻한다.

4 進善(진선) : 조선시대 세자시강원世子侍講院에 소속한 정4품의 벼슬.

5 禮疏(예소) : 『예기禮記』의 주석.

6 四種(사종) : 3년복을 입지 않는 4가지 경우. 4종지설四種之說. ① 正體지만
승중할 수 없는 경우. ② 승중했으나 正體가 아닌 경우. ③ 體而不正, 맏이가
아닌데 후사를 이은 경우. 곧 효종이 여기 해당한다. ④ 正而不體, 맏이면서
후사를 잇지 못한 경우. 곧 소현세자의 아들이 여기에 해당한다.

7 斬(참) : 5가지 상복의 하나인 참최복斬衰服. 곧 거친 삼베로 짓고 하단을
꿰매지 않은 상복. 참최복을 입는다는 것은 3년의 상기喪期를 말한다.

2. 10년 동안 예송禮訟을 금지시키다

현종顯宗 원년(1660)에 장령掌令 허목許穆이 소疏를 올려 말하였다.

"'체이부정體而不正'은 첩의 아들을 말한 것입니다. 효종은 대비大妃
의 적자嫡子인데 어찌 바르지 않다고 할 수 있습니까?"

송시열은 이때 고향으로 돌아가고 이유태李惟泰가 조정에 있었는데
'4종지설'을 힘써 주장하였다.

어떤 사람이 이유태에게 이르기를

"지금 다만 1년복을 입는 것은 「국제」에 의한 것이요, 「고례古禮」를
따른 것이 아니라고 말하면 남인들이 아무런 소리를 못할 것이오."
라고 했으나 이유태는 따르지 않았다.

송시열이 또 의론을 올려서 이르기를

"지금『예기』의 주소에 이른 '장자長子가 죽고 제2의 아들을 세우면 이 또한 장자長子라고 이름한다.'는 글로 참최복(斬衰服: 3년복)을 입어야 마땅하다고 증거를 삼으나 신(송시열)은 이른바 장자長子가 죽었다는 것이 언제를 말함인지 알지 못하겠습니다. 어느 때 죽었다는 것입니까? 또는 장자가 어려서 죽었을 때 아버지가 상복을 입지 않은 사실을 이르는 것입니까? 장자가 성인成人이 되어 죽어서 아버지가 이미 참최복을 입은 후 다음 아들을 세웠는데 그 아들이 죽었다면 또 장자라고 일러 또 그를 위해 참최복을 입는다면 어찌『예기』의 이른바 두 번의 참최복을 입지 아니한다는 의리에 합당하겠습니까? '서庶'라는 것이 비록 첩의 아들을 부르는 말이기도 하지만 정식으로 예를 갖춘 아내에게서 나온 두 번째 아들도 한 가지로 '서자庶子'라고 이름합니다. '서庶'는 천한 호칭이 아니라 '여러 아들'이란 뜻입니다. 효묘(孝廟: 효종)도 인묘(仁廟: 인조)의 '서자庶子'가 되는 것이 해가 되지 않습니다.

옛날에 문왕(文王: 주나라 왕)이 백읍고伯邑考를 버리고 무왕을 세웠으며 주공周公이 예를 만들었는데 반드시 어른과 젊은이의 분별을 정성스럽게 했을 것입니다. 지금 허목이 말한 바와 같은 것은『예기』단궁檀弓편에 단궁은 문(免: 상복의 일종)을 입었고 자유子游는 참최를 입었는데 과연 족히 조심하지 아니하겠습니까?"

라고 하였고, 또 말하였다.

"세종대왕의 여덟 왕자가 서로 이어 계속 왕세자가 되었다가 죽었으면 세종대왕은 장차 여덟 번의 참최복을 입어야 합니까?"

송준길의 의론도 송시열과 더불어 대강 같았다.

윤휴는 이유태에게 편지를 보냈는데 그 내용이 다음과 같다.

"예禮에 장자를 위한 참최복을 입는 것은 할아버지와 아버지의 차례를 잇는 것을 이른 것이요, 백성의 집이 그러하다는 뜻입니다.

대대의 임금이나 국가의 종통宗統을 받는 것은 천하의 신神과 인간의 주인이 되는 것으로 그 어른된 것은 거대한 것이고 그 종통宗統이 된 것은 높은 것입니다. 그러므로 적자를 빼앗고 종통을 빼앗는 것이 일상적인 윤리와는 절대적으로 달라 왕실의 예란 때때로 사대부나 일반백성의 집안과는 같지 않습니다.

주周나라 태왕太王의 종통은 막내인 왕계王季에게 갔지 장자인 태백太伯에게 돌아가지 못했습니다. 한漢나라의 종통도 무릉茂陵으로 옮겨지고 장자인 임강臨江에게 돌아가지 못했습니다.

종통의 있는 곳은 곧 복服도 높은 것이요, 복服이 하강하는 것은 곧 종통도 폐지되는 것입니다.

지금 장자와 서자의 설을 고집하는 것은 대통大統의 중요한 것을 어둡게 하여 시중의 하찮은 예절로써 왕조王朝의 전법을 논하니 이것은 그 종통을 둘로 하고 그 높은 것을 낮게 하는 것이 아니겠습니까!"

송시열이 또 변명하여 말하였다.

"장자를 종통으로 주장하는 것은 떳떳한 도리이고 다음 아들이 종통을 빼앗은 것은 권도權道이다. '세운다.'라고 하지 않고 '빼앗다.'라고 한 것은 성인聖人께서 '떳떳한 도리'와 '권도權道'의 뜻을 엄하게 한 것이다.

상복이나 종통은 이 2가지의 일이다. 상복이 내리 깎이는 것은 맏아들의 의義를 밝히는 것이요, 종통이 옮겨지는 것은 임금의 도리를 높이는

지 130

것이다."

처음 윤선도尹善道가 광해조光海朝 때에 있을 때 이이첨을 성토하고 귀양을 갔었으나 실상은 유희분의 지시를 받아 한 일이었다. 이 때문에 반정反正한 뒤에도 높이 등용되지 못하였다.

일찍이 효종이 잠저潛邸에 있을 때 사부師傅였다. 효종이 즉위한 뒤 높은 관직을 얻기를 바랐으나 송시열 등이 저지했으므로 원망과 질투가 쌓였다.

이때에 이르러 상소하였다.

"송시열이 종통宗統은 종묘와 사직을 주관하는 임금(효종을 뜻한다)에게 돌아가게 하고 적통(嫡統: 맏아들)은 이미 죽은 장자(소현세자를 뜻한다)에게 돌아가게 하니 종통이나 적통이나 어찌 둘이겠습니까? 대저 아버지의 명을 이어 천명天命을 받았음에도 오히려 정통이 아니라고 한다면 이것은 가짜 세자란 말입니까? 가짜 황제란 말입니까? 주周나라 고공단보古公亶父가 비록 막내 계력季歷을 세웠어도 고공단보의 대통은 오히려 장남 태백太伯의 후손에 있다는 말입니까? 이와 같다면 나라 사람들의 뜻이 정해지지 않을 것이니 계력의 자손(효종의 자손을 뜻한다)을 어떻게 보호한단 말입니까?"

복제服制를 의론하던 처음에는 세상 사람들이 많이 윤휴의 설을 더 지지하였다. 서인 윤선거尹宣擧 부자가 처음으로 3년설이 옳다고 하였으나 송시열이 이때는 빈사(賓師: 빈객賓客의 대우) 자리에 있어서 서인西人들이 그를 높이 받들고 숭상하므로 감히 반대하지 못하였다.

그런데 윤휴의 글이 나오고 윤선도가 상소하는 것을 보고 남인南人들이 이를 빌미로 송시열을 죽이고 서인들을 축출하려는 것을 알았다.

이때 서인들이 함께 일어나 송시열을 두둔하고 윤선도를 공격하였다.

부제학副提學 유계兪棨가 제일 먼저 그 상소문을 불사르라고 청하고 삼사三司와 성균관에서는 혹은 국문을 하자고 하고 처형하자고 하였다.

우윤右尹 권시가 상소를 하였는데 그 상소문의 내용은 '윤선도가 헐뜯고 참소하였으므로 비록 밉기는 하지만 또한 용감하게 말한 사대부이고 또 선조(先朝: 효종)의 옛 사부師傅이니 가벼이 죽일 수는 없습니다.'라는 것이었다. 이에 삼사三司가 권시에게 공격을 옮기니 권시가 사직하고 고향으로 돌아갔다.

뒤이어 윤선도를 삼수(三水: 함경남도 삼수군) 땅으로 귀양 보내고 허목을 외군外郡으로 쫓아냈다.

조사기趙嗣基가 상소를 하여 윤선도 등은 구원하고 송시열이 임금을 헐뜯고 상기를 단축했다고 지목하여 도리어 자신이 귀양 가게 되었다.

영남의 유생儒生들인 유세철柳世哲의 무리 등 1천여 명이 '상복고증喪服攷證'이라는 것을 상소로 올리고 말하였다.

"역대 임금의 조정에서 서로 전하는 적통嫡統이 마침내 어둡고 애매하여 밝지 못한 곳으로 돌아갔습니다."

이에 상소한 유생들에게 유벌儒罰을 내리고 또 내외에 교시敎示했다.

"기해년己亥年의 복제服制는 실상 오례의五禮儀대로 따른 것이요, 고례古禮를 쓴 것이 아니다. 다시 이러한 것에 의탁하여 모함하는 자가 있으면 마땅히 무거운 형벌을 적용하리라."

이로부터 '예송禮訟'이 엄중하게 금지된 것이 10년이었다.

顯宗元年 掌令許穆疏言 體而不正 謂妾子也 孝宗乃大妃之嫡子 何謂

不正 時烈歸鄉 李惟泰在朝 主四種之議甚力 或謂惟泰 今但言服朞自是國制 非以古禮 則彼說息矣 惟泰不從 時烈又獻議曰今以禮疏所云長子死第二子立亦名長子之文 以爲當斬之證 臣未知所謂長子死者 死於何時耶 無乃[1]長子死於幼時 而父不服之謂耶 使長子成人而死 父旣服斬而又立次嫡 其死 又謂長子而又服斬則 豈禮所謂不貳斬之義耶 庶雖妾子之號而嫡出之第二子 同名庶子 庶非賤稱 乃衆子之謂也 孝廟固不害爲仁廟之庶子也 昔文王舍伯邑考[2]而立武王[3] 而周公制禮[4] 則必眷眷[5]於長少之辨 今如穆所云則檀弓之免子游之衰[6] 果不足恤耶 又曰使世宗八王子相繼立爲儲 死則將八斬耶 宋浚吉議與時烈略同 尹鑴與李惟泰書 曰禮 爲長子斬者 謂其承祖禰之序也 氓庶之家然也 受祖宗社稷之宗 爲天下神人之主則 其爲長也大矣 其爲宗也尊矣 故奪嫡奪宗 事絶常倫 王朝之禮 有時與士庶不同也 太王[7]之宗 移於王季[8] 不得歸於太伯[9] 漢室之宗 移於茂陵[10] 不得歸於臨江[11] 宗之所在 卽服之所隆也 服之所降 卽宗之所替也 今執長庶之說 而昧大統之重 以委巷[12]之禮 而論王朝之典 是不亦貳其宗而夷其尊乎 時烈又辨之曰長子主宗 經也 次子奪宗 權也 不曰立而曰奪 聖人經權之義嚴矣 服與統 自是二事 服之降明嫡之義也 統之移 尊君之道也 初尹善道在光海時 討李爾瞻被竄 然實受柳希奮指也 以此反正後 不得顯用 嘗爲孝宗潛邸時師傅 及卽位希得高位 爲宋時烈等所沮 積成怨嫉 至是 乃疏曰時烈以宗統 歸於主廟社之君 以嫡統 歸於已死之長子 宗統嫡統 寧可二乎 夫承父詔受天命 猶不得謂之正統則 是假世子乎 攝皇帝乎 古公[13]雖立季歷而古公之統猶在太伯之後乎 若是則國人之志靡定 而季歷之子孫何可保也 議制之初 世多右鑴說 尹宣擧父子 始亦以三年爲是 然宋時烈方居賓師 西

人尊慕之 不敢貳 及鑴書行而善道疏發 始知南人欲假此以殺時烈逐西
人也 於是 西人幷起 右時烈攻善道 副學兪棨 首請焚其疏 三司館學
請鞫請刑 右尹[14]權諰疏言 善道詆讒雖可惡 亦敢言之士也 且先朝舊師
傅 不可輕殺 三司移攻諰 諰辭歸 竄善道於三水 黜許穆補外郡 趙嗣基
疏救善道等 以貶君短喪 目時烈 被竄 嶺南儒生柳世哲等千餘人 疏進
喪服夾證 且言 列聖朝相傳之嫡統 終歸暗昧不明之地 命施儒罰[15] 下敎
示中外 己亥服制 實遵五禮儀[16] 非用古禮 如復藉托傾陷者 當用重刑
自此 以禮訟爲厲禁者 十年

※

1 無乃(무내): 차라리.

2 伯邑考(백읍고): 주周나라 문왕文王의 장자長子인데 왕위를 잇지 못하고
둘째인 무왕武王에게 왕위가 이어졌다. 『예기』단궁편 상上에 이야기가
있다.

3 武王(무왕): 주나라를 천자天子의 나라로 세운 왕. 이름은 발發. 문왕의
아들.

4 周公制禮(주공제례): 주공은 주周나라의 주공단周公旦을 말하며 문왕의
아들. 주나라의 예악禮樂을 주공단이 모두 제정하였다. 무왕의 동생.

5 眷眷(권권): 정성스런 모양. 정성을 들이다.

6 檀弓之免子游之衰(단궁지문자유지최): 『예기』단궁檀弓편에 보면 '단궁은
문免하였다.' 하였다. 문免은 상복의 하나. 단궁은 노魯나라 사람. 자유子游는
공자의 제자. 친구인 혜자惠子의 상喪에 최복衰服을 하였다. 단궁편에 있다.

7 太王(태왕): 주나라 문왕의 할아버지. 곧 고공단보를 말한다.

8 王季(왕계): 주나라 문왕의 아버지이다. 태왕의 막내아들.

9 太伯(태백): 주나라 태왕太王의 장자長子. 왕위를 물려받지 않고 동생인
계력季歷에게 양보하였다.

10 茂陵(무릉): 중국 섬서성의 현縣이름이며 한漢나라 무제武帝의 능陵이 있다. 곧 한무제를 지칭한다.

11 臨江(임강): 중국의 한漢나라 무제武帝의 장자. 처음에 태자로 봉해졌으나 폐하여졌다.

12 委巷(위항): 꼬불꼬불한 길.

13 古公(고공): 고공단보古公亶父를 뜻한다. 주나라 무왕의 증조부, 기산岐山에서 덕을 닦아 주나라의 기반을 닦은 사람. 태왕太王이라고도 한다.

14 右尹(우윤): 조선시대 한성부漢城府의 종2품 벼슬.

15 儒罰(유벌): 유생들이 정한 법칙. 부황付黃이나 삭적削籍 따위.

16 五禮儀(오례의):「국조오례의國朝五禮儀」를 뜻한다. 세종 때 허조許稠 등이 편찬하기 시작하여 성종 때 신숙주申叔舟 등이 완성한 예에 관한 책. 5가지의 예절. 곧 길례(吉禮: 제사), 흉례(凶禮: 상례), 빈례(賓禮: 빈객), 군례(軍禮: 軍旅), 가례(嘉禮: 冠婚)의 5가지 예.

3. 남인南人이 점점 등용되다

판부사判府事 조경趙絅은 노련한 경력으로 중후한 명망이 있었고 수찬修撰 홍우원洪宇遠은 청렴한 선비라고 이름이 났었다.

이때에 이르러서는 윤선도를 구원하려다가 금고禁錮를 당하여 서용敍用되지 못하자 남인들이 더욱 우울해졌다.

이때 이르러 인선왕후仁宣王后가 훙(薨: 죽다)하자 다시 자의대비慈懿大妃의 복제服制가 논의되었다.

예조판서 조형趙珩 등이 처음에 1년으로 아뢰어 그렇게 정하였다.

이때 송시열이 서울 밖에 있고 김수흥金壽興과 수항壽恒 형제가 정승으로서 국사를 담당하였다.

조정 논의에서 대비大妃의 상복 예절을 선왕(先王: 효종) 때와 같은 1년으로 할 수 없다는 이유로 대공(大功: 9개월)으로 고쳐 청하였다.

영남의 유생 도신휘都愼徽가 상소를 올려 말하였다.

"전하께서 중서부(衆庶婦: 여러 며느리)에서 탄생한 것이라면 이는 전하께서 장손長孫이 아니라 중서손(衆庶孫: 여러 손자)이라는 뜻인 것입니다."

현종 임금이 김수흥 등을 불러 물었다.

"기해년己亥年의 복제服制는 실상 「국조오례의國朝五禮儀」를 썼다 했는데 오늘날의 대공(大功: 상복)의 의론은 기해년과 같은 전거에 의한 것이오? 다른 전거에 의한 것이오?"

김수흥 등이 감히 명확한 답변을 하지 못하고 있자 계속하여 네 번이나 하문하니 네 번 장계를 올렸다.

"기해년에 여러 의견이 분분하여 마침내 「국제國制」로 정하였으나, 안팎의 사람들은 다 3년복을 입지 않은 까닭은 「고례古禮」의 '4종지설'에서 나왔다고 생각했습니다. 지금 대공大功을 아뢴 것도 '중자부(衆子婦: 여러 며느리)'의 복服으로 입는 것을 뜻합니다."

현종 임금이 이 말을 듣고 크게 성내어 말하기를

"나는 기해년의 복제服制를 「국제」를 사용했다고 생각했는데 안팎에서는 모두 「고례古禮」를 사용했다 하니 국가에서 사용하는 것은 가볍고 여러 신하들이 사용하는 것은 중하다는 말인가? 경들이 다 선왕(先王: 효종)의 두터운 은혜를 입고서도 감히 '체이부정體而不正'의 설을 주장하니 임금에게는 박하게 하면서 누구에게 두텁게 하려는 것인가?"
라고 꾸짖고 이에 김수홍과 조형 및 대간 남이성南二星 등을 귀양
보내고 아울러 여러 대신臺臣의 관직을 삭탈하였다. 대간臺諫에서 김수
홍을 구제하려고 했기 때문이다.

처음에 김석주金錫冑는 서인이면서도 송시열을 원망하여 이에 남인
南人인 허목 등과 더불어 깊이 결탁하였다.

또 종실(宗室: 임금의 종친들) 정楨과 남柟 등은 다 인조仁祖의 손자였
다. 이들은 시도 때도 없이 궁중에 출입하면서 현종 임금의 두터운
사랑을 받았고 그의 외가가 남인인 오씨吳氏인 까닭으로 또 허적의
무리와 긴밀히 연결되었다.

여러 남인이 종친과 외척의 내부 지원을 받아 서인을 축출하고 조정을
남인으로 뒤바꾸려고 꾀하였다.

이때는 송시열이 서인西人들의 영수였는데 예법을 의론하는 것도
오래되어 인정이 싫어하였다.

이러한 시기를 타 일어났는데 여기에는 종친 이정이나 외척 김석주의
힘이 많은 도움이 되었다.

김수홍이 죄를 얻자 허적이 정승이 되었으며 남인南人이 점점 등용되
었다.

김석주는 1년 동안에 관직을 뛰어넘어 병조판서에까지 이르렀다.

判府事[1]趙絅 老成有重望 修撰洪宇遠 號爲淸名士 至是 皆以救善道被
錮不敍 南人益怏怏[2]矣 及 仁宣后薨 復議 慈懿大妃服制 禮判趙珩等
始以朞年啓定 時宋時烈在外 金壽興壽恒兄弟爲相當國 朝議以爲 大妃

喪制 不可與 先王同 乃改請服大功³ 嶺南儒生都愼徽疏言 以殿下爲衆
庶婦所誕生則是衆庶孫也⁴ 上召壽興等問曰 己亥服制⁵ 實用國制五禮
儀 今日大功之議 與己亥同乎 異乎 壽興等不敢明言 連四問四啓 乃曰
己亥衆論紛紜 終以國制爲定 而中外之人 皆以爲不行三年 出於古禮四
種之說 今請大功 亦以衆子婦服之之意也 上大怒曰己亥服制 予以爲用
國制 而中外以爲用古禮 是國家所用爲輕 諸臣所用爲重也 卿等皆蒙
先王厚恩 敢主體而不正之說 薄於君而厚於何人乎 乃竄壽興珩及臺諫
南二星等 幷削諸臺⁶ 以救壽興故也 初金錫胄素怨宋時烈 乃與南人許
積等 深相結納 宗室楨柟⁷等 皆仁祖王孫也 出入無時 上所愛厚 其外家
爲南人吳氏故 又與積等連密 諸南人謀以宗戚爲內援 而逐西人換朝廷
以宋時烈爲西人領袖 而所論禮制 久爲人情所不厭⁸ 乃乘時而發 楨錫
胄之力爲多 壽興得罪 積爲相 而南人稍得進 錫胄一歲中 超遷⁹至兵判

※

1 判府事(판부사): 판중추부사判中樞府事. 조선시대 중추부의 종1품 벼슬.
2 怏怏(앙앙): 우울한 모양. 답답한 모양.
3 大功(대공): 오복五服의 하나. 굵은 베로 옷을 지어 9개월 입는 상복. 장자부長
  子婦 이외의 며느리상 때 윗사람이 입는 상복.
4 殿下爲衆庶婦所誕生則是衆庶孫也(전하위중서부소탄생즉시중서손야):
  효종비 인선왕후 사망 시 자의대비의 상복이 대공(大功: 9개월)이라면 이는
  인선왕후를 장자부長子婦가 아닌 둘째며느리로 취급한 것이니 그 아들 현종
  또한 장손長孫이 아닌 중서손衆庶孫이 된다는 뜻이다. 곧 대공이 잘못이니
  기년(1년)으로 고쳐야 한다는 남인측의 주장이다.
5 己亥服制(기해복제): 1차 예송논쟁. 효종이 죽은 해의 복제논란을 말한다.
6 諸臺(제대): 대간臺諫. 사헌부와 사간원 벼슬의 총칭.

7 楨枏(정남): 인조 임금의 손자. 왕손王孫.

8 不厭(불염): 마음에 차지 않다. 싫증이 나다.

9 超遷(초천): 계급을 뛰어넘다. 순차적이지 않고 뛰어넘다.

제4부

숙종시대
肅宗朝

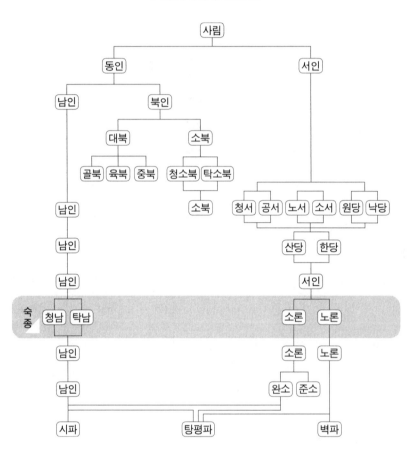

〈숙종시대 정당 분포도〉

※ 인물 주석은 509~585쪽까지 참조.

1. 송시열이 귀양 가다

이 해(1674년)에 현종顯宗이 세상을 떠나고 숙종(肅宗: 제19대 왕)이 왕위에 올라 영부사領府事인 송시열宋時烈에게 현종의 지문(誌文: 문장의 한 체. 사실을 기록한 것)을 지어 올리라고 명하였다.

진주晉州 유생儒生 곽세건郭世楗이 상소하여 말하였다.

"기해년 복제(1차 예송) 논의 때 '서자庶子'란 말은 실상 송시열에게서 나왔습니다.

대행대왕(현종)께서 잘못된 국시를 16년 동안 바로잡으시고 적자嫡子와 서자庶子를 법으로 분별하고 예禮를 그르친 주동자와 추종자의 근본을 캐어 강구하시다가 불행하게도 돌아가셨습니다.

김수흥은 귀양 갔으나 송시열은 홀로 헌장(憲章: 법)에서 벗어났습니다. 송시열이란 사람은 효종의 죄인이자 선왕(현종)의 죄인입니다. 어찌 두 조정朝廷의 죄인으로 하여금 붓을 잡게 하여 덕의 아름다움을 더럽힐 수 있겠습니까?

또 적통嫡統이 바르게 된 것은 선왕의 『실록實錄』 가운데서 제일 성대한 것입니다.

송시열이란 사람이 장차 사실대로 기록한다면 짊어진 죄를 자수해야 하겠고 장차 그 아름다운 것을 숨기고자 하면 성덕聖德이 파묻힐 것이므로 송시열이 붓을 잡기가 정말 어려울 것입니다."

대사헌 민시중閔蓍重과 지평持平 이수언李秀彦 등이 곽세건을 국문하라고 청하였으나 허락하지 않았다.

성균관에서 상소를 배척하라고 했으나 숙종은

"곽세건의 충언을 어찌 흉한 상소라 하는가? 정녕 내가 어린 임금이라고 해서 나의 얇고 작은 것을 시험해 보려는 것이냐?"

라고 대답하였다.

경기京畿 유생 이필익李必益이 곽세건에게 죄주기를 청하고 송시열을 불러올리라고 하자 이필익을 귀양 보냈다.

이에 남인 허목을 대사헌으로, 윤휴를 장령掌令으로 삼아 예송을 논의하다 유폐되고 금고 당한 사람들은 모조리 용서하고 이조참의 김석주에게 지문誌文을 지어 올리라고 명하였다.

또 대제학 이단하李端夏가 지은 행장(行狀: 현종의 행적을 기록한 글)에 '복제이정(服制釐正: 복제를 고쳐 바르게 하다)'이란 한 단어의 뜻이 분명하지 않고 또 기해년 복제를 논의한 자들의 이름이 적혀 있지 않자 이단하에게 고쳐 삽입하도록 명하였다.

이단하는 송시열의 문인이었다. 상소하여

"양조(兩朝: 효종·현종)의 빈사(賓師: 왕의 스승, 즉 송시열을 뜻함)이므로 차마 이름을 지목하지 못한 것입니다."

라고 하자 숙종 임금이 두 번, 세 번 재촉하였다.

이단하는 할 수 없이

"송시열이 『예기』를 인용하였다. 운운."

이라고 고쳤다. 임금이 이것을 보고 말하였다.

"내가 나이가 어려서 글에 능숙하지 못하고 또 예를 알지 못하지만 반드시 송시열이 예를 그르쳤다고 말한 뒤에야 선왕先王의 처분한 뜻이 명백해질 것이니 '소인례所引禮'의 '소所'자를 '오誤'자로 고치도록 하라."

이때 숙종의 나이는 14살이었는데 온 조정에서 두려워 떨지 않은 사람이 없었다. 이단하가 물러나와 상소하여

"엄한 가르침에 핍박되어 '오誤'자를 썼습니다."

라고 말하자 숙종은

"그대는 스승만 알고 임금은 알지 못하는구나."

라고 꾸짖고 파면하였다.

이때는 남인들이 삼사三司에 포진하고 있었으므로 이옥李沃, 목창명睦昌明, 남천한南天漢, 이우정李宇鼎 등이 번갈아 일어나 송시열을 공격하였다.

지평持平 권기權愭만이 홀로

"기해년에 송시열의 당黨이 예禮로써 금지하는 것을 만들어 무릇 3년의 설을 주장한 자를 지목하여 재앙을 전가시킨다고 하여 모두 귀양 보내고 금고를 시켰습니다.

지금 또 3년의 설을 바르다고 하고 기공(朞功: 1년)의 설을 깊이 다스려서 죄를 준다면 살펴보건대 전철前轍을 밟는 것이 가깝지 아니한 것입니까?"

라고 반대하였고, 대사간 이지익李之翼도 또한

"전례典禮는 당론黨論이 아닌데 지금 당론이 되었습니다. 전례를 의론함에 있어 가령 송시열이 서인의 당이 아니고 남인의 당이라면 오늘날 양사(兩司: 사헌부, 사간원)에서 반드시 송시열이 죄가 없다고

할 것입니다.

　송시열이 진실로 덕을 갖춘 군자는 아니지만 유자(儒者: 선비)라고 이름을 삼는데 예로써 죄를 얻는다면 또한 그 마음이 아주 부끄럽게 여길 것이므로 파면시키는 것은 그만둘 수 없으나 형벌을 가하는 것은 마땅하지 않습니다."
라고 반대하였다.

　대간(臺諫: 사헌부, 사간원)에서 다투어 송시열에게 형벌을 가하라고 청하고 아울러 송준길의 생전의 관직도 삭탈하라고 청하였다.

　영의정 허적許積이 차자箚子를 올려 말하였다.

　"송시열이 효종 임금에게 이 세상에서 보기 드문 큰 은혜를 입었는데 효종 임금을 '폄강(貶降: 깎아 내리다)' 했다는 두 자를 쓴 것은 실로 송시열이 지극히 원통하게 여기는 것으로 이러한 일로 죄를 삼는다면 송시열의 마음이 굴복하지 않을 것입니다. 인신人臣으로서 군부君父를 폄강했다고 하는 것은 그 죄가 지극히 큰 것입니다.

　오늘날 이런 말을 하는 자는 비록 깊은 뜻 없이 말할지라도, 어찌 다른 날에 남을 위험에 빠뜨리려 하는 무리들이 그 말을 가져다 비참하고 끔찍한 말로 삼지 않을지 알 수 있겠습니까?"

　얼마 후 송시열을 멀리 귀양 보내라고 명하자 좌의정 정치화, 병조판서兵曹判書 이상진李尙眞, 대사성大司成 남구만南九萬, 교리校理 윤지선尹趾善 등이 서로 연대하여 구제하는 상소를 올렸고 집의執義 윤증尹拯과 경외京外 유생들이 스승을 위하는 상소를 올렸으나 모두 회답이 없었다.

　상진은 상소문을 올려 호소하였다.

"옛날에 우리 효종 임금께서 산하(山河: 강토)의 치욕을 씻고자 충성되고 의로운 선비를 구했는데 송시열 같은 이가 그 사람입니다.

서로 만나 감응하는 묘한 이치는 구름과 용, 바람과 호랑이뿐만 아닙니다. 서로 마음을 열고 기약하는 뜻이 가히 쇠와 돌을 뚫고 귀신도 울린다는 것입니다.

지금 알 수 없고 실상도 없는 죄를 송시열에게 더하고 여러 책에 기록해 후세에 전한다면 이는 반드시 사사로운 의론으로서 효종 임금의 인재를 알아보는 명석함과 효종 임금의 큰 뜻과 큰 업적이 또한 이로 말미암아 의심받고 그 실상이 없어질까 두려워하여 신의 마음이 애석할 뿐입니다.

효종 임금께서 일찍이 담비갖옷을 송시열에게 하사하였는데 과분하다고 사양하자 효종께서 '경卿은 나의 뜻을 깨닫지 못하는가. 머지않아 요계遼薊의 풍설風雪 속에서 더불어 원수를 갚을 때 쓸 물건이오.'라고 깨우쳐 주셨습니다. 당시 군신의 사이가 이와 같았습니다.

비록 중도에서 원통한 일을 만나 이 담비갖옷을 요야(遼野: 요동벌)에서 쓰지는 못했으나 어찌 오늘날 풍설風雪 속에서 재를 넘어 다닐 때(곧 귀양 갈 때) 쓰이리라고 생각이나 했겠습니까?"

是歲 顯宗昇遐 肅宗即位 命領府事[1]宋時烈 撰進誌文[2] 晉州儒生郭世楗 疏曰己亥議制 庶子之說實倡於時烈 大行大王[3]克正十六年[4] 顚倒之國是 卞別嫡庶 推究誤禮者之首從 不幸 晏駕[5] 壽興竄配而時烈獨漏憲章 時烈者 孝廟之罪人 先王之罪人 豈可使兩朝罪人 濫握彤管[6] 以溷德美 乎 且嫡統之正 先王實錄中第一盛烈也 爲時烈者 將欲紀實乎則 自首

146

負犯 將欲掩美乎則 聖德湮沒 時烈之握此筆難矣 大憲閔著重持平李秀
彥等 請鞫問 不許 舘學疏斥 答曰世樻忠言 何爲凶疏 無乃以予爲幼主
而探試淺深乎 畿儒李必益 請罪世樻 招致時烈 命竄必益 以許穆爲大
憲 尹鑴爲掌令 悉敍議禮廢錮人 命吏僉金錫胄 撰進誌文 又以大提學
李端夏所撰行狀 服制釐正一段 語意熹微 且不擧己亥議禮者之名 命端
夏改入 端夏時烈門人也 疏言兩朝賓師 不忍指名 上迫之再三 端夏乃
改曰 宋時烈所引禮云云 上覽曰予年少不能文 又不知禮 然必言時烈誤
禮然後 先王處分之意 爲明白 所引禮之所字 以誤字改之 時上春秋十
四 擧朝無不震慴 端夏退出 疏言迫於嚴敎 書誤字 上以知師而不知君
責罷之 於是南人布列三司 李沃睦昌明南天漢李宇鼎等 迭起攻時烈
持平權愭 獨言己亥時烈之黨 以禮爲禁 凡主三年之說者 目以嫁禍 盡
竄錮之 今又以三年之歸正而深治莁功之說則 不幾近於尋前車之轍乎
大諫李之翼 亦言典禮 非黨論也 而今以黨論 論典禮 使時烈不黨西而
黨南則 今日兩司必無罪時烈者矣 時烈固非德備之君子 然以儒爲名
以禮得罪 亦足以羞愧其心 罷職不可已 而加律恐非所宜也 臺諫爭請加
律 幷請宋浚吉追奪 領相許積箚[7]言 宋時烈厚蒙孝宗不世之遇 貶降二
字 實時烈之至冤 以此爲罪 無以服時烈之心矣 人臣貶降君父 其罪至
大 今日言者 雖無深意 安知異日傾危之輩 不持以爲慘刻之言[8]哉 尋
命時烈遠竄 左相鄭致和兵判李尙眞大司成南九萬校理尹趾善等 相繼
疏救 執義尹拯及京外儒疏 爲師申卞者 幷不報 尙眞疏略曰昔我 孝廟
欲泄山河之恥 求忠義之士 若宋時烈其人也 際會感應[9]之妙 不翅雲龍
風虎 相許相期之意 可以貫金石而泣鬼神 今以不測無狀之罪 加之時烈
垂諸簡冊 傳之後世 必有竊議 孝廟知人之明而 孝廟之大志大業 亦恐

由此而疑其無實 臣竊惜之 孝廟嘗以貂裘[10] 賜時烈 辭以不稱 孝廟教曰
卿未曉予意耶 早晩遼薊風雪[11] 將與同仇之資也 當日君臣之間 有如此者
雖遭中途之慟 未及用此裘於遼野 而豈意今日風雪 用之於過嶺之行歟

※

1 領府事(영부사) : 영중추부사領中樞府事. 조선시대 중추부中樞府의 으뜸 벼슬
  로 정1품 무관.

2 誌文(지문) : 묘지문. 사적事績을 기록하는 하나의 문체.

3 大行大王(대행대왕) : 현종이 죽어 아직 시호를 받지 못한 상태이기에 이렇게
  불렀다.

4 十六年(십육년) : 원문에는 19년十九年으로 되어 있으나 16년十六年이 맞아
  이에 맞춰 고쳤다.

5 晏駕(안가) : 돌아가다.

6 彤管(동관) : 붉은빛의 붓대. 후궁에서 기록을 맡은 궁녀가 썼다. 곧 붓을
  뜻한다.

7 箚(차) : 신하가 임금에게 올리는 문서의 한 체. 상소문의 일종. 또는 상관이
  부하에게 내리는 공문서.

8 慘刻之言(참각지언) : 비참한 말. 애통하고 비통한 것.

9 際會感應(제회감응) : 제회際會는 어진 신하가 어진 임금을 만나다. 감응感應
  은 사물이 느껴 따르는 것.

10 貂裘(초구) : 담비가죽으로 된 옷. 초貂는 족제빗과에 속하는 동물. 곧
   담비라고 한다.

11 遼薊風雪(요계풍설) : 요동 땅의 거친 곳에서 부는 바람과 눈. 곧 효종이
   북벌을 계획하고 청나라에서 당한 굴욕을 씻고자 한 것을 뜻한다.

2. 명성대비의 국정 간여

처음에 복창군福昌君 이정李楨과 복선군福善君 이남李枏, 그리고 복평군 福平君 이연李㮒이 항상 궁중에 있으면서 몰래 궁녀宮女와 간통하고 남모르게 조정의 신하들과 결탁하여 권세를 부리고 생각지도 못할 것을 바라고 있었다.

숙종의 외조부外祖父인 청풍부원군淸風府院君 김우명金佑明은 그의 조카 김석주와 본래부터 서로 좋아하는 사이였다.

김석주는 비록 송시열에게 감정이 있어 계략을 꾸며 무너뜨리기는 했으나 본래 서인西人인 까닭에 여러 남인南人과 끝까지 협조하지는 않았다.

또 오정위吳挺緯 형제가 자신의 생질들인 복창군, 복선군, 복평군을 이용해 안과 밖에서 심한 허세를 부리자 제거하려고 생각하였다.

때마침 경성京城에 대협객인 허정許珽이란 사람이 있었는데 그의 아버지는 인조仁祖가 임금이 되기 전의 친구였다.

그가 김우명을 찾아가 말하였다.

"공公은 겉은 서인西人이나 속은 남인南人이요, 나는 겉은 남인이지만 속은 서인西人입니다. 청컨대 공公이 나와 함께 당론黨論을 해보는 것이 어떻겠소.

금상今上은 인조의 손자로서 나와는 세교世交가 있습니다. 나와 세교 가 있는 집안이 아침저녁으로 위태로움이 있는 것을 보고 차마 말을 하지 않을 수 없는데 공은 왕실과 폐부(肺腑: 가까운 친척)이면서도 홀로 의견이 없습니까?"

김우명이 이 말을 듣고 '금상今上께서 유약하고 병은 많은데 친한 형제는 하나도 없고 굳센 종친만 가까이 있어 언제 예측하지 못한 일이 일어날까 두렵다.'라고 생각하여 상소를 올려 복창군 형제들이 간사한 죄상을 저질렀다면서 홍수(紅袖: 궁녀)가 자식이 있는 것을 증거로 댔다.

숙종은 명을 내려 복창군 이정李楨, 복평군 이연, 그리고 내인(內人: 궁녀) 상엽常葉과 귀례貴禮를 옥에 가두었다.

오정위가 허목과 윤휴에게 구원을 청하니 허목과 윤휴가 입궐하여 뵙기를 청하자 임금은 김우명을 불러 이정과 이연의 일을 어떻게 알았느냐고 묻고 장차 핍박하고 욕보이려 하였다.

숙종은 본디 이정과 이연을 사랑하였다. 이에 교령을 내려 "남의 말을 믿고 가까운 종친을 죽일 뻔했으니 분통함을 이길 수가 없도다."라고 말하면서 이정 등을 함께 석방하였다. 김우명은 일이 중도에 잘못된 것을 듣고 감히 궐 안에 들어가지도 못하고 의금부의 명령만 기다리고 있었다.

허적이나 권대운權大運 등 남인들이 임금에게 청대請對하기 위해 깊은 밤에 촛불을 벌려 밝히고 허적 등이 막 대전에 들어가는데 명성대비明聖大妃 처소에서 통곡하는 소리가 들렸다.

명성대비明聖大妃는 울면서 교시하기를

"홍수紅袖의 변變은 선왕(先王: 현종)과 내가 친히 보고 들은 것인데 그때 주상主上은 어려서 이를 알지 못하였소. 내 궁궐의 기강이 해이해지는 것을 두려워하여 부친에게 고하여 상소하게 한 것이오. 그런데 어찌 주상은 내 말을 옳게 여기지 않고 경들은 또 이 일을 애매하게 처리하려고 하시오."

라고 말하였다. 이에 허적이 황공하여 다시 복창군 이정 등을 국문하자고 청하였다.

얼마 후 숙종은 이정, 이연과 궁녀들을 귀양 보냈다가 수개월 후에 다 풀어주었다.

이 일 이후로 남인南人들이 다 대비大妃를 원망하였다.

윤휴는 경연에서 임금에게 청하기를

"자성(慈聖: 명성왕후)을 관속(管束: 맡아 단속)하십시오."

라고 말하였고, 조사기趙嗣基는 공회公會 석상에서 큰 소리로

"문정왕후文定王后를 다시 보는구나!"

라고 말했으며, 참판參判 홍우원洪宇遠은 상소를 올려 말하였다.

"『주역』 가인家人 괘卦의 단상彖象에는 '여자는 안에서 자리를 바르게 하고 남자는 밖에서 자리를 바르게 한다.'라고 하였는데 이는 부인은 밖의 일에 참여하지 않으며 전횡하지 않는다는 뜻입니다.

그런데 자성(慈聖: 명성)께서 일찍이 수렴청정한 일도 없이 졸지에 전당(殿堂: 어전)에 나타나 친히 벽(발을 드리운 것을 뜻함) 하나를 사이에 두고 이런 일을 했는데도 간하여 정지시키지 못한 것은 자식의 허물입니다.

혹 간하였어도 손순함이 결여되었다면 이는 은혜를 손상한 것으로 또한 아들의 허물입니다.

원컨대 『주역』 고괘蠱卦의 '간고불가정(幹蠱不可貞: 어머니의 잘못을 바로잡지 못하다)'이란 뜻을 깊이 생각하여 '자성'으로 하여금 허물을

두 번 거듭하지 않는 아름다운 덕을 이루도록 하십시오."

初福昌君楨 福善君柟 福平君㮒 常在禁中 潛奸宮女 陰結朝紳[1] 睥睨非望[2] 清風府院君金佑明 與其從子錫胄 亦素與相善 錫胄雖憾宋時烈 設計傾之 而自以本西人故 終不與諸南協 尤惡吳挺緯兄弟 倚諸福[3]之爲甥 中外張甚 思有以去之 會有京城大俠許斑者 其父某 仁祖潛邸[4]時故人也 往說佑明曰公 外西人而內南人也 我 外南人而內西人也 請與公爲黨論可乎 今上 仁祖之孫也 我之世交[5]也 我見世交之家 朝有危而不忍不言 公爲肺腑 獨無意乎 佑明亦念上幼弱多疾 無親兄弟 强宗近昵 恐致不測 乃疏發諸福奸狀 以紅袖[6]有子證之 命下楨㮒及內人常葉貴禮[7]于獄 吳挺緯請援于許穆尹鑴 穆鑴入請 上召佑明 問楨㮒事何從得之 將以迫辱 上素愛楨㮒 乃 教曰信聽人言 幾殺至親 不勝痛泣 因命并釋楨等 佑明聞事中變 不敢詣闕 待命于禁府 許積權大運等請對 夜深張燭 積等甫入閣 聞哭聲 明聖大妃御閤內 哭且教曰 紅袖之變 先王及予所親見聞者 主上幼沖不知 予恐宮闈之不嚴 告于父親 有此疏 主上不以予言爲是 卿等又謂此事曖昧乎 積惶懼 請還鞫楨等 尋因 上命幷竄楨㮒及宮女 數月幷宥還 自此南人皆怨 大妃 尹鑴筵奏 請 上管束慈聖 趙嗣基於公會 大言曰 復見 文定王后 僉判洪宇遠疏曰 家人之象[8] 女正位乎內 男正位乎外 婦人不預外事 無專制之義 慈聖未嘗垂簾而猝御殿堂 親自隔壁 有此過擧 不能諫止 子之過也 諫或欠於巽順 至於傷恩 亦子之過也 願深惟幹蠱不可貞[9]之義 以成慈聖不貳過之懿德焉

※

1 朝紳(조신): 조정의 대관大官. 곧 조정의 대신들.

2 睥睨非望(비예비망): 눈을 흘기어 넘보고 분수에 지나친 것을 바라다. 곧 권세를 부리고 넘볼 수 없는 것을 넘보다.

3 諸福(제복): 여러 복. 곧 복창군, 복선군, 복평군을 뜻한다. 남인들과 가깝게 지냈다.

4 潛邸(잠저): 아직 왕위에 오르기 전에 살던 곳.

5 世交(세교): 대대로 내려오던 교제.

6 紅袖(홍수): 궁녀의 별칭.

7 常葉貴禮(상엽귀례): 당시의 두 사람의 궁녀 이름.

8 家人之象(가인지단): 『주역』 가인괘家人卦의 단사.

9 幹蠱不可貞(간고불가정): 『주역』 고괘蠱卦 구이효九二爻의 말.

3. 숙종의 한탄

유생 박헌朴瀗이 상소하여 말하였다.

"송시열이 선왕(현종)이 처음 즉위하셨을 때 국세(國勢: 여기서는 왕실이란 뜻)가 위태롭고 외로운 것을 보고 남몰래 후일의 계획을 세워서 『예기』 단궁檀弓편의 '단궁과 자유의 일'을 인용하여 밖으로는 눈과 귀를 현혹시키고 안으로는 권세를 쫓았습니다.

선왕 말년의 갑인예송(2차 예송) 때 전례가 크게 정해지자 송시열은 선왕이 자신의 속마음을 보았다고 생각했습니다.

세 명의 공자公子들로부터 말미암은 것이 틀림없는 음험한 말들을 부르짖어 한 번에 없애버릴 계교를 세우고자 했습니다.

송시열이 귀양 가 쫓겨나자 그 당(서인)은 여러 가지 계교를 꾸며

안으로는 자성慈聖의 마음을 움직이고 밖으로는 전하의 귀를 의혹시켜
서 이 지경에 이르렀습니다."

이에 대비大妃가 언문諺文으로 교지를 써서 조정에 내렸는데 '죽고
싶다.'는 말이 쓰여 있었다.

허적이 다시 상소하여 말하였다.

"청컨대 박헌을 승정원承政院에 불러서 글 짓는 것을 시험하고 그
자신이 직접 썼는가, 아닌가를 시험해 보십시오."

이에 승정원에서 '조괄모상서趙括母上書'를 가지고 시험을 보았다.
박헌이 답한 글 속에 이런 말이 있었다.

"조괄 어머니의 상소는 조괄을 쓰지 말라는 것이었고 지금 신의
상소는 송시열을 죄주라는 것인데 이는 다 나라를 위한 것입니다.

조괄 어머니의 상소는 그 때 채택되지 않았을 따름인데 지금 신의
상소는 채택되지 않을 뿐만 아니라 장차 중형에 처하려고 하니 어느
성대聖代의 처사가 이와 같습니까?"

국문을 한 후 얼마 있다 귀양 보냈다.

승지 조사기는 박헌을 구원하기 위해 말하였다.

"자성慈聖께서는 불안한 마음이 있어서 처량한 전교를 내리기에
이르셨는데 반복하여 생각하더라도 그 까닭을 알지 못하겠습니다.
이것은 전하의 허물입니까? 조정 신하들의 허물입니까? 청컨대 신臣이
먼저 형벌을 받고 죽음으로써 전하가 허물이 없는 것을 밝히겠습니다.
원컨대 전하께서는 짊어진 죄를 숨기셔서 자성의 마음을 편안하게
하소서.

박헌과 같은 자는 썩은 새끼와 같습니다. 비록 중한 형벌에 처한다

하더라도 어찌 그 죄를 씻을 수 있겠습니까. 그러나 박헌이 한 번 상소하자 온 조정이 그를 죽이고자 합니다.

대개 그 상소의 뜻은 음벽(陰僻: 음침하고 사벽함)하고 한때의 기휘(忌諱: 말하는 것을 꺼리는 것)하는 바를 교묘하게 지목한 것입니다.

말이 자성에까지 미쳤지만 이 또한 비방하는 자들과는 차이가 있습니다. 신은 박헌의 죄를 무겁게 다스리면 그 원망이 모두 자성(명성)에게 돌아갈까 두렵습니다."

임금은 '사람의 자식 된 자로서 차마 들을 수 없다.'고 하교하면서 조사기의 관직을 삭탈하라고 명하였다.

판중추부사判中樞府事 김수항이 상소를 올렸는데 그 내용을 간추리면 이렇다.

"지금 송시열을 죄주자고 하는 자들은 말하기를 '송시열이 나라의 명을 잡고 위력으로 굴복시켰다.'고 하는데 가령 송시열이 진실로 국사를 마음대로 한 죄가 있다고 하더라도 처음부터 끝까지 위임한 것은 효종과 선왕(현종)이 아니십니까? 효묘(효종)의 성스러움과 선왕(현종)의 밝으심이 아랫사람에게 억눌려 제 마음대로 희롱하고 전횡하게 맡기기만 하고 바로잡지 않으셨겠습니까?

전후에 진언進言한 자들이 대개는 윤리를 거스르고 도리를 거슬린 이가 많아서 전하에게 자전(慈殿: 명성왕후)을 조관(照管: 처리)하라고 권하는 데까지 이르렀으니 자식으로서 부모를 조관照管하는 도리가 어디 있습니까? 『주역』 가인괘家人卦의 단사彖辭는 남녀내외 사이를 가리킨 것이지 모자 사이를 이른 것은 아닙니다. 어찌 이 경우에 인용할 수 있겠습니까? 박헌의 말은 대단히 불경한 것인데도 조사기의 무리는

전하의 보호가 미치지 못하는 것같이 현혹하니 저들이 유독 자성慈聖의
처지를 위하지 아니하는 것 아닙니까?"

숙종 임금이 대노大怒하며 답하였다.

"경卿이 장차 나의 모자母子간을 이간시키려 하는가. 하늘을 우러러
마음을 헤아리니 산 것이 죽는 것만 못하구나."

이에 삼사三司에서 합계合啓하여 김수항을 귀양 보냈다.

그 전에 숙종이 허적의 상소에 비답을 하였다.

"송시열의 지극한 죄는 천하에 가득 차 용서할 수 없으므로 국법을
바르게 하여 효묘(효종)께서 모욕당하신 부끄러움을 씻는 것이 내가
밤낮으로 이를 갈며 바라는 것이오."

이때부터 남인南人들이 숙종 임금에게 송시열을 죽이려는 뜻이 있음
을 알고 번갈아 형벌을 더할 것을 청했으나 송시열은 효종과 현종의
2대에 걸친 빈사(賓師: 임금의 스승)로서 갑자기 죽이기가 어려우므로
이에 먼저 종묘에 고하자는 의견을 내게 되었다.

비로소 유생 황창黃錩과 설거일薛居一 등을 사주하여 '잘못된 예가
이미 바르게 되었으니 마땅히 조종祖宗의 신령에게 고해야 합니다.'라
고 상소하게 하였다. 대개 신하의 죄는 대역 죄인이 아니면 종묘에
고하지 않는 법이니 고하게 되면 송시열을 죽이지 않을 수 없는 것이다.

허목과 윤휴가 종묘에 고하자고 주장하였으나 허적이 반대하였다.

"송시열의 죄가 죽을죄는 아니다."

김석주 또한 송시열을 죽여서 남인南人들의 권세를 높여주지 않으려
고 황창 등의 상소를 보류시키고 처리하지 않았다.

幼學朴瀗疏曰 宋時烈當先王卽位之初 目見國勢危孤 陰爲後日之計
乃引檀弓子游之說 外眩耳目 內有所附 及至末年典禮大定 時烈意以先
王之照其肺肝 必由於數三公子[1]故 倡爲陰險之言 欲售網打之計 及時
烈竄逐 其黨百計窺覘 內以驚動 慈聖之心 外以疑惑 殿下之聽 以至於
此也 於是 大妃下諺敎[2]于朝廷 有欲死語 許積疏請先招致瀗于政院[3]
試製文 驗其自爲與否 政院試以趙括母上書[4] 瀗所製有云括母之上書
請勿使括也 今臣之上疏 請時烈也 皆所以爲國也 括母之書 不用於其
時而已 今臣之疏 不徒不用 將欲置之重律 何聖代擧措之如是也 命鞫
問 尋竄之 承旨趙嗣基救瀗曰 慈聖有不安之心 至下惻怛之敎 反覆思
惟 未得其故 此殿下之過耶 朝臣之過耶 臣請先伏誅 以明 殿下之無過
願殿下負罪引慝 以安慈聖之心 若瀗者腐雛也 雖置重辟[5] 何足以贖其
罪 然瀗疏一上 擧朝欲殺之 盖其疏 指意陰僻 巧中一時之忌諱也 至於
語及慈聖 亦與誹謗者有間 臣恐重治瀗則 適足以歸怨於慈聖矣 上有人
子不忍聞之敎 命削嗣基官 判府事[6]金壽恒疏略曰 今之罪宋時烈者 輒
曰執國命作威福 假令時烈誠有擅國之罪 終始委任 非孝宗與 先王乎
以孝廟之聖 先王之明 受制於下 任其擅弄而莫之正乎 前後進言者 率
多悖倫逆理 至有勸 殿下以照管[7] 慈殿 以子而照管父母 豈其理哉 家人
之象 指男女內外之謂 非母與子之謂也 豈可引用哉 朴瀗之言 大不敬
也 趙嗣基之徒 營護如不及 彼其獨不爲慈聖地乎 上大怒 答曰卿將欲
離間我母子 仰天推心 生不如死 三司合啓 竄壽恒 初 上答許積疏 有曰
時烈之極罪 覆載[8]所不容 以正國法 以雪 孝廟受辱之恥 此乃孤日夜切
齒之望也 自是南人知 上意欲殺時烈 迭請加律 然以時烈 兩朝賓師
難於遽殺 乃先發告 廟之說 始嗾儒生黃鋧薛居一等 疏言誤禮旣正 宜

上告 祖宗之靈 盖臣下之罪 非大逆不以告 旣告則時烈不得不死也 許
穆尹鑴主其說 而許積以爲時烈之罪 不至於死 金錫胄又不欲殺時烈
以重南人之權故 錕等疏留中不下[9]

※

1 三公子(삼공자): 복창군, 복선군, 복평군을 말한다.

2 諺敎(언교): 왕후王后가 한글로 내리는 교서敎書.

3 政院(정원): 승정원承政院. 조선조 때 왕명王命의 출납을 맡던 관청.

4 趙括母上書(조괄모상서): 중국 전국戰國시대 조趙나라와 진秦나라가 전쟁을
   하는데 조왕趙王이 조괄趙括을 대장으로 삼으려 하자 그의 어머니가 "저의
   자식은 병서兵書만 읽었지 군사는 쓸 줄 모르니 쓰지 마시고 만약 썼다가
   패배했을 경우 저에게 연좌하지 마십시오."라고 했다는 고사.

5 重辟(중벽): 무거운 죄.

6 判府事(판부사): 판중추부사判中樞府事. 조선조 때 종1품 벼슬.

7 照管(조관): 처리하다.

8 覆載(복재): 하늘을 덮고 땅에 가득하다.

9 留中不下(유중불하): 궁 안에 넣어두고 내놓지 않았다. 곧 방치하였다.

4. 송시열을 종묘에 고하려는 남인들

때마침 호서湖西의 유생인 유필명柳弼明이 송시열을 두둔하였는데 남
이 지어준 글이었다.

그 사람이 유필명을 속이고 당시의 사람에게 공을 세우고자 하였던
것이다. 이 사람이 지은 상소문에는 '종통적통宗統嫡統'이란 말을 인용

하였으나 오류도 많고 요망했는데 유필명은 실상 그 말이 무슨 뜻인지 알지 못하였다.

이로써 유필명을 국문하여 귀양 보냈는데 이 때문에 송시열을 종묘에 고해야 된다는 의론이 더욱 격렬해졌다.

대사간 이원정李元禎이 숙종 임금에게 아뢰어 말하기를

"고묘(告廟: 종묘에 고하는 것)는 송시열에게 죄를 더하자는 것이 아닙니다. 일이 있으면 고하는 것은 예禮입니다. 윤원형尹元衡의 죄도 비록 종묘에 고했으나 죄를 더하지는 않았습니다."
라고 하니 숙종도 그럴 듯이 여겼다.

이때는 송시열을 덕원(德源: 關北宜州)에서 영남의 장기長鬐로 옮겨서 유배시켰는데 대간에서 또 계계啓를 올려 위리안치圍籬安置하였다. 이때는 '자의대비 복제를 다시 정한[禮制釐正]'지 이미 4년이 지났다.

이원정이 먼저 이렇게 주장해 숙종의 뜻을 시험하고는 퇴궐한 후 대간臺諫 정지호鄭之虎에게 계계啓를 올리게 하려 했으나 정언正言 이후정李后定이 반대하였다.

지사知事 김수홍은 전에 '예제禮制'를 의론하다 허목 등과 함께 금고를 당했던 사람인데 이때 지극히 성대한 말로써 변호하였다.

"효묘(효종)께서 송시열을 주周나라 문왕文王이 강태공姜太公을 대하고, 한漢나라 소열황제昭烈皇帝가 제갈무후諸葛武侯를 대한 것처럼 대접하였는데 지금 죽일 수는 없습니다."

또 판중추부사 정지화가 상소하여 말하였다.

"윤원형은 명종明宗 말년에 죽었으며 선묘(宣廟: 선조) 초에는 공훈을 삭제하기 위하여 종묘에 고한 것입니다. 이원정이 이를 일러 비록 종묘에 고한다고 하더라도 죄를 더하지 않는다고 하니 어찌 임금을 망극하게 속임이 이렇게 심할 수 있습니까? 일찍이 인신人臣의 죄를 태묘太廟에 고하고도 죽지 않은 사람이 언제 있었습니까?"

숙종 임금이 이에 속은 것을 깨닫고 대신大臣과 삼사三司를 불러들여 꾸짖었다. 우상 허목이 대꾸하여 말하였다.

"송시열은 예를 무너뜨리고 대통大統을 어지럽게 하였으니 종묘에 고하지 않을 수 없습니다. 설령 종묘에 고한 뒤에는 또 죄를 더한다 하더라도 어찌 이러한 것을 생각하여 종묘에 고하지 않을 수 있습니까. 지금의 중요한 것이 태묘에 있습니까? 송시열에게 있습니까?"

이원정이 따라서 계啓를 올리자 성균관 유생 윤헌尹攇 등 7백여 명이 상소하여 송시열을 두둔했는데 김석주가 사람을 보내서 막으려 했으나 뜻대로 되지 않았다.

유생들의 상소문 내용을 고쳐 쓰려 했으나 또한 실패했으며 다시 김만기金萬基의 아들 진구鎭龜와 진규鎭圭를 시켜 중도에서 여러 유생을 위협하여 상소문을 빼앗으려 했으나 모든 유생이 주먹으로 몰아냈다.

상소문이 임금에게 들어가자 임금은 오히려 윤헌을 국경 끝으로 귀양 보냈다.

그때 송시열을 위하여 변명한 유생들 중 귀양 가지 않은 자가 없었는데 유독 윤헌경尹憲卿이라는 자만이 죄가 없다고 하였으니 이는 윤헌경은 김석주가 글을 쓰는 데 사용하였기 때문이다.

會湖儒柳弼明 疏訟時烈 借製於人 其人欲欺弼明 立功於時人 疏辭引
宗統嫡統語多謬妄 弼明實不知其云何也 以此鞫弼明 竄之 告廟之議益

激 大諫李元禎白上曰告廟 非欲加罪時烈也 有事則告 禮也 尹元衡之

罪 雖上告而不加律矣 上然之時 時烈 自德源移配長鬐 又以臺啓 圍籬

安置[1] 禮制釐正 已過四年矣 元禎先以此試 上意 而退與臺諫鄭之虎將

發啓 正言李后定以爲不可 知事金壽弘 前以議禮 與許穆等同被錮者也

至是盛言 孝廟之於時烈 待之如太公武侯[2] 今不可殺 判府事鄭知和疏

曰尹元衡 死於 明宗末年 宣廟初以削勳告 廟 元禎乃謂雖告廟不加罪

何其誣罔之甚乎 曷嘗有人臣之罪至於上告 太廟而其人不死者乎 上乃

悟見欺 引見大臣三司責之 右相許穆抗言時烈壞禮亂統 不可不告 設令

告廟之後 有加律之舉 豈可慮是而不告 今所重 在太廟乎 在時烈乎

元禎遂發啓 館儒尹櫶等七百餘人 疏訟時烈 金錫冑遣人沮之不得 又爲

代稿 使呈之亦不許 又使金萬基子鎭龜鎭圭 中路劫諸儒 欲奪其疏 諸

儒拳毆之 疏入 櫶竄極邊 時諸儒爲時烈卞者 無不竄而獨尹憲卿者無罪

憲卿用錫冑文故也

※

1 圍籬安置(위리안치) : 죄인을 유배된 거처에서 도망하지 못하도록 가시울타
  리를 만들어 그 안에 가두어 두다.
2 太公武侯(태공무후) : 태공太公은 강태공姜太公인 여상呂尙을 말하고, 무후武
  侯는 제갈무후諸葛武侯인 제갈량諸葛亮을 뜻한다.

5. 송시열의 죄를 종묘에 고하다

때마침 경과慶科가 있었다. 서인西人 유생儒生들은 상소한 일 때문에

과거 응시자격이 보류된 자가 수백 명이었다. 임금이 명을 내려 모두 풀어 주었으나 유생들이 오히려 응시를 거부하였다.

윤휴가 대간臺諫을 시켜 일단 '종묘에 고하는 것'을 정지케 하자는 장계를 올리니 모든 유생이 다 과거에 응시하였다.

이때 허목과 윤휴의 당(黨: 남인)이 의론을 할 때마다 점점 더 강경해졌다.

유생 이석징李碩徵은 상소하여

"송시열의 무리가 정통성을 부여받지 못한 무력한 조정으로 선왕(先王: 효종)을 대접하였습니다. 여성제呂聖齊가 옥책전문玉冊篆文을 쓸 때 '왕王'자에 한 획을 빠뜨렸는데 이는 신하노릇을 하지 아니할 마음이 있는 것입니다."

라고 공격하고 허목과 권대운權大運도 가세하였으나 김석주가 송시열을 구하기 위해 해명하고 나서자 그만두었다.

때마침 시험관인 서인 이정영李正英과 박태보朴泰輔가 '미진악석(美饌惡石: 아름다운 음식은 나쁜 돌만 같지 못하다)'이란 '글제'를 냈는데 과거에 응시한 사람들이 수긍하지 않고 제목을 고쳐달라고 청하였다.

민희閔熙가 숙종 임금에게 고하였다.

"이 '미진악석'의 뜻은 『예기』 단궁편의 '문자유최免子游衰'의 뜻과 같아서 다 장자를 버리고 서자庶子를 세운 것을 희롱한 것입니다."

허목 또한 차자를 올려서 논박하므로 이정영과 박태보를 함께 귀양 보냈다.

현종顯宗을 종묘에 모셔 제사를 지내는데 정태화를 배향配享하기로 의논하여 이미 결정하였다.

그러나 정태화의 아들 정재숭鄭載嵩이 대사간이 되어서 고묘告廟하
자는 의론에 이의異義를 세우고 말하였다.

"망부(亡父: 죽은 아버지)가 '국제國制'를 인용하여 기년복朞年服을
헌의하였는데 기년복은 송시열과 동일한 것입니다. 따라서 신臣은
감히 이 논의에 참여할 수 없습니다."

이에 허목이 정태화의 종묘 배향을 그만두라고 청하고 대간들도
연이어 반대하여 드디어 배향하지 말라고 명하였다.

악정樂正 조가석趙嘉錫이 상소하여 말하였다.

"허목이 처음에는 정태화를 배향하는 것이 좋겠다고 하더니 지금은
문득 합당하지 않다고 하니 늙어 꼬부라짐이 심합니다. 정재숭이 상소
하기 전에는 정태화를 배향할 수 있다하고 정재숭이 상소한 뒤에는
정태화를 배향할 수 없다하니 공정한 시비라고 할 수 있겠습니까?"

임금은 정재숭의 벼슬을 삭탈하라고 명령하고 조가석을 귀양 보냈
다. 얼마 후 배향하면서 정승을 지낸 신하[相臣]가 없을 수 없다하여
다시 정태화를 배향하였다고 한다.

생원生員 송상민宋尙敏이 상소하면서 '예송시말禮訟始末'을 자세히
기록한 책 한 권을 올렸는데 그중에 이런 말이 있었다.

"효종(효묘)은 장자長子가 아닌데 장자로서 복을 입으면 진실하지
아니합니다."

숙종이 격노하여 송상민을 때려죽이고 아울러 상소문을 쓴 박세휘朴
世徽도 죽였다.

이에 사헌부와 사간원에서 다시 송시열에게 죄를 더하자고 청하자
유배지를 거제巨濟로 옮기고 가시울타리를 치라고 명하였다.

병조판서 김석주가 강도(江都: 강화도)에 돈대(墩臺: 약간 높고 평평한 땅)를 쌓는데 승군(僧軍: 중)을 고루 모집하고 수군절도사水軍節度使 이우李堣에게 그 역사를 담당하도록 하였다.

이때 투서한 자가 있었는데 그 대강을 요약하면 이렇다.

"당화黨禍가 이 지경에 이른 것은 종통宗統이 그 질서를 잃었기 때문이다. 소현세자昭顯世子의 손자 임창군林昌君은 진실로 성인聖人이다. 모든 공公이 이분을 임금으로 세운다면 어찌 유쾌하지 아니하랴."

또 말하였다.

"영중추부사領中樞府事 정지화鄭知和, 전 판서 홍처량洪處亮, 김우형金宇亨, 이정영李正英, 전 참판叅判 이익상李翊相, 신정申晸, 윤심尹深에게 정사를 맡긴다면 모든 백성의 희망에 적합하리라."

김석주는 이 투서가 소문나자 윤휴에게 청하여 궁성宮城을 호위하여 비상사태에 대비하자고 하고 또 모든 공경(公卿: 삼공三公)과 구경九卿의 집안에게 스스로 방위하여 윤원형의 전철을 밟지 말자고 하였다.

때마침 혐의자 이유정李有湞을 잡아 국문하자 그는 죄를 승복하고 사형 당하였다. 이우는 승복하지 않고 죽었다.

임창군 황滉과 그의 동생 욱煜은 모두 제주濟州로 안치시켰다.

또 경성(京城: 서울)에 익명의 벽보를 붙인 자가 있었는데 서인西人이 모반하는 상황을 말한 것이었다. 이는 남인 윤휴의 문객인 이환李煥의 소행이었다.

이환이 국문을 당하자 자백했는데 윤휴가 임금께 비밀스런 차자箚子를 올려서 구제하였다.

이때는 윤휴가 위험스런 말로써 숙종을 두렵게 하는 데에 오로지

164

힘써서 비밀스런 차자를 자주 올렸는데 그 속에는 '광해군이 이홍립李興
立을 목 베지 않았다가 큰 화를 당했으므로 빠른 시간 내에 마땅히
장병將兵을 담당한 자를 바꾸어 후한을 없애야 합니다.' 하는 말이
있었다. 이는 김석주를 지목한 것이다. 이유정을 목 베자 권대운 등이
말하였다.

"나라의 예법이 바로잡혔으니 마땅히 고묘告廟해야 하는데 고묘하지
않으므로 흉서가 나타나는 것입니다."

허적 또한 그렇다고 말하였다. 삼사(三司: 사헌부, 사간원, 홍문관)에
서 번갈아 청하자 드디어 윤허하였다. 대제학 김석주가 교문(敎文:
임금의 교령)을 지었는데 '이유정의 흉서'만을 말하고 '예론禮論'은 거론
하지 않았다.

때마침 글을 지은 김석주가 강화江華로 간 사이에 이하진李夏鎭과
권해權瑎 등이 문장을 첨가하였다.

"큰 죄인이 뉘우침이 없음으로 간사스런 말들이 더욱 성하게 일어나
는 것입니다. 인륜을 멸하고 기강을 무너뜨린 것이 끝내는 아비도
없고 임금도 없는 결과를 가져왔습니다. 서리를 밟으면 얼음이 어는
것은 일조일석一朝一夕에 생기는 연고가 아닙니다."

또 이르기를

"덕과 예는 인을 베푸는 근본이니 때에 따라 함께 행하는 것입니다.
『춘추春秋』에는 역적을 토벌한 글이 있는데 그에 따르면 귀한 것은
하나로 통일하는 것입니다."
라고 하였다. 김석주가 강화에서 돌아와 이 문장을 보고 상소하여
변명하였다.

"이 구절은 신이 쓴 것이 아닙니다."

권해가 고묘문(告廟文: 종묘에 고하는 글)을 지었는데 그 글에는 이렇게 적혀 있었다.

"기해년己亥年부터 간신들이 국가의 종통을 어지럽혔으며 점차 세상을 어지럽힌 역적이 되었고 우익이 되었습니다."

이미 고묘告廟를 하자 양사(兩司: 사헌부, 사간원)에서 송시열을 법으로 다스리라고 57회나 장계하였고 대신들이 여러 벼슬아치를 거느리고 계속하여 청했으나 윤허하지 않았다.

會有慶科[1] 西人儒生 以疏事被停擧者 數百人 上命悉解之 而諸儒猶不欲赴 尹鑴使臺諫 姑停告 廟之啓 諸儒乃悉赴 時許穆尹鑴之黨 議論日益刻深 儒生李碩徵 疏言時烈之徒 以僞朝閏位[2] 待 先王 呂聖齊寫玉冊篆文[3] 王字缺一畫 有不臣之心 許穆權大運亦言之 因金錫冑救解得已 會試試官李正英朴泰輔 以美疢惡石[4]爲賦題 擧子不肯製請改之 閔熙告 上曰此題之意 與檀弓免子游衰同 皆譏捨長而立庶也 穆又箚論之 正英與泰輔俱被竄 顯宗祔廟[5] 議以鄭太和配享旣定矣 而太和子載嵩 爲大諫 立異於告廟之論 且言亡父引國制 獻服朞之議 朞則一也 臣不敢預於此議 於是許穆請寢太和陞祔 臺諫繼發 遂命勿祔 掌樂正趙嘉錫 疏言 穆初議以太和爲可配 今忽言不合 老耄甚矣 載嵩疏前太和可配 載嵩疏後 太和不可配 可謂公是非乎 令削載嵩 竄嘉錫 尋以配享不可無相臣 復祔太和云 生員宋尙敏疏進冊子 備陳禮訟始末 其中有云 孝廟非長子 服以長子則不誠 上激怒杖殺之 幷殺寫疏者朴世徽 於是兩司復請時烈加律 命巨濟荐棘 兵判金錫冑築墩于江都 調集僧軍 水使李蕿

領其役 有投書者 略云黨禍之至於此極者 由宗統之失其序也 昭顯世子
之孫臨昌君 眞聖人也 諸公若立此君 豈不快哉 又言領府事鄭知和前判
書洪處亮金宇亨李正英前參判李翊相申晸尹深 可使爲政 以副群望 錫
胄以書聞 尹鑴請環衛宮城 以備非常 又請諸公卿之家 幷給自衛 無使
有武元衡之事 會得可疑人李有楨 鞫之 有楨承服就誅 蕆不服死 臨昌
君滉與其弟煜 幷置濟州 又有掛書於京城者 言西人叛狀 尹鑴客李煥所
爲也 煥就鞫將服 鑴上密箚救之 時鑴專務恐動 上心密箚累上 至謂光
海不誅李興立 以致大禍 不可不亟念 宜易置將兵者 俾無後悔 意指金
錫胄也 有楨旣誅 權大運等皆言邦禮釐正 宜告不告故 有凶書 許積亦
以爲然 三司迭請乃許 大提學金錫胄撰敎文 惟言有楨事而不及禮論
會錫胄往江華 李夏鎭權瑎等添其句語 有曰祗綠大憝[7]之罔俊 以致邪
說之益熾 夷倫斁紀 終爲無父無君之歸 履霜堅永 嗟非一朝一夕之故
又曰德禮爲施仁之本 有時幷行 春秋[8]有討賊之文 所貴一統 錫胄歸 疏
卞非己語云 權瑎撰告廟文則曰粵自己亥 奸臣亂統 馴致亂賊 乃其羽翼
旣告廟 兩司請宋時烈按律[9] 五十七啓 大臣率卿宰連請不許

※

1 慶科(경과): 나라에 경사가 있을 때 실시하는 과거.

2 僞朝閏位(위조윤위): 정통이 아닌 조정.

3 玉冊篆文(옥책전문): 왕이나 왕후의 존호를 올릴 때 옥책에 쓰는 송덕문.

4 美疢惡石(미진악석): 미진불여악석美疢不如惡石의 준말이다. 『춘추좌전春
秋左傳』양공 23년에 있는 장손臧孫의 말로 아름다운 음식은 나쁜 돌만 같지
않다는 뜻. 장자가 가장 낫다는 뜻. 맏아들을 버리고 아우를 세운 일을
말한다.

5 祔廟(부묘): 3년상이 끝난 뒤에 종묘에 모셔 제사를 지내는 곳.

6 專務恐動(전무공동) : 위험한 말로 남을 두렵게 하는 것에 오로지 힘쓰다.

7 大憝(대대) : 큰 죄인.

8 春秋(춘추) : 저서 이름. 공자가 저술한 노나라 은공부터 애공哀公까지 12공公
의 242년간의 역사를 기록하여 엮은 책.

9 按律(안률) : 법으로 다스리다. 곧 죄에 대한 벌을 주라는 것.

6. 분열하기 시작하는 집권 남인

처음에 허목이나 윤휴는 모두 허적許積이 천거해서 이끈 사람이었다.
그러나 허목은 차례를 뛰어넘어 등용되었기 때문에 허적과 함께 정승이
되었다. 윤휴 또한 이조판서가 되었으므로 권력이 서로 비슷해져 그들
의 당(黨 : 남인)을 자처하는 자는 허목과 윤휴에게 붙는 것을 명예로
삼는 자가 많았다.

정언正言 이수경李壽慶이 경연經筵에서 허적을 배척하다가 좌천되었
는데 장령掌令 김해일金海一 등이 다시 파면을 청하자 윤허하였다.

정언正言 이서우李瑞雨가 이수경을 옹호하자 부제학副提學 이당규李
堂揆 등이 함께 이서우까지 파면시키자고 청하였다. 당을 만든다는
이유였다.

허목이 숙종에게 아뢰기를

"이수경과 이서우는 오직 신(허목)을 좋아했을 뿐입니다. 신臣이
어찌 이수경과 당을 만들어 전하殿下께 부담을 드리겠습니까?"
라고 하자 숙종이 이수경을 다시 등용해 허목을 편안하게 해주었다.

윤휴가 김해일을 외직으로 내보내려 했으나 이조좌랑吏曹左郞 유명현柳命賢이 옳지 않다고 하자 윤휴가 유명현을 외람되다며 추국할 것을 청하였다.

허목이 휴가를 얻어 고향으로 돌아가려 하자 여러 승지承旨들이 연명소를 올려 만류했으나 홍처대洪處大, 이하진李夏鎭, 정절鄭晢은 이 상소에 참여하지 않았으며 윤휴도 상소 제출을 보류하고 성 밖으로 나갔다.

이때 윤휴가 이조판서가 되어 관직을 임용할 때 숙종이 낙점하는 것을 주저하면 윤휴가 숙종에게 그 까닭을 물으므로 수찬修撰 유명견이 면전에서 배척하자 윤휴가 도리어 유명견을 꾸짖었다.

이런 이유들 때문에 숙종은 허적이 귀향할 때에는 무척 불안해하더니 윤휴가 귀향하려 하자 곧 허락하였다.

이에 윤휴가 만언소(萬言疏: 1만 자나 되는 상소)를 올려 같은 남인인 허적과 권대운을 비방하였으나 숙종이 오히려 허적을 위로하고 윤휴에게 '교활하게 공격한다.'는 유시를 내렸다.

승지承旨 정력鄭櫟이 임금의 유시문을 고치자고 청하였으나 허락하지 않았다.

허목이 이조판서 홍우원洪宇遠에게 서신을 보내 이옥李沃의 등용을 부탁하였다. 이옥은 회양부사淮陽府使였는데 이에 부제학副提學을 의정하려 하였다.

이조참의吏曹叅議 유명천이 반대상소를 올렸다.

"이옥이 일찍이 송시열에게 보낸 편지를 보면 아첨함이 차마 볼 수 없었습니다. 이제 국시國是가 바로잡히자 이옥이 도리어 송시열을 논박하였는데 어찌 부제학을 의정하는지 알 수 없습니다."

이에 이옥의 아우 이발李浡이 상소하여

"유명천과 그 아우 유명현은 음탕하며 비루하기 짝이 없습니다."
라고 헐뜯자 유명천이 또 상소를 올려

"이옥이 일찍부터 그의 아비 이관징李觀徵을 따라 경상감영慶尙監營
에 갔을 때 영해寧海 고을의 화전火田 백결百結을 훔쳐 숨겼고, 또
무인武人 이중신李重信과 이섬李暹의 말을 빼앗았으며 금천衿川 마을의
민전(民田: 백성의 밭)을 빼앗은 간사한 정황들이 있습니다."
라고 폭로하였다. 이에 지평持平 이현일李玄逸이 이옥과 유명천을 함께
탄핵하였다.

"이옥과 유명천이 여기저기서 자료를 주워 모아 성내고 원망하며
다투는 것은 장사치들이 여자들을 세워놓고 서로 말을 다투는 것과
같은 것으로 다 믿지 못할 것들입니다. 청컨대 두 사람을 함께 파직하십
시오."

初許穆尹鑴俱爲許積所薦引 及穆以不次用 與積幷相 鑴亦至吏判 權勢
相埒 其黨自好者 多附穆鑴爲名 正言李壽慶 於筵中斥積被 遞掌令金
海一等復請罷許之 正言李瑞雨救壽慶 副學李堂揆等幷請罷瑞雨 指爲
植黨 穆白上曰壽慶瑞雨所善者 惟臣而已 臣豈黨壽慶而負殿下哉 上爲
敍壽慶 以安穆 鑴欲以海一補外 吏郎柳命賢爭之 鑴請推命賢目以猥濫
穆乞暇歸鄕 諸承旨聯疏請留 而洪處大李夏鎭鄭晳獨不預 鑴亦留疏出
城 鑴爲吏判有擬官 上或斬點則鑴質問於上 修撰柳命堅嘗面斥之 鑴反
詈命堅 上積不安乃許鑴歸 鑴上萬言疏 歷詆[1]許積權大運 上特諭積慰

安之 以鐯爲狙擊 承旨鄭櫟請改論語 不許 許穆與書吏判洪宇遠 使用
李沃 沃以淮陽府使 擬副學 吏議柳命天疏言 沃嘗抵宋時烈書 卑謟不
忍正視 及國是旣定 沃反論時烈今擬副學未知其可也 沃弟浮疏詆命天
及其弟命賢 貪淊鄙瑣 命天又疏發沃曾隨其父觀徵慶尙監營 儉匿寧海
灾田百結 又奪武人李重信李暹馬 又奪衿川民田諸奸狀 持平李玄逸幷
劾沃命天 忿懟揯撼²如賈竪女子爭言 皆不足信 請幷削之

※

1 歷詆(역지): 일일이 비방하다.
2 忿懟揯撼(분대군척): 여기저기서 주위 모아 원망하고 싸우다.

7. 청남淸南, 탁남濁南으로 나뉘다

승지承旨 유하익兪夏益과 유수留守 오시복吳始復, 참판參判 민암閔黯은
함께 상소를 올려 유명천을 도와 입증立證하니 판의금부사判義禁府事
김석주가 그 죄의 옳고 그름을 가려 말하였다.

"이옥의 간사한 죄상은 증거가 있고 유명현 형제의 연루된 것은
그 실상이 많지 않습니다."

이에 이옥과 이발 형제를 함께 멀리 귀양 보냈다.

이옥은 허목의 당(黨: 청남)이요, 여러 유柳씨들은 허적의 당(黨:
탁남)이다. 이 뒤로부터 남인南人들이 청탁淸濁으로 나뉘어졌다.

권대운權大運과 권대재權大載, 이봉징李鳳徵과 홍우원洪宇遠 등은
함께 허목을 중심인물로 삼아 송시열의 죄를 마땅히 고묘告廟하고

죄를 더해야 한다고 역설하였는데 이들은 이를 스스로 맑고 높은 의론이라고 일컬었다.

민희閔熙 형제와 오정창吳挺昌 형제, 그리고 그 숙질(叔姪: 조카)들은 허적을 중심인물로 삼아 너그럽게 다루자고 주장하니 이들을 '탁남濁南'이라고 불렀다. 오정창의 형 오정위는 따로 '청남淸南'이 되었다고도 한다.

윤휴가 처음에 허목과 함께 '청남淸南'의 영수領袖가 되었는데 뒤에 일을 함에 있어 탐하고 방종하니 허목이 함께 하지 않았다. 이렇게 되자 앞서 윤휴를 공격하던 자들이 다 허목에게 붙어서 '청남'이 되었다.

유생儒生 구륜具綸이 상소를 올려 말하였다.

"오늘날 조정에는 '청남淸南'과 '탁남濁南'이 갈려 서로 배척합니다. 허목, 윤휴와 더불어 그 의론을 함께 하는 유신儒臣들을 지목하여 '청淸'이라 하고 영의정 허적과 더불어 그 의론을 함께 하는 자를 '탁濁'이라고 이르는데 이 세 신하는 임금을 사랑하고 나라를 근심하는 사람들이니 어찌 한쪽 당에 치우치는 사사로움이 있겠습니까? 다만 사람의 마음이란 한결같지 아니하여 뭉쳐졌다가는 삐걱거리는 것입니다."

서인인 정언正言 조근趙根이 상소를 올렸다.

"대저 이옥은 더럽고 천한 짓을 반복했고 오정위는 탐욕이 지나쳐서 법을 망가뜨렸고 조사기는 간사하고 사특하며 괴상하고 독한데 어찌하여 '청남淸南'이라고 이릅니까? '탁남濁南'의 탁한 것보다 '청남淸南'의 탁한 것이 더욱 심하기 때문에 청남이란 이름을 얻은 것이 아닙니까. 이것은 마치 큰솥 밑바닥과 작은 솥 밑바닥이 서로 검다고 비방하는 것과 같은 것으로 근본은 서인(西人: 남인들의 오기誤記)들입니다."

허목이 상소문을 올려서 나무랐다.

"김석주가 죄의 옳고 그름을 따진 것이 공평하지 않았습니다."

김석주가 다시 상소하여 말하였다.

"경수(涇水: 흐리다)와 위수(渭水: 맑다)가 서로 요동치니 그 여파가 사람을 칩니다. 급류急流에 물러나지 않으면 화가 장차 머리끝까지 미칠 것입니다."

경수와 위수는 청남淸南과 탁남濁南을 말한 것이다.

좌윤左尹 남구만南九萬이 상소를 올렸다.

"허적의 서자庶子인 교서정자校書正字 허견許堅의 처는 청풍부원군淸風府院君의 첩의 동생입니다.

청풍부원군의 첩이 허견에게 얻어맞아 이가 부러져 통곡하며 집으로 돌아오는데 허견을 욕하는 소리가 길에 가득했습니다. 부원군의 첩이 비록 천인賤人이라 할지라도 자전(慈殿: 왕후)의 서모庶母입니다. 허견이 자전의 서모를 감히 때리고 모욕한 것이 이와 같은데도 전하께 말하는 자가 없었습니다.

대사헌 윤휴는 금송(禁松: 베지 못하도록 정한 소나무) 수천 그루를 베어 자신의 집을 지었습니다. 무릇 금송은 열 그루만 베어도 그 죄가 전 가족에게 미치는데 재상이나 권신들은 온 산의 나무를 다 베어 가져도 문제 삼지 않습니까?"

또 말하기를

"세도가勢道家의 자제들이 남의 처첩을 빼앗았습니다."

라고 했는데 이 말 또한 허견을 지적한 것이었다.

심히 놀란 임금은 의금부議禁府와 포도청捕盜廳을 시켜서 규찰케

하였다.

좌상 권대운 등이 임금에게 아뢰었다.

"윤휴가 지은 집은 10여 칸에 지나지 않습니다."

하지만 한성판윤漢城判尹 김우형金宇亨과 좌윤左尹 신정申晸은 조사한 후

"서도西道 금산禁山의 소나무 300그루가 다 윤휴의 집으로 들어갔습니다."

라고 보고하였다.

형조판서 이관징(李觀徵: 남인)이 다시 조사하여

"그것은 윤휴가 한 일이 아닙니다."

라고 보고하자 임금은 하교하여 윤휴를 위로하였다.

또 의금부에서 허견의 아내 예형禮亨의 음란한 일들을 조사하여 예형을 유배시키고 허견의 고신(告身: 임관할 때의 사령장)을 빼앗았다. 그러나 부원군 첩의 이가 부러진 것은 허견의 소행이 아니라고 하여 불문에 부쳤다.

이때 포도청의 조사로는 역관譯官 서효남徐孝男의 며느리 이차옥李次玉이 사직동의 숯을 대문이 있는 큰 집으로 납치되었다가 5일 만에 돌아왔다는 것이었다.

권대운이 이 말을 듣고

"이차옥은 약한 여자이므로 곧 죽을까 염려된다."

라고 청하여 의금부로 옮김으로써 조사를 마냥 늦추었다. 때마침 송상민宋尙敏과 이유정의 옥사가 있어 국문이 한창 벌어졌으므로 이차옥의 일은 다시 묻지도 않았다.

송시열의 유배지가 거제로 옮겨지자 이원정李元禎이 송시열의 당(서인)인 민정중閔鼎重, 민유중閔維重, 이번李翻, 이익李翊, 이선李選 등을 함께 치죄할 것을 청하여 멀리 귀양 보냈다. 임금은 또 남구만이 거짓을 꾸며 남을 모함했다 하여 함께 귀양 보냈다.

이 뒤로부터 허적 부자父子는 세력이 더욱 왕성해졌다.

이에 허목(청남)이 임금에게 상소를 올렸는데 대략 간추려 보면 이렇다.

"영의정 허적(탁남)이 이미 큰 책임을 맡아 권세가 더욱 왕성해진 데다가 전하의 외척과 교분을 맺어 권문세가가 되었습니다. 환관과 귀근(貴近: 궁녀)들을 밀객密客으로 삼아 전하의 동정을 엿보아 전하의 뜻에 영합하고 전하께 일하기를 권하여 깊은 산 험한 곳에 작은 성을 1만 개나 쌓아 부지런한 척 전하의 뜻을 현혹케 하여 권력을 독차지했습니다.

그의 서얼자(庶孽子: 첩의 아들)인 견堅의 하는 짓이 무례한 것을 온 나라 사람들이 다 아는 것인데도 국법을 관장한 자가 금하지 못하더니 남구만의 상소로 사건이 발각되었으나 힘으로 숨기고 덮어서 남구만이 귀양 가고 허견은 끝내 무사하니 인심이 더욱 불쾌하게 여기고 있습니다.

전하께서 이런 사람과 함께 국사를 논하면 나라가 다스려지기를 바라기 어려울 것입니다."

임금이 성내어 심히 꾸짖고 허목으로 하여금

"임금의 동정을 엿본다는 말을 어디서 들었는지 자수하라."

고 하였으나 허목은 대죄만하고 그 출처는 대지 않았다.

권대재, 이봉징, 이옥, 권해 등을 귀양 보내고 홍우원의 벼슬을 삭탈하였는데 이들은 다 허목의 당(黨: 청남)이었다.

허적이 온 집안 식구를 거느리고 충주로 돌아가자 숙종 임금이 하루에 세 번씩이나 승지를 보내 위로하고 달랬다.

오래지 않아 허적이 조정으로 돌아와 예전처럼 정권을 잡았다. 허목이 마침내 고향으로 돌아가고 말았다.

承旨兪夏益留守吳始復僉判閔黯皆上疏爲命天立證 判義禁金錫胄議讞[1]具言沃奸狀有據 命賢兄弟所坐多無實 命沃淳幷遠竄 沃許穆黨也 諸柳許積黨也 自此南人分淸濁之目 權大運大載李鳳徵洪宇遠等幷主許穆 力言宋時烈之罪 當告廟加律 自爲淸峻之論 閔熙兄弟吳挺昌兄弟叔侄幷主許積 爲寬緩之論 時稱濁南 挺昌兄挺緯別爲淸南云 尹鑴初與許穆 同爲淸南領袖 後因行事貪縱爲穆所不與故 前攻鑴者 亦多附穆爲淸南 儒生具綸疏言 今日朝廷 有淸南濁南之目 互相擯斥 與儒臣許穆尹鑴同其議者 目之曰淸 與領相許積同其議者 目之曰濁 此三臣愛君憂國 豈有偏黨之私哉 但人心不一 轉成傾軋耳 正言趙根疏曰夫以李沃之汚賤反覆 吳挺緯之貪婪滅法 趙嗣基之邪慝怪毒 何以謂之淸南也 無乃濁南之濁尤有甚於淸南之濁而得此名耶 此正如鼎底釜底 以黑相訾耳 根西人也 許穆疏咎金錫胄議讞失平 錫胄疏言涇渭[2]中盪 餘波射人 急流不退 禍將滅頂 涇渭謂淸濁也 左尹南九萬疏曰 許積庶子校書正字堅[3]之妻 淸風府院君之妾弟也 府院君妾 爲堅所歐 折齒號哭而歸 惡聲載路 府院君之妾 雖賤人 乃慈殿之庶母也 堅乃敢歐打僇辱如是 而無爲殿下言者 大司憲尹鑴所斫伐禁松數千株 造家舍 凡斫松滿十株者 罪至

全家 而宰相權門獨可盡山斫取而勿問乎 又言勢家子弟 掠人妻妾 亦指
堅也 上驚甚 令禁府捕廳覈之 左相權大運等白鑴所構舍 不過十數間
判尹金宇亨左尹申㪍查驗 西道禁山松三百株 皆入鑴家 刑判李觀徵更
查 以爲非鑴所犯 下敎慰鑴 禁府查堅妻禮亨溢亂狀 禮亨流配 堅奪告
身 府院君妾折齒 非堅所爲 置不問 捕廳查譯官徐孝男子婦李次玉 被
掠至社稷洞高門大家 五日後還 權大運謂次玉弱女 徑斃可慮 請移禁府
以緩其獄 會 有宋尙敏及李有湞之獄 鞫事方張 不復問次玉矣 宋時烈
旣移巨濟 李元禎請幷治黨與 閔鼎重維重李翻李翊李選幷遠竄 上又以
南九萬構誣陷人 幷竄之 自是許積父子 勢愈盛 許穆乃上箚略曰 領議
政許積 旣任大責 權位益盛 締交戚里以爲形勢 宦侍貴近[4] 結爲密客
伺 上動靜 以爲迎合勸 上興作 深山險阻 城壘萬杵 以勤事惑 上意 以專
權力 其庶孽子堅 所爲無狀 國人所共知 掌邦法者莫之禁 因南九萬疏
事始發覺而專掩匿覆盖之 九萬竄 堅卒無事 人心益不快 上得此人 與
共國 望治難矣 上怒切責之 使穆自首所聞伺上動靜語 穆待罪不爲聞命
竄權大載李鳳徵李沃權瑎 削洪宇遠官 皆以黨穆也 積盡室歸忠州 上一
日三遣承旨 以慰諭之 未幾 積還朝如故 穆竟歸鄕

✳

1 議讞(의헌): 의안을 평결하다. 곧 옳고 그른 것을 가리다.

2 涇渭(경위): 중국에 있는 경수涇水와 위수渭水라는 물 이름. 경수는 탁하고
위수는 맑은 것으로 청남淸南과 탁남濁南의 비교.

3 校書正字堅(교서정자견): 교서정자는 교서관校書館의 벼슬이름으로 정9품
벼슬. 견堅은 허적의 서자 허견.

4 宦侍貴近(환시귀근): 환관과 궁 안의 임금을 가까이하는 빈궁들.

8. 잔칫날 몰락하는 남인들

지난날 숙종 임금은 어렸을 때 잔병이 많았다. 이정(복창군)과 이남(복선군)이 허견과 서로 내통했는데 일찍이 정원로鄭元老의 집에서 모인 적이 있었다.

이남이 허견에게 일러 말하였다.

"임금은 곧 돌아가실 것이오. 그대의 아비는 나를 왕으로 세우려 했는데 나는 곧 병조판서가 될 것이오. 그대와 피를 나누어 마셔 맹세하고 함께 의논해 서인西人을 몰아냅시다.

박헌이 상소에서 송시열의 이름을 빌어 말한 '수삼공자(數三公子: 세 명의 공자)'는 바로 우리 삼형제를 뜻한 것이오. 이 일을 하는데 가장 적합한 인물은 외척 김석주와 허적이오."

정원로는 김석주와도 내통하는 사이였다.

신면의 아들들인 신범화申範華, 종화宗華는 김석주의 내외종 동생들이었다. 이들은 송시열과 원수 사이이므로 남인南人들과 많이 교류하였는데 김석주는 다시 복창군 형제들과 사귀고 있었다.

복창군 형제들은 김석주의 백부인 김우명이 '홍수의 옥사'를 일으켰기 때문에 김씨를 원수로 여겼다.

그러나 김석주가 일찍이 정원로로부터 모의사실을 들어 알고 있었기 때문에 먼저 발설할까 두려워하여 남인들 중 복창군 형제를 위하는 자들은 끝내 감히 김석주를 내놓고 공격하지 못하였다.

김석주가 이처럼 안팎의 권력을 다 장악하니 허적의 무리인 탁남濁南

이 다 따랐다. 김석주는 눈치가 빠르고 시세를 잘 엿보는 자이다. 청남淸南, 탁남濁南이 분열된 후 임금의 뜻과 세상의 인심이 점점 남인南 人들을 싫어하는 것을 알고 남인 정권을 무너뜨리려는 의지를 굳혔다.

숙종의 장인인 광성부원군光城府院君 김만기金萬基와 모의하여 김만 기의 숙부叔父 김익훈金益勳을 끌어들여 어영대장御營大將으로 삼아 돕게 하였다.

또 그 뜻을 송시열에게 전해 감정을 풀고 일을 함께 하기로 약속하였 다. 또 여러 차례 신범화와 정원로를 유인해 복선군과 허견의 비밀스런 사항들을 염탐하게 하였다.

하루는 허견이 손수 쓴 글을 얻어왔는데 그 내용은 "여수麗水에 있는 신녀辛女를 먼저 제거하자."는 것이었다. 이것은 중궁中宮 인경왕 후가 김씨 성으로 신축년辛丑年에 탄생한 것을 가리킨 것이다.

드디어 은밀히 소문이 돌자 숙종은 무인武人 이립신李立身과 남두북 南斗北, 박빈朴斌 등을 보내 복선군과 허견의 동정을 살피게 하였다.

김석주는 이립신 등에게 금과 은을 많이 주며 가서 복선군과 허견의 종들과 사귀라고 명령하였다.

이립신 등이 밤낮 머물러 숙식을 하며 동정을 살피는데 복선군의 계집종이 손가락이 아프다고 하자 이립신 등이 그 까닭을 물었다. 여종이 말하였다.

"군복을 많이 만드는데 바느질하다가 다쳤습니다."

이에 이립신 등 3인이 가서 고변하였다.

이때 허적의 할아버지인 허잠許潛이 시호諡號를 받아 잔치를 했는데 고관들이 많이 참석하였다.

서인西人들이 서로 놀래 허견이 숨겨놓은 병기로 잔치에 참석한 자들을 죽이려 한다고 말하였다.

이에 김석주는 사양하고 가지 않았으며 김만기만 참석하였다. 김만기는 자신의 술잔이 오기 전에 다른 술잔으로 마시고 말하였다.

"마침 시장해서 먼저 마셨소이다."

술잔이 자신에게 오자 김만기는 허견에게 가서 말하였다.

"나는 벌써 취했소."

이는 술에 짐독을 탔을까 염려해서였다.

이때 갑자기 닭이 날아들어 술병을 다 깨버렸다.

허적이 닭을 잡아 죽이라고 명령하고 스스로 말하였다.

"닭이란 것은 '유酉'고 유는 서인西人을 뜻하는데…."

그날 비가 많이 내리자 숙종은 왕실에서 쓰는 장막을 허적의 집에 보내 성대한 잔치가 되게 하라 명하였는데 좌우에서 말하여 아뢰었다.

"허적이 이미 가져갔습니다."

숙종이 대노大怒하여

"한명회韓明澮도 감히 이런 일은 하지 못했도다."

라고 말하였다. 숙종이 대장大將 유혁연柳赫然과 신여철申汝哲을 급히 소환하니 김만기도 따라 나섰다.

허적이 크게 놀라 급히 수레를 타고 따라가 대궐문에 이르렀는데 들어갈 수 없었고 여러 대장들은 이미 교체되었다.

영의정 허적을 파면한 후 김수항으로 대체하고 훈련대장 유혁연柳赫然의 병권을 빼앗고 김만기로 대체하는 등 남인南人을 모조리 축출하고 서인을 불러들이니 이를 '경신환국庚申換局'이라 한다.

先是 上幼多疾 楨柟與許堅交通 嘗會于鄭元老家 柟謂堅曰 上有不諱[1]
汝父肯立我 我卽兵判汝矣 遂歃血爲盟 因謀逐西人 以宋時烈爲名 朴
瀗所謂數三公子是也 金錫胄與許積最善 元老亦與錫胄密 而錫胄內弟
申範華宗華冕子也 以仇時烈故 多與南人游而錫胄復使交諸福 及金佑
明起紅袖之獄 而諸福幷仇金氏 然以錫胄 嘗聞元老之謀 故畏其先發
諸南之爲諸福者 終不敢顯攻錫胄 錫胄以此權傾內外 積等濁南皆附之
錫胄機警善覘勢 自淸濁之分而知上意人心益厭南人 決意欲傾之 與國
舅光城府院君金萬基謀 引萬基叔益勳爲御將 以自輔 又致意于時烈
約以釋憾同事 數誘範華元老 探柟堅隱狀 一 口得堅手書 有麗水辛女先
除之語 指 中宮姓金誕辛丑也 遂以密聞 上乃遣武人李立身南斗北朴斌
等 察柟堅 錫胄多與立身等金銀 令往交諸家婢 日夜留宿 柟婢有痛指
者 立身等問之 婢曰因造戰服甚多 執針傷指耳 三人以告 會許積祖潛
延謚[2] 大邀公卿 西人相驚 謂堅伏甲[3] 將屠預宴者 金錫胄辭不往 萬基至
酒未行 徑取他盃飮之曰吾偶饑耳 及盃行 卽堅辭曰吾醉耳 盖慮其鴆[4]
也 忽有鷄飛入 盡碎其酒器 積令殺鷄自語 曰鷄者酉也 其西人歟 是日
雨甚 上命出 御用帳幙 送積家以侈宴 左右曰積已取去矣 上大怒曰此
韓明澮之所不敢爲也 趣召大將柳赫然申汝哲於宴所 萬基亦起 積大驚
趣駕隨之 詣闕不得入而諸將已易置矣 於是勒免[5]領相許積以金壽恒
代之 奪訓將柳赫然符 以金萬基代之盡逐南人而召西人 是謂庚申換局[6]

※

1 不諱(불휘): 꺼릴 필요가 없다. 곧 죽지 아니할 수 없다.
2 潛延謚(잠연시): 잠潛은 허잠. 허적의 조부이며 조선 선조 때의 문관. 자는
  경량景亮, 호는 한천寒泉, 시호는 충정忠貞. 연시延謚는 선조에게 내리는

시호를 내려 받다.

3 伏甲(복갑): 병기를 몰래 숨겨놓다.

4 鴆(짐): 짐새의 독. 사람이 이것을 마시면 죽는다.

5 勒免(늑면): 강제로 사직하게 하다. 억지로 관직에서 내쫓아 옷을 벗기다.

6 換局(환국): 정권이 교체되는 것.

9. 사사賜死되는 허적과 윤휴

경신환국庚申換局 며칠 후 정원로가 임금에게 고변告變하여 복선군 이남과 허견의 모반 상황을 다 폭로하였다. 이남은 교수형을 당했고 허견은 처형되었다.

허적도 연좌되어 잡혀 갔는데

"신(臣: 허적)이 이를 미리 알았다면 어찌 병진년丙辰年에 비밀리에 주청했겠습니까?"

라고 진술하자 임금이 측은하게 여겨 처형하지 않고 서인庶人으로 만들었다.

일찍이 허적이 임금에게 비밀리에 주청한 말은 "전하께서 병이 많으시고 강한 종친들이 포진하고 있으니 행보와 음식을 신중히 하는데 힘쓰십시오."라는 것이었다 한다.

이때 의금부義禁府에서 청하여 이차옥의 일을 다시 조사하자 허견의 추행사실이 다 드러났다. 숙종은 허적이 자식의 잘못을 은폐한 것을 괘씸히 여겨 사사賜死를 명하였다.

허적은 영민英敏한 사람으로서 정승의 재목이었다. 그 자신은 악한 일을 저지르거나 남을 거스르지 않았음에도 아들의 패륜 때문에 죽었으므로 세상에서 슬피 여기는 사람도 있었다.

송시열이 대의(大義: 북벌을 뜻함)의 설을 주창한 뒤로는 윤휴 또한 그를 사모하였는데 뜻을 얻은 뒤로는 숙종에게 청하여 체부(體府: 도체찰사가 머무르는 곳)를 설치하고 군사를 훈련시키며 군량미를 쌓으니 국력 회복을 도모한다고 일렀다.

허적이 도체찰사都體察使로서 양쪽의 군무軍務를 겸하여 맡아 보았는데 얼마 있다가 해제되었나.

1년여 만에 다시 설치되자 윤휴가 부사副使 자리를 원하다 얻지 못하자 원망하는 말까지 하기에 이르렀다.

허적이 외읍(外邑: 외딴 시골)에 둔전屯田을 두고 허견 첩의 형제인 강만철姜萬鐵과 만송萬松을 별장別將으로 삼아 관리시켰는데 허견의 옥사가 일어나자 체부를 없애고 강만송의 무리도 모두 죽였다.

그때 말하는 자들은

"체부를 다시 설치한 것이 반역의 근본이다."

라고 하여 그 당(黨: 남인)을 끝까지 다스려 남인南人은 문생門生이나 옛 관리를 막론하고 여기에서 벗어난 자 적었다. 그러나 체부의 재건은 실상 김석주도 찬성했던 일이었다.

윤휴가 잡혀오자 사헌부와 사간원에서 윤휴가 '자성(慈聖: 왕후)을 관속(管束: 맡아 단속하다)하십시오.'라고 말한 것과 '체부를 재건한 일'로 해서 죽이기를 청하였다.

서인 남구만이 이 사실을 알고 조정에 글을 보내 말하였다.

"사람의 임금으로서 손이 번거로워서는 안 되는 것이니 역적의 옥사 외에 다시는 형벌로 죽이는 길을 여는 것은 마땅하지 않습니다."

이상진李尙眞 또한 말하였다.

"우리 조정에서는 일찍이 사대부士大夫를 가벼이 죽이지 않았습니다. 윤휴가 비록 죽을죄를 지었더라도 용서하는 것이 또한 하나의 도리일 것입니다."

이때 숙종이 일찍이 윤휴에게 비밀리에 내린 조서 중에 '장신將臣을 교체하라.'는 말이 있었음이 드러나 조정 의론이 분개하고 미워하여 "윤휴가 거의 서인西人들을 어육(魚肉: 도륙)으로 만들 뻔하였다."라고 하여 드디어 구원하지 않았으므로 윤휴가 마침내 사사賜死되기에 이르렀다.

윤휴가 죽음에 임박하여 말했다 한다.

"조정이 어찌하여 선비를 죽인단 말인가!"

居數日鄭元老上變[1] 楨堅謀叛狀悉露 楨絞 堅伏誅 許積辭連就拿 供曰 臣若與知乎則 何爲有丙辰密奏乎 上惻然免爲庶人 盖積嘗奏言 上體多疾 强宗布列 起居飮食 務從愼重云 及禁府請究次玉事 盡發堅奸滔狀 上怒積爲子掩覆 命賜死 積爲人英敏有相才 身不犯惡逆 以悖子死 世或悲之 自宋時烈倡大義之說 而尹鑴亦慕之 及得志 請設體府[2] 鍊兵積儲 名圖恢復 許積爲體察使兼總兩局軍務 尋罷之 歲餘復設 鑴求爲副使[3]而不得 至發怨言 積廣置屯田[4]於外邑 使堅妾兄弟姜萬鐵萬松爲別將 任其事 及堅獄起 體府罷 萬松等亦誅 時言者以體府復設 爲謀逆之本 窮治其黨 南人門生故吏[5] 鮮有得免 然體府之復 亦金錫胄所贊也

尹鑴就逮 兩司以鑴管束慈聖復設體府二事請誅之 南九萬貽書朝中曰
人主不可手滑 逆獄之外不宜復開刑殺之路 李尙眞亦言我朝未嘗輕殺
士大夫 鑴雖當死 貸之亦或一道 及 上下鑴密疏 有易置將臣之語 朝議
憤嫉 謂鑴幾魚肉⁶西人矣 遂不之救 鑴竟賜死 鑴臨死曰 朝廷奈何殺儒
者云

※

1 上變(상변): 변고變告를 조정에 올리다. 곧 임금에게 알리다.
2 體府(체부): 조선시대 체찰사體察使가 머무르는 영내.
3 副使(부리): 도체찰사의 바로 아래 직책.
4 屯田(둔전): 주진州鎭에 주둔하는 군대의 군량과 경비에 쓰게 한 농지.
5 故吏(고리): 벼슬에서 물러난 관리들.
6 魚肉(어육): 생선과 고기의 뜻. 여기서는 도륙, 즉 죽이다의 뜻.

10. 보사공신 책봉에 대한 반발

예전에 송시열이 '사종지례(四種之禮: 4종지설. 3년복을 입지 않는 4가지
경우)'를 주장할 때 이유태李惟泰가 찬성하였다.

송시열이 죄를 얻게 되자 이유태도 또한 귀양을 갔다. 서인西人
중 예를 말하는 사람들은 다 이 두 사람을 좇았다.

송시열이 이유태를 내쫓으려고 비난하였다.

"이유태가 예설禮說을 고쳐서 효종이 서자庶子가 아니라고 한 것은
당시의 사람들에게 살기를 구하느라 그러한 것이다."

허적이 숙종에게 아뢰었다.

"듣건대 이유태가 죄를 뉘우치고 1년설을 철회했으니 청컨대 놓아 주십시오."

이유태는 상소하여

"나의 소견은 송시열과 동일한 것으로서 일찍이 말을 바꾼 적이 없습니다."

라고 말하고 또 스스로 송시열에게 편지를 보내 변명도 하였다.

이때 임금은

"이유태와 송시열의 소견이 본래부터 같았다 하는데 송시열도 과연 효종을 서자庶子라고 한 것은 아닐 것이다."

라면서 송시열을 청풍淸風 땅으로 옮기라고 명하고 송준길의 관직을 복직케 하였다.

위리안치 중인 송시열은 귀양지를 옮긴다는 소문을 듣고 가지 않으려고 말하였다.

"내가 실상은 효종을 서자庶子라고 한 것인데 임금이 그것을 잘못 전해 듣고 나를 다른 곳으로 옮기려 하나 나의 죄야 마찬가지 아닌가."

송시열을 압송해 가는 금부랑禁府郞이 놀라서

"공公은 죄인인데 죄인이 어찌 이배지移配地에 가지 않으려 한단 말이오?"

라고 말하고 강제로 데리고 갔는데 얼마 있지 않아서 풀려 돌아왔다.

이때에 김석주와 정원로와 이립신 등을 보사공신保社功臣에 녹훈錄勳하라고 명하여 고묘告廟와 회맹(會盟: 모여서 맹세함)을 하였다.

무인武人 이원성李元成이 정원로가 일찍부터 오정창과 역모를 꾀했다고 고하니 국문하였다. 오정창과 정원로가 죄를 시인하여 정형(正刑: 사형)에 처하였다.

정원로가 처형될 때

"나와 공모한 자는 신범화이다. 앞서 고변할 때 다 발설하지 아니한 것도 또한 신범화의 말을 들어서였다."

라고 말하였다. 이에 신범화를 체포했으나 의금부는 김석주를 꺼려서 죄상을 밝히려 하지 않았다.

양사에서 엄하게 신문하도록 청하니 김석주가 상소를 올려서 변호하였다.

"사실은 신(臣: 김석주)이 신범화를 시켜 몰래 반역 상황을 살피도록 한 것입니다. 이는 명明나라 때 왕수인王守仁이 기원형冀元亨을 시켜 호사(濠事: 반역사건)를 엿보게 한 것과 같은 것인데 지금 조정의 의론이 흉흉한 것은 역도들이 원수를 갚고자 하는 것이니 청컨대 신범화의 공을 녹훈錄勳하여 그 원통함을 밝히소서."

숙종은 이것을 가납可納하였다. 그리고 또 명하였다.

"어영대장 김익훈과 교리 이사명李師命은 정탐한 공로가 있으니 함께 녹훈錄勳하라."

이때 원래 녹훈자가 여섯 명이요, 추가로 녹훈된 자가 다섯 명이었다.

복선군과 허견의 옥사는 억지로 탐지한 데서 나온 것으로 확실한 증거가 없었다. 그 일을 주동한 사람은 김석주 등 몇 명뿐이었고 조정 신하들도 알지 못했으므로 사람들이 속으로 의혹을 품었는데 공신을 추록하라는 명령이 내려지자 선비들이 더욱 불평하였다.

이에 장령掌令 심유沈濡가 처음으로 장계를 올려 말하였다.

"여러 신하들이 비록 작은 수고로움이 있을지라도 상을 줄 때(깃을 꽂을 때)는 법전을 엄중하게 하고 가볍게 베풀지 않는 법인데 김석주는 신범화를 위하여 공로는 들추고 죄는 덮어서 조정 대신들을 실언失言하는 사람으로 만들었는데 물리치지 않습니까?"

사간원, 사헌부, 홍문관에서는 임영林泳, 송광연宋光淵, 박태손朴泰遜, 신완申琓과 대사헌 여성제呂聖齊가 서로 계속해서 그르다고 주청하고 좌상 민정중閔鼎重과 우상 이상진李尙眞 또한 '옳지 않다.'고 주장했으나 임금은 따르지 않고 영상 김수항을 억지로 시켜서 공신을 책봉케 하였다.

김수항의 아들 창협昌恊이 그의 장인 나량좌羅良佐와 시사時事를 의론하는데 나량좌가

"염탐하는 정치는 성인의 세상에서는 있을 수가 없는데 왜 빨리 이런 일들을 없애지 않는가?"

라고 비평하자 김창협이 대답하였다.

"인조仁祖 초기에도 이러한 일이 있었습니다."

나량좌가 응답하였다.

"인조반정反正은 비록 하늘이 감응하고 사람이 따랐으나 그 세력이 강하지 못했기 때문에 부득이하게 행한 일이지만 지금의 임금은 워낙 밝으셔서 어릴 때에는 소인배들에게 속았지만 지금은 속은 것을 깨달으시고 일을 바르게 처분하는데 무슨 걱정이 있단 말인가. 어째서 배반자들은 가만히 있지 못하는가?"

창협이 대답하기를

"이는 우재尤齋의 뜻입니다."

라고 하니, 나량좌가 깜짝 놀라 말하였다.

"유자(儒者: 선비)로서 어찌 이런 부정不正한 꾀를 쓴단 말인가. 뒤에
반드시 큰 재앙이 있을 것이네."

우재는 송시열의 호였다.

初宋時烈主四種之禮 李惟泰贊之及時烈得罪 惟泰亦竄 西人之言禮者
幷歸此兩人 時烈欲擯惟泰 聲言惟泰改禮說 爲 孝宗非庶子 將以求活
於時人 許積爲 上言聞惟泰悔罪改說 請釋之 惟泰疏言己見與時烈同
未嘗易辭 又爲書自卜於時烈 至是 上以惟泰時烈所見本同 雖時烈 非
果以 孝宗爲庶子也 乃命時烈量移淸風 復宋浚吉官 時烈在棘中聞移
欲不行曰 吾實以 孝宗爲庶 上誤聞而移我 然吾罪固自如也 禁府郎[1]押
行者 駮曰公猶罪人也 焉有罪人移配而不往者 强之乃行 未幾宥還 時
命錄金錫胄鄭元老李立身等保社勳 旣告廟會盟 而有武人李元成者 又
告元老嘗與 吳挺昌謀逆 復鞠之 挺昌元老承服正刑 元老將刑 曰吾所
同謀者 申範華也 前告不盡發者 亦聽範華也 範華就逮 禁府憚錫胄
莫肯覈者 兩司請嚴訊 錫胄乃疏言臣實使範華 潛察逆狀 如王守仁[2] 遺
冀元亨覘宸濠事[3] 今朝議洶洶 乃欲爲叛賊報仇 請錄範華功 以明其寃
上可之 又命御將金益勳校理李師命 有詗察功 幷錄之 時原錄者六人
追錄者五人 逆獄皆出鉤探 無確證 主其事者 錫胄等數人 而廷臣不與
聞 人情疑惑 追錄命下 士類益不平之 於是掌令沈濡首啓 言諸臣雖有
微勞 旂常重典[4] 不宜輕施 錫胄爲範華揚功掩罪 非斥朝廷爲失言 三司
林泳宋光淵朴泰遜申琓及大憲呂聖齊相繼爭之 左相閔鼎重右相李尙
眞亦言不可 上不從 追領相金壽恒策勳 壽恒子昌恊與其舅羅良佐論時

事 良佐曰訶察之政 非聖世所宜有 盍亟罷之 昌恊曰 仁廟初 亦有是事
良佐曰 仁廟反正 雖應天順人 其勢不能無疑故 不得已行之 今 聖明[5]在
上 冲年 爲群小所欺 今旣覺悟 處分得正 何慮之有 何不令反側者[6]自安
昌恊曰尤齋意也 良佐驚曰 焉有儒者而爲此不正之謀哉 後必有大禍
尤齋宋時烈號也

※

1 禁府郞(금부랑): 의금부義禁府의 낭장郞將.
2 王守仁(왕수인): 명明나라 때 유학자, 정치가. 절강浙江 사람. 호는 양명陽明.
  지행합일론知行合一論과 양지양능良知良能설을 주장하여 주자학朱子學과 다
  른 양명학을 열었다.
3 濠事(호사): 중국의 안휘성安徽省에서 일어났던 반란사건.
4 重典(중전): 엄격한 법률.
5 聖明(성명): 임금의 고명한 덕.
6 反側者(반칙자): 곧 배반자. 배신자.

11. 소론少論이 발생하다

이이와 성혼을 문묘에 종사하자는 의론이 인조반정 초부터 비롯되어
여러 조정을 거쳐 왔다.

서인西人 유생들이 여러 번 상소를 올려 청하면 남인들은 헐뜯고
꾸짖기를 마다하지 않았다.

서인西人들이 정권을 장악하자 숙종은 문묘에 종사할 것을 윤허하고
남인南人 유생인 조신건趙信乾 등을 귀양 보내자 남인들이 감히 다시

말하지 못하였다.

당시에 착한 선비들이 함께 출사하여 사헌부와 사간원이 더욱 성대해 졌다.

청렴하고 강직하기는 조지겸趙持謙과 박태보朴泰輔요, 문학文學으로 는 오도일吳道一과 임영林泳이고, 언론으로는 한태동韓泰東이요, 역량 力量으로는 박태손朴泰遜이고, 염아(恬雅: 이욕이 없고 화평하고 단아함) 로는 권두기權斗紀였는데 다 나이가 젊은 이름난 관리들이었다.

이들은 힘써 맑은 의론을 주도하고 일에 있어서는 용감하게 말하여 점점 보사공신과 임금의 외척들을 배척하고 사립하니 '소론少論'이란 이름이 여기에서 비롯되었다.

민정중, 민유중 형제도 이들과 함께 당시에 명망이 있었는데 인현왕 후仁顯王后를 책봉할 때 그 아버지 민유중이 바야흐로 병조판서였다.

의론하는 자들이 '외척은 정권을 잡지 아니하는 것이다.'라고 하였다.

대사헌 이단하도 민유중을 위하여 별도의 한 '사司'를 설치하라고 청하였는데 이는 그 이름을 널리 펴고 실상을 중하게 여긴 것이었다.

후에 이단하가 이조판서가 되자 교리 박태보朴泰輔가 상소를 올려 논박하였다.

"이단하는 일찍이 대제학으로 있을 때 임금의 위엄이 두려워서 선왕 (先王: 효종)의 행장을 따라 고치다가 공의公議의 배척을 받았습니다.

또 이우정李宇鼎과 목창명睦昌明을 추천하여 뜻을 통해 일을 함께 하려고 하다가 사람들의 웃음거리가 되었으며 요즈음에는 민유중이 그대로 병권을 맡아 역대 조정에서 전해온 외척에 대한 방비를 훼손하여 외척이 정사에 관여하는 길을 열어 놓았는데도 이단하는 막을 생각도

하지 않고 있습니다.

이에 별도의 한 '사司'를 설치하자는 말을 하여 위와 아래에 아첨하였으니 지금 총재(冢宰: 이조판서)로 임명될 수 없습니다."

이단하는 이조판서에서 물러나고 박태보 또한 파면 당하였다.

이 뒤로부터 민정중과 민유중의 민씨와 사류(士類: 선비) 사이가 서로 좋지 못하였다.

李珥成渾從祀¹之議 自反正初始 歷數朝 每西儒疏請 則南人詆罟不已 至是西人當國 命許從祀 竄南人儒生趙信乾等 南人不敢復言時善類彙征² 臺閣尤盛 廉直則趙持謙朴泰輔 文學則吳道一林泳 言議則韓泰東 力量則朴泰遜 恬雅則權斗紀 皆年少名官也 力主淸議 遇事敢言 稍稍排勳戚以自立 少論³之名始此 閔鼎重維重兄弟 俱有時望 仁顯后旣冊封 維重方居兵判 議者謂外戚不可握政柄 大憲李端夏請爲維重 別設一司 袪其名而重其實 後端夏爲吏判 校理朴泰輔疏言端夏 曾以大提學怵於天威 追改先王行狀 爲公議所斥 又薦李宇鼎睦昌明 欲與通志共事 人共嗤笑 至頃日 閔維重之仍掌本兵 毀累朝之大防啓外戚之干政 端夏不思匡救 乃爲別設一司之說 求媚於上下 今不可任以冢宰⁴ 端夏引去 泰輔亦罷 自是士類與二閔不相能

※

1 從祀(종사): 덧붙여 제사를 지내다. 성균관成均館의 공자묘孔子廟에 후세의 유자儒者 중에서 뛰어난 사람을 함께 제사를 지내다. 곧 배향시키다.
2 彙征(휘정): 동료와 함께 가다.
3 少論(소론): 서인의 한 갈래. 숙종 때 윤증尹拯을 영수로 한 당파. 젊은

사람들이 주로 모였으며 송시열의 노론老論과 비교해 소론이라 일컫는다.
4 冢宰(총재): 이조판서의 별칭.

12. 현종의 상사를 둘러싸고 틈이 벌어진 선비들과 김수항

처음 현묘(顯廟: 현종)의 상사喪事에는 청淸나라가 2개의 단壇에 제사토
록 하였다.

사신을 접대하는 오시수吳始壽가 숙종에게 아뢰었다.

"청나라 통역관 장효례張孝禮가 우리의 통역관 박정신朴廷藎에게
'너희 나라 선왕(先王: 현종)이 강신(强臣: 강력한 신하)에게 제재를
받아서 자유롭게 일을 하지 못했으므로 우리 황제(皇帝: 중국 임금)가
민망하게 여겨 예를 더하게 한 것이오.'라고 말했다 합니다."

숙종이 이 말을 듣고 놀라고 분노하여 사신을 보내 무고라고 변명하려
다 그만두었다.

이때 이 말을 들은 자들이 모두 말하였다.

"오시수가 거짓말을 지어내 송시열을 밀어내려 한 것이다."

이때에 이르러 숙종이 사신을 연경(燕京: 북경)에 보내 장효례에게
따져 묻자 장효례는 "그런 말 한 적 없소."라고 대답하였다.

이에 오시수와 박정신을 국문하자 박정신은 "그런 말 들은 적 없습니
다."라고 말한 반면에 오시수는 "박정신에게 들었습니다."라고 진술하
였다. 숙종은 오시수를 죽이고 박정신은 멀리 유배 보내라고 명하였다.

사헌부 장령 정재희鄭載禧가 나섰다.

"이제 오시수는 죽이고 박정신은 살려 준다면 이것은 조정이 대신의 말은 믿지 않고 천한 통역관의 말을 믿는 것입니다. 우리 사신이 외국에 나가 저들과 교제할 때 반드시 통역관의 혀만 의지하여 보고했다가 그 뒤 말이 바뀌면 박정신 같은 통역관은 스스로 모면할 수가 있을 터인데 그렇다면 다 사신만 죄를 주실 것입니까?"

사간司諫 조지겸趙持謙도 말하였다.

"오시수가 처음 이 말을 전하게 했을 때는 박정신이 한 마디 해명도 없다가 이제 오시수가 무너지는 것을 보고 오직 오시수에게만 허물이 돌아가게 하니 오시수가 죽을죄는 지었지만 박정신의 죄라고 어찌 가볍겠습니까? 박정신을 국문하여 죽을 때까지도 굴복하지 않은 뒤에 오시수를 죽여도 늦지 않을 것입니다."

대사간大司諫 윤지완尹趾完도 말하였다.

"오시수의 죄는 진실로 인정人情이 다 미워하는 것이지만 다만 그 말의 뿌리가 외국인이고 증거라고는 이 상서(象胥: 통역관)의 무리입니다. 이러한 일로 대신을 가벼이 죽이는 것은 옳지 않습니다. 차라리 죽이지 말고 지방에서 평생 지내게 하는 것이 법을 굽히지도 않고 은혜를 온전히 하는 길입니다."

홍문관 교리 박태보도 같은 의론이었다.

그러자 사간원 정언正言 김만채金萬採와 지평持平 김진구金鎭龜는 조지겸과 박태보가 '오시수를 비호한다.'고 배척하였으며 영의정 김수항도 조지겸 등을 귀양 보내라고 청했으며 윤지완을 내쳐 통신사通信使로 삼고 오시수를 마침내 죽였다.

이로부터 사류(士類: 선비)와 김수항이 서로 돕지 않았다.

初顯廟之喪 清人賜祭二壇 儐使吳始壽白 上曰 通官張孝禮[1]謂譯官朴
廷藎云 爾國 先王受制强臣 不得自由故 皇帝愍之而加禮也 上聞之驚
憤 欲遣使卞誣而未果 時聞者皆謂始壽自造此言 以擠宋時烈云 至是
上遣使赴燕 詰問孝禮 孝禮曰無之 乃鞫始壽與廷藎 廷藎亦曰無之 始
壽則曰聞於廷藎 上賜始壽死 廷藎遠配 掌令鄭載禧曰 今殺始壽而廷藎
生則 是朝廷不信大臣之言而信賤譯也 且我使出疆 與彼交際 必憑譯舌
膽之 以奏報後若有變辭自脫如廷藎者 皆將罪使臣乎 司諫趙持謙曰
方始壽之始出此言 廷藎無一辭自明 今見始壽敗 而專歸之始壽 始壽固
當死 廷藎之罪烏可輕乎 鞫廷藎至死不服然後 殺始壽木晚 大諫尹趾完
曰始壽之罪 固人情之所共嫉 但言根 是異國之人 證左 乃象胥之輩
不可以此輕殺大臣 無寧特貸其死 沒齒荒裔[2] 不害爲屈法而全恩 校理
朴泰輔議同 正言金萬埰持平金鎭龜 斥持謙泰輔庇護始壽 領相金壽恒
請竄持謙等 出趾完爲通信使 始壽竟死 自是士類與金壽恒又不協

✻

1 張孝禮(장효례): 중국의 청淸나라 사신 이름.
2 沒齒荒裔(몰치황예): 몰치沒齒는 한평생. 황예荒裔는 멀리 떨어진 지방,
  벽지.

13. 남인을 무고하는 옥사獄事들

신유년(辛酉年: 1681년)에 감시(監試: 소과 초시)에서 어떤 사람이 문서
를 던졌는데 그곳에는 남인南人 13대가(大家: 큰 집안)가 나열되어

고변告變하는 것과 같았다.

시험관이 몰래 임금에게 올리니 숙종이 김석주에게 넘겨 처리토록 하였다.

김석주가 무인武人 김환金煥을 시켜 여러 남인南人을 잘 살피라고 하였다.

김환은 본래 서인西人이었는데 벼슬은 남인南人에게서 얻은 사람이다. 김환이 못 하겠다고 사양하자 김석주가 죽이겠다고 협박을 하므로 김환이 따랐다.

김석주가 지시하였다.

"허새許璽와 허영許瑛은 한강漢江 위에 산다. 너는 그 이웃으로 이사해 같이 쌍륙을 하면서 놀아라. 네가 쌍륙에 이기면 '나라를 취하는 것도 이렇게 하는 것입니다.'라고 떠봐라. 허새 등이 호응하는 것 같으면 너는 허새에게 모반하자고 말하라."

김환이 말하였다.

"저들이 모반할 뜻이 없으면 도리어 내가 모반하는 것이 되는데 어찌 하겠습니까?"

김석주가 대답하였다.

"내(김석주)가 있으니 염려하지 말라."

김석주는 많은 은화銀貨를 경비에 쓰라고 주었다.

김환이 김석주의 지시대로 하자 허새와 허영이 과연 반응하였다. 또 김환에게 유명견柳命堅을 감시하라고 시켰다.

유명견은 이름난 선비로서 김환이 갑자기 얽어 넣을 수가 없으므로 먼저 그의 문객인 전익대全翊戴와 사귀어 그 실상을 사실대로 보고하였다. 또 이덕주李德周를 감시하게 시켰으나 실상을 알 수 없었다.

이때 김석주가 일이 있어서 연경燕京에 가면서 김환을 김익훈에게 부탁하였다. 김익훈이 자신의 공을 세우려고 김환을 심하게 독촉하자 김환 또한 자주 전익대에게 유명견이 도모하려는 일을 알아냈느냐고 물었다.

전익대가 대답하였다.

"다만 유명견이 일찍이 활을 만드는 것을 보았는데 의심할 만한 일입니다."

때마침 "김환이 밖으로는 정탐하는 척하는데 실상은 모반히려 하는 것이다."라는 유언流言이 안팎에 널리 퍼졌다.

김익훈이 이 말을 듣고 김환에게 빨리 고변告變하라고 명하자 김환이 두려워서 자신이 직접 고하지는 못하고 김익훈에게 어영청 군사 2명을 요청해 밤에 전익대의 집에 가서 그를 사로잡아 돌아와 위협하였다.

"너는 나를 따라 고변告變하라. 거절하면 반드시 먼저 너를 죽이겠다."

"유명견이 모반한다는 증거가 없는데 어떻게 차마 무고할 수 있겠소."

전익대가 거절하며 따르지 않았다.

김환이 김익훈에게 청하여 그를 가두고 먼저 허새와 허영이 모반한다고 고변하였다. 허새와 허영이 잡혀와 곧 굴복하니 김환은 갑자기 공신이 되고 벼슬이 중간의 위치에까지 올랐다.

김환은 전익대의 일이 도리어 자신의 공로에 누가 될 것을 두려워하여 전익대의 일에 대해서는 다시 말하지 않았다.

김익훈은 종일토록 기다려도 아무런 소식이 없자 가두어 둔 전익대를 마음대로 풀어놓을 수도 없어 심히 초조하여 어찌할 줄을 몰랐다.

이에 스스로 국청에 가서 이를 말하였다.

이 옥사를 맡은 김수항이 전익대를 체포하기를 거절하였다.

"고변자의 입에서 나오지 않은 말을 가지고 어찌 함부로 체포한단 말이오."

마침 그날은 김석주가 연경에서 돌아온 날이었다.

김석주가 김익훈에게 말하였다.

"아방兒房에서 비밀리에 장계를 올려 전하께서 이를 국청으로 내리게 하면 가능합니다."

아방兒房이란 대궐 안의 장군들이 쉬거나 자는 곳이다.

김익훈이 말하였다.

"나는 글을 쓸 줄 모르는데 어떻게 하지요?"

김석주가 곧 종이를 가져다 뒷면에 장계를 초하여 주었다.

김익훈이 김석주의 말대로 했더니 임금은 김익훈의 장계를 국청에 내리고 곧 전익대를 잡아오라 하여 신문하였다.

전익대는 김환이 승진한 것을 보고 부러워하여 유명견을 반역했다고 고변하였다.

유명견이 국문장에 잡혀와 전익대와 대질했으나 아무런 증거가 없었고 또 김환이 끌어다 붙인 이덕주 등도 다 실상이 없는 것이었다.

또 김중하金重夏라는 자가 민암을 고변했는데 조사하여 본 결과 더욱 허망한 것이었다. 이것을 '임술삼고변의 옥사〔壬戌三告變之獄〕'라고 이른다.

이에 유명견과 민암은 죄를 면하였고, 김중하와 전익대는 멀리 귀양 갔고, 이덕주는 곤장을 맞다가 운명하였다고 한다.

잠시 후 전익대를 목 베라 명하였다.

대개 김환과 김중하는 다 김석주와 김익훈이 사주한 것인데 전익대만 후원자가 없었으므로 혼자 죽었다고 일렀다.

辛酉監試[1] 有人投空券 列書南人十三大家 狀若告變者 考官[2]密啓於上 上付之金錫胄 錫胄令武人金煥 復察諸南人 煥本西人而得官於南人者也 煥辭不能 錫胄欲斬之 煥乃從 錫胄曰許璽許瑛方在江上 汝可往寓其隣 與之博[3] 博勝曰取國亦如此 璽等如應之則 汝卽許與同反 煥曰彼無反意 反以我爲反則奈何 錫胄曰有吾在 勿慮 乃多與銀錢以資之 煥如其言 璽瑛果應 又使煥 察柳命堅 命堅名士 煥不能遽結 先交其客全翊戴 以情告之 又察李德周 皆未得其狀 時錫胄有事赴燕 以煥托金益勳 益勳欲自以爲功 促煥甚急 煥數問翊戴得命堅事未[4] 翊戴曰但見命堅嘗造弓 爲可疑耳 會有流言 謂煥陽托詗察 實謀不軌 中外喧傳 益勳召煥 令急告變 煥懼 請得益勳御營軍二人 夜至翊戴家 擒而歸 脅之曰汝從我告變 不者 必先殺汝 翊戴曰命堅無反狀 何忍誣之 拒不從 煥乃請益勳 囚翊戴 先入告璽瑛 璽瑛被逮卽服 煥遂爲勳臣 升坐中階 恐翊戴反累己功故 不復言翊戴事 益勳俟之終日 無聞業已囚翊戴 不可私縱之 悶甚 不知所出 乃自詣鞫廳言之 金壽恒方主獄 斥之曰事不出告者口 何可妄逮 會其日錫胄自燕還 乃謂益勳曰往兒房密啓 事下鞫廳則可爲也 兒房者 闕內將臣歇宿處也 益勳曰吾不文 奈何 錫胄卽取簡紙背草啓與之 益勳如其言 上以益勳啓下鞫廳 卽逮翊戴而訊之 翊戴見煥坐中階 心豔之 乃告命堅 命堅就鞫 與翊戴面質 卒無驗 煥他所引李德周等 亦多無實 又有金重夏者 告閔黯 按之 尤虛妄 是謂 壬戌三告變之獄

於是 命堅黜得免 重夏翊戴遠配 而德周殞於杖 尋命斬翊戴 盖煥重夏
皆錫冑益勳所喉 而翊戴無援故獨死云

※

1 監試(감시) : 조선조 때 생원生員과 진사進士를 뽑던 과거. 사마시司馬試.
   소과小科.
2 考官(고관) : 시험을 감독하고 채점하는 관리.
3 博(박) : 노름의 일종인 쌍륙.
4 事未(사미) : 미래의 일들. 곧 앞 일.

14. 송시열과 젊은 서인들의 분열

당시 사류士類들이 다투어 말하였다.

"김익훈이 남을 유인하여 역모를 시켰으니 그 마음은 자신이 역적이
된 것보다 더 심하다."

조지겸은 맨 먼저 논박하였다.

"김중하와 전익대의 죄가 서로 다른 것은 옳지 않습니다. 또 남의
유인을 받아 남을 무고한 자와 남을 유인해 무고하게 한 자는 별로
다를 바가 없는데 어찌하여 전익대는 사형당하고 김환은 홀로 공신이
될 수 있습니까?"

조지겸은 계속해서 말하였다.

"김익훈은 탐욕스럽고 사치하여 집의 대문이 여섯이나 되는 까닭에
세상 사람들이 모두 흘겨봅니다."

한태동도 김익훈을 심하게 꾸짖었다.

"김익훈이 전에 허적을 섬기며 아첨하여 허적의 애마愛馬에 손수 안장을 얹어 주었습니다. 지금 설사 지은 공이 있을지라도 이는 또한 팽총(彭寵: 한나라의 장수)의 자밀子密과 같을 뿐입니다. 어찌 나라 일을 맡길 수 있겠습니까?"

조지겸은 또 정탐 행위가 잘못임을 희롱해 말하였다.

"성스런 임금이 세상을 다스리면 하느님이 내려온 것 같아 해와 달이 비추고 비와 이슬이 윤택하게 하고 바람과 우레가 진동시켜서 비록 무지개 같은 부정한 기운이 그 사이에 끼었다 하더라도 자기 스스로 소멸할 따름입니다.

지금의 계책은 오직 정치와 형벌을 밝게 하고 덕택을 펴며 기강을 엄숙하게 하여 어진 정치로 백성들을 교화하여 융성을 도모해야 할 것입니다.

정탐은 말세에나 하는 일이니 옳지 못합니다."

남구만도 여러 죄수들을 판결하자고 청하는 상소를 올렸다.

"이른바 고변이라는 것은 오직 남의 역모만을 고하는 것입니다. 만일 원망하고 비방하거나 난언을 하는 것을 모두 급한 변고라고 올려서 듣게 하면 나라 사람들이 장차 마음 놓고 지내지 못할 것이니 이것이 어찌 옛날 성인들이 비방을 죄주지 아니한 뜻이겠습니까?"

경신년庚申年 이후로 밀고하는 문을 널리 열어놓은 것은 모두 김석주의 소행이지만 사류士類들 또한 김석주를 두려워하여 김익훈만을 쫓아내자고 청하는데 그치고 말았으며 숙종 임금도 그대로 따랐다.

하지만 두어 달 후에 김익훈을 다시 불러들이니 대간臺諫 유득일兪得

—과 박태유朴泰維가 상소로 간쟁하기를 '대신大臣이 어찌 바른 말을 하지 않고 사사로움을 따라 비호합니까?'라고 함께 논박하니 숙종 임금이 노怒하여 유득일과 박태유를 물리쳐서 촉령(促令: 지방관)의 관직에 보補하자, 대신들과 삼사三司에서 힘써 간쟁해서 그만두도록 하였다. 하지만 김익훈을 사랑하고 대우하는 것은 전과 다름이 없었다.

이때 민정중이 정승이 되어 호포戶布 등의 여러 일을 건의하여 실행하고자 했으나 영의정 김수항의 저지를 받았고 또 자신이 척리(戚里: 임금의 외척)이기 때문에 사류(선비)들이 함께 하지 아니할까 두려워하여 산림(山林: 재야 선비)에 의지하여 무게를 더하고자 하여 숙종 임금에게 아뢰어 송시열, 박세채朴世采, 윤증尹拯 등을 불렀다.

이때 송시열이 여강(驪江: 경기 여주)에 이르자 숙종 임금이 조지겸을 보내서 초빙하였다.

조지겸이 근래에 있었던 일들을 요약하여 송시열에게 알리고, 또 김익훈의 한 짓이 악하다고 말하자 송시열이 대답하여 말하였다.

"진실로 이와 같다면 김익훈을 죽여도 족히 아까울 것이 없겠소이다."

조지겸이 돌아와 다른 사람들에게 말하였다.

"대로大老의 소견도 우리들과 마찬가지일세."

때맞춰 송시열이 조정에 이르자 김석주가 감시(監試: 사마시) 때의 변서變書사건과 임금 명령의 본말을 말하면서 김익훈이 죄가 없다고 두둔하자 송시열이 마음속으로 난처하게 생각하였다.

숙종 임금이 송시열을 접견하고 말하기를

"지금 조정의 의론들이 김익훈을 가지고 서로 싸우고 있소. 나는 장차 대로大老의 말대로 결정하려 하는데 어떻게 생각하시오?"

라고 물으니 송시열이 두세 번 사양하고 나서 단지 말하였다.

"김장생金長生은 신(臣: 송시열)의 스승이고 김익훈은 김장생의 손자
인데 신이 김익훈을 잘 선도하지 못하여 일이 이 지경에까지 이르렀으니
신의 죄이옵니다."

時士類爭言金益勳誘人爲逆 其心甚於自爲逆 趙持謙首論金重夏全益
戴不宜異同 且爲人所誘而誣告人者 與誘人以誣告人者 其間相去幾何
翊戴死 金煥獨有功可乎 又言金益勳貪侈 家有六大門 爲世所側目 韓
泰東持益勳尤峻曰 益勳嘗諂事許積 積所愛馬 益勳手自距鐵 今設有微
勞 是亦彭寵之子密[1]耳 豈可使司一國之命哉 持謙又言譏察之失曰 聖
主御世 如上天之臨下 日月以照之 雨露以潤之 風雷以振之 雖有虹霓
不正之氣干於其間 亦自消自滅而已 爲今之計 惟當明政刑敷德澤肅紀
綱 以圖治化[2]之隆 譏察乃衰季之事 不可爲也 南九萬亦請疏決諸囚曰
所謂上變者 惟當告人謀逆而已 凡若怨謗亂言者 皆以急變上聞則 國人
將重足而立[3] 是豈古聖人不罪誹謗之意哉 自庚申以後 廣開告密之門
皆金錫胄所爲 然士類亦畏錫胄 止請黜益勳 上勉從之 數月復召益勳
臺諫愈得一朴泰維疏爭之 并論大臣不言 庇護循私 上怒 斥補得一泰維
促令之官[4] 大臣三司力爭得寢 益勳寵遇如故 時閔鼎重爲相 欲建行戶
布[5]諸事 爲首相金壽恒所沮 又自以戚里 恐士類不與 欲倚山林爲重 乃
白 上召宋時烈朴世采尹拯 時烈方在驪江 上遣趙持謙招之 持謙具以近
事告時烈 且言金益勳所爲無狀[6] 時烈曰 誠如是則 益勳死無足惜 持謙
歸語人曰 大老[7]所見 亦與吾輩同矣 及時烈造朝 錫胄具言監試變書及
上命本末 訟益勳無罪 時烈意唯難之 上見時烈 曰今朝議方持金益勳

予將以大老之言決之 以爲何如 時烈遜謝再三 但曰金長生臣之師 而益
勳長生之孫 臣不能善導益勳 使至於此 臣之罪也

※

1 彭寵之子密(팽총지자밀): 팽총은 후한後漢 광무제光武帝 때의 신하이며
   건충후建忠侯에 봉해졌다. 자신의 공로에 비해 상이 크지 않다고 불평을
   가져 뒤에 군사를 일으켜 모반하다가 그의 부하인 자밀子密에게 죽었다.
   김익훈도 이와 같은 것이라는 뜻.

2 治化(치화): 좋은 정치로 백성을 다스려 교화시키다.

3 重足而立(중족이립): 발을 포개고 서다. 곧 편안하게 서다.

4 促令之官(촉령지관): 임금의 명령을 독촉하는 관리. 곧 외직의 관리.

5 戶布(호포): 조선시대 각 호에 대해서 요역徭役 대신 징수하던 포.

6 無狀(무장): 무례한 것.

7 大老(대로): 나이가 많은 노인을 높이 부르는 말. 곧 나이 많은 현인賢人이라는
   뜻. 서인들이 송시열을 높여 부르던 별칭.

15. 김석주의 양면작전

송시열이 대의大義를 바르게 하는 것으로 자부(自負: 自命)하더니 이때
에 이르러서는 맨 먼저 효종孝宗의 세실世室을 정하고 또 태조太祖에게
시호諡號를 더하자고 청하며 말하였다.

"태조太祖께서 개국하신 후, 3백 년 동안 이루어진 공고한 대업의
실상은 위화도회군威化島回軍에 기초하여 대의大義를 해와 별같이 밝혔
으니 '소의정륜昭義正倫'이라고 시호를 삼는 것이 마땅하겠습니다."

204

또 말하였다.

"신의神懿와 원경元敬, 두 왕후의 위판(位版: 위패)은 유독 왕태후王太后라고 썼는데 태太자를 없애는 것이 옳습니다."

처음 송시열이 조정에 나오자 조정의 의론들은

"송시열이 한 번 패했다가 다시 조정에 들어왔으니 반드시 융성한 말과 큰 꾀가 있어 성덕(聖德: 임금)을 도울 것이다."

라고 하며 엄숙한 그의 풍채를 바라보고 부러워하였다.

그런데 별다른 건의는 없고 분연히 종묘전례宗廟典禮만 청하니 그 뜻이 모두 이것을 빌려 자신의 지위만을 무겁게 하는데 있는 것으로 알았으므로 인망人望을 잃었다.

박세채는 본래 송시열을 존경하였는데 이때 함께 조정에 있게 되자 아침저녁으로 예절을 매우 경건하게 차렸다.

윤증尹拯이 임금의 부름을 받고 과천果川까지 이르렀는데 오지 않자 박세채가 가서 그 이유를 물었다.

윤증이 박세채와 함께 자면서 신중하게 말하였다.

"서인西人과 남인南人의 원한은 가히 풀 수가 없고, 삼척(三戚: 세 외척 세력)의 문 앞은 가히 막을 수가 없소. 또 지금의 시태(時態: 상황)는 자신과 뜻이 다른 자는 배척하고 자기에게 순종하는 자만 함께 하는데 이러한 풍속은 또한 변화시키지 않으면 안 될 것인데 공이 할 수 있겠소."

박세채가 묵연默然히 한참 동안 있다가

"다 할 수가 없습니다."

라고 대답하였다. 윤증은

"세 가지를 고칠 수 없다면 나는 조정에 들어가지 않겠소."
라고 하면서 돌아가 버렸다.

대개 윤증의 뜻은 훈적勳籍을 삭제하고 죄안을 재조사하고 김만기,
김석주, 민정중의 진출을 저지하며 아울러 송시열의 잘못을 바로잡으
려는 뜻이었다.

박세채가 이 말을 혼자 마음속으로 옳게 여겨 이에 태조의 시호를
더하는 문제에 대해 송시열과 다르게 말하였다.

"태조太祖께서 회군回軍한 것은 실상은 집안을 변화시켜 나라를 만들
려 한 것이요, 오로지 대의大義에서만 나온 것은 아닙니다. 또 제왕帝王
의 시호는 마땅히 왕업王業을 중히 여기는데 회군回軍한 것은 왕업을
이루기 전의 일로 시호諡號를 더할 것이 못 됩니다."

송시열이 이 말을 듣고 화가 나서 말하였다.

"박세채가 선군先君을 남몰래 깎아 내린다."

또 이 일로 인하여 박세채의 아들인 태은泰殷을 질책해 말하였다.

"오늘날의 왕방(王雱: 宋송나라 왕안석의 아들)이다."

이때 사류(士類: 士林)들이 다 박세채가 곧다고 여겨 송시열에게
돌아가지 않자 송시열의 문 앞에는 가히 참새그물을 친 것 같았다.

이에 김익훈의 자제들이 그 틈을 엿보아 날마다 와 울며 하소연하고
도움을 요청하였다.

송시열은 젊은 무리들이 자신과 달리하는 것을 분하게 여겨 이에
임금에게 차자箚子를 올려서 말하였다.

"신臣이 한 마디 말로 김익훈을 구제하지 못하는 것은 대론(臺論:
사간원, 사헌부의 탄핵)이 지금 벌어진 터에 감히 신이 노쇠한 몸으로는

기력을 내어 시끄럽게 끝까지 이끌 수가 없었습니다."

또 큰 소리로 말하였다.

"김익훈은 실제로 나라를 위하여 역적을 쳐서 이미 그 공훈을 받았는데 다시 그 죄를 추궁하는 것은 옳지 않다."

이러한 뒤로는 사류士類가 크게 쑥덕거려

"어른이 되어가지고 편벽된 사사로움에 빠져서 그 처음의 소견을 바꾸는 법이 어디 있는가?"

라면서 드디어 자립할 마음이 있었다.

지평持平 박태유는 이때 고향에 있다가 태조 시호 논의가 잘못되었다고 상소하려 했으나 숙종이 이미 송시열의 청을 윤허하여 장차 시호를 추증하려고 했으므로 사람들이 다 박태유에게 무익한 일이라고 말려서 상소를 올리지 않았다. 그러나 초고草稿는 이미 세상에 돌아다녔다.

대간臺諫 이굉李宏이 박태유가 대로(大老: 송시열)를 업신여기고 모욕했다면서 탄핵하려 했으나 조지겸, 한태동, 신완 등이 옳지 않다고 주장하였다.

유생儒生 조광한趙匡漢 등이 상소하여 박태유를 꾸짖기를

"젊은 사람들이 훗날 정권이 바뀔 것을 우려하여 스스로 대로大老와 달리해 화를 면하고자 하는 것입니다."

라고 하였으나 오도일과 신완이 연명으로 상소하여 많은 말로

"박태유는 맑고 곧은 선비이므로 죄주는 것은 옳지 못합니다."

라고 변호하자 송시열이 드디어 상소를 보류시키고 고향으로 돌아갔다.

옛날의 관례에는 유현儒賢이 고향으로 돌아가겠다고 하면 성균관成均館 유생들이 급히 상소를 올려 붙잡도록 청하였다.

이때는 성균관 유생儒生들의 대부분이 젊은 사람들이 바르다고 여겨 송시열이 조정에 머무는 것을 좋아하지 않았다.

김석주가 숙종에게 아뢰어 청하였다.

"오도일 등에게 죄를 내리소서."

숙종이 처음에는 따르지 않다가 김석주가 강권하고 스스로 관안官案을 임금 앞에 놓고 오도일을 울진蔚珍현감으로 봉하여 내치라고 청하자 숙종이 재가하였다.

이때 김석주가 말하였다.

"옛날에 한기韓琦는 공두칙空頭勅으로 임수충任守忠을 쫓아낸 일이 있는데 이는 일을 처리하는데 굳세고 과감한 것을 귀하게 여겼기 때문입니다."

또 박태유를 고산(高山: 호남) 찰방察訪으로 보내고 아울러 조지겸, 한태동, 신완을 모두 파면하라고 청하였다.

김석주는 퇴궐한 후 또 대간을 시켜 상소를 올려서 "오도일 등을 다시 부르십시오." 하고 청했으니 무릇 김석주의 하는 짓이 이처럼 예측할 수 없는 일이 많았다.

오도일 등이 이미 죄를 얻자 이때에는 이들을 '오간五諫'이라 불렀다.

時烈雅以大義自命 至是首請 孝宗定世室[1] 又請太祖加諡曰 太祖開國三百年鞏固之業 實基於威化回軍[2] 昭大義於日星 宜以昭義正倫爲諡 又言 神懿 元敬二后位版 獨書 王太后 宜去太字[3] 始時烈之至 朝議謂時烈起廢造朝 必有昌言宏猷 裨補 聖德 顒顒望其風采 及見無他建白 粉然以 宗廟典禮爲請 而其意皆假借以自重 殊失人望 朴世采素敬時烈

至是同朝 日夕執禮甚虔 尹拯承召[4] 至果川不進 世采往問之 拯夜與共宿 從容曰西南怨毒不可解 三戚[5]門戶不可杜 今之時態 異己者斥之 順己者與之 此風亦不可不變 公能之乎 世采默然良久 曰皆不能 拯曰三者不可爲則 吾不可入 遂徑歸 盖拯意欲削勳籍[6] 疏罪案[7] 沮金萬基金錫胄閔鼎重而幷規時烈之失也 世采心獨善之 乃以諡議[8] 貳時烈曰 太祖回軍 實以化家爲國 非專出於大義 且帝王之諡 當以王業爲重 回軍乃潛龍[9]時事 不應加諡 時烈怒 謂世采竊貶先君 又因事叱世采子泰殷 謂今世之王雰[10] 時士類皆直世采而不歸時烈 時烈之門 可以雀羅矣 於是益勳子弟瞰其隙 日來泣訴求助 時烈恚少輩之貳己 乃上箚言 臣不能一言救益勳者 誠以臺論方張 不敢以臣之衰朽 出氣力以惹鬧端也 又揚言曰益勳實爲討賊 旣享其功 復求其罪 爲不可 自是士類大譁 以爲長者溺於偏私 變其初見 遂有自立之意矣 持平朴泰維方在鄉 欲疏論諡議之失 而 上已允時烈之請 將行追諡 人皆挽泰維以爲無益故 疏不果上 草稿已行於世 臺諫李宏以泰維侵侮大老 欲彈之 趙持謙韓泰東申琓執不可 儒生趙匡漢等疏詆泰維 以爲少輩慮他日翻覆 欲自貳於大老 以免禍 吳道一與琓聯疏 盛言泰維淸直士 不可罪 時烈遂留疏歸鄉 故事儒賢告歸 館儒輒上疏請留 至是館儒皆直少輩 不肯留時烈 金錫胄白 上請罪道一等 上始不從 錫胄强之 自取官案[11]於 上前 請斥補道一蔚珍縣監 上可之 錫胄曰昔韓琦[12]以空頭勅[13] 出任守忠[14] 處事貴剛決然也 又請補泰維高山察訪[15] 幷罷持謙泰東琓 錫胄出 又令臺諫搆疏請收還道一等 凡錫胄所爲 多不可測如此 道一等旣獲罪 時稱五諫

※

1 世室(세실): 공덕이 많은 선왕의 위패를 영원히 옮기지 않게 짓는 종묘의

신실神室.

2 威化回軍(위화회군): 위화도 회군. 고려 말기 우왕禑王 14년 5월에 명明을 치려고 압록강 중류의 위화도에서 증수增水와 역질을 이유로 하여 왕의 명령과 팔도도통사 최영 장군의 진군의 명령을 반대하고 우군도통사 이성계가 좌군도통사 조수민과 함께 군사를 돌이켜 평양과 개경으로 전역轉逆하여 진군한 일. 이 일로 이성계가 조선 건국의 기반을 닦았다.

3 去太字(거태자): 태太자는 황후에게만 쓸 수 있는 글자인데 제후국의 왕비인 태조비와 태종비에게 사용한 것은 옳지 않다는 뜻.

4 承召(승소): 왕의 부름을 받다.

5 三戚(삼척): 김만기, 김석주, 민정중의 세 집안으로 임금의 외척들.

6 勳籍(훈적): 공신의 이름, 등급, 포상 내용을 기록한 문서. 여기서는 경신환국 후 서인 일부인 김석주, 김익훈 등에게 내려진 보사공신, 추록공신과 김환의 고변 등에 의한 공신 책봉을 뜻한다.

7 罪案(죄안): 범죄 사실의 조서. 여기서는 남인에 대한 서인의 고변사건에 대한 조서를 재검토한다는 뜻.

8 諡議(시의): 시호의 문장. 여기서는 태조에게 '소의정륜昭義正倫'을 더하자는 논의를 뜻한다.

9 潛龍(잠룡): 잠복한 용의 뜻. 아직 등극하지 못한 왕을 지칭한다.

10 王雱(왕방): 북송北宋의 왕안석王安石의 아들. 왕방은 간사하고 음특했지만 어렸을 때부터 여러 가지 재주가 있어서 저술도 했으며 왕안석이 정사를 돌볼 때 방이 이를 지도했는데 이것을 비유한 것이다.

11 官案(관안): 벼슬아치의 명단을 적은 책. 관리의 성적을 적어 포상하고 승급할 때 참고하는 자료로 쓰인다.

12 韓琦(한기): 송나라의 범중엄范仲奄과 함께 일컬어지는 어진 재상. 송宋의 인종仁宗 때 재상이 되어 위국공魏國公에 봉해졌다. 시호는 충헌忠獻).

13 空頭勅(공두칙): 아무 것도 쓰여 있지 않고 다만 '너는 죽어야 한다.'고 되어 있는 빈 칙서.

14 任守忠(임수충): 송나라 인종 때 신하.

15 察訪(찰방): 조선조 때 각 역의 역참을 맡아보는 외직의 종6품 문관 벼슬. 마관馬官이라고도 한다.

16. 노론과 소론이 나누어지다

대신大臣 김수항, 민정중으로부터 삼사三司에 이르기까지 서로 글을 올려 처벌하지 말도록 청했는데 받아들여지지 않았다.

이때 비록 본디 젊은 선비들을 좋아하지 않았던 자라도 애석하게 여기지 않는 이가 없었다.

그 뒤로는 김수항, 민정중이 다 김석주와 같은 의론을 주장하였다.

이상진이 상소를 올려 말하였다.

"책망을 당한 여러 신하들은 모두 인품이 있는 자들로서 그 맑은 지조는 가히 높일 만한데 이제 일거에 다 쓸어내니 국사國事를 어찌 하시렵니까?"

박세채는 상소를 올려 김석주가 굽은 사람을 등용하고 곧은 사람을 내쫓는다고 배척하자 김석주가 상소를 올려 말하였다.

"이제 조지겸이나 오도일을 곧다고 하면 조지겸이나 오도일에게 모욕을 당한 자들은 굽은 자들이라고 이를 수 있단 말입니까? 대인을 업신여기고 어른을 능멸하였으니 경로敬老의 풍속이 쇠퇴하고, 그른 것에 순종하며 거짓된 것을 굳히니 이는 음란한 붕당의 흔적이 드러난 것입니다.

산림(山林: 재야)의 선비들은 한때의 취향으로 모인 자들로서 관계에 이끌리고 정을 생각해 세상의 물정을 알지 못하고, 이에 '쇠'를 보고 '금金'이라고 하고 도적을 아들 같이 여기니 그 또한 틀린 것입니다."

이에 성균관 유생 황위黃𩵋 등이 다시 "김석주가 유현儒賢을 모욕하였습니다."라고 말하면서 상소를 올려 죄주기를 청하자 숙종 임금은 황위를 귀양 보내라고 명령하였다. 이에 박세채 또한 사직하고 고향으로 돌아갔다.

이로 인하여 노론老論과 소론少論이 무너지고 갈라진 후 다시 합하지 못하였다.

주로 송시열·김석주·김익훈 같은 자들이 노론이 되었고, 박세채·조지겸·한태동·오도일 같은 자들이 소론이 되었다.

소론少論이라는 이름은 공신 추록追錄을 다투는 데서 비롯되어 태조의 시호를 더하는 일에 반대하는 것에 이르러 성립되었다.

이때 선배 대신大臣 가운데 오직 이상진만이 힘써 소론少論을 도왔고 윤지완, 남구만, 유상운柳尙運은 연령과 벼슬이 '오간五諫'보다는 좀 높았으나 또한 소론을 주장하였다 한다.

自大臣金壽恒閔鼎重以下 至三司 交章請寢 不納 時雖素不悅少輩者 莫不惜之 其後壽恒鼎重皆主錫胄議 李尙眞疏曰 被譴諸臣 皆務持風采 淸操可尙 今一擧而盡逐之 其如國事何 朴世采疏斥錫胄擧枉措直 錫胄 疏曰今以持謙道一爲直則 爲持謙道一所侵侮者 可以謂之枉乎 加大凌 長[1] 敬老之風衰 順非堅僞 濫朋之跡彰 山林之士 徒以一時意趣 牽係顧 戀 不識世情 乃至見鐵稱金 認賊爲子[2] 其亦左矣 於是館儒黃𩵋等 復謂

錫胄侵侮儒賢 陳疏請罪上命竄殞 世采亦辭歸 老少之論 遂潰裂不復合
主宋時烈金錫胄金益勳者 爲老論 主朴世采趙持謙韓泰東吳道一者 爲
少論 少論之名始於爭追錄³ 成於貳謚議 時前輩大臣中 惟李尙眞力扶
少論 而尹趾完南九萬柳尙運 年位稍過於五諫 亦主少論云

※

1 加大凌長(가대능장): 대인大人을 멸시하고 어른을 능멸하다.
2 認賊爲子(인적위자): 도적을 아들 같이 여기다. 즉 망령된 생각을 가지고
  참으로 깨달았다는 생각을 하는 것. 곧 허황된 생각을 가지는 것.
3 追錄(추록): 공신을 추가로 책봉하여 기록하는 것.

17. 기유의서己酉擬書 사건

처음에 윤선거尹宣擧가 나이 17세에 성균관의 태학생太學生으로서 상
소하여 청하였다.

"오랑캐〔淸〕 사신의 목을 베십시오."

강도(江都: 지금의 강화)의 난(亂: 병자호란) 때 윤선거의 중부仲父인
윤전尹烇, 그의 아내 이씨李氏, 그의 친구 권순장權順長과 김익겸金益兼
이 모두 죽었다.

윤선거는 아버지가 살아 있었으므로 변복을 하고 난을 피했으며,
그 뒤에는 송준길·송시열과 함께 김장생金長生 부자父子를 스승으로
섬겼다.

효종 초기에 여러 번 임금의 부름을 받았으나 강도江都에서 죽지

못했다고 스스로 마음에 맹세해 은거하였다. 효종이 지극한 정성으로 힘써 권면했으나 끝까지 출사하지 않았다.

송시열이 일찍부터 말하기를 "여망汝望이 다리를 펴고 길보吉甫가 머리를 돌리면 천하의 일을 할 수가 있다."라고 했는데 길보吉甫는 윤선거의 자字요, 여망汝望은 윤선거의 형 문거文擧의 자字다. 윤문거 또한 벼슬하려고 하지 않은 까닭으로 이렇게 말한 것이다.

이때는 남인南人인 윤휴가 넓은 학문으로 두터운 명망이 있어서 윤선거와 송시열이 다 함께 교유하였다. 그중에서도 송시열이 더욱 가까이 지냈는데 마음으로는 실상 그 능력을 해치려 하였다.

윤휴가 일찍이 『중용설中庸說』을 지었는데 주자(朱子: 朱熹)의 뜻과 같지 않은 곳이 있자 송시열이 윤휴를 이단異端이라며 배척하였다.

윤선거가 말하였다.

"이는 그가 젊었을 때의 일입니다. 이제 와서 허물이라고 추궁할 수는 없소. 또 이단異端이라는 것은 반드시 육구연陸九淵 같은 자라야 해당되는 말이지 윤휴를 어찌 그렇게 이르겠소."

송시열이 이에 뜻을 굽혀 윤휴를 더욱 잘 대우해서 일찍이 이조판서가 되었을 때는 관직을 뛰어 넘어 진선(進善: 세자시강원 정4품 벼슬)을 삼았고 윤휴가 남과 더불어 묘지문제로 송사를 하자 송시열은 임금에게

"송사를 하지 않게 하는 것이 어진 선비를 대우하는 것입니다. 청컨대 문서를 참고하지 말고 곧바로 결정하시어 윤휴에게 돌아가게 하십시오." 라고 말하였다.

윤선거가 '어찌 옳고 그른 것을 묻지 않고 송사를 결정하는가.'라는 편지를 송시열에게 보내서 비난하였다.

때마침 '예송禮訟'이 일어나자 윤휴가 '임금을 비하하고 종통宗統을 둘로 한다.'라는 설을 선창하였고 윤선도가 이어서 상소를 올려 '윤휴의 설'을 인용하여 송시열을 얽어 죽이고자 하자 송시열이 비로소 윤휴를 참적讒賊이라고 지목했으나 사람들이 아무도 나무라지 못하였다.

윤휴가 높은 절개를 자부해 임금이 불러도 번번이 선뜻 나아가지 않으니 송시열이 일찍이 윤휴를 백이伯夷에 비교하였다.

뒤에 허적과 서로 맺어 사귀어 점점 간사한 이익을 위하니 윤선거가 편지로써 꾸짖어 이르기를 '얌전한 처녀가 홀연히 문에 기대서고도 부끄러움을 알지 못하니 과연 그런 마음이 있다면 어찌 홀로 귀매(歸妹: 편안한 혼인)의 약속을 허물하는가.'라고 하자 윤휴가 화가 나서 드디어 절교하였다.

송시열이 일찍이 윤선거에게

"지금 세상에서 윤휴를 군자라고 합니까? 소인이라고 합니까?"
라고 물으니 윤선거가 말하기를

"소인이라고 합니다."
라고 대답하자 송시열이 기뻐하여 이때부터 '예를 의론하는 것'을 엄중하게 금지시키고 윤휴의 무리들을 금고禁錮시켜 등용하지 않았다.

윤선거가 죽자 송시열이 제문祭文을 지어 말하였다.

"하늘과 땅이 어두컴컴한데 하나의 별이 외로이 밝았다. 여러 가지 것들이 이리저리 내달리지만 단단한 주춧돌은 기울어지지 않았다. 신로(愼老: 金集)가 돌아가셨어도 모범된 틀로 존재하였다. 일방의 선비들이 신로를 섬기는 것처럼 그를 섬겼도다."

'신로愼老'는 김집金集의 호號인 신독재愼獨齋를 이른다.

또 윤선거가 강도(강화)의 난 때 행한 일을 서술하면서 "중경(中經: 중간)에 큰 난리를 당했을 때 목숨만 보존하려고 한 것이 아니라 또 뜻을 보는 데 있었고 아버지가 계시므로 자신의 몸을 감히 제 맘대로 할 수 없었다."라고 말했고, 그 절개를 지키고 벼슬하지 않은 것을 아름답게 여겨 말하였다. "연꽃으로 옷을 입고 난초로 띠를 매어 깨끗하여 때가 끼지 않았다."

또 홍익한洪翼漢 등을 위하여 『삼학사전三學士傳』을 지으면서 찬贊한 글에 "몸을 깨끗하게 하고 지조를 지키는 데 있어 윤공尹公 선거宣擧 같은 이는 비록 함께 일하지는 않았지만 함께 돌아간 것은 일치한다."라고 하였는데 그를 높여 찬미함이 이와 같았다.

윤휴 또한 아들을 보내 윤선거의 제문을 전달하려 했는데 문인들이 받기를 거절하자 윤선거의 장자인 윤증이 말하였다.

"저쪽에서 옛 정의로서 보내왔는데 거절하는 것은 너무 심하다."

이로써 그의 제문이 나왔는데 그 속에

"그대는 나를 일러 망령되게 세상의 재앙을 가까이한다고 했지만 나는 그대를 능히 자립하지 못했다고 이르겠소."

라고 하였으니 이것은 대개 분하고 유감스러워 한 말이었다. 윤증 또한 제문을 받은 것을 후회하였다.

송시열이 윤증이 윤휴의 제문을 받아들인 것을 듣고 크게 의심하여 다시 윤선거의 제문을 지었는데 그 속에 "오직 이 '강江에 대한 말'은 조금 맞지 않는 것이 있다."고 하였다. '강江'이라는 것은 윤휴가 여강(驪江: 여주)에 살았는데 윤선거가 그와 절교하지 않은 것을 이른다.

윤증이 일찍이 송시열을 스승으로 섬겼는데 송시열이 매우 소중하게 여겼다.

윤휴 등이 뜻을 얻고 송시열이 귀양 가 쫓겨나고 그의 문인 제자들이 '예송禮訟'으로 죄를 얻어 다 기록할 수 없을 정도였을 때 윤증 또한 일찍이 호서의 유생들을 대신하여 상소문을 초안해 힘써 송시열을 구제하였다.

그러나 윤선거 부자父子는 은퇴함으로써 남에게 미움을 받지 않았고 또 남인南人들과도 혼인으로 많이 연결되었으며 남인들이 존경하고 높여서 유독 당화黨禍가 미치지 않았는데 이로써 송시열이 더욱더 의심하였다.

윤증이 일찍이 윤선거의 묘갈문墓碣文을 송시열에게 청하고 아울러 윤선거가 송시열에게 보내려던 의서擬書를 함께 보였다.

윤선거가 살아있을 때 매양 이르기를 "사림(士林: 선비)은 나오는 곳이 비록 같지 않더라도 재앙이나 복은 함께 하지 않을 수 없다."라면서 송시열이 조정에 있을 때 잘못이 있으면 일찍이 고하여 경계하는 것을 마다하지 않았다. 그 뒤 송시열이 일을 행하는 것이 더욱 마음에 들지 않으므로 이에 그 잘못을 차례로 열거하여 간곡히 책망하려 하였다. 그런데 때마침 송시열이 어떤 일로 조정을 떠났으므로 윤선거는 드디어 중지하였다.

이때에 이르러 윤증은 '아버지(윤선거)와 스승(송시열)은 살아계실 때나 돌아가셨을 때나 숨기는 것을 용납하지 않는 의리가 있다.'면서 이에 그 서신을 송시열에게 보였다.

글 내용에 "윤휴와 허목, 조형, 홍우원 등은 끝까지 등용을 막을 것이 아니라 마땅히 점점 교화시켜 써야 한다."라고 일렀다. 이것을

'기유의서己酉擬書'라고 한다.

시열이 이를 보고 화를 내며 말하였다.

"윤선거가 과연 윤휴를 도왔구나."

初尹宣擧年十七 以太學生 上疏請斬虜使 江都之亂 仲父烇妻李氏[1]及
其友權順長金益兼皆死 宣擧以父在故 微服[2]以免後與宋浚吉宋時烈
共事金長生父子 孝廟初 屢被徵召 自以不能死於江都 矢志自廢 孝宗
敦勉甚至 終不出 時烈嘗言 汝望脚伸 吉甫頭回 天下事乃可爲 吉甫宣
擧字也 汝望宣擧兄文擧字也 文擧亦不仕故云 時南人尹鑴博學有重名
宣擧時烈皆與之遊 時烈尤爲之傾倒 然心實害其能 鑴嘗著中庸說 頗與
朱子異同 時烈斥鑴爲異端 宣擧曰 此其少時事也 今不足追咎 且異端
必如陸九淵[3]者 可以當之 鑴何能爲 時烈乃屈意益善遇之 嘗爲吏判 超
遷[4]鑴爲進善 鑴與人訟墓地 時烈爲言於 上曰不可以訟者 待賢士 請勿
案文書而直決之 以歸鑴 宣擧曰 安有不問曲直而決訟者乎 貽書時烈以
非之 及禮訟起 鑴先唱卑主貳宗之說 尹善道繼上疏 欲因鑴說 以搆殺
時烈 時烈始以讒賊目鑴 人莫能難矣 鑴以高節自負 有召輒不起 時烈
嘗比之伯夷[5] 後與許積交結 稍稍爲奸利 宣擧以書責之曰綽約處子[6] 忽
倚門而不知恥 果有此心 何獨愆期於歸妹之初乎[7] 鑴怒 遂與之絶 時烈
嘗問宣擧曰 今以鑴爲君子乎 爲小人乎 宣擧曰小人也 時烈乃喜 自是
以議禮爲厲禁 錮鑴等不用 宣擧卒 時烈祭之曰兩儀[8]昏濛 一星孤明 衆
流奔趨 砥柱[9]不傾 愼老之沒 典型有在 一方之士 以所事事 愼老謂金集
號愼獨齋也 其敍江都事則曰 中經[10]大難 非欲瓦全[11] 且在觀志 身不敢
專 其美守節不仕則曰 荷衣蕙帶 皭然不滓 又爲洪翼漢等作三學士傳[12]

218

贊曰潔身守志 如尹公宣擧 事雖不同 同歸一致 其推隆如此 鑴亦遣子
祭宣擧 門人欲不受 嗣子拯曰彼以舊誼來 拒之已甚 及出其文 有曰子
謂我妄攖世禍 我謂子不能自樹 盖忿憾之辭也 拯亦悔之 時烈聞拯之受
鑴酹[13]也 大疑之 復祭宣擧 有云惟是江說[14] 小有未契 江者 鑴居驪江
謂宣擧終不絶鑴也 拯嘗師事時烈 時烈甚重之 及鑴等得志 時烈竄逐
其門人弟子 以禮訟得罪 不可勝紀 拯亦嘗代湖儒草疏 力救時烈 然自
宣擧父子斂退 未嘗見嫉惡於人 又多與南人連姻 南人頗敬重之故 獨不
及於黨禍 而時烈愈益疑之 拯嘗請宣擧碣文於時烈 幷以宣擧嘗擬與時
烈書 示之 宣擧在時 每謂士林出處雖不同 而禍福不可不共之 時烈在
朝有所失 未嘗不告誡 後見行事益不厭 乃歷陳其病欲切責之 會時烈因
事去朝 宣擧遂止 至是 拯以爲父師存亡 義不容有隱 乃示其書 書中有
云 尹鑴許穆趙絅洪宇遠等 不可終廢 宜稍加甄錄[15] 是謂己酉擬書 時烈
見之 怒以爲宣擧果右鑴也

※

1 仲父烇妻李氏(중부전처이씨): 윤선거의 중부仲父인 윤전尹烇과 그의 아내
　이씨李氏를 말한다.

2 微服(미복): 변장한 것. 평소의 차림과는 거리가 멀게 바꾸어 입는 것.

3 陸九淵(육구연): 1139~1192. 중국 남송南宋의 유학자. 자는 자정子靜,
　호는 상산象山. 강서성江西省 금계金溪 사람. 심즉리心卽理의 주관적 유심론主
　觀的 唯心論을 주창하고 주자(朱子: 朱熹)의 성즉리性卽理 천리인욕설天理人欲
　說과 대항하였다. 이때부터 이학理學이 주자와 육상산의 두 파로 갈라졌다.

4 超遷(초천): 계단을 뛰어넘다. 순서대로 하지 않고 그냥 단계를 넘다.

5 伯夷(백이): 중국 은殷나라 말기의 현자. 성은 묵태墨胎. 자는 공신公信.
　고죽군孤竹君의 장남이며 동생 숙제叔齊가 있다. 무왕이 은나라를 정벌하자

주周나라 곡식을 먹지 않겠다고 하고 수양산에서 고사리를 캐먹다 죽었다.

6 綽約處子(작약처자): 얌전한 처녀.

7 愆期於歸妹之初乎(건기어귀매지초호):『주역』귀매歸妹괘 구사九四효의
'여동생을 시집보내는 데 기일을 놓친 것이다.'의 뜻이다.

8 兩儀(양의): 하늘과 땅. 음과 양.

9 砥柱(지주): 주춧돌.

10 中經(중경): 중간의 뜻. 또는 경서經書 가운데『시경』,『주례』,『의례』
등을 일컫는 말인데 여기서는 무슨 뜻인지 불확실하다.

11 瓦全(와전): 아무 할 일 없이 겨우 목숨만 보전하는 것.

12 三學士傳(삼학사전): 병자호란 때의 삼학사의 전기. 송시열이 편찬한
책. 부록으로 명나라 황제의 칙유와 우암묘지, 왕세손 상소 및 정조(正祖)의
제문 등이 수록되었다.

13 酹(뢰): 술을 땅에 붓고 신에게 제사를 지내다. 곧 강신하게 하다.

14 江說(강설): 윤선거가 강도(江都)로 피난 갔던 일.

15 甄錄(견록): 벼슬로 나아가게 해주다. 벼슬로 이끌어주다.

18. 신유의서辛酉擬書 사건

송시열은 평소 학식이 높은 큰 선비로 일컬어 세상에서 그를 '태산교악泰
山喬岳'으로 지목하는 이가 많았는데 박세채가 윤선거의 행장行狀을
지을 적에 매우 심하게 칭찬하여 '교악(喬嶽: 태산)'으로 비유하였다.

　송시열이 이를 못마땅하게 여겨 윤선거의 묘갈墓碣을 짓는데

　"나는 장덕(狀德: 행장에 쓰여 있는 말)의 글이 망연(茫然: 넓고 아득함)
하여 무슨 뜻인지 알지 못하겠다."

라고 썼으며 묘갈명墓碣銘에는

"진실하도다. 화숙和叔이여! 그 칭찬이 극진하였도다. 나는 그에 따라 기술만하고 창작하지는 않은 채 이 묘갈명을 보이노라."

라고 썼다. 화숙和叔은 박세채의 자字이다.

윤증이 고쳐주기를 청하는 서신을 보내

"각하(閣下: 송시열)가 선인(先人: 선거)과 더불어 사귀어 좋아한 지가 몇 년인데 도리어 후생後生인 화숙의 말을 빌어서 두텁게 하시는 것은 어째서이십니까?"

라고 하자 송시열은

"내가 화숙和叔을 보기를 교악喬嶽과 같이 한다."

라고 대답하고 또 박세채에게 편지를 보내 말하였다.

"교악喬嶽의 말은 화숙和叔이 쓴 것을 내 또한 차용한 것이다."

뒤에 또 대략 몇 마디를 고쳐서 박세채에게 보냈다.

"약한 것(송시열을 뜻함)은 진실로 강한 것(박세채를 뜻함)을 적대하지 못하니 어찌 하겠는가?"

또 윤증에게 윤휴의 제문을 받은 것을 허물 삼으니 박세채가 윤증을 위하여 다른 뜻은 없었다고 말하였다.

송시열이 또 편지를 보내

"옛날에 초려(草廬: 이유태)가 일찍이 '윤휴가 강화도〔江都〕 사건으로 미촌美村을 탐탁하게 여기지 않는다고 말한 것을 그 아들이 이를 싫게 여겨 미봉彌縫하려는 것이다.'라고 말하였다."

라고 쓰고 '강화도 사건〔江都事〕'이란 글자를 흐릿한 먹으로 지워 겨우 알아볼 수 있게만 하였다.

'초려草廬'는 이유태의 호요, '미촌美村'은 윤선거의 호다.

윤증이 이 말에 대해 이유태에게 묻자 이유태가 대답하였다.

"어찌하여 이러한 말을 했겠는가. 우공(尤公: 송시열)이 남을 공격할 때에는 다른 사람의 말을 가탁假托하여 공격함으로써 사람들을 서로 싸우게 하고 자신은 옆에서 둘을 중상한다. 이것이 우공尤公의 승산勝算인데 그대도 또한 우공尤公에게 속았군."

우공尤公은 송시열을 가리킨 것이다.

이유태도 이미 송시열과 함께 '예송논쟁을 잘못 이끌어〔誤禮〕' 귀양을 갔었는데 송시열이 '이유태가 예설禮說을 고쳐 재앙을 면하려고 한다.'라는 말을 만들었다.

윤증은 송시열의 위리안치 된 귀양지를 찾아 문후하는 가운데서 그러한 말을 들었다. 돌아와서 편지를 보내 이유태에게 물으니 실상은 고친 것이 없었다.

처음에 윤선거가 윤증을 송시열에게 보내 주자朱子의 글을 배우라고 하면서도 경계하여 말하였다.

"우암(尤庵: 송시열의 호)의 뛰어난 점을 따르기는 어려우나 병통病痛도 적지 않으니 너는 마땅히 알아서 하라."

윤증은 이때에 이르러 송시열의 잘못이 기질에 있는 것이 아니라 심술心術에 있다고 의심하기 시작하였다.

송시열이 귀양에서 풀려 조정으로 돌아오자마자 공신이나 외척들과 결연하여 오로지 지난날의 보복에만 힘쓰니 사론(士論: 선비의 논의)이 등지고 떠났으며 인망人望을 크게 실망시켰다.

윤증이 이에 서신을 보내 송시열에게 간하고자 하였는데 그 내용은 이러하다.

　"제가 선생님의 문하에 오래 있으면서 간절히 내면과 표면을 엿보았는데 주부자(朱夫子: 주자)가 경계한 바 왕도王道와 패도霸道를 함께 쓰고 의義와 이利를 함께 행하는 것을 면하지 못하는 것 같습니다. 청컨대 여기에 한두 가지만 밝히겠습니다.

　문하(門下: 송시열)의 도학(道學: 儒學)은 한결같이 회옹(晦翁: 주희의 호)을 종주宗主로 하고 사업은 오로지 대의大義에 두었으나 오직 그 주장이 너무 지나쳐서 자신의 마음을 비우는 이로움을 받지 못하고, 스스로 너무 높은 곳에 끌어 당겨서 사람들의 의심을 받으나 논란하지 못합니다.

　이에 찬동하는 자는 친밀함을 보이지만 반대하고 막는 자는 소외시킵니다. 잘못을 시정하여 바로잡으려는 자는 우환이 따르지만 비위를 맞추어 따르는 자는 화를 당하지 않으니 이것이 큰 이름은 이 세상을 덮어 누르지만 진실한 덕은 안으로 병든 것입니다. 이는 대개 그 스스로 굳센〔剛〕 것에 편협하게 처해 그 지나친 것을 깨닫지 못하는 것입니다.

　자신을 이기는 데 용감한 것을 '굳세다〔剛〕'고 하는 것인데 지금은 남을 맹렬히 책망하는 것을 '굳세다.'고 하고, 이성理性으로써 욕심을 이기는 것을 굳세다고 하는데 지금은 힘으로 남을 굴복시키는 것을 '굳세다.'고 하니 이것은 또한 진실로 '굳센 것'이 될 수 없는 것입니다.

　그러므로 술잔을 주고받는 사이에서 나타나는 것이란 남을 기롱하고 꾸짖고 풍자하고 깎아내리고 추어올리고 하는 말들로서 입을 열거나 붓을 놀리면 통절痛切하고 심각하게 남을 공격해 남을 이긴 후에나 그치는 것입니다. 한 마디 말의 같고 틀림과 한 가지 일의 그릇되고 잘됨을 나누고 또 나누며, 분석하고 또 분석하여 평생의 정의情義를 버리는 것을 거의 신불해申不害와 한비韓非가 작은 은혜를 버리듯이 하니 위태합니다.

오직 이와 같이 함으로써 선생님의 문하門下에서 공부하는 자들은 비위를 맞추어 꾸며대는 것을 현인賢人을 존경하는 것이라고 하고, 그릇된 곳으로 기울어지고 험박(險薄: 야비한 것)한 것을 시기하고 미워합니다.

높은 자는 그 이름을 사모하고 낮은 자는 그 이익을 탐해 세력으로써 서로 움직이고 위세로써 서로 꾀하며 선물을 주고 문안하는 것이 예절에 벗어나고 웃어른을 받드는 것이 인정에 지나쳐서 사람들이 그 위세를 두려워하는 것이지 그 덕을 품은 것이 아닙니다.

완연한 부귀가富貴家의 집 뜰이요, 선비의 기상으로 돌아오지 않으니 그 그림자가 이와 같으면 그 형상도 가히 볼 수 있는 것입니다.

문장文章이나 언론言論에 이르러서도 만약 회옹(晦翁: 주자)의 말이 없으면 장차 그 말을 믿을 수 없는 듯하지만 혹은 다만 그 이름만 얻고 반드시 그 뜻을 얻는 것은 아니며, 혹은 먼저 자신의 뜻을 세우고 회옹을 이끌어서 무겁게 하고 심지어 천자天子를 끼고 제후를 호령하다시피 하니 이로써 사람들이 다 겉으로는 항거하지 못하지만 속으로는 불복하는 이가 많습니다.

평생 동안 수립한 것이 '춘추대의春秋大義'를 소리 높여 밝힌 것이라지만 모두가 말로만 하는 변명이요, 아무런 실상이 이어진 것은 없습니다.

이로써 내정內政을 닦고 외적을 물리쳐서 나라를 편안하고 강력하게 하여 원수를 갚고 설욕한다는 계획이 끝내 탁연卓然히 이루어진 일이 없이 보이는 것은 오직 봉록과 지위가 융숭하고 높아진 것이요, 들리는 것은 소문과 이름이 넘쳐나는 것뿐입니다.

밖에 나타난 것으로 그 마음을 헤아려 보면 아마도 기질이 변화하지 못하고 학문도 진실하지 못한 까닭일 것입니다. 성실 하나를 세우지 못하고 자신의 몸 하나를 이기지 못한 득실의 효과가 여기에까지 미치는 것입니다.

춘추대의와 회옹晦翁의 학술은 함께 진신(薦紳: 대신)이나 장보(章甫: 선비)들이 우러러 의지하는 바입니다.

문하門下의 한 사람으로서 끝내 아무런 실상이 없다는 말이 천하 후세에 있다면 이 어찌 통탄할 일이 많은 것이 아니겠습니까? 지금 만약 문하門下를 위한 계책을 말한다면 위무공衛武公은 90세에 자신을 경계하였고 증자曾子는 죽음에 임박해서 돗자리를 바꾸었습니다.

진실로 능히 하루아침에 분발하여 껍질과 갑옷을 벗어버리고 역한 냄새를 씻어버려 한〔一〕 진실을 세우면 온갖 법도가 다 바르게 되고 겉과 속, 크고 작은 것이 천리天理에서 나오지 않는 것이 없을 것이니 앞선 사람들의 도통을 잇고 처음 뜻의 기약한 것을 이어받아 문의 지도리가 좀이 안 먹듯이 항상 건강할 것입니다. 문하門下는 어떻게 생각하십니까?"

편지가 완성되자 박세채에게 보였는데 박세채가 힘을 다해 보내지 말라고 말렸다. 이것을 '신유의서辛酉擬書'라고 한다.

時烈雅稱大儒 世多以泰山喬岳目之 及朴世采爲宣擧行狀[1] 稱引甚盛 有喬嶽之喩 時烈又不平之 乃爲宣擧碣曰 余於狀德[2]之文 茫然不知所

以爲辭 銘則曰允矣和叔 極其揄揚 我述不作 示此銘章[3] 和叔 世采字也
拯書請改之曰閣下[4]與先人 交好幾年 反借和叔後生之語 以爲重 何哉
時烈答曰 吾視和叔 如喬嶽 又與世采書曰喬嶽之說 和叔用之 吾亦借
用之 後又略改數語 報世采曰弱固不可以敵强 奈何 又以拯受鑱酢爲咎
世采爲拯言其無他 時烈又書曰昔草廬 嘗言鑱於江都事 不屑美村 無乃
其子病之 欲彌縫然也 復以淡墨 抹江都事字而使之見 草廬李惟泰號也
美村宣擧號也 拯以其語問惟泰 惟泰曰 烏有是哉 尤公之攻人也 以他
人之言 假托以攻之 使人與人相鬪而已 則從旁兩病之 此尤公之勝籌也
君亦爲尤公所欺矣 尤公指時烈也 惟泰旣與時烈 俱以誤禮[5]被竄 而時
烈造爲惟泰改禮求免之說 拯往候時烈棘籬中 聞其言 還又貽書問惟泰
實無所改 初宣擧遣拯受朱書於時烈 且誡之曰尤庵 突兀[6]處難及 然病
痛亦不少 汝宜知之 至是 拯乃疑時烈病不在於氣質 而在於心術矣 及
時烈起廢入朝 結連勳戚 專務報復 士論睽貳 人望大欪 拯乃爲書以規
時烈曰 拯以忝在門下之久 窃覘於所存所發 似未免於朱夫子所戒 王伯[7]
幷用 義利雙行之說 請姑以一二事明之 門下 道學一宗於晦翁[8] 事業專
在於大義 惟其主張太過故 己不能虛心而受益 自引太高故 人不得獻疑
而發難 於是 尙同者見親而替否被疎 匡拂者[9]有患而將順者無灾 此所
以大名壓世而實德內疚者也 盖其自處偏於剛而不覺其過 然自克勇者
爲剛 而今以責人猛爲剛 理勝欲者爲剛而今以力服人爲剛 則亦不得爲
眞剛也 是以見於酬酢之間者 其於譏誚諷切抑揚予奪之語 開口肆筆
痛切深刻 攻人勝人而後已 一言之同異 一事之差互 分之又分析之又柝
平生情義 棄之如遺 殆類申韓[10]之少恩矣 惟其如是故 游於門下者 莫不
以承望附會[11]爲尊賢 傾訐險薄爲嫉惡 高者慕其名 下者貪其利 相歆以

勢 相怵以威 饋問踰禮 承奉[12]過情 人畏其威 不懷其德 宛然富貴之門庭
而無復儒者氣象 其影如此 其形可見矣 至於文章言論 若無晦翁之言則
殆無以信其說 然或只得其名 而未必得其義 或先立己意而引晦翁而重
之 甚者幾於挾天子 以令諸侯 是以 人皆外不能抗而內多不服 平生樹
立倡明春秋之義 徒以言語取辨而無實以繼之 是以 內修外攘安強復雪
之圖 了無卓然之成事 而所可見者 惟祿位之隆重 聲名之洋溢而已 以
所發於外者 揆其所存 竊爲氣質之不能變 而學問之不以誠也 一誠未立
一己未克 失得之效 乃至於此 春秋[13]之大義 晦翁之學術 與夫薦紳章甫[14]
之所倚依 在門下之一身者 終無其實 可以有辭於天下後世 則豈非痛傷
萬萬者乎 今若爲門下計者 衛武[15]九十而箴警 曾子[16]臨終而易簀 誠能
一朝奮發 剗除鱗甲 洗滌辛葷 一誠所立 百度[17]俱貞 表裡小大無往而不
出乎天理 于以紹前人之統 酬初志之所期 眞如戶樞之轉耳 門下以爲何
如 書成 示世采 世采力止之 所謂辛酉擬書也

✳

1 行狀(행장): 사람이 죽은 뒤에 그의 평생의 행적을 기록한 글.

2 狀德(장덕): 여기서는 행장에 기록한 덕스런 언어.

3 銘章(명장): 묘갈명墓碣銘에 쓰여 있는 글.

4 閣下(각하): 고위 관직을 지낸 사람에게 쓰는 존칭어.

5 誤禮(오례): 예송논쟁禮訟論爭의 의례사건. 곧 숙종의 사후 적통논쟁.

6 突兀(돌올): 특별히 뛰어난 것. 대단하게 훌륭한 것.

7 王伯(왕패): 패伯는 패霸의 뜻. 왕도와 패도의 정치를 뜻한다.

8 晦翁(회옹): 중국의 주희朱熹의 호. 회암晦庵이라고도 한다.

9 匡拂者(광불자): 틀린 것을 바로잡고 잘못된 것을 시정하는 사람.

10 申韓(신한): 전국시대 신불해申不害와 한비韓非. 두 사람 다 법가法家.

11 附會(부회) : 따라 붙다. 아부하여 모여들다.

12 承奉(승봉) : 받들어 모시다.

13 春秋(춘추) : 공자가 기술한 노魯나라 역사서. 노나라 은공부터 애공까지 12공의 242년간의 역사를 기록하였다.

14 薦紳章甫(진신장보) : 천薦을 진縉으로 발음한다. 진신薦紳은 고관대작. 장보章甫는 유학을 하는 선비들의 뜻.

15 衛武(위무) : 중국의 위衛나라 무공武公. 나이 90살에도 자신을 경계하고 근신하였다.

16 曾子(증자) : 공자의 제자인 증삼曾參. 효도로 유명하고 죽기 직전 자신이 깔고 있던 돗자리를 마무리하고 죽었다.

17 百度(백도) : 온갖 법률. 모든 일반적인 법도.

19. 회니논쟁懷尼論爭 사건

때마침 송시열이 이상李翔에게 물었다.

"목천木川 사람이 미촌(美村 : 윤선거)을 '강화도사건 때의 종〔江都俘奴〕'이라 하여 제사를 지내는 것이 합당하지 않다고 하는데 왜 조사하지 않는가?"

이것은 대개 윤선거를 그 고을에서 제사지낸 지 여러 해 되었는데도 사람들은 듣지 못하던 말이다.

윤증이 송시열에게 편지를 보내

"어떤 사람이 이런 말을 전합니까?"

라고 묻자 송시열이 대답하였다.

"허황許璜에게서 들었다."

허황이라는 자는 어떤 사람인지 알 수 없는 사람이었다.

송시열의 문인(門人: 제자) 가운데 목천木川에 사는 사람이 있어서 물으니 "내가 그 말을 지어낸 사람이오."라고 대답하였다. 윤증이 더욱 송시열을 유감스럽게 여기고 앞의 편지(신유의서)를 묵혀 버렸다.

얼마 후 송시열의 외손이며 윤증의 처조카인 남인南人 권이정權以鋌은 윤증과 송시열의 일을 말하다가 윤증에게 간하라고 권하였다. 윤증은 스스로 '의서擬書'를 보내지 않았다고 말하면서 또 '왕패의리王伯義利'란 어구語句를 외웠는데 권이정은 돌아가 송시열에게 이러한 것을 말하였다.

송시열이 그 편지를 박세채에게서 찾았으나 박세채는 없다고 숨겼다. 송시열의 손자이자 박세채의 사위인 송순석宋淳錫이 이 편지를 훔쳐 송시열에게 보여주었다.

송시열이 크게 성내어 말하였다.

"나를 죽일 자는 반드시 윤증이겠구나."

송시열은 또 문인門人에게 일러 말하였다.

"예전에 김익회金益熙가 윤선거를 잔인한 사람이라고 한 것은 그의 아내를 핍박하여 죽게 한 때문이었다."

또 윤증에게 편지를 보내 말하였다.

"김상서(金尙書: 김익회)가 선공(先公: 윤증의 아버지)을 논할 때 다만 잔인한 사람일 뿐만 아니라 그 동기(同氣: 친척)가 상하고 죽은 것은 선공先公의 부르짖음에서 나온 것이라고 일렀다."

윤증은 송시열에게 답장을 보내 이렇게 말하였다.

"김공金公 일가의 살신성인殺身成仁은 의열義烈로서 빛나고 빛나니
죽은 이도 진실로 원망하고 후회함이 없을 것인데, 산 사람이 어찌
남을 원망하겠습니까? 김상서가 진실로 선인(先人: 윤선거)을 원망하
였다면 어찌하여 선인을 임금에게 천거하여 임금까지 속였겠습니까?"

또 말하였다.

"불초不肖한 자식 때문에 선인(先人: 아버지)에게 욕이 돌아가게 했으
며 선비(先妣: 어머니)의 명백한 절개까지 없어지게 했으니 그 죄가
저승과 이승을 통하여 일만 번 죽어도 속죄하기가 어렵습니다. 인인仁人
이나 군자라면 차라리 마음에 상심하고 불쌍히 여길 일이 아닙니까?"

송시열이 답장을 보내 말하였다.

"김상서가 전후를 다르게 본 것은 내가 알 바 아니니 물가에 가서
물어보는 것이 옳은 것이다. 어찌 그대의 부친이 옛날과 달라졌다고〔非
復吳下阿蒙: 사람의 달라진 상황〕이르겠는가?"

익희益熙는 김익겸金益兼의 형이다. 이때에는 김익희가 죽은 지 이미
오래되었다. 이러한 말은 또한 송시열이 스스로 지어낸 말이다.

이때부터 윤증은 자기 부모가 욕당한 것을 아프게 여겨 드디어 송시열
과 절교하였다.

이때에 이르러 노론老論과 소론少論이 이미 나누어졌고 한 때의
사류(士類: 선비)들이 바야흐로 송시열에게 꺾이고 눌려서 돌아갈 곳이
없더니 윤증이 송시열과 절교하자 다투어 윤증을 추대하여 종주宗主로
삼았다.

윤증이 젊을 때부터 매우 두터운 명망이 있어 여러 번 임금의 부름을
받았으나, 어머니가 먼저 순절殉節하고 아버지가 지조를 지켜 물러나

출사하지 않아 사람들이 바야흐로 이 세상에 쓰이지 못하는 것을 애석하게 여기던 차에 또 갑자기 망극罔極한 변고를 당하자 드디어 허물을 입었다 여겨 스스로 폐인으로 자처하니, 세상에서 이를 슬피 여기고 해괴하고 분하게 여기는 자가 많았다.

송시열은 회덕懷德에 살고 있었고 윤증은 이성尼城에 살고 있었으므로 이것을 '이성과 회덕의 틈〔尼懷之釁〕'이라고 일렀다.

會 時烈謂李翔曰 木川人 有以美村爲江都俘奴[1] 不合享祀者 何不覈之 盖宣擧祀於鄕已累年 而人所未聞也 拯以書問時烈 何人傳此語 時烈曰 聞之許璜[2] 許璜者 不知何人也 時烈門人居木川者問之則 又答曰我爲 造言之人 拯益疑憾 寢其書 未幾有南人權以鋌者 時烈之外孫而拯之妻 侄也 與拯言時烈事 勸拯諫之 拯自言擬書未寄 且誦王伯義利[3]語 以鋌 歸語時烈 時烈索其書於世采 世采諱之 時烈孫淳錫 世采婿也 窃得之 以示時烈 時烈大怒曰拯必殺我 時烈又謂門人曰 昔金益熙以尹宣擧爲 忍人 以其逼妻死也 又與拯書曰 金尙書[4]之論先公 不但曰 忍人而已 盖傷其同氣之死 謂出於先公倡之也 拯報時烈曰金公一家 殺身成仁 義烈炳炳[5] 死者固無怨悔 生者豈有尤人 金尙書苟怨先人則 豈有登薦 牘以欺君哉 又曰以不肖之故 貽辱先人 幷與先妣明白之節而湮滅之 罪通幽明 萬死難贖 仁人君子 寧不靈傷於心乎 時烈答曰金尙書之前後 異觀 愚所不敢知 問諸水濱可也 豈亦謂非復吳下阿蒙[6]耶 益熙 益兼兄 也 時益熙卒已久 此言亦時烈自造也 自是拯痛父母之辱 遂與時烈絶 當是時老少之論已裂 一時士類 方爲時烈所摧抑 無所於歸 及拯與時烈 絶 爭推拯爲宗主 拯自少有重名 屢膺徵召 自以母先殉節 父又守志

引退不出 人方以不用於世惜之 而遽値罔極之變 遂引咎自廢 世多哀悼
而駭憤者 時烈居懷德 拯居尼城⁷ 是謂尼懷之釁

※

1 江都俘奴(강도부로): 윤선거가 병자호란 때 노비복 차림으로 강화도에서
  빠져나온 것을 비유한 말.

2 許璜(허황): 실존하지 아니한 인물. 또 누구인지 모른다.

3 王伯義利(왕패의리): 왕도와 패도, 의로움과 이로움을 말하는 것으로 윤증이
  '신유의서'에서 쓴 말이다.

4 金尙書(김상서): 김익희金益熙. 이 말은 병자호란 때 윤선거가 강화도에서
  순절을 주창해 김익희의 동생인 김익겸金益兼이 죽었음을 비유한 말이다.

5 炳炳(병병): 빛나고 빛나다.

6 吳下阿蒙(오하아몽): 몇 해가 지나도 진보함이 없이 그냥 그 모양인 사람.
  삼국시대 오吳나라의 여몽呂蒙이란 사람이 있었는데 손권孫權이 여몽에게
  글 읽기를 권하였는데 뒤에 노숙魯肅이 여몽과 만나 여몽의 지식이 진보한
  것을 보고 감동하여 그대는 오하吳下의 아몽阿蒙이 아니라고 한 말에서 유래하
  였다.

7 尼城(이성): 충청도의 노성魯城을 이른다.

20. 격렬해지는 회니논쟁

송시열이 북도北道 사람인 최신崔愼을 시켜 상소하여
  "윤증이 창을 거꾸로 겨누어 스승을 배반하고 남몰래 헐뜯으니 만고萬
古 천하에서 어찌 이런 사람이 있겠습니까?"
라고 말하였는데 심지어 '강화도사건 때의 종〔江都俘奴〕'이란 말까지

있었다.

박세채가 윤증을 위하는 상소를 올려 변명하였다.

이때에는 정승이 된 김수항과 민정중이 송시열에게 붙어서 노론老論을 주장했으므로 임금에게 아뢰어

"윤증을 유현儒賢으로 대접하지 마시기 바랍니다."

라고 하자 숙종 임금이 이에 따랐다.

우상 남구만이 함께 청대했다가 혼자 한 마디도 하지 않고 물러나왔는데, 이때부터 '회니논쟁'이 조정으로 번지게 되었다.

윤증이 사관史官에게 서신을 보내 강화도사건에 대해 변명하였다.

"율곡栗谷은 입산(入山: 승려가 됨)했던 실책이 있지만 선인(先人: 윤선거)은 죽어야 할 의리가 없었습니다."

율곡栗谷은 이이의 호이다.

이에 성균관 유생 이진안李震顔이

"윤증이 선현先賢을 모함했습니다."

라고 상소하자 숙종은 남의 편지를 뜯어보았다고 이진안의 과거 응시자격을 박탈하였으나 김수항이 구원하여 해제되었다.

송시열은 어떤 이에게 편지를 보내

"윤선거는 강화도[江都]에서 오랑캐에게 협박을 당하자 무릎을 꿇어서 살아났고, 또 선복宣卜이라고 이름을 고쳤다."

라고 말하고, 또

"지금 윤증이 권공(權公: 권순장)이나 김공(金公: 김익겸) 두 사람은 아무 의리도 없이 죽었다고 하는데 이러한 말을 하는 사람은 진정 오랑캐의 종족일 것이다."

라고 말한 후 다시 말하였다.

"오늘날 나 한 사람이 없으면 주자(朱子: 주희)가 아성(亞聖: 성인의 다음)이 되지 못할 것이요, 흉악한 윤휴가 진정한 선비가 될 것이며, 율곡栗谷이 동방東方의 대현大賢이 되지 못하고 권공權公과 김공金公 두 사람이 용감하게 죽은 것이 상처를 입을 것이요, 홍타시洪打豕가 천하의 의로운 군주가 될 것이며, 윤선복(尹宣卜: 윤선거)의 당黨이 분주하게 날뛸 것이다."

또 서신으로써 박세채를 허물하여 말하였다.

"내가 화숙和叔을 믿는 것은 세도世道의 계획을 위한 것인데 화숙은 나의 믿는 바가 되기를 즐겨하지 않고 도리어 저들의 믿는 바가 되었으니 한때의 명예도 가히 즐겁겠지만 천하 후세의 공의公議를 어찌하려 하오?"

박세채가 답장을 보내 말하였다.

"한 번에 남의 양친(兩親: 윤증의 아버지 윤선거와 어머니 이씨)을 욕함으로써 붕우朋友간의 평생의 정의를 어그러뜨리고 효자의 망극한 정을 상하게 하여 인심人心이 불복하는데 이르고 국론이 화합하지 못하여 재앙과 어지러움의 싹이 끝없으니 이것 또한 종내 세도世道에 해가 없다는 말입니까?"

또 어떤 사람에게 편지를 써 양쪽이 다 그르다면서 이렇게 말하였다.

"미촌(美村: 윤선거)의 강화도사건은 가히 낭패지만 그 후에 스스로 깨끗하게 한 것으로 이미 밝고 바르게 된 것입니다. 우장(尤丈: 송시열) 또한 허락하여 벗으로 삼았다가 이제 죽은 뒤에 허물을 추궁하는 것은 옳지 않습니다.

윤휴가 주자朱子의 학설과 다르게 말한 것을 미장(美丈: 윤선거)은 다만 지나치다고 말했으며 '복제(服制: 예송논쟁)'의 의론도 다만 경솔하다고 말했는데 이는 모두 의를 다하지 못한 것 같으니 우장(尤丈: 송시열)이 의심한 것도 역시 이상한 일은 아닙니다. 그러나 세도世道에 해가 된다고 단정하여 윤휴에게 붙어서 주자를 배반한 자라고까지 말한 것은 그 논의가 너무 지나친 것입니다.

만일 낭패한 일(강화도사건)로써 죽는 것은 옳지 않다고 말한다면 도리어 미촌美村이 스스로 깨끗하게 한 의리를 어그러뜨리는 것이며, 미진未盡한 것을 다 이치에 합당하다고 말하여 우장(尤丈: 송시열)의 선견지명先見之明에 대항하고자 한다면 이는 자인(子仁: 윤증의 자字)의 미혹함이 더 심한 것입니다.

내(박세채)가 돌이켜보기에 미장(美丈: 윤선거)은 미진한 점이 있고 우장尤丈은 너무 지나쳤으며 자인(子仁: 윤증)은 너무 미혹迷惑하다고 한 연후에야 그 득실이 대략 정해질 것입니다."

자인子仁은 윤증의 자字이다.

박세채가 또 서신을 윤증에게 보내

"스승과 제자간의 우의友誼를 온전하게 하시오."

라고 권하자 윤증이 또한 박세채에게 답장을 보내 자신도 후회한다고 했으나 마침내 화합하지는 못하였다.

그 뒤 송시열이 또 상소를 올려 윤선거 부자父子를 헐뜯어

"윤휴가 감히 주자(朱子: 주희)를 무고하고 한 세상을 풍미風靡하였는데 윤선거는 그보다 더 심한 사람입니다. 춘추春秋의 법은 먼저 그 당여(黨與: 추종자)를 다스리는데 왕자王者가 있어 일어난다면 윤휴보

다 윤선거를 먼저 처벌할 것입니다. 신(송시열)이 처음에는 자신을
잊고 윤휴를 배척하다가 지금은 또 윤휴를 놓아두고 윤선거를 배척하니
윤증이 몹시 분통하게 여기고 신을 미워할 것인데 또한 이것이 그의
진심일 것입니다."

라고 말하자 윤선거의 문인(門人: 제자)인 나량좌羅良佐 등이 서로
따라서 스승을 변명하는 상소를 올렸다.

그 글은 박태보朴泰輔가 지은 것이었는데 그 내용은 이러하였다.

"송시열이 윤휴를 진선進善으로 발탁한 것은 윤휴가 주자의 『중용주
中庸註』를 고친 뒤의 일이고, 윤선거가 죽은 후에 '지주일성(砥柱一星:
주춧돌과 같은 별)'이라는 제문祭文을 짓고 '결신수지(潔身守志: 몸을
깨끗이 하고 지조를 지키다)'라고 칭찬했는데 어찌 자신을 잊고 배척했다
는 말입니까?"

숙종 임금이 나량좌羅良佐에게 대로大老를 욕보였다고 도리어 꾸짖
고 귀양 보내라고 명하였다.

부제학 최석정崔錫鼎과 승지 오도일, 그리고 삼사三司의 이돈李墪,
이익수李益壽, 유집일兪集一 등이 상소를 하여 나량좌를 구원하려다가
모두 삭탈관직 되어 쫓겨났다.

이에 '회니논쟁'이 더욱 격화되었다.

宋時烈使北道人崔愼上疏言尹拯 倒戈[1]背師 陰肆譏議 萬古天下 寧有
此人 且擧江都俘奴[2]之說 朴世采爲拯疏卞之 時金壽恒閔鼎重爲相 方
附時烈主老論 乃白 上 請勿以儒賢待拯 上從之 右相南九萬同對 獨不
發一言而退 尼懷之事 自此而遂達於朝廷矣 尹拯貽史官書 以卞江都之

說曰 栗谷有入山之失 先人無可死之義 栗谷 李珥號也 舘儒李震顔疏
言 拯誣引先賢 上以震顔發人私書 令停擧 金壽恒救解之 宋時烈與人
書曰尹宣擧於江都爲虜所脅 跪而得生 又改名爲宣卜 又曰今拯以權金
二公 爲無義死 爲此言者眞胡種也 又曰今日無我一人則 朱子不得爲亞
聖 而凶鑴爲眞儒 栗谷不得爲東方大賢 權金二公 皆爲傷勇之死 而洪
打豕[3] 爲天下義主 宣卜之黨紛紜跳梁矣 又以書咎朴世采曰 吾恃和叔
爲世道計[4] 和叔乃不肯爲吾所恃 而反欲爲彼所恃 一時之名可喜奈天
下後世公議何 世采答曰 一擧而辱人之兩親乖朋友平生之誼傷孝子罔
極之情 以至人心不服 國論不愜 禍難之萌靡有紀極 是亦終無害於世道
者耶 又與人書 兩非之 曰美村於江都事 可謂狼狽 而後來自靖 旣明正
尤丈亦許以爲友 今不宜追咎於身後矣 若尹鑴背朱子之說 美丈但謂之
過越 其於服制之議 又但謂之輕率 恐皆未盡於義 尤丈之疑 亦非異事
然若斷之爲世道害 至謂附鑴背朱者[5] 又其論之太過者也 若以狼狽而
謂無可死 反乖美村自靖之義 以未盡而謂皆合理 欲抗尤丈先見之明
此則子仁之惑 又甚矣 愚謂美丈還他未盡 尤丈還他太過 子仁還他甚惑
然後得失可以略定矣 子仁拯字也 世采又貽書 勸拯以全師生之誼 拯亦
答世采 自陳其悔 然卒不得復合 後宋時烈 又自謂疏詆尹宣擧父子曰
尹鑴敢誣朱子 一世風靡 宣擧其尤者也 春秋之法 先治黨與 有王者作
宣擧當先鑴伏法 臣始旣忘身斥鑴 今又舍鑴斥宣擧 拯所以痛刻而嫉臣
者 亦其眞心也 宣擧門人羅良佐等 相率卞師誣 朴泰輔製其疏 以爲時
烈之擢鑴進善 在鑴改註中庸之後 其於宣擧則 砥柱一星之誄 潔身守志
之贊 幷在旣沒之後 安有所謂忘身而斥之哉 上以良佐反詈大老 命竄之
副學崔錫鼎承旨吳道一三司李墍李益壽兪集一等 疏救良佐 幷削黜 尼

懷之爭盆激

※

1 倒戈(도과) : 창을 반대로 겨누다. 곧 적군에 붙어서 아군에게 창을 겨누다.

2 俘奴(부노) : 도망친 종을 다시 잡아 온 것.

3 洪打豕(홍타시) : 청淸나라 태종太宗으로 제2대 임금. 청나라 태조의 여덟 번째 아들.

4 世道計(세도계) : 세상을 다스리는 도리의 계획.

5 背朱者(배주자) : 송나라 주희朱熹를 배반한 자.

21. 기사환국己巳換局으로 집권하는 남인

희빈禧嬪 장씨張氏가 경종景宗을 낳았다.

숙종이 세자世子로 책봉하기 위해 중전(인현왕후)을 폐하려 했으나 서인西人들이 따르지 않을까 우려하여 점점 남인南人을 등용하였다.

종실宗室인 동평군東平君 항杭이 희빈의 오라비 장희재張希載와 결탁하여 숙종의 총애를 받았다.

삼사三司에서 김만중金萬重·이징명李徵明·민진주閔鎭周·한성우韓聖佑 등이 서로 이어서 궁 안의 금지된 일을 논의하다가 죄를 얻었고, 이조판서 박세채가 글을 올려서 궐 안의 과실을 극렬히 논하다가 숙종의 노여움을 사서 쫓겨났다. 영의정 남구만과 우의정 여성제呂聖齊도 청대請對하여 바로잡으려다가 먼 변방으로 귀양 갔다.

숙종이 대신大臣과 육경六卿, 그리고 삼사三司의 신하들을 불러 하교

하였다.

"지금 장차 원자元子의 호號를 정하고자 하는데 따르지 않을 자는 벼슬을 바치고 물러나라."

이조판서 남용익南龍翼이 제일 먼저 나와 말하였다.

"신臣이 물러나기는 물러나겠으나 중전中殿의 춘추(春秋: 나이)가 한창이시니 이번 하시는 일은 너무 이른 것입니다."

윤지완, 최규서崔奎瑞, 유상운柳尙運 등이 모두 남용익의 말과 같았으나 남인南人 목창명睦昌明 등은 확정적으로 말하지 않을 따름이었다.

유학(幼學: 벼슬하지 않은 유생) 유위한柳緯漢은 곧바로 세자世子로 책봉하자고 청하면서 또 귀양 갔거나 금고당한 남인들을 석방하기를 청하자 숙종 임금은 그 영합하는 것을 미워하여 귀양 보냈다.

이때 마침 송시열이 상소를 하여 원자 정호(定號: 이름과 호를 짓는 것)가 너무 이르다고 말하면서 송宋나라 철종哲宗의 일을 인용하자 숙종이 격노激怒하여 "송시열이 사림士林의 영수로서 현저하게 불만不滿의 뜻을 드러내니 유위한의 상소가 괴이할 것이 없구나."라고 말하고 송시열과 남용익 등의 관직을 깎아 내치고 남인 목래선睦來善과 김덕원金德遠을 정승으로 삼고 남인南人들을 모두 불러들였다.

사헌부와 사간원의 이항李沆 등이 맨 먼저 "송시열을 귀양 보내고 가시울타리를 치십시오."라고 청하자 허락하였다.

숙종 임금의 송시열에 대한 노여움이 한동안 이어져 전교하기를 "윤증의 일은 온 세상이 떠들썩한데 송시열을 위하여 말하는 자는 다 왜곡시켰기에 윤증을 위하는 자의 곧음과 같지 못하다. 당시에 그 옳고 그른 것을 뒤집은 것은 대신大臣들 때문이었다."라고 말하고 김수항과 민정중의 귀양을 명하였다. 또 윤증을 어진 선비〔儒賢〕로 대접하라고 명하고 또한 여러 남인 유생儒生들의 상소에 따라 이이와 성혼의 문묘종사(從祀: 문묘배향)를 폐지하라고 하면서 말하였다.

"이 두 신하가 문묘에 종사되면서부터 송시열이 남을 해치고 나라를 병들게 했으며 윤증과 다투어 아름다운 윤리가 거의 끊어지게 되었다."

이조판서 심재沈梓 등이 여러 신하들을 거느리고 '경신옥사庚申獄事'의 원통함을 말하고 대사헌 목창명 등이 연이어 장계를 올려 "송시열 등을 죽여야 합니다."라고 청하였다. 이에 '보사공신'을 박탈하고 허적과 윤휴의 관직을 복원하였는데 오직 이남(李柟: 복선군)과 허견만은 그 속에 들어가지 못하였다.

송시열, 김수항, 김익훈, 이사명李師命, 홍치상洪致祥 등은 혹은 사사賜死당하고 혹은 정형(正刑: 사형에 처함)당했으며 이립신李立身, 남두북, 박빈朴斌 등은 모두 곤장을 맞아 죽었다.

이것이 '기사환국己巳換局'이다.

김석주만은 이미 죽었으므로 관직을 삭탈하고 재산을 몰수하였다.

김석주는 생전에 스스로 원수가 많은 것을 크게 두려워해 깊숙하고 으슥한 방을 만들어놓고 하룻밤에도 여러 번 장소를 옮겨 다녔으며 죽은 뒤에는 또 거짓무덤을 여러 곳에 만들었으나 이때에 이르러 마침내 남들에게 발각되었다.

아들 하나가 있었는데 화를 두려워하여 자살하였다.

송시열의 귀양길이 마침 김집金集의 무덤 옆을 지나자 제문을 지어 "소자小子의 이 귀양길은 윤증이 날뛰기 때문입니다."라고 올렸으니 이는 윤증이 당시에 정치의 중망重望이 있는 것을 이른 것이다.

임종할 때에 또 다른 사람에게 말하였다.

"이 재앙이 윤증으로부터 말미암은 것을 어찌 의심하겠는가?"

그러나 윤증은 송시열이 죽었다는 소식을 듣고 오히려 여러 날 동안 소복을 입고 다녔다고 한다.

김수항은 성품이 온아溫雅하고 어질다는 이름이 있었으나 오직 그의 종손녀가 귀인貴人이 되었다는 이유로 사론士論이 함께 하지 않았을 뿐이다. 또 송시열과 가장 친했으므로 남인南人들이 원망하는 이가 많았는데 이 때문에 김수항도 마침내 화를 면하지 못하였다.

禧嬪張氏 誕 景廟[1] 上欲冊儲嗣廢壼位[2] 恐西人不從 稍進南人 宗室東平君杭 結嬪兄希載 有寵 三司金萬重李徵明閔鎭周韓聖佑等 相繼以論宮禁事[3]得罪 吏判朴世采袖箚極論闕失 上怒逐之 領相南九萬與右相呂聖齊請對匡救 幷竄極邊 上召大臣六卿三司 教曰今將定元子號 不從者納官退去 吏判南龍翼首進曰 臣退則退矣 而中殿春秋方盛 此擧爲太早矣 尹趾完崔奎瑞柳尙運皆如龍翼言 而南人睦昌明等 依違而已 幼學柳緯漢請直封爲世子 又請釋諸南人竄錮者 上惡其迎合 竄之 及宋時烈疏言建儲之早 引宋哲宗事 上激怒曰 時烈以士林領袖 顯有不滿之意 緯漢疏無怪矣 命時烈龍翼等削黜 拜睦來善金德遠爲相 悉召南人 兩司李沆等首請時烈竄棘 許之 上方怒時烈 乃教曰尹拯事 擧世紛紜 爲時烈言者皆曲 不如爲拯者之直 當時反其是非者 由大臣也 命竄金壽恒閔鼎重 又命復以儒賢待拯 又因諸儒疏 命黜李珥成渾從祀 曰自兩臣從祀[4]而時烈戕人病國 至於與尹拯爭而彝倫幾斁絶矣 吏判沈梓等 率諸臣訟庚申獄[5]之冤 大憲睦昌明等 連啓請殺宋時烈等 於是削保社勳[6] 復許

積尹鑴官 而惟柟堅不與焉 宋時烈金壽恒金益勳李師命洪致祥等 或賜
死 或正刑 李立身南斗北朴斌皆杖斃 是謂己巳換局 惟金錫胄前死 命
奪官籍産 錫胄在時 自以多仇忌畏甚 深房曲室 一夜屢徙 及卒 又爲疑
塚 至是 竟爲人所發 有一子懼禍自殺 時烈始竄 路過金集墓 以文祭之
曰 小子有此行拯乃騫騰 以拯時擬政望也 臨終 又謂人曰此禍由拯何疑
擬拯聞時烈卒 猶爲之行素數日云 壽恒溫雅有賢名 惟以其從孫女 納爲
貴人[7] 爲士論所不與 且與時烈最善 南人多怨之 以此終不免

※

1 景廟(경묘): 조선조 제20대 임금. 휘는 균昀. 자는 휘서輝瑞, 숙종의 맏아들 (1688~1724).

2 壼位(곤위): 중전의 자리.

3 宮禁事(궁금사): 희빈 장씨에 대해 논란한 것을 의미한다.

4 從祀(종사): 공자를 모신 성균관 문묘에 배향하는 것. 이이와 성혼이 서인의 종주이므로 남인 유생들이 이 둘을 문묘에서 쫓아내라고 주장하였다.

5 庚申獄(경신옥): 서인들이 경신환국으로 정권을 잡은 후 남인 허적의 서자 허견과 복선군 등을 역모로 몰아 죽인 옥사. 허적, 윤휴 등이 사사 당하였다.

6 保社勳(보사훈): 경신옥의 주모자인 김석주, 김익훈, 이립신 등이 받은 보사공신의 훈적勳籍.

7 貴人(귀인): 내명부 종1품의 후궁.

22. 인현왕후 민씨의 폐출과 윤증의 사직 상소

중전中殿 민씨閔氏가 사제(私第: 친정의 집)로 쫓겨나고 김귀인(金貴人:

김수항의 종손녀)이 또한 쫓겨나니 이로써 희빈이 올라 중궁中宮이
되었다.

이때 전 판서判書 오두인吳斗寅과 전 참판參判 이세화李世華, 그리고
전 응교應敎 박태보가 상소를 올려서 극간極諫하다가 국문을 당하여
곤장을 맞고 유배되었는데 오두인과 박태보는 귀양 가다가 죽었다.

판중추부사判中樞府事 이상진도 또한 간하다가 귀양 가서 변방에서
죽었는데 이러한 사실들은 다른 곳에 자세히 썼다.

이때에는 노론老論이나 소론少論이 하나로 뭉쳐 명예와 의리를 세워
함께 죄와 재앙을 입었다.

남인南人은 오직 교리校理 이후정李后定만이 상소로써 간한 일이
있었는데 그것도 그의 당黨이 막아서 임금에게 들어가지 못하였다.

남인南人들은 소론少論이 일찍이 자기들을 구제하여 준 것을 은덕으
로 여겼다. 그러므로 숙종 임금에게 청하여 조지겸과 한태동에게 벼슬
을 주게 하며 그 처자妻子를 구휼하자고 하며 또 쟁송爭訟하여 "윤증으로
말하면, 임금과 스승과 아버지가 비록 하나라고 하지만 그 아비를
욕하는데 어찌 스승으로 삼을 수 있겠습니까?"라고 말하고 또 윤휴를
신원(伸寃: 원한을 풀어주다)할 적에 윤증 부자가 윤휴와 절교하지 않았
다고 증명하였다.

얼마 되지 않아서 윤증을 대사헌으로 제수하여 부르자 윤증이 사양하
는 상소를 올렸는데 그 상소문을 요약하면 이렇다.

"신(臣: 윤증)은 젊어서부터 송시열을 스승으로 섬겼습니다. 불행하
게도 그 정情과 의리를 보전하지 못해 조정의 의론이 소란스러워지고
성명(聖明: 임금)의 우려와 탄식을 자아냈으며, 필경은 양현(兩賢:

이이, 성혼)을 문묘에서 출향黜享하는 비답에 이러한 사실을 언급하게
되었습니다. 만일 이것으로써 양신(兩臣: 이이, 성혼)에게 죄를 돌려보
낸다면 양신이야 무슨 관계가 있겠습니까? 신臣의 일로 말미암아 위로
는 성교聖敎에 하나의 흠이 되고 잇달아 전현(前賢: 이이, 성혼)에게
누를 끼치게 되었으니 신의 죄가 그 하나입니다.

윤휴도 또한 선신(先臣: 윤선거)이 일찍부터 좋아하던 사람인데 충고
하고 경계하였으나 따르지 않아 마침내 서로 절교했습니다. 그런데
저번에 경연에서 신하가 윤휴를 신원하면서 신臣을 끌어내어 증거를
삼았으나 신은 일찍이 윤휴가 억울하다고 말한 적이 없으니 신臣이
억울하다고 말했다는 말은 망령된 것입니다.

그러나 신臣이 이러한 것에 입을 다물고 아무 말도 하지 않아서
적임자가 아닌 사람을 비호한 결과를 면하지 못하였으니 신臣의 죄가
두 가지입니다.

또 박태보는 신臣의 생질인데 그 죽음을 들은 뒤부터는 심신心神이
깜짝깜짝 놀라니 성명聖明의 세상에서 이러한 일을 볼 줄은 생각하지
못했습니다.”

양사兩司에서 윤증이 거짓을 꾸며 변환變幻한다고 공격하고 벼슬을
삭탈하자고 청하자 숙종이 그들의 의견을 따랐다.

中殿閔氏遜于私第 金貴人亦被黜 以禧嬪升爲中宮[1] 前判書吳斗寅前
叅判李世華前應敎朴泰輔上疏極諫 被鞫杖流 斗寅泰輔道卒 判府事李
尙眞亦以諫 竄邊卒 事詳他書 時老少合一 以名義樹立 而幷被罪禍
南人惟校理李后定 有疏諫而其黨格之不以聞 南人德少論之甞救己也

故請於 上 贈趙持謙韓泰東官 恤其妻子 又爭訟 尹拯曰君師父雖一體
辱其父 可以爲師乎 又於伸尹鑴也 引拯父子不絶鑴爲證 未幾 拜拯大
憲召之 拯辭疏略曰 臣於宋時烈 自少以師事之 不幸情義不保 以致朝
論紛紜 聖明憂嘆 畢竟於兩賢黜享之批 亦及此事 若以歸罪於兩臣 兩
臣何預焉 以臣之故 上玷聖敎 追累前賢 臣罪一也 尹鑴亦先臣所嘗善
也 告戒不從 終至相絶 乃者筵臣²之伸鑴 舉臣以證之 臣未嘗言鑴之寃
謂臣稱寃者妄也 臣因仍泯默³ 未免爲保任匪人之歸 臣罪二也 且朴泰
輔臣甥也 自聞其死 心神驚隕 不料 聖明之世 乃見此事云 兩司詆拯矯
誣變幻 請削奪 從之

※

1 中宮(중궁): 중전中殿을 말한다.
2 筵臣(연신): 경연에 참석하는 신하. 경연은 대신이나 유신儒臣들이 참여했는
   데 주로 홍문관에서 담당하였다.
3 泯默(민묵): 입을 다물고 말을 하지 아니하다.

23. 갑술환국甲戌換局으로 재집권하는 서인

김진구金鎭龜의 아들 김춘택金春澤은 재주와 술수가 있었다. 김석주의
사람됨을 사모하여 한중혁韓重爀 등과 함께 은화銀貨를 모아 중전을
복위시키기 위해 1천금으로 궁인宮人의 누이동생을 맞아 첩으로 삼아
궁 안의 길을 뚫었다. 또 몰래 장희재張希載의 아내와 간통하여 남인南人
들의 동정을 엿보았다.

그런데 우의정 민암閔黯과 훈련대장 이의징李義徵이 염탐하여 그 정보를 입수하고 함이완咸以完을 시켜 고변告變하게 하였다.

이들을 잡아 국문하자 한중혁이 먼저 자복自服하였다. 민암이 장차 이것을 가지고 일을 크게 만들려고 청대請對를 요청했는데 숙종이 갑자기 엄한 전교를 내려 민암과 판금부도사判禁府都事 유명현을 섬으로 유배시키고 이의징의 병부兵符를 빼앗아 신여철申汝哲과 윤지완을 양국兩局의 대장으로 삼고 남구만을 영상으로 삼아 모든 남인을 다 쫓아냈다.

또 송시열, 김수항, 김석주, 김익훈 등을 신원伸寃시켰다. 이에 후회하고 뉘우친다는 교서를 내려 다시 중전을 복위시키고 장씨張氏를 예전의 관작(내명부 정1품 희빈)으로 강등시키면서 명하였다.

"이제부터 국법으로 정해서 다시는 빈嬪을 후비(后妃: 왕비)에 승차시키지 말라."

이것을 '갑술경화(甲戌更化: 갑술환국)'라고 이른다.

이때 숙종의 결단이 분발하자 인정人情이 놀라고 기뻐 날뛰었으나 혹은 어떻게 처신을 변화시킬까 의심하는 자가 있었다.

병조판서 서문중徐文重은

"8년이나 6년이나 국모國母로 섬기던 것은 마찬가지지만 아들이 있고 없고는 경중輕重이 다르므로 지금은 마땅히 기사년己巳年 때 다투었던 것처럼 다투어야 한다."

고 말했으나 그의 종질인 서종태徐宗泰가 말려서 그만두었다.

승지 박태순朴泰淳 등이 장계를 올려

"중전中殿을 승차시키고 폐출하는 일이 얼마나 큰일인데 갑자기

한 장의 종이를 내려서 보통 일처럼 적당하게 꾸미는 것처럼 하시니 어찌 신중한 도리이겠습니까? 청하옵건대 대신들을 불러 회의를 하심이 지당한 일입니다."

라고 말하자 숙종 임금도 옳다고 하였다.

남구만이 제일 먼저 조정에 들어가 승지承旨의 잘못을 말하였다.

"오늘날의 일이 기사년의 일과 무엇이 다릅니까? 예禮로써 말한다면 또한 죽음으로써 다투어야 마땅하지만 다만 오늘날과 기사년이 다른 것은 중궁中宮이 정후正后로서 복위한 것으로 한 나라에 가히 두 사람의 왕비가 있을 수 없으니 오늘날 신자臣子의 마음은 오직 복위된 것은 경사로 삼고 지위가 강등된 것은 슬픔으로 삼아 기뻐하고 놀랄 뿐입니다.

지금 여러 신하들이 회의를 하고자 한다면 이는 자식으로서 어미를 의논하는 것이요, 신하로서 임금을 의논하는 것과 같으니 천하에 어찌 이런 일이 있을 수 있습니까? 또 희빈禧嬪에게 옛 작위를 돌려준 것은 강등했다고 말할 수는 있어도 쫓아냈다고는 말할 수 없습니다."

숙종이 그의 의견을 받아들였다.

윤지완이 남구만에게 서신을 보내 장희빈張禧嬪을 예전같이 받들자고 청하기를 권하자 남구만이 따르지 않으면서 말하였다.

"이것은 너무 지나친 말이다."

이때 김춘택이 이미 석방되었다.

노론老論 김석주와 민정중의 자제들이 서로 나서서

"김춘택이 공로가 있으니 그 아버지 김진구를 대장으로 삼아 보상하는 것이 마땅하다."

라고 말하자 김창협金昌協이 부끄럽게 여겨 김진구의 아우인 김진규에게 편지를 보내서 김춘택을 책망하였다.

"설령 그대가 하늘을 통하는 학문이 있고 옛날을 꿰뚫는 지식이 있더라도 그 처신한 것은 하급의 부류입니다.

모든 악한 것이 다 자신에게 돌아가고 모든 사람이 손가락질을 하는데 지금 그는 자신의 처지를 헤아리지 못하는 것이 이와 같아 인륜의 시비 사이에 팔뚝을 걷어 올리고 비록 당당한 정론正論이라도 한 번 그의 입을 지나면 문득 그 빛을 잃게 되니 어찌 이렇게 어리석고 또 망령됩니까? 사대부는 비록 심히 좋지 않을지라도 인정人情이란 진실로 스스로를 사랑하지 아니하는 이가 없소. 누가 즐겨 그대와 같이 계략을 관통시켜서 스스로 자신의 몸과 이름을 더럽히려고 하겠소?"

남구만이 장차 조정으로 들어가려는데 좌의정 박세채가 주청奏請할 일이 무엇이냐고 물었다. 남구만이

"반드시 먼저 한중혁韓重爀의 목을 베차고 하겠소."

라고 대답하자 박세채가 크게 놀라서

"장차 김춘택은 어찌 처리하려 하오?"

라고 묻자 남구만이

"한중혁은 국문한 증거가 있고 김춘택은 특별히 드러난 것이 없으니 어찌 김춘택을 돌아봐서 한중혁을 용서할 수 있겠소?"

라고 대답하니 박세채가 멍한 표정이었다.

남구만의 상소문은 대략 이렇다.

"김석주가 정찰을 시작한 것이 마음으로는 비록 충성을 하기 위한 것이었으나 실상은 다스리는 도리를 망가뜨린 것입니다. 기사년己巳年에 나라를 담당한 자들이 이미 정찰을 극히 나쁜 죄라고 하여 음형(淫刑:

엄한 형벌)으로 다스렸습니다.

민암이 또 함이완을 꾀어서 나라 사람 절반을 몰아내려다가 천일(天日: 임금)의 밝음에 힘입어 간사한 꾀를 이루지 못하고 스스로 큰 죽임에 빠졌습니다. 그러나 이 길이 한 번 열리자 실패한 것들이 서로 사용하니 이러한 풍속을 고치지 않는다면 나라는 반드시 구제할 수 없을 것입니다.

오늘날의 제일 큰일은 오직 이러한 길을 일소시키는 데 있을 따름입니다. 이 일소하는 길이란 다만 함이완을 엄히 다스리는 데 있을 뿐만 아니라 한중혁 무리의 죄에 이르러서도 또한 마땅히 명백하게 처리한 연후에야 모든 사람의 마음이 유쾌해지고 여러 사람의 마음이 굴복할 것입니다. 대저 곤위(坤位: 중전)의 복위를 도모하는 일이 어떠한 일인데 그 사람들이 감히 이것을 도모할 수 있습니까? 무뢰하고 천박한 선비들이 마음먹은 것이 이와 같다면 나라가 어찌하여 낮아지지 않겠으며 사람들이 어찌하여 의심하지 않겠습니까? 오늘날 온 나라 백성들의 마음이 기뻐서 날뛰는 것이란 다만 곤위壼位의 회복된 것만을 경사로 여기는 것이 아닙니다. 진실로 전하께서 천고千古에 없는 일을 하시어 광명정대光明正大하기가 해와 달같이 밝아서 다시 솜털이나 터럭만큼의 가림도 없는 것을 큰 다행으로 여기는 것입니다.

만약 여러 죄수의 공초供招와 같다면 이번 일에 그자들의 도움이 없지 않았으니 그것이 성덕聖德에 누가 될 텐데 어떻게 해야 합니까? 민암의 당黨이 여러 죄수를 죽이고자 한 것은 곤전(중전)이 복위되는 것이 자신들에게 해가 되기 때문이었습니다.

지금 모든 죄수를 죽이고자 하는 것은 복위를 도모하였다는 말이 국가에 욕이 돌아갈까 하기 때문입니다. 죄명은 비록 서로 같다고 하더라도 법의 뜻은 하늘과 땅의 차이가 있을 뿐만 아니니 어찌 민암의 당을 답습한다는 의심을 살 수 있겠습니까? 또 시사時事가 비록 바뀌었더라도 조정은 마찬가지이니 어제는 죄를 정하고 오늘은 문득 석방할 수 있겠습니까? 청컨대 한중혁 무리의 죄를 다스려서 왕의 형벌을 명쾌하고 바르게 하여 성상聖上을 위해서는 중외中外의 의혹을 풀고, 곤궁(坤宮: 중전)을 위해서는 복위하는 것이 정대하다는 것을 밝히고, 사대부士大夫를 위해서는 천고의 부끄러움을 씻는다면 이것이 이른바 조정을 해와 달보다 높은 곳에 놓는다는 것입니다."

그는 또 말하였다.

"대개 갑인년(甲寅年: 숙종 즉위년, 제2차 예송논쟁이 일어난 해) 이래로 조정이 여러 번 바뀌었습니다. 화란禍亂의 계제는 다 당론黨論에 근저를 한 것으로 알고 있으나 정권이 바뀌는 기틀은 혹 사사로운 일에 인연했다고 할 수 있습니다.

이로써 죄인들의 마음도 일찍부터 스스로 굴복하지 않았고 여러 사람의 여론도 또한 수군거리는 것이 많았습니다. 여기에 위엄과 형벌들을 자주 행했으나 기강은 더욱 서지 않았고 정권을 여러 번 새롭게 갈았으나 인심은 더욱더 의심을 키워 천인賤人들이 높은 관직을 여관같이 보고 변방 사람들이 귀양살이를 숨어사는 와룡臥龍같이 여겨 젖비린내 나는 미친 아이까지 국가의 명령을 조종할 수 있다고 말하니, 신臣은 이것을 진실로 마음속으로 고통스러워합니다."

한중혁은 마침내 고문으로 죽었는데 함이완이 고발했기 때문이다.

장희재가 언문諺文으로 희빈에게 편지를 보냈는데 그 내용에 '중궁

(中宮: 인현왕후)과 귀인(貴人: 김수항의 종손녀)이 은화銀貨를 모아 복위復位를 도모한다는 말이 있습니다.'라는 글귀가 있었다.

이때 언문편지가 발각되자 숙종은 "장차 국모(國母: 왕후)를 해치려고 꾀하는 놈이로군."이라면서 장희재를 죽이려고 하는데 당시 조정의 의론도 다 죽이자고 하였다.

남구만이 홀로 말하였다.

"장희재가 세자世子에게는 팔의지친八議之親이 되니 경솔하게 죽이거나 형벌로 신문할 수 없는데 하물며 언문편지로써 죄를 삼는다면 그 여파가 반드시 희빈에게까지 미칠 것입니다. 희빈이 불안하면 세자도 또한 불안해하고 세자가 불안해하면 종사가 위태해질 것입니다.

전날에 세자 정호定號 때에도 여러 신하들이 너무 일러서 어렵다고 말하니 기사년己巳年의 참인讒人들이 '세자世子는 홀로 저들만이 마음을 붙일 뿐이고 많은 신하들은 그렇지 않다.'고 일러 이 때문에 망측한 화가 생겼습니다.

이제 만일 세자를 위하여 깊고 길게 생각하지 않아서 이다음에 말하기 어려운 일이 생긴다면 차라리 기사년己巳年 참인讒人들의 말을 사실로 만드는 것 아닙니까?"

박세채가 다투어 말하기를

"장희재를 구제하는 것은 옳지 않습니다."

라고 하자 남구만이 대답하였다.

"나의 말이 맞지 않는다면 이것은 종사宗社의 복이니 내가 비록 만고萬古의 죄인이 된다고 해도 원한이 없지만 불행하게도 내 말이 맞게 된다면 종사는 어찌 하겠소?"

대간臺諫 이여李畲와 유득일兪得一이 청대請對하여 말하였다.

"지금 장희재를 죽이고 훗날 그 화가 희빈에게 미친다면 우리들은
또한 마땅히 죽음을 각오하고 간쟁하겠습니다."

남구만이 말하였다.

"장희재가 다른 죄로 죽는다면 내가 왜 구제하려 하겠는가? 지금
장희재와 희빈의 일은 하나요. 지금 장희재를 구하지 않는다면 뒷날
어떻게 희빈을 구할 수 있겠소? 또 그대들이 어찌 희빈이 무사하리라고
보증할 수 있겠소? 마음으로는 그렇지 못하다는 것을 알면서도 겉으로
만 이렇게 말하는 것 아니오?"

숙종은 남구만의 말을 따라서 장희재의 죽음을 용서해 주고 위리안치
圍籬安置시켰다.

金鎭龜子春澤 有才任數 慕金錫冑之爲人 與韓重爀等 謀聚銀貨 圖復
壼位 以千金聘宮人之妹爲妾 以通內巡 而又潛奸張希載之妻 以覘南人
之往來者 右相閔黯訓將李義徵 廉得其狀 使咸以完上變 鞫春澤等重爀
先自服 黯將因以羅織之 請對 上忽下嚴敎 命黯及判禁柳命賢島配 奪
義徵符 以申汝哲尹趾完 爲兩局大將 起南九萬爲領相 悉逐諸南人 伸
宋時烈金壽恒金錫冑金益勳等 乃下悔悟之敎 迎復 中殿 降張氏仍舊爵
命自今著爲邦制 勿復以嬪御登后妃 是謂甲戌更化 時 聖斷奮發 人情
驚喜皷舞 而或有以處變爲疑者 兵判徐文重 至曰八年六年[1] 母事維均
有子無子 輕重自別 今宜以己巳之爭[2] 爭之 從子宗泰止之乃已 承旨朴
泰淳等啓言 壼位升黜 是何等事而遽下一紙 有若尋常節文[3]者 豈愼重
之道哉 請召大臣 會議至當 上可之 九萬造朝 首言承旨之失曰 今日之

事 與己巳何異 以禮言之 亦當以死爭之 而但今日與己巳別者 中宮以
正后復位 一國不可二尊也 今臣子之心 惟以復位爲慶 降位爲慼 惝怳
驚愕而已 今欲諸臣之會議者 是 子而議母 臣而議君 天下寧有是哉
且禧嬪之還舊爵 可以言降 不可以言黜 上納之 尹趾完貽書九萬 勸請
禧嬪供奉如例 九萬不從曰 是則過矣 時金春澤已放 老論金閔子弟 爭
言春澤有功 宜授鎭龜大將以償之 金昌協恥之貽書鎭龜弟鎭圭 數春澤
曰 設令渠有通天之學 貫古之識 其所處則下流也 衆惡皆歸 千人所指
今不自量 如此 攘臂於倫紀是非之際 雖堂堂正論 一經其口 便不光鮮
何其愚且妄也 士大夫雖甚無脈 人情固莫不自愛 誰肯與渠關通謀計
以自汚身名耶 九萬將赴朝 左相朴世采 問所奏事 九萬曰 必先誅韓重
爀 世采大驚曰 將何以處春澤 九萬曰 重爀鞫事有證 春澤特無發露耳
何可顧春澤而憖重爀哉 世采憮然 九萬疏略曰 金錫胄詗察之學 心雖願
忠 實戕世道 己巳當國者 旣以詗察爲極罪 加以濫刑 而閔黯又誘以完
欲驅半國之人 賴天日之明 奸謀不售 自陷大戮 然此徑一開 覆轍相尋
此風不革 國必莫救 今日第一大事 惟在此逕之一掃而已 掃之之道 不
但在治以完之嚴 至於韓重爀等之罪 亦宜明白處之 然後衆心快而群情
服 夫坤位圖復 此何等事 而渠輩敢圖耶 抑將圖之於何處耶 無賴賤士
生心如此 國安得以不卑 人安得以不疑 今日億兆之心 所以歡欣踊躍者
非但以壼位之復 爲慶而已 誠以 殿下爲千古所無之擧 光明正大 如日
月之更無纖毫翳 爲大幸也 若如諸囚之供則 是 玆事不能無助於渠輩也
其爲 聖德之累 顧何如哉 黯黨之欲殺諸囚者 以復位之有害於己也 今
之欲殺諸囚者 以圖復之說 誣辱歸於國家也 罪名雖若相似 法意不翅霄
壤 何得以襲黯黨之爲疑哉 且時事雖換 朝廷則一焉 有昨日承款 而今

日遽釋者乎 請治重煥等 快正王誅 爲聖上解中外疑惑 爲坤宮明復位之
正大 爲士大夫洗千古之羞辱 是所謂尊朝廷於日月之上者也 又曰蓋自
甲寅以來 朝廷之變易者屢矣 禍亂之堦 皆知根柢於黨論 而飜覆之機
或謂因緣於私逕 是以 罪人之心 未嘗自服 輿人[6]之誦 亦多竊議[7] 威罰亟
行而紀綱愈不立 黜陟屢新而人心愈益疑 賤人之指高位 有如逆旅[8] 遐
荒[9]之視流竄 隱若臥龍 乃至乳臭狂童 自以爲操縱國命 臣誠私心痛之
重煥竟栲死 以完之告也 張希載 諺書通於禧嬪 有 中宮與貴人 聚銀圖
復之語 至是諺書發 上將以謀害國母 誅希載 時議皆殺之 九萬獨曰希
載在 世子 爲八議之親[10] 不可輕施刑訊 況以諺書爲罪則 勢必連及於禧
嬪 禧嬪不安則 世子亦不安 世子不安則 宗社危矣 前日世子定號 諸臣
以太早難之 己巳讒人 乃謂 世子獨渠輩屬心 而諸臣不然故 有罔測之
禍 今若不爲世子深長慮 以致他日之難言則 無乃實己巳讒人之說耶
朴世采爭之曰 希載不當救 九萬曰 吾言不中 宗社之福也 吾雖爲萬古
罪人 可以無恨 如不幸而中 如宗社何 臺諫李畬兪得一請曰 今殺希載
他日有及於禧嬪則 某等亦當以死爭之 九萬曰使希載以他罪死則 吾何
爲救之 今希載與禧嬪 其事爲一 今不救希載 後何以救禧嬪 且諸君寧
能保禧嬪無事耶 抑心知其不能然而外爲此言耶 上從九萬言 貸希載死
圍籬安置

※

1 八年六年(팔년육년): 인현왕후가 8년 동안 왕비로 있었고 희빈 장씨가
6년 동안 왕비로 있었음을 말하는 것.
2 己巳之爭(기사지쟁): 숙종 15년인 기사년에 인현왕후를 폐출하려 하자
박태보 등이 격렬하게 그 불가함을 다툰 일.

3 尋常節文(심상절문): 심상尋常은 보통의 일. 절문節文은 적당하게 꾸며 훌륭하게 하다.

4 渠(거): 그대의 뜻.

5 覆轍(복철): 엎어진 수레바퀴. 곧 실패한 일의 뜻.

6 輿人(여인): 여러 사람. 곧 뭇사람.

7 竊議(절의): 수군거리다. 몰래 의논하다.

8 逆旅(역려): 여관. 여인숙.

9 遐荒(하황): 오랑캐가 사는 땅.

10 八議之親(팔의지친): 당나라 때 평의評議하여 형벌을 감면한 8가지 조건. 곧 의친議親, 의고議故, 의현議賢, 의능議能, 의공議功, 의귀議貴, 의근議勤, 의빈議賓.

24. 남인에 대한 온건론을 주장하는 남구만

윤지완이 우의정이 되었는데 무릇 헌의獻議하기를 다 남구만과 함께 하였다.

김인金寅이라는 자가 이의징 등을 고변했는데 이의징은 남의 것을 많이 빼앗아 사사賜死했으나 나머지는 다 사실이 아니었다.

이때 장차 함이완을 무고죄로 죽이려는데 남구만이 윤지완에게 "김인의 이른바 역옥逆獄이라는 것은 이미 헛일이 되어버렸소. 이 또한 남을 해치려고 했을 따름이었소. 함이완이 서인西人을 해치려고 한 것은 죽이고 김인이 남인南人을 해치려고 한 것은 홀로 용서해야 합니까?"

라고 말하고 이러한 사실을 상소로 논하려다가 그만두었다. 김인은 장희재의 언문편지를 발견한 사람이었다.

이때 삼사三司에서 기사년의 여러 신하들의 죄를 의논하는데 여러 사람들이 분해하고 미워하여 깊이 다스리기를 다투어 요구하자 오도일과 이규령李奎齡이 말하였다.

"임금의 뜻을 따른 것과 폐비하자고 청한 것이 같지 아니한데 지금 만약 임금의 뜻을 따른 자를 극형에 처한다면 설사 폐비하자고 청한 자들이 있다고 할지라도 어떻게 법을 가하겠습니까?"

이에 그 죄가 중한 자 10여 명만 장계를 올려서 유배 보내는 데 그쳤다. 정승은 민암, 장신(將臣: 대장)은 이의징 외에 사사賜死당한 사람이 없었다.

오도일은 또 상소를 올려 여러 죄수들을 석방하자고 청하였다. 또 이만원李萬元은 기사년의 일[己巳換局]로 스스로 올라서게 되었고 이봉징李鳳徵도 상소를 올린 글이 가상하다 하여 포상으로 등용하자고 청하였다.

김창협이 남구만에게 서신을 보내

"남곤南袞, 심정沈貞, 이기李芑, 허자許磁는 사람들이 다 그 형벌을 주지 못한 것을 원통해 하는데 오늘날의 흉도凶徒들은 도리어 깊이 다스리지 않으려는 것은 무슨 까닭입니까? 억측하면 저의 선인(先人: 김수항)의 재앙은 스스로 얻은 것이 있기 때문에 기묘사화와 을사사화와는 비교할 수 없다는 말입니까? 원컨대 명공(明公: 남구만)의 한마디 중요한 의견을 듣고자 합니다."

라고 물었으나 남구만이 답장은 하지 않고

"나는 김창협이 글 읽는 선비로 알았는데 지금 보니 심하게 무식하구나. 설사 내가 그의 원수를 목 벤다고 하더라도 어찌 사사롭게 먼저 허락할 수가 있겠는가?"
라고 말하고 이에 상소를 올려서 말하였다.

"지난번에 조신朝臣들이 일진일퇴一進一退한 것이 낮과 밤이 서로 바뀌고 봄과 가을이 서로 교대하는 것과 같아서 매번 이편 사람을 시켜서 저편 사람의 죄를 의론하게 되니 이것이 이른바 '남이 칼과 도마가 되면 나는 어육魚肉이 된다.'는 것입니다. 의심이 쌓인 나머지와 원망이 쌓인 중에서는 그 일을 처리하는 것이 공평하지 못한 것은 필연한 형세입니다.

신臣이 내세울 만한 공로가 없고 또한 신의 주장만을 내세운 지가 오래되었습니다. 기미년己未年에 상소를 올려 윤휴와 허견을 논의했을 때 만일 성명(聖明: 숙종)이 없었으면 신은 남은 목숨이 거의 없었을 것입니다. 그 인정에 있어서야 어찌 서로 용서할 마음이 있겠습니까?

다만 시세時勢나 국사國事로 헤아려 본다면 일찍부터 자주 엎어진 수레바퀴와 이왕에 냄새나는 짐은 이제 엄하게 징계하고 맹렬하게 살피지 아니할 수 없습니다. 하물며 이러한 당인黨人들이 그 수가 많고 전통 있는 대족大族들인데 간사한 서자(허적의 서자 허견)로서 스스로 중죄에 빠진 자는 이미 그 죄를 받았습니다. 만일 그 정상과 범죄가 조금 가벼운 자는 순차대로 용서하지 않을 수 없고 쓸 만한 재주가 있는 자는 점차로 수용하지 않을 수 없는데 의논하는 자들은 혹, '당인黨人을 다스리는데 엄하지 않으면 다른 날 보복할까 두렵다.'고 말하는데 이러한 말에 탄식합니다.

　매양 한편 사람들이 진퇴進退할 때를 당하면 반드시 남의 입을 막는
자료가 될 것이니 피차가 하나인데 무엇을 가리겠습니까?

　오늘날 조정의 신하들은 오직 한 마음으로 전하를 받들고 당습黨習을
소제하여 반드시 이른바 '훗날'을 기약하는 자들이 없도록 하는 것이
옳겠습니다. 지금 어찌, '훗날'에 반드시 이런 일이 있다면 저라고
어찌 두렵지 않다고 말할 수 있겠습니까?"

尹趾完爲右相 凡所獻議 皆與九萬同 有金寅者上變告李義徵等 義徵以
貪婪賜死 其他多無實 時將誅咸以完誣告之罪 九萬趾完曰 金寅所謂逆
獄者 已歸虛矣 是亦欲害人而已 以完欲害西人則 殺之 寅欲害南人則
獨可貸乎 欲疏論之不果 寅發希載諺書者也 時三司論己巳諸臣[1]之罪
輿情憤嫉 爭欲深治之 吳道一李奎齡曰 順旨與請廢[2]不同 今若置順旨
者於極罪則 設有請廢 何以加其法乎 乃啓竄其重者十餘人而止故 相臣
惟閔黯將臣惟李義徵 以外無賜死者 道一又請疏釋諸囚 且以李萬元有
樹立於己巳 李鳳徵亦有疏語可尙 請褒用之 金昌協貽書南九萬曰 袞貞
芑磁[3] 人皆痛恨其失刑 今日之凶徒 反不欲深治何哉 抑昌協先人[4]之禍
有以自取 而不可與己卯乙巳[5]比歟 願聞明公一言之重耳 九萬不答曰
吾謂昌協 讀書士 今無識甚矣 設使我爲誅其讎 豈可以私先許之耶 乃
上疏曰 向來[6]朝臣之一進一退 有若晝夜之相反 春秋之迭代 每使此一
番人 議彼一番人之罪 是所謂人方爲刀俎 我方爲魚肉者也 積疑之餘
蓄怨之中 其處置之不得其平 固其勢也 臣之無狀[7] 亦未免於標榜者久
矣 至己未疏論鑴堅也 若非 聖明保全 臣幾無餘命矣 其在人情 寧有相
假借之意 但以時勢與國事揆之 曾前屢覆之轍 旣臭之載 今不可不痛懲

而猛省 況此黨人 類多故家大族[8] 其自作奸蘗 陷於重科者 旣以伏其罪

矣 若其情犯差輕則 不可不以次開宥 才用可紀則 不可不以漸收用 議

者或曰治黨人不嚴 畏他日[9]報 復噫此等語 每當一番人進退 必以爲杜

人口之資 彼此一也 有何擇焉 今日廷臣 惟宜一心奉上 掃除黨習 必期

於無所謂他日者可也 今胡以爲他日必有是事 而我則不畏而已云耶

※

1 己巳諸臣(기사제신): 기사년의 여러 신하들. 곧 기사년에 정권을 잡았던
　남인들을 뜻한다.

2 順旨與請廢(순지여청폐): 순지順旨는 임금의 뜻을 따르다. 청폐請廢는 폐비
　廢妃의 논을 편 자들.

3 袞貞芑磁(곤정기자): 남곤南袞, 심정沈貞, 이기李芑, 허자許磁.

4 昌協先人(창협선인): 김창협의 아버지 김수항을 말한다. 김수항은 기사환국
　으로 남인들이 정권을 잡은 후 송시열과 함께 사사되었다.

5 己卯乙巳(기묘을사): 중종 14년(1519)에 일어난 기묘사화와 명종 즉위년
　(1545)에 일어난 을사사화.

6 向來(향래): 이전부터 현재까지. 여태까지.

7 無狀(무장): 아무런 공적이 없다. 면목이 없다.

8 故家大族(고가대족): 여러 대를 이어 현관이나 유명한 사람들이 나온 문벌이
　좋은 집안.

9 他日(타일): 다른 당이 정권을 잡는 날.

25. 박세채가 탕평론蕩平論을 주창하다

처음에 이상李翔은 숨어사는 선비〔遺逸〕로서 송시열과 교류했는데 그

사람 됨됨이가 비루하여 친척들의 옳지 않은 송사에 증거를 세우고 그 재물을 엿보니 세상에서 옳지 못하다고 하였다.

이사명李師命은 이름난 가문의 아들로 일찍부터 문명文名이 빛났는데 김석주에게 붙어서 공신이 되려고 탐하고 떠들썩하기를 그치지 않다가 기사년에 이르러 모두 남인南人에게 죽었다.

이때에 이르러 모두 관직이 복구되었는데 삼사三司의 오도일, 박태상 朴泰尙이 상소를 올려 복구된 관직을 거두어들이자고 청하자 시론時論이 유쾌하게 여겼다.

이때 보사공신保社功臣을 복구시킬 것을 명했으나 이사명 등 5명의 추록자는 회복시키지 않으니 노론老論의 원망이 더욱 깊어졌다.

좌의정 박세채는 장희재는 죽이지 않고 한중혁만 죽였다고 남구만을 매우 나무랐으며, 또 송시열이 몸소 대의大義를 자임하다가 사화士禍에 죽었는데 그 조그마한 과실로 헐뜯는 것은 마땅하지 않다며 조광조趙光祖를 모시는 서원書院에 배향配享하려고까지 하였다.

김창협은 송시열을 가장 존경하였으나 그 역시 배향하는 것은 너무 지나치다고 하여 이에 중지되었다.

이때부터 박세채의 무리가 다시 노론이 된 자가 많았는데 유득일, 신완申琓, 신임申銋 같은 이들이 그들이다.

박세채가 이때 상소를 올려 황극탕평皇極蕩平의 설에 대해 이렇게 진술하였다.

"우리 조정에서 동인東人과 서인西人의 명목이란 처음에는 군자君子와 소인小人의 구별로 시작되었으나 음과 양, 흑과 백처럼 서로 용납하지 못할 것은 아니었습니다. 그 후 양당兩黨의 득실과 전후前後가 서로 가렸습니다.

그 큰 것을 비교해 본다면 첫 번째에는 정여립鄭汝立이 패敗했고, 두 번째에는 정인홍鄭仁弘이 패했으며, 세 번째에는 전일의 권간(權奸: 권세를 가진 권신, 즉 남인)의 당黨이 패했는데 이것은 다 동인東人의 한쪽에서 나왔기 때문에 의론하는 자들이 이것을 가지고 옳고 그른 것을 나누는 것은 진실로 마땅한 일입니다.

이른바 남인南人이란 따로 일어난 자가 또한 많아서 혹은 임야林野로 물러나고 혹은 바른 의론으로 항거했으므로 반정反正한 뒤에도 많이 등용되어 서인西人과 별다른 구분이 없었습니다. 역대 임금께서도 중하게 여기시어 어루만지고 거느리심이 방도가 있었으니 이 때문에 오래된 후에야 무너지기 시작한 것입니다.

지금은 비록 임야로 물러나거나 바른 의론으로 항거하는 자들이 예전의 명신名臣과 같은 이는 없으나 그렇다고 어찌 한편 사람을 다 들어내 버리는 구실로 삼을 수야 있겠습니까? 신은 청하옵건대 역옥逆獄을 일으킨 간당奸黨으로서 단연코 용서하지 못할 자는 더욱 엄하게 처리해서 고려高麗의 정몽주鄭夢周가 오상五常을 정한 예와 같이 하고, 이런 종류의 잘못된 사람이 아닌 어질고 유능한 자는 탕평蕩平하셔서 스스로 새롭게 하여 조정을 다함께 받들어 나가게 하십시오."

또 논하여 말하였다.

"남구만은 깊은 생각이 있었으나 한때의 마음을 감복시키지 못해 서문중徐文重이 의론을 주창하여 상소문을 초草한 것과 박태순朴泰淳이 회의를 하자고 청한 것을 실언失言으로 여겼습니다."

얼마 후 박세채가 죽었는데 '탕평蕩平'이란 이름은 박세채로부터 시작되었다.

세자의 책봉에서부터 곤전(坤殿: 중전)의 변고에 이르기까지 노론老論과 소론少論의 두 당黨이 함께 명의名義를 세우고 함께 귀양 가고 금고에 걸렸었다.

정권이 바뀐 처음에 오두인吳斗寅과 박태보에게 함께 정표旌表와 벼슬을 내리고, 이이와 성혼을 다시 성균관의 문묘에 배향配享시켜 제사지냈다. 서인西人들이 동시에 승진하였다.

이때에 노론老論 구신舊臣들은 사망한 사람들이 많았는데 남구만이 홀로 살아 곧은 절개와 중후한 명망으로 가장 먼저 저울추와 수레의 굴대 같은 중요한 역할을 하였다. 남구만은 본래 소론少論으로 자처하지 않았고 더구나 '회니논쟁懷尼論爭'에도 참여하지 않았다.

이때 소론은 모두 윤증이 정승이 되기를 바랐는데 남구만이 홀로 옳지 않다고 하면서 반대하였다.

"윤증이 반드시 오지 않을 것을 알면서 무턱대고 그 예절만을 중하게 한다면 이것은 진실하지 못한 것이다. 또 임금께서 얼굴도 모르는 사람을 어찌 정승으로 삼겠는가?"

이 때문에 소론少論 또한 화합하지 않는 이가 많았다. 그러나 특히 임금에게 건의하여 올리는 것이 사사건건 노론老論과 상반되자 노론도 뼈에 사무치는 원한을 품었다.

어떤 사람이 남구만에게 말하였다.

"지금은 조금 뜻을 굽히고 노론老論의 한두 가지의 일만 따르면 노론과 소론이 다시 합해져 국사國事에 행복이 될 것이다."

그러나 남구만이 굳이 따르지 않았다. 이에 노론老論이 유학幼學

강민저姜敏著를 사주하여 상소하게 하였다.

"좋아하고 미워하는 것은 사람마다 같은 것인데 대신大臣의 의견이 일반 사람의 생각 밖에서 나와 악한 역적을 구하는 것을 일로 삼아 곤위(坤位: 중전)를 올리고 폐출하는 논의에도 앞을 살피고 뒤를 돌아보는 것이 용의주도해 다른 사람이 그 속을 헤아려 볼 수가 없으니 그 자신은 비록 화복禍福을 두려워하지 않는다고 하나 누가 믿겠습니까?"

장령 홍숙洪潚이 이어서 강민저는 강개한 마음에서 나온 충분忠憤이라고 말하자 숙종은 강민저는 귀양 보내고 홍숙은 파면했으며 손수 남구만을 위로하였으나 남구만은 벼슬을 사직하고 고향으로 돌아갔다.

初李翔以儒逸 從宋時烈遊 爲人樸鄙 證其姻親之溢獄[1] 而覬其貨 爲世所不直 李師命以名家子 早顯文譽 附金錫胄 圖占勳籍 貪躁不已 至己巳 俱爲南人所殺 至是幷復官 三司吳道一朴泰尙 疏請還收 時論快之 時命復保社勳[2] 而師命等五人追錄者不復 老論怨盆深 左相朴世采 以不殺張希載 而殺韓重爀 頗咎南九萬 又謂宋時烈身任大義 死於士禍 不宜追訾其小失 至欲配享於趙光祖書院 金昌協最尊時烈 而亦以配享爲過 乃止 自是 世采之徒 多復爲老論者 如兪得一申琓申銋是也 世采上箚陳皇極蕩平之說曰 我朝東西之目 始非有君子小人之辨 如陰陽黑白之不相容者 其後兩黨之得失 前後相掩 較其大致則 一敗於汝立 再敗於仁弘 三敗於向日權奸之黨 是皆出於東人一邊 論者以此爲邪正之分 固宜矣 然所謂南人別立者亦多 或屛退林野 或抗言正論 是以反正以後 登庸之盛 與西人無別 重以 列聖 撫馭有方 此所以久而後始壞者也 今雖無屛退抗言 如前日之名臣者 然亦豈宜擧一邊之人而盡棄之

以爲口實哉 臣請於 其逆獄奸黨 斷不可貸者 處之益加嚴明 如高麗鄭
夢周定五常之例 其非在此類 而賢能可用者 仍許蕩滌自新 幷臻寅恭焉
又論南九萬深長慮 不足以服一時之心 徐文重倡議草疏 朴泰淳啓請會
議爲失言云 世采尋卒而蕩平之名自世采始 自建儲至 壼闈之變 老少二
黨 同樹名義 同罷竄錮 更化之初 吳斗寅朴泰輔幷施旌典 而李珥成渾
復從祀文廟 西人同時升進 時老論舊臣 多凋喪 南九萬以直節重望 首
秉鈞軸[3] 九萬素不以少論自命 尤不預尼懷事 至是 少論皆望尹拯爲相
而九萬獨不可 曰知其必不可致而徒重其禮 是不誠也 且安有人主不識
面之輔相哉 是以少論亦多不協 而特以所建白 事事與老論相反故 老論
憾之次骨 或謂九萬曰 今稍屈意徇老論一二事則 老少復合而於國事爲
幸矣 九萬堅不從 於是老論嗾幼學姜敏著 疏言好惡人所同有 而大臣意
見超出常情之外 以營救惡逆[4]爲事 坤位升降之論 瞻前顧後 用意尤縝
密 令人莫測 雖自謂不怵於禍福 人孰信之 掌令洪瀟繼言敏著慷慨忠憤[5]
上竄敏著 罷瀟 手諭慰安九萬 而九萬辭歸鄉

※

1 滛獄(음옥): 음탕한 옥사. 곧 가족 간의 옳지 못한 송사.
2 保社勳(보사훈): 경신환국 후 허견의 옥사를 주도한 서인들에게 내린 공신훈.
3 鈞軸(균축): 저울대와 수레의 굴대. 곧 중요한 위치.
4 營救惡逆(영구악역): 영구營救는 죄에 빠진 사람을 구하다. 악역惡逆은
   극악무도한 사람. 곧 극악무도한 사람을 구해냈다.
5 慷慨忠憤(강개충분): 강개慷慨는 의롭지 못한 것을 보고 의분을 느껴 슬퍼하
   고 한탄하다. 충분忠憤은 충성으로 인하여 일어나는 분한 마음.

26. 남인에 대한 공세

기사년(己巳年: 숙종 15년) 초에 곤위(坤位: 인현왕후)를 폐출하여 바꾸는 일로 연경(燕京: 청나라 수도)에 사신을 보내는데 임금이 신후재申厚載를 시켜 좌의정 목래선睦來善에게 묻게 하였다.

"저쪽[淸]에서 '왕비를 왜 폐출하는가?'라고 물으면 무엇이라고 대답하겠는가?"

목래선이 답하였다.

"이것은 인신人臣으로서 감히 말할 바가 아닙니다. 임금님의 전교와 청나라에 보내는 상주문上奏文에 '불순不順'이란 두 글자가 있으니 마땅히 '불공순不恭順'이라고 대답하겠습니다."

신후재가 목래선의 말을 임금에게 아뢰자 숙종도 그렇게 여겼는데 승정원承政院 일기에는 신후재가 숙종에게 아뢴 '불공순不恭順'이란 말이 '불공경不恭敬'으로 적혀 있다.

이에 이르러(서인들이 정권을 잡았을 때) 대간에서 목래선을 국문하자고 주청하자 남구만이 반대하였다.

"이러한 일로 대신大臣을 가볍게 죽일 수 없다."

홍숙의 무리가 굳이 고집하니 사헌부 집의執義 윤성교尹誠敎가 이를 중지시키려고 했는데 오도일이 윤성교에게 말하였다.

"그대가 자신 개인의 의논으로써 온 나라의 의논을 경솔하게 정지시키고자 하나니 백수(白首: 삭탈관작)가 되어 영해嶺海로 귀양 간다면 그대를 위하여 민망한 일이오."

윤성교가 대답하기를

"대신大臣을 살리고 죽이는 것은 나라의 큰일인데 그대가 도리어 화복禍福으로 나를 두렵게 하려는가?"

라고 답해 드디어 정지되었다.

이로 인해 여러 사람들이 크게 비방하고 소란스러워지자 윤성교를 사헌부에서 쫓아내 외직으로 내보냈다.

권대운權大運은 다른 죄는 없지만 다만 기사년己巳年에 수상(首相: 영의정)이었다 하여 귀양을 보내니 윤지완이 용서해 주자고 청하였다. 이에 홍문관 수찬修撰 정호鄭澔가 윤지완을 탄핵하자 윤지완도 사임하고 고향으로 돌아갔다.

홍문관 수찬 정사신丁思愼이 상소를 올려 말하였다.

"권대운과 목래선은 네 임금을 모신 구신舊臣으로 곤성(坤聖: 중전)이 궁에서 쫓겨나던 날 권대운은 전하를 입대하고 나가면서 차자箚子를 올려 간절하게 사양했고 목래선은 먼저 (중전의) 공양을 거두라는 명령이 있자 청대하여 홀로 반복해 간했습니다.

그 심사가 처음부터 끝까지 결단코 다른 마음이 없었는데 지금은 모두 대죄大罪를 입어 언제 죽을지 모르게 되었습니다. 전하께서 잠리 (簪履: 비녀를 밟다. 곧 함께 하다의 뜻)의 옛 은혜를 생각하신다면 어찌 민망하고 측은하지 않겠습니까? 이현일李玄逸 같은 이는 곤성(坤聖: 중전)을 위하여 항의하는 상소를 올린 것이 전후에 한두 번이 아니었습니다. 설사 상소의 언어가 상세하지 않다 하더라도 이것은 산야山野가 성긴 데 지나지 않습니다.

원래 그 대의는 전하를 크게 보필하려는 마음에서 나온 것으로 당시에

는 충군忠君 애국愛國하는 마음에서 나온 것인데 도리어 망극한 죄에
매개되어 겨우 원비(圓扉: 감옥)에서 벗어나자 먼 변방에 귀양 가게
되었습니다.

무릇 보통사람이 원망을 품더라도 오히려 용서하는 것이 마땅하거늘
하물며 일찍이 예우하던 신하이겠습니까?"

대간臺諫에서 정사신이 죄인의 수괴를 구제하려 한다고 논박하자
삭출하라고 명하였다.

이현일은 유신儒臣으로서 나아가 기사년에 상소를 올려 말하였다.

"폐비廢妃가 비록 스스로 하늘(임금)과 끊어졌으나 마땅히 별궁別宮
에 안치하여 그 규찰을 삼가고 그 공급을 후하게 해야 합니다."

그런데 이때에 이르러 '그 규찰을 삼간다.'라고 한 말이 불경不敬하다
고 하여 귀양을 갔다.

이의징(남인)의 아들 이홍과 이발은 장희재의 집안 사람들과 모의하
여 장희재의 가노家奴 업동業同을 시켜 더러운 물건을 장씨張氏의 선영
에 묻게 하고 또 나무로 표식을 하여 세자世子의 나이와 이름자를
써서 저주하는 모양으로 만들었다. 그리고는 병조판서 신여철申汝哲의
가노家奴를 꾀어 그의 호패號牌를 훔쳐다가 더러운 물건을 묻은 곳에
떨어뜨리게 하고는 다른 사람을 시켜 고변하여 그 화를 서인西人에게
돌아가게 하려 하였다.

이때 남구만이 다시 영의정이 되어 좌상 유상운柳尙運과 우상 신익상
申翼相과 함께 그 옥사를 담당하였는데 이 일이 여러 장씨(張氏: 장희빈
등)에게 미칠까 염려하여 끝까지 다스리지 말자고 청하여 업동業同만
귀양 보내는 것으로 중단하였다. 뒤에 이홍과 이발의 일이 발각되어

죽임을 당하자 남구만 등은 염려가 지나쳐서 일을 그르쳤다며 스스로를
탄핵하였다.

己巳初以 坤位廢易 遣使于燕 上使申厚載問於左相睦來善曰 彼問廢妃
何以見廢 當以何辭對 來善曰此非人臣所敢言 上教及奏文有不順二字
當以不恭順對 厚載以來善言白於上 上然之 而政院日記[1]書厚載所奏
以不恭順爲不恭敬 至是臺啓[2]請鞫來善 南九萬言不可以此輕殺大臣
洪瀟等持不已 尹誠教爲執義 欲停 吳道一曰子欲以一己之論 輕停擧國
之議 白首嶺海 爲子悶之 誠教曰生殺大臣 國之大事 子反以禍福怵我
耶 遂停之 衆謗大喧 削誠教館錄[3]而出補外 權大運無他罪而獨以己巳
首相故 被竄 尹趾完請宥之 修撰鄭澔 劾趾完趾完亦辭歸 修撰丁思愼
疏曰 權大運睦來善 以四朝耆舊 當 坤聖出宮之日 大運則 入對出箚
辭意懇切 來善則 獨先請對於命輟供奉之初 反復諫爭 其始終心事 斷
斷無他 乃今俱被大罪 死亡無日 殿下念簪履[4]之舊恩 豈不爲之惻惻也
哉 至如李玄逸 爲 坤聖抗疏 前後非一 設使疏語有未詳審者 此不過山
野疎闊之致 原其大意 出於匡輔 而當時忠愛之悃 反媒罔極之罪 纔脫
圓扉[5] 遠赴絶塞[6] 凡人抱寃 尙宜恕究 況曾所禮遇之臣乎 臺諫論思愼營
救罪魁 命削黜玄逸以儒名進己巳疏 言廢妃雖自絶于天 宜置之別宮
謹其糾禁 厚其供給 至是 以謹其糾禁[7]語涉不敬 竄之 李義徵子泓渤
與張希載家人謀 使希載奴業同 埋穢物於張氏先塋 又以木標 書世子年
諱 狀若咀呪者 而又誘兵判申汝哲家奴 竊其號牌墜於埋穢處 使人告變
欲以嫁禍於西人 時南九萬復爲領相 與左相柳尙運右相申翼相主其獄
慮事及諸張 請勿窮治 止決配業同 後泓渤事露伏誅 九萬等以過慮誤事

自劾

※

1 政院日記(정원일기): 승정원의 일기. 승정원은 조선조에 왕의 명이 들고
  나는 것을 맡던 관아.
2 臺啓(대계): 사헌부, 사간원에서 죄가 있다고 인정하여 올리는 계사啓辭.
3 館錄(관록): 벼슬하는 사람의 기록부.
4 簪履(잠리): 비녀를 밟다.
5 圓扉(원비): 감옥의 문을 뜻한다. 곧 감옥.
6 絶塞(절새): 국경의 변방지대.
7 糾禁(규금): 금지. 단속하는 것.

27. 어머니와 함께 죽기를 청하는 세자

이보다 앞서 한중혁이 죽었으나 김춘택의 죄상은 다 드러나지 않았다.
남구만도 김춘택의 가문이 강성한 것을 꺼려하여 내버려두고 묻지
않았다.

　그런데 인현왕후가 죽자 김춘택이 주창하기를

　"왕후께서 돌아가신 것은 희빈 장씨의 무고(巫蠱: 무술巫術로 남을
저주하는 것) 때문이다."

라면서 먼저 사람을 모집하여 조당(朝堂: 조정)에서

　"전에 장희재의 죽음을 용서하라고 한 자는 이 반열에 있을 수 없다."

라고 부르짖었는데 이는 남구만 등을 가리킨 말이다.

좌의정 유상운이 상소를 올려

"요사이 갑술년(甲戌年: 서인이 정권 잡은 갑술환국) 이후에 형정刑政이 잘못되었다고 허물하는 자가 있으니 신臣은 남구만과 함께 죄를 받기를 청합니다."

라고 말하자 숙종이 위로하고 마음을 풀어 주었다.

희빈 장씨는 일찍이 자신이 거처하는 곳에 신당(神堂: 신을 모신 집)을 차리고 세자世子의 복福을 빌었는데 숙종이 고옥(蠱獄: 무고죄를 다스리는 옥사)을 다스리며 직접 희빈의 여러 몸종들을 국문하면서 신당神堂을 끌어들여 증거로 인용하였다.

영의정 최석정崔錫鼎이 세 번이나 차자를 올려 희빈 장씨에게 은혜를 온전히 베풀라면서 말하였다.

"희빈에게 설사 용서할 수 없는 죄가 있다 하더라도 춘궁(春宮: 태자)을 낳고 기른 은혜를 생각하십시오. 또 춘궁이 조심하고 상심하는 마음을 위하여 조금 너그럽게 용서하시고 너무 드러내지 말아서 춘궁을 편안하게 하시면 다행이라 하겠습니다. 신이 희빈에게 차마 못하는 것은 세자를 위함이며 전하(殿下: 聖明)를 위함이며 종사를 위함이지 희빈을 위함이 아닙니다."

판중추부사 유상운柳尙運, 윤지선尹趾善, 서문중徐文重의 의견도 모두 같았다.

이때 세자의 나이 13살인데 글을 올려

"신(臣: 세자)의 어머니가 그릇된 일을 하는데 신이 알지 못할 리가 없으니 함께 죽기를 청합니다."

라고 하면서 궁문宮門 밖에 거적을 깔고 울며 여러 신하들에게

"나의 어머니를 살려 주기를 원하오."

라고 하소연하자 좌상左相 이세백李世白은 옷을 털어 피했으나 영의정 최석정은 울면서 대답하였다.

"신이 죽음을 각오하고 저하의 은혜를 갚지 않겠습니까?"

숙종은 마침내 희빈에게 죽음을 내리고 다시 장희재와 업동 및 여러 장씨를 국문하여 모두 베어 죽이니 이것은 다 이세백이 잔성한 것이었다.

우의정 신완이 홀로 말하기를

"자식으로서 어머니를 끊는 의는 없다."

라면서

"세자는 시마복緦麻服을 입고 발상發喪하게 하고 조정에서는 관례와 같이 위문하고 치상治喪을 후하게 하십시오."

라고 청하자 임금도 허락하였다.

장령掌令 윤홍설尹弘卨이 최석정을 '역적 토벌의 의를 생각하지 않는다.'라고 탄핵하자 사헌부 지평持平 박휘등朴彙登과 정언正言 유명응兪命凝이 최석정을 구원했는데 숙종은 유명응을 교체시켰다.

유학幼學 박규서朴奎瑞와 임창任敞이 상소를 올려 말하였다.

"세자로서 정모(正母: 인현왕후)의 시해당한 것은 개연치 않고 사사로이 친한 것만 비호하는 것은 옳지 못한 일입니다. 마땅히 희빈 장씨가 시역(弑逆: 인현왕후를 죽인 죄)한 죄를 종묘에 고하여 반포한 후 사면토록 하십시오."

사헌부 지평 이동언李東彦 등이 합계合啓하여

"남구만, 윤지완, 유상운, 최석정 등이 악한 역적들을 비호해서 재앙과 변란이 이 지경에 이르렀습니다."

라고 탄핵하자 임금이 남구만과 유상운을 중도부처中途付處시키고, 최석정은 귀양 보냈으며, 윤지완은 파면시키고, 임창도 또한 귀양 보냈다.

先是韓重爀之死 金春澤罪狀未盡露 南九萬亦憚其族强 置勿問 仁顯后薨春澤倡言后喪由禧嬪巫蠱 先募人呼於朝堂曰 前爲希載貸死者 不可在此列 指九萬等也 左相柳尚運 疏言近有咎甲戌以後刑政之失者 臣請與九萬同罪 上慰解之 禧嬪嘗於所居處 設神堂 爲 世子祈福 上治蠱獄 親鞫禧嬪諸婢 引神堂爲證 領相崔錫鼎 三上箚請爲禧嬪全恩 曰 禧嬪設有罔赦之罪 念 春宮誕育之恩 爲 春宮憂傷之慮 少賜寬貸 不至窮竟暴楊 以安春宮 幸甚 臣所以不忍於禧嬪者 爲 世子也 爲 聖明也 爲 宗社也 非爲禧嬪也 判府事柳尚運尹趾善徐文重議同 時 世子年十三 上書言臣母爲非 臣不應不知 請同死 且席藁宮門外 泣訴諸臣曰願活我母 左相李世白 拂衣而避之 錫鼎泣曰 臣敢不以死報 邸下 上竟賜禧嬪死 復鞫希載業同及諸張悉誅之 皆世白所贊也 右相申琓獨言子無絶母之義 請 世子服緦擧哀[1] 朝廷問慰如例 治喪亦宜從厚 許之 掌令尹弘卨劾錫鼎不思討逆之義 持平朴彙登正言兪命凝救錫鼎 上命遞命凝 幼學朴奎瑞任敞疏言 世子不當恝然[2]於正母之被弒 而庇護私親 當以禧嬪弒逆之罪 告廟頒赦 持平李東彦等合啓論南九萬尹趾完柳尚運崔錫鼎 庇護惡逆 馴致[3]禍變命九萬尚運中途付處[4] 錫鼎竄配 趾完罷職 敞亦竄

※

1 服緦擧哀(복시거애): 복시服緦는 시복으로 시복은 석 달 동안 입는 상복.

272

거애擧哀는 사람이 죽었을 때 가족이나 친족이 통곡하다의 뜻. 발상發喪하다.

2 恝然(개연) : 조금도 근심이 없는 모양.

3 馴致(순치) : 차차로 어떤 목표에 이르게 하다.

4 中途付處(중도부처) : 옛 벼슬아치들의 형벌의 일종. 어떤 특정한 곳을 지정하여 그곳에만 있게 하는 것.

28. 세자를 둘러싼 논란

인현왕후仁顯王后의 초상을 치른 후 남인南人 오시복吳始復과 권중경權重經 등이 희빈 장씨의 복위를 꾀하는 여론을 일으켜 연명으로 상소를 하려고 하였다.

이봉징李鳳徵이 먼저 인현왕후의 상사에 대한 희빈의 복제服制로서 상소를 올려 숙종의 뜻을 탐색했는데 상소문 속에는 '적의수공(翟儀遂空: 왕비의 자리가 비었다)'이라는 말이 있었다. 이때 장희재가 주살誅殺되고 오시복 등도 모두 섬으로 유배를 갔다.

세자시강원世子侍講院 보덕輔德 박만정朴萬鼎은 앞서 '희빈을 받들자.'고 청했는데 이때 역시 귀양 갔다. 동평군東平君 항杭도 장희재의 옥사에 연루되어 사사賜死당하였다.

희빈 장씨가 자진(自盡: 사약을 마시고 죽음)한 후 소론少論인 의정부 찬성贊成 윤증尹拯 이하 남인南人, 소북小北까지 모두 상소를 올려 "동궁을 보호하십시오."라고 청했으나 노론老論에서는 한 마디도 하는 자가 없었다.

호군(護軍: 오위五衛의 정4품 벼슬) 강세구姜世龜가 상소를 올려 위魏 나라 임금 조예曹叡의 '새끼 사슴과 어미 사슴'이란 고사를 인용하면서 말하였다.

"성세聖世에 이러한 일을 봤다고 말할 수 없을 것입니다."

대간에서 강세구를 배척하는 장계를 다투어 올리면서

"이는 이간을 붙이는 것입니다."

라고 말하자 강세구의 귀양을 명하였다.

이때 인심이 모두 근심하고 불안해서 "반드시 뜻밖의 사변이 일어날 것이다."라고 말하였다. 그러나 숙종이 세자를 더욱 위무하자 세자를 흘겨보며 노리던 자들이 앙갚음을 하지 못하였다.

또 남구만과 최석정의 충심을 살펴서 다시 최석정을 불러들여 정승으로 삼고 소론少論을 많이 등용하였다. 또 인원왕후仁元王后를 책봉하였는데 왕후의 친정(金柱臣)은 소론 집안이었다.

사간원司諫院 정언正言 김보택金普澤이 최석정을 탄핵하면서 남구만을 함께 논박할 때 "명릉(明陵: 인현왕후의 능)의 소나무와 잣나무는 처량한데 황비(黃扉: 정승의 별칭)의 슬갑과 신은 휘영輝映합니다."라고 말했는데 그 말이 너무 심하다 하였다.

이에 최석정이 자신의 심정을 상소하였는데 그 상소문을 개략하면 다음과 같다.

"남구만은 신(臣: 최석정)의 스승입니다. 조정에 나와 처신하면서 스스로 본말本末이 있어서 당시의 역적인 허견許堅이 세를 떨칠 때 극한 말로 대항하다가 남해南海로 귀양 갔고, 무진(戊辰: 숙종 14년)년에는 전장(銓長: 이조판서의 별칭)이 쫓겨날 때에 청대請對하여 힘써 간하다가 경원慶源으로 귀양 갔으며, 기사년(己巳年: 숙종 15년으로 남인이 집권함)에는 또 강릉으로 귀양 갔으며, 갑술년(甲戌年: 숙종 20년으로 서인이 재집권함)에 정승이 된 뒤에는 많은 사람들이 헐뜯고 흔들었으나 다행히 죽음은 면했으나 마침내 아산牙山으로 귀양 가고 말았습니다.

무릇 여러 번 귀양을 가 쫓겨났으나 조금도 꺾이지 않았으니 그 진정한 충정과 진실한 절개는 가히 옛사람에게도 부끄러움이 없다고 이를 수 있을 것입니다.

당시 장희재를 관대하게 다루려고 할 때 신臣이 또한 지나친 일이라고 말하자 남구만은 '무릇 천하의 일은 마땅히 시대의 의리에 소재해야 한다. 기사년(己巳年: 인현왕후 폐출과 희빈 장씨의 왕비 승차)의 일은 후궁들이 융성했기 때문이므로 신하들은 마땅히 곤전(壼殿: 중전)을 돕고 보호하는 일을 위주로 해야 했지만 오늘의 일은 그때와 다르다. 또 마땅히 세자世子를 돕고 보호하는 일을 위주로 해야 한다. 기왕에 세자를 돕고 보호하는 일을 위주로 하려면 마땅히 그 극한 방법을 쓰지 않을 수가 없는 것이다.'라고 답했습니다.

이로써 본다면 그 심사는 너무도 명백해서 가히 신명神明에게까지 물을 수 있으나 나중에 화로 변할 것을 거슬러 보지 않은 것이니 이것으로써 죄를 삼는다면 또한 원통하지 않겠습니까? 무릇 한 몸의 이해利害를 돌아보면서 훗날의 재앙과 복을 헤아리는 것은 비부(鄙夫: 천한 사람)나 소인小人들의 하는 짓인데 남구만의 충성으로 그런 짓을 했다고 이를 수 있겠습니까? 『시전詩傳』에 이르기를 '황하黃河의 물이 맑아지기를 기다리나니 사람의 수명이 그 얼마인가?'라고 하였으며 또 '우리들은 소인이어서 아침에 저녁을 생각하지 않는다.'라고 하였습니다.

대저 눈앞의 비난을 헤아리지 않고 복을 구하는 것은 후일을 기약하지 못할 일인데 이를 한다는 것은 천하의 어리석은 사람일 것입니다. 남구만이 이 지경에 이르지는 않았을 것입니다. 신臣의 신사년辛巳年의 일은 진실로 왕가王家에서 처변處變하는 것은 권도(權度: 권형과 척도)로써 스스로 분별하고 공경(公卿: 대신)의 신하들은 나라와 한 몸이기 때문에 소회所懷가 있다면 감히 다하지 않을 수 없는 것으로서 유사(有司: 일을 담당하는 자)의 법 집행 의론과 함께 해도 어그러지지 않는 것입니다.

신은 심담心膽이 비겁하고 약하며 지식과 생각이 좁고 천박하지만 다만 종사를 걱정하고 일신一身의 사사로운 계산은 돌보지 않아 생각을 잘못하여 여러 아랫것들만 죽여도 왕법(王法: 나라의 법)을 펼 수가 있으며, 법외法外의 용서를 하면 세자가 편안할 것이라는 생각에 천박한 학문과 미숙한 지식으로 망령되게 경經과 권權을 의론하였으니 이것이 신臣의 죄입니다.

대저 처분하신 뒤에는 세자에게 손해가 없도록 처리하시고 진실로 위로하고 어루만지는 것이 독실하시니 좋습니다. 전하의 의義를 처리하시는 도리가 법도에 맞으셔서 조금의 틈도 없다고 이를 수 있을 것입니다. 그러나 신은 오직 스스로 책망하고 죄를 뉘우쳐 몸을 더듬고 혀를 깨물고 싶을 따름입니다."

김보택金普澤은 김춘택의 아우였다.

세자世子가 일찍이 명릉明陵을 배알하고 지나는 길에 희빈의 묘에 들리려 하자 예조판서 김진규金鎭圭가 저지하였다.

또 모든 신하 중 나이 많은 이들을 거느리고 가려고 상소로 청하여 허락을 받았으나 김진규가 상소를 올려 "흉년이 들어 배고픈 때 성대한 거동은 마땅하지 않습니다."라고 말려 드디어 중지되었다.

김진규는 김춘택의 숙부叔父였다.

을유년(乙酉年: 숙종 31년)에 숙종에게 눈병이 있다 하여 갑자기 선위(禪位: 왕위를 물려주는 것)를 명하였는데 대신들이 백관百官과 군민軍民을 거느리고 거두어들일 것을 청하여 이에 중지되었다. 이때부터 김춘택 등이 더욱 불안해하고 사람들의 말들이 다 흉흉하였다.

仁顯初喪 南人吳始復權重經等謀復禧嬪 倡議欲聯疏 李鳳徵先以禧嬪服制 疏探上意 有翟儀遂空之語 至誅希載 始復等并島配 輔德朴萬鼎前有禧嬪供奉之請 至是亦竄之 東平君杭 辭連希載獄賜死 禧嬪旣自盡少論自贊成尹拯以下及南人小北多疏請保護東宮 而老論無發一言者護軍姜世龜疏引魏主叡子母鹿語曰 不謂 聖世 乃見此事 臺啓爭斥世龜以爲甚間 命竄之 時人情憂疑 謂有不測然 上撫 世子有加 睥睨者不得售 且察南九萬崔錫鼎之忠 復召錫鼎爲相 多用少論 又冊 仁元后 后家少論也 正言金普澤 劾崔錫鼎 并論南九萬 有曰 明陵之松栢凄凉 黃扉之苚舃輝映 語尤深刻 錫鼎陳情疏略曰 南九萬 臣之師也 立朝處身自有本末 當賊堅之張也 抗章極言 有南海之謫 戊辰銓長之被逐 請對力爭 有慶源之謫 己巳又有江陵之謫 甲戌當國以後 衆言敲撼 幸免大僇 終有牙山之謫 盖其累遭竄逐 不少挫抑 精忠諒節 可謂無愧於古人者 當其欲寬希載也 臣亦以爲過九萬曰 凡天下之事 當觀時義所在 己巳之事 後宮隆盛 臣子當以扶護壼位 爲主 今日之事 異於是 又當以扶

護儲宮 爲主 旣以扶護爲主 宜無所不用其極耳 由此觀之其心事皦然
可質神明 末後禍變之輾轉 非所逆覩 以此爲罪 不亦冤乎 夫顧一身之
利害 揣後日之禍福 是乃鄙夫小人之所爲 而謂九萬之忠而爲之乎 傳曰
俟河之淸 人壽幾何 又曰吾儕小人 朝不慮夕 夫不郵目前之譏謗 而徼
福於不可必之後日 此天下之愚人也 九萬殆不至此 若臣辛巳之事 誠以
王家處變 權度自別 而公卿之臣 與國爲體 苟有所懷 不敢不盡 與有司
執法之論 幷行而不悖 臣心膽怯弱 知慮褊淺 徒懷宗社之隱憂 不暇一
身之私計 謬謂誅止諸婢 王法可伸 法外容貸 儲位可安 膚學末識 妄論
經權 此臣之罪也 及夫 處分之後 春宮啓處無損 良由慰存撫安之篤至
則 殿下處義之道 可謂得其當而無容間 然臣惟自訟罪悔 撫躬齚舌而已
普澤春澤弟也 世子嘗謁 明陵 欲歷臨禧嬪墓 禮判金鎭圭沮之 又欲率
百官上壽[1] 至疏請蒙允[2] 鎭圭疏言歲飢不宜盛擧 遂寢之 鎭圭春澤叔也
至乙酉 上以目疾 遽命傳禪[3] 大臣率百官軍民 請收乃已 自是春澤等益
不自安 人言洶洶矣

※

1 上壽(상수): 나이가 많은 사람.
2 蒙允(몽윤): 윤허를 받다. 허락을 받다.
3 傳禪(전선): 임금의 자리를 전해주다. 곧 물려주다.

29. 소론 강경파에 대한 최석정의 충고

처음 장희재가 귀양지에 있을 때 그의 아내가 김춘택과 간통했다는 말을 듣고 여러 장씨에게 편지를 보내 '김춘택이 나를 죽이려 하는데 이는 동궁(東宮: 세자)에게도 이롭지 못할 것이오.'라고 썼는데 여러 장씨를 국문할 때 그런 말이 죄수의 공초에서 나왔다. 그때의 옥사獄事는 김창집金昌集이 맡았으므로 이러한 내용을 숨기고 임금에게는 말하지 않았다.

이때에 이르러 유생儒生 임부林溥와 이잠李潛이 서로 상소를 하여 그 일을 논란하였다. 이잠은 남인南人이고 임부는 소론少論이라고 일컬었다.

이잠의 상소문이 더욱 심각했는데 간추려 보면 이렇다.

"지금 모든 신하가 명분과 의리라는 이름을 빌려 한쪽 사람을 모조리 죄주어야 그치고 연이어 일어나 공로를 다툰 것이 몇 해입니까? 무릇 장씨(張氏: 장희빈)가 자진하고 여러 장씨도 이어 죽었으니 마땅히 다시 물을 것이 없는데도 오히려 '명분과 의리, 명분과 의리'를 말하고 있으니 그 마음이 다시 어디에 이르러야 그칠지 모르겠습니다.

그들의 이른바 은혜를 팔아 복을 바란다는 말은 그 패역함이 더욱 심합니다. 인신人臣이 임금을 섬기는 데는 진실로 팔고 사는 마음으로써 하면 안 되지만 만약 그런 마음이 있다면 우리 임금의 아들에게 은혜를 팔아 복을 구하지 않고 장차 누구에게 하겠습니까? 전하의 아들을 위태하게 하여 세상을 어지럽히는 도둑들에게 은혜를 팔아 복을 구하는 것보다 낫지 않습니까? 지금 춘궁(春宮: 동궁)과 김춘택의 세력이 양립兩立할 수 없는 것은 분명합니다.

지금 춘궁을 위하여 죽으려는 자라고 반드시 다 충성은 아닐 것이며 김춘택의 말을 위해 춘궁을 돌아보지 않는 자라고 반드시 다 역적은 아닐 것입니다.

특별히 그 만나는 자들이 의가 다르고 함께 하는 자들이 길이 달라서 진실로 화살 만드는 사람과 갑옷 만드는 사람의 구분이 없지 못하는 것뿐입니다.

전하께서는 동궁을 보호하고자 하는 자는 몰아내시고 김춘택과 당黨을 함께 한 자는 총애하시니 어찌 동궁을 사랑하시는 것이 김춘택을 사랑하시는 것과 같지 않으십니까? 이제 좌우 전후의 모든 이가 칼날을 동궁에게 향하지 않은 자가 없는데 전하께서 깨닫지 못하시는 것은 무슨 까닭입니까?"

숙종이 이에 장씨張氏의 옥사獄事를 맡아 다스렸던 여러 신하들을 잡아 물으려 했으나 해가 오래되어 모두 죽었고 또 물을 만한 사람도 없었다.

숙종은 오직 김창집을 파면시키고 김춘택을 제주로 귀양 보냈다.

이때에는 소론少論이 마침 국정을 맡아 삼사三司의 의론이 다 임부와 이잠을 곧게 여기고 김춘택을 깊이 치죄하려 하자 노론老論에서 떠들어 댔다.

"지금 소론에게 우리들의 사실을 변명하지 않는다면 이는 장차 우리들을 다 죽이려는 임부와 이잠의 말을 진실로 만드는 것이다."

최석정이 그의 아들 창대를 시켜 서신을 조정에 보내 말하였다.

"대저 동인東人과 서인西人의 갈라진 것이 이미 1백년을 지나왔으니 이것은 치료하기 어려운 고질병이지만 노론老論이나 소론少論에 이르러서는 한 집안의 싸움이 돌고 돌아 괴이하게 격렬해져 오늘에 이르렀습니다.

이제 노당(老黨: 노론) 사람들이 무슨 의론이나 행동거지에 있어서 모두 당심黨心만으로 종사하기 때문에 지식인들이 매우 그르다고 하는 것이며 세도世道까지 해를 받게 되는 것입니다.

지금 당黨을 만드는 자들이 진실로 다투지 않고 당黨도 만들지 않고 함께 하지도 않고 편을 들지 않는 것을 마음으로 삼으면 무릇 의론이나 행동거지가 다 공정하게 종사從事할 수 있을 것입니다.

또 장차 물아(物我: 세계와 자신)와 피차의 경계와 호오好惡와 애증愛憎의 마음과 평소의 분노와 원망과 유감의 발단을 한편에 매어놓고, 다만 한 가지 일마다 나아가 먼저 극진한 의리를 연구하고 그 시비의 속을 판단하고 또 반드시 시의時義와 사세事勢를 참작하여 오랜 습관에 젖지 말고 사사로운 벗들에 이끌리지 않아서 홀로 밝고 넓은 근원을 관찰하고 중용으로서 계속 살펴 행해서 앞선 수레바퀴의 자취로 돌아보도록 힘쓴 연후에야 비로소 군자라는 이름을 들을 수 있을 것이며 옛말의 이른바 '저들이 사나움으로 대하더라도 나는 인仁으로써 대하겠다.'는 뜻과 합치될 것입니다.

노·소론의 분열은 경신년(庚申年: 경신환국으로 서인 집권 시)에 당인(黨人: 남인)을 다스릴 때 완급緩急을 다투면서 비롯되었습니다. 그것은 그때 죄를 입은 사람들을 아껴서가 아니라 특별히 처음 다스릴 때 지나친 것이 왕정王政의 공정함이 아니었기 때문입니다.

그러므로 서너 명의 군자(君子: 소론을 말한다)들이 현저한 말로 힘써 다투어 남에게 비방당하고 쫓겨나는 것을 돌아보지 않으니 사방의 공론이 옳게 여겼습니다.

이것은 곧 소배(少輩: 소론)들의 근본 규모가 편협하고 남의 잘못을 용서하지 않는 데 있지 않고 공정하고 너그럽게 용서한 데 있기 때문이었습니다. 한쪽의 사람(남인)에 대해서는 비록 그 죄는 애석할 것이 없으나 공평한 것으로서 용서하기에 힘쓰며 공벌攻伐이 혹 지나칠까 두려워했습니다.

지금 노당(老黨: 노론)은 비록 그 근본이 처음부터 같지 않은 것이 아니지만 원수와 원망이 서로를 찾아서 오직 공벌攻伐에만 마음을 쓰니 이것이 어찌 전후가 둘로 나뉘어 자가自家의 본색本色을 거듭 실추하는 것이 아니겠습니까? 이것은 도리가 그러하고 또 당파黨派로써 서로 공격하여 그 형세가 마치 전진戰陣과 같고 그 이름의 곡직曲直에 따라 득실得失이 매어 있고 의지하는 것의 장단長短에 따라 승패勝敗의 형세가 나타납니다.

노당老黨의 장점은 치우쳐 높은 데 있고 소당(少黨: 소론)의 장점은 너그럽고 공평한 데 있습니다.

노당은 대대로 나라의 권력을 잡아서 당친黨親들이 터를 굳건히 잡아 그 뿌리가 확고하여 그 유파流波가 넘쳐서 몸을 편안히 하고 명命을 세우는 것의 근본이 인의와 성실에 있지 않고 협자挾藉를 지극한 계책으로 삼아 몰아붙이고 공갈하는 것으로 능사能事를 삼습니다. 심지어 혹은 명분과 의리를 빌려서라도 중후하게 하고 혹은 과실을 지적해 말하는 것으로 명분을 삼는데 이릅니다. 비록 그 기관을 운용하는데 자신과 다른 것을 배척하고 알력軋轢하는 데는 넘지 않으나 사사로운 이익을 도모하고 칼날을 밀고 용기를 빌리니 사람이 쉽게 범하지 못하게 되는데 이것은 삼왕(三王: 禹王, 湯王, 文王)의 죄인이 되는 것이지만 다투는 데에는 막강한 군사가 되는 것입니다. 그러므로 그의 언론은 항상 준급(峻急: 잘못을 용서하지 않는 것)한 것을 주장하는데 이것이 패하고 꺾이더라도 스스로 근심하지 않습니다.

우리 당(소론)의 사람들은 나그네와 같은 신하들이어서 안팎으로 협자挾藉할 것이 없어서 세력이나 기세가 만의 하나도 노당에 미치지 못하는데 한낱 구구한 공론公論의 빈이름으로써 노당과 더불어 서로 항쟁하니 그 장점은 오로지 너그럽고 공평한 데 있을 따름입니다. 지금 너그럽고 공평한 것을 버리고 준급峻急한 것을 행한다면 이것은 정히 이른바 짧은 것으로써 긴 것을 공격하는 것입니다. 비유하면 남과 싸우는데 그 장기長技를 잃는 것과 같으니 내가 보기에 필경은 대패大敗할 것입니다.

가령 눈 아래 비록 한때의 조그마한 승리를 얻을지라도 일의 변함은 서로 살펴서 다함이 없고 조정 판국의 변환은 무상無常하니 때가 지나고 일이 지나간 뒤에 공정한 눈으로 바라본다면 작록爵祿과 영화와 총애를 능히 길이 보전하지 못할 것은 피차 같은데 본색本色인 너그럽고 공평한 조그마한 장점까지도 함께 잃을 것이니 가히 애석하지 않겠습니까? 이것은 또 이해利害로도 그렇습니다."

이때는 최석정이 옥獄을 맡아 노론老論들의 마음을 위로하려고 힘썼으나 노론들이 임부의 상소가 처음에 소론少論에서 나왔다 하여 유감이 더욱 깊어졌으므로 임부와 이잠은 모두 곤장을 맞다가 죽었다.

初 張希載在謫 聞其妻與春澤通奸 書與諸張 有云春澤欲殺我并不利 東宮 諸張之鞫其辭 發於囚供 金昌集主其獄 匿不以聞 至是儒生林溥 李潛相繼疏論其事 潛南人也 溥以少論稱 潛疏尤深刻 其略曰今諸臣

假名義之號 盡罪一邊之人 踵起而爭功者 幾年矣 夫張氏賜盡 諸張繼族 宜無更問者 而猶曰名義名義云爾則 其心欲更逞於何地耶 其所謂市恩徼福之說 悖逆尤甚 人臣事君 固不可以市徼爲心 而苟其有市與徼也則 不於吾君之子而市徼之 將於誰哉 不有愈於危殿下之子 而市徼於亂賊哉 今 春宮與春澤 勢不兩立也明矣 今之爲春宮願死者 未必皆忠 其爲春澤之說 而不顧春宮者 未必皆逆 特其所遭者異義 所與者異途 固不能無矢人函人[1]之分也 而殿下 於護春宮者 黜之 黨春澤者 寵之 豈愛春宮 不若愛春澤哉 今左右前後 莫不向刃於春宮 而殿下猶未之覺 何也 上乃逮問張獄時治事諸臣 年久死亡 無可問者 上罷昌集而流春澤 於濟州 時少論方當國 三司之議皆直溥潛 欲深治春澤 老論譁然[2]曰 今少論 不爲吾儕卜白則 是將盡殺吾儕 以實溥潛之言也 崔錫鼎 使子昌大 貽書朝中曰夫東西之分 已過百年 此固難醫之痼疾 而至於老少則 同室之鬪 輾轉乖激 以至今日 老黨之人 凡於論議擧措[3] 一切以黨心從事 有識 之所以深非 而世道之所以受害也 今爲黨者 苟能以不爭不黨 不同不比 爲心 凡於論議擧措 一切以公正從事 且將物我彼此之界 好惡愛憎之心 與夫平昔忿狷怨憾之端 擔置一邊 只就每一件事 先究義理之極 折其是非之衷 又必叅之以時義事勢 毋狃於積習 毋牽於私朋 獨觀昭曠之原 執中緣督而行之 務反於前轍之跡 然後始可以當君子之目 合於古所謂彼以暴吾以仁之義矣 老少之分 始於庚申治黨人緩急之爭 其時被罪之人 非有可惜 特以濫觴[4]之過 非王政之公也 故數三君子 顯言力爭 罹謗毀遭譴黜而不顧 四方之公議 翕然[5]是之 卽少輩之根本規模 不在於偏激峻急而在於平正寬恕也 向於一邊之人則 雖其罪無可惜 持平務恕 惟恐攻伐之或過 今於老黨則 雖其本根之未始不同 而仇怨相

尋 惟以攻伐爲心 是豈不爲前後兩截 而重失自家之本色耶 此則道理然
也 且凡黨比相攻 勢同戰陣 其名之曲直而得失係焉 所挾之長短而勝敗
形焉 老黨之長 在於偏峻 少黨之長 在於寬平 老黨之世執國命 黨親盤
據[6] 植根固而流波漫 其安身立命 本不在於仁義誠實 以挾藉爲至計 以
驅喝爲能事 至或假借名義 以爲重 或指陳闕失 以爲名 雖其機關運用
不越乎排軋異己 圖濟私利 而推鋒假勇 人未易犯 此所以爲三王[7]之罪
人 而以爭鬪則莫强之兵也 故其言論常主於峻急 以是 至於敗衄而不自
恤焉 吾黨之人 羈旅之臣也 內外無所挾藉 勢力氣勢 萬不及老黨 而徒
以區區公論之空名 得與老黨相抗 其長專在於寬平而已 今捨寬平而行
峻急 正所謂以短擊長 譬如與人戰而失其長技 吾見其終於大敗也 藉使[8]
目下 雖獲一時之微利 事變相尋於無窮 而朝局之改換無常 時移事往之
後 以公眼而追觀則 爵祿榮寵之不能長保 彼此同之 而乃與本色寬平之
寸長 而并失之矣 可不惜哉 此又利害然也 時錫鼎主獄 務以慰老論心
而老論謂溥疏始出於少論故 憾之盆深 溥潛皆杖死

※

1 矢人函人(시인함인): 활을 만드는 사람과 갑옷을 만드는 사람.

2 譁然(화연): 떠들썩한 모양.

3 擧措(거조): 기거동작을 뜻한다.

4 濫觴(남상): 술잔을 띄우다. 곧 사물의 처음, 시작의 뜻.

5 翕然(흡연): 모이는 모양. 일치하는 모양.

6 盤據(반거): 근거를 굳게 잡다. 터를 좋게 잡다.

7 三王(삼왕): 중국의 삼왕으로 하夏의 우禹임금. 은殷의 탕왕湯王. 주周의
   문왕무왕文王武王.

8 藉使(자사): 가령의 뜻.

30. 송시열을 둘러싼 논란

처음에 김수항金壽恒 형제가 국정을 맡았는데 크고 작은 모든 일을
하나같이 송시열의 뜻을 받아서 시행하였다. 그러나 이따금씩 송시열
의 꾸짖음을 받으므로 김수항의 여러 아들이 또한 불평하였다.

송시열과 김수항이 함께 재앙을 당하자 김수항의 아들 김창협이
송시열을 빙자하여 김수항을 중히 여기려고 이때부터 전심專心으로
송시열을 높이고 숭상하자 노론 중에서 전에 송시열을 의심하는 자들도
또한 다 하나가 되어 소리를 함께 하니 이것은 김창협이 주창한 때문이
었다.

그때 나량좌羅良佐가 김창협의 아우 김창흡에게 편지를 보내 송시열
이 일찍이 김수항을 욕하던 말을 일일이 전하여 이간시키자 김창흡은
말하였다.

"우리 아버지가 진실로 일찍부터 스승의 도로써 우암尤庵을 대접하였
으니 스승으로서 제자에게 엄한 교훈이 있는 것은 마땅한 것이다.
내 어찌 이산(尼山: 윤증)의 무리를 본받으랴."

김창협도 일찍이 나량좌에게 서신을 보내 말하였다.

"보내 주신 서신의 가르침에는 '조카(김창협)가 우옹(尤翁: 송시열)을
높였다 낮췄다 하기를 마음대로 하여 앞과 뒤가 갑자기 다르다.'라고
말씀하셨습니다.

대개 우옹은 다만 한 사람의 우옹일 뿐입니다. 그러나 전일前日에는
남인南人 이외에는 온 세상이 존경하지 않는 사람이 없어서 곧바로

정자程子와 주자朱子의 위치에까지 오르게 되었다가 금일에 이르러서는 온 세상이 다 헐뜯어 거의가 다 같이 경솔하게 말하고 있으니 이것은 세도世道가 변했기 때문입니다.

저는 처음부터 끝까지 가슴 속에 다만 한 우옹이 있을 뿐이요, 두 우옹이 없으니 이로써 비록 온 세상이 다 높이더라도 또한 나의 우옹에게는 보탬이 될 것이 없고, 온 세상이 다 헐뜯더라도 또한 나의 우옹에게는 손해될 것도 없습니다.

앞으로 말하면 남들이 불만이 있다고 의심할 것이고 뒤로 말하면 남들이 지나치게 높인다고 의심하겠으나 내 가슴 속의 우옹尤翁은 진실로 같은 우옹일 뿐입니다. 이것은 세상 사람들이 무상無常한 것이지 조카가 무상無常한 것이 아닙니다.

또 말씀하시기를 '말하는 바가 공적인 것이라면 마땅히 공적으로 말할 것이지 어찌 함께 말할 수도 있고, 함께 말할 수도 없는 이치가 있겠는가?'라고 하셨습니다.

무릇 우옹에게 지난날에 있어 서인西人은 모두 그의 제자여서 마치 한 가정의 자제들이 그들의 아버지와 형을 섬기는 것처럼 말해서 진실로 피차에 혐의가 없었습니다.

지금은 서인西人 외에는 다 우옹의 적이어서 한 마디의 말이 잘못되면 문득 그 입을 빙자하여 공격하는 것을 도와주는 꼴이니 어찌 삼가지 않겠습니까?

지금 말하는 것이 공적이라 하여 다시 꺼리고 기피하지 않는다면 그것은 원수를 대항하면서 부형父兄의 허물을 말하는 것이라고 말하지 않기는 어려울 것입니다.

우옹이 세상에 머물러 있은 지가 이미 오래여서 언행言行이 한 나라에 가득하니 그 어질고 어질지 않은 것을 알기는 어려운 것이 아닙니다.

조카가 홀로 괴이쩍은 것은 외삼촌[舅主]께서는 전에 우옹의 덕을 사모하고 존경하여 말씀마다 반드시 선생님을 칭찬하고 또 따라서 여러 대의 묘갈명墓碣銘까지 받았는데 지금은 분노하고 미워하며 아프게 하고 증오하여 낱낱이 그 죄를 세어서 터럭만큼의 용서도 없으니 이것이야말로 진실로 이른바 전후고하前後高下가 다르다는 것입니다.

삼광(三光: 日·月·星의 세 빛)을 꿰뚫고 구유(九幽: 대지大地의 밑바닥)를 통하더라도 오히려 이와 같이 현격하게 다르지는 않을 것입니다.

만일 이산尼山의 일〔회니논쟁〕이 있은 뒤에 비로소 그 심술心術을 알았다고 말씀하신다면 외삼촌께서 지적하신 우옹의 죄는 재물과 여색을 탐하며 불효 불충한 것입니다. 이것은 전에는 없다가 지금은 있는 것이 아닐 것이니 비록 이산尼山의 일이 아니더라도 또한 이미 형편없는 소인小人이 되었을 것입니다.

수십 년 동안 일체 불문에 부치고 그의 문하에 출입하기를 오히려 공손히 하더니 이제 그 이산(尼山: 윤증)에게 허물을 얻은 연후에 비로소 이와 같이 배척하고 절연하니 이것은 무슨 까닭입니까? 어찌 친구 간 교제의 잘못된 죄가 이른바 불효하고 불충한 것보다 더 중하다는 말입니까?

이것은 또한 대소大小와 경중輕重의 윤리에도 어그러진 것입니다. 앞에서는 듣지 못했다가 지금 비로소 들었다고 말씀하신다면 앞에서 듣지 못한 것은 마땅히 귀가 밝지 못한 까닭이 아니겠고 지금 들은 것은 또 어찌 그 출처가 있지 않은지 어찌 알겠습니까?

288

또 다른 일은 오히려 듣지 못했다고 할 수 있지만 만약 이른바 '대의(大義: 북벌)를 가장하여 성조(聖祖: 효종)를 속이고 은밀히 조정의 권세를 잡아 한 세상을 위엄으로 복종시켰다.'고 하는 것은 또한 남이 보기 어려운 사소한 행동이나 세세한 절목이 아닐 것이니 오히려 전과 후에 다르게 들었다고 말할 수 있습니까?

억측하건대 외삼촌께서 우옹에게 처신하시는 것이 오직 이산(尼山: 윤증)이 보는 대로 하시는데 이산尼山과 우옹(尤翁: 송시열)이 갈린 것의 실상은 묘갈명墓碣銘에서 기인하는 것입니다. 무릇 묘갈명의 부탁이란 진실로 어진 사람에게 부탁하는 것이지 어질지 않은 사람에게 부탁하는 것이 아닙니다.

이산尼山이 우옹尤翁을 스승으로 섬긴 지가 무릇 몇 년이었습니까? 그의 언행의 소소한 것까지도 마땅히 알지 못할 것이 없을 것이고, 또 묘갈명까지 부탁한 것이라면 진실로 군자가 아닌 것으로 여기진 않았던 것입니다.

마침 묘갈명이 이루어지자 화숙(和叔: 박세채)의 행장行狀을 빌려서 찬양한 것을 혐의하여 반드시 우암 자신의 정론定論을 내리도록 요구한 것은 진실로 그 말이 후세에 전해져 신용될 때 화숙和叔의 말보다 더욱 무거울 것이기 때문입니다.

바라는 바가 맞지 않아 틈이 크게 생긴 연후에야 근본 심술心術의 논란이 나와서 우옹이 쓸모없는 소인小人이 되었습니다. 앞의 묘갈명 하나가 그 바라는 바대로 모두 맞았다면 우옹은 현인군자가 되었을 것이고 진실로 장차 한결같이 이산尼山이 온 힘을 기울여 섬기는 정성을 다했을 것이고 외삼촌께서도 존경하고 예를 이루는 것이 또한 장차 한결같이 전일과 같아서 바뀌지 않았을 것입니다.

무릇 우옹이 군자君子가 되고 소인小人이 되는 것은 마땅히 대체大體가 있어서 바꾸지 못할 것이니 그 근본 심술心術이 진실로 소인이라면 그 묘갈명을 비록 잘 써 주었더라도 어찌 갑자기 변하여 군자가 될 수 있겠습니까?

불씨(佛氏: 석가모니)가 사람을 가르치기를 '비록 하늘에 가득 찬 죄가 있더라도 일념으로 아미타불阿彌陀佛만 외우면 문득 능히 악업을 없앨 수 있고 지옥에 떨어지지도 않는다.'고 하여 일찍이 이치에 맞지 않는다고 비웃었는데 이제 이것이 같은 말이 아닙니까?"

나량좌가 많은 서신으로 송시열의 비밀스런 일들을 폭로하자 김창협이 이처럼 말한 것이다.

初金壽恒兄弟當國 事無大小 壹稟於宋時烈而行 然往往爲時烈所詬 壽恒諸子亦不平之 及時烈壽恒同時遭禍 金昌協欲藉時烈以重壽恒 自是專意尊慕之 老論之前疑時烈者 亦皆翕然同聲 以昌協倡之也 羅良佐貽書昌協弟昌翕 歷敍時烈所嘗辱壽恒之語 以甚之 昌翕曰吾父固嘗以師道待尤庵矣 師於弟子 有嚴訓 宜也 吾豈效尼山之徒[1]哉 昌協嘗報良佐書曰來諭 謂姪[2]於尤翁 高下任情[3] 前後頓異 夫尤翁只是一尤翁耳 然在前日則自南人以外 擧世無不尊之 直以躋於程朱[4] 至今日則擧世毁之 殆將擬於共驩 此世道之至變也 若姪則自始至終 胸中只一尤翁 無二尤翁 是以 雖擧世尊之 亦不增吾之尤翁 擧世毁之 亦不足損吾之尤翁 由前則人疑其不滿 由後則人疑其過隆 若吾胸中之尤翁 固自如也 是則世人之無常而非姪之無常也 來敎[5]又爲所言公 當公言之 豈有可

與言不可與言之理 夫尤翁 在前日則盡西人 皆其徒也 正如一家子弟
說父兄事 固無彼此之嫌 今則西人之外 皆尤翁敵也 一言之脫 便有以
藉其口而助之攻 何可不愼乎 今謂所言者公而無復有諱忌則其不爲對
仇敵 而說父兄之過者 幾希矣 尤翁之住世旣久 言行滿一國則 其賢與
否不難知也 姪獨怪夫舅主[6] 前則景仰尊慕 言必稱先生 又從以受累世
墓文矣 今則憤疾痛惡 歷數其罪 不以毫髮原貸 是誠所謂前後高下之異
而貫三光而徹九幽 猶不若是懸也 若謂尼山事後 始知其心術云爾則
舅主所指尤翁之罪 貪財漁色 不孝不忠 非昔者無 而今者有也 雖非尼
山事 而亦旣爲無狀小人矣 數十年中 一切置不問 出入門下 惟謹 及其
得過於尼山然後 始乃斥絶之若是 何也 豈朋友交際之失罪 有重於所謂
不孝不忠者耶 其亦乖乎大小輕重之倫矣 若謂前則不聞 今始備聞云爾
則 前之不聞 宜非由於不聰 今之備聞 又安知非有所自耶 且他事尙可
謂之未聞 若所謂假冒大義 欺負 聖祖 遙執朝權 威福一世則 又非如微
行細節 人所難見者 尙可諉於前後之異聞耶 抑舅主所以處尤翁者 惟尼
山是視 尼山貳尤翁 實由於墓文 夫墓文之託 固當於賢者而不於非賢者
矣 尼山之師事尤翁 凡幾年矣 其言行隱微 宜無不知 輒以墓文爲託則
固不以爲非君子矣 及文成而猶嫌於借重和叔[7] 必欲其自爲定論者 固
以其言之信於來世 尤有重於和叔之言也 至所望不副 釁隙大生然後
本原心術之論 出而尤翁遂爲無狀人 向使墓文一副其所望則 尤翁之爲
賢人君子 固將自如而尼山之服勤盡誠 舅主之尊敬致禮 亦將一如前日
而不替矣 夫尤翁之爲君子爲小人 宜自有大體之不可易者 使其本原心
術 誠小人也則 其爲墓文雖善 亦何能遽變爲君子 佛氏[8]之敎人 雖有彌
天罪過[9] 只一念阿彌陀佛[10] 便能減除惡業 免墮地獄 嘗笑其言 以爲無理

今此無乃類之乎 良佐多爲書 暴列時烈陰事故 昌協言如此

※

1 尼山之徒(이산지도): 윤증이 이산尼山에 살았으므로 윤증의 제자들을 말함.

2 姪(질): 조카. 김수항이 나량좌의 자형이므로 김창협은 나량좌의 조카가
　됨을 뜻한다.

3 任情(임정): 마음대로 하는 것.

4 程朱(정주): 중국 송나라의 정호程顥 형제와 주희朱熹.

5 來敎(내교): 가르침을 보내오다.

6 舅主(구주): 외삼촌.

7 和叔(화숙): 박세채의 자字.

8 佛氏(불씨): 석가모니.

9 彌天罪過(미천죄과): 하늘에 맞닿은 죄과.

10 阿彌陀佛(아미타불): 서방정토西方淨土를 관장하는 부처의 이름.

31. 송시열의 대의大義에 관한 논란

처음에 송시열이 이경석李景奭의 어진 것을 사모하여 베옷과 짚신을
신고 그의 문하에 왕래하였다. 이경석이 자주 천거하고 끌어주어 같은
반열에 이르게 되었다.

　인조仁祖가 일찍이 청인淸人에게 들볶여 이경석에게 삼전도三田渡의
비문을 지어 청淸나라 임금의 공덕을 칭송하라고 명했는데 이경석이
사양하다 못해 지은 일이 있었다.

　송시열이 일찍이 글을 지어 이경석에게 성대한 말로 헌수하였는데

'그 공로로 사직을 보존하니, 그 목숨이 오랫동안 편안하다〔壽而康〕.'라는 말이 있었다. 이것은 무릇 슬그머니 '주자朱子가 손적孫覿을 조롱한 글'을 인용한 것이었다.

그 후 송시열은 이경석에게 혼인을 청했다가 성사되지 않았다. 또 현종顯宗이 온천으로 거동할 때 이경석이 상소를 하여 시골에 있는 조정의 신하들이 문안오지 않은 자를 논박하자 송시열이 그것이 자신을 핍박한 것이라고 의심하여 상소를 올려 이경석을 헐뜯으면서 곧바로 손적과 비교하였으며 또 사람에게 보내는 편지에도 이경석을 향원(鄕愿: 위선자)이라고 하였다.

이때에 이르러 박세당朴世堂이 이경석의 묘갈명을 지으며 '거짓을 행하고 그른 것을 따르는 세상에는 그런 사람이 있다. 올빼미와 봉황이 종류가 달라서 성내기도 하고 화를 내기도 한다.'라고 썼다.

이에 김창흡이 서신을 이덕수에게 보내 이경석과 박세당을 지극히 헐뜯고 또 성균관 유생 홍계적洪啓迪에게 상소를 올리게 해 변명하였다.

"지금 송시열을 정사를 어지럽힌 소정묘少正卯라고 한다면 이것은 효묘(孝廟: 효종)의 정치가 어지러운 것입니다."

이 뒤부터는 송시열을 헐뜯는 자가 있으면 노론이 문득 벌떼같이 일어나 효묘(효종)를 모함한다고 하였는데 그 말은 김창흡과 홍계적으로부터 비롯되었다.

남구만은 일찍이 송시열의 옳고 그른 것을 말하지 않았다가 병이 중해지자 비로소 삼가사문三家事文을 만들었다. '삼가三家'란 조한영曺漢英, 이경석, 박세당을 말한 것으로 다 송시열에게 꾸지람을 받던 자들이었다. 남구만은 이 세 사람이 무고하다고 말하였고 아울러 김창협 형제가 경솔히 선배를 헐뜯은 과실을 배척하였다.

윤증이 죽었다. 최석정이 반유(泮儒: 성균관에 유숙하며 공부하는 유생)들을 대신하여 윤증의 제문을 썼다.

"세상의 선비를 보면, 쓸데없이 거만하고 헛되이 뽐내서 얼굴빛을 사납게 하는 것을 강한 것으로 여기고 나라에 소문나는 것을 영달로 삼는데, 오직 선생만은 진실하고 충실해 홀로 내성內省을 위주로 하여 황중(黃中: 땅 속)의 이치를 통하고 비단옷에 홑옷을 덮어 입었도다.

출처를 의義로 하여 그 처음과 끝을 한결같이 하였다. 고괘蠱卦에 뜻하여 일하지 않은 것은 건괘乾卦의 숨어 있는 용을 쓴 것이다. 집안의 원수가 이미 깊어지고 나라의 부끄러움을 씻지 못했으니 바라는 결과를 얻지는 못했지만 거의 깨끗하게 돌아갔다.

어찌 어떤 인간이 밖으로 달려 이름만을 좇고 빈말뿐으로 몸소 행하지 않고 높은 의론이 이루어짐이 없는 것과 같겠는가?"

성균관 유생 김유金楺 등이 또 상소하여

"최석정이 효묘를 무고하고 험담했습니다."

라고 하니 최석정의 아들 최창대崔昌大가 상소문을 올렸는데 그 상소문을 간추려 보면 이렇다.

"약한 나라가 불행히도 겁탈당하는 운수를 만나 가죽과 비단과 구슬과 옥을 바치는 것을 면하지 못하게 되었으니 병자년 이후 산림에 숨어든 유능한 선비들이 진실로 깊이 부끄럽게 여기어 모두 거취를 가벼이 하지 않으려고 하나 그 나가고 나가지 않는 도리는 두 가지의 길이 있습니다.

시세時勢의 가부可否를 보고 인재의 장단長短을 살펴 스스로 생각해 그 나가는 것이 세도世道에 마땅하면 나가서 인정仁政을 행하여 민심을 얻음으로써 안을 닦고 밖을 물리치는 근본을 삼기에 힘쓰며 군사를 내실 있게 닦아 씩씩한 나라로 만들어 복수하고 설욕하는 공을 이룰 수 있도록 기약하는 것이니 이것은 나가서 대의大義를 이루는 것입니다.

그것이 혹 그렇지 못하면 조정의 명령을 힘써 사양하고 정절을 지켜 변하지 않으며 산림에 자취를 감추고 밭도랑에서 목숨을 마쳐 몸을 깨끗이 하고 절개를 온전히 할 것이니 이것은 숨어 살면서 대의大義를 온전히 하는 것입니다.

관리를 등용하는 부름을 받고 일어나 응하여 높은 자리를 차지하고 무거운 권세를 잡아 한갓 입으로는 크게 의리를 말하지만 마지막까지 일의 실상이 없다면 명성은 진실로 아름다울지라도 어찌 종신토록 나오지 아니한 자와 동일한 날로 논하겠습니까?

어떤 이가 말하기를 '주자朱子도 또한 일찍이 오랑캐를 섬기는 조정(남송)에 입신立身하였는데 나라를 회복한 효험을 보지 못하였으나 어지러운 세상을 평정하고 복수를 하자는 의론이 여러 번 지은 글에 나타났으니 어찌 반드시 실상이 없이 아름다운 이름만 얻었다고 유독 송시열을 헐뜯을 수 있느냐?'라고 하는데 그것은 그렇지가 않습니다.

주자의 직책은 그 높을 때가 '숭정전설서崇政殿說書'에 지나지 않았습니다. 공경 장상公卿將相의 자리에서 행동할 수 있는 처지에 처해 일을 할 수 있는 자루를 잡지 못했습니다.

지금 송시열은 지위와 명망과 권력이 있었는데 돌아보면 어떠합니까? 한 가지 일이나 한 가지 계획도 세우지 않아 안을 닦고 밖을 물리치는 내실의 효험으로 괴로워하고 조심하고 책망하고 권장하는 것을 조정에 나타낸 것이 없으니 그 허망하기가 아주 심합니다.

　당당하던 대의가 어찌 홀로 송씨(宋氏: 시열)의 사사로운 물건이
되겠습니까?"

初宋時烈慕李景奭之賢 布衣草屨 往來其門下 景奭亟薦引之 以至同列
仁祖嘗迫於淸人 命景奭爲三田渡[1]碑 頌淸主功德 景奭辭不獲 時烈嘗
爲文 以壽景奭盛 言其功存社稷而有壽而康之語 蓋暗用朱子譏孫覿[2]
文也 後時烈求婚於景奭而不得 又 顯宗幸溫泉 景奭疏斥在鄕朝臣之不
來問安者 時烈疑其逼己 乃上疏詆景奭 直比之覿 又與人書 以景奭爲
鄕愿[3] 至是 朴世堂撰景奭碑銘 曰行僞順非 世有其人 梟鳳[4]殊類 載怒載
嗔 於是金昌翕貽書于李德壽 極詆景奭世堂 而又使館儒洪啓迪 上疏卞
之曰 今以時烈爲亂政之少正卯[5] 則是 孝廟之政亂也 自此有譏議時烈
者 老論輒群起 以爲誣 孝廟 其說自昌翕啓迪始 南九萬未嘗言宋時烈
是非 病革[6]始爲三家事文 三家者曹漢英及景奭世堂 皆受詆譏於時烈
者也 九萬爲言其誣 幷斥金昌協兄弟輕詆先輩之失云 尹拯卒 崔錫鼎代
泮儒祭拯文 曰觀世之儒 虛憍矜代 色厲爲剛 邦聞爲達 恂恂忠恕 獨專
內省 黃中通理 錦衣尙絅 出處義之 一其初終 志蠱[7]不事 用乾潛龍[8]
家讎旣深國恥未雪 非曰果忘 庶幾歸潔 豈如夫人 騖外徇名 空言不躬
高論無成 館儒金楺等又上疏以爲錫鼎誣毀 孝廟 崔昌大上疏略曰 弱國
不幸 遭値劫數 皮幣珠玉 有不得免 丙子以後 山林遺逸之士 固以爲深
恥 而擧不欲自輕於去就 然其出處之義 厥有二途 觀時勢之可否 審材
力之長短 自量其出當世道 可以有爲則 行仁政以得民 務爲修攘之本
修軍實以壯國 期收復雪之功 此則出而成大義者也 厥或不可則 力辭朝

命 履貞不渝 晦跡山林 畢命田畝 潔身而全節 此則處而全大義者也
其有起應徵辟⁹ 據高位握重權 徒能大言義理 而了無事爲之實則 名號
誠美矣 豈與夫終身不出者 同日論也 或曰 朱子亦嘗立身於事虜之朝
未覩匡復之效 而撥亂¹⁰復讎之議 屢形於所譔述 豈必以無實事得美名
獨病時烈哉 曰不然 朱子之職 其顯者 不過崇政殿說書¹¹耳 非有公卿將
相之位 處可行之地 操可爲之柄也 今時烈 位望權力 顧何如也 無一事
一劃 以效修攘之實於憂勤責勵之朝 其虛罔也甚矣 堂堂大義 獨可以爲
宋氏之私物哉

※

1 三田渡(삼전도): 서울 송파구 송파동 한강 연안에 있던 나루터. 조선 인조
　15년에 이곳에 수항단受降壇을 쌓고 인조가 청나라 태종에게 항복한 곳.
　이곳에 비석도 세웠다.

2 孫覿(손적): 송나라 때 사람.

3 鄕愿(향원): 마을 사람들의 신망을 얻기 위해 선량을 가장한 위선자.

4 梟鳳(효봉): 올빼미와 봉황. 여기에서 올빼미는 송시열을, 봉황은 이경석을
　비유한 것이다.

5 少正卯(소정묘): 춘추시대 노魯나라 사람. 노나라 대부로 있으면서 국정을
　어지럽혀 공자가 처형하였다.

6 病革(병극): 병이 중해지다. 위독해지다. 혁革은 극으로 발음하며 '중하다'의
　뜻이다.

7 蠱(고): 『주역』 고괘蠱卦 上九효의 황제가 제후를 섬기지 않는다는 뜻.

8 乾潛龍(건잠룡): 『주역』 건괘乾卦 上九효로 잠겨 있는 용의 뜻이다.

9 徵辟(징벽): 관리로 등용하기 위하여 부르는 것.

10 撥亂(발란): 어지러운 세상을 평정하다.

11 崇政殿說書(숭정전설서): 송나라의 벼슬이름.

32. 노론이 일을 마음대로 하다

경화(更化: 고쳐 새롭게 하다. 즉 서인이 정권을 잡았다는 뜻)한 이후부터 대성(臺省: 대간)에서 인물을 선발하는 사이에 노론老論과 소론少論의 싸움은 다 기록할 수 없는데 그중에서도 과거의 부정으로 일어난 옥사獄事가 가장 현저하다.

기묘년(己卯年: 숙종 25년)에 최석정이 전시殿試를 주재하는 명관命官이 되고 오도일이 시험관의 우두머리가 되었는데 과적(科賊: 과거에서 부정행위를 한 인물) 이성휘李聖輝 등이 봉함封啣을 바꿔쳤다가 발각되어 모두 섬으로 귀양 가서 종이 되었고 그 방(榜: 급제자 명단)은 삭제되었다.

대간臺諫 이탄李坦과 한영휘韓永徽 등이 여러 번 장계를 올려 오도일을 죄줄 것을 청하였으나 오도일은 다른 시험관인 민진후閔鎭厚와 통하여 함께 시취試取하였으므로 죄가 될 만한 것이 없었으나 얼마 후 다른 일로 귀양 갔다.

급제자 중 이제李濟, 홍석보洪錫輔, 김일경金一鏡 등은 후에 다른 과거에 합격했고 다시 복과復科시킨 자가 많았다.

임오년(壬午年: 숙종 28년)의 알성과謁聖科에는 노론老論 시험관이 많았는데 과거에 합격한 자도 다 그의 친척들이었다.

유학幼學 최세일崔世鎰이 상소를 올려 말하였다.

"홍우서洪禹瑞는 홍수헌洪受瀗과, 조도빈趙道彬은 조태채趙泰采와, 임방任埅은 이여李畬와, 이재李縡는 이만견李晩堅과 모두 삼촌의 친척이며 한영조韓永祚는 김진규와, 홍만우洪萬遇는 권세항權世恒과 모두

298

사촌의 친척이고 김만근金萬謹은 이사영李思永의 사위이며, 이해조李海朝는 민진후閔鎭厚 사돈가의 동서지간입니다."

숙종 임금은 오히려 최세일을 국문하라 명하여 곤장을 때린 후 귀양 보냈다.

임진년(壬辰年: 숙종 38년) 정시庭試에는 이돈李墪이 시험을 주관했는데 오수원吳遂元과 이헌영李獻英·이헌장李獻章 형제의 시권(試券: 답안지)이 의심스럽다 하고 이진급李眞伋은 기한이 지났다고 하여 함께 과거의 방문榜文에서 뽑아냈는데 모두가 증거가 없는 것이었고 특히 오수원 등은 부형父兄들이 시론에 거슬려 이렇게 되니 소론少論이 더욱 원통해 하였다.

처음에는 임금이 보상(輔相: 정승) 가운데 남구만을 가장 중하게 여겼다. 남구만이 최석정을 이끌어 같이 승진하여 최석정은 전후 합하여 아홉 번 영의정에 배수되었으며 비록 중간에 꾸짖음을 받고 파면되기는 했으나 다시 곧 기용되었으니 이로써 소론少論이 국정을 20년 동안이나 주도하였다.

경인년(庚寅年: 숙종 36년)에 임금이 갑자기 최석정을 꾸짖기를 "약원(藥院: 내의원 별칭)의 제조提調로 있으면서 임금의 간호를 조심하지 않았다."라면서 내쫓았다. 삼사三司에서 상소를 올려 구원하는 자도 함께 삭탈관직하고 내쫓았다.

이때 노론을 다 기용했는데 사람들은 그 이유를 알 수가 없었다.

이때는 남구만도 이미 죽었고 최석정 등도 얼마 있지 않아서 또 죽었는데 노론老論이 일을 마음대로 한 것이 이때부터 시작되었다.

自更化以後 臺省銓選¹之間 老少相閱者 不可勝紀 科獄²其尤著者也
其在己卯則崔錫鼎爲命官³ 吳道一爲主文⁴ 而科賊⁵李聖輝等 換封 事發
幷島配爲奴 削其榜 臺諫李坦韓永徽等 累啓請罪道一 然道一實與他試
官閔鎭厚等通 同試取 無可以爲罪者 尋因他事被竄 榜中李濟洪錫輔金
一鏡等 後中他科 餘人多復科⁶者 壬午謁聖⁷試官 多老論 中科者 皆其親
屬 幼學崔世鎰 疏言洪禹瑞之於洪受瀗 趙道彬之於趙泰采 任埅之於李
畲 李縡之於李晚堅 皆三寸親 韓永祚之於金鎭圭 洪萬遇之於權世恒
皆四寸親 金萬謹 卽李思永之婿 李海朝 卽閔鎭厚之姻婭⁸ 命鞫世鎰
杖流之 至壬辰庭試⁹ 李墊主試 吳遂元李獻英李獻章兄弟 以試券¹⁰有可
疑 李眞伋 以過限 幷拔榜 俱無證案 特以遂元等父兄皆忤時論故 至此
少論尤冤之 初 上於輔相¹¹中 最重南九萬 引錫鼎同升 錫鼎前後九拜領
相 雖間有譴罷 旋卽倚用 以此少論常主國政者二十餘年 至庚寅 上忽
責崔錫鼎提擧藥院¹² 侍疾不謹 黜之 三司疏救者 幷削逐 悉用老論 人莫
測其所由 時南九萬已卒 錫鼎尋亦卒 老論專用事 自此始

※

1 臺省銓選(대성전선): 대간臺諫에서 관리의 등용을 심사하는 일.
2 科獄(과옥): 과거의 부정으로 일어난 옥사.
3 命官(명관): 조선시대에 전시殿試를 주재하던 시험관을 말한다. 임금이
  친히 임명하였다.
4 主文(주문): 과거시험관의 우두머리의 별칭. 대제학의 별칭으로도 쓰인다.
5 科賊(과적): 부정한 방법으로 과거의 급제를 꾀하는 사람.
6 復科(복과): 과거에 급제한 자를 방문에서 지워 낙제시켰다가 다시 합격시키
  는 것.
7 謁聖(알성): 임금이 성균관 문묘에 나와 참배하고 직접 주재하는 과거.

8 姻婭(인아): 혼인한 사돈관계이며 동서지간이기도 한 것.

9 庭試(정시): 조선조 후기에 시행하던 경과慶科의 하나이며 대궐의 안마당에 서 시행하였다. 초시初試와 전시殿試만 있었다.

10 試券(시권): 과거에 응시할 때 써내는 종이.

11 輔相(보상): 대신을 거느리고 임금을 도와 정사를 하는 정승.

12 提擧藥院(제거약원): 제거提擧는 관리감독하다. 약원藥院은 내의원의 별칭 이다.

33. 병신처분丙申處分으로 소론이 패배하다

처음에 윤선거가 유계愈棨와 서로 좋아하여 일찍이 함께 예서禮書를 편찬하여 그 이름을 『가례원류家禮源流』라고 하였다. 윤선거와 유계가 죽자 윤증이 이것을 계속해 완성한 후 집에 소장하였다.

윤증이 일찍이 유계를 스승으로 삼았는데 유계의 손자 유상기愈相基 는 또 윤증에게 배웠다.

유상기가 좌상 이이명李頤命에게 『가례원류』를 발간해 줄 것을 부탁 하자 이이명이 허락하였다. 유상기가 『가례원류』를 윤증에게 찾자 윤증은 유상기가 계획도 세우지 않고 간행을 요청한 것을 괴이하게 여겼고 또 이이명은 취향이 다르므로 내놓지 않았다.

윤증의 아들 윤행교가 곧바로

"이것은 우리 조부祖父의 글입니다."

라고 말하자 유상기가 윤증을 꾸짖어

"이미 한 스승을 배반하더니 또 한 스승을 배반하는구나."
라고 말하면서 드디어 절연하고 『가례원류』의 초본初本을 취하여
간행하였다. 서문은 정호鄭澔가 지었고 발문은 권상하(權尚夏: 송시열
의 제자)가 지었는데 윤증을 헐뜯고 형서邢恕와 같이 여겼다.

유상기가 상소를 올려 그 책의 간행을 아뢰자 숙종이 정호가 '유현(儒
賢: 어진 선비. 곧 윤증)을 헐뜯었다.'고 하여 파면시켰다.

임금이 매양

"윤증은 아버지를 위하여 스승을 끊었으니 아버지가 중하고 스승은
가벼운 것이다."
라고 말하자 노론老論은

"옳지 않습니다."
라고 말했으나 숙종은 이런 말을 심히 엄하게 물리쳤다. 이로써 노론들
이 감히 '회니논쟁'에 대해 수십 년 동안이나 말하지 못하였고 임금도
윤증을 후하게 대우하여 정승까지 배수하였으나 윤증이 끝까지 출사하
지 않았다.

『가례원류』 사건이 일어난 뒤에 윤증이 죽자 숙종 임금이 애도하면서
친히 선정신(先正臣: 선현先賢인 신하) 윤증을 추모하는 시를 직접 지었
는데 그 시의 내용에 '유림儒林에서는 그의 도덕을 존경했고 나 또한
그를 흠모했네. 평생 동안 얼굴 한 번 보지 못했으니 죽은 날 한스러움이
더욱 깊구나.' 하였고, 또 말하였다.

"살아서는 군사부君師父의 세 가지를 한결같이 섬긴다 하나 스스로
가볍고 무거운 것의 다름이 있는 것이다. 가히 논사장論思長을 비웃고
대로(大老: 송시열)의 모함을 달게 받았도다."

여기서 '논사장論思長'이란 정호의 벼슬이 부제학副提學임을 가리킨 것이었다.

이에 호서(湖西: 충청남북도)의 유생 유규柳奎가 『가례원류』사건을 변명하는 상소를 올리면서 또 말하였다.

"권상하權尙夏가 송시열을 위한 비문을 만들었는데 기사년己巳年의 재앙을 '윤증이 빚어낸 것이다.'라고 하였습니다."

반유泮儒 윤지술尹志述이 팔로(八路: 팔도)의 유생 박광세朴光世 등을 거느리고 상소를 올려 유규를 배척하고 정호를 구원하였으며 홍문관 수찬修撰 어유구魚有龜와 대간臺諫 김재로金在魯·이굉李宏 등이 계속 상소하였다.

승지承旨 오명항吳命恒, 이선부李善溥가 박광세 등의 상소를 물리치고 받지 않았으나 '회니논쟁'이 다시 크게 일었다.

숙종 임금이 명령하기를 글이나 상소문에 『가례원류』에 대한 것은 들이지 말라고 하였으나 말하는 자가 오히려 그치지 않았다.

노론의 좌상左相 김창집, 판중추부사 이여, 대사성大司成 민진원, 승지 이교악李喬岳·이재李縡·홍호인洪好人, 삼사三司의 홍계적洪啓迪·조상건趙尙健 등과 소론의 부제학 유봉휘柳鳳輝, 대사간大司諫 이세최李世最, 삼사三司의 이진유李眞儒·정식鄭栻·송진명宋眞明, 교서관정자校書館正字 김홍석金弘錫 등이 번갈아가며 상소하였으나 송시열과 윤선거의 옳고 그름에 대해서만 말하고 『가례원류』는 언급하지 않았다.

성균관의 여러 선비들이 서로 유벌儒罰을 주어 여러 달이 되도록 그치지 않았다. 이에 숙종이 윤증의 「신유의서辛酉擬書」와 송시열이 지은 윤선거의 묘갈명을 가져오라고 하여 모두 보고 난 후에 하교下敎하였다.

"지금 이 「신유의서」를 보니 과연 단단히 잡아 단속할 말이 많다. 묘갈명에는 원래 윤선거에 대한 욕이 없도다. 전후의 여러 선비 중 송시열을 변명하다가 벌을 받은 자는 다 풀어주어라."

다음해에 경기京畿 유생 신구申球가 상소하여 말하였다.

"윤선거의 문집에는 효묘(孝廟: 효종)를 원망하는 의론이 많습니다."

대개 윤선거가 일찍부터 강화도에서 죽지 못한 것을 여러 번 상소하고 스스로 물러났었다.

어떤 사람이

"그것은 반드시 허물은 아니지요."

라고 말하자 윤선거가

"임금과 환란을 함께 했던 것이오."

라고 대답하고, 또

"오늘은 이 말을 할 수 있지만 다른 날에는 이 말을 입 밖으로 낼 수가 없소."

라고 말하였다. 또

"성인聖人이 권력에 도달하는 것은 필부와 같지 않은 것이오."

라고 하였고, 또 상소문 가운데는

"거苫에 있을 때의 일을 잊지 마십시오."

라는 말과

"원컨대 신(臣: 윤선거)을 두거杜擧와 같이 여기십시오."

라는 말도 있었다.

이때 신구가 일일이 이러한 것들을 열거해

304

"윤선거가 자신이 죽지 못한 것을 엄폐하려다가 도리어 효종이 능히 죽지 못했다고 책망하였습니다."

라고 상소하자 좌상左相 김창집이 신구에 이어 힘을 더해 헐뜯는 상소를 올려

"윤선거 부자父子를 선정先正이라 칭하지 마시고 윤선거의 시호도 삭탈하십시오."

라고 하고 또 나아가 윤선거의 문집을 열람하도록 청하였다.

승지 김보택이 드디어

"윤선거 부자의 관작을 삭탈하십시오."

라고 청하자 숙종이 허락하고 교서教書를 내려 윤선거를 죄 주었는데 그 하교에

"몸에 씻기 어려운 더러운 것을 지고도 허물없는 땅에 자처自處하면서 감히 두거杜擧가 임금을 벌준 것으로 성조(聖祖: 효종)를 속이고 훼손하였다."

라고 말했고 윤증에게 죄를 주면서

"스승을 배신한 죄인이다."

라고 말했는데 이것을 '병신처분丙申處分'이라고 이른다.

初尹宣擧與兪棨 相善 嘗共編禮書 名曰家禮源流[1] 宣擧棨卒 尹拯續成之 藏于家 拯於棨 亦嘗以爲師 棨孫相基 又學於拯 相基托左相李頤命 刊行源流 頤命許之 相基索源流於拯 拯怪相基之不謀而請刊也 且以頤命異趣故 故不出 而拯子行教則曰 此吾父祖書也 相基乃訴拯 旣背一師 又背一師 遂絶之而取源流 初本刊之 鄭澔權尙夏爲序跋 詆拯爲邪

恕[2] 相基上疏奏其書 上以澕侵詆儒賢 罷其職 上每謂拯爲父絶師 父重
師輕 老論言非是 斥之甚嚴 以是老論不敢言尼懷者十數年 而上厚禮拯
至拜相 拯終不出 及源流事起而拯卒 上悼之 御製[3]追惟先正臣尹拯詩
曰儒林尊道德 小子亦嘗欽 平生不識面 沒日恨彌深 又曰 生三雖事一
自有輕重殊 可笑論思長 甘心大老誣 論思長謂澕官副學也 於是湖儒柳
奎 疏卞源流事 又言權尙夏爲宋時烈碑 以己巳之禍 謂拯所攘 泮儒尹
志述率八路儒生朴光世等 疏斥奎救澕 修撰魚有龜 臺諫金在魯李宏等
繼之 承旨吳命恒李善溥却光世等疏 不捧 尼懷之爭 復大起 上命章疏
言源流者 勿入 而言者猶不止 老論則左相金昌集判府事李畬大司成[4]
閔鎭遠承旨李喬岳李縡洪好人三司洪啓迪趙尙健等 少論則副提學柳
鳳輝大諫李世最三司李眞儒鄭栻宋眞明正字金弘錫等 迭疏言宋尹是
非 不復及源流事 舘學諸儒 互相施罰 屢月未已 上命入尹拯辛酉擬書
及宋時烈所撰尹宣擧墓文 覽訖 下敎曰今觀擬書 果多操切之辭 墓文則
元無辱及宣擧者 前後諸儒 以伸卞時烈 被罰者 并解之 明年畿儒申球
疏言尹宣擧文集 多譏議 孝廟語 盖宣擧嘗以不死江都 累疏自引 或言
其不必過者 宣擧曰吾與 上同患難[5]故耳 又曰 今日可言 他日不可出口
又曰聖人達權 與匹夫不同 又上疏中 有曰 無忘在莒[6] 又曰願以臣爲杜
擧[7] 至是球歷言宣擧欲目掩其不死 反責 孝廟之不能死 左相金昌集 繼
球疏詆益力 請勿以宣擧父子稱先正[8] 奪宣擧諡 又請進 覽其文集 承旨
金普澤 遂請宣擧父子削奪官爵 上許之 下敎 罪宣擧則曰身負難洗之累
自處無過之地 敢以杜擧之罰君 誣毁 聖祖 罪拯則曰背師之罪人 是謂
丙申處分

※

1 家禮源流(가례원류): 유계가 편찬한 책으로 『주자가례』를 분류하여 해설하였다.

2 邢恕(형서): 중국 송宋나라 때 정이(程頤: 伊川)의 제자. 정이를 배반하였다.

3 御製(어제): 임금이 손수 지은 글.

4 大司成(대사성): 조선조 때 성균관의 최고 높은 직책. 품계는 정3품.

5 上同患難(상동환난): 인조와 효종이 병자호란 때 윤선거 자신처럼 죽지 않았음을 이르는 말.

6 在莒(재거): 제환공齊桓公이 태자 때 거莒나라에 피신해 있던 일.

7 杜擧(두거): 두궤杜蕢. 중국의 춘추春秋 때 사람. 매일 술을 먹고 임금을 간하여 효험이 있었는데 윤선거 자신이 두거와 같이 충언忠言으로 간하는 것을 들어달라는 뜻.

8 先正(선정): 조선시대 죽은 유신儒臣을 일컫는 말. 선철先哲과도 같다.

34. 병신처분에 대한 소론의 반발

사헌부 지평持平 김진상金鎭商이 또

"윤선거의 서원書院을 헐고, 또 문집판文集版을 모두 없애야 합니다."
라고 청하자 김창집이 거듭 청하였다.

이에 병조참의兵曹叅議 이대성李大成이 상소를 올려 말하였다.

"옛날 장돈(章惇: 송나라 때 사람)이 사마광司馬光의 『자치통감資治通鑑』판을 훼손하려고 하다가 신종神宗이 직접 지은 서문이 있어서 감히 의론하지 못했습니다. 지금 윤선거의 문집文集에는 효종과 현종 두 임금의 은혜로운 비답이 17편이나 실려 있고 또 임금의 편지가 있으니 신종神宗의 일개 서문보다 더욱 귀중한 것입니다. 상신(相臣: 정승)들이 만일 이러한 사실들을 안다면 감히 훼손하자고 청하지 못할 것입니다.

또 본 문집 속의 '석실어록石室語錄' 아홉 판은 다 선정(先正: 윤선거)과 김상헌金尙憲이 문답한 말들이며 부록附錄의 '노강서원영건문魯岡書院 營建文'은 또 김수항金壽恒이 지은 것입니다. 정승들의 사사로운 의리로도 마땅히 차마 없앨 수 없습니다."

이때 소론少論인 판중추부사 조상우趙相愚·서종태徐宗泰와 참판參判 오명준吳命峻·김연金演·조태구趙泰耉·이광좌李光佐·조태억趙泰億과 대사간大司諫 이세면李世勉과 사직司直 이선부와 삼사三司의 윤순尹淳·심공沈珙·여필희呂必禧와 유생儒生 오명윤吳命尹·이홍제李弘濟·권필형權弼衡·황만정黃萬程 등이 교대로 글을 올려서 원통함을 하소연하다가 혹은 파면되고 혹은 귀양 갔다.

그중에서 유생 권필형의 상소문이 더욱 높고 격렬하여 "역적 신구와 흉도 김창집이 유자광柳子光이 되려고 합니다."라는 말까지 있었다.

임금이 상소를 올린 유생들을 하옥시키라고 명령하자 소론少論쪽의 유생들이 백 명씩 혹은 천 명씩 떼를 지어 유건儒巾을 벗어 던지고 다투어 몰려들어서 통곡을 하는 데까지 이르렀다.

대개 이 뒤부터는 소론이 비로소 마음으로 다짐하기를 노론보다 왕성해지자고 생각하고 다시는 공평한 마음을 갖자고 의론을 하는 자가 없었다.

사과司果 이세덕李世德은 꽹과리를 쳐서 격쟁(擊錚: 임금에게 하소연하는 것)하다가 옥에 갇힌 후 옥안에서 원정문(原情文: 사정을 하소연하다) 수십만 어數十萬語를 올렸는데 그의 글이 너무 많아서 능히 게재하지 못한다.

그 대강을 요약하면 이렇다.

"지금 윤증을 헐뜯고 꾸짖는 자들은 윤선도의 묘갈명이 그 하나이며, 신유의서辛酉擬書가 하나요, 서로 절교한 것이 그 하나입니다.

윤증이 송시열과 절교한 것은 실상 마지막 서신에 그의 양친兩親을 몹시 욕한 것에서 말미암은 것입니다. 이것이 어찌 묘갈명에 있는 것이겠습니까? 그러나 말하는 자들은 마지막에 양친을 욕한 것은 방치하여 놓고 다만 묘갈명에 욕이 없는 것만 일컬으니 옳은 일입니까? 묘갈명에 몰래 불평을 넣어놓은 것은 진실로 윤증의 마음에 맞지 않았습니다. 그러나 어찌 이 일로서 갑자기 서로 절교했겠습니까? 윤증이 송시열의 본마음을 의심하게 된 것은 묘갈명이 진실로 또한 그 한 가지 일일 것입니다."

또 송시열을 낱낱이 헐뜯어서 말하였다.

"지난해 성상聖上께서 사관史官을 보내 효종의 어찰(御札: 임금의 편지)을 송시열에게 찾으니 송시열은 어찰이 황강黃江 권상하權尙夏의 집에 있다고 하여 사관에게 명하여 연달아 가서 찾아오게 했습니다. 그로 인해 다른 사람에게 편지하여 '사관을 황강으로 보낼 것을 권한 것은 늙어 꼬부라진 것이 일찍이 주자朱子의 글을 읽었으니 어찌 본 것이 없어서 그랬겠느냐?'라고 말했습니다. 슬픈 일입니다. 주자가 왕의 사신을 제멋대로 부렸다고 어떤 글에 나와 있습니까? 그 효종을 위한 만시(挽詩: 죽은 사람을 슬퍼하여 지은 글)를 김익렴金益廉에게 빌려서 지었는데 '사슴의 마음은 들풀을 달게 여기고 봉조(鳳詔: 조서) 는 하늘의 향기를 띠었도다. 우주는 깊은 수치를 품었는데 바람과

먼지가 몰래 상처를 입힌다.'라는 내용을 스스로 쓴 작품이라고 만가의
글에 썼으니 주자가 송宋나라 효종孝宗의 만사挽詞를 지을 때도 이러한
일이 있었는지 알지 못하겠습니다.

또 선조先朝의 능침(陵寢: 효종의 능)에 관한 일 때문에 시론時論에
송시열을 허물하는 사람이 많았는데 송시열이 대신들에게 편지를 보내
'능에는 여러 해를 가지 않고 온천에는 매년 행차하니 인심人心에 의심이
없지 아니하오. 당초에는 임금의 뜻이 홍제동(弘濟洞: 효종을 처음 장사
한 건원릉)도 길이 멀다하여 쓰지 않았으나 비록 영릉(寧陵: 건원릉에서
여주로 이장한 효종의 능)처럼 가까운 곳도 능히 성묘省墓하지 못한다면
먼 곳이나 무엇이 다릅니까? 이러고도 털끝만큼의 반성도 없이 오로지
신하만 나무라니 이것은 무슨 까닭입니까?'라고 했습니다.

주자가 산릉山陵을 의논할 때도 이런 어기(語氣: 辭氣)가 있었는지
알지 못하겠습니다.

옛날에 효종께서 송시열을 머무르게 하여 쉬는 방을 주시고 좌우를
물리치시고 조용히 복수하고 설욕할 계획을 여러 번 물으시니 이에
'형가수기(刑家修己: 집안을 다스리고 자신을 닦다)'라는 네 글자로 책임
을 때우면서 또 문묘文廟에 배향配享한 오현五賢을 다시 취사取舍하는
것과 김홍욱金弘郁이 원통하게 죽은 것을 생각해 주어야 한다고 진술하
자 효종께서 '지금 급한 것은 그런 일이 아니오.'라고 말씀하셨습니다.

송시열의 이른바 '대의大義'라는 것은 이 한 마디로 그치고 다시는
올린 계책이 없었으며 효종의 상사 때는 대제大祭를 기다리지 않고
지름길로 대궐 문을 나서 이르기를 '나는 영안군永安君의 조서詔書를
받지 않았다.'라고 했으니 이런 것을 효종에게 충성했다고 이를 수

있겠습니까?

　일찍이 정축년(丁丑年: 인조 15년)에 남한산성南漢山城이 포위되었을 때 송시열은 단도와 밧줄을 가지고 반드시 죽겠다는 뜻을 시사하고는 성을 내려오는 날에는 마침내 말대로 실천하지 않고 스스로 '마땅히 죽을 의義가 없다.'라고 했습니다.

　송준길이 서신을 보내서 이를 책망했는데 송준길의 문집을 송시열이 감정勘定하면서 그 서신을 발견한 후 빼버려 마침내 두 집안 사이에 틈이 생기자 그 서신이 협사(篋笥: 상자)에서 처음 발견되어 '단도의 설'이 송준길의 문인들의 돌려보는 통문通文에 파다하게 돌았으니 슬픈 일입니다.

　아! 남한산성에서 죽지 않은 것이 어찌 큰 누累가 되겠습니까? 그러나 송시열이 평생 동안 매양 절의로써 자처하며 남들이 자기를 의논하는 것을 싫어하여 기구하게 엄호하다가 마침내는 가리지 못했는데 지금 저들이 도리어 윤선거를 보고 누累를 가리려 한다고 이르는데 바로 말한다면 이는 송시열을 말하는 것이라 할 것입니다.

　대개 송시열은 이름은 주자朱子를 본받았다고 하나 실상은 빌린 것일 뿐입니다. 이름은 효종에게 충성하였다고 하나 실상은 허위虛僞일 뿐입니다. 자신과 다른 자는 문득 주자를 배신했다고 이르고 그 단점을 공격하는 자는 도리어 성조聖朝를 속였다고 일러 온 세상이 감히 자신을 의론하지 못하게 합니다.

　또 따라서 방자하게 국중國中에 부르짖기를 '나는 주자의 정통에서 정통으로 전한 학문이요, 효종과 덕을 함께 한 신하이다.'라고 말하니 그 무리들이 좇아서 화답하기를 한 입에서 나온 것같이 합니다.

아! 이런 짓을 하고도 조금도 경계하여 그침이 없다면 생각건대 주자의 도가 존중되지 않고 효종의 뜻도 알려지지 못하여 성인聖人의 심법心法과 『춘추春秋』의 대의大義가 장차 무너지고 남음이 없을까 두렵습니다."

이세덕을 멀리 귀양 보내라고 명하였다.

持平金鎭商 又請宣擧書院及文集版幷毁銷 昌集申請之 兵參李大成疏曰 昔章惇[1] 欲毁司馬光資治通鑑[2]版 以有神宗[3]御製序 不敢議 今宣擧文集 載 孝顯兩廟恩批[4]十有七 且有宸翰[5] 視神宗一序 尤可貴重 相臣如知有此則 宜不敢請毁 且本集中石室語錄九版 皆先正與金尙憲問答語也 附錄魯岡書院營建文[6] 又金壽恒所撰也 相臣之私義 亦宜有不忍者矣 時少論判府事趙相愚徐宗泰參判吳命峻金演趙泰耈李光佐趙泰億大諫李世勉司直李善溥三司尹淳沈珙呂必禧儒生吳命尹李弘濟權弼衡黃萬程等 交章訟寃 或罷或竄 弼衡疏尤峻激 有賊球凶集 欲爲柳子光之語 上命疏儒下獄 少論儒生 百千成群 脫巾爭赴 或至呼哭 蓋自是少論 始甘心思逞於老論 而無復爲持平之議者矣 司果李世德 擊錚[7]就囚 上原情數十萬言 文多不能載 略曰今之毁詆拯者 以爲墓又 自一事也 擬書自一事也 相絶自一事也 拯之絶時烈 實由於末梢書札 僇辱其兩親 此何有於墓文 而言者乃置末梢之辱 只稱墓文之無辱可乎 墓文之潛蓄不平 誠拯之所不慊也 然豈但以此遽相絶乎 然拯所以疑時烈之本源者 則墓文固亦其一事耳 又歷詆時烈曰 向年 聖上遣史官 索取 孝廟御札於時烈 時烈以爲御札在黃江 權尙夏家 乃令史官迤往取去 因抵書於人曰 勸送史官於黃江 老耄嘗讀朱子書 豈無所見而然歟 噫朱子之擅役王

312

人 見於何書耶 其爲孝廟挽詩 借製於金益廉 有爍心甘野草 鳳詔帶天
香 宇宙懷深恥 風塵有暗傷之句 自謂得意之作 筆之於書 未知朱子之
挽宋孝宗 亦有此事耶 又在 先朝 以陵寢事 時論多咎時烈 時烈抵書於
大臣曰陵行連年廢閣 溫泉逐歲幸行 不能無疑於人心 當初 聖意以弘濟
洞 爲道遠而不用 雖如 寧陵[8]之近 不能展省[9] 則與遠何異 乃無一毫自反
之意 專咎臣下 何也 未知朱子之議山陵 亦有此辭氣耶 昔 孝廟獨留時
烈 賜便坐[10] 屏左右 密詢復雪之計 勤問不已 乃以刑家修己四字 塞責[11]
又以從祀五賢[12]更加取舍 金弘郁寃死可念 陳對 上曰今日所急 非此事
也 時烈所謂大義者 止此一說 更無繼進之策 及孝廟之喪 不待大葬
徑出國門 乃曰 我不受永安之詔 若是而謂之忠於 孝廟可乎 曾在丁丑
南漢之圍 嘗以短刀絛繩自隨 示以必死之意 及下城之日 終不踐言 自
謂無當死之義 宋浚吉貽書責之 浚吉文集 時烈所勘定[13] 而其書見拔
卒之兩門釁生 篋笥始發 而短刀之說 狼藉於浚吉門人之通文 噫不死南
漢 豈至爲大累 而時烈平生 每以節義自居 惡人議己 崎嶇掩護 終不得
掩 今彼輩顧以尹宣擧 謂之掩累 正爲時烈道也 蓋時烈名爲法朱子 而
實則假借而已 名爲忠 孝廟 而實則虛僞而已 異於己者 輒謂之背朱子
攻其短者 反謂之誣聖朝 使一世莫敢議己 又從而肆然[14]號於國中 曰我
朱子嫡傳[15]之學也 我 孝廟同德之臣也 其徒從而和之 如出一口 噫若此
不已無少懲遏則 竊恐朱子之道不尊 孝廟之志不白 而聖人之心法[16] 春
秋之大義 將壞了無餘矣 命世德遠竄

※

1 章惇(장돈): 중국의 송宋나라 철종哲宗 때의 사람. 자字는 자후子厚. 왕안석의
　당으로 신법을 복구하였다.

2 資治通鑑(자치통감): 중국 송나라의 사마광이 지은 역사책. 290권으로 되어 있다.

3 神宗(신종): 송나라 제6대 황제. 재위 기간 18년.

4 恩批(은비): 임금이 답장을 보낸 편지.

5 宸翰(신한): 임금이 보낸 편지.

6 營建文(영건문): 건물을 지을 때 쓰는 글.

7 擊錚(격쟁): 꽹과리를 치다. 곧 임금에게 하소연할 일이 있는 사람이 임금이 거둥할 때 꽹과리를 쳐서 하문을 기다리는 일. 곧 신문고와 같은 것.

8 寧陵(영릉): 효종과 그의 비妃 인선왕후가 있는 능. 경기도 여주군 능서면의 영릉英陵의 동쪽에 있다.

9 展省(전성): 성묘하다.

10 便坐(편좌): 독방을 뜻한다.

11 塞責(색책): 책임을 다하다.

12 五賢(오현): 성균관 문묘에 종사된 김굉필·정여창·이언적·조광조·이황을 뜻한다.

13 勘定(감정): 헤아려 정하다.

14 肆然(사연): 방자하다.

15 嫡傳(적전): 정통으로 물려받다.

16 心法(심법): 마음을 쓰는 법. 곧 학문의 도통을 전하는 법.

35. 정유독대丁酉獨對와 세자의 대리청정

최석정이 정승에서 파면되고부터는 세자를 보호하려고 임금에게 말하는 자가 없었다.

숙종이 갑자기 거듭 엄교嚴敎를 내려 세자의 과실을 책망하자 중외中外가 모두 황망하고 불안하여 예측할 수가 없었다.

이때 특별히 좌의정 이이명을 불러 사관史官을 물리치고 말하면서 비밀히 하여 다른 사람이 듣지 못하였다.

이를 '정유독대丁酉獨對'라고 이른다.

이이명이 나온 후 세자에게 대리청정代理聽政을 명하였다. 또 세자에게 교서를 내렸다.

"근일의 처분[병신처분]은 사문(斯文: 유학)에 관계되는 것이니 돌아보면 중요하지 않느냐? 시비是非가 크게 정해져 100세대가 가도 의혹될 것이 없으니 너는 내 뜻을 존중해 조금도 흔들리지 말라."

이에 사람들이 모두 말하였다.

"임금이 노론을 위하여 윤선거 부자를 죄주고 노론은 또한 임금을 위하여 세자를 바꾸려고 한다. 세자의 대리청정을 찬성한 것은 장차 이를 구실 삼아 넘어뜨리려고 하는 것이다."

이때 영중추부사領中樞府事 윤지완은 나이가 90세인데도 관棺을 들고 서울로 들어와 세자를 보호하기를 청하는 상소를 올려 말하였다.

"동궁(東宮: 세자)이 슬기로운 자질을 하늘로부터 타고났고 효도에도 어김이 없었습니다. 중도에 변고를 당했으나(장희빈의 사사) 조그마한 기미도 밖으로 나타내지 않았습니다. 이런 덕을 닦은 지가 30년에 온 나라 사람들이 목을 늘여 바라지 않는 자가 없는데 뜻밖에도 오늘날 이러한 말을 듣게 됐으니 이는 반드시 음험하고 간사하고 불령不逞한 무리들이 그 사이에 끼어서 남의 집안과 국가를 망치려 하는 것인데 전하께서는 어찌 이것을 생각하지 않으십니까?

옛날 갑술년甲戌年에 있어서는 대신大臣 남구만이 뜻을 다하여 세자를 방어하였고 정성을 다하여 보호하였습니다. 지금 남구만은 이미 죽었습니다만 매우 늙어서 죽음에 가까운 미약한 신하가 남아 있는데 능히 민심을 진정시키지 못하니 말이 여기에 미치면 마음과 뼈가 함께 막힙니다.

독대(獨對: 숙종과 이이명의 독대)한 일에 이르러서는 더구나 위아래가 모두 잘못한 것입니다. 전하께서 어찌 상신(相臣: 정승)을 사사로운 사람으로 여길 수 있으며 상신 또한 어찌 감히 임금의 사사로운 신하가 될 수 있습니까?"

숙종이 노해서 심하게 책망했고 이이명은 상소를 올려 변명하였다.

"독대獨對한 것은 실상 세자를 보호하기 위한 것이요, 다른 말은 없었습니다."

윤지완이 상소문을 남겨두고 돌아가면서 말하였다.

"이이명이 진실로 이와 같았다면 신臣이 장차 충신의 이름을 아끼지 않고 그에게 주리니 어찌 사사로운 신하라고 하겠습니까?"

사직司直 이대성李大成 등이 진신소(搢紳疏: 전·현 관료들의 상소)를 올려 말하였다.

"춘궁(春宮: 세자)의 아름다운 덕과 지극한 행실은 두루 기록할 수 없습니다. 명릉(明陵: 인현왕후)의 상사喪事 때에 부르짖고 가슴을 치며 슬퍼하는 모습에 국인國人이 다 기뻐하였습니다.

근일近日에는 어버이의 병환에 시중드는 것도 조심하고 허둥지둥 애를 태우는 정성을 5년 동안 게을리 하지 않았습니다.

일찍이 서연(書筵: 왕세자가 학문을 배우던 곳)에 계실 때 동궁東宮의

316

관원이 '저하(邸下: 세자)는 스스로 어떤 기약을 갖고 계십니까?'라고
묻자 '꼭 가능하다고 말할 수는 없지만 원하는 바는 순舜임금은 어떤
사람이요, 한 것과 같은 것이오.'라고 하였으니 이 한 마디 말로도
덕으로 나아가고 업業을 닦는데 스스로 기약한 바가 넓고도 먼 것을
볼 수 있습니다.

　일찍부터 전하를 따라서 태묘(太廟: 종묘)에서 비가 내리기를 기원하
는데 신색(神色: 안색)이 온화하지 아니하고 늘 따르는 신하를 돌아보고
말씀하기를 '성궁(聖躬: 임금의 몸)께서 친히 수고하시는데 신령의 응하
는 것이 오히려 더디니 백성들의 일을 생각하면 구제할 바를 알지
못하겠다.'라고 하였습니다. 곧 이 한 마디의 말로도 부모에게 효도하고
백성에게 근면한 진실한 뜻이 두터운 것을 볼 수 있습니다.

　오직 이와 같은 연고로 무릇 우리 신민臣民이 '우리 임금의 아들'이라
고 이르지 않는 자가 없습니다.

　이제 연석(筵席: 경연 자리)의 말씀 중 미안한 것은 그 사이의 곡절이
자세하지 못한 것이 있어서 여러 사람의 마음이 놀라고 나라의 언론이
들끓는 것이 괴이할 것이 없습니다. 마땅히 독대獨對할 당시의 일을
명백하게 공개해서 위 아래로 하여금 모두 의심이 없게 하십시오."

　그 후 영묘(英廟: 영조) 때 김복택金福澤의 옥사 때 '독대獨對'의 일이
처음 드러났다.

　무릇 임금이 두 왕자(王子: 숙종의 2, 3자인 연령군과 연잉군)를 이이명
에게 부탁하면서 사대부 중에 누가 가장 신임할 만한 사람인가를 물으니
이이명이 '김춘택의 종제從弟인 김용택金龍澤과 이천기李天紀'라고 대
답하였다.

숙종은 이이명에게 김용택과 이천기에게 그 뜻을 알리라고 하였는데 이것이 '독대獨對한 사실의 대략'이라고 이른다.

김용택과 이천기는 이이명이 전하는 뜻을 듣고 크게 기뻐하면서 이것을 '종사宗社의 계책'으로 삼았다. 이에 이이명의 자질子姪인 이희 지李喜之와 이기지李器之, 그리고 김창집의 손자 김성행金省行 등이 몰래 무사武士와 술객(術客: 점쟁이)을 길러 예측하지 못할 변에 대비하 였다.

이때는 연령군延齡君이 서열로는 두 번째이지만 막 임금의 총애를 받았으며, 연잉군延礽君이 서열로는 세 번째인데 어질다는 소문이 날마다 현저하였다.

노론들이 누구를 선택할지 알지 못하여 혹은 의견이 같고 혹은 다르더 니 얼마 안 되어 연령군이 죽었다. 이때부터 오직 연잉군에게만 마음을 붙여서 김성행과 김복택金福澤이 번저(藩邸: 왕자가 사는 곳)로 사사로 이 찾아보기에 이르렀다. 이 사실은 다음에 자세히 나온다.

경종景宗은 그 바탕이 인자하고 효성스러웠으며 경사經史를 강론할 때는 어려운 것을 묻고 뜻밖의 의사표시를 많이 했으나 어머니(장희빈) 의 변고를 당한 뒤부터는 근심하고 조심하는 것이 점점 심해지더니 잠을 자는 것도 처음과 같지 못하였다.

대리청정 할 때는 별로 하는 일이 없이 여러 정승만 우러러볼 뿐이어 서 노론 또한 그의 잘못을 찾을 것이 없었다. 김창집과 이이명이 국정을 담당하면서 그의 아들과 조카들의 하는 것을 또한 다 알지도 못하였다.

이때 이상李翔과 이사명李師命의 관직을 복직시키고 김장생金長生을 문묘에 종사(從祀: 배향)하고 송준길과 송시열도 문묘에 종사하자고

했는데 이것은 다 노론이 수십 년 동안 하고자 한 바였으나 어렵게
지녀온 일들이었다. 이때에 이르러 다 시행하였다.

또 희빈 장씨의 묘소를 천장(遷葬: 이장)하는데 세자가 바라보며
곡을 하고자 하니 교리校理 김진상金鎭商이 상소를 올려 중지시켰다.

自崔錫鼎之罷相而無以保護言於上者 上忽荐下嚴敎 責世子過失 中外
惶惑莫測 特召左相李頤命 屛史官[1]語 秘不聞 是謂丁酉獨對 頤命出而
命世子聽政 且 敎世子曰近日處分 事關斯文[2] 顧不重歟 是非大定 可以
不惑於百世 予志汝遵 莫之或撓 於是人多謂 上爲老論罪尹氏 老論亦
爲上謀易儲 其贊聽政 則將因是以傾之云 時領府事尹趾完 年九十矣
昇櫬[3]入京 請保護 疏曰 東宮睿質天成 至孝無間 中遭變故 無幾微之形
於外 毓德三十年 一國莫不延頸 不意今日乃聞此語 必有陰邪不逞之徒
孽牙其間 敗人家國者 殿下何不念此 昔在甲戌 大臣南九萬 曲意隄防
竭誠調護 今九萬已矣只有篤老垂死之微臣 不能鎭伏人心 言之及此
心骨俱寒 至於獨對之擧 尤上下之胥失 殿下安可以相臣爲私人 相臣亦
何敢爲人主之私臣哉 上怒切責 之頤命疏卞獨對 實爲保護 無他語 趾
完留疏歸曰 頤命誠能如是則 臣將不惜忠臣之名以與之 豈曰私臣哉
司直李大成等搢紳疏 曰春宮懿德至行 不可殫託 明陵國恤 號擗[4]哀毀
之容 國人皆悅 近日侍湯 憂遑焦灼[5]之誠 五載[6]靡懈 嘗御書筵 宮官問邸
下自期如何 則苔曰非曰能之 乃所願則以舜[7]何人爲期 卽此一言 可見
進德修業自期之弘遠 嘗隨 殿下 禱雨太廟 神色不怡 顧爲從臣[8]曰 聖躬
親勞 靈應尙遲 言念民事 罔知攸濟 卽此一言 可見孝親勤民 誠意之篤
至 唯其如是之故 凡我臣民 罔不曰吾君之子 今者 筵敎[9]之未安 其間委

折 有未詳悉 無怪乎群情之駭 而國言之沸也 宜以獨對時事 明白開釋
使上下洞然無疑焉 其後 英廟[10]年間 有金福澤之獄 獨對始露 盖上以二
王子托頤命 因問士人中誰可信任者 頤命以金春澤之從弟龍澤 及李天
紀 對 上令頤命 致意於龍澤天紀 此獨對大略云 龍澤天紀得頤命所致
意 大喜 以爲此 宗社計也 乃與頤命子姪喜之器之 金昌集孫省行等
謀陰蓄武士術客 以備不虞 時延齡君 序居第二 方爲 上所眷 延礽君
序居第三 令聞[11]日著 老論不知所擇 或相與異同 未幾延齡卒 始專屬心
於延礽君 而省行福澤 至私謁藩邸[12]矣 事詳下文 景廟素仁孝 講論經史
問難多出意表 自遭變故 憂悸成崇 寢不如初 及代理 無所施爲 仰成於
諸相 老論亦無以伺其失 而昌集頤命方當國 其子侄所爲 亦不盡知也
時 復李翔李師命官 金長生從祀文廟 幷擬宋浚吉宋時烈從祀 皆老論所
欲爲而數十年持難者 至是悉行 禧嬪遷葬 東宮將望哭 校理金鎭商上疏
止之

※

1 史官(사관): 사초史草를 쓰는 관원. 곧 조선시대 춘추관春秋館의 별칭.

2 斯文(사문): 조선시대 유학儒學을 이르는 말.

3 舁櫬(여츤): 널을 마주 들다. 곧 관을 들다.

4 號擗(호벽): 슬퍼서 부르짖고 가슴을 치다.

5 焦灼(초작): 애를 태우다.

6 五載(오재): 5년.

7 舜(순): 중국 상고시대의 성군聖君인 순임금.

8 從臣(종신): 세자를 보필하고 따르는 신하.

9 筵敎(연교): 연석에서 내리는 임금의 가르침.

10 英廟(영묘): 영조英祖 임금.

320

11 令聞(영문): 좋은 소문. 어진 이름.

12 藩邸(번저): 왕자가 사는 집.

제5부

경종시대 景宗朝

〈경종시대 정당 분포도〉

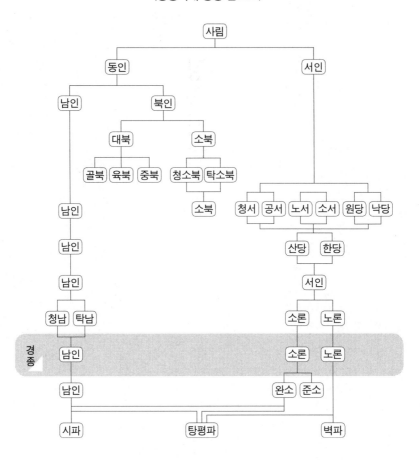

※ 인물 주석은 509~585쪽까지 참조.

1. 연잉군을 세자로 책봉하는 데 성공하는 노론

경묘(景廟: 경종)가 왕위에 오르자 태학생(太學生: 성균관 학생) 윤지술
尹志述은 희빈 장씨에 대해 처분한 것을 선왕(先王: 숙종)의 행장(行狀:
죽은 뒤에 행실을 기록하는 것)에 기록하자고 청하여

"신사년辛巳年의 변고(장희빈이 인현왕후를 저주했다는 사건)는 남몰
래 비밀히 하여 그 사실을 알 수 없었는데 우리 선왕(숙종)께서 그
기미를 밝게 살피시고 쾌히 전장典章을 베푸셔서 궁중宮中을 엄숙하게
하시고 여론이 분노해 들끓는 것을 사라지게 하셨으니 이는 옛 책
속에서도 구하기 어려운 것입니다."

라면서 또 말하였다.

"마땅히 사문(斯文: 유학)에 대한 처분(노론이 옳다고 판정한 병신처분)
도 함께 기재해야 합니다."

이에 임금이 윤지술을 멀리 유배시키라고 명령하자 영의정 김창집과
대간臺諫 김고金橰·정택하鄭宅河 등이 교대로 상소하여 구제하면서
말하였다.

"선비의 사기를 꺾어서는 안 됩니다."

시골 선비 조중우趙重遇가 상소를 하여

"희빈 장씨의 은덕을 갚으십시오."

라고 청했다가 옥에 갇혀 곤장을 맞고 죽자 인심이 더욱 불안하였다.

바야흐로 이때에 인원왕후(仁元王后: 숙종의 둘째 계비)는 동조東朝에 있었는데 경은부원근慶恩府院君 김주신(金柱臣: 인원왕후의 아버지)은 본래 소론이었으나 마음이 일찍부터 노론에게로 향해 갔고 임금의 장인인 함원부원군咸原府院君 어유구(魚有龜: 경종 비妃 선의왕후의 아버지)는 본래 노론이었으나 노론과 함께 일하지 않았다.

또 분당分黨된 뒤부터는 환관宦官이나 궁첩(宮妾: 궁녀)들까지도 또한 서인西人, 남인南人, 노론老論, 소론少論이라 이름하고 번갈아가며 서로 자기편을 후원하였다.

임금의 병이 더욱 심해져 크고 작은 모든 제사를 몸소 행하지 못하는 것이 많았고 조정에 나와서도 항상 잠자코 있었으며 소장疏章이나 주청奏請들도 많이 쌓이고 적체되었다.

노론들은 이미 마음속으로 불안해진 데다가 또 소론이나 남인南人들이 안으로 통하여 자기들을 해치지 않을까 두려워한 까닭에 계교가 더욱 급해졌다.

좌의정 이이명이 세자책봉을 청하면서 은화銀貨 6만 냥을 가지고 연경에 가려하니 사람들이 다 괴이하게 여겼다.

승지承旨 이진검李眞儉이 상소를 올려 말하였다.

"지금 인심이 침몰하여 세도世道가 흔들리는데 이 틈을 타 옆에서 엿보는 자들이 감히 들어 올려 감히 논의하지 못할 일을 가지고 종용하면서 일찍부터 시험하려던 계교를 팔려 합니다. 권력을 도둑질해서 희롱하려는 자들이 차마 들을 수 없는 말들을 꺼내 감히 방자하게 협박하는 버릇을 써서 조중우趙重遇는 은혜에 의탁해 의를 어그러뜨렸으며 윤지술은 의를 빌려서 은혜를 끊었습니다. 이것은 모두가 전하의 죄인이요, 국인國人들이 함께 미워하는 것입니다.

조중우는 이미 죽었으므로 진실로 의론할 것이 없으나 만일 윤지술을 신원하여 구하는 것을 감히 절의를 세운 것이라 말한다는 자가 있어 귀양 보내는 작은 벌도 마침내 회수한다면 한낱 윤지술만 알고 군부君父는 모르는 것으로 이것은 무슨 의리입니까?

정유독대丁酉獨對도 인신으로서 떳떳한 일이 아니었는데 지금 대신이 연경에 가면서 세자책봉을 청한 것은 정상적인 전례典例여서 일전一錢도 들이지 않아도 순조롭게 이루어질 일이건만 6만 냥의 은화를 어디에 쓰려는 것입니까?"

이이명이 은화를 다시 바치면서 상소를 올려 변명하였다.

"의외의 사태에 대비하려고 했던 것입니다."

그 후 청淸에서 칙서勅書가 왔는데 그 속에 "조선 왕朝鮮王의 처자질妻子姪에게 고르게 효유한다."라는 말이 있었다.

이때는 세자世子가 권도(權道: 임시방편의 방법)로 왕위를 이어받은 때였으므로 이른바 '왕자질王子姪'이란 것은 선왕(先王: 숙종)의 자질子姪을 가리킨 것이다.

청淸의 칙사勅使가 왕자王子는 몇 사람이나 되냐고 물었다. 이에 김창집이 연잉군의 작호爵號와 연잉군 부인의 성씨와 관향을 써서 보이자 칙사가 또 연잉군을 보려고 하였다.

이때 조태구趙泰耉가 우의정에 새로 제수되어 아직 부임하지 않았으나 상소를 올려 말하였다.

"상국(上國: 청나라)에서 열국(列國: 조선)의 임금을 조상하는데 배신(陪臣: 임금의 신하)인 동생과 조카까지 함께 보자는 것은 전례가 없는 일입니다. 상국上國에서 행하는 것도 예를 잃은 것이며 배신이 받는 것도 혐의스러운 일입니다. 오늘날 왕자王子와 여러 종친이 어찌 감히 이것을 편안하게 여기겠습니까? 또 황지(皇旨: 황제의 뜻)가 '고르게 효유한다.'라는데 그쳤으니 종척(宗戚: 임금의 친척)이 많고 적은 것과 어디서 나고 어디서 장가든 것 같은 것은 이미 황지皇旨가 아닌데 어찌 공공연하게 써서 보일 수 있습니까?"

김창집이 상소를 올려 변명하였다.

"칙사가 써서 보여주기를 강청强請하기에 따르지 않을 수 없었습니다."

사헌부司憲府 지평持平 이정소李廷熽가 상소를 올려 '조태구가 위험한 말로 골육을 이간시킵니다.'라고 탄핵하자 조태구가 의를 인용해 주장하면서 조정에 나오지 않았다.

호남湖南 유생 이몽인李夢寅이 도끼를 가지고 대궐 앞에 엎드려 상소를 올려 윤지술의 죄를 논란하며

"독대獨對'한 대신이 6만여 은銀을 훔쳐가서 승선(承宣: 승지의 별칭)의 의혹을 일으키고 권력을 담당한 수상首相이 한 장의 종이를 써주어서 우상右相에게 깜짝 놀랄 근심을 일으켰습니다."

라고 말하자 이몽인을 변방으로 귀양 보내라고 명하고 이진검도 함께 귀양 보냈다.

몇 달 후 정언正言 이정소가 상소를 올려 세자 세우기를 청하면서 말하였다.

"전하께서 춘추春秋 한창이신데도 오히려 뒤를 이을 자가 없으므로 국세國勢가 위태하고 인심이 산만하오니 빨리 국가의 큰 근본을 생각하시어 사직社稷의 큰 계책을 정하시도록 조정에 비답을 내려 주십시오."

이에 영의정 김창집, 좌의정 이건명, 판중추부사 조태채趙泰采, 호조
판서 민진원閔鎭遠, 병조판서 이만성李晩成, 형조판서 이의현李宜顯,
공조판서 이관명李觀命, 한성판윤漢城判尹 이홍술李弘述, 대사헌 홍계
적洪啓迪, 대사간 홍석보洪錫輔, 승지 조영복趙榮福, 교리 신방申昉 등이
입대入對하여 뜻을 아뢰었으나 임금은 아무런 대답이 없었다.

김창집 등이 번갈아 가며 청하여 말하였다.

"이러한 일은 한 시각도 지체할 수가 없습니다. 원컨대 빨리 윤허하셔
서 따르도록 하십시오."

경종이 대답하였다.

"윤허하노라."

김창집이 말하였다.

"대신(臺臣: 사헌부, 사간원, 홍문관)들이 상소를 하여 청한 것은 조종
祖宗의 전례典例를 따르고자 한 것으로 공정왕恭靖王의 옛일(정종이
동생 방원을 세자로 책봉한 일)과 같습니다. 그러나 이것은 큰일이니
원컨대 동조(東朝: 대왕대비)에 품해서 반드시 수교手敎를 받아 널리
선포한 연후에야 신들이 봉행할 수 있겠습니다."

이로 인해 합문閤門 밖으로 나가 밤중이 되도록 김창집 등이 전정殿庭
을 바라보았으나 촛불만 희미하게 비칠 뿐 적연寂然하여 아무 소리가
없었다.

마음속에 두려움이 없지 않아 호조판서 민진원이 다시 청대請對하려
하자 조태채가 말렸다.

"어찌 촉박하게 할 일이겠소?"

한참 있다가 불러들이는데 책상 위에 대비의 봉서封書가 있고 임금이

그것을 가리키며 말하였다.

"여기 있소."

김창집과 이건명이 대독하였는데, '효종孝宗의 혈맥과 선왕(先王: 숙종)의 골육骨肉은 지금의 임금과 연잉군이 있을 뿐이지 어찌 다른 사람이 있겠는가?'라는 것이었다. 김창집 등이 머리를 조아리고 울면서 하례하였다.

이건명이 조영복을 시켜 전교傳敎를 쓰게 하였다.

"연잉군을 세자로 삼는다."

받들어 임금에게 보이자 경종 임금이 턱만 끄덕끄덕 하였다.

이때는 신축년(辛丑年: 경종 1년) 8월이었다.

景廟¹卽位 太學生尹志述 請以禧嬪處分 載於 先王行狀 曰辛巳之變 暗密難測 我 先王 明燭幾微 夬施典章 使宮闈肅而輿憤洩求之簡冊 所罕見也 又言當竝載斯文處分 命志述遠配 領相金昌集臺諫金槮鄭宅 河等 交章救之 以爲士氣不可摧折 鄕儒趙重遇疏請禧嬪崇報² 下獄杖 死 人心益不平 方是時 仁元后在東朝 慶恩府院君金柱臣 本少論而意 嘗嚮老論 上國舅咸原府院君魚有龜 本老論而老論不與共事 自分黨以 來 宦官宮妾 皆有西南老少之目 迭相爲援 上病愈痼 大小祭奠 多不能 行 臨朝常淵默 章奏多委滯 老論旣內懷不自安 而又恐少論南人 因內 逕而圖己也 故 謀益急 左相李頤命 請冊封 以銀貨六萬自隨人皆怪之 承旨李眞儉疏曰今人心陷溺世道波蕩 乘機旁伺者 敢擧不敢議之事 欲 售慫恩嘗試之計 窃權閃弄者 追提不忍聞之言 敢肆操切迫脅之習 重遇 托恩以悖義 志述假義以絶恩 此皆 殿下之罪人 而國人之所共惡也 重

遇旣死 固無可論 若伸救志述 有若敢言立節之事 編配³薄罰 終至反汗⁴
而後已 徒知志述 不知君父 此何義理 丁酉獨對 已非人臣光明之擧
而今玆大臣之赴京也 請封 自是常典 不費一錢 可以順成 六萬餘銀貨
用之何處 頤命還淮納銀貨 疏卞以備不虞而已 及淸勑至 有朝鮮王妻子
姪均諭之語 時 上以世子權襲⁵所謂 王子侄者 指 先王子侄也 勑使問
王子幾人 金昌集以 延礽君爵號及 延礽夫人姓貫書示之 勑使又欲見延
礽君 時右相趙泰耉 新卜未起 上疏曰上國 吊列國之君 而幷及弟侄之
爲陪臣⁶者 古無是焉 上國行之爲失禮 陪臣受之爲冒嫌 今日 王子諸宗
豈敢安於此哉 且皇旨止稱均諭 宗戚多少某出某娶 旣非皇旨則 何爲公
然書示哉 昌集疏卞勑使强請書示 不得不從 持平李廷熽 疏劾泰耉以危
險之語 愬間骨肉 泰耉引義不出 湖儒李夢寅 持斧伏闕 疏論尹志述之
罪 且言獨對大臣 偸去六萬之銀 起承宣⁷之訝惑 當國首相 書給一張之
紙 致右揆之驚慮 命夢寅邊竄 幷竄李眞儉 數月李廷熽以正言 疏請建
儲 曰 殿下春秋鼎盛 尙無繼嗣 國勢岌業 人心渙散 亟宜念國家之大本
定社稷之大策 批下廟堂 於是領相金昌集左相李健命判府事趙泰采戶
判閔鎭遠兵判李晩成刑判李宜顯工判李觀命判尹李弘述大憲洪啓迪
大諫洪錫輔承旨趙榮福校理申昉等 入對稟旨 上無可否 昌集等迭請曰
此不容一刻遲緩 願速賜允從 上曰允從矣 昌集曰 臺臣疏請 遵 祖宗之
典 似指 恭靖王故事也 然此 大事 願稟定于東朝 必得手敎 宣示⁸之然後
臣等可以奉行 因出閤外 至夜半 昌集等望見殿庭燈燭微明 寂然無聲
意不能無恐 鎭遠欲復請對 泰采止之曰豈可促迫爲也 有頃召入 案上有
東朝封書 上指之曰在此矣 昌集健命讀曰 孝宗血脉 先王骨肉 今 上與
延礽君而已 豈有他哉 昌集等 頓首涕泣稱賀 健命令榮福書 傳敎曰以

延礽君爲儲嗣 奉而進覽 上頷可之 時辛丑八月也

※

1 景廟(경묘): 경종. 조선조 제20대 왕. 이름은 균昀. 자는 휘서輝瑞. 숙종의
  맏아들. 재위 기간 4년. 능은 의릉懿陵.
2 崇報(숭보): 은덕을 갚다.
3 編配(편배): 도류안(徒流案: 도형과 유형)에 적어 넣다.
4 反汗(반한): 앞에서 내린 명령을 취소하거나 고치는 일.
5 權襲(권습): 정통적인 세습이 아니라 임시방편적인 도로 자리를 이어받은
  것이다.
6 陪臣(배신): 제후의 신하. 천자天子에게 자신을 일컫는 말.
7 承宣(승선): 승정원承政院의 별칭.
8 宣示(선시): 널리 선포하다.

2. 세제 대리청정을 둘러싼 노론과 소론의 논란

즉위 원년元年에 경종景宗의 춘추春秋 34세였고 왕후의 나이는 20세가
채 안 되었다. 경종이 비록 질병이 있었으나 신민臣民들은 일찍이
병이 있다는 말을 듣지 못하다가 이때 갑자기 이런 말을 들으니 사람들
이 그 까닭을 몰랐다.

  오위五衛의 사직司直 유봉휘柳鳳輝는 유상운柳尙運의 아들인데 상소
를 올려 말하였다.

  "건저(建儲: 세자를 세우는 일)가 어떠한 일인데 시임時任 정승도
듣지 못하고 여러 재신宰臣도 참여하지 못한 가운데 한밤중에 깊숙한

집 속에서 한 번 청하고 두 번 청해서 졸지에 황급히 임금을 우롱하고 협박하였으니 이것을 일러 '인신人臣의 예禮가 없는 짓'이라 합니다.

명령이 이미 내려졌으니 비록 다시 의론할 수는 없으나 대신들의 죄는 가히 바르게 하지 않을 수 없습니다.

성상聖上께서도 또한 마땅히 밝은 판단으로 분발하시어 위복威福이 아래로 옮겨가지 않게 하십시오."

이때에 조태구가 밖에 있어서 듣지 못했는데 상소문의 이른바 시임時任 정승이란 그를 말한 것이었다.

이에 노론들이 크게 떠들면서

"저군(儲君: 왕세자)을 논박할 수 있는가."

라고 하고 또 왕세제(王世弟: 연잉군)는 상소를 올려

"상소의 글이 위험危險하여 심담心膽이 놀라서 떨어질 것 같습니다."

라고 하고 사양하였다.

삼사三司의 홍계적과 유숭愈崇 등이 번갈아서 유봉휘를 국문하자고 청하자 조태구가 상소를 올려 말하였다.

"유봉휘가 비록 망령되어 이치에 맞지 않으나 나라를 위하여 충성을 베푼 것이니 오늘 전하께 충성하면 뒤에는 반드시 왕세제王世弟에게도 충성할 것입니다."

삼사三司가 또 함께 조태구를 공격하자 왕세제王世弟가 상소를 올려서 '유봉휘를 깊이 다스리면 신(臣: 왕세제)의 마음이 편안하지 못할 것입니다.'라고 청하니 경종은 유봉휘를 멀리 귀양 보내라고 명하였다.

10월에 집의(執義: 사헌부 종3품) 조성복趙聖復이 상소를 올려 세제가 정사에 참여할 것을 청하자 그날로 전교를 내렸다.

"내가 괴이한 병이 있어서 진실로 모든 일을 처리하기 어려우니 대소 국사國事를 모두 세제世弟가 재단裁斷하여 나로 하여금 마음 편안히 휴양할 수 있도록 하라."

승지承旨 이기익李箕翊 등이 들어가서 이 전교를 환수하라고 청하였으나 허락하지 않자 조성복의 파면을 요청하고 물러 나왔다.

좌참찬左參贊 최석항崔錫恒은 최석정의 동생인데 대궐에 이르러 청대請對를 청하자 승지 이기익이 깊은 밤이라고 허락하지 않았으나 최석항이 강요하여 임금에게 아뢰자 특명으로 문에 자물쇠를 채우게 하고 접견하였다. 최석항이 울면서 어명을 환수하기를 간절히 청하자 경종이 대답하였다.

"내 마땅히 생각해 보겠소."

힘을 다해 간청하기를 오경五更까지 이르자 경종이 얼굴빛을 바꾸면서 말하였다.

"환수還收하는 것이 옳겠소."

이때 이건명이 최석항이 입대入對했다는 것을 듣고 비로소 병조참의 김재로金在魯와 같이 쫓아가 대궐 아래 이르렀으나 이미 환수하였다는 말을 듣고 드디어 돌아갔고 다른 상신相臣들도 다 움직이지 않았다.

다음날 이건명이 상소를 올려 말하였다.

"최석항이 일개 재신(宰臣: 재상)으로 깊은 밤에 청대請對를 구했을 때 승지承旨가 마땅히 입대入對를 허락하지 않았어야 할 것입니다."

호조참의戶曹參議 조태억趙泰億이 청대請對하여 몹시 배척하여 말하였다.

"대신大臣이나 삼사三司가 수수방관袖手傍觀한 채 높은 베개를 베고 깊은 잠만 자며 한 사람도 논쟁하는 이가 없더니 도리어 최석항이 입대한 것을 가지고 승지를 공격하였으니 윤리倫理와 강상綱常이 끊어진 것이요, 나라가 나라가 아닙니다."

사직司直 박태항朴泰恒 등의 진신搢紳 30여 명이 상소를 올려 조성복과 여러 대신을 논박하였고 사직司直 이광좌李光佐, 청은군淸恩君 한배하韓配夏, 형조참의刑曹參議 이조李肇, 부사과副司果 한세량韓世良이 서로 이어 상소로 논박하였는데 한세량은 상소에서 말하였다.

"아아 슬프고 원통합니다. 하늘에는 두 해가 없고 땅에는 두 임금이 없는데 전하의 조정에 북면(北面: 신하)한 자가 감히 음험하게 천위(天位: 임금의 자리)를 몰래 옮기려는 마음속의 생각을 감히 입 밖에 내었습니다."

사직司直 권규權珪 등 남인南人 진신搢紳들도 상소를 올려 말하였다.

"오호嗚呼라! 황천(皇天: 하늘)이 어찌 우리의 국가를 어지럽게 하고자 합니까? 전하께서 어찌 적신賊臣들에게 부딪치고 고뇌하여 이같이 전교하셨습니까?"

이에 양사兩司가 한세량과 권규의 말이 핍박한 것이라며 국문하기를 청하고, 또 최석항과 조태억이 조정의 신하들을 얽어서 모함한다고 논박하였다.

며칠 후 세제世弟가 정사를 재단裁斷하라는 앞의 전교를 다시 내렸다. 김창집 등이 백관百官을 거느리고 청대하려 하자 허락하지 않았는데 궁 안의 뜰에서 장계를 올려서 나흘 동안이나 환수하기를 청하였다.

세제世弟가 다섯 번이나 상소를 올려 굳이 사양하자

"괴로운 것도 나누고 고통도 나누자."

라는 하교下敎가 있었고, 또 조정에 전교를 내려

"내가 병 때문에 정사를 볼 수가 없으므로 장차 좌우로 하여금 관례를 상고하여 거행하려 하는데 좌우가 옳은가? 세제世弟가 옳은가?" 라고 하자 김창집 등이

"성교聖敎가 여기에 이르렀으니 감히 좇지 않을 수 없다." 라면서 이에 연명으로 차자를 올려 정유년(丁酉年: 숙종 43년)에 대리청정 하던 사목事目의 시행을 청하고 정청庭請을 거두었다.

오직 이광좌와 대간臺諫 유복명柳復明만이 '불가하다.'라고 했는데 유복명은 노론이었다.

이때 조태구를 부르는 전교를 내려 '예전 일을 버리고 시태時態를 씻어버리고 얼른 입성하여 망해가는 나라를 편안히 하라.'라고 하고, 또 『소학』 한 질을 내려 주었는데 책머리의 어찰(御札: 임금의 편지)도 전교와 같았다.

이에 조태구가 조정으로 달려갔으나 여러 정승이 연명한 차자를 이미 올려 버렸으므로 선인문宣仁門으로 쫓아 들어가 청대請對를 요청하자 최석항, 이광좌, 이조, 한배하, 김연, 이태좌李台佐 등이 따랐는데 승지 홍석보洪錫輔와 조영복趙榮福이

"조태구는 탄핵을 받은 상신(相臣: 정승)이므로 예고도 없이 들어갈 수 없습니다." 라고 배척하였다. 이때 갑자기 전교가 내려 '우상右相이 들어왔다고 하니 곧 들어와 보게 하라.'라고 하므로 이에 김창집 등이 할 수 없이 조태구를 따라 함께 들어갔다. 조태구가 힘을 다해 전교의 환수를 청하자 김창집 또한 소리를 함께 하여 청할 수밖에 없었는데 한참

후 경종이 턱을 끄덕여 옳다는 뜻을 표하자 김창집이 승지에게 전교를
거두게 하였다.

조태구가 물러나자 승지 홍석보가 나아가

"오늘 우상이 온 것을 전하께서 어떻게 아셨습니까?"

라고 재삼再三 물었으나 임금은 대답이 없었다.

도승지都承旨 홍계적은

"이제부터 정원(政院: 승정원)을 둘 필요가 없다."

라고 말하였다.

또 양사兩司의 어유룡魚有龍과 박치원朴致遠 등이 장계를 올려 탄핵하
였다.

"조태구가 대신으로 내시와 통하여 몰래 전하 뵙기를 꾀하였으니
이것은 남곤南袞이 밤에 북문을 열었던 것과 같은 종류의 일입니다.
청컨대 체포하여 엄히 다스리고 내시와 안으로 연락한 자를 유사有司에
게 붙이도록 하십시오."

이에 경종이 전교를 내려 '내가 진수당進修堂에 앉아 있는데 합문閤門
밖 앞에서 길 인도하는 소리를 듣고 우상右相이 들어오는 것을 알았으므
로 내시는 죄가 없다.'라고 하였으나 양사兩司에서는 장계를 그치지
않았다.

上卽位元年 春秋三十四 內殿春秋 未滿二十 上雖有疾 臣民未嘗聞
至是遽有是擧 人情不測 司直柳鳳輝 尙運子也 疏言建儲 何等事 而時
相不及聞 諸宰不得預 半夜嚴廬 一請再請 卒遽忙急 愚弄迫脅 此可謂
無人臣禮者也 成命旣下 雖不容他議 大臣之罪 不可不正 聖上 亦宜明

斷奮發 毋使威福下移 時趙泰耉 在外不與聞 疏所云時相也 於是老論
大譁曰焉有儲君而遭論駁者乎 世弟辭疏 有疏辭危險 心膽震墜之語
三司洪啓迪兪崇等 迭請鞫鳳輝 趙泰耉疏言鳳輝雖狂妄 爲國陳忠 今日
忠於殿下 後必忠於世弟 三司又幷攻泰耉 世弟又疏請勿深治鳳輝 以安
臣心 命鳳輝遠竄 十月執義趙聖復 疏請 世弟叅聽庶務 卽日 傳敎曰予
有奇疾 誠難酬應萬幾 大小國事 幷令 世弟裁斷 俾予安意調養 承旨李
箕翊等 入請還收 不許 請罷聖復而退 左叅贊崔錫恒 錫鼎弟也 詣闕請
對 箕翊以夜深不許 錫恒强之 乃稟 特命留門鑰而引見 錫恒泣懇還收
上曰予當思之 力陳至五更 上動容曰還收可也 時李健命聞錫恒入 始與
兵叅金在魯 追至闕下 聞已還收 遂歸 他相皆不動 翌日健命疏論錫恒
一宰臣 深夜求對 承旨不宜許入 戶叅趙泰億請對 盛斥大臣三司 袖手
傍觀 高枕熟睡 無一人爭論 反以錫恒之入而攻承旨 倫常絶矣 國不國
矣 司直朴泰恒等搢紳三十人 疏論聖復及諸大臣 司直李光佐淸恩君韓
配夏刑叅李肇副司果韓世良相繼疏論 世良疏曰 嗚呼痛矣 天無二日
地無二王 北面於 殿下之廷者 敢欲陰移天位 萌諸心而發諸口哉 司直
權珪等南人搢紳疏曰 嗚呼 皇天[2]豈欲亂亡我國家耶 殿下何爲賊臣所
激惱 而爲此敎耶 兩司以世良珪語逼 請鞫之 且論崔錫恒趙泰億搆誣廷
臣 後數日 復 命世弟裁斷如前敎 金昌集等 率百官請對 不許 庭啓請還
收 至四日 世弟五疏固辭 有分苦分痛之敎 且 敎下朝廷曰予病不可視
事 將使左右 考例 擧行 左右可乎 世弟可乎 昌集等謂 聖敎至此 不敢不
從 乃聯箚 請以丁酉代理事目施行 而撤庭請 惟李光佐及臺諫柳復明
以爲不可 復明老論也 時有 敎召趙泰耉曰抛棄前事 洗滌時態 幡然入
城 以安將亡之國 又內賜小學一部 卷首有御札 亦如之 泰耉旣馳詣朝

堂 諸相聯箚已上矣 乃從宣仁門入 請對 崔錫恒李光佐李肇韓配夏金演
李台佐等踵至 承旨洪錫輔趙榮福 以泰耉被劾相臣 不可遽入斥之 忽有
教曰聞右相入來 卽爲進見 於是昌集等 不得已 隨泰耉同入 泰耉力請
還收 昌集等同聲請之 良久³ 上有頷可意 昌集令承旨還收傳教 泰耉退
錫輔進曰今日右相之來 上何自知之 迫問至再三 上無答 都承旨洪啓迪
曰 自今置政院無益矣 兩司魚有龍朴致遠等 啓劾 泰耉以大臣 交通宦
侍 潛圖進見 此南袞夜開北門之類也 請拿覈 幷諸宦侍內援者 出付有
司 乃下教曰予坐進修堂⁴ 聞閤外前導聲 知右相之入 宦侍無罪 兩司連
啓不已

※

1 時相(시상): 시임時任 정승. 곧 현직의 정승.
2 皇天(황천): 하늘.
3 良久(양구): 한참 만에.
4 進修堂(진수당): 임금의 거처. 곧 덕과 학문을 닦는 곳. 휴식처.

3. 소론이 정권을 장악하다

박태항朴泰恒 등의 진신소搢紳疏 이후 사직司直 심수현沈壽賢 등이 계속
해서 소회疏會를 연달아 설치하였다.

때마침 겨울 가뭄이 들어 눈이 내릴 것을 기원하면서 구언求言하라는
명령이 있었다.

소론 수십 명이 모였으나 소두(疏頭: 상소문의 우두머리, 주동자)가

없어 난감하였는데 전 참판 김일경金一鏡이 관직이 가장 높았으며 또 자신도 소두가 되기를 요구하였다.

김일경이 비록 문장에는 능하지만 그러나 본디 거칠고 남들에게 거스르는지라 사람들이 다 좋아하지 않았다. 김일경이 소두라는 말에 사람들이 점점 흩어져 상소에는 다만 이진유李眞儒, 윤성시尹聖時, 박필몽朴弼夢, 서종하徐宗廈, 정해鄭楷, 이명의李明誼 여섯 사람만 남았다.

그 상소문의 대략을 간추려 보면 이렇다.

"조성복趙聖復은 앞에서 머리를 내밀고 사흉(四凶: 김창집, 이이명, 조태채, 이건명으로 노론 사대신)은 뒤에서 방자하게 구니 종사宗社가 망극罔極하고 신민臣民들도 망극합니다.

우리 임금께서 새로 즉위하신 후 정사를 곧 사양하셨습니다. 신하들의 정情의 통박痛迫함이 어떠하기에 억지로 정청庭請을 연 지 3일 만에 그만둔단 말입니까?

연명하여 차자를 올리고는 자신들 마음대로 결정하여 급작스럽게 유사(有司: 담당관)에게 명하여 거행하자고 청하기까지 하였으니 이것이 어찌 인신人臣으로서 감히 입 밖에 내고 글로 쓸 수 있는 것입니까?

갑술년(甲戌年: 숙종 20년, 서인 집권)에 양사兩司가 기사년(己巳年: 숙종 15년, 남인 집권)에 대신들이 반나절만 정청庭請한 죄를 논했습니다.

정조鄭造와 윤인尹訒과 정인홍鄭仁弘에게 비교하면 반나절과 3일은 진실로 오십보백보의 차이에 지나지 않습니다.

기사년의 여러 신하들은 오히려 정조와 윤인과 정인홍을 배척하였는데 오늘날의 저 무리들은 양기梁冀, 석현石顯, 왕망王莽, 조조曹操처럼 목 베임에서 벗어나기 어려울 것입니다. 또 기사년에는 오히려 아래로부터 차자로 청하기를 저 무리처럼 하지는 않았습니다.

중외中外의 인정人情이 솥의 물이 끓듯 하여 모두가 저 정승들을 가리켜 '이들은 참으로 역적이다. 어찌 우리 왕을 놔두겠는가?'라고 말하고 있습니다. 사흉四凶의 죄야말로 진실로 하늘과 땅 사이에서 머리를 들기 어려운 것입니다.

옛날 갑술년甲戌年 초에 한두 명의 원로元老가 고심苦心하고 길게 생각하여 세자를 보호하는 도를 삼았으나 저 무리들은 이들을 원수같이 여깁니다. 신사년(辛巳年: 숙종 27년) 이래로는 더욱 심하게 배척하여 임창任敞, 박규서朴奎瑞가 방자하게 흉언凶言으로 잡아 흔들어 핍박하였고, 또 '정유독대丁酉獨對'는 이이명이 앞에서 전지傳旨를 들은 후 여러 정승을 불러서 가부可否를 묻고자 한 것으로, 진실로 그 실정을 규명한다면 참으로 측량하기 어려운 것이 있습니다.

대리청정을 종묘에 고하는 것은 고사故事가 명백한데도 김창집이 힘써 저지하였으니 이것은 사체事體가 엄중해지면 나중에 이를 움직이기 어려워질 것을 두려워한 것입니다.

그러나 오히려 선왕先王의 사랑의 덕에 힘입어 다른 사람들이 감히 이간질하지 못하였고 백리 밖에서 병든 몸을 싣고 들어오는 누런 머리의 충성을 본받을 만한 한 사람(영부사 윤지완)이 있어서 오늘날까지 보존했습니다.

전하께서 자리를 이으셨는데 윤지술이 핍박하고 욕되게 한 것은 다시 사람의 도리가 아닌데도 김창집이 이에 화답해서 가벼운 형벌과 작은 꾸지람도 실시하지 못했습니다. 김창집은 또 전하와 함께 할 수 없다고 하는 데까지 이르렀으니 저 무리들이 이미 군부君父로서 대접하지 않는 것입니다. 전하에게 또한 신하로서 스스로 처하지 않는 것입니다.

오늘날 조성복이란 자는 저 무리들이 지휘하는 사령(使令: 심부름꾼) 중의 한 사람인데 일찍이 시험 삼아 낸 꾀가 몰래 팔려서 떳떳하지 않은 전교가 갑작스럽게 내려졌습니다.

저 무리들이 틈을 엿보고 자신의 마음으로 남의 마음을 헤아리는 것이 진실로 이미 익숙해져 힘을 다투어 임금의 마음을 돌리려는 것은 원래 그들의 본마음이 아닙니다.

비록 외면의 일의 실체로 말하더라도 김창집은 왼쪽 발이 문밖을 엿보지 않고 바로 들어오는 자이고, 이건명은 느릿한 걸음으로 겨우 대궐 아래 그치는 자입니다. 그 국가의 처분에 대하여는 일찍부터 한 마디 말도 없으며 조성복의 죄상은 반 마디의 언급도 있지 않으니 이렇게 하고도 그들의 마음의 흔적을 가릴 수 있겠습니까?

김창집은 지난날 재상이었던 김수항의 아들입니다. 김수항이 죽음에 임박하여 그 아들에게 '힘써 권력 있는 중요한 지위를 피하라.'고 경계하였으나 김창집이 조금도 생각에 담지 않고 권력을 탐하고 세력을 좋아하였는데 자식된 자의 불효가 이와 같다면 신하된 자의 불충도 같을 것은 정한 이치입니다. 이이명은 이사명李師命의 동생인데 화심禍心을 감추어 원망하는 독毒이 더욱 심하고, 조태채는 세력 잃을 것을 근심하는 야비한 사람으로 은혜를 망각하고 의리를 저버린 자이며, 이건명은 마음이 어둡고 구부러져서 나라를 병들게 하고 백성을 해치는 자입니다.

이들 사흉四凶의 세력이 성해서 모든 사특한 것이 그림자처럼 따르게 되어 손톱과 이빨 같은 심복心腹이 되어 전후좌우가 모두 이들 정승들의 사사로운 사람이 아닌 이가 없고 그 임금 보기를 쓸모없는 물건처럼 보니 오늘날의 국세國勢가 위태하고 또 화급합니다.

정청庭聽을 걷자 우의정이 급히 임금이 있는 곳에 이르러 뜻을 품稟하고 청대하기를 구했는데 승지承旨와 양사兩司에서는 사흉四凶의 뜻을 따라 한편으로는 막고 한편으로는 탄핵하고 공격했으나 대청(大廳: 임금이 정사를 듣는 곳)에서 특별히 부르시어 전하의 명령이 분명하고 단호하였으므로 김창집과 이건명이 창황하고 군색한 걸음걸이로 뛰고 넘어져가며 뒤따르니 그 모양이 하도 놀라고 괴이하여 지나가는 군졸들이 손가락질하며 웃었습니다.

아아, 저 무리들이 3일 동안이나 대면을 청했으나 한 번도 허락하지 않으신 것은 성상聖上께서 그들의 정청이 진심이 아닌 것을 밝게 보셨기 때문입니다. 하물며 정청의 자리가 이미 걷히고 차자가 이미 들어왔으니 저들의 폐肺와 간肝이 모두 드러나 스스로 죄에서 도망치기 어렵게 되었습니다.

진실로 머리를 나란히 하고 석고 대죄하여 공손히 형벌을 기다리는 것이 마땅한 것인데 다시 무슨 낯을 들고 뻔뻔스럽게 향안(香案: 임금 앞)의 앞에 앉아 있습니까?

아아, 군신君臣의 의리가 지극히 엄하고 또 중하여 하나의 차질만 있어도 악한 역적으로 임금의 자리를 빼앗으려 한다고 죽임을 당하는 법입니다. 하물며 저 무리들은 죄를 쌓고 쌓은 것이 이미 오래되어 임금을 능멸함이 날마다 커지고 신하 노릇을 하지 않으려는 마음이 한 글에 모두 드러나서, 임금을 없애려는 나쁜 뜻이 많은 눈을 가리기가 어려워졌으며 삼강三綱이나 오륜五倫이 완전히 끊어져서 남지 않았습니다.

춘추시대에 장수가 없는 것과 같아서 족히 그 죄를 매듭짓지 못하고 한漢나라 법法이 부도不道하여 그 법의 기준을 세울 수가 없는 것과 같습니다. 이것은 실상 천지가 용납하지 않는 것이요, 신인神人이 용서하지 않는 것입니다."

상소문이 들어가자 경종이 거듭 전지를 내려 무릇 노론으로 지목된 사람들은 다 몰아냈고 모두 소론을 불러들였다.

이에 삼사三司에서 이제李濟, 박필몽朴弼夢, 양성규梁聖揆, 이명의李明誼, 윤연尹㝚 등이 교대로 김창집 등 여러 노론들을 논박하여 다 귀양 보내고 윤지술과 조성복을 죽였으며 조태구와 최석항이 정승이 되어 김일경金一鏡과 함께 국론을 주장하였다.

自朴泰恒等搢紳疏後 司直沈壽賢等繼之 疏會連設 會 冬旱祈雪 有求言之命 少論會者數十人 難於疏首 前叅判金一鏡秩最居前 且自求爲首 一鏡雖能文 然素麤悖 人皆不悅 聞一鏡爲首 稍稍罷去 疏下止李眞儒尹聖時朴弼夢徐宗廈鄭楷李明誼六人 疏略曰 聖復閟於前 四凶肆於後 宗社罔極 臣民罔極 吾 君新服謝事 臣子之情 痛迫如何 而畢勉庭請 塞責三日而止 聯名上箚 任自裁定 至請亟命有司擧行 是豈人臣所敢發 諸口筆諸書哉 甲戌兩司論己巳大臣半日庭請之罪 比之於造訥仁弘 半日三日 眞是百步之於五十步也 己巳諸臣 尙斥以造訥仁弘 則今日彼輩 難道冀顯莽操之誅 且己巳猶未有自下箚請 如彼輩者也 中外人情 波駭鼎沸 咸指彼相曰此眞逆也 胡乃捨吾王也 四凶之罪 固難戴頭於天壤間

矣 昔於甲戌之初 一二元老[1] 苦心長慮爲調護之道則 彼輩視若仇讐 自辛巳以來 指斥尤甚 任敵朴奎瑞 恣爲凶言 輒逼敲撼[2] 丁酉獨對 李頤命前席取旨 欲招諸相 以詢可否 苟究其情 誠有難測 代理 告廟 明有故事而金昌集力爲沮遏[3] 或恐事體嚴重 其勢難動耳 尙賴 先王止慈之德 人無敢間 而百里异疾 亦有一介黃髮之效忠 保有今日 逮殿下嗣位 志述逼辱 無復人理 昌集起而和之 末減薄譴[4] 猶不獲施 昌集至謂 殿下不足與有爲 彼輩旣不以君父待 殿下 而亦不以臣子自處 今日聖復 彼輩指揮使令中一也 嘗試之謀潛售 非常之敎遽降 彼輩之偵伺揣摩[5] 固已爛熟 力爭回天 元非本意 而雖以外面事體言之 集也左足不窺於戶外 健也緩驅僅止於闕下 其於國家之處分 曾無片語之到 其於聖復之罪狀未有半辭之及 如是而尙可掩其心跡乎 昌集 以故相壽恒之子 壽恒臨絶戒其子力避權要[6] 昌集恬然罔念 貪權樂勢 爲子不孝若是 爲臣不忠固其所也 頤命乃師命之弟 包藏禍心 怨毒尤憯 泰采 患失鄙夫 忘恩負義健命 暗曲回慝 病國害民 四凶勢成 百邪影從 爪牙腹心 左右前後 無非相國之私人 其視籲屎[7] 殆若弁髦[8] 今日國勢 危且急矣 庭班之撤 右相急到禁局[9] 稟旨求對則 承旨兩司 承望四凶之風 一邊沮格 一邊劾擊 宣室[10]特召 天啓 明斷 昌集健命 蒼黃窘步 跳踉顚蹶 景象駭怪 走卒指笑 噫渠輩三日請對 一命終斬 是 聖上俯燭其不誠故也 況班已撤矣 箚已入矣 肺肝畢露 自孽難逃 固當骿首席藁 恭俟鈇鉞 更擧何顔 靦然於香案[11]之前哉噫君臣之義 至嚴且重 一有蹉跌 惡逆簒弑之誅 有不得辭 況彼輩積漸旣久 凌犯日大 不臣之志 一箚孔彰 無君之惡 萬目難掩 三綱五倫 滅絶無餘 春秋無將 不足以繩其罪 漢法不道[12] 不足以準其律 玆實天地之所不容 神人之所罔赦者也 疏入 中旨[13] 荐降 凡以老論名者 皆逐之 悉召少

論 於是三司李濟朴弼夢梁聖揆李明誼尹㢧等 交論金昌集等諸老論 悉
加流竄 殺尹志述趙聖復而趙泰耉崔錫恒爲相 與金一鏡幷主國論

※

1 一二元老(일이원로): 갑술년에 세자를 구하려던 남구만, 최석정 등 소론
대신들을 말한다.

2 敲撼(교감): 쳐서 흔들다.

3 金昌集力爲沮遏(김창집역위저알): 정유년 세자의 대리청정을 종묘에 고하
는 것을 김창집이 반대한 것. 종묘에 고하면 나중에 세자를 바꾸기 어렵기
때문에 반대했다는 뜻이다.

4 末減薄譴(말감박견): 형벌을 가볍게 하고 꾸짖는데 꾸짖는 것 같지 않은
것을 말한다.

5 揣摩(췌마): 자기 마음대로 남의 마음을 헤아리다.

6 權要(권요): 권력과 요직要職.

7 黼扆(보의): 자루가 없는 도끼를 수놓은 빨간 비단으로 만든 병풍. 천자가
있는 자리의 뒤에 친다. 곧 임금이 있는 자리의 뜻.

8 弁髦(변모): 변弁은 치포관緇布冠으로 관례를 행하기 전에 잠시 쓰는 것.
모髦는 총각의 더펄머리. 두 가지 다 관례冠禮가 끝나면 버리는 것으로
별 소용이 없는 것을 뜻한다.

9 禁扃(금경): 임금이 있는 곳으로 아무나 마음대로 들어가지 못하는 곳.

10 宣室(선실): 궁전宮殿. 대청大廳.

11 覥然於香案(전연어향안): 전연覥然은 면목이 있어 사람을 보다. 향안香案은
향로를 받치는 상.

12 漢法不道(한법부도): 중국 한漢나라의 법에 대역무도한 것.

13 中旨(중지): 임금의 뜻. 알맞은 뜻.

4. 세제를 탄압하는 환관

김일경은 일찍이 영변寧邊 부사府使였는데 환관 박상검朴尙儉은 영변 사람이었다. 이때부터 김일경이 박상검을 후히 대접하였는데 후에 결탁하여 궁중의 후원자가 되었다.

환국(換局: 소론이 정권을 잡음)이 되자 박상검이 드디어 세제世弟에게 불리하게 하려고 궁인宮人 석렬石烈·필정必貞과 환관 문유도文有道 등과 계책을 세워서 먼저 장세상張世相을 쫓아냈다.

장세상도 환관이었다. 명목상 세제世弟의 궁 안에 소속되어 있었는데 노론과 결탁한 자이다. 이때 귀양 보내라고 명하였다.

세제世弟가 경종에게 박상검 등이 전횡한다고 말하고 유사有司에게 붙이기를 청하자 허락하였다.

처음 세제世弟에게 하교하여

"그대 마음대로 하라."

라고 하였는데 이 모두가 박상검이 꾸민 것이었다.

박상검이 또 '여우가 있다.'고 꾸며서 덫과 함정을 청휘문淸暉門 밖에 설치하고 세제世弟가 조근朝覲하러 가는 길을 막아 세제가 여러 번 임금을 보고자 했으나 얻지 못하였다.

이에 밤에 동궁東宮의 내시를 불러 울면서 박상검 등의 정상情狀을 말하고 자리를 피해 합문閤門을 나오려 하는데 대비大妃가 언문의 교지를 조정에 내려 세제世弟의 자리 사양하는 것을 허락하고 선왕(숙종)이 주신 작호爵號를 보존하게 했는데 그 내용이 아주 애통하였다.

조태구 등이 삼사三司와 여러 재상을 거느리고 청대請對하여 극력 간하였다. 목이 메고 눈물을 흘리면서 여러 신하가 서로 이어 "박상검 등을 국문하십시오."라고 힘껏 청하자 임금이 한참 있다가 비로소 허락하였다.

조태구가 다시 물러나와 세제世弟를 방문하여 효도와 우애의 말로 위안하였고 또 대비전에 아뢰었다.

"임금께서 이미 처분하셨기 때문에 언문 교지를 감히 번거롭게 반포하지 못하고 삼가 그대로 돌려 드립니다."

이때 판의금부사判義禁府事 심단沈檀이 곧바로 박상검의 목을 베자고 청했으나 김일경은 박상검의 죄상이 이미 나타났으니 국문할 것이 없다고 말했는데 조태구가 옳지 않다고 말하였다.

최석항이 옥을 다스렸는데 박상검과 문유도는 죄를 자복하여 목을 베어 죽였고 석렬과 필정은 곤장을 때려 죽였다.

이에 전 참판前叅判 정호鄭澔가 상소를 올려 말하였다.

"나라의 근본(세자)이 동요하는 점이 있어 자성(慈聖: 대비)께서 애통해하는 전교를 내렸는데 대신이 제 맘대로 스스로 봉하여 돌려보내고 환관과 궁중 종들의 옥사를 다스리는데 혹은 바로 목을 베자고 청하고 혹은 먼저 죽어서 그 죄상을 다 조사하지도 못했습니다. 또 선조(先朝: 숙종)의 오래된 신하들(노론)이 다 쫓겨나고 배척당하였으니 이것이 무슨 일이며 무슨 죄인지 알지 못하겠습니다."

대간臺諫에서 정호를 논란하여 귀양을 보냈다.

一鏡嘗爲寧邊府使 宦者朴尙儉 寧邊人也 一鏡厚遇之 後因結爲內援

旣換局 尙儉遂欲不利于世弟 與宮人石烈必貞及宦者文有道等 謀先逐
張世相 世相亦宦者 名隷 世弟宮屬 而與老論交結者也 至是 命竄之
世弟白 上言尙儉等之橫 請出付有司 上許之 旣而有 下敎於 世弟 曰可
任自爲之 尙儉所造也 尙儉又托以有狐 設機穽於淸暉門 塞世弟朝覲之
路 世弟求復見不得 乃夜召宮官[1] 泣言尙儉等狀 因欲避位出閤 大妃下
諺敎于朝廷 欲許 世弟辭位 以保 先王所授爵號 辭極哀痛 趙泰耇等
率三司諸宰 請對極諫 嗚咽涕泣 諸臣相繼力請出尙儉等鞫之 上良久始
許 泰耇復退 詣世弟 陳孝友之說 以慰安之 又白 東朝曰 上已處分 諺敎
不敢煩布 謹以封還 時判禁沈檀 請直斬尙儉 一鏡亦言尙儉罪狀已著
無可鞫問 泰耇不可 崔錫恒按獄 尙儉有道承服誅 石烈必貞杖斃 於是
前僉判鄭澔疏言 國本有動搖之漸 慈聖下哀痛之敎 而大臣擅自封還
宦婢之獄 或請直斬 或令徑斃[2] 使罪狀不盡究覈且 先朝舊臣 盡行斥逐
未諳何事何罪 臺諫論竄澔

※

1 宮官(궁관) : 동궁에 속해 있는 관리.
2 徑斃(경폐) : 미리 죽었다. 지레 겁나서 죽었다.

5. 경종을 죽이려 한 삼급수의 변

임인년(壬寅年 : 경종 2년) 여름 사신으로 갔던 이건명 등이 돌아오자
세제世弟로 책봉하는 전례가 완성되었는데 그 이튿날 목호룡睦虎龍의
고변이 올라왔다.

목호룡은 남인南人 서자(庶子: 첩의 아들)였는데 시를 잘했기 때문에 사대부들과 교유하였고, 백망白望은 연잉군의 매를 길들이는 조련사로서 목호룡과 잘 지냈는데 이로 인해 김용택, 이천기 등과도 결탁하여 그 비밀 모의에 참여하였다.

경종이 즉위한 뒤로 세제(연잉군)를 세우는 일이 순조롭게 이루어지자 김용택 등은 목호룡의 입을 막기 위해 그를 죽이려고 하였다. 김일경이 엿보아 이 사실을 알고서 목호룡을 사주하여 고변토록 한 것이다.

최석항이 위관委官, 이삼李森이 포도대장이 되고 심단과 김일경이 금부당상禁府堂上이 되어 이 일을 조사하면서 노론老論을 많이 죽였다.

이 내용은 너무 많아서 능히 다 기록하지 못한다.

때마침 사신이 청淸나라로 가게 되었는데 역적을 토벌한 본말本末을 진주陳奏하면서 예문관제학藝文館提學 유봉휘가 지은 글 속에 다음과 같이 말하였다.

"본년本年의 3월에 조용하고 한가한데 목호룡이 역적의 무리들을 고변하기를 '혹은 칼로써, 혹은 약으로써, 혹은 폐출廢黜하려는 음모로 역적질을 꾸미는 것을 보고 황공함을 이기지 못해 와서 고합니다.'라고 했습니다.

즉시 정부(政府: 의정부)와 의금부, 양사兩司의 관원들이 모여앉아 추문推問하자 목호룡이 공술하기를 '칼로써 한다는 것은 용사勇士가 비수를 가지고 궁중의 측간에 들어가 숨는 것을 말하는 것인데 이것은 역적 무리들이 사사롭게 서로 〈대급수大急手〉라고 부르는 것입니다. 약으로써 한다는 것은 궁녀에게 약을 주어서 음식물 속에 타는 것으로 〈소급수小急手〉라고 부르는 것이며, 폐출廢黜한다는 것은 재물로 환관

들을 매수하여 죄를 얽어서 임금을 폐출하려는 계획으로 〈평지수平地
手〉라고 부릅니다.

정인중鄭麟重, 이기지李器之, 이희지李喜之, 김용택金龍澤, 이천기李
天紀, 심상길沈尙吉, 조흡趙洽 등이 모든 역적과 결탁했는데 김용택이
백망에게 보검寶儉을 주어 국상國喪일에 담을 넘어 궁에 들어가 〈대급수
大急手〉를 행하게 했습니다. 정인중, 김용택, 이천기, 이기지, 이희지,
홍의인洪義人, 홍철인洪哲人 등은 백망을 시켜서 궁인宮人 이영二英으로
하여금 사촌 되는 궁인에게 은銀을 바쳐 음식에 약을 타는 일을 도모해
이루게 했습니다. 이희지는 언문 노래가사를 지어 궁중으로 흘러 들여
보내 주상主上을 속여서 교령(矯令: 가짜 명령서)을 초안하여 두었다가
환관 장세상을 시켜 국상 때가 임박하면 내리라고 하였는데 그 속에는
세자를 폐하여 덕양군德讓君으로 삼는다는 말이 있었습니다. 김민택金
民澤, 조흡, 심상길, 홍의인, 이희지 등이 은銀을 냈는데 그 액수는
차등이 있다고 합니다.'라고 하였습니다.

이것을 증거 삼아 각각의 피고인들을 잡아 문초하자 정인중은 공초에
서 '내가 이천기, 김용택, 백망 등과 서로 모여 결탁할 때 나는 손바닥에
의義자를 쓰고 백망은 손바닥에 양養자를 썼는데 이것은 곧 재상 이이명
의 자字입니다.'라고 하였습니다.

심상길은 공초에서 '이천기가 편지로 은화銀貨를 요청하기에 내가
은화 1백 냥을 구비해 주었고 또 묘하게 만든 부채 50자루를 보냈더니
이천기가 그것을 이용하여 궁에서 금지된 일을 체결하는 데 썼습니다.'
라고 했습니다.

백망은 공초에서 '하루는 정인중과 김용택의 집으로 갔더니 이희지와

이천기가 앉아 있다가 드디어 술이 나와 함께 대작하며 서로 사생死生을
함께 할 사귐을 맺었습니다. 내가 〈주상主上이 만약 죽게 된다면 세상에
유비劉備와 같은 사람이 없으니 어찌 하겠습니까?〉라고 하자 여러
사람이 말하기를 〈그런 사람이 스스로 있을 것이오.〉라면서 각각 손바
닥에 글을 써서 자신의 마음을 보였는데 김용택은 충忠자를 쓰고 다른
사람은 의義자나 신信자를 쓰고 나는 양養자를 썼는데 좌우에서는
그 뜻을 알지 못했으나 이천기는 이것을 알고 크게 웃었습니다. 이것은
이이명의 자字가 양숙養叔인 것을 말한 것으로 나는 김용택이 이이명을
추대하려 한다고 의심했기 때문에 유비劉備를 물어본 것입니다. 모아둔
은화는 포도청에서 이영二英을 체포할 때 다른 곳에 감추어 둔 것이며,
김용택이 준 칼은 내가 사는 곳에서 찾아냈는데 이것은 대단한 장물贓物
입니다.'라고 말했습니다.

　이천기는 공술에서 '이른바 삼급수三急手의 일이라는 것은 나와 김용
택, 이희지, 이기지, 백망 등이 서로 은화를 모으고 자주 상의하여
모든 일을 함께 하지 않은 것이 없었습니다. 처음에 김용택의 집에
가서 백망의 신수가 좋은 것을 보고 그의 용력勇力을 물어보면서 술을
주고받으며 서로 맹세하여 함께 사생死生의 교우를 맺었습니다. 백망이
손바닥에 쓴 양養자를 좌우에서 서로 돌아보면서 그 뜻을 알지 못했지만
내가 깨닫고 크게 웃었습니다. 백망이 은화 5백 냥이면 한 번에 즉사하는
중국의 환약丸藥을 구할 수 있다고 하자 조흡이 이 말을 듣고 은화
2천 냥을 내어 약으로 하는 일(소급수)을 도모하도록 하였습니다.
내가 쓴 수찰手札 속의 이른바 혈신穴臣이란 것은 곧 환관 장세상張世相
을 가리킨 것이고, 〈구야입거 유하소문久也入去 有何所聞〉에서 구久는

곧 백망의 자字로 변복變服하고 입궐하여 약으로 하는 일을 행하라는
독촉이었습니다.'라고 하였습니다.

　김용택은 공초에서 '고변한 자는 내가 보검을 백망에게 주어서 선대
왕(先大王: 숙종)의 국상國喪일에 궁에 들어가 대급수大急手를 행하라고
했다는데 그것이 아니라 가죽집에 들어 있는 마도馬刀를 백망에게
내준 것입니다.'라고 공술하였으나 포도청에서 백망의 방 안에서 찾아
낸 보검의 장단長短이나 모양이 고변자의 말과 조금도 차이가 없으니
마도馬刀란 말은 스스로 꾸며낸 것으로 드러났습니다.

　장세상은 공초에서 '정우관鄭宇寬, 이정식李正植, 김창도金昌道와 서
로 친하게 왕래하여 국가가 처분한 일에 대해 서로 말하지 않은 것이
없었고, 또 도모하는 일을 부탁하는 것도 있었고, 교령(矯令: 가짜
명령서)의 일은 이정식 무리를 내인內人의 처소로 들여보내 약藥으로
행하고(소급수) 백망을 나의 처소로 보냈으니 역모를 꾸민 것이 확실합
니다.'라고 하였습니다.

　이영二英은 공초에서 '백망 등이 보낸 은자銀子를 궁녀宮女 지씨池氏
에게 보내 약으로 행하는 일을 도모하라고 시켰습니다. 일찍이 백망의
주머니 속을 보니 누런색의 환약을 겹겹이 싸서 풀로 붙이고 봉한
것이 있었는데 궁녀 지씨의 집에서 이것이 나왔으니 백망이 직접 주어
보낸 것입니다.'라고 했습니다.

　이정식은 공초에서 '장세상과 김창도 등은 원래 친했는데 역적의
무리들이 항상 주상主上께서 병환이 있다고 하다가 이것이 헛소문이라
는 말을 듣고 모두 죽을까 겁이 나서 이런 약으로 행하는 흉한 일을
꾸몄습니다. 또 궁성宮城을 호위하는 일은 영상 김창집이 무신武臣

이삼李森의 용력勇力을 꺼려서 충청병사忠淸兵使로 내보내고 김창집과 친한 유취장柳就章을 대장大將 이홍술李弘述에게 부탁해 중군中軍으로 삼았는데 이홍술과 김창집은 서로 뜻이 같고 의義가 합해 이러한 일을 한 것으로 대개 장세상이 괴수가 되고 정우관이 심복이 되었고 내가 그 기틀을 감독했습니다.'라고 하였습니다.

김창도는 공초에서 '이정식이 이미 다 말하였으므로 더 할 말은 없지만 사실은 이기지가 영상을 만나 〈시사時事가 매우 위태로우니 궁성宮城을 호위하는 것이 좋겠습니다.〉라고 하자 영의정이 〈그렇다.〉 하면서 이삼李森은 장수의 지략은 있으나 일을 함께 하지는 못할 것이라 며 심히 걱정했습니다. 영의정과 이건명, 이이명, 조태채와 함께 병조 판서 이만성李晩成에게 말하여 이삼을 충청병사로 삼아 내보내고 대신 들이 상의하여 유취장을 중군사中軍事로 삼아 대장에게 나누어 붙여 호위하는 계책을 맡겼는데 자세한 것은 모르겠으나 이기지의 말을 들으면 이의異議가 있는 사람은 감히 들어오지 못하게 하려고 한 것입니 다. 은銀을 모아 일을 도모하는 것은 그 유래가 이미 오래되었는데 나 역시 거기에 참여함을 면하지 못했습니다.'라고 말했습니다.

정우관의 말은 김창도와 대략 같았습니다.

일관一觀은 공초에서 '내가 이천기의 사주를 받아 환국(換局: 정권 교체)하는 음모를 도모한 것은 정우관의 한 것과는 조건이 각각 다르고 일찍이 이기지의 집을 지날 때 이기지가 다른 사람과 밀어密語를 나누는 데 〈그대가 일국 수상의 손자로서 정우관 무리와 결탁하여 무슨 일을 하느냐?〉라고 하였는데 이 사람은 김창집의 손자인 김성행金省行이었 습니다. 나는 여러 역적과 서로 친하여 그들이 하는 짓을 모르는 것이 없습니다.'라고 말했습니다.

유취장은 공초에서 '그해 10월에 영상을 찾아가 만나니 〈근래에 일의 조짐이 수상하니 군문장관軍門將官을 마땅히 친하고 믿을 만한 사람으로 배치해야겠는데 만약 자리가 비거든 그대가 중군中軍을 하는 것이 아주 좋을 것이다.〉라고 말했습니다. 그 뒤 이삼이 충청병사로 나가기에 양익표梁益標에게 〈중군 자리가 비었으니 만약 대신의 분부만 얻으면 할 수 있소.〉라고 말했더니 양익표가 영상에게 가서 고한 후 이어서 대장 이홍술에게 말하자 내게 장계가 내려졌습니다. 내가 곧 나아가 이름을 대고 대면하니 이홍술이 〈시사時事가 심히 위태하니 한편으로는 군병軍兵으로 대궐문을 지키고 한편으로는 대신에게 말해 임금을 시중드는 중요한 자리에 있는 환관으로서 해를 끼치는 자를 죽여야 하는데 군병들이 따라 주겠소?〉라고 물었습니다. 나는 〈대장의 전령을 어찌 따르지 않을 이유가 있겠습니까?〉라고 대답하고 김창집을 찾아가 만나자 〈그대는 자주 주장主將을 만나서 조용히 대화해 보았는 가?〉라고 물었으니 그의 뜻은 나보고 자주 찾아가서 이런 일 등에 대해 수작하라는 것이었는데 내가 이미 뜻을 함께 한 죄가 있으니 어찌 면할 수 있겠습니까?'라고 하였습니다.

이헌李瀗은 공초에서 '내 집이 이이명의 이웃에 있으므로 자주 왕래했 는데 정유년(丁酉年: 숙종과 이이명이 정유독대한 해) 이후에는 이이명과 김창집이 매일 동궁(東宮: 세자)을 폐할 일을 도모하였고 내 집이 장세상 의 집과도 연달아 있기 때문에 경자(庚子: 경종 즉위년)년간에 이천기, 김용택 무리가 밤낮으로 경영하려는 계획을 짜 간간히 얻어 들어서 역모에 참여했습니다.'라고 말했습니다.

양익표는 공초에서 '유취장이 중군中軍의 자리를 맡으려고 도모하는 일로 비국(備局: 비변사)에 갔다고 운운하는 것을 들어 그 실정을 적실的實하게 압니다.'라고 말했습니다.

김성절金盛節은 공초에서 '정우관이 약으로 행하는 일(소급수)을 이희지·이기지·김운택과 김민택이 오로지 주장했다고 말하고 나를 시켜 장세상에게 전하는 다리를 만들었는데, 이기지는 〈자기의 아버지도 이미 안다.〉고 했으니 그의 아버지는 곧 이이명입니다.' 또 그 뒤에 말하기를 '김창집의 임시로 거처하는 곳에 갔더니 〈김시태가 이홍술의 집에서 얻은 은화를 장세상에게 주어 바야흐로 환국換局을 도모한다.〉라고 말하였으며 작년에 이우항李宇恒을 만났을 때 〈김창도 외에 장세상의 사환은 우홍채禹洪采이다.〉라고 하여 이를 김창집에게 말했더니 김창집은 〈우홍채가 장세상의 집에 자주 가서 전하는 것이 많았는데, 내가 그 사실을 깨달으니 마음이 시원하다.〉라고 말했습니다. 내가 이미 김창집 무리와 더불어 수작했으니 같이 참여한 것을 면할 수 없습니다.'라고 하였습니다.

우홍채는 공초에서 '김성행이 나에게, 〈이기지가 자기 아버지가 화禍 입을 것을 염려하여 궁중宮中에서 약으로 행하는 일(소급수)을 하려는데 나도 또한 알고 있으니 너는 장세상의 집에 가서 탐지하라.〉라고 말해 가서 물어보니 장세상은 〈안의 일은 이미 정돈되었으나 밖의 일을 잘해야 하는데 양국兩局의 대장(어영대장·훈련대장)을 반드시 우리 사람으로 만든 다음에야 비록 어떤 일이 있어도 걱정할 것이 없을 것이다.〉라고 말했습니다. 그 뒤 김창집이 장세상의 집에 갔다 온 일을 묻기에 이렇게 대답하니 김창집이 웃기만 했습니다. 조금 있다 김성행과 함께 장세상에게 가보고 약으로 행하는 일에 대해 탐지했으니 나도 참여한 것이 분명합니다.'라고 대답했습니다.

이러한 내용들에 의거해 의정부 대신議政府大臣이 조사하여 올린 것은 이렇습니다.

'이번의 〈삼급수三急手의 음모〉는 대개 하루 저녁에 생긴 것이 아니라 선왕(先王: 숙종)의 병환이 심할 때부터 음모가 벌써 이루어졌고 주상(主上: 경종)이 즉위한 뒤에는 흉악한 음모가 더욱 급해져서 난적亂賊들의 심중은 측량하기가 어려운데 이에 따르는 무리는 매우 많았습니다. 그중에는 혹 둔하게 끝까지 견디어 이미 맞아 죽은 자도 있고 혹은 곧은 말로 자백한 자도 있습니다.

또 지류支流는 생략하더라도 그 본원을 모아보면 역적의 괴수 김창집과 이이명은 선조(先朝: 숙종)의 대신으로서 오래도록 국정을 마음대로 하여 부귀富貴에 음란해지고 재화財貨에 더럽혀져서 집은 대단히 크고 사치스러우며 전원田園은 거의 한 고을을 차지했습니다.

어진 이를 죽이고 바른 이를 해쳐서 나라를 좀먹고 백성을 해치며 권력을 탐하고 세력을 즐기면서 의義는 뒷전이고 이익은 먼저 했습니다.

무릇 이처럼 본성을 거역하는 악한 행동은 또한 사물을 박대하고 세세한 일에까지 미쳐, 처음에는 얻어도 조심하고 잃어도 조심하다가 마침내는 남의 것을 빼앗지 않으면 만족하지 않아서 위복威福을 몰래 농락하여 태아(太阿: 명검)를 거꾸로 잡아서 임금을 섬기지 않는 마음을 감추고 신하노릇 하지 않을 뜻을 품어서 먼저 조정에 당여黨與를 심어놓고 몰래 시중市中의 무뢰배들을 양성하여 그 아들, 조카, 손자와 문객들에 속한 자들을 시켜 역적 환관들과 결탁하여 은화銀貨를 주워 모아 궁중에 통하는 사사로운 길을 만들어 내간內間에서 〈약藥으로 행하는 일〉을 주장하고 탐문했으며, 아장(亞將: 어영대장 등)을 교체하는 때에 모두 모여앉아 방법을 가르쳐 주었습니다.

이천기와 이희지, 이기지는 혈당(血黨: 친척)으로 백망이 손바닥에 쓴 글자를 알아서 추대할 사람을 미리 정했고, 유취장은 김창집의 비밀지령을 받아 이홍술이 병사를 배치하는 계책을 도와주었으니 이로 써 폐출廢黜하려는 음모를 장차 행하려 했던 것입니다.

이건명도 함께 우두머리가 될 수밖에 없고 박태채도 협력하고 따른 죄에서 면할 수 없습니다.

예로부터 난적亂賊이 대代마다 나왔지만 이처럼 흉악하고 극악極惡 한 자들은 없었습니다.

이러한 사실에 의거해 장차 역적의 괴수인 김창집과 이이명 등을 법에 따라 처치하고 그 나머지 역모에 참여한 자는 정법(正法: 사형)까지 미치지는 않았으며, 죄인에 연좌된 지속支屬들은 경중에 따라 그의 죄를 의론해 처단해서 예외가 없었습니다.

이 의정대신들이 조사한 내용을 합하여 그 전말을 천청(天聽: 청나라 조정)에 주문奏聞합니다.

생각건대 신臣이 지위를 이은 지 오래되지 못하고 나라를 지키는 것을 삼가지 못해서 대역부도大逆不道의 변고가 나라를 도와야 할 상신相臣에게서 나왔으니 우환을 막는 데 어둡고 사람을 쓰는 데 실수한 것으로 몸을 돌이켜 스스로 책망하나 마음을 다스릴 수 없습니다.

이에 사건의 상황을 대략 이상과 같이 올립니다."

壬寅夏使臣李健命等還 世弟封典准完 其翌日而有睦虎龍之上變 虎龍
者 南人庶孼也 以能詩遊士夫間 白望 延祁君鷹師也 與虎龍善 因結金
龍澤李天紀等 預其密議 及 上卽位 建儲之議順成 龍澤等欲殺虎龍以
滅口 一鏡覘知之 喉使告變 崔錫恒爲委官[1] 李森爲捕將 檀一鏡爲禁堂
按其事大殺老論事多 不能悉載 會有使行以討逆本末陳奏藝提柳鳳輝
撰曰 本年三月日 閑散睦虎龍 告稱賊黨 或以刃 或以藥 或以廢黜 陰謀
造逆 不勝驚惶來告 卽着政府禁府兩司官會坐 推問 虎龍 供稱[2] 以刃云
者 令勇士挾匕首入宮塗廁之謂 而賊輩私相號曰 大急手 以藥云者 給
藥於宮女 和於飮食之中也 號曰小急手 所謂廢黜者 以金締結內竪 搆
成罪目 欲爲廢黜之計 號曰平地手 鄭麟重李器之李喜之金龍澤李天紀
沈尙吉趙洽等 綢繆諸賊 龍澤給寶劒於白望 國喪之日 踰墻入宮 行大
急手 麟重龍澤天紀器之喜之洪義人洪哲人等 使白望因宮人二英 納銀
於四寸宮人 圖成行藥之事 喜之作諺文歌辭 流入宮中 誣 主上 具草矯
令[3] 使宦者張世相臨國喪乃下 草中有廢世子 爲德讓君之語 金民澤趙
洽尙吉義人喜之等 出銀有差云 據此拿問被告各人 麟重供稱 俺與天紀
龍澤白望等 相會結約時俺掌中書義字 白望掌中書養字 卽宰相李頤命
字云 尙吉供稱 天紀書索銀貨 俺備給銀一百兩 且送妙製扇五十柄 天
紀用於締結宮禁之事云 白望供稱 一日偕麟重往龍澤家則 喜之天紀在
坐 遂酌酒相盟 結爲死生之交 俺曰 主上如有不諱則 世無劉備奈何
諸人曰 自有其人 各書掌中 以示心事 龍澤書忠字 他人或書義字信字
而俺書養字 左右不知其義 而天紀覺得大笑 盖李頤命字養叔之謂 俺疑
龍澤推戴頤命故 問劉備[4] 而所聚銀貨 自捕廳搜得於二英移藏處 龍澤
所贈之劒 又現捉於俺所住處 此是大段贓物云 天紀供稱 所謂三手之事

俺與龍澤喜之器之白望等 交聚銀貨 爛熳相議 一動一靜 無不同 初往
龍澤家 見白望好身手 問其勇力 酌酒相盟 結爲死生之交 白望掌中養
字 左右相顧 不知其義 俺覺得大笑 白望言以銀五百兩 買得中原丸藥
一歃卽斃者 趙洽出銀二千兩 圖成行藥之事 俺手札[5]中所謂穴臣 卽指
宦者張世相 而久也入去 有何所聞云者 久卽白望之字 而變服入闕 促
行藥之事也 龍澤供稱 上變人 以俺給寶劍於白望 先大王國喪日 入宮
行大急手云 而俺則以皮鞘之馬刀 出給白望納供矣 自捕廳 得寶劍於白
望房內 長短粧飾 與右人所言 一無差錯 馬刀之說 自歸巧飾云 世相供
稱 與鄭宇寬李正植金昌道 相親往來 國家處分之事 無不問答 且有圖
囑之言 矯令事 正植輩入送于內人處 行藥事 白望送于俺處 謀逆的實
云 二英供稱 白望等所送銀子 傳納于宮女池氏 使之圖成行藥之事 嘗
見白望囊中 有黃色丸藥 密密糊封 池氏出來其家時白望親自給送云
正植供稱 與世相昌道等 素所親切 賊輩常以 主上 爲有病患 及聞虛傳
怯於盡死 爲此行藥凶事 且宮城扈衛事 領相金昌集 忌武臣李森勇力
出爲忠淸兵使 所親柳就章 分付於大將李弘述 代爲中軍[6] 弘述與昌集
志同義合 爲此擧措[7] 蓋世相爲魁 宇寬爲腹心 俺爲機括云 昌道供稱
正植旣已直招 而李器之往見領相曰 時事甚危 扈衛宮城好矣 領相曰然
李森有將略 必不與同事 甚忌云 領相與李健命頤命趙泰采 言于兵曹判
書李晚成 出森爲忠淸兵使 大臣相議 以柳就章 爲中軍事 分付大將
扈衛之計 不能詳知而聞器之言則 欲使異議之人 不敢入 聚銀圖事 其
來已久 而俺亦不免同叅其中云 宇寬供與昌道略同 一觀供稱 俺受天紀
指喉 圖爲換局陰謀 與宇寬所爲 條件各異 曾經器之家則 與人密語曰
君爲一國首相之孫 與宇寬輩 相結作何事乎 此是昌集孫金省行也 俺與

諸賊相親 所爲無不與知云 就章供稱 頃年十月 往見領相則 曰近來事
機殊常矣 軍門將官[8] 當以親信人布置 而令公未經中軍 若有闕則 爲之
甚好 其後李森爲忠清兵使俺謂梁益標曰中軍作闕 若得大臣分付 則可
以爲之 益標往告領相 仍言于大將李弘述 以俺啓下 遂卽投刺 弘述曰
時事甚危 一邊以軍兵分守闕門 一邊大臣白殺宦侍之有害於當路者 軍
兵其聽從乎 俺答曰 大將傳令 豈有不從之理乎 往見昌集則 問曰 君頻
見主將而從容接話乎 其意欲使俺數見 而酬酢此等事也 俺旣有酬酢同
情之罪 烏得免乎 李濾供稱 家與頤命家切隣 常常往來 丁酉後 頤命與
昌集 每圖廢 東宮之事 俺以家連實於世相 庚子間 天紀龍澤輩 日夜經
營之謀 間間得聞 同叅謀逆云 益標供稱 俺以就章圖差中軍事 往備局
云云 知情的實 金盛節供稱 宇寬言行藥事 喜之器之與雲澤民澤專爲主
張 使吾爲傳給世相之階 器之言吾父亦已知之 其父卽頤命也 又言其後
往昌集依幕[9]則 曰金時泰弘述家銀 給世相 方圖換局云 昨年見李宇恒
則曰昌道外 又爲使喚於世相者 禹洪采也 以此故言於昌集則 曰洪采往
來世相家 頗有所傳 吾覺心豁矣 俺旣與昌集輩與之酬酢 難免同叅云
洪采供稱 省行謂俺曰 器之慮其父之被禍 爲行藥宮中之事 吾亦與知
汝往世相家探知云 依其言 往問則世相曰 內間事 旣已整頓 外事宜善
爲 而兩局大將 必以吾人爲之然後 雖有某事 可以無憂 其後昌集問往
來世相家事 以此答之 昌集笑之 旣而 與省行往見世相 探知行藥事
同叅的實 據此照得議政府大臣査啓節該[10] 今玆三手之謀 盖非一夕之
故 當 先王寢疾之時 陰謀已成 逮 主上嗣服之後 凶圖益急 亂逆之情叵
測 附麗之徒寔繁 或有頑忍而徑斃 或有直辭而承款[11]者 且略其支流
姑撮其本原 逆魁昌集頤命 以 先朝大臣 久擅國政 滔於富貴 顯于貨財

第宅極其宏侈 田園殆遍州縣 戕賢毒正 蠹國害民 貪權樂勢 後義先利

凡此悖性慝行 亦是薄物細故 始則患得患失 終爲不奪不厭 竊弄威福

倒持太阿¹² 藏無君之心 蓄不臣之志 先樹朝延之黨與 陰養閭巷之無賴

使其子侄孫與門孽之屬 締結逆閹¹³ 鳩得銀貨 鑽通私逕 內間行藥之事

主張而探問 亞將¹⁴易置之際 齊坐而指敎 天紀以喜器之血黨¹⁵ 揣白望

書掌之字 而推戴之人已定 就章承昌集之密授 贊弘述陳兵之策 而廢黜

之謀將行 健命同歸爲渠 泰采未免脅從 從古以來 亂逆代出 而未有若

此之窮凶極惡者也 據此將逆魁昌集頤命等 按法勘處 其餘一應同爹謀

逆人 未及正法 罪人連坐 支屬從輕重擬議斷過外 合將所據顚末 奏聞

天聽¹⁶ 竊想臣嗣位未久 守國不愼 大逆不道之變 出於輔相之列 闇於防

患 失於任人 反躬自責 無以爲心 仍將事狀 略奏如右云

※

1 委官(위관): 죄인을 심문할 때 의정대신 중에서 임시로 뽑은 재판장.

2 供稱(공칭): 죄인을 공론하여 말하게 하는 것.

3 矯令(교령): 거짓으로 꾸며진 명령서.

4 劉備(유비): 중국 촉한蜀漢의 왕. 자는 현덕玄德. 소열황제.

5 手札(수찰): 직접 손으로 쓴 편지.

6 中軍(중군): 조선시대 각 군영軍營의 대장이나 사使의 버금이 되는 장관將官.

7 擧措(거조): 행동거지.

8 將官(장관): 대장 이하 중장, 소장, 준장의 총칭.

9 依幕(의막): 임시로 거처하는 곳.

10 査啓節該(사계절해): 사계査啓는 조사하여 올리는 문서. 절해節該는 이번에
또는 그.

11 承款(승관): 죄인의 자백.

12 太阿(태아) : 유명한 검劍의 이름.

13 逆閹(역엄) : 배반한 환관. 곧 역적.

14 亞將(아장) : 조선조 시대 포도대장. 용호별장龍虎別將. 도감중군都監中軍, 어영중군御營中軍, 병조참판兵曹叅判의 총칭.

15 血黨(혈당) : 피로 맺어진 당료黨僚.

16 天聽(천청) : 천자의 들음.

6. 삼급수 고변사건

홍문관弘文館 제학提學 김일경이 역적 토벌을 독려하는 반교문頒敎文을 지었다.

"생각해보면 내가 일찍이 간난艱難에 대비하였는데 이 괴로움이 크다고 하여 벗어던져 욕되게 하겠는가? 이사명과 홍치상 등 해충의 요상하고 악한 것은 무진년(戊辰年 : 숙종 14년, 경종이 태어난 해) 연매(燕祺 : 임금이 탄생하다) 초에 시작되어 적창(賊敞 : 任敞)과 흉서(凶瑞 : 朴奎瑞)의 음사陰邪가 나타난 신사년辛巳年의 고변(蠱變 : 장희빈의 무고巫蠱) 사이에 생긴 것이다.

쳐서 흔든 위태한 움직임의 계교는 백 가지 모습이나 되고 핍박하고 헐뜯은 말은 만 가지나 되었다.

그러나 오히려 선대왕(先大王 : 숙종)의 자비로운 인덕仁德에 힘입어 진실로 옛날의 나 같이 불초한 소자小子도 해량海諒하는 덕을 입어 오늘에 이르렀다.

혹은 이도(異圖: 역적)들이 조금 꺾였다고 말했지만 어찌 역적의 정황이 예측할 수 없음을 알았겠는가? 30년이나 오랫동안 길러온 일이니 흉도凶徒들이 많아서 한두 사람의 신하가 엄하게 꺼렸지만 그 교만한 기운은 더욱 방자해졌다.

공孔과 급汲과 구仇와 순荀이 남긴 강직함은 남구만南九萬, 유봉휘柳鳳輝, 윤지완尹趾完, 최석정崔錫鼎의 죽음을 슬퍼했으며 양기梁冀, 곽현霍顯, 왕망王莽, 조조曹操의 간악한 것은 슬프게도 이이명, 김창집, 이건명, 조태채의 방자함을 얻었다.

왕실의 우익羽翼을 잘라버리니 조정이 비어서 사람은 없으나 사당私黨의 심복들만 이리저리 벌려졌으며 관작官爵을 도둑질해 선비를 모집하였고 궁녀와 인연을 맺고 황문(黃門: 환관, 내시)과 결탁하였다.

은화와 재보는 방자하게 금액(禁掖: 후궁)에 뇌물로 통하고 요인妖人과 검객劍客을 모두 문과 담에 두고 길렀다. 비수(匕首: 칼)를 깊은 궁 안에서 품었으니 밖으로는 '예양豫讓이 측간에 숨어서 한 일'을 모방하였고 1천 금金을 대국에서 구입하여 안으로는 '곽현霍顯의 술잔으로 행한 것'을 도모하였다.

진秦나라의 이사李斯는 조고趙高와 깊이 사귀었고 진晉나라의 돈敦은 전봉錢鳳의 협조가 있었다.

변고의 글이 역력하고 반역한 정상은 명백하고 명백하다. 이이명의 자인 '양養'자를 손바닥에 써서 추대할 모략이 이미 정해졌고 주머니 속에 거짓 조서의 초고로 폐출(廢黜: 쫓아내다)의 정상情狀이 모두 드러났다.

숨겨진 말을 사용하여 제거하고자 하고 국구(國舅: 임금의 장인)의 성명을 몰래 불러서 맹서하는 말로 삼아 죽음을 각오하고 일변日變의 길흉을 점쳤는데 이것은 진실로 조카나 아들이 아니면 요컨대 다 죽음을 각오한 사대부와 경험이 많은 장수들이었다.

일전에 환관에게 글을 얻어서 독대의 약속한 것(정유독대丁酉獨對의 약속)을 알았고 한밤중에 주사(籌司: 비변사)에 함께 모여서 비밀스런 계략을 정하였다.

김용택은 인아(姻婭: 사위의 아버지와 동서 간)의 친밀함을 맺어서 한결같이 지휘했고, 이천기는 마을의 사사로운 친구와 결탁하여 몰래 약속을 받았다. 일관一觀이 말을 시작하니 모든 역적의 귀심歸心을 더욱 볼 수 있었다. 김창집이 김창도를 시켜 정우관을 끌어들여 상궁尙宮과 교통하여 몰래 사주하였고 김성행을 시켜 덕수德修와 함께 서로 결탁하여 소훈(昭訓: 세자궁의 여관女官)을 먼저 죽였다.

내옥內屋을 친척으로 연결하여 동정을 엿보고 세력을 이루어 중권(中權: 中軍)을 제집 종처럼 부렸으며 죽이고 살리는 것을 마음대로 하여 위엄을 세웠다.

편지 한 장으로 다시 대궐을 도모하려고 지속적으로 탐지했으며 장세상은 삼목(三木: 李森을 뜻함)을 반드시 외곤(外閫: 지방관)으로 쫓아내는 일을 조종하는데 문득 이만성李晩成에게 요구하였다.

궁성宮城에 병사를 배치하는데 성공했다면 어찌 조정이 피를 밟는 것을 면했겠는가? 다행히 경일庚日에 먼저 법도를 고치자 신령의 거울이 대단히 밝았다. 조그마한 소망을 기다려 길을 멈춘 것은 다른 뜻을 품었던 까닭이었다.

이건명은 형이고 이이명은 동생으로 한 집안이었는데 성품과 행실이 특별한 종류들이고 김창집은 영상이 되고 자신은 좌상에 있으면서 자리를 나란히 하여 명성과 세력이 서로 성원하였다. 다른 나라(청)에 선양하여 감히 우리 임금을 손상시키는 터무니없는 짓을 꾸몄으며, 잔인한 자식들을 사주하여 악의 수괴가 되는 것을 물리치지 못하였다. 조태채는 본래 득실得失을 걱정하는 야비한 사나이로 몰래 반역하는 흉당凶黨에 붙어서 도모하였다.

인정人情이 하늘과 함께 분노하니 너희들이 장차 어디로 돌아갈 것인가? 왕의 글은 삼척(三尺: 법률이나 칼과 같은 뜻)의 지엄한 것을 게시한 것이니 그 또한 사면할 수 없는 것이다. 대저 사흉(四凶: 김창집·이이명·이건명·조태채)의 연명 차자箚子는 실상 '삼급수三急手의 음모'에서 비롯된 것이다.

임부林溥가 모해謀害를 말한 것은 본래 뿌리 없는 맹랑한 것이 아니고, 이잠李潛이 칼날을 향하여 염려한 것은 가히 땔나무를 옮긴 무릉(茂陵: 한나라 무제武帝의 능)이라 할 것이다.

대대(大憝: 악인)가 죄에 승복하니 드디어 인심이 기뻐하였고 남아 있는 잔당들이 옥에 가득하니 족히 하늘의 그물은 도망치기 어렵다는 것을 충분히 알 수 있을 것이다.

전후에 자백한 죄인이 20여 명이고, 차례로 법에 의하여 심문한 것이 7~8개월이다.

역적의 괴수인 김창집, 이이명, 이건명, 조태채, 이홍술, 백망, 정인중, 김용택, 이천기, 이희지, 이기지, 이영二英, 심상길, 장세상, 박헌, 정우관, 이창식, 이정도, 서덕수, 우항宇恒, 유취장, 김성절, 우홍채, 진搢, 일관一觀, 극복, 양익표, 이명좌는 이미 정법(正法: 사형)에 처하였다. 그들이 비밀리에 감추어둔 수십 가지 물건을 찾았으며 겸하여 갑匣에 든 패검도 얻었다. 28명의 간악한 잔당들을 귀양 보냈는데 은자를 숨겨 놓는데 깊은 골짜기를 사용하지 아니함이 없는 자들이다.

약은 늦겨울에 팔리지 못하였으니 음식 속의 독이 약한 것을 탄식하였고, 초여름에 기회를 엿보았으니 비유컨대 밥이 다 익은 것과 같았다.

모의謀議는 대갓집의 큰 방안에서 나왔고 재물은 다 높은 집안과 번성한 울타리에서 나와 자본이 되었다.

나는 저들을 특별한 고굉지신(股肱之臣: 팔과 다리 같은 신하)으로 여겼는데 저들은 도리어 뒤에서 좌우를 급변시키는 계기로 삼았다. 선조先朝에게 받은 사랑을 차마 배반하였고, 역장逆腸이 가로 꼬여져 오늘날의 형장(刑章: 법률)이 넉넉할 수 없으니 내 마음이 슬프기만 하구나."

이때 목호룡이 고한 정인중 등의 일은 다 숙종 말년에 모의한 것이고 김성절의 공초 중에서 유취장 등의 일을 인용한 것은 또한 경종이 즉위한 뒤의 말이다.

전후의 피고는 다 김창집, 이이명의 집 아들과 조카, 빈객들인데 조정 의논이 '연명 차자'와 '삼급수의 음모'를 연결된 것이라 하여 국문한 공초와 대론(臺論: 사헌부, 사간원의 탄핵문서)이 서로 섞인 것이 많고 공사公私가 서로 가까워 증거가 매우 명백하지 못하였다.

김용택, 이천기, 이희지, 이기지, 김성행 및 백망 등은 다 불복하고 죽으니 이들을 끌어내어 참수하였다. 서덕수(徐德修: 영조의 처조카) 등은 정형(正刑: 사형)에 처했는데 이들이 자백한 공초도 여러 번 심문을 당하고 다 죽게 되어 정신이 혼란할 때 말한 것이 많았다.

김창집 등의 죽음도 대간臺諫이 반수검의 법(盤水劍之典: 칼로 목을
베고 물로 칼을 씻는 것)을 시행하자고 청하자 경종은

"그렇게 하라."

고 대답하였다. 또 장계를 올려

"그러면 가검加劍해도 마땅합니까?"

라고 묻자 임금이 대답하였다.

"그렇게 하라."

이에 사신을 보내 베려 하자 조태구가 상소를 올려서 "대신大臣은
가히 정형(正刑: 목 베는 것)하는 법이 아닙니다."라고 하므로 경종은
가검(加劍: 칼로 베다)하라는 전교를 거두라고 명령했으나 이건명만은
사신이 먼저 떠났기 때문에 목 베임을 당했고 나머지는 모두 사약을
받고 죽었다.

이 일에 연좌되어서 죽거나 유배되고 귀양을 간 자는 이루 셀 수가
없었다.

목호룡의 고변서에는 세제世弟를 침범한 말이 있어서 세제가 환관을
불러놓고 울면서 동궁의 자리를 내놓으려 하였다. 최석항崔錫恒이
이것을 임금에게 알리니 국안(鞫案: 국문조사서)에도 동궁(東宮: 세자)
을 언급한 말은 하나도 싣지 않았다.

옥사獄事를 마친 후 부사공(扶社功: 사직을 붙잡은 공신)을 책봉하고
목호룡을 동성군東城君으로 삼았다.

弘提金一鏡 製討逆頒教文[1] 曰顧予備嘗於艱難 叨此投遺乎艱大 師命
致祥之蜚語妖惡 自戊辰燕禩[2]之初 賊敵凶瑞[3]之闖發陰邪 在辛巳蠱變[4]

之際 敲撼危動之計百狀 逼辱詆誣之說萬端 尙賴 先大王止慈之仁恩 允邁古昔 獲令予小子不肖[5]之凉德[6] 式至今日 謂或異圖[7]之少沮 豈意賊 情之叵測[8] 三十年醞釀盖久 凶徒寔繁 一二臣嚴憚其誰 驕氣益橫 孔汲 仇荀[9]之遺直 吁嗟南柳尹崔之云亡 冀顯莽操之故奸 噫嘻頤集健采之 得肆 剪去王室之羽翼 空朝著而無人 排布私黨之腹心 鬻官爵而募士貪 緣紅袖 締結黃門[10] 銀貨錢財 恣通賄於禁掖[11] 妖人釰客 盡儲養於門墻 挾匕首於深宮 外擬豫讓之塗厠[12] 購千金於大國 內圖霍顯之行盃[13] 秦 斯爲趙高之深交[14] 晉敦有錢鳳之夾助[15] 變書歷歷 逆節昭昭 頤命掌中 養字之書 推戴之謀約已定 囊裡矯詔之草 廢黜之情狀孔彰 用隱語而欲 除 潛呼國舅之姓名 發誓言而決死 占驗日變之吉凶 此苟非狷子家兒[16] 要皆是死士宿將[17] 日前得書於閹竪獨對知期 夜半聚首於籌司 密謀有 定 龍澤結姻婭之親密 一聽指揮 天紀托里閈之朋私 陰受約束 至於一 觀之發語 尤見諸賊之歸心 昌集 使昌道因宇寬 而交通尙宮暗睬 縱省 行與德修而相結 昭訓先殲 內屋戚聯 伺動靜而成勢 中權奴使 擅生殺 而立威 一札更圖於重宸 遲速數探 世相 三木必出於外閫 操縱輒要晚 成 倘或逞宮城之陳兵 抑何免禁庭之蹀血 幸先庚而改紀 神鑑孔昭 待 小望而漑程 異志欲逞 健命 頤爲兄渠爲弟於同堂 性行特類 集居領自 居左而聯席 聲勢相援 異國宣揚 敢毀吾君而搆捏 殘孼呪囑 猶斥首惡 以儡侗 泰采 本以患得失之鄙夫 密附圖簒逆之凶黨 人情憤一天之共戴 汝將安歸 王章揭三尺之至嚴 其亦罔赦 大抵四凶之聯箚 實肇三手之陰 謀 林溥以謀害陳辭 本非無根而孟浪 李潛以向刃爲慮 可謂徙薪之茂陵 大慈伏辜 遂致人心之聳喜 餘醜滿獄 足想天綱之難逃 前後承款者 二 十餘人 次第按問者 七八個月 已將逆賊昌集頤命健命泰采弘述望麟重

龍澤天紀喜之器之二英尙吉世相灐宇寬昌植正道德修宇恒就章盛節
洪釆揾一觀克復盆標明佐 旣實正法 搜什百之秘藏 兼獲佩劒之在匣
竄二八之奸細 莫非用銀之尋谿 藥未售於季冬 歟餌毒之未猛 機暗伺於
初夏 譬炊飯之已熟 謀議悉出於大家巨室 貨物皆資於列閫雄藩 予則特
軫股肱之舊臣 渠乃反爲肘腋之急變 先朝寵眷忍負 逆膓橫撐 今日之刑
章莫饒 我心傷惋 時虎龍所告鄭麟重等事 皆 肅宗末年所謀議 而金盛
節招辭所引就章等事 又指 上卽位以後而言 前後被告皆昌集頤命家子
侄賓客 而朝議以聯箚爲三手一串故 鞫招臺論多相混 公私久近 證左不
甚明白 龍澤天紀喜之器之省行及望等 皆不服而死 輒跑斬之 徐德修等
正刑 承服之招 亦多出於累訊 垂死迷亂之中 昌集等之死 臺諫請施盤
水加釖之典 答曰依 又啓然則當加釖乎 又 答曰依 乃遣使斬之 趙泰耉
疏言 大臣不可正刑 命收加釖之敎 而獨李健命以使者先發故 被斬 餘
得賜死 其以株連 死及流竄者 不可勝數 虎龍變書 語侵世弟 世弟又召
宮官 涕泣欲避位 崔錫恒白 上 鞫案語及 東宮者 幷不載 獄成策扶社功
以虎龍爲東城君

※

1 頒敎文(반교문): 나라에 경사가 있을 때 널리 알리는 교서敎書.
2 燕禖(연매): 경종 임금이 태어남.
3 賊敵凶瑞(적창흉서): 역적 임창任敞과 흉악한 박규서朴奎瑞.
4 辛巳蠱變(신사고변): 희빈 장씨가 무당을 시켜 인현왕후를 저주했다는 사건.
5 予小子不肖(여소자불초): 왕 자신이 겸손하게 칭하는 말.
6 凉德(양덕): 조그마한 은혜.
7 異圖(이도): 반역하는 의도.

8 叵測(파측): 불측하다.

9 孔汲仇荀(공급구순): 공융孔融, 급암汲黯, 구진仇珍, 순삼荀森 등의 충신을 뜻하는 것 같은데 확실치 않다.

10 黃門(황문): 내시. 환관.

11 禁掖(금액): 궁중宮中.

12 豫讓之塗厠(예양지도측): 예양이라는 신하가 자신의 주군 지백의 원수를 갚고자 원수의 왕궁 안 측간을 고치는 인부가 되어 기회를 엿보던 일.

13 霍顯之行盃(곽현지행배): 한漢나라 곽광의 처가 임금에게 독약을 먹였던 일을 말한다.

14 秦斯爲趙高之深交(진사위조고지심교): 진秦나라의 재상인 이사가 처음에 조고와 깊이 사귀었던 일. 뒤에 이사가 조고에게 죽임을 당하였다.

15 晉敦有錢鳳之夾助(진돈유전봉지협조): 진晉나라의 돈敦이라는 사람이 전봉의 협조를 받은 일. 자세한 내용은 알 수 없다.

16 猶子家兒(유자가아): 유자猶子는 조카. 가아家兒는 아들.

17 死士宿將(사사숙장): 사사死士는 죽음을 각오한 선비. 숙장宿將은 노련한 장수.

7. 소론이 급소急少와 완소緩少로 분열되다

환국(換局: 시국이 바뀌다) 초기, 김일경은 남인南人 심단沈檀을 이끌어 이조판서를 시키고 기사년(己巳年: 남인이 실각한 숙종 15년) 이후에 유폐되고 금고 당한 자들을 많이 등용하였다. 이것은 남인南人을 시켜 노론老論을 공격하여 죽인 후에 다시 남인들을 몰아내려고 한 것이었다.

조태구가 이것을 보고 옳지 못한 도道라 불가하다고 반대하였다.

김일경은 또 희빈 장씨를 숭보崇報할 것을 힘껏 청하였으나 이광좌가 옳지 않다고 하였다.

이조참의 서명균徐命均이 제일 먼저 탄핵하기를

"심단은 늙고 썩어서 쓸 데가 없고 남인南人으로서 폐지된 자를 갑자기 취하여 쓸 수가 없으며, 윤지술이 비록 죽을죄를 지었으나 태학생太學生이니 죽일 수 없습니다."

라고 말했는데 드디어 이것으로 인해 배척당하였다.

국문하는 일이 시작되자 김일경이 노론老論을 마구 죽이려 하였다.

대사간大司諫 이사상李師尙이 상소를 올려

"징토懲討를 엄하게 하소서."

라고 청했는데 '종자(씨)를 바꾸어 없애자.'라는 말까지 있으니 조태구, 이광좌, 최석항이 모두 너무 지나친 말이라고 하였다.

조태채는 오직 '연명 차자箚子'에 참여했을 뿐이요, 다른 일은 가히 지적할 것이 없었는데도 김일경이 말하였다.

"사흉四凶은 우두머리와 추종자를 구분할 수 없다."

조태구는 조태채와 종형제從兄弟이므로 이것을 피하여 그 논의에는 참여하지 않았다.

삼사三司의 징토懲討 논의가 완급으로 나뉘었는데 온건론은 조태구를 위주로 하였고 강경론은 김일경을 위주로 하였다.

김일경이 정언正言 신필회申弼誨를 사주하여 삼사三司를 모조리 탄핵하면서 아울러 서명균을 변방으로 귀양 보내자고 청하자 사헌부 지평持平 조최수趙最壽가 상소를 올려 말하였다.

"신필회는 기사년己巳年의 잔당으로 김일경이 이를 이끌어 등용시켜서는 안 되는 것이었으니. 청하옵건대 김일경을 이조참판에서 교체하십시오."

또 이사상李師尙이 말하였다.

"신필회와 조최수를 함께 교체하십시오."

김일경이 상소를 올려 물러나겠다고 말했으나 허락하지 않았다.

윤순尹淳이 처음에 이진유李眞儒와 함께 진신소搢紳流를 올리려다가 김일경이 소두疏頭라는 말을 듣고 고향으로 내려가 피하였는데 김일경이 권세를 쓰는 것을 보고 윤순이 여러 사람과 함께 "김일경은 인망人望이 없는 사람인데……."라고 말하였다. 김일경은 이 말을 듣고 화가 나서 윤순을 완소(緩少: 소론 온건파)의 우두머리로 지목하였다.

강현姜鋧이 문형(文衡: 대제학의 별칭)을 추천하면서 김일경을 첫 번째로 하고 이광좌와 조태억을 그 다음으로 하자 지평持平 정수기鄭壽期가 상소를 올려 "강현은 늙어 혼미하여 이런 일에 적당하지 않습니다."라고 논박하였다. 김일경이 이사상에게 편지를 보내

"이 일은 이광좌와 조태억으로부터 말미암았다."

라고 말했는데 이는 이광좌와 조태억이 김일경의 뒤에 있는 것을 부끄러워하여 정수기를 충동하여 상소하게 하였던 것을 말한 것이다.

조태억이 상소를 올려 김일경이 이사상에게 보낸 편지 구절을 적발해 말하자 김일경은 '조태억이 윤순으로부터 편지 내용을 들은 것이 아닌가.'라고 의심하여 정언正言 박징빈朴徵賓을 시켜 윤순이 간사하다고 탄핵하게 했는데 정수기가 또 상소를 올려 말하였다.

"윤순은 학문이 빛나며 선비됨이 우아하지만 박징빈은 비루하고 외람되며 김일경은 하늘을 탐하는 것을 공로로 삼아 기세가 당당합니다."

김일경이 여러 번 상소를 올려 자신을 변명했는데 상소 때마다 '나라를 위하여 역적을 쳐서 없앴습니다.'라고 칭해 세상의 미움을 받았다.

이때 김일경의 『토역반교문』이 나왔는데 그 처음에 '회인종무(懷刃鍾巫: 형을 죽이고 동생을 추대한 것)'라는 말이 있자 보는 사람들이 깜짝 놀라서 곧 이 글귀를 고치고 또 '금도접혈(禁塗蹀血: 궁 안에서 피를 밟다)'이란 구절은 혹 다른 글에도 많이 인용해서 고치지 못했는데 또 그 출처를 알지 못해 말 못 하는 사람들도 있었다.

얼마 후 김일경이 다시 상소하면서 '종무鍾巫'라는 말을 쓰자 그제야 사람들이 다 고의故意로 그러한 줄 알았다.

윤순이 조용히 최석항에게 말하였다.

"지금 김일경을 배척하지 않으면 뒤에 반드시 우환거리가 될 것이오."

최석항이 대답하였다.

"지금 김일경을 배척하면 다른 사람들이 벌떼같이 일어나서 구원할 테니 이는 그들까지 다 몰아서 김일경의 그물에 넣는 것이오. 또 우리들이 조정이 있는데 김일경 하나가 어찌 감히 우환이 되겠소."

대사간大司諫 김동필金東弼이 홀로 상소를 올려 말하였다.

"김일경이 임금의 글을 대신 지으면서 쓸데없는 말을 삽입하고, 거칠고 썩어 잘못된 것을 인용한 것이 괴이하여 여러 사람이 모두 수군거리면서 지적하기를 광기狂氣가 있고 괴상하다 합니다. 아울러 관직에 있으면서도 탐하고 방자하여 자기 뜻과 다른 자들을 미워하고 배척합니다."

대사헌大司憲 이세최李世最가 상소를 올려 말하였다.

"김일경의 창자에 가득한 더운 혈기가 하늘을 부여잡고 해를 받들었으니 작은 허물은 그 세운 공을 가릴 수 없습니다. 옛날 제갈량諸葛亮이 '법효직法孝直이 주공主公을 도와 날개를 펴고 활동하도록 했으니 이제 어찌 금지시켜서 그 뜻을 행하지 못하게 하랴.'라고 말했습니다. 김일경은 법정(法正: 법효직의 이름) 같은 교만과 횡포도 없을 뿐 아니라 그 공은 더욱 큽니다."

대사간大司諫 남취명南就明 등도 김일경을 편들었고 김동필은 배척하였으니 어지러운 것이 그치지 않았다.

정언正言 유수원柳壽垣은 유봉휘의 조카였는데 상소를 올려서 말하였다.

"조태구가 헛된 말을 지어내어 국시國是를 엄하게 하지 않고 인재를 등용하는 데 사사로이 편벽되어 마음의 흔적을 가릴 수 없으며 맑은 의론을 주장하지 않고 바른 기운은 점점 막혀, 오로지 서로 교대로 부귀富貴만 따져 정수기가 '영선동벽瀛選東壁'된 것을 공로가 있는 것처럼 하니 이는 더욱 기대에 벗어난 것입니다."

이에 조정의 의론이 크게 소란스러워져 이조참의 이명언李明彦이 김동필을 외직으로 내보내려 하자 이조판서 이조李肇가 듣지 않으니 이명언은 자신이 사퇴하였다.

이진유가 이조참의가 되자 청대請對하여 유수원을 예안禮安현감으로 내보내고 김동필을 광주목사光州牧使를 시키자 최석항이 상소를 올려 이진유의 전횡을 논박하면서 김석주와 비교하였고 김동필과 유수원의 외직 보임을 환수하라고 아울러 청하였는데 얼마 있지 않아서 김동필을 경상도관찰사로 임명하였다.

이때 '급소(急少: 소론 강경파)'가 매우 왕성하여 징계와 성토를 매우

높게 하였는데 교리校理 이진수李眞洙가 점점 너그럽게 하자고 청하여
'대한大寒에 양춘陽春'이란 말이 있었다.

부제학副提學 이사상이 상소를 올려

"이진수李眞洙가 다른 날(노론이 집권하는 날이란 뜻)을 뒤돌아보는
것입니다."

라고 헐뜯고, 또

"김동필의 처제는 이정영李廷瑛의 아내로서 조태채의 딸인데 나라를
원망하고 저주하여 흉한 것을 김동필의 집에 묻었으니 먼저 김동필을
잡아서 문초하기를 청합니다."

라고 논박하였다.

사헌부 지평持平 윤용尹容은 장계를 올려

"이사상은 탐란貪亂하고 비루하며 험악한 쪽으로 기울어 마음을
쓰는 것이 아름답지 못합니다."

라고 하자 대사헌 박태상朴泰尙과 대사간 이제李濟가 상소를 올려 이사
상을 구원하고 윤용을 배척하였다.

이때 조태구와 최석항이 연달아 죽자 김일경의 세력은 더욱 커졌다.

이광좌가 정승이 되어 힘써 의견을 조정하는 데 주력하였고 이진유도
김일경을 물리쳤는데 많은 사람들이 '완소緩少'를 좇았다.

사헌부 정언正言 이서장李瑞章이 작은 일을 가지고 이조판서 유봉휘
를 탄핵했는데 이것 또한 실상은 '완소緩少'가 주동이 되었다고 일렀다.

換局之初 金一鏡引南人沈檀爲吏判 多用己巳後廢錮者 欲令南人 攻殺
老論然後 并逐南人 趙泰耆以爲 此詭道[1]不可 一鏡又力請禧嬪崇報 而

李光佐執不可 吏議徐命均首劾檀老朽不可用 南人廢枳者² 不當遽錄
尹志述罪雖當死 太學生 不可殺 遂被斥 及鞫事之始 一鏡欲屠殺老論
大諫李師尙疏請嚴懲討 有無俾易種之語 泰耉光佐及崔錫恒 皆以爲過
甚 趙泰采惟衆聯箚 他無可指 而一鏡以爲四凶不可分首從 泰耉與泰采
爲從兄弟故 引避不預其論 三司懲討之論 遂分緩急 緩者主泰耉 急者
主一鏡 一鏡嗾正言申弼誨 盡劾三司 幷請命均邊竄 持平趙最壽疏論
弼誨 己巳餘黨 一鏡不宜引進 請遞一鏡吏衆 師尙請幷遞弼誨最壽 一
鏡 上疏乞退不許 尹淳始與李眞儒 謀爲搢紳疏 及聞一鏡爲首 下鄕避
之 一鏡用事 淳多與人言一鏡非人望 一鏡患目淳爲緩少之首 姜銀薦文
衡 以一鏡爲首 李光佐趙泰億次之 持平鄭壽期疏論銀老耄不合史事
一鏡抵書師尙曰 此事由李趙 謂光佐泰億 恥居一鏡後 嗾壽期也 泰億
上疏發一鏡書辭 一鏡疑泰億從淳聞書事 乃令正言朴徵賓 劾淳回邪
壽期疏言淳文華儒雅 徵賓鄙猥 一鏡貪天爲功 氣勢堂堂 一鏡累疏自卞
輒稱爲國討賊 爲世所嫉云 一鏡討逆敎文出 初懷刃鍾巫³語 見者大駭
旋改之而禁塗蹀血⁴句 或謂他書多引用 不必改 或又不知其出處而不
能言 旣而一鏡復上疏用鍾巫事 人皆知其故意然也 淳從容語錫恒曰
今不斥一鏡 後必爲患 錫恒曰 今斥一鏡 人必群起而救之 是盡歐血納
於一鏡之網也 且吾輩在朝 一一鏡何敢爲患 大諫金東弼獨疏言 一鏡代
撰 王言 揷入剩語 荒雜糾繆 引用乖異 衆口譁然 指謂狂怪 幷論居官貪
恣 排軋異己 大憲李世最 疏言一鏡 一腔熱血 扶天擎日 不可以微眚
掩其樹立 昔諸葛亮⁵曰法孝直輔翼主公 令得翺翔 今豈可禁之 使不得
行其意耶 一鏡無法正之驕橫 而論功則尤大云 大諫南就明等 訟一鏡斥
東弼 紛然不已 正言柳壽垣 鳳輝從子也 疏言趙泰耉牽動浮議 不嚴國

是 汲引偏私 心跡莫捹 清議不張 正氣消沮 替相假借 姑息富貴 鄭壽期
瀛選東壁[6] 有若酬勞 尤出望外 於是朝論大閧 吏議李明彦 欲以東弼補
外 吏判李肇不可 明彦辭遞 李眞儒爲吏議 請對 出壽垣爲禮安縣監
東弼爲光州牧使 崔錫恒疏論眞儒專輒 比之金錫胄 幷請東弼壽垣還收
外補 尋以東弼爲嶺伯[7] 時急少方盛 懲討益峻 校理李眞洙請稍從寬 有
大寒陽春語 副學李師尙疏詆眞洙 顧瞻他日 又論東弼妻弟李廷瑛之妻
趙泰采之女 怨國咀呪 埋凶於東弼家 請先逮問東弼 持平尹容 啓言師
尙貪鄙傾險 用意不美 大憲朴泰尙司諫李濟疏救師尙 斥容 時趙泰耈崔
錫恒相繼卒 一鏡勢益張 李光佐爲相 力主調停 李眞儒亦攙一鏡 而多
從緩少 正言李瑞章以微串劾吏判柳鳳輝 此亦緩少主之云

※

1 詭道(궤도): 남을 속이는 수단.

2 廢枳者(폐지자): 금고 당한 자.

3 懷刃鍾巫(회인종무): 춘추시대 우부羽父가 무당(鍾巫)과 내통해서 노은공魯
　隱公을 죽이고 그 아우 노장공魯壯公을 세운 것을 말한다. 즉 노론이 경종을
　죽이고 그 아우 영조를 세우려 했다는 말.

4 禁塗蹀血(금도접혈): 당태종이 그의 형 이건성李建成과 아우 원길元吉을
　죽여서 그 피가 궁정에 물든 것을 말한다.

5 諸葛亮(제갈량): 중국의 삼국시대 촉蜀나라의 재상. 자字는 공명孔明. 은거하
　고 있을 때 유비劉備가 삼고초려를 하여 출사한 사람으로 출사표出師表를
　짓기도 하였다.

6 瀛選東壁(영선동벽): 홍문관의 관리를 뜻한다.

7 嶺伯(영백): 경상도관찰사.

8. 세제를 사랑한 경종

환국(換局: 소론이 정권을 장악함)한 뒤에 윤선거尹宣擧 부자의 관직을
복원시키고 윤증에게 시호를 주었으며 남구만, 박세채, 윤지완, 최석정
은 숙종肅宗의 묘정廟庭에 배향하였다.

조정의 의론이 '숙종 말년에는 정령政令이 숙종의 뜻이 아닌 것이
많다.'고 하여 표를 붙여서 바르게 개정하자고 청하기에 이르렀다.

또 임진년壬辰年의 과거도 복관復官시켜서 오수원吳邃元, 이헌장李獻
章이 다 삼사三司가 되었지만 이진급李眞伋은 홀로 굳게 사양하고 출사
하지 않았는데 정언正言을 사양한 상소문의 대강은 이렇다.

"신臣의 재주가 본래 무디고 껄끄러워서 당시 과거에 응한 글이
겨우 어지러운 두루마리를 바치는 것을 면하지 못하였으니 이미 늦게
바친 것으로 허물을 삼는다면 또한 용서받을 도리가 없지만 끝에 명命을
이룬 것은 진실로 선조先朝의 특별한 가르침이니 이제 와서 이것을
혼동하여 과거를 복원시키는 것은 어찌 미안한 일이 아니겠습니까?
신이 가히 문관文官으로 자처하지 못하는 것은 그 뜻이 명백합니다.
이것은 이른바 가죽이 존재하지 않는데 털이 장차 어디에 붙느냐는
것입니다. 바라옵건대 홍패(紅牌: 文科에 급제한 자에게 주는 패)를 거두
어 주십시오."

임금이 일찍이 경연經筵에서 홀연히

"승지承旨가 좌상 최석항의 한 짓을 아는가? 나라가 망했다면 할
수 없지만 그렇지 않다면 좌상이 어찌 감히 이럴 수가 있는가? 잡아서

국문하는 것이 마땅할 것이다."

라고 말하면서 승지承旨까지 함께 파면하라고 명령하였다.

우상 이광좌가 청대하여 이 명령을 거둘 것을 청하자 경종은

"최석항이 무엄한 일을 했는데 우상이 구원하는 것은 잘못이다."

라고 대답하였다. 이에 이광좌가

"최석항은 자신의 몸을 잊고 나라를 따른 충성이 있습니다."

라고 말하자 경종도 그제야

"그렇다면 과한 것이니 추고推考하는 것이 옳겠다."

라고 대답하였다. 이광좌가

"대신大臣을 추고推考하는 관례는 없습니다."

라고 말하자 임금은 아무 대답도 하지 않았다.

홍문관 수찬修撰 권두경權斗經의 상소문에 "말씀을 삼가십시오."라고
청하는 말 속에 '오군섬미(吾君譫迷: 우리 임금께서 병이 들어서 헤맨다)'
라는 말이 있었다. 이 때문에 양사(兩司: 사헌부, 사간원)에서 배척하여
귀양 보냈다.

김일경이 상소하여 말하였다.

"우리의 임금께서 과연 병이 있습니까? 우리 임금이 40이 가까워도
이러한 병이 없었는데 이제 무슨 병입니까? 그것은 반드시 까닭이
있을 것입니다."

대개 임금의 병은 진실로 할 수 없는 것인데 환국換局한 이후에
여러 신하들이 다투어 말하기를 "천안(天顔: 임금의 얼굴)이 전보다
낫고 명확한 판단이 비교할 데가 없다."라고 하였으나 크고 작은 공사公
事는 처분하지 못하는 것이 많고 혹은 '의依'라 하고 혹은 '의윤(依允:

상주한 것을 윤허하다)'이라 하고 혹은 결정하여 끝내지 못하고 혹은 갑자기 진노하면 소리가 대들보를 울려 경연의 신하들이 벌벌 떨었는데 이것은 다 미세한 일로 시작되었다.

예를 들면 "승지의 걸음걸이가 너무 느릿느릿하다."거나 또는 "사관史官이 왜 빈번히 쳐다보느냐?" 하는 등의 일이었다.

매양 경종이 진노하면 여러 신하들은 문득 "임금께서 오늘은 화가 동하셨군." 하고 서로 물러 나왔다가 조금 있다 다시 들어가 청하는 일을 바로 하여 뜻을 품고 나왔다.

하루는 교서를 내려

"내관(內官: 환관) 최홍崔泓이 임금을 배알排軋하였으니 법률에 비추어서 처리하라."

라고 말하자 모든 신하가 들어가 최홍의 죄목을 물었다. 경종이

"무슨 법률을 쓸 것인가?"

라고 물으므로 모든 신하가 능히 대답하지 못하였다. 경종은

"고신(告身: 직첩)을 빼앗는 것이 좋을 것이다."

라고 하였으나 끝내 '배알排軋'이 대체 무슨 뜻인지 알지 못하였다.

경종은 우애가 돈독해서 매번 세제(世弟: 동생)를 보면 반드시 웃는 얼굴을 하였고 때때로 친히 동궁東宮으로 가서 우두커니 문밖에 서서 "우리 동생의 글 읽는 소리를 듣고 싶도다. 소론의 여러 신하들이 다 진심으로 보호하여 동궁(東宮: 세자)이 편안하다."라고 말했다 한다.

自換局以來 復尹宣擧父子官 贈尹拯諡 南九萬朴世采尹趾完崔錫鼎 配享 肅宗廟庭 朝議謂 肅宗末年 政令多非上意 至請付標釐正[1] 壬辰科

亦復 吳遂元李獻章皆爲三司 而李眞伋獨堅辭不出 其辭正言疏略曰
臣才本鈍澁 其時應擧之文 不免僅呈於亂軸[2] 旣以晚呈爲咎則 亦無可
恕之道 末稍成命 實是先朝之特敎 則到今混同追復 豈非未安之甚乎
臣之不可以文官自處 其義皎然 所謂皮之不存 毛將焉傅者也 乞 命復
收紅牌[3]焉 上嘗於筵中忽曰承旨知左相崔錫恒所爲乎 國亡則已 如其
不然 左相何敢乃爾 拿鞫可矣 因 命承旨幷罷職 右相李光佐人對請收
上曰錫恒無嚴 右相救之非矣 光佐曰 錫恒有忘身殉國之忠矣 上曰然則
過矣 推考[4]可也 光佐曰 大臣無推考之例 上無答 修撰權斗經疏請愼辭
氣 有吾君譫迷語 兩司斥竄之 一鏡疏曰吾君果有病乎 吾君近四十年無
此病 今何病也 其必有以也 蓋上疾實不可爲 換局以後 諸臣爭言 天顔
勝昔 明斷無比 然大小公事 多不能處分 或依 或依允 或無發落 或暴加
震怒 聲震屋樑 筵臣戰慄而皆以微細事 如承旨行步緩緩 史官瞻視頻頻
等事也 每 上怒發 諸臣輒言 上今日動火 相與退出 少頃復入 卽得准請
稟旨而出 一日 下敎曰 內官崔泓 排軋其君 照律可也 諸臣入請泓罪
上曰當用何律 諸臣不能對 上曰奪告身[6]可也 然竟不知排軋何由也 上
篤友愛 每見世弟 必有笑容 有時親詣東宮 佇立門外曰 欲聞吾弟讀書
聲 少論諸臣 亦皆盡心保護 儲位以安云

✻

1 付標釐正(부표이정): 꼬리표를 붙이고 바르게 다스리다.
2 亂軸(난축): 어지러운 두루마리. 곧 과거시험지를 겸손하게 칭한 것.
3 紅牌(홍패): 문과의 회시會試에 급제한 사람에게 내주는 증서.
4 天顔(천안): 임금의 얼굴.
5 告身(고신): 직첩職諜의 별칭.

제6부

영조시대
英祖朝

〈영조시대 정당 분포도〉

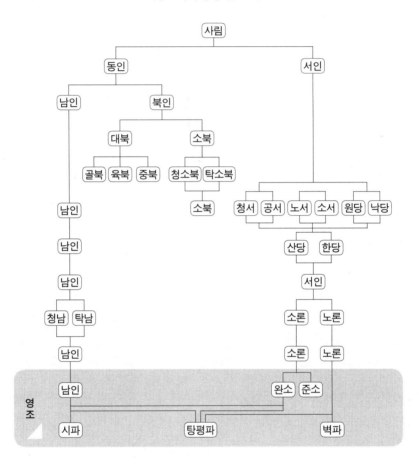

※ 인물 주석은 509~585쪽까지 참조.

1. 소론을 치죄하는 영조와 노론

경종景宗이 세상을 떠나자 영종英宗이 왕위에 올랐다. 이광좌가 원상(院相: 국상 때 정무를 대행하는 정승)이 되었다.

이광좌가 원상을 제수 받은 뒤에 제일 먼저 유봉휘를 좌상左相으로 삼고 민진원閔鎭遠을 선후(先后: 인현왕후 민씨)의 동기간이라고 특별 명령으로 석방하였다.

또 여러 번 하교下教해 군신群臣들이 당黨을 짓지 말라고 알아듣게 말하고 격려도 하였다.

또 천둥 벼락이 치는 이변이 있자 구언求言하였는데 유학幼學 이의연李義淵이 상소를 올려 말하였다.

"대행대왕(大行大王: 경종)이 병환이 있으므로 여러 소인들이 총명을 가리고 막았던 것입니다. 건저(建儲: 세자를 세우는 일)를 꾀하던 모든 신하의 신원伸寃을 청합니다."

대사간 권익관權益寬, 사직司直 이명언李明彥 등이 상소를 올려 변명했는데 그 대략은 이렇다.

"성상(聖上: 영종)은 숙종의 다음 적자인데 대행대왕이 후사가 없으시니 대통大統이 전하에게 스스로 돌아간 것입니다. 더구나 세자로 책봉한 것은 대행대왕이 자전(慈殿: 대왕대비)의 뜻을 받들어 행한 것인데 여러 흉한 자들이 하늘을 탐하는 것으로 공을 삼으려고 대리代理를 청하기까지 하였으니 전하가 이 무리들에게 옹립되었더라면 무슨 말로 천하와 후세에 보일 수가 있습니까?"

우상 조태억이 영종에게

"당나라의 환관宦官들이 그 임금을 후원하여 세웠으므로 임금의 자리를 정한 국가의 원로요, 문생천자門生天子라는 칭호가 있었습니다. 이제 신하가 임금의 자리를 정한 것을 자신의 공로로 삼는다면 무엇이 이것과 다르겠습니까?"

라고 말하면서 또 『예경(禮經: 예기)』의 '불부태자不附太子'와 '한위관漢衛綰'의 일과 '본조(本朝: 조선조)의 이경여李敬輿'의 일을 인용하여 유봉휘의 충성을 변호하였다.

또 이의연을 성토하여 말하였다.

"전하의 부형父兄의 원수입니다."

영종이 처음에는 이의연에게 죄를 줄 뜻이 없었으나 모든 신하가 강요하자 이에 섬으로 귀양 보냈다.

이의연의 상소문에는 김일경의 '접혈蹀血'의 말이 있었는데, 사직司直 송재후宋載厚 등이 다시 "김일경이 인용한 '종무鍾巫, 사구沙丘, 접혈蹀血' 등의 일들은 다 골육망극(骨肉罔極: 골육상쟁)의 재앙입니다."라고 말하자 영종이 김일경의 반교문頒敎文을 들이라고 명하여 보고는 여러 번 하교해 부르짖었는데 그 속에 "선왕의 빈전殯殿에서 차라리 문득 가르침을 받고 싶구나."라는 말이 있었는데도 삼사三司에서 아무도 김일경을 토죄討罪하자는 자가 없었다.

옥당(玉堂: 홍문관)의 이거원李巨源과 승지 이명의李明誼는 김일경을 힘써 변명해 구제하려 하였고 김동필 또한 "이것은 한 망발에 불과한 것이지 대역大逆은 아닙니다."라고 말했으나 영종은 김일경을 섬으로 귀양 보내 위리안치 하라고 명하였다.

뒤에 여러 신하들이 이의연의 국문을 청하자 부득이 허락하고 아울러 김일경과 목호룡을 함께 국문하라고 명하였다.

유학幼學 홍득일洪得— 등이 상소를 올려 "임금께서 친히 국문하시고 여러 신하들에게 맡기지 마십시오."라고 청하고 또 "여러 김일경을 시켜서 한 사람의 김일경을 다스리게 하면 어떻게 실정을 알 수 있습니까?"라고까지 말하기에 이르렀다.

이에 임금이 사관史官을 연달아 파견하여 국문을 살피자 위관委官 조태억이 불안하게 여겨 친국(親鞫: 임금이 친히 국문하는 것)을 청하였다. 이에 임금이 친국하였는데 김일경은 영종에게 때로는 '신臣'이라고 하기도 하고 혹은 '나'라고 하기도 하였다.

영종이

"너를 동정하는 자가 누구냐?"

라고 묻자 김일경은

"내가 머리가 하얀 나이로서 어찌 친구를 팔아서 살기를 도모하겠습니까?"

라고 대답하였다. 영종이

"내가 장차 너를 참수하여 대행대왕의 빈소에 고하겠다."

라고 말하자 김일경이 대답하였다.

"나 또한 대행대왕의 곁에서 죽기를 원합니다."

목호룡 또한 이와 같이 말이 모두 패만悖慢하였다.

영종은 김일경을 참수斬首하고 목호룡이 곤장을 맞아 죽자 그 시체를 다시 목 베고 이의연 또한 곤장을 쳐 죽였다.

김일경이 죽고 나자 노론이 날마다 일어나므로 소론들이 모두 벌벌 떨어 사람의 얼굴색이 아니었다.

이때 영종이 영상 이광좌를 전적으로 신임하여 매우 융숭하게 대접하므로 소론들이 오직 이광좌에 의지하는 것을 중요하게 여겼다.

수찬修撰 이광덕李匡德이 상소를 올려 여러 정승을 논박해 말하였다.

"요사이 김일경의 옥사에 대한 처분을 엄명嚴明하시는데 앞에서는 당黨을 보호하려는 의심이 있고 뒤에서는 역적 토벌을 관대하게 처리한 죄가 있기 때문에 대소 신료들이 놀라고 두려움에 떨어서 비록 세 대신처럼 남의 말을 지나치게 듣는 자라도 진퇴進退와 출입出入에 오직 전하만 좇는 것입니다.

대저 사람들이 이르기를 대신들이 임금을 속인 죄인들과 더불어 마음을 함께 하여 서로 엄호掩護한다고 하니 이것이 무슨 죄입니까? 전하께서 참소하는 자를 죄주려고 한다면 이미 그 말의 대부분이 들어왔으며 대신을 죄주려고 한다면 대행대왕의 인산因山이 다가왔는데 아직도 얽매여 결단하지 못하니 이것이 전하의 진실한 마음입니까? 아닙니까? 왕도王道입니까? 패도霸道입니까?"

여기서 '세 대신'이란 유봉휘, 조태억, 이광좌를 이른 것이었다.

대사헌大司憲 오명준吳明峻이 상소를 올려서 이광좌를 탄핵하여 말하였다.

"앞의 위세가 성할 때는 사대부가 얻고 잃는 일을 당해도 모두 바른 것을 지켜서 아부하지 않고 달려가서 합하여 함부로 남의 비위를 맞추는 풍속이 없었으므로 비록 한때는 패배하더라도 냄새를 남기는 부끄러운 짓을 보지 못했습니다.

지금은 전하께서 오직 '탕평(蕩平: 공평)'을 근본 법칙으로 세워서 반드시 호오好惡와 출척黜陟의 뜻이 있지는 않지만 조정의 풍기風氣가 먼저 변하고 사대부의 뜻은 점점 더러워졌습니다.

영의정 이광좌는 지위가 높아 거느릴 책임이 있는데도 몸을 염치 밖에 내버려서 말마다 아첨하고 일마다 굽실거려 오직 말 한 마디라도 전하의 뜻에 맞지 않을까, 한 가지 일이라도 전하의 뜻에 거스를까 두려워합니다. 제수 받은 날에도 빈전殯殿이 곁에 있어 전하의 슬픈 눈물이 채 마르지도 않았는데 급히 사친(私親: 어머니)의 사당祠堂을 세우자고 청하였고, 또 슬픈 와중에서도 어용(御容: 임금의 얼굴)을 모사 하자고 청하여 사랑을 구하고 신임을 굳게 하려고 오직 전하에게 듣기 좋은 짓만을 골라서 하고 있으니 만일 전하께서 높은 곳에 임하셔서 굽어보신다면 어찌 그 정상을 비추지 못하겠습니까?"

이광좌가 여러 번 상소를 올려 물러나기를 청했으나 영종이 위로하여 머무르게 하였다.

임금이 목호룡을 국문할 때에

"김일경의 신축년辛丑年 상소에 너도 동정同情하였느냐?"

라고 하교한 적이 있었는데 승지 정석삼鄭錫三이 임금에게 아뢰어

"신축년辛丑年의 상소는 진신소搢紳疏입니다."

라고 하자 영종이 그 상소문을 들이라고 명하니 이에 유응환柳應煥, 방만규方萬規가 서로 이어서 상소를 올려 말하였다.

"신축년상소에 '기현冀顯'이란 말이 있었는데 그 뒤에도 김일경의 글에서 세 번이나 '기현冀顯'이란 말을 썼습니다. 이는 염현閻顯이 태후

로 말미암아 어린 임금을 옹립하였고, 곽현霍顯이 태후로 말미암아 허후許后를 짐살(鴆殺: 독살)한 것으로 이것은 동조(東朝: 왕후와 세자)를 지목해 배척한 것입니다."

景宗昇遐 英宗卽位 李光佐爲院相[1] 公除[2]後 首以柳鳳輝爲左相 而以閔鎭遠 先后同氣 特命放釋 累下敎飭勵[3]群臣無黨 而且以雷異求言[4] 幼學李義淵疏言大行有疾 群小壅蔽 請伸策儲諸臣 大諫權益寬司直李明彦 等 疏卞大略言 聖上 肅廟次嫡 大行無嗣 大統自歸殿下 況策儲 乃大行 奉慈旨而行者 群凶貪天爲功 至請代理 殿下爲此輩所擁立 何辭以示天下後世 右相趙泰億白 上曰唐宦官援立 有定策國老門生天子[5]之號 今以定策自功 何以異此 又引禮經不附太子 及漢衛綰[6] 本朝李敬輿事 以訟柳鳳輝之忠 又討義淵 以爲 殿下父兄之讎 上始無罪義淵意 諸臣强之 乃命島配 義淵疏有一鏡蹀血語 司直宋載厚等復言 一鏡所引鍾巫沙丘蹀血等事 皆骨肉罔極之禍 上命入一鏡敎文 累下敎 有叫呼 殯殿寧欲溘然[7]之諭 而三司無一請討者 玉堂李巨源承旨李明誼伸救一鏡甚力 金東弼亦言此不過大妄發 非大逆也 上命一鏡島棘[8] 後因諸臣請鞫義淵 不得已許之 乃 命幷鞫一鏡及睦虎龍 幼學洪得一等疏請親鞫勿委諸臣 至謂以衆鏡[9]治一鏡 何以得情 上亦連遣史官 禁隷 詷鞫事趙泰億爲委官 不自安 請親鞫 上乃親鞫 一鏡向上或稱臣或稱吾 上問同情者 一鏡曰吾以白首之年 寧可賣友圖生乎 上曰吾將斬汝 以告殯殿 一鏡曰 吾亦願死於 大行之側 虎龍語亦悖慢 命斬一鏡 虎龍杖斃 斬其尸 義淵亦杖斃 一鏡旣誅 老論言者日起 少論惴惴無人色 時 上專任領相李光佐 寵遇甚隆 少論倚以爲重 而修撰李匡德疏論諸相曰 近以一鏡

事 處分嚴明 前有護黨之疑 後有緩討之罪 大小臣僚 驚惶戰掉 雖三大
臣之慘被人言者 進退出入 惟 殿下是從 夫人謂大臣之與誣上之罪人
同心相掩護 此何等罪也 殿下欲罪讒者 則固已七八分入其說矣 欲罪大
臣則 因山[10]迫近 姑爲此羈縻[11]之計 此時 殿下之心誠乎 不誠乎 王乎
伯乎[12] 三大臣謂柳鳳輝趙泰億李光佐也 大憲吳命峻疏劾光佐曰 在前
盛時 士大夫當得喪之際 皆能守正不阿 無趍合苟容[13]之風故 雖有一時
之敗 未見遺臭之恥 今 殿下惟欲蕩平建極 未必有好惡黜陟之意 而朝
廷之風氣先變 士夫之志趣漸汚 領議政李光佐 位在董率之責 身抛廉恥
之外 言言諛悅 事事摧謝 惟恐一言之不合 一事之或忤 公除日 在 殯殿
之側 殿下之哀淚未乾 急進私親建祠之請 又於哀遑之中 請摹 御容
求媚固寵 惟邀 殿下之樂聞 殿下高臨俯觀 豈不燭其情狀乎 光佐累疏
求去 上慰留之 上之鞠虎龍也 有一鏡辛丑疏同情之 敎 承旨鄭錫三白
上曰 辛丑疏 乃搢紳疏也 上命入其疏 於是柳應煥方萬規相繼疏言 辛
丑疏 有冀顯語 其後一鏡文字 三用冀顯 閻顯因太后擁立幼主 霍顯因
太后 鴆殺許后 此指斥東朝也

※

1 院相(원상): 왕이 죽으면 잠시 정무를 대행하는 임시 벼슬. 영의정이 겸임함.

2 公除(공제): 공식적으로 임명받은 것.

3 飭勵(칙려): 타일러 훈계하고 격려하다.

4 求言(구언): 임금이 신하의 바른말을 구하는 것.

5 門生天子(문생천자): 당나라 말기에 환관宦官이 정권을 전횡하여 천자를
문생門生처럼 여겼던 고사.

6 漢衛綰(한위관): 한漢나라 문제文帝의 신하인 위관衛綰으로 문제가 죽고
그의 동생 경제景帝가 문제의 부탁으로 관을 중용하게 되었고 관도 경제를

힘껏 섬긴 일.

7 溘然(합연): 갑자기. 문득.

8 島棘(도극): 섬으로 귀양 가다. 극棘은 가시의 뜻.

9 衆鏡(중경): 여러 명의 김일경. 곧 한 패거리의 뜻.

10 因山(인산): 국장國葬.

11 羈縻(기미): 얽매여 있다.

12 伯乎(패호): 패霸와 뜻이 같다. 패도.

13 趨合苟容(추합구용): 달려가 합하고 구차하게 비위를 맞추는 것.

2. 정미환국丁未換局으로 정권을 잡는 소론

이보다 앞선 임인년(壬寅年: 경종 2년)에 김성절金盛節의 공초에 '김씨 성의 궁인宮人이 약을 써서 시해弑害하려 하였다.'는 말이 있었고 약원일 기(藥院日記: 내의원 일기)에는 '임금이 일찍이 누런 물 한 되를 토해냈 다.'라고 썼으므로 국청鞫廳에서 이를 인용해 '독약을 행한 빌미'라 하여 여러 신하들이 조사해 규명할 것을 청하였다. 처음에는 허락했다 가 잠시 후 그런 사람이 없다고 거절하니 대신大臣과 삼사三司, 백관百官 이 다투어 여러 해 동안 청하였다.

교리校理 윤서교尹恕教가 상소를 올려 말하였다.

"생각건대 혹시 이 여종이 선조(先朝: 선왕)를 섬겨 왔으니 전하께서 도 선조의 사랑하던 것과 마찬가지로 사랑하여 차마 못 하는 뜻이 있습니까?"

이때에 이르러 방만규가 '윤서교의 뜻이 불측하다.'고 지적하자 임금이 미워하여 방만규를 참수하라고 명령하고 유응환을 또한 귀양을 보냈다.

이때 이조참의 윤봉조尹鳳朝가 시론時論을 주장하다가 방만규의 국옥鞫獄과 관련되어 함께 귀양 갔으나 그 말을 주장하는 자들은 그치지 않았다.

이에 영종이 '신축년(경종 1년) 상소'에 참여한 이진유 등 여섯 사람의 귀양을 명하고 이광좌를 파면시키고 노론老論 민진원閔鎭遠과 정호鄭澔 및 전에 귀양 갔던 사람들을 다 불러들여 조정에 가득히 늘어놓았다.

민진원이 조정에 들어와 예조판서가 되자 제일 먼저 왕자 경의군敬義君을 세자世子로 책봉하자고 청하니 영종이 허락하였다.

이에 민진원이 신축년辛丑年에 건저(建儲: 세제 책봉)한 사대신(김창집·이이명·조태채·이건명 등 노론의 사대신)의 원통함을 말하였다.

"저들이 건저建儲를 폐립이라고 하고 대리代理를 찬탈이라 한 것은 여러 신하들을 무함誣陷한 것이 아니라 전하를 무함한 것이니 전하에 대한 무함이 씻어진 뒤에야 여러 신하들의 원통한 것도 밝혀질 것입니다. 그러나 여러 신하들의 원통함이 밝혀지지 않으면 전하를 무함한 것도 밝혀지지 않을 것입니다."

민진원은 옷소매 속에 넣었던 차자箚子를 올렸는데 그 글의 대략은 이렇다.

"대행대왕(大行大王: 경종)께서 불세출不世出의 영명한 자질이셨으나 불행히도 중년에 병이 들어, 스스로 환후患候가 강하여 다스리기 어려움을 헤아리시고 전하를 저사(儲嗣: 세제)로 책봉하셨습니다.

392

이에 서무庶務를 대리하라고 명하시니 여러 신하들이 상심하고 애통하여 차마 받들지 못한 지 여러 날이었는데 급기야 세제世弟가 옳은가, 좌우(左右: 신하라는 뜻)가 옳은가란 하교까지 있고 보니 성려(聖慮: 임금의 생각)가 더욱 심원하였습니다.

한 무리의 신하들이 스스로 의심하고 겁을 내어 자신들에게 이롭지 못할까 두려워하여 조태구가 그의 당黨을 거느리고 머리를 들이밀고 청대請對하여 문득 종사宗社가 장차 망한다고 말했으니 신은 잘 알지 못하지만 좌우가 권세를 마음대로 하면 종사가 편안하게 되고 전하가 대리하면 종사가 과연 망한다는 말입니까?

대저 질병이라는 것은 성현聖賢도 면하기 어려운 것인데 돌아보면 성덕聖德에 무엇이 손해되기에 선왕先王이 병이 있는 것을 숨겨서 몰래 속이고 가린 무엄한 흔적에서 벗어나려고 임금에게 결점이 더해지는 것을 구제하지 않았으니 어찌 통심痛心한 마음이 아니겠습니까?

저자들이 숙종대왕의 처분을 고의로 속이고 헐뜯어서 여러 해 동안의 쌓인 고질 때문에 그리되었다 하여 선왕(先王: 경종)의 병환을 비밀로 감추어서 말이 혹 이에 미치면 문득 역적으로 지목하였습니다.

반드시 선왕先王에게 병이 있었다는 사실을 명백히 하여 소인小人들이 수년 동안이나 감춘 것을 말해야 합니다. 숙종의 옛 정치를 변역變易시킨 것이 하나같이 저들 소인배들의 현혹에서 나왔다는 사실을 밝힌 연후에야 비로소 중외中外의 의혹과 후세의 의심을 풀 수 있고 또한 선왕先王의 본연本然의 아름다운 덕도 밝힐 수 있는 것입니다."

정호가 우상에 배수되자 민진원과 함께 임인년壬寅年 옥사의 신원伸寃에 대해 의론하고 상소하였는데 그 대강은 이렇다.

"목호룡의 고변서告變書는 남의 꾐에서 나왔으므로 다만 이것은 무옥(誣獄: 모함에 의한 옥사)일 뿐입니다. 이것이 무옥誣獄이라면 승복한 사람이나, 승복하지 않은 사람이나, 정형(正刑: 사형)을 받은 사람이나, 받지 않은 사람이 무슨 구별이 있겠습니까?

자고로 무옥 중에서도 임인년壬寅年 옥사 같은 것은 없으니 3년 동안을 단련시켜 오직 뜻하는 말이 죄인의 입에서 나왔더라도 쓰지 않은 것이 있고 죄인의 입에서 나오지 않았더라도 쓴 것이 있으니 이른바 승복이라는 것이 어찌 그 무리들이 꾸며 지어낸 것이 아닌지 알 수 있으며 또 어찌 죽음 속에서 살아나려고 한 어지러운 말이 아닌지 알 수 있겠습니까?

사대신의 화禍에 이르러서는 오직 '건저(建儲: 세제 책봉)와 대리(代理: 세제 대리청정)'에서 나왔고 다른 안건을 구성한 것도 두세 가지 일에 지나지 않습니다. 대개 '궁성호위'라는 말은 이삼李森을 충청병사 忠淸兵使로 보낸 것을 증거로 삼은 것에 지나지 않는데 이삼이 스스로 외직外職을 구한 것은 온 조정이 함께 아는 것이요, 유취장이 대신 중군中軍이 되었다가 얼마 후 또 평안병사平安兵使로 주의(注擬: 벼슬자리를 천거하는 것)하였는데 만일 저들의 말과 같다면 어찌 돌려서 외직으로 내보낼 수가 있었겠습니까?

'양養'자로 추대하려 했다는 데 이르면 그것이 과연 털끝만큼이라도 근사한 것이 있겠습니까? '위痿'자는 또 어찌 깊은 뜻이 있겠습니까? 손과 발이 불인(不仁: 못 쓰는 것)한 것을 또한 '위'라고 하는데 어찌 선왕(先王: 경종)을 폄하하고 속인 것입니까? 이건명의 화禍가 다른 '삼신三臣'과 비교해 가장 혹독한 것은 그 전대(專對: 외국에 사신으로

가는 것)를 자청한 까닭이라는 사실을 전하께서는 아십니까, 모르십니까? 대리하자는 것이 본래 왕위를 빼앗으려는 것이 아니라면 조태채의 죽은 것은 또 무슨 죄입니까? 이 '사대신'들은 모두 숙종의 오랜 신하로서 차마 우리 임금의 아들을 놓지 못해 마침내 형벌을 받아 죽임을 면하지 못한 것뿐입니다."

이건명이 세제世弟 책봉을 청하러 연경燕京에 들어갔을 때 청淸나라 사람들이 묻기를

"임금의 병이 무엇이오?"

라고 묻자 이건명이

"위痿입니다."

라고 대답했는데 이것은 양도(陽道: 남자의 생식 능력)가 없는 것을 이른 것이다.

대간臺諫에서 이로 인해 이건명을 죄주어 동진東晉의 환온桓溫이 제혁帝奕을 폐지한 것에 비교하였다. 정호가 상소하여 이른 '위痿자의 일'이란 이것을 뜻한다.

이에 김창집, 이이명, 이건명, 조태채의 관직을 다 회복시키고 시호諡號를 내렸으며 사당을 세워 '사충사四忠祠'라고 하였다. 임인년壬寅年 옥사도 다 뒤집어서 비록 이미 승복한 자도 다 신원伸寃시켰으며, 전 훈련대장 윤취상尹就商과 내시內侍 손형좌孫荊佐 등을 베어 죽이고 이사상도 또한 전교를 내려 정형正刑에 처했는데 이들은 상검尙儉과 김일경의 당(黨: 소론)이었다.

이때 노론이 다시 크게 살육하려 하자 영종이 말하였다.

"나도 역시 비참한 무함誣陷을 당했으니 어찌 분하고 미운 마음이

없으랴만 무함을 밝히고 원통한 것을 씻었으면 된 것이지 보복하는 것은 옳지 못하다."

정호와 민진원이 또 "임인년 옥사의 번안(翻案: 뒤집은 것)을 종묘에 고하고 사면을 반포하고 그 다음에는 '대행대왕이 병이 있어 간당이 속이고 가렸다.'는 사실을 조목조목 바로 써서 온 나라에 보여야 합니다."라고 말하였는데 당시 이것을 '반질문頒疾文'이라고 이름 불렀다.

이에 사과(司果: 오위의 정6품 벼슬) 정석삼鄭錫三이 올린 상소문의 대략은 이렇다.

"무릇 부형父兄의 일은 비록 보통의 말과 행동이라도 죽은 후에 남에게 말하면 듣는 사람이 오히려 두려운 법인데 하물며 성후(聖候: 임금의 기거)를 끌어내고 앞일을 들추어 조종(祖宗: 선조)의 신령을 슬프게 하고 사방四方의 듣는 이를 놀라게 하여 만세의 악평을 끼칠 수 있습니까?

가령 선조(先朝: 경종)께서 모든 신하에게 속임과 은폐를 당했다 하더라도 정승들의 말과 같이 또한 죄가 여러 신하들에게만 있다고 이른다면 이것 또한 족히 그 마음이 유쾌할 수 있는데 어찌 차마 이런 떳떳한 이치에 어긋나는 의론을 하겠습니까?"

서명균과 송인명宋寅明, 조문명趙文命 등이 서로 이어 이렇게 말하자 임금이 정석삼을 귀양 보내고 '반질문'을 배포하지 않았다.

태학생(太學生: 성균관 학생) 정유鄭楺 등이 상소를 올려 말하였다.

"선왕(先王: 경종)께서 병세가 위중한데도 이광좌가 약청藥廳 설치를 의논하지 않고 조태억이 교문教文을 지은 속에 '어찌 한밤중[半夜]의 일을 알 수가 있겠는가?'라는 문구가 있는데 이는 선왕先王이 병 없이 돌아가셨다는 것을 뜻하는 것입니다."

임금이 정유를 귀양 보내라고 명하니 정호 등이 이 일을 들추어내려고 애썼다. 임금이 이것을 매우 좋지 않게 여겼는데 조문명, 조현명趙顯命, 송인명이 여러 번 상소를 올려 '탕평蕩平의 설'을 말하자 임금이 그 말을 받아들였다.

마침 여러 신하들이 유봉휘와 이진유 등을 죽이라고 다투어 청하는 정계(庭啓: 조정의 장계)를 38차례나 올려 3년 동안 쉬지 않고 이어졌다.

병조판서 홍치중洪致中만이 정청庭請에 참여하지 않았으므로 영종이 이에 정승으로 삼고 얼마 후 신축년상소의 소하疏下 한 사람에게만 차율次律을 실시하라고 명했는데 '한 사람'은 이진유이고 '차율'은 교수형을 말하는 것이다.

이때 신축년상소의 소하疏下 정해鄭楷는 이미 죽었고 이진유 및 박필몽朴弼夢, 이명의, 윤성시尹聖時, 서종하는 마침 귀양 가 있었는데 대간臺諫에서 다투어 장계를 올려 '다섯 사람 모두를 정형(正刑: 참수)'하라고 청하였다. 이에 삼사三司에서 합해 청대請對하면서 대사헌 이교악李喬岳 등이 먼저 네 사람을 정형正刑하자고 청하였다.

임금이

"다섯이 어째서 넷이 되었는가? 나머지 하나는 마땅히 차율을 쓰라는 말인가?"

라고 묻자 이교악 등은

"그 한 사람도 차율을 쓸 수는 없고 장차 뒤이어 정형을 청하려고 합니다."

라고 대답하였다. 영종이 이 말을 듣고 대노大怒하여

"네 사람을 함께 정형하지 않는다면 그 한 사람만 먼저 차율을 쓰고 그 뒤에 또 장차 네 사람을 논하려 하는가? 여러 신하들이 거짓으로 군부君父를 농락하는 것이 옳은 일인가?"

라고 말하면서 삼사三司를 모두 삭탈관직 하여 쫓아내라고 명하였다.

이에 민진원 이하 여러 노론을 모조리 파면시키고 이광좌와 조태억을 기용해 정승으로 삼고 소론을 불러 썼으니 이것을 '정미환국丁未換局'이라 한다.

先是壬寅金盛節之招 有金姓宮人行藥謀弒語 藥院日記中 上嘗吐出黃
水一升 鞫廳引爲行藥所祟 諸臣請查覈 始許之 旣而 以無其人拒之
大臣三司百官 爭請者數歲 校理尹恕敎疏言意或此婢 經事 先朝 殿下
以所愛亦愛之 意有不忍乎 至是萬規言 恕敎意指不測 上惡之 命斬萬
規 應煥亦竄 時吏議尹鳳朝 方主時論 萬規之鞫 詞連幷竄 然持其說者
不已 上命竄辛丑叅疏人李眞儒等六人 罷李光佐 悉召老論閔鎭遠鄭澔
及前謫廢者 布滿朝廷 鎭遠入朝 爲禮判 首請以王子敬義君冊儲嗣 上
可之 鎭遠因白辛丑建儲四大臣之冤 曰彼以建儲爲廢立 代理爲纂奪者
非誣諸臣也 乃誣殿下也 殿下之誣 雪然後 諸臣之冤 可白 然諸臣之冤
不白 則聖誣不可卞矣 因上袖箚略曰 大行大王 以不世出之英姿 不幸
中年疲疾 自量患候之難强 托 殿下以儲嗣 仍命代理庶務 諸臣憂傷哀
痛 不忍奉承 盖亦有日 及其有世弟可乎左右可乎之 敎則 聖慮愈深遠
矣 而一種諸人 自生疑怯 恐其不利於己 趙泰耇率其黨 冒入蒙對 輒以
宗社將亡爲言 臣未知左右用事則 宗社可安 殿下代理則 宗社果亡乎
夫疾病聖賢之所不免 顧何損於 聖德 而曲諱先王之有疾 陰以自脫其欺

蔽無嚴之跡 而不恤其上加玷累 寧不痛心 彼於 肅廟處分 則恣意誣毀
謂田於積年沈痼 於先王則秘諱疾患 言或及此 輒指爲逆 必也明言 先
王之有疾 爲小人障蔽 數年之間 變易肅廟之舊政者 一出於群邪之眩亂
然後 始可解中外之惑 釋後世之疑 而亦以明 先王本然之懿德矣 鄭澔
拜右相 與鎭遠議伸壬寅獄 疏略曰虎龍變書 出於誘引 只是誣獄而已
旣知其誣則 未承服已承服 未正刑已正刑 有何別焉 自古誣獄 未有如
壬寅者 三年鍛鍊惟意所欲 言出於罪人之口不書者有之 不出於罪人之
口 而書之者有之 其所謂承服者 安知不出於渠輩之所粧撰乎 安知不出
於死中求生者之胡辭亂說[1]耶 至於四大臣之禍 專出於建儲代理 而搆
成別案 不過數事 夫宮城扈衛之說 不過以李森出忠閫爲證 而森之自求
出外 通朝共知 柳就章代差中軍 未久而又擬平閫 若如渠輩之言 則豈
有旋使出外哉 至於養字推戴者 其果一毫近似乎 瘻字又豈有深意乎
手足不仁亦謂之瘻 何以爲貶誣先王乎 李健命之禍 比三臣最酷 以其自
請專對也 殿下知之否乎 代理本非篡逆則 趙泰采之死 又何罪也 此四
臣者 徒以 肅廟舊臣 不忍舍吾君之子 終不免於刑戮而已 李健命之以
請冊世弟 入燕也 淸人問 上疾何崇 健命對以瘻 謂無陽道[2]也 臺諫以此
罪健命 比桓溫之廢帝奕[3] 澔所謂瘻字事也 於是悉復金昌集李頤命李
健命趙泰采官 賜諡 建祠曰四忠 盡翻壬寅獄 雖已承服者 皆伸之 誅前
訓將尹就商 內侍孫莉佐等 李師尙亦以 傳敎 正刑 以尙儉一鏡之黨也
時老論復欲大行殺戮 上曰予亦慘被誣蠛 豈無憤疾之心 然辨誣雪寃可
也 報復不可 澔鎭遠又謂以壬寅翻案告廟頒赦 次對擧條直書 大行大王
有疾 爲奸黨所欺蔽 以示八方時號爲頒疾[4] 於是司果鄭錫三疏略曰凡
父兄之事 雖尋常言動[5] 在身後對人而言 尙且怵然 況追提聖候 暴揚前

事 慽祖宗之神靈 駴四方之聽聞 貽萬世之譏議[6]哉 藉令 先朝 盡爲群下
所欺蔽 如相臣之言 亦惟當日罪在群下 斯亦足以快其意 何忍爲此反常[7]
之論哉 徐命均宋寅明趙文命等 相繼言之 上竄錫三而寢頒疾 太學生鄭
榢等疏言 先王大漸[8] 李光佐不設議藥廳 趙泰億撰敎文 有那知半夜之
間之句 意以爲 先王無疾而薨 上命竄榢 鄭澔等激訐不已 上頗病之
而趙文命顯命宋寅明累疏言蕩平之說 上納之 會諸臣爭請殺柳鳳輝李
眞儒等 庭啓至三十八次 連三年不休 兵判洪致中不預庭請 上遂以爲相
旣而 上命辛丑疏下次一人 施次律 次一人李眞儒也 次律謂絞也 時辛
丑疏下鄭楷已沒 眞儒及朴弼夢李明誼尹聖時徐宗廈方在謫 臺諫爭啓
言五人當幷正刑 乃合三司請對 大憲李喬岳等 先請四人正刑 上曰五何
以爲四也其一當用次律乎 喬岳等曰其一亦不可用次律 將繼此而請正
刑 上忽大怒曰四人不幷正刑則 其一先用次律 其後又將論四人乎 諸臣
以譎詐 籠絡君父可乎 命三司幷削黜 乃悉罷閔鎭遠以下諸老論 而起李
光佐趙泰億爲相 召用少論 是謂 丁未換局

✳

1 胡辭亂說(호사난설): 어찌할 수 없이 횡설수설하는 것.

2 陽道(양도): 남자의 구실을 하는 것. 생식 능력.

3 桓溫之廢帝奕(환온지폐제혁): 환온桓溫이 황제 혁奕을 폐하다. 동진東晉의
  무인武人 환온이 대사마大司馬에 이르자 황제인 혁奕을 폐하고 간문제簡文帝
  를 옹립한 후 찬탈의 음모를 꾸미다 이르지 못하고 병으로 죽은 일.

4 頒疾(반질): 임금이 병이 있다고 반포하는 글.

5 尋常言動(심상언동): 보통의 말과 행동.

6 譏議(기의): 웃음거리.

7 反常(반상): 떳떳한 도리에 반대되는 것.

8 大漸(대점): 임금의 병세가 위독해지다.

3. 경종의 죽음을 둘러싼 논란

사헌부 지평持平 조현명이 상소를 올려 말하였다.

"전하殿下의 조정이 이당 저당의 당인黨人들이 부귀富貴를 구하는 객사客舍가 되었으니 자중自重하는 선비라면 누가 분주하게 부르면 모이고 꾸짖으면 흩어지는 밑에 있으려 하겠습니까?

또 대저 징토懲討가 지나친 것이 많고 사사로운 분노가 끼어든 것은 신임(辛壬: 경종 1, 2년)옥사에 관련된 사람들의 죄이고 복수하는데 급하여 오로지 남을 넘어뜨리는 데만 마음 쓴 것은 을사년(乙巳年: 영조 즉위년) 사람들의 죄입니다.

양쪽(노론과 소론) 사람들이 모두 잘못한 것을 전하께서 아셨다면 등용하고 물리치는 것을 마땅히 공평하게 해야 하는데 한꺼번에 등용하고 한꺼번에 물리치는 것은 무슨 까닭입니까?"

영종도 그 말을 좋게 여겼다.

이광좌가 조정에 이르러 제일 먼저 국시國是를 정하자고 청하니 대사성大司成 송인명宋寅明이 경연에서 큰 소리로 말하였다.

"신臣이 청컨대 전하를 위하여 정하겠습니다. '임인년壬寅年의 옥사'를 3등급으로 나눌 수 있는데 이희지, 이천기, 김용택, 김인중 등은 숙묘(숙종) 말년부터 은화銀貨를 남용하여 환관과 궁녀들과 결탁한 것이 낭자하여 엄폐할 수 없습니다.

'손바닥에 글씨를 쓰고 칼을 주었다는 죄안 같은 것'은 비록 믿을 수는 없더라도 이미 부도不道한 말이 나왔으니 가히 '역적'이라 이르지 않을 수 없습니다.

국문 당한 죄수 중 승복한 자는 논할 것도 없지만 승복하지 않은 자는 마땅히 별도의 변백卞白이 있어야 하겠으며 이만성李晩成 이하는 죄가 명백하지 않으니 그 관작官爵을 다시 주는 것이 옳을 것입니다.

이이명과 김창집 같은 이는 혹은 남을 사주하여 상소를 올리고 혹은 정청庭請으로 책임을 면하려고 정청庭請을 하다가 연명 차자를 올리고 연명 차자를 다시 거두어들이기를 청한 것은 음으로 양을 열었다 닫았다 한 것이니 대저 이 일이 완전히 공公에서 나오지 않았다면 곧 역逆인데 99분이 공公이고 1분만 사私라 하더라도 이것 또한 역逆입니다.

일의 자취는 비록 증거가 있으나 마음은 들여다볼 수 없으니 처자에게 까지 미치는 것은 지나칠지 모르지만 벼슬과 시호를 주는 것은 대단히 옳지 못합니다."

임금이 칭찬해마지 않으며 '임인옥안壬寅獄案'을 송인명의 말과 같이 개정하라고 명령하였다.

임금이 이이명 등의 관직은 그대로 두려 하자 이광좌가 불평하니 영종은

"연명 차자를 올린 것과 '삼급수三急手사건'은 서로 다른 사건인데 '연명 차자'와 '임인옥안'을 혼동한다면 지나친 것이 아닌가?"

라고 말하였다. 이광좌가

"선왕(先王: 경종)이 원년元年에 정무를 놓으시자 김창집 등이 인신人

臣으로서 두 마음을 품었으니 이것은 하늘이 용납하지 않는 일입니다." 라고 말하자 영종도 부득이 이이명, 김창집, 이건명의 관직을 빼앗고 조태채는 다만 그 시호만 거두어들이니 이광좌가 또 고집스럽게 불평하였다.

이조판서 오명항吳命恒이 임금에게

"조태구는 진정한 충신으로 조그만 하자도 없는 순수한 신하이고 이진유는 신축소辛丑疏 이외에는 다른 죄가 없습니다." 라고 말하자 영종은 조태구와 유봉휘의 관직을 돌려주고 제사를 지내라고 명령했는데 그때 유봉휘는 유배지에서 죽었다. 얼마 있다가 또 조태채의 관직도 빼앗고 '신축년상소'의 소하疏下 다섯 사람을 함께 양이(量移: 죄지은 사람을 가까운 곳으로 옮김)하였다.

삼사三司의 김호 등은 민진원, 정호 등의 '반질문頒疾文사건'으로 논박하고 귀양 보낼 것을 청하자 임금이 매우 난처하게 여기다가 오래 지체한 후 허락하였다.

함원부원군咸原府院君 어유구魚有龜는 본래 노론이었는데 신임년(辛壬年: 경종 1, 2년)경에는 많이 소론少論과 서로 통하였다. 겉으로는 노론老論을 위하여 힘써 구원하는 체하다가 을사년(乙巳年: 영조 즉위년) 이후에는 오로지 민진원에게 붙어 민진원이 귀양 갔을 때에도 상소를 올려 말하였다.

"경묘(景廟: 경종)가 실상 병이 있었는데 여러 소인들이 다 은폐하였으니 그것은 민진원의 말과 같습니다. '반질頒疾'하자는 의논은 민진원이 주장하였으나 신臣도 실상 함께 들었으니 민진원과 함께 죄를 받기를 청합니다."

처음에 경묘(景廟: 경종)가 승하할 때 병환이 위급하자 의관醫官 이공윤李公胤이 나와 다른 사람들에게 "할 수 없습니다."라고 말하고 경종이 급히 부르는데도 들어가려 하지 않고 패만悖慢한 말이 많았다.

이에 대간臺諫에서 논박하여 여러 의관醫官들을 국문하는데 이공윤이 공술하기를 "장차 쓰러지는 하늘을 한 손으로 어떻게 붙든단 말입니까?"라고 말하자 이공윤을 귀양 보내라고 명령하였다.

심유현沈維賢이란 자는 경종 전비(前妃: 단의왕후 심씨)의 동생인데, 국상國喪이 난 뒤에 그의 벗인 이유익李有翼과 이야기하다가 이유익이

"대행대왕大行大王이 무슨 병환으로 승하昇遐하셨소?"

라고 묻자 심유현이 대답하였다.

"내가 급하게 부름을 받고 환취정環翠亭에 들어가 보니 임금의 얼굴빛은 평상시와 같은데 환관 한 사람이 곁에 있고 대신이 들어와서 고복(皐復: 초혼招魂하고 발상하는 의식)하기를 청합디다."

심유현과 이유익, 박필현朴弼顯 등이 이공윤의 말에 더 보태어 전파시키고 이천해李天海를 시켜 임금이 능에 행차하는 때를 기다려 임금의 어가御駕 앞에서 흉한 말을 하면서 동조東朝: 대왕대비)까지 지적해 말하자 영종은 사관史官에게

"이러한 말을 쓰지 말라."

고 명하고 이천해를 베어 죽였다. 이때 정호 등이

"선왕先王이 병환이 있었다는 것을 밝힌 연후에야 흉악한 말이 없어질 것입니다."

라면서 '반질頒疾'하자는 의논을 주장하였다.

임징하任徵夏는 대간臺諫으로 상소를 올려 곧바로 이르기를

"전하殿下가 한 번 어지러운 일을 당하자 또 배척하는 말을 하면서 경묘景廟는 아는 것이 없다고 했습니다."
라고 하였다.

듣는 자들이 모두 분격憤激하여 "노론老論을 위하여 선왕先王을 꾸짖는데 임금은 이를 죽이지 않는군."라고 말하고 소론과 남인南人 중 사나운 자들은 흉한 말로 선동하는 것이 날로 심했으며 호남과 호서(충청)에는 해마다 괘서(掛書: 익명의 게시문)가 붙었는데 차마 들을 수 없는 것이 많았다.

세상에서 "정미환국丁未換局'은 임금이 뜻을 잃은 자들을 위안하려고 한 일이다."라고 하였다. 그러나 '괘서사건'은 끝내 그치지 않았고 그 범인을 잡으려고 했으나 잡지 못하였다.

持平趙顯命疏言 殿下朝廷 爲彼此黨人富貴之傳舍 自重之士 孰堪奔走
於呼聚喝散之下哉 且夫懲討多濫 衆以私憤者 辛壬人之罪也 報復是急
專意傾陷者 乙巳人之罪也 兩邊俱失 殿下旣有以知之則 用舍當以公平
而乃又純進而純退之何也 上善其言 李光佐造朝 首以定國是爲請 大司
成宋寅明 於筵中大言曰臣請爲 殿下定之 壬寅之獄 可分三等 喜之天
紀龍澤麟重輩 自肅廟末年 爛用銀貨 締結宦妾 狼藉不可掩也 若書掌
贈釰之案 雖不可信而旣有不道之言 不可不謂之逆 鞫囚之承服者 無可
論 而其未承服者 當有別白 自李晚成以下 罪不明白 仍其官爵可矣
若李頤命金昌集 或嗾人上疏 或塞責庭請 庭請而聯箚 聯箚而復請反汗[1]
此陰陽押闔也 大抵此事 若不純然一出於公 便是逆 九十九分有公而一
分有私 亦便是逆 跡雖有據 心則無將 拏籍[2]過矣 而爵謐大不可也 上褒

嘉不已 命改定壬寅案 略如寅明言 上欲仍頤命等官 光佐爭之 上曰聯

箚與三手 自是兩件事 乃以聯箚混入鞫案 不其過乎 光佐曰 先王元年

釋務 昌集等 爲人臣懷二心 此覆載所不容也 上不得已 命奪李頤命金

昌集李健命官 而趙泰采只收其諡 光佐又固爭之 吏判吳命恒白 上曰趙

泰耇精忠無瑕之純臣也 李眞儒辛丑疏外 無他罪矣 上命泰耇及柳鳳輝

復官賜祭 時鳳輝沒於謫所矣 尋又 命奪泰采官 辛丑疏下五人 幷量移[3]

三司金浩等 論閔鎭遠鄭澔頒疾事 請竄之 上頗難之 久而始許 咸原府

院君魚有龜 本老論 辛壬之際 多與少論相關通 而外爲老論救護甚力

乙巳後 專附鎭遠 及鎭遠之竄 上疏言 景廟實有疾 群小欺蔽 皆如鎭遠

言 頒疾之議 鎭遠主之 臣實與聞 請與鎭遠同罪云 初 景廟昇遐 方大漸

醫官李公胤出語人曰 不可爲也 上促召 不肯入 語多悖慢 及臺諫論鞫

諸 醫公胤供曰 將傾之天 隻手何以扶之 命竄公胤 沈維賢者 景宗前妃

弟也 國恤[4]後 與其友李有翼語 有翼問大行何疾昇遐 維賢曰 吾承急召

入環翠亭[5] 上玉色如常 一宦在側而大臣入請皐復[6]矣 維賢有翼及朴弼

顯等 乃以公胤之言附益而宣播之 使李天海 候上陵幸 駕前發凶言 至

斥 東朝 上命史官勿書而誅天海 時鄭澔等以爲 明先王之有疾然後 凶

言可熄故 創頒疾之論 任徵夏以臺諫上疏 直云 殿下當一亂之後 又斥

言[7] 景廟無所知 聞者多憤激 以爲老論侵詆先王 而上不誅 少論南人之

桀驁[8]者 煽凶言益甚 湖南湖西 連年有掛書 多不忍聞 世謂丁未換局

上欲慰安失志者而爲之也 然掛書終不止 捕賊不能得

※

1 反汗(반한): 앞서 내린 명령을 취소하거나 거두어들이다.

2 拏籍(노적): 형벌이 본인에게만 미치고 처자에게는 미치지 않는다.

3 量移(양이): 죄를 지어 먼 곳으로 귀양 간 사람의 죄를 감등하여 가까운
  곳으로 옮기는 일.

4 國恤(국휼): 국가의 슬픈 일. 곧 국상國喪.

5 環翠亭(환취정): 경종 임금이 거처하던 곳.

6 皐復(고복): 죽은 사람의 혼을 부르고 발상하는 의식.

7 斥言(척언): 손가락으로 가리켜 말하다.

8 桀驁(걸오): 성질이 사납고 교만하다. 길들이지 않은 말. 거친 말.

4. 소론의 분열과 이인좌의 반란

봉조하奉朝賀 최규서崔奎瑞가 달려와서 역변逆變을 고한 지 며칠 만에
역적 이인좌李麟佐의 무리가 청주淸州를 함락시켰다.

경사京師에 계엄을 펴 처음으로 총융사摠戎使 김중기金重器에게 명하
여 출정出征하라 하니 김중기는 머뭇거리며 나아가지 않았다.

병조판서 오명항이 이것을 보고 출정을 자청하니 임금은 이광좌에게
병조판서의 일을 맡게 하고 오명항을 도순무사(都巡撫使: 전시에 군무를
총괄하는 대장)로 삼아 '상방도(尚方釖: 임금이 차던 검)'를 하사하고 내외
의 모든 군사軍事를 통괄하게 하였다.

오명항이 출전한 지 10여 일 만에 이인좌를 사로잡았다. 또 종사(從
事: 종8품 무관) 박문수朴文秀를 보내 영남의 역적들을 쳐 평정하게
하였다.

훈련대장 이삼은 일찍이 포도대장으로 임인옥사壬寅獄事를 맡아보

았다. 노론이 국정을 담당하게 되자 반드시 죽이려고 남간南間의 옥에
수년 동안 가두어 두었는데 임금이 아주 석방시키고 다시 대장에 임명하
였다.

이때에 이르러 이삼이 이광좌의 지시를 한번 듣고 염탐한 것이 적절하
여 내외의 여러 적이 많이 잡혔다.

역적들이 문초를 받으며 이삼을 끌어들인 자들이 많아 이삼이 여러
번 대죄待罪하였는데 임금이 문득 그의 손을 잡고 위로하며 깨우쳐서
군사들을 전과 같이 맡겼다.

역적들이 평정되자 '양무공신揚武功臣'을 녹훈하면서 오명항을 해은
부원군海恩府院君으로 삼고 박문수 및 이삼과 조문명趙文命, 조명현
등도 참여시킬 것을 명했는데 조문명은 다른 공로가 없었으나 그때
조문명의 딸을 세자빈(世子嬪: 효장세자 빈)으로 책봉하였다.

조문명은 송인명과 그때 탕평蕩平으로서 국론을 주장하였고 또 어영
대장을 겸하고 있었으므로 형제가 함께 훈적勳籍에 참여하게 되었다.

처음 역적의 무리들이 여러 고을에 격문檄文을 전했는데 그 내용이
전부 이천해李天海의 흉언凶言과 같았다. 또 그 군중軍中에 경종의 위패
位牌를 설치해 놓고 조석朝夕으로 곡을 했으며, 잡혀와 문초를 받을
때도 부도不道한 말을 많이 하였다.

임환任環이라는 자는 공술에서 이렇게 말하였다.

"심유현, 박필현, 이유익, 이하李河 등은 이미 흉언凶言을 부르짖었고
이 모의謀議에 참여한 지가 여러 해 되었습니다.

작년에 와서 환국(換局: 영조 3년의 정미환국)되었다는 소문을 듣고
'일이 틀렸구나! 노론이 선왕을 욕보이니 인심이 매우 분노하여 시사時

事를 도모할 만한데 지금 소론이 다시 조정에 들어갔으니 들어간 자들이
비록 완소(緩少: 소론 온건파)지만 준소(峻少: 소론 강경파)도 또한 모두
바라는 것이 있으니 무릇 사람이란 넘겨다보는 것이 있으면 악한 마음이
없어지는 것이다.'라고 말하고 정희량鄭希亮, 한세홍韓世弘 등을 재촉하
여 빨리 반란을 일으키게 하고 평안병사 이사성李思晟도 관서關西의
병사들을 몰아 한양으로 들어와 역적과 거사에 참여하기로 허락하였으
며 서울에 들어오면 먼저 '완소'를 죽이고 '준소'와 남인을 쓰기로 하였습
니다."

이에 노론이

"소론들이 역모에 많이 참여하였구나."

라고 말하고 '완소緩少'들도 또한 노론을 따라 부화뇌동하였다.

반란 초기에 여기저기 흩어졌던 노론의 여러 신하들이 모두 분주하게
서울로 올라와서 큰 소리로 말하였다.

"이광좌와 오명항도 믿을 수 없다."

임금이 이에

"지금 역적의 변고가 당론黨論에서 일어났다. 무릇 이때에 당론을
하는 자는 피차彼此를 막론하고 다 역적이므로 마땅히 머리를 베어서
내걸겠으니 알아서 하라."

라고 하교下敎하자 노론이 이때부터 감히 말을 하지 못하고 이광좌,
오명항만 힘을 써 성공할 수 있었다.

난리가 평정되자 조문명과 송인명이 서울에 사는 노론들을 두루
찾아다니며 임환 등 여러 죄수들이 공술한 것에 대해 모두 말하고
또 이광좌와 이삼이 역적의 치죄를 엄하게 하지 않았다고 말하였다.

조문명이 유척기兪拓基에게 말하였다.

"김일경과 목호룡이 죽임을 당하자 소론들이 다 넋이 나갔는데 그때 이렇게 대처분을 하였다면 감히 다시는 소론을 말하는 자가 없었을 것이다. 성상聖上께서 인자하시고 부드러우셔서 결단하지 못하셨으니, 누가 대대로 지켜오던 의론을 버리고 마음을 고칠 것을 의도하겠는가? 바로 이것이 오늘날 변이 일어난 원인이오."

송인명은 이양신李亮臣에게

"삼남三南의 역적은 큰 걱정거리가 아니지만 모하(帽下: 조정의 대신) 의 역적이 가장 큰 걱정거리요."

라고 말하고 급기야 조정에 들어가 임금에게 말하였다.

"오늘날 이광좌를 놓아두고서는 나라 일을 할 수가 없습니다."

이때 노론이 죽이려는 자는 이광좌, 이삼, 이진유였는데 역적의 공초 에 다 이르기를 "이광좌는 본래 충절忠節이 있고 이삼은 임금이 두 번 살려준 은혜에 감격하여 반드시 따르지 않을 것이니 마땅히 먼저 이 두 사람을 죽여야 한다."라고 말했고 이진유의 이름은 시종일관 국청에서 나오지 않았다.

박필현은 태인泰仁 현감이었는데 반역하였고 그 종형從兄인 박필몽 은 무장茂長의 적소(謫所: 유배지)에서 임금이 부른다고 속이고 도망하 였다.

박필몽의 문객 박만정朴萬廷은 나주羅州로 가서 박필몽이 임금의 부름을 받아 부임했다고 이진유에게 보고하였다. 이진유는 마침 유배지 에 있다가 박만정을 묶어 관청에 알리니 박필몽도 그때 체포되어 박필현 과 함께 전후로 복주伏誅당해 죽었다.

영종이 김일경 상소문의 소하疏下인 박필몽이 다시 나오자 나머지 네 사람도 체포하라고 명령하였다. 윤성시尹聖時, 이명의李明誼는 또 다른 일로 국문 공초와 관련되어 이명의는 곤장을 맞아 죽었고 조금 있다가 이진유와 서종하는 다시 유배지로 보내졌다.

奉朝賀[1]崔奎瑞馳告逆變 數日而逆賊李麟佐等 陷淸州 京師戒嚴 始命 摠戎使金重器 出征 重器逗遛不進 兵判吳命恒自請出征 上以李光佐領 兵曹事 命恒爲都巡撫使[2] 賜尙方釖 統內外諸軍事 命恒戰十餘日而擒 麟佐 又遣其從事朴文秀 討平嶺南賊 而訓將李森 嘗以捕將主壬寅獄 老論當國 必欲殺之 幽南間獄數年 上全釋之 復援將任 至是森一聽李 光佐指 訽察得宜 內外諸賊多就捕 賊招多引森者 森每待罪 上輒握手 慰諭 托重兵如故 賊平 錄揚武勳 以命恒爲海恩府院君 文秀森及趙文 命顯命等 命皆預焉 文命無他功 時冊世子嬪 文命女也 文命與宋寅明 方以蕩平主國論 且兼御將故 兄弟叅勳籍云 初賊黨傳檄列邑 皆如天海 凶言 而其軍中 設景廟位牌 朝夕哭 及就招 多發不道語 任環者供云 維賢弼顯有翼李河等 旣倡凶言 與謀有年 至昨年 聞換局曰事不成矣 老論辱先王 人心共憤 時事可爲也 而今少論復入 入者雖緩少 而峻少[3] 亦皆有覬 凡人有覬則 惡心消矣 鄭希亮韓世弘等 促之使速反 而平安 兵使李思晟 許以關西兵赴京 與賊合擧事 入京先殺緩少而用峻少與南 人云 於是 老論謂少論多預逆謀 而緩少亦從老論而附和[4]焉 亂初老論 散班諸臣 皆以奔問赴京 揚言光佐命恒不可信 上乃下敎曰今逆變由於 黨論 凡爲黨論於此時者 無彼此皆逆也 當彙首以循 老論以此不敢言 而光佐命恒得以戮力成功 及事定 趙文命宋寅明 遍往見老論在京者

具言環等諸囚供 且謂光佐森治逆不嚴 文命謂兪拓基曰鏡虎之誅 少論
皆擧奪魄 其時如有大處分則 無敢復言少論者矣 聖上仁柔不斷 孰肯舍
其世守之論而改心易圖乎 此今日之變所由起也 宋寅明謂李亮臣曰 三
南賊不足憂 帽下賊最可憂 及入白 上則 又謂今日捨李光佐則 不可爲
國事云 時老論所欲殺者 無如光佐森及李眞儒 而賊招皆謂 光佐素有忠
節 森感上再生恩 必不從 當先殺此兩人云 而眞儒之名 終始不出於鞫
廳 弼顯以泰仁縣監反 其從兄弼夢 自茂長謫所 僞稱有召命 逃去 弼夢
客朴萬廷 往羅州 以弼夢赴召狀 告眞儒 眞儒方在謫 卽縛萬廷 以聞於
官 弼夢卽就捕 與弼顯後先伏誅 而上以一鏡疏下 復出弼夢 命逮其餘
四人 尹聖時李明誼又以他事連鞫招 明誼杖斃 尋 命眞儒及徐宗廈還配

※

1 奉朝賀(봉조하): 정3품의 벼슬아치가 치사致仕한 뒤에 임명받는 벼슬. 의식
  儀式이 있을 때만 출사出仕하고 종신토록 녹봉을 받는다.
2 都巡撫使(도순무사): 모든 군사를 총괄하여 이끄는 합참의장.
3 峻少(준소): 소론少論의 태급太急을 주장하는 파.
4 附和(부화): 따라 붙다.

5. 소론과 함께 하는 소북과 남인

이사성李思晟, 남태징南泰徵, 김중기金重器는 다 소론少論 무장武將이었
다. 이사성과 남태징은 역적의 괴수로 복주伏誅당해 죽었고 김중기
또한 여러 번 역적의 공초에 나왔고 나머지 소론少論도 관련자가 많았다.

이사성과 남태징은 일찍이 이광좌가 천거해 등용된 자이다.

이사성이 체포될 때는 오명항이 막 출정할 때였는데 임금에게 청하여 말하였다.

"신臣이 본래 이사성의 재주를 아오니 국문을 해보시고 관련 사실이 없거든 신의 군중軍中으로 내려 보내주십시오."

이에 임금이 탄식하였다.

"경卿이 아니면 누가 능히 이런 말을 할 것인가?"

이사성이 죽임을 당한 뒤에 오명항이 군사를 이끌고 돌아와 백의白衣로 대죄待罪하자 임금이 위로하고 풀어주었다.

이때 송인명이 노론老論의 유폐되고 금고 당한 자를 다 서용敍用하자고 청하여 점점 삼사三司에 포열布列하니 지평持平 정익하鄭益河 등은 제일 먼저 이광좌와 오명항이 이진유 등을 가까운 곳으로 유배지를 옮기고 이사성과 남태징을 천거하고 등용해 이번 난亂을 일으키게 하였다고 논죄하였다.

이광좌가 상소로써 변명하여

"이사성과 남태징은 을사년(乙巳年: 영조 1년)에 벌써 곤수(閫帥: 장군의 지위)의 의망擬望에 올랐으므로 신이 혼자서 천거한 것이 아닙니다." 라고 하였고, 또 이진유의 원통함을 변명해 말하였다.

"상검尙儉의 변變에 이진유가 울면서 경종에게 고하기를 '전하께서 이 종을 베지 않으면 무슨 면목으로 다시 선왕先王의 빈전殯殿에 들어가시렵니까?'라고 하였습니다.

임인년壬寅年에 북사(北使: 청나라 사자)가 와서 세제世弟를 책봉할 때 황지(皇旨: 청나라 황제의 교지)에 '국왕에게 만일 종사(螽斯: 아들을

낳는 것)의 경사가 있으면 다시 아뢰게 하라.' 하여 그때의 여러 재상들이
회의하여 대답할 말을 의논하는데 이진유가 말하기를 '명호名號가 기왕
정해졌으면 그만이지 훗날 다시 왕자가 태어난다 해도 어찌 번거롭게
다시 아뢸 수 있는가?'라고 하였습니다.

　이러한 의리를 어찌 이진유만 홀로 알았겠습니까만 그 당시의 신하들
은 그렇지 않은 이가 있었으니 이진유의 임금을 위한 진심은 밝은
것이 이와 같았습니다."

　이에 임금이 매우 불평스럽게 여겼고 또 이광좌와 오명항이 전에
유배지를 가까운 곳으로 옮기자고 청한 것을 나무라는 전교가 있는데다
노론 언관言官들이 더욱 심하게 탄핵하자 오명항은 근심과 걱정으로
죽었다.

　송인명이 다시 민진원의 석방을 청하고 또 나와서 홍치중洪致中에게

　"내가 일찍이 남을 따라 민상(閔相: 진원)을 논란하였는데 지금은
그의 선견지명先見之明을 알 것 같소."
라고 말하자 홍치중이 이 말을 듣고 곧 임금에게

　"신臣이 아들과 조카들에게 '너희들은 마땅히 송인명 같은 마음을
가져라.'고 말했습니다."
라고 아뢰고, 또

　"지금 전하께서 비록 '탕평蕩平'을 하고자 하지만 양쪽으로 갈린
조정에서 한 사람도 따르려는 자가 없으니 어찌하겠습니까?"
라고 말하니 영종이

　"반드시 이진유를 죽이고 유봉휘에게 역률(逆律: 역적죄)을 추가 시행
하고 다시 사충사四忠祠를 세우면 여러 신하들이 들어오겠는가?"

라고 묻자 홍치중이 이에 김창집 등이 원통하다고 적극적으로 해명했는 데 영종 임금이 그것을 옳게 여겨 받아들였다.

이때 노론 가운데 폐고廢錮 중에 이인좌의 난을 당했던 자들은 미리 물러나 조정에 머물러 있으려 하지 않고 홍치중 홀로 잠깐 나와서 영종의 뜻을 엿보다가 조금 있다 또한 돌아갔고 대사헌 이병상李秉常과 지평持平 조정순趙正純 등이 서로 이어 김창집 등을 변명하고 이광좌를 공격하였다.

이때 효장세자孝章世子가 죽었다.

조문명이 효장세자의 척리(戚里: 외척. 곧 장인)였는데 안의 후원을 잃었으므로 노론들이 혹시 자신을 넘어뜨리지 않을까 염려해서 이에 더욱 노론에게 붙어 자주 임금에게 이광좌의 장단점을 말했지만 임금은 오히려 이광좌를 중하게 여겨 이광좌를 논란하는 자는 곧 귀양 보냈다.

때마침 양사(兩司: 사헌부, 사간원)에서 연명으로 장계를 올려 이진유를 섬으로 귀양 보내자고 청했는데 지평 임집任㙫이 홀로 말하였다.

"이진유의 이름이 역적의 공초에는 나오지 않았고 죄가 전날보다 더한 것이 없는데 섬으로 귀양 보내는 것은 너무 지나치지 않으십니까?"

이로부터 소론으로 대간臺諫이 되었다가 사퇴하고 돌아간 자들이 7인이나 되었다.

영종이 이에 이진유를 극변極邊으로 멀리 귀양 보낼 것을 명하고도 부족했는지 "대간臺諫에서 중률(重律: 사형)을 청할 것이지."라고 말했 으나 지평 남위로南渭老가 장계를 정지하고 다시 논란하지 않았으니 임집과 남위로는 다 소북小北이었다.

신임년(辛壬年: 경종 1, 2년) 이후부터 남인과 소북小北이 다 소론少論

과 함께 돌아가니 영종은 임집과 남위로가 이광좌의 지시를 받았는가 하고 더욱 의심하였다.

이에 수찬修撰 이량신이 상소를 올려 이광좌의 12가지의 죄목을 지적하여 역적의 수괴로 모니 영종이 이를 불러 힐문하자 이량신이 말하였다.

"송인명은 신臣의 척제戚弟인데 신臣에게 '이광좌가 역적의 옥사를 너무 느슨하게 다스렸다.'라고 말해 알게 되었습니다."

영종 임금이 이량신을 귀양 보냈으나 안으로는 더욱 송인명을 어질게 여겼다.

李思晟南泰徵金重器 皆少論武將也 思晟泰徵以賊魁伏誅 重器亦屢爲 賊所引 其餘少論 株連者甚衆 而思晟泰徵嘗爲李光佐所薦 思晟之逮 吳命恒方出征 請曰臣素知思晟之才 如就鞫無實則 下送于臣軍中焉 上歎曰非卿誰能爲此言者 及思晟誅而命恒班師 白衣待罪 上慰解之 時宋寅明 請悉敍老論被錮者 稍列三司而持平鄭益河等 首論光佐命恒 量移李眞儒等 薦引思晟泰徵 以致亂 光佐疏卞言 思晟泰徵 在乙巳時 亦嘗擬閫帥之望 非臣所獨薦引 因訟李眞儒之冤 曰尙儉之變眞儒泣告 景廟曰 殿下不誅此奴 何顔復入 先王殯殿乎 壬寅北使來封世弟 皇旨 曰 國王如有螽斯之慶[1] 王其再奏 時諸宰會議所以對 眞儒曰名號已定 他日一王子生 何用煩奏 此義豈獨眞儒知之 當時之臣莫不然也 然眞儒 之向 上赤心[2] 皦然有如此矣 上甚不平之 屢以光佐命恒 前請量移 有追 咎之敎 而老論言者益深刻 命恒以憂卒 寅明復請釋閔鎭遠 又出語洪致 中曰 吾嘗隨人論閔相 今乃知其先見矣 致中以其言白 上曰臣謂臣之子

佺曰持心當以宋寅明爲法矣 又曰今 殿下雖欲蕩平 半朝無一從政者
奈何 上曰必殺李眞儒 追施柳鳳輝逆律 復建四忠祠則 諸臣可入乎 致
中因極言金昌集等之冤 上納之 時老論起廢赴難者 皆徑歸不肯留 致中
獨乍出 以覘 上意 尋亦引歸 大憲李秉常持平趙正純等 相繼訟金昌集
等 攻李光佐 時 孝章世子薨 趙文命自以戚里 失內援 慮老論因以傾己
乃益附老論 數於上前言 李光佐短長然 上猶重光佐 有論者 輒竄之
會兩司連啓 請李眞儒島配 而持平任墭獨言 眞儒名不出於逆招 罪無加
於往日 島配爲過重 自此少論爲臺諫 引避者七人 上乃命眞儒極邊遠竄
而猶意臺諫請重律 持平南渭老 停啓不復論 墭渭老皆小北也 自辛壬後
南人小北皆多與少論同歸 上益疑墭渭老受李光佐指 於是修撰李亮臣
疏論光佐十二罪 斥爲逆魁 上召詰之 亮臣言宋寅明 臣之戚弟[3] 爲臣言
光佐治逆多緩 以是知之 上命竄亮臣而內愈賢寅明

※

1 螽斯之慶(종사지경): 여치가 99개의 알을 깐다는 데에서 유래한 것으로
 부부가 화락하여 자손이 번성한 것을 뜻함. 전하여 자손의 번성을 뜻한다.
2 赤心(적심): 진심. 본심.
3 戚弟(척제): 혼인관계로 이루어진 동생. 곧 외척. 이종, 고종.

6. 노론과 소론을 함께 기용한 기유처분己酉處分

얼마 후 임금은 엄한 교지敎旨를 내려 임집과 남위로 등을 함께 파면시키
니 이때부터는 이광좌도 다시는 감히 이진유를 두둔하지 못하였고

다만 차례로 상소를 올려서 김창집 등을 신원伸寃시킬 수가 없다고
말하였다.

"대리의 명령이 내리자 저들의 무리들이 처음에는 정청庭請하였는데
이왕 정청庭請하였으면 무엇 때문에 연명 차자를 올렸으며, 이왕 연명
차자로 대리청정을 거행하는 절목을 올린 후에는 왜 또 남을 따라
들어가 엎드려 사죄하며 거두어들이기를 청했습니까?"
라고 말했는데, 그 대략은 송인명의 무리가 정미년丁未年 초에 말하던
것과 같았다.

이러한 뒤로 소론少論이 네 정승을 죄줄 적에 다시는 감히 건저(建儲:
동궁)와 대리청정의 일은 말하지 못했고 번번이 '정청庭請, 연차聯箚,
청수請收' 등으로 세 번 변했다고만 하였다고 한다.

조문명과 송인명이 조정에서 물러나기를 청하였다.

영종이 그 까닭을 묻자 조현명은

"탕평蕩平이 이루어지지 않기 때문입니다."
라고 말했고, 송인명은

"한 노선만 열어 놓으면 탕평할 수 있습니다."
라고 말하자 영종이

"무슨 뜻인가?"
라고 물으니 송인명이 대답하였다.

"건저建儲와 대리청정은 반역죄가 아니라 소론은 경經이고 노론老論
에서는 권(權: 권도)이었을 뿐입니다. 김창집과 이이명은 패자역손(悖子
逆孫: 아들이나 손자가 역적인 것. 곧 이이명의 아들인 이기지와 김창집의
손자 김성행을 뜻함)을 두었으므로 허적許積의 관례(허적의 아들 허견)를

적용하는 것이 마땅하지만 조태채와 이건명은 참으로 원통하니 이 두 사람을 신원伸寃시키는 것이 바로 한 노선을 열어 놓는 것입니다. 이렇게 하면 노론도 함께 일을 할 수 있을 것입니다."

영종은

"김창집이 조정에 있을 때의 일은 내가 잘 아는 터인데 청렴하고 검소하지 못한 것은 사실이었고 또 김성행의 모의를 알지 못했다고 할 수는 없으니 반드시 거짓은 아닐 것이오. 그 나머지는 죄 될 것이 없소."

라고 말했으나 끝내 난처해하였다.

때마침 괘서掛書한 사람 중에 이석효李錫孝가 있었는데 그의 공초가 또한 이천해와 같았다. 영종이 깜짝 놀라 문을 닫고 수일간 아무 일도 보지 않았다. 대신과 삼사三司에서 청대請對하여도 허락하지 않고 여러 번 '당화黨禍가 역변逆變을 만들었다.'라는 하교를 내렸다.

오랜만에 여러 신하들을 불러 '사대신(四相: 사상)'의 일을 의론하였는데 윤순尹淳이 세 번 변한 것을 가지고 사대신을 죄주어

"이들은 경묘(景廟: 경종)에게만 불순한 것이 아니라 또 전하殿下에게도 불순한 것입니다."

라고 말했고, 송인명이

"신臣은 세 층(層: 세 번 변한 것)의 의론을 하는데 연명 차자를 올린 것은 김창집과 이이명의 죄가 없다고 말할 수 없으나 이건명과 조태채는 죄가 없습니다."

라고 하자 영종이 말하였다.

"대체 대신이 누구를 대리로 삼자고 청하였기에 그것을 역이라고

이르는가? 경묘景廟의 전교에도 '좌우가 옳은가, 세제世弟가 옳은가?'라고 하였는데 소론이 이 일을 당했더라면 장차 어떻게 했겠는가? 목호룡이 김일경의 사주를 받아서 나를 내쫓고자 했는데 이런 자를 어찌 군君으로 봉할 수 있겠는가? 이영부(李領府: 이광좌)와 오해은(吳海恩: 오명항)은 어찌하여 연명 차차(聯箚: 연차)에는 엄하면서 '소하(疏下: 신축년상소)'는 왜 비호하려 하는가? 연차聯箚를 역이라 하는 것은 대체 어느 것이 합당한가? 설사 그른 것이 있다 하더라도 이미 죽었으면 그만이지 다시 벼슬까지 추탈하자는 것은 너무 심하지 아니한가? 이것을 충성이라고 한다면 지나친 것이다. 김창집, 이이명과 그의 아들, 손자 같은 경우는 할 수 없지만 이건명, 조태채는 관직을 회복시키는 것이 옳을 것이다."

홍치중이 임금에게

"연차聯箚가 역逆이 아니라면 김창집, 이이명이 무슨 죄가 있습니까?"라고 말하자 영종이 답하였다.

"지금 만약 네 사람을 한꺼번에 신원伸寃하면 세상 사람들이 반드시 마음이 답답하게 여길 것이니 아직은 기다리는 것이 옳다."

이때 이광좌는 정승을 그만두고 이태좌李台佐가 정승이 되어 '탕평蕩平'을 높이 주장하자 다른 소론들이 감히 다투지 못하였다.

이를 '기유처분己酉處分'이라고 한다.

尋下嚴敎 幷罷埻渭老等 自是李光佐亦不敢復訟李眞儒 而第疏言金昌集等不可伸 曰代理 命下 渠輩初亦庭請 旣庭請則何爲聯箚旣聯箚 擧行節目則又何爲隨人而入 僕僕謝罪而請反汗乎 大略如宋寅明等丁未

初所言者 自是少論之罪四相 不敢復言建儲代理事 而輒曰 庭請聯箚請
收爲三變云 趙文命宋寅明乞退 上問其故 趙顯命曰 以蕩平之不可成也
寅明曰 開一線路則可以蕩平矣 上曰何謂也 寅明曰建儲代理非逆也
少論爲經而老論爲權而已 昌集頤命有悖子逆孫 當用許積例 趙泰采李
健命則誠冤矣 伸此兩人則此開一線路也 老論可以同事矣 上曰金昌集
立朝行事 予所稔知 又不淸儉 省行之謀 不可曰不知 必非誣也 其他則
無可罪矣 然 上終難之 會有掛書人李錫孝 其供辭又如天海 上驚痛
閉閤不視事數日 大臣三司請對不許 屢 下敎言黨禍致逆變 久之乃引諸
臣 議四相事 尹淳以三變罪四相曰 旣不純於 景廟 又不純於 殿下矣
宋寅明曰 臣則爲三層議論 聯箚 不敢言昌集頤命不可無罪 健命泰采無
可罪矣 上曰大抵四相以誰請代理 謂之逆乎 景廟之敎曰左右可乎 世弟
可乎 少論當之 將如之何 虎龍受一鏡之嗾 欲祛予是豈可封君者乎 李
領府吳海恩 何嚴於聯箚而庇疏下之甚乎 聯箚爲逆則逼於何處乎 設有
非矣 旣誅死而復追奪 不已甚乎 若謂之忠則過矣 金昌集李頤命及其子
若孫不可論 健命泰采復其官可矣 洪致中曰 上曰聯箚非逆則 昌集頤命
有何罪乎 上曰今若幷伸四人則 時人必怫鬱 姑俟之可也 時李光佐免相
李台佐爲相 頗主蕩平 他少論無敢復爭者 是謂己酉處分

7. 이광좌李光佐와 민진원閔鎭源의 화해 실패

임금이 또 "김일경이 상검尙儉과 결탁한 것을 이미 단죄하였으니 소하疏

下 세 사람도 마침내 죄를 묻지 않을 수가 없다."라고 하교하고 다시 이진유 등을 국문하라고 명하였다.

이때 노론은 곧바로 정형(正刑: 사형)하자고 청하였는데 대사간 조석명趙錫命 등이 오히려 국문하자고 청하자 영종이 명령을 어긴다며 조석명의 벼슬을 바꿨다.

우상 이집李埍이 연일 신문을 청하여 이진유, 윤성시, 서종하는 다 곤장을 맞아 운명하였고 임징하任徵夏 또한 곤장을 맞아 죽었다.

임징하는 국문을 당한 지 3년 동안에 형을 수십 번이나 당했으나 불복하였는데 이때에 와서 이집이 한꺼번에 죽여 소론을 스스로 해결하였다고 일렀다.

처음에는 영종이 민진원을 적소(謫所: 유배지)에서 기용하여 다시 정승을 시키려 하였는데 반드시 받지 않으리라 생각하였다. 이에 민진원과 이광좌를 불러 왼쪽으로는 민진원의 손을 잡고 오른쪽으로는 이광좌의 손을 잡으면서 서로의 감정을 풀게 하였다.

이때 민진원에게

"무신년(戊申年: 이인좌의 난)의 모든 역적이 영상을 죽이려 했으니 가히 이영부(李領府: 이광좌)의 심사를 알 수 있지 않은가?"

라고 이르자 민진원은

"신臣이 무신년 이후 더욱 이광좌를 의심했습니다."

라고 말했으며, 이광좌는

"신臣이 일찍이 민진원을 탄핵한 것은 부득이한 일입니다. 비록 송인명같이 너그럽고 온건한 의론을 주장하는 사람도 일찍이 민진원을 죄주자고 청했습니다."

라고 말하였다. 이에 임금이

　"송인명은 무신년 이후에는 민진원의 '고심苦心과 선견先見'을 깨달았다고 하는데 경卿은 민판부(関判府: 민진원)의 심사를 알지 못했는가?"

라고 말하자 이광좌는 다시

　"사람의 속이란 뚫고 볼 수가 없으니 신臣이 어찌 저 사람을 알수 있겠습니까?"

라면서 임금이 잡은 손을 놓기를 청하자 영종도 마침내 그들의 감정을 풀어주지 못하였다.

　이 뒤로 임금은 새로 정승을 뽑을 때마다 문득 탄식하여 말하였다.

　"이영부李領府와 민판부閔判府는 지금 세상의 영수들인데 한 사람은 다른 사람들이 조정에 세우려 하지 않고, 한 사람은 본인이 조정에 나오려 하지 않으니 어찌해야 하는가?"

又下教曰一鏡締結尙儉 已有斷案 疏下三人 終不可不問 命復鞫李眞儒等 時老論直請正刑 而大諫趙錫命等猶請鞫 上以違異責遞錫命 右相李㙫連日 請訊 李眞儒尹聖時徐宗廈 皆殞於杖 任徵夏亦杖斃 徵夏就鞫三年 受刑數十次 不服 至是 㙫幷殺之 以自解於少論云 初上起閔鎭遠於謫中 欲復相之而度其必不肯 乃召鎭遠及李光佐 左執鎭遠手 右執光佐手 使之釋憾 且謂鎭遠曰戊申諸賊 欲殺領相云 可知李領府心事矣 鎭遠曰臣則戊申以後 益疑光佐矣 光佐曰臣嘗論鎭遠者 不得已也 雖宋寅明主寬緩之論者 亦嘗請罪鎭遠矣 上曰宋寅明 戊申以後 覺其苦心先見云而卿則終不知閔判府心事乎 光佐曰人之心腸 非可穿而過也 臣何以知彼哉 因請 上放手 上竟不能釋其憾 後上每卜相 輒歎曰 李領府閔

判府 當今領袖也 而一則人不使立於朝 一則己不肯立於朝 奈何

※

1 卜相(복상): 새로 정승을 임명할 때 누구를 임명할까 하고 생각하는 것.

8. 노론과 소론의 두 영수를 사직시키다

기유년己酉年 이후로부터 이광좌가 죄를 핑계 삼아 고향으로 돌아가자 노론이 다투어 상소를 올려 신원伸寃이 고르지 못하고 처분處分이 밝지 못하다고 말하고 지조를 좋아하는 자들은 '임금을 무함한 것이 씻어지지 못했으며 국시國是가 펼쳐지지 못했다.'면서 고향에 거하여 조정에 나오려 하지 않았다.

그중에서도 더욱 강경한 이재李縡, 김진상金鎭商, 윤심형尹心衡, 이태중李台重 같은 이는 종신토록 벼슬을 하지 않았으며 홍치중洪致中, 김재로金在魯에게 붙어 때때로 벼슬살이를 하는 자들은 그 당의 나머지 사람들이 모두 욕하고 헐뜯었다.

소론은 감히 벼슬을 거부하지 못하지는 않았으나 강경한 자들은 또한 조현명과 송인명에게 즐겨 붙으려 하지 않았다. 그러나 이광좌가 떠나간 뒤로부터는 더욱 위와 아래의 후원이 없었다.

영종이 바야흐로 탕평蕩平의 법에 마음을 쏟아 사람을 쓸 때는 반드시 노론 한 사람을 쓰면 소론도 한 사람을 쓰고 남인南人과 북인(北人: 小北)도 간혹 등용하여 썼다.

대사헌大司憲 조관빈趙觀彬이 상소를 올려 말하였다.

"전하께서 당黨을 없앤다고 하시더니 두 당黨 외에 도리어 한 당黨을 보태서 따로 음陰도 아니고 양陽도 아닌 물건이 되어 음陰과 양陽을 함께 벌려서 셋을 만들어, 나가서는 군자君子가 못 되고 물러나서는 차라리 소인小人도 되지 못합니다."

승지承旨 오광운吳光運은 남인南人인데 상소하였다. 그의 상소문을 대략 기록하여 보면 이렇다.

"전하께서 진실로 여러 색목(色目: 당파) 가운데 좀 지조가 있는 자를 골라 성의誠意로 감복시키고 충의로 책망하여 조정에 가득 포진시킨 후 탕평의 풀무로 융화시킨 연후에야 그 효과를 볼 수 있습니다. 지금은 다만 배 밑의 솜털과 등 위의 털만 취한 후 겨우 여섯 깃털로 높이 날라고 책망하니 이것이야 아무리 많다고 하더라도 또한 어찌할 수 있겠습니까.

저들이 생각하기에 소론이 혼자 정사를 해야 하는데 노론과 함께 하게 되면 반드시 화가 있으리라고 생각해서 이에 탕평이란 이름을 수식해 전하를 속이며 또 한쪽의 사람들에게 연민을 구걸하여 한쪽의 사람들로 하여금 기가 나게 하고 뜻이 굳어지게 하시니 신臣은 조정에서 진실한 '탕평'을 얻고 거짓된 탕평이 없어지기를 바랍니다."

영성군靈城君 박문수朴文秀 또한 임금에게 말하였다.

"전하께서 끝내 이광좌와 민진원 두 우두머리를 함께 부리지 못하시니 이 또한 가짜 탕평이 아닙니까?"

지평持平 이석표李錫杓가 임금의 뜻에 응해 '만언소萬言疏'를 올렸는데 그 속에 탕평을 말한 한 조목만은 친구의 만류로 바치지 못하였다.

그 상소문을 대략 요약하면 이렇다.

"전하께서 김재로에게 이조판서를 시킬 때 반드시 이종성李宗城으로
하여금 보좌하게 하고 송인명을 이조판서로 삼을 때는 반드시 신방申昉
으로 하여금 보좌하도록 하셨습니다.

사람을 쓸 때는 반드시 둘을 들어 마주서게 하고 말을 들을 때에는
시비를 분별하지 않으시니 이는 당唐나라 한유韓愈가 말한 이른바
현자賢者도 천금을 주고 그렇지 못한 자도 천금을 주는 것이 아닙니까?

대저 우리나라의 당화黨禍는 이미 1백년이 된 고질병인데 처음에는
냄새와 맛같이 사소한 데서 시작된 것이 삼성參星과 상성商星의 차이로
이어져 마침내는 물과 불같이 되었습니다.

예전에는 방관만 하다가 창을 잡는 것으로 변했고 지금은 어육魚肉이
되어서 비록 숙종肅宗 임금의 영명한 강단으로도 일찍이 부수지 못했고
뒤에 경종景宗 임금의 호수처럼 넓고 연못같이 깊은 마음으로도 금지시
키지 못해 오늘에 이르렀습니다.

오호라! 노당(老黨: 노론)과 소당(少黨: 소론)에는 진실로 주객主客과
강약의 형세가 있습니다. 노론은 대대로 국명國命을 잡아 당친黨親이
넓고 굳게 자리를 잡아 그 뿌리가 진실로 깊고 견고해졌습니다. 소론은
안팎의 도움이 없어져서 권력이 의뢰할 데가 없으니 한 사람의 나그네
같은 신하에 지나지 않습니다.

그러므로 수레를 나란히 하고 서로 다투어 기운과 의지가 군세어서
자신과 뜻이 다른 사람은 배척하고 자신의 사사로운 일에만 만족하려고
애쓰는 것이 노론의 본습本習이요, 앞을 보고 뒤를 돌아보아 머리도
되려하지 않고 꼬리도 되려하지 않아 교묘하게 형적形迹을 피하여
일을 맡지 않으려는 것이 소론의 본색입니다.

노론은 비록 용맹스럽게 주저하지 않고 가는 것이 장점인 것 같으나 단점도 여기에 있고, 소론은 비록 부드럽게 물러나는 것이 단점인 것 같으나 장점 또한 여기에서 말미암은 것이니 이는 진실로 피차의 우열이 판단되는 것입니다.

불행히도 신임(辛壬: 경종 1, 2년)년간에 일종의 권력을 탐하는 무리들이 본래의 수졸守拙하는 면목을 벗어버리고 당인黨人을 무턱대고 따르고 높은 것을 본뜨기를 힘써서 그 기관을 운용하는데 오로지 다른 것은 배척하고 사사로운 것만 건지려는 계략만 있으므로 진실로 인심人心에 맞지 않았습니다. 역적 김일경이 올빼미처럼 날뛴 뒤에는 조정이 또 그 기세를 두려워하여 일시의 사류士類 중 일경과 다른 자도 마침내 밝은 말로 분명히 공격하여 매가 참새를 쫓는 것처럼 하지 못했기 때문에 노론에서 억지로 공격하는 자들이 청탁淸濁을 불문하고 혼동해서 당으로만 지목한 것입니다.

김일경 무리가 법에 의해 죽은 뒤에야 분연紛然히 토벌할 것을 청했으니 생전에 인연을 끊는 것이 용맹하지 못했고 죽은 후 마음으로 죄주는 것도 때가 늦은 감이 있으나 저쪽에서 우리를 흉악한 역적으로 여기고 우리를 어육魚肉으로 만들려고 하는데 누가 그 구부러진 것을 받아들이고 그 구부러진 마음을 용서한다고 분별할 수 있겠습니까?

근본적으로 외약畏約한 세력이 쌓여 약한 것을 보여 수모를 받은 것이 진실로 적지 않았는데 하물며 이 두려운 일을 지낸 뒤에는 태반이 한씨韓氏, 위씨魏氏의 슬하膝下에서 공갈하는 위의威儀를 두려워하게 되었습니다.

이로움을 탐하고 부끄러움이 없는 무리들은 진실로 말할 것도 없으나 비록 고상한 말과 큰 소리를 치는 자들도 때에 따라 변화해서 전에 검다고 한 것을 지금은 문득 희다고 하며, 전에 음이라고 한 것을 지금은 오히려 양陽이라고 하니 부끄러움이 없는 무리들과 불과 오십보 백보의 차이밖에 나지 않습니다.

대저 역逆은 스스로 역이며 나는 스스로 나이고 저것은 스스로 저것이고 이것은 스스로 이것인데 한 개 일경의 역逆이 우리의 깨끗한 것에 무슨 흠이 되기에 저들의 더러운 것을 풀어야 하며 우리의 머리와 얼굴을 바꾸어 저들의 턱을 받들게 하니 어찌 사대부士大夫의 수치가 아닙니까?

하물며 그의 지위나 인망人望이 족히 저쪽이나 이쪽을 억누를 만한 자도 또한 한쪽만 너그럽게 용서하는 정책을 사용해서 너그럽게 용서하는 것이 부족하면 두려움에 이르게 되고 두려움도 부족하면 마침내 비굴한 데 이르게 되니 이런 사람도 이렇게 되는데 다른 사람은 무슨 말을 하겠습니까?

신臣이 시골에 살면서 시골 사람들의 말을 들어보면 모두 '소론이 방백(方伯: 관찰사)이고 노론이 수령(守令: 군수)이면 비록 하늘 같은 큰 일이 있더라도 영문營門에서 따르지 아니할 청請이 없다.'고 말하니 전하께서는 일찍이 소론 도백(관찰사)이 감히 노론 대가大家를 파면시킨 것을 보았습니까?

봉조하奉朝賀의 행차가 그 하나로서 민진원이 좌석에 앉으면 이들은 무릎을 공손히 꿇고 이광좌가 관籀에 이르면 저들은 병이 났다고 교묘하게 핑계를 대니 오늘날 체통과 기강이 떨치지 못하는 것은 이런 데서 근거하지 않는 것이 없습니다."

이때 노론은 물론 소론 강경파도 모두 조문명趙文命 등을 탐탁하게
여기지 않았는데도 임금은 이들을 더욱 후하게 대접하여 조문명·조현
명 형제와 송인명, 김재로가 서로 이어서 정승이 되자 세상에서는
"조송건곤금주작(趙宋乾坤金鑄作: 조문명과 송인명의 하늘과 땅은 금金으
로 지었다)"이라는 동요까지 있게 되었다.

이건명과 조태채의 신원伸寃은 비록 송인명 때문에 되었으나 그
나머지 사람들은 아직도 번복되지 못했으므로 노론이 매일 말을 했으나
영종은 밖으로는 이광좌를 꺼리고 안으로는 조문명과 송인명을 염려하
여 지연시키고 허락하지 않았다. 임금이 더욱 김창집을 좋아하지 않아
서 그의 충성에 대해 말하는 자가 있으면 문득 위엄으로 기를 꺾고
혹은 의심스런 말로써 그의 말을 막았다.

계축년(癸丑年: 영조 9년)에 이르러 대간臺諫 권형權瑩과 이흡李潝
등이 상소를 올려 김창집과 이이명, 두 정승을 변명하자 임금은 갑자기
격노하여 민진원과 이광좌를 불러 함께 치사(致仕: 벼슬을 바치다)를
허가하고 인하여 손수 글을 사관史官에게 내려 말하였다.

"여러 당 가운데 모두 난적(亂賊: 역적)이 있는데 이는 본래 삼종(三宗:
효종·현종·숙종)의 혈맥을 위한 것도 아니고 그의 근본 또한 신임무경辛
壬戊庚에서 시작된 것이 아니라 실상은 경자년(庚子年: 숙종이 사망한
해)의 국휼(國恤: 국상)일에서 비롯된 것으로 이것은 이른바 신하가
임금을 택한다는 것이다.

민진원의 의리와 이광좌의 고집은 둘 다 긴 밤에서 깨어나지 못하는
것으로서 지금에 이르러서는 두려운 일이다."

승지 조명익趙明翼이 대면을 청해 변명하려 하자 임금이 차고 있던

주머니를 들어 보이면서

"김창집의 편지가 여기에 있는데 이것이 과연 삼종三宗의 혈맥血脈을 위한 것이냐?"

라고 말하자 조명익이 말하였다.

"그것은 김창집이 있을 때 어느 사람이 망령되게 김창집의 편지라고 전하께 드린 것인데 전하께서는 그것이 거짓이 아니라는 것을 어찌 아십니까?"

영종은 또 민진원에게

"건저建儲의 일은 광명정대한 일인데 서덕수徐德修를 시켜 나의 뜻을 탐지한 것은 무슨 까닭인가? 서덕수의 도목都目 가운데 삼대신三大臣의 이름이 그 속에 들어 있지 않았는데 서덕수가 또 나에게 '그때 만일 내응內應이 없었다면 영상이 임금을 택하는 의논을 했을 것입니다.'라고 말했소."

라고 말하자 민진원이 답하였다.

"경자년庚子年 국휼(국상)이 있은 뒤에 성후(聖候: 임금의 기거동작)가 편안하지 못하여 모든 신하가 '건저(建儲: 세자 책봉)'를 의론하기에 신臣이 '즉위하신 지 1년도 지나지 않았는데 건저를 하면 중외中外에서 알지 못하여 반드시 의혹이 있을 것이니 힘을 다하여 보필해 3년은 지난 후에 의논하는 것이 옳습니다.'라고 했는데 김창집의 뜻도 신臣과 같았습니다.

이만성이 이것을 완만緩慢하다고 책망하자 김창집은 '왕자가 많다면 일찍이 건저를 의논하는 것이 마땅하겠으나 오늘 임금의 아들은 한 분뿐이니 천명天命과 인심人心이 다시 어디로 돌아가겠는가?'라고 말했습니다.

이때 대간臺諫의 상소가 졸지에 올라오자 신臣이 깜짝 놀라 김창집에게 '일개 대관臺官이 졸지에 이러한 의론을 내는 것은 무슨 까닭인가? 그러나 이러한 의론이 이왕 나왔으니 오늘을 넘겨서는 안 된다.'라고 말하고 드디어 청대請對하여 방책을 결정하는데 이르렀으니 대저 삼종 혈맥(三宗血脈: 효종·현종·숙종의 핏줄)이 전하뿐이라는 것은 위로는 자전慈殿의 전교와 경종景宗의 명령이 있었으니 전하가 비록 태백泰伯이나 중옹仲雍의 뜻이 있다고 할지라도 도피하실 수 있었겠습니까? 무엇을 탐지할 것이 있었겠습니까? 이것은 서덕수 등의 비밀스럽고 불령不逞한 무리가 조정에서 3년을 기다리자는 의론이 있자 빨리 성사시켜 자기의 공로로 만들려고 김창집의 이름을 빙자한 것에 불과할 따름입니다. 3년을 기다리자는 의론은 실상 신臣으로부터 시작된 것으로 신臣도 함께 죄를 받기를 청할 뿐입니다."

영종이 말하였다.

"서덕수가 어찌 스스로 판단했겠는가? 김일경과 목호룡이 경종을 위하는 체하니 경종을 위하는 자가 속아서 들어왔고 서덕수 무리가 나를 위하는 체하는 까닭에 나를 위하는 자들이 또한 속아서 들어온 것이다. 비단 서덕수뿐만 아니라 탐지하려는 것은 이욕利欲 때문인데 내가 그들의 욕심을 채워주지 않으면 마침내는 반드시 두 마음을 품을 것이다."

서덕수는 영종의 전 왕비 정성왕후貞聖王后의 조카이며 임인년의 옥사에 승복하여 정형(正刑: 사형)당한 자이다.

自己酉後 李光佐引罪歸鄕 而老論爭疏言伸雪之不均 處分之不明 其自
好者 皆謂 聖誣未雪 國是未伸 居鄕不肯來 其尤峻者 如李緯金鎭商尹
心衡李台重則或終身不仕 其附洪致中金在魯 時時從仕者 其黨相與詬
病之 少論則不敢不仕然 其峻者 亦不肯附趙宋 然自李光佐之去而益無
援於上下矣 上方專意蕩平之法 必以一老一少 對擧差除[1] 而南人小北
亦間之 大憲趙觀彬疏言 殿下欲祛黨而反添一黨於兩黨之外 別有非陰
非陽之物 與陰陽列而爲三 進不得爲君子 退不得爲索性[2]小人 承旨吳
光運南人也 疏略曰 殿下誠得諸色目中自好者 感以誠意 責以忠義 布
滿朝列 使之融化於蕩平之爐冶然後 其效可見 今但取其腹下之毳背上
之毛 責以高飛之六翮[3] 雖多亦奚爲哉 彼其心以爲少論獨爲 而老論得
之 則必有禍矣 乃飾蕩平之名 以欺殿下 而又乞憐於一邊 使一邊之人
氣豪意健 臣願朝廷做得眞蕩平 無爲假蕩平焉 靈城君朴文秀亦告上曰
殿下終不能使李光佐閔鎭遠 聚頭共事 此假蕩平也 持平李錫杓應旨上
萬言疏 其論蕩平一條 爲知友所挽 不果呈 其略曰殿下以金在魯判銓[4]
則必以李宗城佐之 以宋寅明判銓則必以申昉佐之 其於用人則必雙擧
而互對[5] 於聽言則不曾分是而別非 此韓愈[6]所謂賢者亦與千金 不肯者
亦與千金者也 夫我國黨禍已成百餘年痼疾 始而臭味 繼以參商[7] 終而
水火矣 昔而傍觀 繼而操戈 今而魚肉矣 雖以肅廟之英明剛毅 不能破
之於前 景廟之沈量淵度 不能禁之於後 以至于今日 噫老黨之於少黨
固有主客强弱之勢矣 老黨之 人世執國命 黨親盤據[8] 其根柢固已深固
而若少黨則旣無內外之挾 權力無所資 不過一羈旅之臣耳 是故橫駕凌
轢 氣意豪健 排軋異己 務快己私者 老黨之本習也 瞻前顧後 畏首畏尾
巧避形跡 不欲擔當者 少黨之本色也 彼之長處 雖若在於勇往直前 而

所短仍在於此 之所短 雖若在於巽軟退怯 而所長亦由於是 此固彼此優
劣之所由判也 不幸辛壬年間 一種貪權之脫却 本來守拙之面目 循冒黨
人務峻之套習 其機關運用 專在排異濟私之計 固已不服乎人心 而逆鏡
鴟張之後 朝廷又畏其氣勢 雖其一時士類之厓異者 終不能明言顯攻
以效鷹鸇之逐[9]故 彼邊之勒歐者 無論清濁 混目之黨 及其伏法之時 雖
乃紛然請討 而生前斷腕 旣未勇決 死後誅心 殆近後時 彼方欲凶逆我
魚肉我 孰肯曲 恕其心曲 爲之分別乎 本以積畏約之勢 示弱受侮 固自
不少 而況經此劫 太半韓魏之膝[10] 惴惴乎虛喝之威矣 嗜利無恥之輩
固不足道 雖高談大言者 亦且隨時變化 向之指爲黑者 今忽爲白 昔之
目爲陰者 今反爲陽 與無恥之輩 不過五十步百步之間耳 夫逆自逆吾自
吾彼自彼此自此 ──鏡之逆 何玷乎吾潔 何解乎彼濁 而必欲換吾之頭
面 承彼之頷頤 豈非士大夫之羞乎 況其地處人望 足以彈壓彼此者 亦
於一邊 偏用寬恕之政 寬恕之不足 至於恐畏 恐畏之不足 終至卑屈
此而若此 他尙何說 臣於居鄕 竊聽村諺則 皆曰少論方伯 老論守令
雖有如天大事 營門無不從之請 殿下曷嘗見道伯[11]之名少黨者 敢狀罷
老黨之大家者乎 奉朝賀之行一也 而閔鎭遠之坐席 此膝恭趨 李光佐之
到館 彼病巧發 今日體統紀綱之不振 未必不由於此等處也 時老少之峻
者 皆不屑趙文命等 而上益厚遇之 文命兄弟宋寅明金在魯相繼入相
世有趙宋乾坤金鑄作謠 李健命趙泰采之伸 雖由於寅明而其他尙未盡
翻 老論日以爲言 而上外憚李光佐 內顧趙宋 輒遷延不許 上尤不喜金
昌集 有訟其忠者 輒 威氣折之 或以疑辭阻其說 至癸丑 臺諫權瑩李瀷
等 疏訟金李兩相 上忽激惱 召閔鎭遠李光佐 幷許致仕 因 下手書於史
官曰 諸黨之中 俱有亂逆 本非爲 三宗血脉 其本亦非辛壬戊庚也 實由

乎庚子 國恤之日 此所謂臣擇君也 閔鎭遠之義理 李光佐之固執 皆長
夜之未悟者也 今可以悚然矣 承旨趙明翼請對欲卞之 上擧所佩囊示之
曰 金昌集書在此 是果爲 三宗血脉者耶 明翼曰當昌集時 有人妄稱昌
集書 以達於殿下者 殿下安知其非詐耶 上謂閔鎭遠曰建儲事 光明正大
而使徐德修探知予意何也 德修都目中 三大臣之名不入其中矣 德修且
謂予曰其時若無內應則 領相有擇君之議矣 鎭遠曰 庚子國恤後 聖候不
豫 諸臣議建儲 臣言卽位宋踰年 卽爲建儲則中外不知 必有疑惑 戮力
夾輔 過三年然後 議之可也 昌集與臣議同 李晩成責其緩則昌集曰王子
衆多 當早議建儲 今日吾 君之子只有一位 天命人心 更歸何處 及臺疏
猝發 臣甚驚 往見昌集曰一臺官 猝然發此論何耶 然此論旣發 不可以
過今日 遂至請對決策 夫三宗血脉 只有殿下 上有 慈殿之敎 景廟之命
則 殿下雖有泰伯仲雍之志[12] 其可逃避乎 有何可探知者乎 此不過德修
輩陰秘不逞之徒 以朝廷有遲待三年之議故欲其速成 作爲己功藉 昌集
之名 而已遲待三年之議 實由臣始 臣請同罪 上曰德修豈自辦耶 鏡虎
名爲 景廟故爲 景廟者 見欺而入 德修輩名爲予故 爲予者 亦見欺而入
非但德修之謂也 探知者乃利欲也 若予待之 未充其欲 則終必懷二心矣
德修 上前妃 貞聖后從子 壬寅獄承服正刑者也

＊

1 差除(차제): 벼슬에 임명하다.

2 索性(삭성): 차라리.

3 六翮(육핵): 여섯 깃촉.

4 判銓(판전): 이조판서의 약칭.

5 雙擧而互對(쌍거이호대): 노론을 한 사람 쓰면 소론을 한 사람 쓰는 식의

관리 임용방식.

6 韓愈(한유): 당唐나라의 문장가. 당송唐宋 팔대가의 한 사람. 자字는 퇴지退之. 등주 남양鄧州南陽 사람. 국자박사, 이부시랑을 거쳤다. 『한창려문집韓昌黎文集』이 있다.

7 參商(삼상): 28수의 삼성參星과 상성商星으로 동방과 서방의 별이름.

8 盤據(반거): 근거를 굳게 하다. 터를 잡다.

9 鷹鸇之逐(응전지축): 매나 새매가 새를 쫓듯이의 뜻. 곧 간사한 쪽으로 몰려다닌다는 뜻.

10 韓魏之膝(한위지슬): 전국시대 진晉나라의 육경六卿의 집안. 한씨와 위씨의 세력.

11 道伯(도백): 지금의 도지사. 곧 관찰사.

12 泰伯中雍之志(태백중옹지지): 태백과 중옹은 주周나라 태왕太王의 장남과 차남으로 왕위의 계승을 피해 달아나 막내 왕계王季가 왕위를 이어받도록 한 인물들.

9. 세제 대리청정을 합리화하는 경신처분庚申處分

을묘년(乙卯年: 영조 11년)에 이르자 장헌세자(莊獻世子: 사도세자)가 탄생하였다.

영의정 이의현李宜顯 등이 경사이므로 김창집과 이이명 두 정승들의 관직을 회복시키자고 청하자 임금이 밤에 모든 신하를 불러 다시 김창집이 임금을 택한 일을 하교하면서 "김창집은 일찍이 시기심이 있어서 이이명을 죽이고자 하였다."라고 말했는데 이 하교는 노론이 알지 못하는 것이었다.

이의현 등이 영종의 이러한 말을 듣고 대답이 곤란해지자 갑자기 사퇴하려고 하였다. 임금은

"이제는 경卿들의 마음이 석연(釋然: 시원)할 것이오."

라면서 여러 번 하교하여 김창집 등은 신원伸寃할 수 없다며 말하였다.

"정책定策을 빙자해서 자신의 공로로 삼으려 한 것은 김창집이고, 그 사이에서 반측反側하여 더럽고 불측한 일을 꾸민 자는 목호룡이고, 홀로 서서 임금을 속이고 더러운 역란逆亂을 꾸민 것은 김일경과 박필몽이다.

김일경과 박필몽의 역모는 남김없이 탄로 났으나 김창집의 일은 겸손한 일반 선비 같은 이들은 그의 마음을 알지 못하였다. 김창집과 김일경, 박필몽의 행적은 비록 얼음과 숯 같으나 속마음은 실상 서로 통하는 것이다."

이의현 등이 상소를 올려 변명하였으나 영종은 곧 하교하였다.

"경卿들도 이미 석연釋然해졌을 텐데 어찌 또 이러한 말이 나오는가?"

이의현 등이 또

"석연釋然하지 못합니다."

라고 말하므로 이들의 벼슬을 삭탈하라고 명령하였다.

계축년(癸丑年: 영조 9년)의 하교는 정월 19일에 있었으므로 '십구하교十九下敎'라고 이르고, 을묘년(乙卯年: 영조 11년)의 하교는 한밤중에 있었으므로 '야반하교夜半下敎'라고 이른다.

이때부터 매번 '십구하교'와 '야반하교'로 노론을 꺾었으나 노론의 원통함을 말하는 자들은 끝내 그치지 않았다.

정사년(丁巳年: 영조 13년)에 남인南人 김성탁金聖鐸이 상소로 그의

스승인 이현일李玄逸을 두둔하다가 역적들을 비호했다고 국문을 받게 되었다.

수찬修撰 정이검鄭履儉이 상소를 올려

"천하의 역적은 한 가지인데 오늘날 조정의 신하로서 이름이 단서(丹書: 역적 토벌 문서)에 있는 자를 감히 대신大臣이라고 칭하면서 힘써 원한 씻겨주기를 청하니 역적을 비호하는 법률도 가볍고 무거운 것이 있습니까?"

라고 하였는데 이는 노론이 김창집과 이이명을 두둔하는 것을 논란한 것이었다.

노론이 크게 들썩거리다가 다투어 상소를 올려

"정이검鄭履儉이 대리청정을 사사로운 원수로 삼는 것입니다."

라는 의론을 윤급尹汲과 한익모韓翼謩가 주장하자 소론 경재(卿宰: 재상)인 조영국趙榮國과 윤동도尹東度 등 수십여 명이 변명하는 상소를 올렸다.

"김창집을 죄주자는 것은 그의 세 번 변한 것이 신하의 절개가 없다는 것인데 저자들이 대리청정으로 원수를 삼는다고 모함하는 것입니다."

영종이 윤급과 한익모를 잡아들여 국문하라고 명령하고 잠시 후에는 각선(却膳: 수라를 거부하는 것)한다고 명을 내리자 판중추부사 김흥경金興慶과 좌상 김재로와 우상 송인명 등이 백관百官을 거느리고 진선(進膳: 수라상을 바치는 것)을 청했으나 허락하지 않자 경연經筵의 신하 중에 맹세하여 언약하는 자까지 나와서 "신臣들 중 이제부터 다시 당론黨論을 하는 자가 있으면 참으로 개자식입니다."라고 말하자 임금도 이 말을 듣고 빙그레 웃었다.

이때 이광좌가 관직에서 물러나 시골에 있은 지 한 해가 되었는데 달려와서 힘을 다하여 노여움을 풀도록 청하자 임금이 윤급과 한익모를 섬으로 유배 보내 위리안치 하라 명하고 이광좌를 기용하여 영의정으로 삼고 '탕평蕩平'이란 이름을 고쳐 '혼돈개벽混沌開闢'이라 일컬으며 말하였다.

"어제 이전에 있었던 일은 선천先天이라 붙이니 감히 '선천先天'의 일을 말하는 자가 있으면 베겠노라."

조현명이 들어와 하례하고

"오늘날에야 바야흐로 영웅의 수단手段을 보겠습니다."

라고 말하자 영종이 술을 내려 이광좌 이하부터 함께 마시게 하고 유시하기를

"당심黨心을 씻으시오."

라고 타일렀다. 이때 민진원은 이미 죽었고 다른 노론老論 중 조정에 있는 자는 "예예." 하고 감히 다른 말을 하지 못하였다.

한 해가 넘어가자 달성부부인(達城府夫人: 정성왕후 서씨의 어머니)이 죽었으니 서덕수의 조모(祖母: 할머니)였다. 영종 임금이 여러 역적의 흉악한 말이 매번 서덕수의 승복에서 나왔으므로 그대로 역안逆案에 두었었는데 이때 와서야 서덕수의 신원伸寃을 명하고 부부인(府夫人: 달성부부인)의 혼령을 위로하였다.

노론이 이로 인해 다시 '선천先天의 일'을 제기하였다.

유척기兪拓基가 우의정이 되자 다시 김창집과 이이명의 복관을 청했는데 영종은 여러 신하들을 불러

"세 당黨에 모두 역적들이 있는데 그들은 종묘사직을 소중히 여기지

438

않고 자신을 이롭게 하는 데만 마음이 있으니 만약 선조先朝의 대신들이
라면 어찌 여기에 물들었겠는가. 처분하는 데에도 앞과 뒤가 있는
것이니 무엇이 어렵겠는가?"
라면서 김창집과 이이명의 관직을 회복시켰다.

좌의정 김재로가 이천기, 김용택, 김성행 등도 복관시키자고 청하자
영종이 허락하지 않았다.

이광좌, 조현명, 조원명, 김시형金始炯, 서종옥徐宗玉 등이 번갈아
상소를 올려

"10년 동안 크게 정해진 국시國是를 어찌 하루아침에 바꿀 수 있겠습
니까?"
라고 말하자 임금은

"오늘날 나의 신하로 있으면서 어찌 감히 입을 놀리는가?"
라고 답하고 여러 번 엄교嚴敎를 내리자 이로부터 소론이 감히 다시는
다투어 말하지 못했고 이광좌는 근심으로 병들어 죽었다.

지평 이태중李台重 등 삼사三司와 합계하여 유봉휘, 조태구, 이광좌를
추탈(追奪: 죽은 뒤에 생전의 직책을 삭탈함)하자고 청하자 임금이 노하여
이태중을 귀양 보내고 크고 작은 공사公事를 거부하면서 반드시 석부(釋
負: 임금의 자리에서 물러나다)하겠다는 교서를 내렸다. 김재로 등이
울면서 중지할 것을 청하자 '임인년壬寅年의 역안逆案'의 이름을 '국안
(鞫案: 국문한 안건)'이라 고치고 '계묘토역과[癸卯討逆科: 계묘년(경종
3년)의 역적(노론)을 토벌한 후 실시한 과거의 이름]'를 '별시別試'라고
개명改名하고 종묘에 고하여 반사頒赦하니 이것을 '경신처분庚申處分'
이라고 이른다.

至乙卯 莊獻世子誕生 領相李宜顯等 請因慶會復金李兩相官 上夜召諸
臣 復以昌集擇君之說 下教 又曰昌集嘗以猜忌 欲殺李頤命 此 教 老論
所莫知也 宜顯等難於仰對 遽辭退 上曰今則卿等釋然矣 因累 下教言
昌集等不可伸曰 欲藉定策 希望其功 昌集也 反復其間 釀成叵測 虎龍
也 角立誣上 釀成逆亂鏡夢也 鏡夢之逆 綻露無餘 昌集之事 若謙恭下
士時 人不知其心 昌集鏡夢 跡雖永炭 心實貫通 宜顯等疏卞 則輒 教曰
卿等旣釋然而何又出此言 宜顯等又言未嘗釋然 命削奪 癸丑之教 在正
月十九日故 謂之十九下教 乙卯之教 時值夜半故 謂之半夜下教 自此
每以十九半夜之 教折老論 然老論訟冤者 終不已 至丁巳 南人金聖鐸
疏訟其師李玄逸 於是 聖鐸以護逆就鞫 修撰鄭履儉疏言 天下之逆一也
今日廷臣 乃以名在丹書者 敢稱大臣 力請伸雪 護逆之律 亦有低仰與
輕重耶 謂老論訟金李也 老論大譁 爭疏言履儉以代理爲私讎 尹汲韓翼
謩主其論 少論卿宰趙榮國尹東度等數十人疏卞 罪昌集者 以其三變之
無臣節 而彼乃以讎代理搆陷云 上乃命汲翼謩拿鞫 旣而命却膳 判府事
金興慶左相金在魯右相宋寅明等 率百官泣請進膳不許 筵臣至有出矢
言者 臣等自今復爲黨論者 誠狗子也 上哂之 時李光佐屛居有年矣 馳
入力請回怒 上命汲翼謩島棘 起光佐爲領相 改蕩平之名 稱曰混沌開闢
昨日以前付之先天 敢有言先天事者 誅 趙顯命入賀曰 今日方見英雄手
段矣 上賜酒 自李光佐以下同飮之 諭以洗滌黨心 時閔鎭遠已卒 他老
論在朝者 唯唯不敢言 踰歲達城府夫人卒 徐德修祖母也 上每以諸賊凶
言 由於德修之承服 命仍置逆案 至是 上命伸德修 以慰府夫人之靈
老論因此得復提先天事 兪拓基爲右相 請復金李 上召諸臣曰三黨皆有
逆 所重不在 宗社而在謀身 若先朝大臣 豈染於此哉 處分之有先後

何難之有 金昌集李頤命幷復其官 左相金在魯請幷復李天紀金龍澤金
省行等 上不許 李光佐趙顯命趙遠命金始烱徐宗玉等 迭疏言 十年大定
之國是 一朝變改 上答曰今日北面於予者 何敢開喙 因累 下嚴敎 自此
少論不敢復爭 而李光佐以憂卒 持平李台重等三司合請柳鳳輝趙泰耇
李光佐追奪 上怒竄台重 因却大小公事 有決意釋負之敎 在魯等泣請乃
止 命改壬寅逆案 名曰鞫案 癸卯討逆科 改名曰別試 因告 廟頒赦 是謂
庚申處分

10. 영종의 위시僞詩 소동

그때 김재로 등이 번갈아가며

"임인년(壬寅年: 경종 2년) 옥안獄案을 다 버리고 이천기 등을 함께
신원하십시오."

라고 청하자 영종이 난색을 지었다.

조현명과 송인명 또한

"선조(先朝: 경종)를 간범(干犯: 간섭하여 침범하다)하는 것이니 경솔하
게 변경할 수 없습니다."

라고 말하였다. 김재로가

"간범干犯이라는 것은 '삼급수三急手'를 말하는 것입니다. '삼급수의
무고'는 이미 밝혀졌는데도 오히려 간범干犯이라고 말한다면 성상을
모함한 것이 마침내 다 변명되지 못할 것이요, 또 이천기 등을 역적이라

고 한 것은 실상 목호룡의 말일 뿐입니다."

라고 말하자 조현명 등도 더 논란하지 못하였다.

조현명이 일찍이 사사로이 민형수閔亨洙에게

"이천기와 김용택 등이 신축辛丑 임인년壬寅年 사이에 스스로 동궁을 보호한다고 한 것은 오히려 가하다고 하더라도 경자년(庚子年: 숙종 46년이자 경종 즉위년) 이전의 일(숙종과 이이명의 정유독대丁酉獨對)은 나라 안에 말이 이미 자자한데 과연 어찌할 수 있겠소."

라고 묻자 민형수가 말하였다.

"그렇지 않소이다. 숙종께서 이이명을 시켜 이천기 등에게 뜻을 전하기를, 선묘(宣廟: 선조 임금)가 일곱 신하에게 유교遺敎를 내려 왕자를 부탁한 것과 같이 하셨는데 이천기 등이 비록 벼슬하지 않은 선비라고 할지라도 이런 밀교密敎를 받았으니 어찌 마음을 다하지 않았겠소?"

조현명이

"무엇으로 증명하겠소?"

라고 말하자 민형수가 대답하였다.

"김용택의 집에 숙종께서 하사한 시가 있는데 이는 금상(今上: 영종)의 친필로 나의 종형從兄인 민익수閔翼洙가 보았습니다."

조현명이 이 말을 듣고 말하였다.

"그렇다면 이천기와 김용택의 원한을 풀어줄 수가 있겠군!"

이에 영종에게

"전하께서 이러이러한 시를 쓰신 일이 있습니까?"

라고 묻자 영종이 대답하였다.

"없소."

442

조현명이 머리가 땅에 닿도록 굽혀 절하며 말하였다.

"전하께서 일찍이 '외로운 대나무 맑은 바람[孤竹淸風]'이라며 전하의 심사心事를 말씀하셨기에 신 등은 전하께서 아무런 흠이 없게 해드리려고 하는데 왜 이런 말씀을 하십니까?"

이 말을 듣고 영종의 안색이 슬프게 변하더니 일어나 동조(東朝: 왕대비)에 갔다가 한참 후에 나와서 말하였다.

"이이명이 독대獨對한 곳이 이 집인데 지금에 와서 생각하니 희미하게 떠오르는구나. 이른바 '일곱 신하'라는 자는 진실하도다. 동조(왕대비)께서 내게 말씀하시기를 '사대신은 왜 스스로 건저를 청하지 못하고 어찌 이정소李廷熽의 말을 빌렸소? 그때 나의 기력氣力이 지금 같았으면 어찌 능히 건저建儲를 할 수 있었겠소?'라고 하셨소.

대개 송宋나라에는 조여우趙汝愚 같은 이가 있었으니 내가 대신이 되었다면 동조東朝의 말씀과 같이 했겠지만 진실로 큰 역량이 없다면 어찌 어렵지 않겠는가! 안으로는 상검尙儉과 석렬石烈이 있었고 밖으로는 도끼와 쇠몽둥이가 있었으니 어찌 위태하지 않았으랴.

내가 서지 못했다면 '삼종혈맥三宗血脈'이 끊어졌을 것이요, 조선朝鮮도 망했을 것이오. 만일 경묘(景廟: 경종)의 성덕盛德이 아니었으면 어찌 오늘의 내가 있었겠는가? 상검尙儉의 사건 때 내가 들어가 경묘景廟에게 말씀드리니 흔쾌하게 따라서 환관을 쫓아내라고 명령하셨는데 내가 겨우 창문 밖으로 나오자 홍수(紅袖: 궁녀)가 바로 경종 앞으로 나아가 '어찌 이런 하교를 하십니까?'라고 하였고 석렬石烈이란 자는 면전에서 나를 배척하며 '기다리면 스스로 할 날이 있을 것이오.'라고 말하였소.

　내가 부득이 울면서 동조東朝께 고하니 동조東朝께서 '차라리 연잉군을 보전하여 사저私邸로 돌아가게 하는 것이 좋겠다.'고 말씀하시어 내가 '그렇다면 신臣에게는 다행이지만 국사는 망극한 지경에 빠집니다.'라고 대답했는데 나의 이 말이 어찌 한낱 내 몸만을 위하여 한 것이겠는가? 동조東朝께서 하교하시자마자 조태구가 다시 명을 돌릴 것을 청한 것이오."

　조현명이 임금의 뜻을 알 수가 없어 감히 대답을 하지 못하고 있는데 영종이 한참 있다가 김용택의 아들 김원재金遠材를 국문하라고 명하고, 또 민익수까지 함께 국문하려다가 송인명이 민익수를 구원하므로 중지하였다.

　김원재는 국문장에 나아가

　"신臣이 어떻게 그것이 거짓인지 알겠습니까? 전하께서 거짓이라고 하시니 전하께서 잘 아실 것입니다."
라고 말하자 영종은

　"이는 네 아비의 위조가 아니라 반드시 목호룡의 짓일 것이다."
라고 말하고 그 시를 앞에서 불사르고 김원재를 귀양 보내라고 명하였다.

　이때 민형수가 곁에 있다 황송하고 두려워하여 사람의 얼굴이 아니었다. 조현명이 이를 보고 말하였다.

　"민형수閔亨洙 때문에 가짜 시의 전모가 드러났으니 민형수의 공로가 큽니다."

　영종은 홀연히 전봉사前奉事 김복택을 잡아들이라 명하고 친히 국문하면서

　"너도 죽어야지."

444

라고 말하자 김복택은

"원컨대 저의 죄가 무엇인지 듣기를 원합니다."
라고 물었다. 임금은

"옛날에 네가 사사로이 와서 나를 보고 두 '불자不字'의 말을 하지
않았느냐. 또 '복침復寢'이란 말도 하지 않았느냐."
라면서 드디어 곤장을 쳐서 죽였다.

　김복택은 김용택의 종제從弟인데 복택이 한 말은 세상에서 상세히
아는 자가 없었다.

時在魯等 迭請悉去壬寅案 幷伸天紀等 上難之 而趙顯命宋寅明亦言干
犯 先朝 不可輕變 在魯曰干犯者 謂三手也 三手之誣旣白而猶曰犯干
則 聖誣終未盡卞也 且以天紀等爲逆者 是實虎龍之言也 顯命等無以難
顯命嘗以私 問閔亨洙曰天紀龍澤輩 辛壬間 自謂保護 東宮則猶可也
而庚子以前 國言已藉藉 果何爲乎 亨洙曰不然 肅宗使李頤命 致意天
紀等 如宣廟之敎遣 七臣托王子事 天紀等雖布韋 旣承密敎 豈不盡心
乎 顯命曰何以證之 亨洙曰龍澤家 有肅宗賜詩 今上親筆也 吾從兄翼
洙見之 顯命曰 然則天紀龍澤可伸也 乃白 上曰 殿下書此詩否 上曰無
之 顯命頓首曰 殿下嘗以孤竹淸風 自言心事 臣等欲置 殿下於無瑕之
地 而乃有此言耶 上愀然起入東朝 良久出曰李頤命獨對 卽此堂也 至
今想之優然矣 所謂七臣者誠是也 東朝敎予曰四大臣 何不自爲建請
而借李廷熿乎 其時予之氣力 如今日則 豈能辦建儲乎 盖宋有趙汝愚[1]
以予處大臣地則 當如 東朝之敎而苟無大力量 豈不難乎 內有憸烈 外
有斧鑕 豈不危乎 予不立則 三宗血脉墜矣 朝鮮亡矣 若非 景廟盛德

予豈有今日乎 尙儉事出 予入達于景廟 欣然從之 有放逐宦侍之命 予
纔出窓外有紅袖直進 上前曰 何爲此敎也 而石烈者面斥予曰 姑待之
自有爲之之日 予不得已泣告東朝 東朝敎曰 寧以延礽君 保全還邸也
予曰然則於臣幸矣 國事罔涯矣 予之此言 豈徒爲身而發哉 東朝甫下敎
而趙泰耆又封還之矣 顯命莫知上指 不敢有所對 上良久 命鞫龍澤子遠
材 且欲幷鞫閔翼洙 宋寅明救翼洙得已 遠材就鞫曰 臣何以知其僞也
殿下以爲僞殿下自黨知之 上曰非汝父之僞也 必虎龍所爲也 命焚其詩
於前 而竄遠材 時閔亨洙在側 惶怖無人色 顯命曰 因亨洙而僞詩露
亨洙之功大矣 上忽命逮前奉事金福澤 親鞫之曰 汝其死 福澤曰 願聞
其罪 上曰昔年汝私來見我 不有兩不字之言 又不有復寢之說乎 遂杖殺
之 福澤 龍澤從弟也 福澤所言 世亦無詳之者

※

1 趙汝愚(조여우): 송宋나라 재상. 자는 자직子直. 이부상서를 거쳐 우승상에
올랐다가 한탁주의 참소에 걸려 귀양 가던 도중 중병으로 죽었다. 주희朱熹,
여조겸 등과 사귀었다.

11. 역안逆案을 불사르는 신유대훈辛酉大訓

임금은 김복택을 죽이고 난 뒤 모든 신하에게 다시는 이 일을 말하지
못하도록 금하였다.

그런데 오래되지 않아 사헌부 지평 이광의李匡誼가 장계를 올려
김복택의 가율(加律: 형벌을 더하다)을 청하자 영종이 대노大怒하여 이광

446

의의 형인 참판參判 이광덕李匡德을 잡아들여 친히 국문하였다.

　영종이

　"왜 네 동생을 시켜 금법禁法을 범하게 하였느냐?"

라고 묻자 이광덕이 대답하였다.

　"신臣에게 물으시니 대답하겠습니다. 신임년(辛壬年: 신사년, 임인년) 당시에 역적 토벌이 한참이었을 때 신臣의 부자父子가 한 번도 그 사이에 참여하지 않은 것은 저들이 죄가 없다고 해 그런 것이 아닙니다.

　간절히 생각해보면 동궁東宮은 선왕(先王: 영조)의 아들이요, 당저(當宁: 경종)의 동생입니다. 국가에 만약 후사를 이을 사람이 없다면 종사宗社의 의탁한 곳이 장차 어디로 돌아가겠습니까? 8도의 신민臣民들이 비록 입으로는 감히 말하지 못했으나 마음이 끌리고 눈으로 지목한 것이 오래였습니다.

　한쪽의 무리는 자신들이 사사로이 받들었다고 하고 다른 한쪽의 무리는 또 쫓아서 이롭지 못하게 하려고 하니 이것이 무슨 변고입니까?

　지금 밝히 동궁東宮을 위해 사사로이 받들었다는 무고를 변명하지 않고 혼동 시켜 죽이고 토벌하는데 아무런 고려도 없으니 이는 크게 말하면 반드시 종사에 재앙을 끼칠 것이요, 작게는 반드시 신명身名에 해를 끼칠 것이니 할 일이 아닙니다.

　천추 만세 후에 하늘의 자리가 크게 정해지면 불리하게 하려고 한 무리들은 마땅히 법에 따라 처리해야겠지만 사사로이 받들었다는 무리들도 또한 반드시 정죄正罪해야 할 것입니다. 그래야만 가히 성심(聖心: 왕의 마음)을 극히 찬양할 것이며 하늘이 토벌한 것이라는 찬양을 받을 수 있을 것입니다. 이것이 신臣의 부자父子의 뜻이었습니다.

을사년(乙巳年: 영조 1년) 이후에는 신臣 또한 일찍이 조정에 있지 않았는데 지금 전하께서 김복택을 엄하게 다스리시니 신臣의 동생이 '사사로이 받든 자'가 정법(正法: 사형)당했으니 의리를 펼 수 있고 하늘의 토벌을 행할 수 있다고 생각하여 이 상소를 한 것인데 신臣 또한 만류할 것이 없었습니다.

또 김복택이 사사로운 마음으로 전하를 뵈었다면 전하께서는 마음속으로 분하고 밉게 여겨서 수십 년 후에 이 일을 정죄正罪하는 일은 천고의 제왕도 하지 못했던 성사盛事입니다. 정히 여러 가사歌詞를 만들어 노래해 전파하고 역사에 기록해야 할 것인데도 조정에서는 도리어 금하고 선포하지 않으니 이는 대신들의 허물입니다."

영종은 이 말을 듣고

"이것은 너의 죄이다. 너와 같은 자가 조정에 벼슬하지 않으니 조정이 이 지경이 된 것이다."

라고 말하고, 또 여러 번 하교下敎하여

"너는 나의 마음을 알고 나는 너의 마음을 아니 네 집 부자형제의 수십 년의 설화說話가 오늘날 나에게 정문일침頂門一鍼이 되는구나."

라고 말하고 이광덕의 석방을 명했으나 이광의는 금법을 범했다하여 귀양 보냈다.

이광덕은 판서判書 이진망李眞望의 아들이자 박세채의 외손자이다.

박세채가 '탕평설蕩平說'을 처음으로 말하였고 이광덕과 조문명 등이 함께 주장하였다. 신임년(辛壬年: 영조 7, 8년) 초에는 조문명 등이 준소(峻少: 소론 강경파)의 배척을 받아 벼슬하지 못했고 이광덕은 족당族黨이 귀성貴盛하므로 사람들이 다투어 천거했으나 즐겨 출사하지 않았다.

어떤 이가 그 뜻을 묻자 이광덕이 대답하였다.

"나는 반드시 탕평蕩平한 세상이 된 뒤에야 나갈 것이다."

그 뒤에 조문명 등이 국정을 담당하고 '탕평蕩平의 의론'이 크게 행해지는데도 이광덕이 마침내 나오지 않자 사람들이 또 물으니 이광덕이 대답하였다.

"내가 말하는 '탕평'이란 것은 노론의 강경파와 소론 강경파를 취하여 감정을 풀고 국사를 함께 하고자 함이었소. 어찌 부와 귀를 탐해 염치를 버리는 자들과 함께 하고자 했겠는가?"

또 글을 지어서 자제子弟들을 깨우쳤다.

"전하의 무고함을 변명하는 것〔卞聖誣〕!' 이 세 글자가 나의 '탕평'의 골자骨子이다. 우리 성상(聖上: 경종)의 마음은 본래 연잉군 한 분에게 있었는데 이왕에 동궁東宮으로 책립되어 마침내 천위(天位: 왕위)를 밟게 되었으나 이는 비록 종사의 복은 될지라도 성심(聖心: 영조의 마음)에는 실상 불행한 일이었다.

저 한 무리의 불령不逞한 자들은 감히 하늘을 탐하는 계획을 꾸며 백지白地에 빙자하고 농락하여 공공연히 감히 말 못할 자리에 누累를 끼치려 하였다. 이런 연고로 김일경과 목호룡은 이로 인해 핑계를 삼았고 이인좌와 정희량은 이로 인해 하수인이 되어서 국가가 위태하였다가 다행히 보존되었다.

오늘날 신자臣子된 자는 오직 마땅히 눈을 크게 뜨고 가슴을 벌려 성상聖上을 위해서 이희지와 이기지 무리의 무고를 매우 배척하여 우리 성상聖上의 고죽청풍孤竹淸風의 마음으로 하여금 팔방八方의 안과 만세 뒤에 밝게 비치게 하면, 저 김일경과 목호룡 같은 모함이 비록 수레 백 대처럼 많다고 하더라도 큰 화로에 눈이 내리는 것처럼 아무런 하자도 없이 사라져 버려 이른바 가죽이 없는데 털이 어디에 붙을 것인가라는 말과 같이 될 것이다.

그러나 지금은 그렇지 못해서 한편의 사람들이 이희지·이기지 무리들을 신설伸雪하려 하며 이렇게 한 연후에야 임금께서 속으신 것을 변명할 수 있다고 해서 마치 이희지·이기지의 무리들이 한 짓이 임금께서 듣지 않으신 것이 없는 것처럼 하려 하니 오호라! 이 어찌 차마 할 짓인가?

또 한편의 사람들은 말이 이러한 것에만 미치면 마침내 감히 밝게 말하고 현명하게 물리치지 못한다. 그의 뜻이 또 오히려 임금의 몸까지 의심함이 없지 않는 것 같으니 이 또한 어찌 신하들이 차마 할 짓인가?

우리 집의 의론은 오직 이러한 무리들의 무고에서 임금을 구원하려고 변백卞白하려는 것이다. 이러한 무함誣陷만 이왕에 씻어지면 김일경과 목호룡, 이인좌와 정희량의 무함은 공격하지 않아도 스스로 없어질 것이다.

이왕에 양쪽을 모두 죄준 후에는 노론·소론·남인·북인 중 관련이 없고 재주 있는 자들을 모아 한 마음으로 함께 국사에 참여하다가 다른 사람의 마음이 내 마음과 같지 않으면 유연悠然히 물러나서 시골집 (농가)에서 늙어 죽는 것뿐이다.”

얼마 있지 않아 임금이 임인년壬寅年 옥안獄案을 모두 불사르라는 특사를 내리면서 말하였다.

“김일경과 목호룡이 나를 역적의 괴수라며 ‘역안逆案’에 넣었으니 이것을 어찌 그대로 둘 수 있느냐? 홍계적洪啓迪 이하 아홉 사람은 복관復官 증직贈職하고 나머지는 어지러운 공초이고 무고의 부류일 뿐이니 논하지 말라."

이에 좌상 송인명과 우상 조현명이 영종에게 청하였다.

"삼급수三急手의 설'은 신들 또한 믿지 않지만 다만 김용택과 이천기의 무리들은 은밀한 음모로 결탁하여 일이 경묘(景廟: 경종)까지 관련되었고 하물며 '조작한 시'의 죄가 있는데 이 또한 역逆입니다. 별도로 한 문안文案을 두는 것이 마땅합니다."

영종이 이 말을 따라 김용택, 이천기, 이희지, 심상길沈尙吉, 정인중鄭麟重 다섯 사람은 의론하지 말라고 명령하였다.

김재로가

"이렇게 하면 '임인壬寅옥안'을 비록 불살랐다 하더라도 도리어 그대로 있는 것입니다."

라고 말하자 영종은 이 다섯 사람도 함께 신원伸寃하라고 명하였다. 그리고 글을 지어 '대훈大訓'이라고 하고 장차 종묘에 고하려 하자 어영대장 박문수와 평안도 감사監司 이종성李宗城이 입대入對를 청하였다. 그러나 승정원承政院에서 이종성은 번신(藩臣: 관찰사)이라 하여 불허하자 박문수가 먼저 들어가 이종성도 부를 것을 청하였다.

박문수와 이종성은 다섯 사람을 역안逆案에 두지 않을 수 없다며 "이렇게 하지 않으면 전하의 고죽청풍孤竹淸風 같은 심사가 후세에 밝게 빛나지 않을 것입니다."라고 말하면서 박문수는 붓을 끌어당겨 '포의(布衣: 벼슬하지 않은 사람)로 공적을 바라서 양조(兩朝: 경종·영종)를 흠나게 하였다.'라고 쓴 것을 다섯 사람의 죄로 삼아 '대훈大訓'

속에 첨가하자고 청하고 또 전날에 '삼당三黨에 다 역적이 있다.'고
한 하교下敎도 함께 적자고 청하니 영종이 원래 이 두 신하를 소중하게
여겼으므로 특별히 허락하였다.

양사兩司에서 박문수와 이종성이 돌연히 들어가 천단擅斷하였다고
탄핵해 이들을 조태구에 비교하였다.

김재로 등 여러 노론이 들어가 말하였다.

"지금 박문수 등이 다시는 경자년(庚子年: 숙종 사망 해)의 뒷일로
다섯 사람을 죄주지 못 하고 경자년의 앞일로 단안斷案을 삼았으나
진실로 그의 말과 같이 한다면 삼당三黨이 다 역적이라는 것이므로
이는 큰일을 위하여 죽은 신하가 김일경이나 박필몽과 상대가 되는
것입니다."

영종은 이에 다시 '삼당에 역적이 있다.'는 문구를 고치고 박문수와
이종성을 함께 파직시켰다.

또 '대훈大訓'을 종묘에 고하고 나자 송인명이

"금석金石의 법전으로 삼아 정하여 의논하는 자가 있으면 반드시
목을 베십시오."
라고 하자 영종도 이를 허락하였다.

이것을 '신유대훈辛酉大訓'이라 한다.

上旣誅福澤而禁諸臣 無得復言此事 久之持平李匡誼啓淸福澤加律 上
大怒 逮匡誼兄僉判匡德 親鞫問何以使弟犯禁 匡德 對曰臣請言之 當
辛壬時 討逆方張 而臣父子無一預於其間 非以彼爲無罪也 竊以東宮乃
先王之子 當宁之弟 國家若無嗣續 宗社之托將安歸乎 八域臣民 口雖

不敢言 而心繫目屬久矣 乃一邊之徒自以爲私奉 一邊之徒 又從而欲不
利之 此何等變也 今不明爲東宮卞私奉者之誣 而混致誅討 無所顧藉
大必貽禍於宗社 小必貽害於身名 不可爲也 千秋萬歲後 天位大定 不
利之類 固當伏法 私奉之徒 亦必正罪 方可以克贊 聖心 奉揚天討云爾
此臣父子意也 乙巳以後 臣亦未嘗在朝 及今殿下 嚴治福澤 臣弟以爲
私奉者正法矣 義理可伸 天討可行故 爲此疏 臣亦無辭以挽之也 且福
澤以私心謁殿下 殿下中心憤嫉 至數十年之後 因事正罪 此千古帝王所
未有之盛事也 正宜播諸歌詠 垂之史冊 而朝廷反禁不宣泄 此大臣之過
也 上曰此汝之罪也 如汝者不仕於朝故 朝廷至此 且累敎曰汝知予心
汝知予心 汝家父子兄弟 幾十年說話 今日頂門上一針也 命釋匡德 而
猶以犯禁竄匡誼 匡德 判書眞望子 而朴世采外孫也 世采始爲蕩平之說
匡德及趙文命等皆主之 辛壬初 文命等多爲峻少所擯 不得仕 匡德族黨
貴盛 人爭薦引而不肯出 或問之則答曰吾必蕩平之世然後 出也 及文命
等當國蕩平之論大行 匡德終不進 人又問之 匡德曰吾所謂蕩平者 欲取
老論之峻者 與少論之峻者 釋憾以共國事也 豈與嗜富貴捐廉恥者爲哉
又爲文以諭子弟曰卞 聖誣三字 吾蕩平骨子也 我聖上心事 本一延礽君
耳 旣而策立東宮 竟踐天位 雖宗社之福 於聖心實不幸事也 彼一隊不
逞之徒 敢生貪天之計 白地藉弄 公然欲累於不敢言之地 如是之故 鏡
虎因此而藉口 麟亮因此而下手 國家幾危而幸存 今日爲臣子者 唯當明
目張膽 爲 聖上痛斥喜器輩之誣 使我聖上孤竹淸風之心事 軒豁昭朗於
八方之內 萬世之下則 彼鏡虎之誣 雖百車之多 自如洪爐消雪 所謂皮
之不存 毛將焉傅者也 今則不然 一邊之人 必欲刷雪喜器輩 以爲如此
然後 聖誣可卞 其意若以爲喜器輩所爲 聖上無不與聞 嗚乎此豈可忍

者乎 一邊人則語及此等處 終不敢明言顯斥 其意又若尙不能無疑於
聖躬也 此又豈臣子之所可忍耶 吾家議論 惟欲卞此輩之誣援 聖躬者
此誣旣雪則鏡虎麟亮之誣 不攻自破 旣兩罪之後 收拾老少南北之無故
而有才者 同心共濟 若人心不如我心則 悠然而退 老死田廬之下 如此
而已爾 未幾 上下特敎 命盡燒壬寅獄案曰 鏡虎以予爲逆魁 置予逆案
此豈可仍置哉 洪啓迪以下九人 復官贈職其餘亂招誣告之類 勿論 於是
左相宋寅明右相趙顯命 請於 上曰三手之說 臣等亦不信 但金龍澤李天
紀輩 締結幽陰 事關 景廟 況有僞詩之罪 是亦逆也 宜別置一案 上從之
命龍澤天紀李喜之沈尙吉鄭麟重五人勿論 金在魯曰 若是則壬寅之案
雖燒而猶行也 上乃幷伸五人 爲文曰大訓 將以告廟 御將朴文秀平安監
司李宗城入請對 政院以宗城藩臣[2]不許 文秀先人請召宗城 幷力陳五
人不可不置逆案曰不如是則 殿下孤竹淸風之心事 無以光昭於後世矣
文秀引筆書曰布衣希功 玷累 兩朝 請以此爲五人罪 添人大訓中 又請
以前日三黨皆有逆之敎 幷載之 上素重此兩臣 特許之 兩司劾文秀宗城
突入擅決 比之趙泰耉 金在魯等諸老論入言 今文秀等 更不敢以庚子後
事罪五人 而乃以庚子前爲斷案 然苟如其說 三黨皆逆則是死事之臣
與鏡夢爲對也 上乃復改三黨有逆句 而文秀宗城俱罷職 旣以大訓告廟
宋寅明請定爲金石之典 有議者必誅 上可之 是謂辛酉大訓[3]

※

1 八域(팔역): 전국 팔도八道.
2 藩臣(번신): 나라의 변방을 지키는 신하. 곧 관찰사.
3 辛酉大訓(신유대훈): 대훈大訓의 내용은 임인년의 옥안을 소각하며 신축년
  의 건저는 대비와 경종의 하교에 의한 것이며, 김용택 등 5인은 역적으로

인정하며 다시 당습을 일삼는 자는 처벌하겠다는 것이었다.

12. 노론에게 기우는 영종

신유대훈辛酉大訓이 있은 뒤에 민형수閔亨洙가 죽었다.

그의 형 민창수閔昌洙가 상소를 올려

"죽은 동생은 조현명에게 팔려서 경솔하게 위시(僞詩: 가짜 시)를 발설하여 오인五人의 역안逆案을 만들었습니다."

라고 말하자 영종은 '대훈大訓'을 범했다면서 각선却膳을 명하고 또 석부(釋負: 왕위)를 물러나겠다고 말하였다.

조현명이 들어가 이마를 땅에 두드리며 부르짖어 말하였다.

"대훈大訓이 이미 이루어져 전하께서 고묘告廟하기 위해 오르내리셨는데 민창수가 감히 이러한 말을 했습니다. 이는 전하도 없는 것이요, 종묘도 없다는 것이니 민창수를 죽이지 않으면 나라가 반드시 망할 것입니다. 전하께서 죽이지 않으시면 신臣의 여섯 아들이 반드시 죽일 것입니다."

영종은 민창수를 국문하여 귀양 보내라고 명했다가 얼마 있지 않아 석방하였다.

처음에는 노론 사류士類들이 모두 다섯 사람의 일을 말하는 것을 부끄럽게 여겼다. 민진원의 '을사번안乙巳翻案'에 대해서도 비록 함께 신원을 하였으나 그가 지은 '일록日錄'에서는 모두 이 무리의 죄를 나타냈다.

더욱이 김성행이 사사롭게 찾아본 것을 허물로 삼았는데 '위시僞詩'의 일이 드러나자 노론이 "김용택 무리가 종사宗社에 공로가 있다."라고 말하였다. 심지어는 환관과 궁녀와 결탁한 것까지 다시 숨기지 않고 민창수가 상소할 때에는 직접 "건저(建儲: 동궁)를 책정할 때에 거간居間에 의뢰하지 않을 수 없었습니다."라고 말했고 이재李縡와 김원행金元行 등은 유식有識하다고 하면서 도리어 고한 것을 끌어다 글을 만들어 체결한 것이 죄가 될 것이 없다고 밝혔다.

유독 조관빈趙觀彬만은 민창수에게 편지를 보내 책망하였다.

"다른 사람은 내가 알지 못하지만 우리 아버지 같은 분은 일찍부터 이 무리들이 어떠한 사람인지 알지도 못하였다."

조관빈은 조태채趙泰采의 아들이다.

병인년丙寅年에 또 특별한 교서로 김복택을 신원하였다.

이에 노론에서는 영종의 뜻을 엿보아 진신搢紳들이 합소(合疏: 합동 상소)를 올렸는데 윤양래尹陽來가 상소문의 소두疏頭가 되었다.

그 상소문의 대략을 요약하면 다음과 같다.

"김일경·목호룡·이인좌·박필몽은 스스로 근본이 있으니 혐의를 무릅쓴 설을 주창하고 북문北門의 계교를 판 자는 누구이며, 건저建儲의 의義에 감정으로 대하고 정호定號하는 날에 두드리고 흔든 자는 누구이며, 대리로는 반드시 망한다 하고 역적 김일경을 가히 장려할 만하다고 하고 임금의 병을 숨기며 심수현과 정인중의 계모를 열었고 역적의 땅을 위하여 박징빈과 이사성의 흉한 것을 헤아린 자는 누구입니까?

문생門生 국로國老의 설로써 김일경을 후원한 자는 누구입니까?

3년 동안의 참혹한 '옥안獄案'으로 목호룡의 와주窩主가 된 자는 누구입니까?"

이에 삼사三司가 합계合啓하여 조태구, 유봉휘, 이광좌, 조태억, 최석항의 죄를 청하였다.

영종이 조현명에게

"유봉휘를 경卿은 어떻게 하는 것이 좋겠는가?"

라고 묻자 조현명이 대답하였다.

"신臣의 형은 매양 '불충不忠'이라고 자칭했는데 그것은 유봉휘를 토죄하지 못한 것을 가지고 그런 것입니다. 유봉휘는, 실상은 무신년戊申年의 효시입니다."

영종은

"경의 형제는 진실에서 나오는 정성이로군!"

이라며 드디어 조태구, 유봉휘, 최석항, 권익관權益寬, 정해鄭楷 등을 모두 함께 추탈追奪하라고 명령하였다.

양사兩司에서 또 이광좌, 조태억까지 추탈할 것을 청했으나 허락하지 않았다.

대사헌 이종성李宗城이 상소를 올려

"신臣이 이광좌와 함께 의리로는 단면(袒免: 시마복 이하의 복服에서 두루마기의 오른쪽 소매를 벗고 머리에 사각건을 쓰는 상례법)을 입는 사이지만 정으로는 사표師表인데 그의 충성은 해를 뚫고 착하기는 세상을 용서할 만합니다."

라고 말했는데 영종은 대답하지도 않고 그의 벼슬을 파직하였다.

後閔亨洙卒 其兄昌洙疏言 亡弟爲趙顯命所賣 輕發僞詩 以成五人案 上以語犯大訓[1] 命却膳[2] 又命釋負傳位 顯命入 叩地呼曰大訓旣成 上告 陟降[3] 而昌洙敢爲此言 是無殿下也 無宗廟也 不殺昌洙 國必亡 殿下不 殺之 臣有六子 必殺之 上命鞫昌洙而竄之 未幾釋之 先是老論士類 皆恥言五人事 閔鎭遠乙巳翻案 雖幷伸之 而其所著日錄 皆著此等之罪 尤以金省行私謁爲咎 及僞詩事露 老論乃謂龍澤等皆有功宗社 甚至締 結宦妾 不復自諱 而昌洙疏直曰建儲定策 不能無賴於居間[4] 李縡金元 行等號有識 反引告爲文辭 以明締結之無可罪 獨趙觀彬貽書昌洙責之 曰他人則吾不知 若吾父則未嘗知此輩之爲何狀人云 觀彬泰釆子也 丙 寅又以特敎 伸金福澤 於是 老論覘上意 搢紳合疏 尹陽來爲首 疏略曰 鏡虎麟夢 自有根本 倡冒嫌之說 售北門之計者誰也 對憾於建儲之義 敲撼於是號之日者誰也 以代理爲必亡 以賊鏡爲可獎 諱聖疾而啓賢麟[5] 之謀 爲逆地而擢徵晸[6]之凶者誰也 門生國老之說 爲一鏡之後殿者誰 也 三年案獄之慘 作虎龍之窩主[7]者誰也 於是三司合啓 請趙泰耆柳鳳 輝李光佐趙泰億崔錫恒之罪 上問趙顯命曰 柳鳳輝 卿以爲何如 顯命曰 臣兄每自稱不忠 以不能討鳳輝也 鳳輝實戊申之嚆矢 上曰 卿兄弟眞血 忱[8]也 遂命泰耆鳳輝錫恒權益寬鄭楷等 幷追奪 兩司又請奪光佐泰億 不許 大憲李宗城疏曰臣與光佐 義則袒免 情惟師表 忠可以貫日 善可 以宥世 上不答罷其職

※

1 大訓(대훈): 임금이 내리는 커다란 가르침. 교훈.

2 却膳(각선): 수라를 물리치다. 곧 음식을 폐하다.

3 陟降(척강): 오르락내리락하다. 곧 종묘의 제사를 뜻한다.

458

4 居間(거간): 사이에 들어가 알선하다. 곧 거간꾼과 같다.

5 賢麟(현인): 현賢은 심수현, 인麟은 정인중.

6 徵晟(징성): 징徵은 박징빈, 성晟은 이사성.

7 窩主(와주): 도둑의 주인. 도둑의 우두머리.

8 血忱(혈침): 진실한 정성. 곧 혈성血誠. 피맺힌 정성.

13. 전향 선언을 하는 신하들

기사년(己巳年: 영조 25년)에 좌상左相 김약로가 김성행과 환관 장세상張世相, 궁인 묵세墨世를 가엾이 여겨 구제할 것을 청하자 영종은 전교傳教를 써서 명하였다.

"묵세와 김성행과 백망白望이 원통하다는 것은 나라 사람들이 다 아는 것이니 묵세와 백망은 후하게 휼급(恤給: 구제 급료를 주는 것)하고 김성행은 직책을 추증하라."

또 거듭 하교하였다.

"백망은 곧 효장세자孝章世子의 외속(外屬: 외척)인데 그때 국청鞫廳에서 이른바 백망의 일가인 이씨李氏를 국문하자 청한 것으로 보아 그 뜻을 가히 알 수 있다. 묵세는 끼어들어 애매하게 국문을 당해 입을 다물고 죽었으니 어찌 잔인하지 아니한가? 먼저 묵세를 쓴 것으로 내 마음을 알 수 있을 것이다."

또 박필몽 등의 '흉악한 무고'를 가지고 여러 번 하교하자 여러 신하가

"이런 무리들이 하늘과 해를 꾸짖은 허황된 말을 오랫동안 전하의

마음에 묻어 둘 필요가 있습니까?"

라고 말하자 영종이 소리를 질러

"오늘이라고 어찌 이런 마음을 품는 자가 없겠는가?"

라고 말하고, 또 하교하기를

"백망白望에게 휼전恤典을 베푸는 것을 혹시 사사롭다고 하는 자가 있을지 모르겠다."

라고 하자 모든 신하가

"누가 감히 사사롭다고 하겠습니까?"

라고 말하였다. 영종은 또 화가 나 큰 소리로

"경들은 비록 사사롭지 않은 것이라 해도 반드시 사사롭다고 말할 자가 있을 것이다."

라고 말하고, 또

"지금은 국체國體가 원활해지고 군주의 기강도 바르기 때문에 내가 마땅히 할 일을 다 해야겠다."

라고 말하고 인하여 세자에게 청정聽政을 명하였다.

이로부터 말하는 자들이 연이어 이광좌와 조태억을 추탈追奪하자고 청하고 오찬吳瓚, 민백상閔百祥, 조명정趙明鼎 등이 다 이광좌를 논죄하다가 귀양을 갔다.

영종이 이광좌를 추념追念하며 말하였다.

"갑진년(甲辰年: 영조 즉위년)에 이 사람이 없었다면 오늘이 없었을 것이요, 무신년(戊申年: 이인좌의 난이 발생한 해)에 이 사람이 없었다면 오늘이 없었을 것이다."

또 말하였다.

"갑진년(경종이 사망한 해)에 시약청(侍藥廳: 의약청)을 설치하지 않은 것은 어찌 나를 책망하지 않고 이광좌를 죄주는가?"

임신년(壬申年: 영조 28년)에는 최석항을 추가로 복관시키면서 조태구와는 차이가 있다는 교서를 내리며 치제(致祭: 공신에게 내리는 제사)를 명하였다.

이때 영종이 잠저(潛邸: 왕위에 오르기 전의 옛집)를 순행巡行하고 문 닫는 것을 기유년(己酉年: 영조 5년의 기유처분) 때의 일과 같이 하니 모든 신하가 감히 말하지 못하였다.

을해년(乙亥年: 1755)에 이르러 전라감사全羅監司 조운규趙雲逵가 괘서적(掛書賊: 몰래 벽보를 붙인 범인) 윤광철尹光哲을 비밀리에 아뢰어 이를 국문하였는데 윤광철은 윤지尹志의 아들이고 윤취상尹就商의 손자였다.

윤지가 이때 나주羅州로 귀양 갔었는데 그의 문서 가운데에는 전 목사前牧使 이하징의 편지가 많았었다.

이하징을 체포하라고 명령하고 친히

"어찌하여 역적 윤취상의 자손들과 사귀었느냐?"

라고 묻자 이하징은

"윤취상이 어째서 역적입니까?"

라고 대답하였다. 또

"김일경은 어떠하냐?"

라고 묻자

"김일경도 또한 역적이 아니니 김일경이 있은 후에야 신하의 절개가 있는 것입니다."

라고 대답하고, 또 스스로

"어찌 이것이 내 마음뿐이리오. 소론의 마음도 다 그런 걸."

이라고 중얼거렸다.

드디어 이하징을 참수했는데 이하징은 이명언李明彦, 이명의李明誼 의 조카였다.

이때 조문명의 아들 조재호趙載浩가 정승이 되었는데 영종에게 권하 여 대처분大處分을 행하게 하고 나와서 또 여러 소론少論을 위협하여 앞일을 스스로 변명케 하였다.

이에 소론에서는 예조판서 이익정李益炡, 전 감사前監司 심성진沈星 鎭, 사직司直 정휘량鄭翬良 · 이창수李昌壽, 승지承旨 정홍순鄭弘淳, 이조 참의吏曹參議 조재홍趙載洪, 판윤判尹 이창의李昌誼, 사직 이춘제李春躋 · 한사득韓師得, 형조참의刑曹參議 권일형權一衡, 사과司果 김시위金始煒 · 김상중金尙重 · 김상구金尙耈, 사직 이유신李裕身 · 윤동도尹東度 · 이득 종李得宗 · 이중조李重祚, 부사府使 조재민趙載敏 · 윤동섬尹東暹 · 정순검 鄭純儉 · 윤득우尹得雨, 사과司果 서명응徐命膺 · 정상순鄭尙淳, 좌랑佐郎 이수운李壽勛, 사과司果 서유량徐有良 · 신응현申應顯 · 인평군仁平君 이 보혁李普赫, 사직 이일제李日躋 · 조적명趙迪命 · 송징계宋徵啓, 부제학副 提學 오수채吳遂采, 호조참의戶曹參議 최상정崔尙鼎, 전 부사前府使 송창 명宋昌明, 이조참의吏曹參議 조명채曺命采, 형조참의刑曹參議 박사눌朴 師訥, 좌랑佐郎 이준휘李儁徽, 전 지평前持平 변치명邊致明 · 여선형呂善 亨, 전 정랑前正郎 조종렴趙宗廉, 부정자副正字 심욱지沈勖之, 지평持平 홍량한洪良漢, 급제(及第: 장원급제) 정창성鄭昌聖, 보덕輔德 이우李堣, 사직司直 이창유李昌儒 · 이창임李昌任, 사직司直 이광부李光溥 · 정언유

鄭彦儒·이제화李齊華, 전 집의前執義 이봉령李鳳齡, 사과司果 심각沈殼·
이광직李光溭·이광익李光瀷, 전 도사前都事 심야沈埜·정경서鄭景瑞, 전
현감前縣監 유억기柳億基, 부정자副正字 정언섬鄭彦暹·이세효李世孝, 급
제及第 이영조李永祚, 정자正字 이세연李世演, 전 부사前府使 조진세趙鎭
世, 판서判書 이철보李喆輔, 지평持平 한광협韓光協, 급제及第 이의암李宜
馣, 공조판서工曹判書 홍중징洪重徵, 영성군靈城君 박문수朴文秀, 광유廣
留 서명빈徐命彬 등.

더불어 소북小北에서는 사직司直 남태제南泰齊, 전 대사간前大司諫
남태기南泰耆, 전 급제前及第 남태회南泰會, 사과司果 남덕로南德老·남
운로南雲老, 복정僕正 이수봉李壽鳳·이수덕李壽德, 사직司直 임위任煒,
정자正字 임해任瑎, 사서司書 임희교任希敎, 판결判決 박평朴玶, 사직司直
최성대崔成大, 전 헌납前獻納 이육李堉, 사과司果 이수기李壽基·정항령
鄭恒齡·최태형崔台衡, 사정司正 박도천朴道天, 정자正字 신경준申景濬·
송영宋瑛 등.

서로 이어 혹은 연명으로 혹은 단독으로 상소를 올리고, 혹은 조태구·
유봉휘 등을 가율(加律: 형벌을 더하는 것)하자고 청하고, 혹은 이광좌와
조태억 등을 추탈追奪하자고 청하며, 혹은 일찍이 앞의 당습黨習에
가려졌다고 스스로 꾸짖고, 혹은 밖에 있었고 늙고 병들어서 곧바로
징토懲討하지 못했다고 자인自引했으며, 혹은 '꿈에서 비로소 깬 것과
같다.'고 이르기도 하고, 혹은 '술 취한 것이 방금 깬 것과 같다.'고
이르기도 하였다.

영종은 모두에게 우대하는 비답을 내려주며

"한 모퉁이 해동海東에 하늘과 땅이 다시 밝아졌다."

라는 하교下教를 내렸고, 또

"모든 신하가 이와 같다면 내가 다시 무엇을 걱정하리오."
라는 칭찬이 있었다.

이에 대전大殿으로 나아가 하례를 받고 상소문을 올리지 않았거나 하례에 참여하지 않은 사람들은 모두 함께 대궐에 참여하라고 명령하여 장차 다 국문하려다 조금 있다가 중지하였다. 그리고 또 하교하여 말하였다.

"사람마다 자진自陳하는 것은 도리어 진실한 뜻에 흠이 된다. 이 뒤로는 이런 상소는 올리지 말라. 처분處分이 이미 정해졌으니 진실로 북면(北面: 신하)할 마음이 있는 자라면 그 무슨 이의가 있겠는가?"

판중추부사判中樞府事 이종성이 상소를 올려

"지난해에 올린 한 상소가 스스로 죄인을 신사伸赦하자는 죄에 빠졌으니 신臣이 오직 죄를 받은 뒤에야 신의 마음이 편안하겠습니다."
라고 말하자 영종은 이를 허락해 벼슬을 깎아내리고 부처付處하라고 명하였다.

이때 오직 사직司直 심옥沈鈺만 고향에 있어서 하례하는 반열에 참여하지 못했으므로 상소를 올려 따랐는데 다른 말은 없었고 다만 '이미 정해진 처분을 폐지했으니 그 죄는 만 번 죽어 합당합니다.'라고 했고, 또 전 승지前承旨 신치운申致雲은 최후에 상소를 올리니 승정원承政院에서 금령禁令으로 받지 않았다.

한 달이 넘자 임금이 친림親臨하여 과거를 보았는데 답안지 중 한 장〔一券〕에 흉한 말이 쓰여 있었다.

한참 후에야 과거장을 엿보고 기롱한 심정연沈鼎衍을 붙잡아 목을 베어 죽였는데 그는 무신년(戊申年: 이인좌의 난)의 역적 심성연沈成衍의 동생이었다.

己巳左相金若魯請愍恤[1]金省行與宦者張世相宮人墨世 上命書傳教曰 墨世金省行白望之冤 國人知之 墨世白望從厚恤給[2] 省行贈職 仍累 教曰白望卽 孝章世子外屬也 其時鞫廳所謂白望族李氏請鞫者 其意可知 矣 墨世橫被訊鞫 緘口而死 寧不殘忍 先書墨世 可見予心矣 又以弼夢 等凶誣 屢下教 諸臣曰 此等訴天罵日[3]之說豈可留之 聖衷 上厲聲[4]曰 今日安知無懷此心者 又教曰白望恤典[5] 或以爲私乎 諸臣曰 執敢以爲 私 上又厲聲曰卿等雖不以爲私 必有以爲私者 又曰今則國體圓矣 君綱 正矣 予當爲之事 盡爲之矣 因命世子聽政 自此言者 連請李光佐趙泰 億追奪 吳瓚閔百祥趙明鼎等 皆以論光佐被竄 上追念光佐曰 甲辰無此 人 無今日 戊申無此人 無今日 又曰甲辰不設侍藥廳[6] 何不責予而罪光 佐乎 壬申 命追復崔錫恒 有與泰耉有間之教 仍命致祭[7] 時 上幸潛邸 閉閤如己酉事 諸臣不敢爭 至乙亥 全羅監司趙雲逵密啓掛書賊尹光哲 鞫之 光哲志子就商孫也 志時謫羅州 其文書中多前牧使李夏徵書 命逮 夏徵 親問何以交逆商子孫 夏徵曰就商豈逆耶 又問一鏡何如 對曰一鏡 亦非逆也 有一鏡然後有臣節 又自語曰豈但吾心 少論之心皆然 遂斬之 夏徵 明彦明誼之侄子也 時趙文命子載浩 方爲相 旣勸上行大處分 出 又脅諸少論 使早自辨 於是 禮判李益炡 前監司沈星鎭司直鄭翬良李昌 壽承旨鄭弘淳吏議趙載洪判尹李昌誼司直李春躋韓師得刑叅權一衡 司果金始煒金尙重金尙耉司直李裕身尹東度李得宗李重祚府使趙載 敏尹東暹鄭純儉尹得雨司果徐命膺鄭尙淳佐郎李壽勛司果徐有良申

應顯仁平君李普赫司直李日躋趙迪命宋徵啓副學吳遂采戶議崔尙鼎
前府使宋昌明吏僉曹命采刑議朴師訥佐郎李儔徽前持平邊致明呂善
亨前正郎趙宗廉副正字沈勛之持平洪良漢及第鄭昌聖輔德李堣司直
李昌儒李昌任司直李光溥鄭彥儒李齊華前執義李鳳齡司果沈穀李光
溭李光瀷前都事沈埜鄭景瑞前縣監柳億基副正字鄭彥暹李世孝及第
李永祚正字李世演前府使趙鎭世判書李喆輔持平韓光愶及第李宜龜
工判洪重徵靈城君朴文秀廣留徐命彬等 及小北司直南泰齊前大諫南
泰耆前及第南泰會司果南德老南雲老僕正李壽鳳李壽德司直任煒正
字任瑎司書任希敎判決朴玶司直崔成大前獻納李埁司果李壽基鄭恒
齡崔台衡司正朴道天正字申景濬宋瑛等 相繼投疏 或聯或獨 或請泰耆
鳳輝等加律 或請光佐泰億等追奪 或以曾前蔽於黨習自訟[8] 或以在外
及老病 不能卽日懲討自引 或曰如夢始覺 或曰如醉方醒 上皆賜優批
有一隅海東乾坤復明 之敎 有諸臣如此 予復何憂之褒 乃臨殿受賀 命
不呈疏不叅賀之人 幷令詣闕 將盡鞫之 尋 命寢之 且敎曰 人人自陳
反欠實意 此後勿捧此等疏 處分旣定 苟有北面之心[9]者 其何有異哉 判
府事李宗城上疏言頃年一疏 自陷於伸救罪人之罪 臣惟被罪然後 臣心
可安 上許之 命削黜付處 時惟司直 沈鏵 以在鄕不能趁叅賀班 疏引無
他語 但曰 廢闕常分 罪合萬死 前承旨申致雲 最後呈疏 政院以禁令不
納 踰月 上親臨試士 有一券 凶言滿紙 遂會讒訶場內 獲沈鼎衍誅之
戊申賊成衍之弟也

※

1 愍恤(민휼): 가엾게 여겨 구제하다.
2 恤給(휼급): 이재민을 구제하는 것과 같은 것.

3 詬天罵日(후천매일): 하늘을 꾸짖고 해를 꾸짖다. 곧 무모한 행동.

4 厲聲(여성): 화가 나서 큰 소리를 지르는 것.

5 恤典(휼전): 이재민을 구제하는 법률.

6 侍藥廳(시약청): 임금이 환후가 있을 때 수시로 베푸는 직무를 집행하는
처소. 내의원內醫院 도제조都提調 이하 모든 관원들이 번을 서며 약을 쓰는
일을 맡는다. 의약청.

7 致祭(치제): 공신들에게 제사를 지내는 것.

8 自訟(자송): 스스로 자신을 책망하다.

9 北面之心(북면지심): 임금이 남면南面을 하고 앉아 있으면 신하는 북쪽을
행하고 있는 것으로 신하가 되는 마음가짐을 뜻한다.

14. 세제 대리청정을 충忠으로 규정지은 『천의소감』

춘천春川 땅에 또 군사를 모아 역모를 꾀한 자가 있었다. 그는 윤지尹志의
아우 윤혜尹惠와 김일경의 조카인 인제寅濟, 유제有濟, 덕제德濟, 홍제弘
濟와 같은 당黨의 송수악宋秀岳, 이준李埈, 여광학呂光學 등이었다. 이들
을 국문하니 이들의 말이 모두 신치운에게 연루되었다.

신치운이 승복하면서

"심정연의 흉서凶書는 신臣과 박사집朴師緝이 함께 한 것이오."
라고 말하고, 또 흉언凶言을 내뱉어 차마 듣지 못할 지경이었다. 이괄李
适의 전례를 적용하여 사지를 찢어 죽였다.

박사집은 공술하기를

"박필몽은 곧 신臣의 아저씨이고 태징泰徵은 신의 외삼촌이며 신치

운, 이하징李夏徵, 이거원李巨源, 심옥, 유수원柳壽垣, 윤상백尹尙白, 김성
金渻은 모두 신의 당黨인데 이들과 서로 김일경의 충성과 이광좌의
절개를 칭송한 지가 오래입니다."
라고 말하였다. 유수원이 공초한 말도 대략 박사집과 같았다.

　심옥은 최후에 체포되었는데 임금이 친히

　"유수원은 어떠한 사람이냐?"
라고 묻자 심옥은

　"나라를 위하는 정성이 있는 사람입니다."
라고 대답했는데 이것을 곧 승복한 것으로 여겨 함께 정형正刑하였다.

　유수원과 심옥이 죽자 조재호趙載浩가 들어와 임금에게 하례하면서
"이제야 비로소 씨를 뽑았습니다."라고 말하였다. 이것은 이 두 사람이
소론의 준소峻少라는 것을 뜻한 말이었다.

　이에 유봉휘, 조태구, 윤취상, 이사상과 소하疏下 다섯 사람과 권익관
權益寬, 이명언, 김호金浩, 권혜權橞, 권첩權牒, 김홍석金弘錫, 윤상백尹
尙白 등은 모두 역률逆律로 다스려 참수하고 박찬신朴纘新, 이광좌,
최수항, 조태억은 벼슬을 추탈追奪하고 종묘에 고하고 반포한 다음
『천의소감闡義昭鑑』을 지으라고 명령하였다.

　처음에 경묘(景廟: 경종)가 병이 나자 수라 들기를 싫어했는데 때마침
새로 담은 게장을 바치자 경종이 이것을 먹고 음식 드는 것이 조금
나아졌다.

　이때에 이르러 신치운이 공술한 말에는 게장에 대한 말과 또 동조(東
朝: 대비)에도 핍박되는 말이 있었다.

　영종이 울면서 대비의 거처에 들어가 이 일을 고하자 대비가 말하였다.

"그때 게장을 낸 일은 있으나 이것은 어주(御廚: 임금의 식사를 만드는 곳)에서 관례대로 바친 것이요, 동조東朝에서 드린 것은 아닙니다."

영종은 이것을 『천의소감』 속에 써넣으라고 명령하고, 또 이공윤李公胤을 추가로 잡아 처자까지 사형에 처하라고 명령하였다.

김재로가 『소감』의 총론總論을 지었다.

"숙묘(肅廟: 숙종) 갑술년甲戌年에 곤전(壼殿: 중전)이 복위되자 온 나라가 다 기뻐하였는데 수상(首相: 영의정) 남구만은 '오늘 신자臣子들이 중전(인현왕후)의 복위를 경사로 여기고 장희빈이 강등되는 것을 슬프게 여길 것이니 그 마음이 기사년己巳年 때와 무엇이 다르랴?'라고 말하였다.

장희재, 민암, 이의징 등이 성모(聖母: 중전)를 위태하게 하려다가 일이 발각되어 잡혀 국문을 당하게 되자 남구만은 '장희재는 동궁(東宮: 세자. 곧 경종)의 외척이므로 깊은 사려가 있어야 할 것'이라고 말하면서 가볍게 처분해야 한다고 주청하였다.

병자년(丙子年: 숙종 22년)에는 장희재의 종 업동이 흉물凶物을 장씨 선산張氏先山에 묻어 동궁(태자)을 저주함으로써 진신(搢紳: 관리)에게 화를 뒤집어씌우려다 그 사실이 탐지되어 업동을 국문하자 남구만과 유상운柳尙運, 신익상申翼相 등이 고의로 늦게 다스리다가 뒤에 다시 국문하여 그의 실상이 다 드러났다.

신사년(辛巳年: 숙종 27년)에 중전이 승하하자 무고巫蠱의 변이 있어서 숙종께서 친히 궁녀들을 국문하였는데 수상首相 최석정은 남구만의 문인門人으로 차자를 올려 이 일을 묻지 말자고 청하였으나 숙종이 듣지 않고 다 시행하여 모두 목을 베고 여러 정승까지 함께 죄를 주었다.

대개 남구만이 '깊은 사려가 있어야 할 것이란 설'을 주장한 것이 마침내는 흉악한 역적들이 숨을 쉬게 해 화변禍變을 빚어내게 하였다.

저 무리들이 드디어 명의名義와 배치되게 도리어 토역討逆하는 의논을 동궁東宮에 불리하다고 지적하여 기사년의 흉당凶黨과 혼합시켜 임부林溥, 이잠李潛이 이어서 나왔다.

숙종께서 그것이 장차 난亂의 발단이 될 것을 밝히 보시고 목 베었으며, 또 병신년丙申年에 유림儒林들의 시비를 크게 밝히시자(노론을 옳다고 판단한 병신처분) 여러 소인이 감정을 쌓은 지가 오래였다.

경자년庚子年에 경종께서 왕위를 이으셨는데 윤사(胤嗣: 맏아들이 뒤를 잇는 것)의 희망이 없어지고 효종孝宗, 현종顯宗, 숙종肅宗의 삼종혈맥과 경종의 동기同氣는 다만 금상(今上: 영종)만이 있었을 뿐이고 육상궁(毓祥宮: 영조의 어머니)도 성모(聖母: 중전)에게 본래 순수한 정성이 있었고 전하(영종)께서도 또한 영준하셨다.

저 무리들이 일조一朝에 국본(國本: 세자)이 정해지면 다시는 뜻을 얻을 기약이 없다하여 조태구가 먼저 모험冒嫌의 설을 내어서 협박하고 고집하다가 전하께서 세제(世弟: 儲貳)로 책립되자 유상운의 아들 유봉휘가 급하게 글을 올려 그 분노의 붓을 방자하게 내둘렀으며 조태구가 이를 따라 권장하고 비호하였다.

경종의 병환이 더욱 심해지자 대리代理하라는 명령이 있어 사대신四大臣이 연명 차자를 올리자 김일경 등 칠적七賊이 상소를 올려 권세를 도둑질하며 환관, 궁녀들과 결탁하여 임금께서 자리를 내놓는다는 의론이 있게 하였다.

또 목호룡을 사주하여 무옥誣獄을 일으켜 위로는 능멸하고 핍박하는 계교를 부리고 아래로는 도륙하는 재앙을 일으켰으며, 김일경이 또 미리 흉언凶言을 소장疏章과 교서에 묻어두어 무신년(戊申年: 이인좌의 난)에 하늘을 두려워하지 않는 역모의 구실이 되었는데 다행히 황천(皇天: 하늘)과 조종祖宗 신령의 힘을 입어 하늘의 벌을 내려 끝마쳤으나 그 나머지 유얼(遺孽: 첩의 아들)들이 당黨을 얽어서 노려보다가 지금의 역모에 이르러 더욱 심하게 되었다.

본원本源이 한 번 어그러지면 지류支流가 점점 넓어지고 계속되어 조금씩 흐르는 것을 막지 않으면 마침내 강江과 대하大河가 되는 것이니 삼가지 않을 수 있겠는가?"

春川地 又有聚軍謀逆者 得志之弟惠 一鏡之姪子寅濟有濟德濟弘濟
及其黨宋秀岳李埈呂光學等 鞫之 辭連致雲 致雲承服曰 鼎衍凶書 臣
與朴師緝同爲也 又發凶言 不忍聞 命用李适例 磔之 師緝供曰 弼夢卽
臣叔也 泰徵卽臣舅也 申致雲李夏徵李巨源沈鏽柳壽垣尹尙白金渻皆
臣黨也 相與稱一鏡之忠 李光佐之節者久矣 壽垣供辭 略如師緝 鏽最
後就逮 上親問壽垣何如人 鏽對曰 向國有誠者也 遂以爲承服而幷正刑
壽垣鏽之死 趙載浩入賀 上曰今始拔核矣 謂二人最峻少也 於是 命鳳
輝泰耉就商師尙疏下五人權益寬李明彦金浩權毦權繰金弘錫尹尙白
等 幷施逆律斬 朴纘新李光佐崔錫恒趙泰億幷追奪 告廟頒赦[1] 命撰闡
義昭鑑[2] 初 景廟違豫[3] 厭進食 會供新蟹 景廟爲之加餐 至是致雲供辭
有蟹醬語 且逼東朝 上涕泣入告東朝 東朝教曰 其時有進蟹而乃御廚例
供 亦非自東朝進也 上命書昭鑑中 又 命李公胤追施孥戮[4] 金在魯爲昭
鑑摠論曰 肅廟甲戌 壼位光復 一國均懽 而首相南九萬乃言 今日臣子

以復位爲慶 以降位爲憾 其心與己巳何異 張希載閔黯李義徵等 謀危聖
母 事發逮鞫 九萬以希載爲 東宮外親 謂有深長慮 徑請酌處 丙子希載
奴業同 埋凶張氏山 以詛東宮 欲以嬪禍搢紳 尋詗其實 鞫業同則九萬
及柳尙運申翼相等 故緩治 後更鞫而情節畢具 及辛巳 聖母昇遐 有巫
蠱變 肅廟親鞫宮婢 首相崔錫鼎 九萬門人也 箚請勿問 肅廟不聽悉行
按誅 幷罪諸相 蓋自九萬倡爲深長慮之說 終使凶逆 假息 釀成禍變
而彼輩遂與名義背馳 反指討逆之論 爲不利於東宮 以混合於己巳凶黨
有林溥李潛繼出 肅廟燭其將爲亂階而誅之 又於丙申 大明儒林是非
群小蓄憾久矣 庚子 景廟嗣位 無望胤嗣 孝顯肅三朝血脉 景廟同氣
止有 今上一身 而毓祥宮[5]於 聖母 素有純誠 上又英睿 彼輩恐一朝國本
有歸 更無得志之期 泰耉先發冒嫌之說 以脅持之 及上位定儲貳則 尙
運之子鳳輝 急上章肆其懟筆 而泰耉從以獎護之 旣而聖疾愈加 代理有
命 四大臣上聯箚則 一鏡等七賊 投章盜柄 締結宦妾 致上有辭位之議
已又喉虎龍 以起誣獄 上逞凌逼之計 下成屠戮之禍 一鏡又預伏凶言於
疏章與敎文 以資戊申滔天[6]之逆謀 幸賴皇天[7] 祖宗之靈 底訖[8]天誅而餘
種遺孽[9] 糾結睥睨 至於今玆之逆而極矣 源頭一差 流波漸漫 涓涓不塞
終成江河 可不愼哉

※

1 告廟頒赦(고묘반사): 종묘에 사실을 알리고 그의 죄를 사해주다.

2 闡義昭鑑(천의소감): 영조의 명을 받아 김재로가 지은 저서.

3 違豫(위예): 즐거운 것을 피하다. 곧 병이 나다.

4 孥戮(노육): 처자까지 사형에 처하여 죽이다.

5 毓祥宮(육상궁): 조선조 숙종의 후궁이며 영조英祖의 생모인 숙빈 최씨淑嬪崔

氏의 사당. 영조 20년(1744)에 묘호를 육상묘로 하였다가 29년에 궁宮으로 올렸다. 융희隆熙 2년(1908)과 1929년에 다른 여섯 신위를 모두 이 궁에 합사하여 칠궁七宮으로 불리어지게 되었다.

6 滔天(도천): 하늘을 두려워하지 않고 업신여기다. 곧 반역.

7 皇天(황천): 하늘.

8 底訖(저흘): 이르러 끝마치다.

9 遺孽(유얼): 첩의 아들. 곧 천한 사람들.

15. 대탕평

원경하元景夏가 영종에게

"재앙의 근원을 소급해 논한다면 경종이 핍박받을까 두렵습니다."

라고 말하자 김재로가

"그렇지 않다면 이것은 머리가 없는 글이 될 것이 아닌가."

라고 말했으나 영종은 끝내 그 글을 쓰지 않았다.

『천의소감』이 이루어지자 여러 신하들이 '사충사四忠祠'를 복원할 것을 청했는데 영종은

"건저建儲한 네 정승이 나 때문에 죽었으니 어찌 슬프지 아니하랴. 하지만 사당을 세우는 것까지는 너무 지나친 것이다."

라고 말했으나 지사知事 이성중李成中이

"천의(闡義: 의를 밝히다)한 후에는 가히 포상하지 않을 수 없습니다."

라고 하므로 이에 허락하였다.

오직 오인(五人: 김용택 등 다섯 사람)의 죄안罪案만이 대훈(大訓: 신유대훈)에 실려 있는 까닭에 사람들이 감히 말하지 못하더니 병술년(丙戌年: 영조 32년)에 이르러 영종이 다섯 사람의 일을 경연의 신하들에게 묻고, 또

"김용택은 기쁨과 근심을 같이한 사람이다. 정인중과 심상길의 무리와 비교할 수는 없는 일이다."

라고 하교하자 남태제南泰齊가 말하였다.

"이희지는 홀로 기쁨과 근심을 함께 한 집안이 아닙니까? 공功을 구하고 상賞을 바란 것은 특별히 나머지 일일 뿐이고, 나라를 위하는 마음은 다섯 사람이 같은 것입니다."

라고 말하였다. 조운규趙雲逵와 정창순鄭昌順도 같은 소리로

"그들이 공을 바란 것은 논할 바가 못 되고 오직 나라를 위하는 마음에서 나온 것입니다."

라고 하였고, 김상철金尙喆은

"바란 것은 적고 나라를 위한 것은 큽니다."

라고 말했고, 좌상左相 김치인金致仁은 나아가

"온 나라의 공론公論을 이것으로 볼 수 있습니다."

라고 말하자 이에 다섯 사람의 이름을 대훈大訓에서 빼어 '세보대훈洗補大訓'이라 이르고 이에 이천기, 심상길, 정인중의 옛 관직을 회복시켰다.

임진년(壬辰年: 영조 38년)에 이르러 졸지에 영종이 하교하여 이광좌, 최석항, 조태억의 관직을 회복시키고 이름하여 '대탕평大蕩平'이라고 하자 참판叅判 조영순趙榮順과 참의叅議 김리소金履素와 또 다른 노론들이 많이 벼슬을 버리고 가는 이가 많았다.

이로 인해 조영순을 국문하라고 명하고 그 자리에서 결안結案을 받으니 조영순은 '국적國賊을 토벌하지 못하고 집안의 원수도 갚지 못하니 불효이자 불충不忠이다. 임금의 전교傳敎가 더디고 느리구나.'라고 썼는데, 조영순은 조태채의 손자이다.

조영순을 효수(梟首: 목매달아 죽임)하라고 명했다가 돌아서서 죽음을 감하라고 하고 안치安置한 지 한 해를 넘기니 다시 전교를 내렸다.

"조영순은 어진 사람이다. 석방하라."

을미년(乙未年: 영조 41년. 1775)의 정시(庭試: 대궐 안 마당에서 보는 시험)에 최석항의 손자 최수원崔守元과 조태억의 증손曾孫 조우규趙羽逵와 종손從孫 조영의趙榮毅가 함께 과거에 합격하자 대계臺啓에서 "여러 답안지가 부화뇌동한 것이 많습니다."라고 말했으며, 명관命官 김상철, 제학提學 이복원이 상소를 올려 '세 사람'을 삭과(削科: 과거급제를 취소하는 것)하라고 청하니 영종이 이를 허락하였다.

정종正宗이 즉위한 후 공제(公除: 왕이 즉위한 후 29일간 공무를 중지하는 것)기간이 지난 후 승지承旨 김약행 등의 상소로 윤선거, 윤증, 이광좌, 최석항, 조태억의 관직을 삭탈하였다가 돌아서서 윤선거 부자父子의 복관復官을 명하였다.

元景夏白上曰溯論禍源 恐逼景廟 在魯曰不然則此爲無頭書 上卒不用其文 闡義昭鑑成 諸臣請復四忠祠 上曰建儲四相 由我而死 豈不愴然[1]然立祠過矣 知事李成中曰闡義之後 不可不襃奬 乃許之 惟五人案以載大訓故 人不敢言 至丙戌 上以五人事 詢筵臣 且敎曰龍澤 同休戚之人[2]也 不可以麟吉[3]輩比 南泰齊對曰李喜之 獨非同休戚家乎 希功望賞 特

其餘事 爲國之心五人一也 趙雲逵鄭昌順同聲奏曰希望非可論 專出爲
國之心矣 金尙喆曰希望少 爲國多矣 左相金致仁進曰可見擧國之公論
矣 於是 命拔五人之名於大訓 謂之洗補大訓 仍復李天紀沈尙吉鄭麟重
官 至壬辰 忽下 敎命 復李光佐崔錫恒趙泰億官 名曰大蕩平 叅判趙榮
順叅議金履素及他老論 多棄官去 命鞫榮順 直捧結案 榮順書曰 國賊
不討 私讎不復 不孝不忠 依傳敎遲晩 榮順泰采孫也 命梟首 旋命減死
安置 踰年復 敎曰榮順賢矣 命宥之 乙未庭試 崔錫恒孫守元 趙泰億曾
孫羽逵 從孫榮毅 俱登第 臺啓言諸券多雷同 命官金尙喆提學李福源疏
請三人削科 可之 正宗卽位 公除[4]後 因承旨金若行等疏 復奪尹宣擧尹
拯李光佐崔錫恒趙泰億官 旋 命尹宣擧父子復官

※

1 愴然(창연): 슬퍼 상심하는 모양.

2 休戚之人(휴척지인): 기쁨이나 슬픔을 함께 하는 사람.

3 麟吉(인길): 정인중과 심상길.

4 公除(공제): 임금이 죽은 후 29일 동안 모든 공무를 중지하는 것.

원론 原論

1. 붕당이 심해진 8가지 이유

오호嗚呼라. 붕당朋黨이란 이름의 유래는 오래이지만 그 사정邪正과 역순逆順의 분별이나 여기 참여한 사람들의 많고 적음과 그 오래되고 잠깐 동안에 끝난 것 등의 구별은 지적해 말할 수 있을 것이다.

중국 당唐나라 구양수歐陽修의 붕당론朋黨論을 보면 옛날 당우은주唐虞殷周시대부터 비롯되었다고 말하지만 사흉四凶과 주紂의 악한 것과 열여섯 정승과 무왕武王의 현명한 것은 자세한 변명을 기다리지 않더라도 밝혀지고 있다.

또 요堯임금 때의 이른바 붕朋이라는 것은 넷이나 열여섯에 지나지 않아서 이것 또한 큰 붕당이라 할 수 없는 것이고, 은殷나라 때의 백만 명이나 주周나라 때의 삼천은 크다고 할 수 있을 것이지만 이것도 적국敵國끼리 상대하던 세력에서 그러한 것이요, 가히 붕당이라고 말할 수는 없는 것이다.

또 사흉四凶의 붕당이란 것도 요임금이 말년에 정사를 게을리 하는 해에 있었고 순舜임금이 왕위에 오르자 모두 귀양 보내고 처형해서 그 해악이 얼마 되지 않았다. 주紂의 남은 풍습이 백성들을 많이 완악하게 했으나 단절시키지는 못하였다. 또한 주周나라의 무왕武王이나 성왕成王 때에는 붕당이 나오지 않았을 따름이다.

후세에 이르러 붕당이 성했는데 동한東漢이나 당나라·송나라 사이에서 가장 심하였다.

동한東漢의 붕당은 무리도 많았고 또 오래되었다. 그러나 이고李固, 진번陳蕃의 충성된 것과 양기梁冀, 장양張讓이 악당인 것은 또한 사람마다 다 이야기하는 것이다.

당나라의 당黨이란 그렇지 못하였다. 우승유牛僧孺, 이종李宗, 민균閔均 등은 군자君子도 아니요, 또한 소인小人 쪽으로도 심하게 기운 자가 아니었으니 대개 이미 말하기가 어려울 뿐이다.

송나라의 당黨은 이보다 더 심해서 범중엄范仲淹, 정이程頤, 소식蘇軾, 유지劉摯 등은 다 군자였지만 그렇다고 해서 여이간呂夷簡, 왕안석王安石 등도 또한 소인으로 배척당할 사람들은 아니었으니 이것은 더욱 붕당으로서는 있을 수 없는 것이었다.

그러나 당나라의 붕당은 앞과 뒤가 겨우 수십이요, 송나라의 붕당도 또한 몇 대 지나지 못해 마침내 나라가 망하였다. 또 무릇 당송 때에는 사람마다 모두 붕당을 한 것은 아니었다.

만약 온 나라 사람들이 분열하여 두 당이 세 당이 되고 네 당이 되어 2백여 년이란 긴 기간 동안 종내 사정邪正과 역순逆順의 분별을 합의하지 못하고, 또 밝게 정론을 세우지 못한 붕당을 들라면 오직 우리 조선朝鮮이 그러한 것이다. 이 또한 고금 붕당을 통틀어 지극히 크고 지극히 오래되었으며 지극히 말하기 어려운 것이라 말할 수 있을 것이다.

가만히 그 까닭을 논의해 보면 8가지가 있다.

첫째는 도학道學이 지나치게 중한 것이고, 둘째는 명분과 의리가 지나치게 엄한 것이며, 셋째는 문사文詞가 지나치게 번잡한 까닭이고,

넷째는 옥사와 형벌이 지나친 것이며, 다섯째는 대각臺閣이 너무 높은 것이고, 여섯째는 관직이 너무 맑은 것이요, 일곱째는 문벌이 너무 성대한 것이고, 여덟째는 나라가 태평한 것이 너무 오래되었기 때문이라 할 것이다.

嗚呼 朋黨之名 所由來遠矣 然其邪正逆順[1]之分 與夫衆寡之別 久暫之殊 可指而言也 歐陽修[2]之論朋黨 自唐虞殷周[3]始 然四凶與紂[4]之惡 十六相與武王[5]之賢 不待辨而明者也 且堯之時 所謂朋者 不過四與十六 則其亦不足爲大朋也 若殷之百萬 周之三千 可謂大矣 然是則敵國之勢然也 非可以朋言也 且夫四凶之爲朋 在堯倦勤之年 而舜立而竄殛之 其害不能久 紂之餘風 至頑民而未殄 然亦不出乎武王成王[6]之世而已 降至後世 朋黨之盛 莫甚於東漢及唐宋之間 東漢之黨 衆且久矣 然李固陳蕃[7]之爲忠 與夫梁冀張讓[8]之爲惡 是亦人皆可以言者矣 唐之黨不然 牛僧孺李宗閔均[9]之非君子也 亦非小人之甚者也 蓋已難乎言之矣 宋之黨則有甚焉 范仲淹[10]程頤[11]蘇軾[12]劉摯[13] 皆君子也雖呂夷簡[14]王安石[15]亦不可斥之爲小人 斯尤朋黨之所未有者也 然唐之黨 前後僅數十年 宋之黨 亦不過數世 而卒以亡國 且夫唐宋之世 亦未必人人皆黨也 若夫擧一國之衆而分而爲二爲三爲四歷二百餘年之久而不復合於邪正逆順之分 亦卒無能明言而定論者 惟我 朝爲然 其亦可謂古今朋黨之至大至久至難言者歟 竊嘗論之 其故有八 道學[16]太重一也 名義太嚴二也 文詞太繁三也 刑獄太密四也 臺閣太峻五也 官職太淸六也 閥閱[17]太盛七也 承平[18]太久八也

※

1 邪正逆順(사정역순) : 사특하고 바르고 거역하고 순종하는 것.

2 歐陽修(구양수) : 중국 당나라 때의 서예가. 자字는 신본信本. 수隋나라
때 태상박사太常博士를 지내고 당나라 때에는 홍문관 학사를 역임하였다.
경사經史에 밝고 모든 서체를 자유로이 썼는데 왕희지王羲之 이후의 정통파의
흐름을 이어받고 특히 해서楷書에 뛰어났다.

3 唐虞殷周(당우은주) : 당唐은 요堯임금의 나라. 우虞는 순舜임금의 나라
이름. 은殷은 탕왕湯王의 상商나라. 주周는 무왕武王이 세운 나라.

4 四凶與紂(사흉여주) : 사흉四凶과 주왕紂王. 사흉은 요임금 시대의 네 명의
악인. 곧 공공共工, 환두驩兜, 삼묘三苗, 곤鯀. 주紂는 은殷나라의 마지막
왕인 폭군 임금의 이름이며, 포악한 군주의 대명사로도 쓰인다.

5 十六相與武王(십륙상여무왕) : 열여섯 정승과 무왕. 열여섯 정승은 누구누구
인지 자세하지 않고 무왕은 주周나라를 창업한 문왕文王의 아들을 말한다.
이름은 발發이다.

6 成王(성왕) : 주나라 무왕武王의 아들.

7 李固陳蕃(이고진번) : 이고와 진번은 다 한漢나라의 충신들.

8 梁冀張讓(양기장양) : 두 사람 다 한漢나라 때의 간신들.

9 牛僧孺李宗閔均(우승유이종민균) : 우승유, 이종, 민균의 세 사람은 다
당나라의 소인배들.

10 范仲淹(범중엄) : 송나라의 명재상名宰相. 자는 희문希文. 범문정공范文正公
으로 시호를 받았다.

11 程頤(정이) : 이천선생伊川先生으로 형인 정호程顥와 함께 정자程子로 일컬어
졌다.

12 蘇軾(소식) : 송나라의 대문장가. 호는 동파東坡. '적벽부'로 유명하다.

13 劉摯(유지) : 송나라의 학자이며 정치가.

14 呂夷簡(여이간) : 송나라의 정치가.

15 王安石(왕안석) : 송나라의 정치가. 신법新法을 주창하였다. 학자. 자는
개보介甫.

16 道學(도학) : 도의와 학문. 곧 유가儒家의 학문을 뜻한다.
17 閥閱(벌열) : 벌문閥門한 집안. 곧 융성한 세도가의 집안.
18 承平(승평) : 태평성대 한 세월.

2. 도학이 너무 지나친 것

무엇을 도학道學이 지나치게 중하다고 말하는가?

대저 천하의 사람들은 각각 그 신체가 있으면 각각 그 마음이 있게 마련이다. 스스로를 사사롭게 하고 스스로를 이롭게 하여 기쁜 일은 서로 다투며 부끄러운 일은 남에게 양보하려 하는데 이런 형세는 자연스러운 것이다.

옛날의 성현聖賢들은 이것을 근심하여 예절을 높여 그 외부를 가지런히 하고 착한 것을 밝혀서 그 근본을 하나로 삼아 포악하고 방자하며 다투어 빼앗는 기운을 꺾어서 화순하고 공정한 지역에 있게 하였다. 그러므로 천하의 사람들이 이를 흡족히 여겨 높이 숭상하여 그 어진 이를 친밀하게 하고 그 이로운 것을 즐겨 세상이 다할 때까지도 능히 잊지 못하였다.

무릇 이런 것은 그 세력·지위·기력氣力 때문에 두려워하고 복종하는 것은 아니다. 자신을 극복하는 학문을 하여 이기심을 없애는 도를 얻어서 그 마음의 광연(曠然: 무사無事한 모양)함이 피차彼此가 같고 다름의 분별이 없어져 천하가 한 집안이 되고 온 나라(中國)가 한 사람이 된다.

선善과 사람이 하나가 되는 것은 사람으로서 얻기 어려운 것이고 이렇게 다른 사람을 위하는 것은 능하기가 어렵기 때문에 도학이란 이름으로 귀결되는 것이다.

만약 자신을 이기지 못하고 나를 없애는 것이 불가능하다면 비록 그 읽는 것이 성현의 글이요, 몸에 걸친 의복이 성현의 옷이며, 행동 또한 처음부터 성현의 행동이 아님이 없더라도 그 스스로를 사사롭게 하고 스스로를 이롭게 하려는 마음이므로 오히려 천하의 평범한 사람들과 마침내 서로 다를 것이 없게 될 것이다.

무릇 평범한 사람의 마음에 지나지 않으면서 도학道學이란 이름 속에 사는 것은 그 자신이 옳지 못한 것인데 하물며 천하의 보통사람들을 거느리고 우리 도학道學의 당黨이란 이름을 이루어서 당세當世를 호령하고 다른 사람들로 하여금 자신의 잘못은 감히 고치지 못하게 한다면 이는 옛 성현들을 어떻게 보고 하는 일인가?

자신의 지위가 날마다 높아지고 나의 세력이 날마다 커지며 사사로움이 날마다 공고해지고 이익이 날마다 두터워지는 것은 사람이면 누구나 바라는 것이 아니겠는가? 여기에서 다투고 빼앗는 세력이 생기고 화란이 따라서 일어나는 것이다.

보통사람들과 서로 다투고 빼앗는 자들은 그들도 반드시 보통 사람이기에 그 화禍가 한때에 그치고 말 것이다. 도학道學이 있는 사람들과 서로 다투고 빼앗는 자들은 그들도 반드시 도학道學이 있는 사람들이기에 그 화는 무궁할 것이다.

무릇 도학을 귀하게 여기는 것은 거기에 무궁한 혜택이 있는 까닭에서 그러는 것이지 무궁한 화禍가 있어 그러는 것은 아니다.

　지금 그 효과가 만약 이러하다면 이를 본받은 자들의 뜻은 도학에
있으나 혹 다 여기에 이르지 못한 것이요, 이 무리들이 추중推重하는
것은 허물일 뿐이다.

　何謂道學之太重 夫天下之人 各有其身則名有其心 自私自利 喜相競而
恥相讓 其勢然也 古之聖賢有憂之者 崇禮以齊其外 明善以壹其本 使
皆有以勝其暴肆爭奪之氣 而措之于和順公正之域 天下之人 翕然而尊
尚之 親其賢而樂其利 沒世[1]而不能忘 夫若是者 非以其有勢位氣力 可
以畏服而然也 由其能爲克己[2]之學而得無我之道[3] 其心曠然無彼此同
異之別 而以天下爲一家 中國爲一人 善與人同而不獲其身 斯其爲人之
所難能而道學之名歸焉者也 若夫己有所未克而我有所不能無則 雖其
所讀 爲聖賢之書 所服 爲聖賢之服 所行 亦未始非爲聖賢之行 而其自
私自利之心 猶夫天下之庸人而卒無以相遠也 夫以庸人之心而居道學
之名 斯己不可矣 況率天下之庸人 以成吾道學之黨 以號令於當世而使
人莫敢矯其非則 其視古聖賢爲何如也 己日以尊 我日以大 私日以固
利日以厚 人亦孰不欲爲是哉 於是競奪之勢成而禍亂興焉 與庸人相競
奪者 必庸人也 故其禍止於一時 而與道學相競奪者 必道學也 故其禍
流於無窮 夫所貴於道學者 以其有無窮之惠也 不以其有無窮之禍也
而今其効若是 意者 道學之或未必皆是 而其徒推重者之過也

※

1 沒世(몰세): 이 세상이 다하기까지. 곧 이 세상이 끝날 때까지.

2 克己(극기): 자기의 사욕을 이성理性으로 눌러 이기다.

3 無我之道(무아지도): 사심이 없는 도道. 이기심이 없는 도.

486

3. 명분과 의리가 지나치게 엄한 것

무엇을 명분과 의리가 지나치게 엄하다고 이르는가?

　무릇 명분과 의리는 천하의 공물公物로서 한 개인이나 한 집안이 사사로이 얻는 물건이 아니다.

　옛날 공자 때 천하가 크게 어지러워지자 증보찬시(烝報簒弑: 아들이 어머니와 간통하고 아버지가 딸과 간통하며 신하가 임금을 죽이는 일)의 재앙이 대를 이어 끊어지지 않았다. 그러나 나라들은 서로 바라만 보면서 조용했으며 괴이하게 여기지 않았기 때문에 공자께서『춘추春秋』를 지어 그 이론으로써 창과 칼을 대신하니 이 뒤부터 인륜人倫이 비로소 밝아졌다.

　지금『춘추』를 읽는 사람으로서 공자가 폄하한 자들을 악하게 여기지 않는 자 드물 듯이 그때에도 그랬었다.

　이른바 명분과 의리라는 것은 또한 이와 같을 따름이다.

　지금은 온 천하 사람들이 모두 명분과 의리가 어떠한 것인지 잘 알지도 못하면서 유독 혼자 잘 아는 것처럼 떠든다. 이것은 반드시 그 나라의 어지러움이 춘추春秋시대와 같으므로 그 사람의 어진 것도 공자같이 된 연후에야 가할 것인데 이들은 그 근처에도 가지 못하면서 스스로 성인이라 하여 한 세상을 속이려는 것이다.

　또 무릇 명분과 의리라는 것은 어떤 떳떳함이 있는 것이니 공자는 『춘추』를 지어 주周나라의 종실宗室을 높였고 맹자는 제후들에게 권하여 왕정(王政: 왕도정치)을 행하였다. 공자는 위衛나라 임금과 함께 하지 않았는데도 자로子路는 죽었고 공자는 삼가(三家: 맹손, 숙손, 계손)의 성城을 무너뜨리려 했으나 제자인 염유冉有와 재아宰我는 그들의 신하가 되었다.

맹자는 아성(亞聖: 성인의 다음)이 되었으나 세 사람〔子路·冉有·宰我〕은 오히려 승당升堂의 반열밖에 얻지 못하였다.

이를 오늘에 비춰본다면 누가 맹자는 찬탈(簒奪: 반역)을 꾀하고 자로·염유·재아는 난신역적亂臣逆賊을 따랐다고 하지 않겠는가? 또 누가 공자는 성인聖人이 아니라 그가 끼친 폐단이 여기에 이르렀다고 말하지 않겠는가?

천하의 변화란 지극히 다함이 없는 것이요, 인심人心의 미묘함은 엿보기가 어려운 것이다. 그 중요한 것은 실질에 힘씀〔務實〕 같은 것이 없으니 시대를 따르는 것과는 다른 것이다.

진실로 한때 한 가지 일만 고집해서 남을 강제하는 것으로 명분을 삼고 구부리게 하는 것으로 의리를 삼지 말고 자신을 막고 남을 제어하는 것을 반드시 이기는 술수로 구해야 한다.

하물며 갑甲이 명분으로 삼는 것을 을乙은 쫓아서 죄라 하고, 을이 의롭게 여기는 것을 갑甲이 또 쫓아서 사특하다고 폭로한다면 명분과 의리가 과연 떳떳한 것이 있겠는가?

예로부터 붕당朋黨의 다툼은, 스스로 군자君子라고 일컫고 배척하는 사람은 소인小人으로 여겼는데 뒷날 의론을 숭상하는 자들은 오히려 이를 병으로 여겼다.

지금은 이보다 더해서 소인小人으로 지목하는 것으로 만족하지 못하고 그 근본이 오랑캐의 부류라고 말한다.

488

그러므로 명분과 의리라는 말을 빌려서 모두 세상을 어지럽힌 역적으로 몬 후에야 유쾌하게 여기니 이 또한 불인不仁이 심한 것이며 작용자(作俑者: 장사지낼 때 매장하는 인형)로 삼는 것보다 심한 것이다.

何謂名義之太嚴 夫名義者 天下之公物[1] 而非一人一家之所得私也 昔孔子之世天下大亂 烝報簒弑[2]之禍 代不絶而國相望 恬焉不以爲怪故孔子作春秋[3] 以空言[4]代斧鉞[5] 自是以後 人倫始明 今之讀春秋者 其於孔子之所貶 鮮有不知其爲惡者 其時然也 所謂名義者 亦若是而已矣 今謂學天下之人 皆不知名義之爲何物 而獨我知之云爾則 是必其國之亂如春秋之世 而其人之賢如孔子然後 可也 不幾近於自聖而誣一世哉 且夫名義亦何常之有哉 孔子作春秋尊周室 而孟子勸諸侯行王政 孔子不與衛君 而子路[6]死之 孔子欲墮三家[7]之城而冉有宰我[8]臣之 然孟子爲亞聖而三子者猶得於升堂之列 由今觀之 孰不謂孟子謀簒奪而子路冉有宰我 從亂逆哉 又孰不謂孔子非聖人而其流弊之至於斯哉 天下之變至無窮也 人心之微 至難見也 其要莫如務實 其異在乎隨時 固不可以一時一事 强爲之名而曲爲之義 封己以禦人 求爲是必勝之術也 況甲所以爲名者 乙又從以成其罪 乙所以爲義者 甲又從以發其慝 名義果何常之有哉 自古朋黨之爭 莫不自謂君子而斥人爲小人 後之尙論者 猶以是病之 今則不然 謂小人之名不足湛其宗而夷其類也 故必假名義之說 悉驅而納之於亂賊然後 快焉 其亦可謂不仁之甚 而甚於作俑[9]者矣

※

1 公物(공물): 이 세상의 공적인 물건. 곧 의리와 명분.
2 烝報簒弑(증보찬시): 증烝은 아들이 어머니와 간통하는 것. 보報는 아버지가

딸과 간통하는 것. 찬시篡弑는 신하가 임금을 죽이고 왕위를 빼앗는 것.

3 春秋(춘추): 공자가 지은 저서 이름. 노나라 은공隱公부터 애공哀公까지 12공의 242년간의 역사를 엮었다.

4 空言(공언): 빈말로 여기서는 『춘추』의 이론을 뜻한다.

5 斧鉞(부월): 도끼로 여기서는 창과 칼의 병기를 뜻한다.

6 子路(자로): 공자의 제자. 중유仲由.

7 三家(삼가): 노나라 세력가인 맹손孟孫씨, 중손仲孫씨, 계손季孫씨의 집안.

8 冉有宰我(염유재아): 두 사람 다 공자의 제자.

9 作俑(작용): 허수아비를 만들다. 나무인형.

4. 문사文詞가 지나치게 번잡한 것

무엇을 문사文詞가 지나치게 번잡하다고 말하는가?

무릇 자구字句를 들추어 남을 죄주는 것은 전세前世에도 경계하던 것인데 우리 조정에서 백여 년 동안 사대부士大夫로서 당화黨禍를 당한 사람들은 대개 다 여기에 연좌되었다.

그 처음에는 원래 마음이 아니라 그 말로 죄를 주었으며 마침내는 그 말도 고찰하지 않고 그 글을 트집 잡아 죄를 주었다.

대저 마음은 한 치 가슴 속에 감추어져 있고 말은 잠깐 사이에 나오는 것으로, 마음은 허물이 있더라도 사람들이 혹 다 보지 못하고 입은 실수가 있더라도 또한 일시적인 것에 불과하다.

오직 글이란 그렇지 못하여 한 번 먹물로 종이에 오르면 오래도록 멀리 전해져서 이미 가리거나 마멸시키지 못하는 것이다. 저들은 숨어 있는 것을 들추어 적발해 죄를 구하는 자들이다. 이러한 것은 더욱 오래되고 더욱 교묘해질수록 고증을 할 수 있고 주석을 달 수 있으며 그 개요概要를 초략鈔略할 수도 있고 나머지 뜻을 부연할 수도 있는 것이다.

그 마음씀의 정교함과 그 힘을 다하기를 부지런히 하면 선유先儒의 경전과 같아서 남을 공격하고 남을 죽이는 자료로 삼을 뿐만 아니라 복수하지 않으면 그치지 않는다.

세상에 어찌 완전한 글이 있겠으며 또한 완전한 사람이 있겠는가? 이 또한 슬픈 일이다.

그러나 이렇게 된 데는 이유가 있다.

진실로 군상君上을 의논하는 자들이 단지 "폐하는 안으로는 욕심이 많으나 겉으로만 인의를 베푼다."라고 말하고, 재상宰相을 의논하는 자들은 단지 "상방도(尙方刀: 임금이 차는 칼)를 얻어서 아첨하는 신하 한 사람의 머리를 치고 싶다."라고 말하면 비록 고지식하고 망령되어 그 당시 사람들의 베임을 당할 지경이라도 그 말이 조박하고 그 사辭가 간결하여 비록 트집을 잡고자 하나 더 보태기가 어려운 것이다.

문체文體는 시속時俗에 따라 함께 낮아져 오직 우리 조정만 그런 것은 아니지만 만연하고 번쇄한 것이 우리 조정보다 심한 데가 있지 않아서 만연한 까닭에 실제 사정에는 절실하지 못하고 번쇄한 까닭에 의논하는 데만 각박하게 힘쓰는 것이다. 실제 사정에 절실하지 못하면 곧고 굽은 것을 밝히기가 어렵고 옳고 그른 것을 헤아리기 어려우니 듣는 자가 현혹되는 것이다.

각박한 의론에 힘쓰면 사랑과 미움이 더욱 편벽되고 감정과 분노가 더욱 격해져서 보는 사람들이 쉽게 부딪치게 되는 것이다. 이리하여 쓸데없는 공거公車의 편지나 진신搢紳의 편지들로 갈등이 생기고, 퇴적해 업신여겨 늙어서 기력이 다할 때까지 능히 그 말이 통하지 못하는 것이다.

글이란 것이 이렇게 번잡하다보니 비록 사명辭命을 잘하는 자라도 실수하지 않기가 어려운 것인데 하물며 글의 폐단이 이와 같다면 이는 당심黨心에서 나온 것이다. 얽히고설킨 소란스러움을 서로 살피기만 하고 다스리지는 않는 것이 마땅할 것이다.

何謂文詞之太繁 夫抉摘[1]字句 以罪人者 前世所誡 而我朝百餘年來 士大夫之遭黨禍者 大抵皆坐於此 其始也 不原其心而求罪於其言 其終也 不究其言而成罪於其文 夫心者 藏於方寸[2] 言者 發於俄頃 故心有過 人或不盡見 口有失 亦不過於一時 惟文 不然 一登紙墨 傳之久遠 旣不可以揜匿磨滅 而彼其抉摘而求罪者 愈久而愈工 有爲之考証焉 有爲之箋注焉 有爲之鈔略其要語[3]焉 有爲之數衍其餘意焉 其用心之精 致力之勤 不翅如先儒之於經典 而以之爲攻人殺人之資 不售則不止 世安得以有完文 亦安得以有完人哉 其亦悲矣 然其所以致此者 有由 誠使論君上者 但曰 陛下內多欲外施仁義 論宰相者但曰 願得尙方鉏[4] 斬佞臣一人頭云爾 則雖其戇直[5]狂妄 定以于不測之誅於當時 而其言樸 其辭簡 雖欲抉摘而求之 無可以復加矣 文章之體 與時俱降 非惟我朝然也 而從未有曼衍煩儻 如我朝之甚者 曼衍故 不切於事情 煩儻故 務刻於議論 事情不切 則曲直難明而是非難覈 聞之者易以眩 議論務刻 則愛惡愈偏而感憤愈激 見之者易以觸 徒使公車之賤奏[6] 搢紳之書牘 藤竭

毫 罄堆積委藉 窮老盡氣 而有不能通其說者 文旣若是其繁 則雖有善
於辭命者 難乎其無失矣 況文之弊 如此 而出之以黨心者歟 宜其紛綸
轇轕⁷ 相尋 而不靖也

※

1 抉摘(결적): 숨어 있는 뜻을 캐내다. 글자 속에 숨어 있는 정밀한 뜻을
  캐내다.
2 方寸(방촌): 한 치의 심장. 곧 마음을 일컫는다.
3 要語(요어): 긴요한 말. 중요한 대목.
4 尙方釖(상방도): 임금이 하사하는 칼.
5 戇直(당직): 고지식하다.
6 公車之牋奏(공거지전주): 병영에서 보내는 편지. 전주牋奏는 편지.
7 轇轕(교갈): 시끌시끌하다. 소란스럽다. 수레가 삐거덕거리는 소리.

5. 옥사와 형벌이 지나친 것

무엇을 옥사와 형벌이 지나치다고 말하는가?

　형벌이란 대부大夫에게는 사용하지 않는 것이 예禮이다.

　송나라는 재상宰相을 죽이지 않았고, 고려는 간관諫官을 죽이지 않았
다. 우리 조정은 충후忠厚로써 나라를 세웠다고 하면서도 당화黨禍가
서로 이어져 죽이는 것이 법도가 없어져 친함을 의론하고 귀함을 의론하
는 논란이 드디어는 금지되기까지 하였으니 어찌 유감이 없겠는가.

　무릇 국옥鞫獄이 엄한 것은 더욱 앞 시대에도 있지 않았다. 대개

앞 시대에 이른바 삼목(三木: 칼, 차꼬, 족쇄 따위)을 채워 옥에 가두고 조복朝服을 입혀 동쪽 저자에서 참수한 것은 처음부터 너무 가혹한 것으로 이는 모두 임금의 일시적인 노여움이나 권력을 가진 신하들의 사소한 사사로운 감정에서 나온 것일 뿐이다.

바르지 못한 위세가 멋대로 설쳐 바른 기운으로 막을 수가 없으므로 커다란 재앙을 구하지 못하면서 곧은 명분만이 더욱 펼쳐지니 당시의 선비들이 그 원통함을 하소연했으며 후세의 논자論者들은 우리 조정이 앞 시대의 실수를 거울로 삼아야 한다고 말한다.

이는 마땅히 무고한 사람을 가볍게 죽이려 하거나 당인들이 서로 죽이려 하지 말고 반드시 명분과 의리를 빌려서 명문화된 법[文法]을 만들어 그 죄가 성립되고 그 명분이 정해지면 난역亂逆으로 삼아서 옥에 가두어야 한다.

고문하고 신문하고 평결하는 것도 절차를 갖추어 그 요체를 입으로 말하고 손으로 직접 써서 죽을죄라는 것을 스스로 인정한 뒤에라야 죽여야 한다.

『서경』의 주서周書편에 이르기를 '이미 도道가 없어지면 죽일 죄인도 죽이지 못한다.'라고 하였고, 제갈량諸葛亮은 촉蜀을 다스릴 때 '나라의 정보를 파는 것은 비록 중한 죄이지만 반드시 너그럽게 처리했으나 도道 있는 자가 나라의 정보를 판다면 반드시 죽여야 한다.'고 했는데 이는 다른 것이 아니라 반드시 이렇게 한 뒤라야 형벌도 의롭고 죽이는 것도 의롭다고 나라 안에 말할 수 있는 것이다.

이렇게 하면 비록 마음속 깊은 원통함이 있을지라도 잘못이 있는 자는 끝까지 감히 입을 열어 한 마디도 못 할 것이니 이는 스스로 난역亂逆의 당에 빠지기 때문이다.

또 무릇 한 사람을 죽이면 그 한 사람으로 그칠 뿐이지 빨리 죽이지 않고 오래 국문하여 그 혈육에게 고통을 주면서 죽으려 해도 죽지 못하게 하면 자신을 속이는 것도 오히려 달게 여기는 판에 남을 속이는 것이 무엇이 애석하겠는가?

이렇게 하여 서로 끌어대 연좌시키고 보면 그 동지들이 모두 섬멸될 것이다.

이 법은 도적을 다스리는 것인데 이것을 들어 사대부士大夫에게 쓴다면 비록 시일이나 일에 따라 다르겠지만 무상無常함이 반복되어 서로 잔인하게 보복함이 한 수레바퀴를 밟는 것과 같아 조금도 후회하지 않게 된다. 이러고도 나라가 망하지 않는 것도 또한 다행한 일인데 인재가 많은 것을 바라 무엇 하겠는가?

何謂刑獄之太密 夫刑不上大夫 禮也 宋不殺宰相 高麗不殺諫官 我朝[1]以忠厚立國 而黨禍相連 戕殺無紀 議親議貴之論 遂爲厲禁 斯已不能無憾者矣 若夫鞫獄之嚴 尤前代所未有 蓋前代所謂關三木[2]下獄 衣朝衣斬東市者 未始無濫且酷也 而皆出人主 一時之怒 與權倖宵小之私憾而已 故濫威[3]方逞 而正氣莫遏 大禍不救 而直名愈伸 當時之士 旣顯訟其寃 而後之尙論者 翕然稱之 我朝鑑前代之失 不欲輕殺無辜 而黨人之相殘也 則必假之以名義 傅之以文法 以成其罪定其名爲亂逆 下之於獄 拷掠訊讞[4] 具有節次 要至於口招手署 自認當死然後 誅之 周書[5]曰 旣道極厥辜時不可殺 諸葛亮 治蜀 輸情者 雖重 必宥焉 有道辜輸情而必誅者乎 是無他焉 必如是然後 方可以義刑義殺 號於國中 而雖心知

其冤枉者 終不敢開口一言 以自陷於亂逆之黨也 且夫殺一人 則一人而
已 姑無遽殺而鞫之 使其血肉痛苦 求死不得 則誣己猶且甘之 誣人何
惜之有 於是有援引株連⁶ 而可以殲其朋類 此法所以治寇盜 而擧而加
之於士大夫 雖其時移事變 反復不常 而若其相殘以相報 則如踵一轍
不少改悔 國之不空 亦幸矣 尙何望於人才之衆多哉

※

1 我朝(아조): 우리나라. 곧 우리의 조정. 조선조의 뜻.

2 三木(삼목): 옛날 형벌의 도구. 곧 수갑·차꼬·형졸.

3 潝威(음위): 거대한 세력. 곧 음모가 숨겨진 세력.

4 拷掠訊讞(고량신헌): 고문하고 신문하고 평결하다.

5 周書(주서): 『서경』 안에 들어 있는 편명.

6 株連(주연): 연좌되다.

6. 대각臺閣이 너무 높은 것

무엇을 대각臺閣이 너무 높다고 말하는가?

무릇 대각을 설치한 것은 임금의 옳고 그른 것을 논쟁하기 위한
것이다. 그러나 이 또한 경중輕重과 대소大小의 구분이 있어 그 중차대한
것을 말했는데 임금이 듣지 않으면 물러나는 것이 옳고, 그 경차소(輕且
小: 가볍고 작은 것)한 것을 말했는데 듣지 않으면 내버려 두는 것이
옳다.

그러나 지금은 그 경중과 대소를 막론하고 그 말이 한 번 나와서

바라는 것을 얻지 못하면 그치지 않으며 앞사람이 비록 떠났더라도 뒷사람이 다시 계속한다. 임금 또한 이에 익숙해져 일상적인 일로 여겨서 말이 소란스러워도 옛날에도 그랬다고 여기며 또 이것을 막는 사람이 있으면 이를 도리어 괴이하게 생각하니 이는 유독 우리 조정에만 있는 폐단이다.

또 무릇 조정에 일이 있을 때 말하는 자만이 옳고 말하지 않는 자라고 반드시 다 그른 것은 아니다. 가령 말해야 할 때 말하지 않는 것은 보통사람들이 늘 취하는 태도라 할 것이다.

미워하고 헐뜯을 일이 아닌데도 한 사람이 의논을 주창하면 수십 인이 따르며 따르지 않는 자를 먼저 공격하므로 부득이 이론異論을 내세워 자신이 말한 바를 변명하게 되는데 이런 일이 위에 알려지기 전에 말한 사람들이 아래에서 서로 무너지게 되니 이 또한 하나의 폐단이다.

그러나 이러한 것은 오히려 절목節目 중의 작은 것일 뿐이고 크고 중요한 일은 일정한 이치가 있으니 이는 사람마다 반드시 한 가지로 볼 수가 없는 것이다.

대각臺閣이 비록 중요하더라도 이 또한 조정의 한 벼슬에 불과할 뿐이다. 대각이라고 홀로 여러 사람과 달라도 당연한 것이 아니요, 또 여러 사람이 대각을 따르는 것 또한 마땅한 것이 아니다.

오늘날 당인黨人들은 서로 공격하기 전에 반드시 같은 무리를 먼저 대각에 포진시켜 높은 의론을 주창케 해 자기와 다른 사람들을 배척한다. 원정原情으로 간사함을 용납하기도 하고 전은全恩으로써 난법亂法을 삼아 귀양을 청하고, 국문을 청하고, 목 벨 것을 청하고, 종으로 삼기를 청하여 조금이라도 온건하게 처리하면 칼끝을 옮겨 가죄加罪할 것을 청한다. 이야말로 옛날에 이른바 옥리獄吏들이 법을 가혹하게 하려는 것과 같은 것이요, 우리 조정에서 말하는 대각臺閣의 본체이다.

대저 대각의 직책이란 부족한 것을 보충하고 과실을 바로잡아 임금이 덕을 성취하게 하고 관리의 사특한 것을 바로잡는 데 있을 따름인데 장단長短 간에 모두 참여하면서 자신의 당을 편드는 것을 일삼아 자신 스스로는 대접을 박하게 하면서 오히려 조정을 이기려고 하니 이 어찌 임금의 마음을 감동시킬 수 있으며 여러 사람의 마음을 복종시킬 수 있겠는가?

그러므로 높은 의론이란 이름은 대각臺閣에서 비롯하였으나 마침내 자신의 당만 편드는 도구가 되었다.

높은 것을 경계로 삼을 때 오히려 그것이 지나칠까 두려워하는 법인데 높은 것을 귀하게 삼았으니 어디엔들 이르지 못할 것인가.

何謂臺閣[1]之太峻 夫臺閣之設 固將與人主爭是非也 然是亦有輕重大小之別焉 其重且大者 言之而不聽 則去之可也 其輕且小者 言之而不聽 則置之可也 今不究其輕重大小 而其言一發 不得請則不止 前雖去而後者復繼 人主亦狃以爲常 而言之呫呫[2]曰 故事然也 有從而停之者 則譁然以爲大怪 此其弊惟我朝然也 且夫有事於朝 言之者 固是也 不言者 亦未必皆非也 設令[3]可言而不言 是亦庸人之常態 無可以憎嫉者 而一人倡論 數十人從之 其不從則搏擊先及故 不得不立異以自卞 所言之事 未及徹於上 而所言之人 已相潰於下 此又一弊也 然是猶其節目之小者耳 大要事有一定之理 人無必同之見 臺閣雖重 亦朝廷一官耳

旣不當以臺閣而獨異於衆人 亦不當以衆人而苟徇於臺閣 今黨人相攻
也 必以其類 先布列於臺閣 倡爲峻論 排軋異己 以原情爲容奸 以全恩
爲亂法 請竄請鞫 請斬請孥 一有少緩 則又移鋒以加之 此古所謂獄吏
之深文⁴ 而我朝所謂臺閣之體也 夫臺閣之職 在於補拾繩糾⁵ 成君德而
正官邪而已 掇拾短長 黨伐⁶是事 其自待也已薄而猶求勝於朝廷 其何
以感人主之尊 而服衆人之心哉 故峻論之名 始於臺閣 終爲黨伐之藉口
以峻爲戒 猶恐其過 以峻爲貴 何所不至

※

1 臺閣(대각) : 사헌부와 사간원의 총칭.
2 聒聒(괄괄) : 시끄러운 모양.
3 設令(설령) : 가령. 설사.
4 深文(심문) : 법령法令을 엄하게 해석하다. 또는 법法을 엄하게 하다.
5 補拾繩糾(보습승규) : 보습補拾은 보충하다. 승규繩糾는 과실을 바로잡다.
6 黨伐(당벌) : 자신의 당만을 일방적으로 옳다고 하는 것.

7. 관직이 너무 맑은 것

관직이 너무 맑다는 것은 무엇을 말하는가?

무릇 하늘의 일을 사람이 대신하는 데 어찌 삼가지 않을 수 있겠는가.

벼슬의 크고 작음과 내직(內職: 중앙관), 외직(外職: 지방관)의 구분이
있는 것은 그렇다 쳐도 맑다는 것은 무엇을 말하는 것인가? 맑음이
있어야 탁함이 있게 마련인데 사람들은 비록 불초不肖하더라도 차라리

탁한 곳을 편안히 여기고 그 맑은 것을 사모하지는 않는다. 이것이 반드시 다투게 되는 형세이다.

수隋·당唐 이래 문사文詞를 중히 여기고 과거급제를 귀하게 여김으로써 문직文職이 비로소 성해졌으나 당唐의 한림원翰林苑과 송宋의 양제(兩制: 중서성·추밀원)도 그 인원이 오히려 우리 조정의 넘침과 같지 못했으며, 그 권세도 우리 조정의 중함과 같지 못하였다.

우리 조정은 오직 문직文職을 가지고 사대부를 격려하는 도구로 삼아 이른바 청관(淸官: 청백한 관리)이란 이름으로 포장해 옛날부터 넘쳐났으니 경상(卿相: 경과 정승)을 중하게 여기는 것도 모두 여기에서 출발한 것이다.

또 이러한 제도로 서로 사람을 끌어 천거해 쓰기 때문에 나이 어린 기예氣銳의 사대부들이 조야朝野에 권력을 기울여 헛기침을 하고 뽐내며 뒤를 돌아보면서 영욕榮辱을 당세에 누리게 된다. 이것을 기뻐하지 않는 자가 급히 서두르면 사화士禍가 되고 오래되면 당론黨論이 되는 것이다.

그러나 사화士禍란 소인小人들이 사류(士類: 선비들)를 해치는 것이니 고질이라 해도 마땅하다 하겠지만 당론이란 사류士類 스스로가 서로 다투는 것이니 같은 사류끼리 왜 서로 다투겠는가? 거기에는 반드시 다투는 자료가 있을 것이니 도학道學과 관직이 그것이다.

도학道學을 가지고 다투는 자가 하나라면 관직을 가지고 다투는 자는 열이나 되고 도학의 당黨이 백 명이라면 관직의 당黨은 천 명이나 된다.

도학의 중함이 아니면 관직의 종주宗主가 될 수 없고 관직의 맑음이 아니라면 도학의 성원을 얻을 수가 없으니 이는 그 기세가 서로 안팎이 되고 득실과 성패가 처음과 끝이 연결되지 않는 것이 없는 데서 비롯되는 것이다.

무릇 천하의 화禍란 항상 미美가 성함에서 비롯되는 것이고 세도世道의 환患이란 반드시 편중함에서 말미암는 것이다. 그러므로 큰 이름 밑에서는 오래 살기 어렵고 또 나라의 이기利器는 남에게 보일 것이 아니라고 하는 말을 어찌 믿지 않을 수 있으랴.

何謂官職之太淸 夫天工[1]人代 罔有不愼 官之有大小內外 則然矣 若所謂淸者 何名哉 有淸斯有濁 人雖不肖 寧肯自安於濁而不慕其淸哉 此必爭之勢 自隋唐來 重文詞 貴科第[2] 而文職始盛 然唐之翰苑[3] 宋之兩制 其員額猶不至如我朝之濫 而權勢猶不至如我朝之重也 我朝專以文職[4] 爲激厲士大夫之具 所謂淸官名塗 視古亦已濫矣 而卿相之重 皆出於此 又其制多以相薦引爲用 於是 年少氣銳之士 權傾朝野 咳唾顧盻[5] 足以榮辱當世 而不悅者 乘之 急則爲士禍 久則爲黨論 然 士禍者 小人之害士類 固其宜也 黨論則 士類自相爭也 同一士類而何爲其相爭哉 其必有所以爭之之資矣 道學與官職 是已 爭道學者一則爭官職者十 道學之黨 百則 官職之黨千 非道學之重則 無以爲官職之宗主 非官職之淸則 無以爲道學之聲援 此其勢 交相爲內外 而其得失成敗 亦未嘗不交相爲終始焉 蓋天下之禍 常啓於盛美 世道之患 必由於偏重 故曰大名之下 難久居 又曰國之利器 不可以示人 豈不信哉

※

1 天工(천공): 하느님이 하는 일. 하늘이 백성을 다스리는 일.

2 科第(과제): 과거시험에서 장원급제하는 것.

3 翰苑(한원): 한림원翰林院의 약칭. 당나라 때 학자들이 모여 있던 관청.

4 文職(문직): 문신文臣. 문관文官.

5 咳唾顧眄(해타고면): 해타咳唾는 어른의 말을 높여 부르는 것. 고면顧眄은 뒤돌아보다. 곧 큰 소리로 기침하고 뒤를 돌아보다. 세력이 왕성하여 큰 소리 치고 살펴보는 것을 뜻한다.

8. 문벌이 너무 성대한 것

무엇을 문벌門閥이 너무 성대한 것이라고 말하는가?

무릇 천하의 일은 천하 사람들과 함께 하는 것이 마땅하고 만세萬世의 일은 만세萬世의 사람들과 함께 하는 것이 마땅한 것이니 내가 얻어 남에게 주는 것이 아니다. 내가 얻어 함께 하는 것이 아닌데 하물며 내 자손이겠는가?

나는 현명하더라도 자손이 불초不肖하다면 자손이 나만 못하다고 내가 이를 어찌할 것이며, 나는 현명하지 못할지라도 자손이 현명하다면 자손과 내가 같지 않은 것을 내가 또한 어찌 하겠는가.

또 내가 현명하고 자손 또한 현명하면 내가 한 일을 어찌 자손이 하지 않을 것인가.

내가 농사를 짓는다 하여 내 자손이 반드시 모두 농사를 지을 것은 아니고 내가 공업을 한다고 하여 내 자손도 반드시 모두 공업을 하지는 않을 것이다.

농사와 공업 같은 천한 일도 그러하거늘 하물며 내가 다행히 귀하고 현달하게 되어 조정에서 국사를 의론한다 해도 또 감히 반드시 내 자손이 모두 귀하고 현달하게 될 수 있겠는가.

설사 귀하고 현달하게 되었더라도 내가 조정에서 의론한 것은 이미 어느 일시一時에 나온 것이니 내 자손의 시대에 어찌 반드시 같은 말이 반복되어 논의되겠는가?

내 자손도 이러한데 내가 언쟁해 싸우던 사람의 자손이야 어찌 능히 모두 현달해서 다시 내 자손과 이렇게 언쟁할 수 있겠는가?

이것은 무리한 일인데도 유독 우리 조정에만 있으니 그 벌열閥閱은 성하다 하겠으나 국가에는 무슨 이익이 있겠는가?

무릇 관습이 오래되면 변하지 않고 오래 고수하면 통하지 않는 법이니, 변하지 않고 통하지 않는 사람은 한 집안의 일에도 쓰기가 어려운 법인데 하물며 국사國事이겠는가.

지금 비록 변화하고 통하려고 하나 강자는 그 즐거움에 편안할 것이며, 약자는 자기의 못난 것을 부끄러워할 것이며, 현명한 자는 그 조상을 사모할 것이며, 어리석은 자는 그의 가족들을 두려워할 것이니 그 형세가 옳지 못한 것이다.

또 사람이 태어날 때부터 시작하여 혼인과 교유交遊에 이르기까지 모두 이 당黨과 관련되니 어떻게 해야 이를 고칠 수 있는 길을 볼 수 있겠는가.

오직 윗사람이 하루라도 분발하여 어진 이를 세우고 영준英俊들을 불러서 지위를 불문하면, 그 행동거지가 평범한 곳에서 나와 만만萬萬할지라도 앞의 유유한 담론談論이 따를 것이다. 어느 구석에 묶어두더

라도 천하 만세의 공평한 마음과 공평한 안목이 붙을 것이니 어느
누가 마음과 힘을 기울여 당론黨論을 하겠는가.

　당론이 나누어지면서 벌열閥閱이 더욱 심해져 앞 벌열은 지위로써
하고 뒤 벌열은 순전히 당론으로써 한다.

　조종祖宗이나 명기(名器: 작호나 명성)가 드디어 당인黨人들의 사사로
운 물건이 되어서 한 나라의 사모하는 바가 되었으니 당론黨論이 어찌
치열하지 않겠는가.

何謂閥閱之太盛 夫天下之事 當與天下人共之 萬世之事 當與萬世人共
之 非吾之所得與也 吾猶不可以得與 況吾子孫乎 吾賢也 子孫不肖也
子孫之不及於吾 吾其如之何 吾未賢也 子孫賢也 子孫之不同於吾 吾
又如之何 且使吾賢而子孫亦賢 又安必其事吾事哉 吾事農也 吾子孫
未必皆農 吾事工也 吾子孫 未必皆工 農工之賤 猶然 況吾幸而貴顯
有言議於朝廷 又敢必吾子孫之皆貴顯哉 設使貴顯矣 吾所言議 乃爲一
時而發 吾子孫之時 何必復有此言議哉 吾子孫 猶然 況吾所與爭言議
者之子孫 又何能皆貴顯 而復與吾子孫爭此哉 此必無之理也而獨我朝
有之 其爲閥閱 則可謂盛矣 而國家何利焉 夫習久則不變 守固則不通
不變不通之人 難與爲一家之務 而況國乎 今雖欲變而通之 强者安其樂
弱者恥其絀 賢者戀其祖 愚者畏其族 勢不可也 且自其有生之始 至于
婚姻交遊 皆是黨也 顧寧有可改之路哉 惟上之人 一日奮勵 立賢顧俊
不拘資地 其所擧措 出尋常[1]萬萬 則從前悠悠之談論 皆可束之一隅 以
付天下萬世公心公眼而已 誰肯弊弊然[2]黨論爲哉 自黨論之分 而取閥
閱愈甚 前之閥閱 猶以資地 後之閥閱 純以黨論 祖宗名器[3] 遂爲黨人之

私物 而一國之慕歸焉 黨論 何得以不熾哉

＊

1 尋常(심상): 보통의 것. 일상적인 것.
2 弊弊然(폐폐연): 마음과 힘을 기울여 정성을 다하는 것.
3 名器(명기): 이름이나 작호.

9. 나라가 태평한 것이 너무 오래되었기 때문

무엇을 태평한 세상이 너무 오래되었다고 이르는 것인가?

무릇 태평한 세상이 오래된 것은 나라의 복이지만 또한 근심이기도 하다.

맹자는 "국가가 한가하고 태만하게 놀며 즐기면 망하는 길이다."라고 말하였다.

그러므로 옛날의 밝은 군주와 명철한 재상들은 반드시 여기에 전전긍긍하며 정사와 형벌을 잘 닦아서 백성들을 부지런하게 하고 오랑캐들을 다스려서 오직 시간을 부족하게 여겼는데 어느 겨를에 당론黨論을 할 수 있었겠는가.

우리 조정은 여러 성인聖人들이 계속 이어져 그 융성한 것을 옛날에 견줄 수 있고 어진 사대부들도 그 이름이 지극히 높아 태만히 놀고 즐기는 데에는 조금도 가까이 한 자가 없었다.

오직 문치文治만 지나치게 융성해서 그 의논이 자주 성공하니 소리와 용모가 실질적이지 않은데 성해져 나라의 경영과 정사의 요체는 한漢·

당唐보다 나았으나 적군이 침략해 오면 졸연히 당해내지 못했고, 또 그들이 물러가면 상하가 모두 안연晏然하여 처음부터 어려움이 없었던 듯하였다.

나라가 작고 좁아 어진 은혜가 골고루 미치니 밖으로 큰 도적들에게 먹힐 위험이 없고 안으로 권신權臣들의 분수에 넘치는 일이 없다면 이는 오직 인사人事가 아니라 무릇 천행天幸이라 해야 할 것이다.

이에 사대부의 정신과 심술心術들이 쓸 곳이 없게 되어 비로소 서로 붕당朋黨의 의론을 만들어 서로 도의를 긍지로 삼고 서로 명분과 절개를 높여서 굳게 사회의 풍속을 유지시키고 인심을 용솟음치게 하는 것도 국가의 이익이요, 사사로운 이익에 전념하는 것은 아니지만 차차 이러한 마음을 실용적인 곳에 옮겨 놓아서 안으로는 그 몸을 스스로 다스려 감정에 치우치는 격렬한 기운을 소멸시키고 밖으로는 국정을 베풀어 지루한 문장으로 수식하는 폐단을 없앤다면 군신이 함께 아름다워져 후세에 복이 될 것이니 무슨 일을 변명하며 무슨 일을 근심할 것인가.

전하는 말에 "반드시 한 세대를 지난 후에야 어질다."라고 했고 또 "덕을 백년은 쌓아야 흥할 것이다."라고 했으니 무릇 한 세대와 백년을 오래라고 이른 것이다.

지금 당론黨論이 오래된 것은 갑절의 몇 배일뿐만 아니라 그 강론은 지극히 상세하고 그 지키는 것은 지극히 전념하나 행동의 지극함은 요원하니 이는 국가가 있고 가문이 있은 이래 있지 않은 바이다.

진실로 이 마음을 들어 왕정王政을 행하니 그 효과가 어떠할 것인가. 공자와 맹자가 이를 보면 어찌 애통하고 애석하지 않겠는가?

무릇 이 8가지는 당론黨論에서 나온 것들로서 그 득실은 피차가 같은 것이며 나는 한쪽 당을 위하여 말하는 것은 아니다.

나는 확고히 말하지만 사정邪正과 역순逆順의 분별은 명언明言과 정론定論이 없다 할 것이다. 내가 확고히 말하는 뜻은 이것은 지극히 크고 지극히 오래며 지극히 말하기 어렵다는 것이다.

何謂昇平太久 夫昇平之久 國之福也 亦國之憂也 孟子曰 國家閑暇 盤樂[1]怠傲 亡之道也 故古之明君哲輔[2] 必兢兢[3]於是 修明政刑 勤民詰戎 維日不足 尙何暇爲黨論哉 我朝列聖繼作 比隆前古 賢士大夫 號爲極 盛 其於盤樂怠傲 無一事或近者 惟文治過隆 議論 多於成功 聲容 盛於 懋實 故其經邦制政之要 有遜於漢唐 而寇敵之來 卒然無以當之 及其 旣去 則上下晏如[4] 若未始有難者 國小壤偏 仁恩浹洽 外無巨盜之呑噬 內絶權臣之覬覦[5] 不惟人事 蓋亦有天幸焉 於是士大夫之精神心術 無 所用之 始相與爲朋黨之論 相衿以道義 相高以名節固將以維持世敎[6] 聳 動人心 有所裨益於國家 而不專爲私利而已 然向使移斯心而措之實用 內以自治其身 以消其感慨激切之氣 外以施之國政 以祛其支離文飾之 弊 則君臣同休 福垂後世 亦何事之不可 辦而何他日之足憂哉 傳曰 必世而後仁 又曰 積德百年而興 夫世與百年可謂久矣 今黨論之久不翅 倍蓰[7] 而講之極其詳 守之極其專 行之極其遠 自有國有家以來 所未有 者也 誠能擧斯心而行王政 則其効又何如也 使孔孟而見之 則其有不痛 惜於斯者乎 夫是八者 黨論之所由來也 而其得失則彼此均焉 吾非爲一 偏之黨而言之也 吾固曰 邪正逆順之分 卒無能明言定論者也 吾固曰 至大至久至難言者也

※

1 盤樂(반락): 놀며 즐기다.

2 哲輔(철보): 명철한 재상의 보좌. 현명한 재상의 뜻.

3 兢兢(긍긍): 조심조심. 전전긍긍의 뜻.

4 晏如(안여): 마음이 편안하고 침착하다의 뜻.

5 覬覦(기유): 분수에 넘치는 당치 않은 일을 바라다.

6 世敎(세교): 세상의 풍속.

7 倍蓰(배사): 여러 갑절. 배倍는 갑절, 사蓰는 배의 다섯 갑절.

인물 주석

姜敏著(강민저): 1651~1705년. 자는 채숙采叔. 성리학에 조예가 깊은
　　노론 강경파로서 희빈 장씨의 아들이 세자인 점을 우려하여 장희재를
　　온건히 다루려는 남구만 등 소론을 규탄했다가 진도珍島에 유배되었으며
　　1697년 풀려났다.

姜嬪(강빈): ?~1646년. 인조의 아들 소현세자의 빈. 성은 강姜. 본관은
　　금천衿川. 문정공 석기碩期의 딸. 1627년 세자빈이 되었으나 세자가
　　죽은 후 여러 모해사건에 부딪쳐 결국 폐빈이 되고 사사되었다가 1718년
　　복위되었다.

姜碩期(강석기): 1580~1643년. 인조 때의 문신. 자는 부이復而, 호는
　　월당月塘. 본관은 금천衿川. 소현세자빈의 부친. 1616년 문과에 급제,
　　1640년 우의정에 이르렀다. 김장생의 문하에서 수학, 예학禮學에 정통했
　　으며 세자빈 사사사건으로 관직이 박탈되었다가 숙종 때 복관되었다.

姜世龜(강세구): 1632~1703년. 자는 중보重寶, 호는 삼휴당三休堂. 1678년
　　문과에 급제. 승문원정자·예조참의·대사간 등을 역임하였다.

姜鋧(강현): 1650~1733년. 영조 때의 문신. 자는 자정子精, 호는 백각白閣.
　　1675년 진사가 되고 1680년 문과에 급제하여 예조참판禮曹參判·한성부
　　윤漢城府尹 등을 지냈다.

慶暹(경섬): 1562~1620년. 선조 때의 문신. 자는 퇴부退夫, 호는 석촌石村.
　　임진왜란 후 처음으로 사절이 되어 여우길呂佑吉과 함께 일본에 건너가

양국 간의 국교를 재개하였고 일본의 포로가 되었던 사람 1,340명을 데리고 돌아왔다.

敬義君(경의군): 영조의 세자. 자는 성경聖敬. 1725년 왕세자로 책봉되었다 가 10살로 죽자 진종眞宗으로 추존됨. 시호는 효장공孝章公.

高敬命(고경명): 1553~1592년. 선조 때의 의병장. 자는 이순而順, 호는 제봉霽峯. 임진왜란 때 60살의 노구로 의병을 일으켜 왜병을 격파하고 선조의 행궁으로 북상하다가 금산에서 전사하였다.

郭世楗(곽세건): 1618~1686년. 자는 공가公可, 호는 무위자无爲子. 허목의 제자인 남인 강경파. 윤휴의 천거로 형조좌랑·공조정랑·익산군수 등을 역임했으며 현종 때의 예송논쟁에서 송시열을 공격하였다.

郭再祐(곽재우): 1552~1617년. 조선 중기 의병장. 자는 계수季綏, 호는 망우당忘憂堂. 문무에 뛰어났으며 1585년 문과에 급제하였지만 왕의 뜻에 거슬린 글귀로 파방罷榜되었다. 임진왜란 때 홍의紅衣를 입고 의병 을 일으켜 많은 왜적을 무찔렀지만 김수金晬와의 불화로 도적의 누명을 쓰고 구금되었다가 김성일金誠一의 장계로 무죄가 밝혀져 석방되었다. 그 후 영창대군을 신구伸救하는 상소문을 올리고 사직, 낙향하였다.

廣平臨瀛(광평임영): 광평(1425~1444)은 세종의 다섯째 아들. 이름은 여璵, 자는 환지煥之, 호는 명성당明誠堂, 시호는 장의공章懿公. 학문이 출중하였다. 임영(1420~1469)은 임영대군 구璆. 세종의 넷째 아들. 자는 헌지獻之, 시호는 정간貞簡. 소헌왕후 심씨 소생.

具宏(구굉): 1577~1642년. 인조 때의 문신. 자는 인보仁甫, 호는 군산群山. 인헌왕후의 오빠. 인조반정을 일으키고 정사공신에 봉해졌으며 여러 벼슬을 역임하였다.

具鳳齡(구봉령): 1520~1585년. 선조 때의 문신. 자는 경서景瑞, 호는 백담柏潭. 이황李滉의 문하생, 1560년 문과에 급제하여 충청도관찰사·

이조참의·대사간·이조참판·대사헌에 이르렀다.

具思孟(구사맹): 1531~1604년. 선조 때의 서인 문신. 자는 경시景時, 호는 팔곡八谷. 능성이 본관. 명종 13년에 등과하여 좌찬성左贊成에 이름. 임진왜란 때 왕자를 보호하여 외방에서 수고하였고 정유재란 때는 왕자의 후궁을 성천成川으로 피난시킴. 시호는 문의文懿.

具宬(구성): 1558~1618년. 선조 때의 서인 문신. 자는 원유元裕, 호는 초당草塘. 1585년 문과에 급제하여 1589년 정언正言으로서 최영경崔永慶의 옥사로, 사건의 결말을 짓지 못해 파면되었다. 1592년 임진왜란 때 변란의 책임이 이산해李山海에게 있다고 주장, 유배 보냈다. 1618년 폐모론廢母論이 대두되자 그 논의에 참여하지 않았으며 병사하였다. 1623년 인조반정 후 폐모의 논의에 참여하지 않은 공으로 영의정에 추증되었다.

具仁垕(구인후): 1578~1658년. 자는 중재仲載, 호는 유포柳浦. 인조의 외종형. 인조반정에 참여하여 정사공신 2등으로 책봉 받고 좌의정에 이르렀다.

權珪(권규): 1648~1723년. 자는 국서國瑞, 호는 남록南麓. 아버지가 남인 영수 권대운으로 남인 문신. 1675년 문과에 급제하여 사헌부의 관직과 이조낭관·수찬·도승지·대사간·대사헌 등을 역임하였다. 갑술환국 때 당진으로 유배되었다가 풀려났고 1722년 신임옥사 때 공조참판 등을 역임하였다.

權克禮(권극례): 1531~1590년. 선조 때의 서인 문신. 자는 경중敬仲, 본관은 안동安東. 명종 13년 문과에 급제. 장령掌令에 있을 때 권신들의 탄핵으로 외직外職으로 쫓겨났다. 1582년 호조참판·함경도관찰사·대사간 등을 지내고 1589년 예조판서로 정여립의 모반사건을 적발하였다.

權大運(권대운): 1612~1699년. 숙종 때의 남인 문신. 자는 시회時會, 호는

석담石潭. 1649년 문과에 급제. 1670년 호조판서·형조판서가 되고 동지
사동至使로 청나라에 다녀왔다. 숙종이 즉위하자 예조판서·병조판서·
우의정·좌의정 등을 역임한 후 1680년 경신대출척庚申大黜陟으로 실각
되었다가 1689년 기사환국己巳換國으로 풀려나와 영의정에 올랐다. 1694
년 갑술옥사甲戌獄事로 삭출당한 뒤 안치되었다.

權大載(권대재): 1620~1689년. 자는 중거仲車, 호는 소천蘇川, 권대운權大運
의 동생으로 남인 문신. 1653년 문과에 급제하여 공주편감·승지·관찰사·
대사간·대사헌·대제학·호조판서 등을 역임하였다.

權斗經(권두경): 1654~1726. 숙종 때의 노론 문신. 자는 천장天章, 호는
창설재蒼雪齋. 1723년 수찬修撰이었으며 시·서·화에 능했고 박학다식하
였으며 정사의 득실, 유학의 장단점 등에 정통하였다.

權斗紀(권두기): 1647~1684년. 숙종 때의 소론 문신. 자는 여원汝元. 1669년
문과에 급제. 서원현감을 지내고 교리를 역임하였다.

權世恒(권세항): 1665~1725년. 숙종 때의 노론 문신. 자는 여구汝久. 1693년
문과에 급제하여 사서·수찬·승지·경주부윤 등을 역임하였다.

權順長(권순장): 1607~1637년. 자는 효원孝元. 시호는 충렬忠烈. 진이盡己
의 아들. 1624년 진사가 되었으며, 병자호란 때 의병을 일으켰으나
성이 함락되어 좌의정 김상용金尙容 등과 함께 분사하였다. 그의 죽음으
로 윤선거가 공격을 당하기도 하였다.

權諰(권시): 1604~1672년. 현종 때의 남인 문신. 자는 사성思誠, 호는
탄옹炭翁. 1659년 한성부우윤에 임명되었으나 윤선도의 예송문제로
인해 면직. 1668년 한성부좌윤에 임명되었으나 취임하지 않았다. 예론
에 정통하였다.

權益寬(권익관): 1676~?. 숙종 때의 소론 문신. 자는 홍보弘甫. 1711년
문과에 급제하여 소론으로 충청도·함경도관찰사를 역임하였다.

權重經(권중경): 1642~1728년. 숙종 때의 문신. 자는 도일道一, 호는
　정묵당靜默堂. 1689년 문과에 급제하여 사서司書에 임명되고, 이조좌랑
　을 거쳐 승지承旨·대사성·이조참의가 되었다. 갑술옥사甲戌獄事로 삭탈
　되었다가 1721년 전라도관찰사에 기용되어 함경도관찰사·형조참의
　등을 역임하였다. 1728년 조카 이인좌가 난을 일으키자 자살하였다.

權縉(권진): 1572~1624년. 선조·광해군 때의 북인 문신. 자는 운경雲卿,
　호는 수은睡隱. 1597년 문과에 급제하였으며 1623년 병조판서가 되어
　권신 이이첨에게 아부하지 않아 수차 고난을 받았다. 인조반정이 일어났
　을 때 김유 등의 추천을 받고 많은 공을 세웠으나 그를 시기하는 반정공신
　의 무고로 양산에 유배되었다가 왜인과 내통하여 반란을 꾀하였다는
　무고로 참형을 당하였다.

權瑎(권해): 1539~1704년. 숙종 때의 남인 문신. 자는 개옥皆玉, 호는
　남곡南谷. 호조판서 대재大載의 아들. 1665년 무과에 급제. 청남淸南·탁
　남濁南의 당파싸움에 청남으로 몰려 청도淸道로 유배되었다. 1689년
　기사환국己巳換局으로 대사간에 복관되어 대사성·대사헌·형조참의·
　호조참의 등을 역임하였다.

奇自獻(기자헌): 1562~1624년. 선조·광해군 때의 동인 문신. 자는 사정士
　靖, 호는 만전. 1590년 문과에 급제, 벼슬이 우의정에 이르렀다가 광해군
　때 폐모론에 대해 간언한 죄로 함북 길주에 유배되었고, 인조반정 후
　구신을 불렀으나 응하지 않은 혐의로 옥에 갇혔으며, 이괄의 난과 무관함
　에도 서인정권에 의해 참살되었다.

吉三峯(길삼봉): 정여립사건 때 꾸며낸 사람. 곧 가공 이름.

金繼輝(김계휘): 1526~1582년. 선조 때의 서인 문신. 대사헌大司憲을 역
　임. 자는 중회重晦, 호는 황강黃岡. 광주光州 사람. 명종 때 김홍도金弘度의
　일파로서 쫓겨났다.

金公諒(김공량): 선조 때 인빈仁嬪 김씨의 오빠. 누이가 선조의 총애를
받자 세도를 부려 1591년 영의정 이산해李山海와 함께 세자 책봉문제로
정철鄭澈을 유배시켰다. 1592년 내수사별좌內需司別坐가 되고, 임진왜란
때 백성들의 항의로 처형의 명이 내리자 강원도지방으로 도피하였다.

金貴榮(김귀영): 1519~1593년. 조선 중기의 문신. 자는 현경顯卿, 호는
동원東園. 1547년 문과에 급제하여 부제학副提學을 거쳐 이조판서·대제
학·우의정을 역임.

金大來(김대래): 1564~1608년. 선조 때의 문신. 자는 희태希泰. 1590년
문과에 급제하여 병조좌랑 등을 역임했지만 광해군이 즉위하여 대북세
력인 정인홍 등이 중용될 때 소북의 유영경 일파로 몰려 종성에서 유배되
었다가 사사되었다.

金德齡(김덕령): 1567~1596년. 선조 때의 의병장. 자는 경수景樹. 임진왜
란이 일어나자 담양부사 이경린과 장성현감 이귀의 천거로 조정에서
종군 명령을 받고 전주의 광해분조로부터 호익虎翼장군의 호를 받았다.
1594년 선전관으로 임명된 후 의병을 정리하던 권율의 휘하에 들어가
진해·고성 지방을 방어하여 왜군의 호남지방 진출을 막았다. 1596년
이몽학李夢鶴의 난 때 이몽학과 내통했다는 신경행辛景行의 무고로 옥사
했지만 1661년 신원되어 병조판서로 추증되었다.

金德遠(김덕원): 1634~1704년. 자는 자장子長, 호는 휴곡休谷. 1662년
문과에 급제하여 사헌부지평·경기감사·예조판서 등을 역임하고 인현
왕후가 폐위되자 우의정을 사임하였다.

金德誠(김덕함): 1562~1636년. 자는 경화景和, 호는 성옹醒翁. 1589년
문과에 급제, 1617년 이항복과 함께 폐모론을 반대하여 남해로 유배되었
다가 인조반정 후 참의·대사간을 역임하였다.

金東弼(김동필): 1678~1737년. 영조 때의 문신. 자는 자직子直, 호는

낙건정樂健亭. 1704년 문과에 급제. 김일경金一鏡을 탄핵하다가 광주목
사로 좌천되었다. 1725년 노록의 재집권으로 삭출되었다가 정미환국丁
未換局 때 한성부 판윤이 되었다. 이인좌의 난 때 공을 세우고 이조판서에
올랐다.

金瑬(김류): 1571~1648년. 인조 때의 서인 문신, 인조반정의 공신. 1596년
문과에 급제. 1617년 폐모론을 주장하는데 참석하지 않아 대간의 탄핵을
받고 향리에 물러났으며 서인의 세력을 회복하기 위해 이괄, 최명길
등과 함께 1623년 인조반정을 일으켰다.

金履素(김리소): 영조 때의 노론 문신.

金萬基(김만기): 1633~1687년. 조선조 정치가이며 숙종의 장인. 자는
영숙永叔, 호는 서석瑞石, 시호는 문충文忠. 본관은 광산光山. 김희익金熙
益에게 수학하고 21세에 문과에 급제. 영돈녕부사에 이어 광성부원군光
城府院君에 수봉되고 보사공신保社功臣의 호를 받았다. 김진구와 김진규
는 그의 아들이다. 진구는 1651~1704년의 조선조 정치가이며 호는
만구와晚求窩로 인경왕후의 오빠이며 문과에 급제, 판의금부사를 지냈
다. 진규는 1658~1716년의 조선조 문관이며 자는 달부達夫, 호는 죽천竹
泉, 시호는 문정文靖. 문과에 급제, 예조판서를 지냈다.

金萬重(김만중): 1637~1692년. 숙종 때의 서인 문신. 자는 중숙重叔,
호는 서포西浦. 1665년 문과에 급제하여 교리 등을 역임하고 1671년
암행어사, 동부승지 등을 역임했으나 동인의 득세로 한때 관직을 빼앗겼
다. 1679년 다시 기용되어 예조참의, 대사헌에 올랐다가 1686년 남해에
유배되었다. 『구운몽九雲夢』, 『사씨남정기謝氏南征記』, 『서포만필西浦
漫筆』 등의 저서로 유명하다.

金萬埰(김만채): 1644~?. 숙종 때의 문신. 자는 자봉子封. 1680년 문과에
급제하여 지평持平을 지내다 1689년 기사환국으로 유배되었다. 1694년

갑술옥사甲戌獄事로 풀려나와 병조참의·개성부유수 등을 역임하였다.

金普澤(김보택): 1672~1717년. 숙종 때의 노론 문신. 자는 중시仲施, 호는 척재惕齋. 1695년 문과에 급제하여 정언 등을 역임하였다.

金福澤(김복택): ?~1740년. 인경왕후의 조카인 노론. 신임사화에 연루되어 거제도에 유배되었다.

金尙喆(김상철): 1712~1791년. 영조 때의 노론 문신. 자는 사보士保, 호는 화서華西. 1736년 문과에 급제하여 지평·대사간·우의정·좌의정·영의정 등을 역임하였다. 우의정 때 찬집청纂集廳을 두어 1770년『동국문헌비고東國文獻備考』,『신묘중광록辛卯重光錄』을 편집 간행하였다.

金尙憲(김상헌): 1570~1652년. 인조 때의 서인 문신. 자는 숙도叔度, 호는 청음淸陰. 1608년 문과에 급제하여 정언, 직제학 등을 거쳤으며 왕의 뜻을 거슬러 파직되었다가 인조 2년에 다시 등용되어 대사간·대제학·이조판서 등을 역임하였다. 병자호란 때 척화를 주장하여 심양에 잡혀갔다가 돌아와 좌의정 등을 역임하였다.

金錫胄(김석주): 1634~1684년. 숙종 때의 서인 문신. 자는 사백斯百, 호는 식암息庵. 김육의 조카로 1662년 문과에 급제하고 이조좌랑·도승지·우의정 등을 지냈다. 김익훈을 사주해 남인정권을 무너뜨리는 데 결정적 역할을 하였다. 기사환국己巳換局으로 공신호를 박탈당했다가 후에 복구되었다.

金誠一(김성일): 1538~1593년. 선조 때의 동인·남인 문신. 자는 사순士純, 호는 학봉鶴峰. 본관은 의성. 이황李滉의 제자. 1568년 문과에 급제. 부제학을 거쳐 1591년 통부사通府使가 되어 정사 황윤길黃允吉과 함께 일본에 다녀왔다. 황윤길은 일본이 반드시 침략할 것이라고 했고 김성일은 그와 반대되는 의견을 보고하였다. 그 후 경상도 우병사右兵使로 있을 때 임진왜란이 일어나자 선조가 크게 노하여 처벌을 명하였다.

좌의정 유성룡의 변호로 용서되어 초유사招諭使로 종군. 의병을 일으켜 진주성을 사수하다 순직하였다. 저서는 『학봉집』이 있다.

金聖鐸(김성탁): 1684~1747년. 자는 진백振伯, 호는 제산霽山. 1728년 이인좌의 난 때 의병을 일으키고 추천으로 참봉에 임명되었으나 사퇴하였고 1735년 문과에 급제하여 사간원정언·홍문관수찬 등을 역임하였다.

金晬(김수): 1537~1615년. 선조 때의 남인 문신. 자는 자앙子昂, 호는 몽촌夢村. 1573년 문과에 급제, 대사헌·한성부판윤·지중추부사 등을 역임하고 영중추부사에 이르렀지만 1613년 탄핵을 받고 삭직 당하였다.

金壽興(김수흥): 1626~1690년. 숙종 때의 서인 문신. 자는 기지起之, 호는 퇴우당退憂堂. 1655년 문과에 급제하여 대사간·도승지 등을 역임하고 판의금부사判義禁府事가 되었다. 자의대비慈懿大妃 복제문제에 대공(大功: 9개월)을 주장하다가 현종이 죽은 후 양사兩司의 탄핵으로 유배되었다가 경신대출척庚申大黜陟 이후 영중추부사·영의정을 역임했으나 기사환국己巳換局으로 다시 유배되어 죽었다.

金壽恒(김수항) 1629~1689년. 김수흥의 아우이며 서인 문신. 자는 구지久之, 호는 문곡文谷. 1651년 문과와 1656년 문과 중시에 급제하여 승지·좌의정·우의정 등을 역임. 서인西人으로 자의대비慈懿大妃 복상문제로 한때 관직에서 물러났지만 경신대출척庚申大黜陟으로 영의정이 되었다. 기사환국己巳換局으로 남인이 재집권하자 진도珍島에 유배되어 송시열보다 조금 먼저 사사賜死되었다.

金時讓(김시양): 1581~1643년. 선조 때의 동인 문신. 자는 자중子中, 호는 하담荷潭. 1605년 문과에 급제하여 전라도 도사로 향시를 주관할 때 왕의 실정을 비유한 문제를 출제하였다하여 유배되었다가 인조반정 후 이것이 인정되어 여러 요직을 거쳤다.

金始炯(김시형): 1681~1750년. 숙종·영조 때의 소론 문신. 자는 계장季章.

1717년 문과에 급제. 정언·참찬관·경상도관찰사·대사간·예조참판·
호조판서·병조판서 등을 역임하였다.

金藎國(김신국): 1572~1657년. 선조 때의 북인·소북 문신. 조선 선조
때의 공신. 자는 경진景進. 1593년 문과에 급제하여 권율의 종사관으로
있었으며 광해군 때는 익사공신으로 추대되어 청릉군에 봉해졌지만
인조반정 후 삭직되었다. 소현세자의 스승으로 심양을 왕래하였다.

金演(김연): 숙종 때의 소론 문신. 자는 사익士益, 호는 퇴수당退修堂. 1684년
문과에 급제하여 내외직을 역임하고 예조참판을 거쳐 호조판서가 되었
지만 영조 즉위 후 노론의 탄핵을 받아 유배되었다.

金佑明(김우명): 1619~1675년. 현종의 장인으로 서인 영수. 자는 이정以
定. 인조 때 진사에 급제. 현종이 즉위하자 청풍부원군에 봉해지고
영돈녕부사가 되었다.

金宇顒(김우옹): 1540~1603년. 선조 때의 동인 문신. 자는 숙부肅夫,
호는 동강東岡. 시호는 문정文貞. 본관은 의성. 남명南冥 조식曹植의
제자. 1567년 문과에 급제. 병조참판, 한성좌윤, 대사성을 거쳐 대사헌이
되었다. 기축옥사(己丑獄事: 정여립의 모반사건) 때 추방되어 회령으로
귀양 갔고 임진왜란 때 석방되어 비어기무備禦機務 7조를 건의하였다.
저서는 『동강집』, 『속강목續綱目』이 있다.

金宇亨(김우형): 1616~1694년. 숙종 때의 서인 문신. 자는 도상道常,
호는 기오당寄傲堂. 1650년 문과에 급제하여 삼사三司에 들어갔다가
공조판서에 이르러 기로소耆老所에 들어갔으며 글씨에 능하였다.

金元亮(김원량): ?~1624년. 호는 미촌. 광해군을 축출하기 위해 이시백과
거사 계획에 참여한 서인이었으나 인조반정 당시 군사행동에는 가담하
지 않았다. 1624년 이괄의 모반에 대한 고변이 있자 이괄의 무죄를
변호했다가 후에 이괄의 반란이 일어나자 투옥되었다.

金元行(김원행): 1702~1772년. 영조 때의 노론 문신. 자는 백춘伯春, 호는 미호美湖. 1719년 진사과에 급제. 1722년 할아버지 창협이 세자책봉 문제로 참화를 입자 집안이 모두 귀양 갔다가 1725년 다시 벼슬에 오르게 되었으나 모두 사퇴하였다.

金楺(김유): 1653~1719년. 숙종 때의 노론 문신. 자는 사직士直, 호는 검재儉齋. 1699년 문과에 급제, 삼사三司를 거쳐 대제학에 이르렀으며 문장에 능하고 학문에 조예가 깊었다.

金堉(김육): 1580~1658년. 인조 때 서인·한당의 영수인 문신. 자는 백후伯厚, 호는 잠곡潛谷. 1624년 문과에 급제하여 충청관찰사·부제학·한성부 우윤·도승지·대사헌·우의정·좌의정·영의정 등을 역임하였다. 경제 정책에 탁월한 식견을 갖고 있어서 산당의 반대를 무릅쓰고 대동법大同法 을 실시했으며, 관개灌漑에 수차水車의 사용을 건의했고, 1651년 상평통 보常平通寶의 주조를 건의하여 유통케 하였다. 그의 경제학은 실학의 선구적 역할을 했으며 성리학을 비롯하여 천문·지리·율력律曆에 정통 하였다.

金應南(김응남): 1546~1598년. 선조 때의 동인·남인 문신. 자는 중숙重叔, 호는 두암斗巖. 이조판서를 거쳐 좌의정·우의정을 역임하였다. 시호는 충정공忠靖公.

金益兼(김익겸): 1614~1636년. 조선의 정치가. 자는 여남汝南, 시호는 충정忠正. 본관은 광산. 병자호란 때 강화도에 피난했다가 청淸나라 군사가 성을 함락하자 권순장과 함께 분신하였다.

金益廉(김익렴): 1622~?. 현종 때의 문신. 자는 원명遠明, 호는 적곡赤谷. 1652년 문과에 급제하여 헌납獻納·부사직副司直 등을 역임하였다.

金一鏡(김일경): 1662~1724년. 경종 때의 소론 강경파 문신. 자는 인감人鑑, 호는 아계丫溪. 소론의 거두. 1702년 문과에 장원급제하여 승지承旨·

이조참판·이조판서 등을 역임하였다. 노론의 세제 대리청정 주장을 역모로 몰았다가 영조 즉위 후 처형당하였다.

金長生(김장생): 1548~1631년. 선조 때의 서인·산당의 영수이자 예론학자. 자는 희원希元, 호는 사계沙溪. 송익필宋翼弼·이이李珥의 문인. 1578년 학행學行으로 천거되어 정산현감·호조정랑·안성군수 등을 역임하였다. 1613년 계축옥사에 누명을 쓴 후에 사퇴하여 학문 연구에 전념하고 인조반정 후 여러 벼슬을 역임하다가 사퇴하여 향리에서 훈학訓學에 힘썼으며 조선 예학禮學의 주류를 형성하였다.

金在魯(김재로): 1682~1759년. 영조 때의 노론 문신. 자는 중례仲禮, 호는 청사淸沙. 1710년 문과에 급제하여 수찬·이조참의·병조판서·우의정·좌의정·영의정 등을 역임하였다. 1722년 신임사화辛壬士禍로 유배 갔다가 영조 즉위 후 다시 등용되었고 1728년 이인좌李麟佐의 난 때 공을 세웠다.

金佐明(김좌명): 1616~1671년. 자는 일정一正, 호는 귀계歸溪. 김육의 아들. 1644년 문과에 급제하여 도승지·공조참판·병조판서 등을 역임하였다.

金柱臣(김주신): 1661~1721년. 숙종의 장인으로 소론이었다. 자는 하경廈卿, 호는 수곡壽谷. 1696년 생원시에 합격하고 1702년 딸이 숙종의 계비(繼妃: 仁元王后)가 되자 경은부원군에 봉해졌다.

金重器(김중기): ?~1735년. 자는 대기大器. 무과에 급제하여 여러 벼슬을 거쳐 1713년 포도대장·어영대장 등 요직을 역임했고 영조 즉위 초 소론으로 한때 면직되었다가 1727년 정미환국丁未換局으로 총융사에 기용되었으나 이인좌의 난 때 미온적인 태도를 취했다 하여 의금부에 갇혀 옥사하였다.

金鎭龜(김진구): 1651~1704년. 숙종 때의 노론 문신. 자는 수보守甫,

호는 만구와晚求窩. 본관은 광산. 1680년 문과에 급제. 형조·공조·호조
판서·좌우참판·판의금부사를 지냈다.

金鎭圭(김진규): 1658~1716년. 김진구의 아우. 자는 달부達夫, 호는 죽천
竹泉. 인경왕후의 오빠. 1686년 문과에 급제하여 이조좌랑·지평·이조참
판·병조참판·공조판서·좌참찬 등을 역임하였다.

金鎭商(김진상): 1684~1755년. 자는 여익汝翼, 호는 퇴어退漁. 숙종 때의
노론 문신. 1712년 문과에 급제하여 지평이 되었다가 1722년 신임사화辛
壬士禍로 무산에 유배되었다. 그 후 1724년 영조가 즉위하자 이조정랑·부
제학·대사헌·좌참찬 등을 역임하였다.

金集(김집): 1574~1656년. 자는 사강士剛, 호는 신독재愼獨齋. 서인·산당
의 영수. 인조반정 후 공조참의 등을 지내다가 퇴직했고 효종이 즉위하자
대사헌·이조판서 등을 역임하면서 북벌을 계획했고 이후 사직하였다.

金昌集(김창집): 1648~1722년. 숙종 때의 노론 영수. 노론 사대신의 한
사람. 기사환국 때 사형 당한 김수항의 아들. 갑술환국으로 서인이
정권을 잡자 좌의정·영의정이 되었으나 신임사화 때 소론에 의해 사형
당하였다.

金昌協(김창협): 1651~1708년. 숙종 때의 노론 문신. 김창집의 동생.
자는 중화仲和, 호는 농암農巖. 1682년 문과에 장원급제하여 동부승지·
대사성 등을 역임하다가 기사환국己巳換局 때 부친이 진도로 유배되자
은거했고 1694년 갑술옥사 때 신원되자 호조참의·대제학·예조판서
등에 임명되었으나 사퇴하였다.

金昌翕(김창흡): 1653~1722년. 숙종 때의 노론 학자. 자는 자익子益,
호는 삼연三淵. 1689년 기사환국으로 부친이 사사되자 은거하였다.
신임사화 때 유배된 형 창집이 사사되자 지병이 악화되어 죽었다.

金春澤(김춘택): 1670~1717년. 김진구의 아들이며 김만중의 손자인 노론

인사. 자는 백우伯雨, 호는 북헌北軒, 시호는 충문忠文. 경종을 모해하고 세제를 세우려 한다는 혐의를 받음.

金致仁(김치인) : 1716~1790년. 영조 때의 노론 문신. 자는 공서公恕, 호는 고정古亭. 영의정 재로의 아들이다. 1747년 문과에 급제하여 지평·승지·대사간·대사성·이조참판·이조판서·영의정 등을 역임하였다.

金海一(김해일) : 1640~1691년. 숙종 때의 서인 문신. 자는 종백宗伯, 호는 단곡檀谷. 1663년 문과에 급제. 지평·정언·경주부윤 등을 역임하였다. 1675년 김수항을 탄핵하여 유배시켰다.

金興慶(김흥경) : 1621~1691년. 자는 자여子餘. 청송부사·진산군수 등을 역임하였다.

金弘錫(김홍석) : 1676~?. 자는 윤보胤甫. 숙종·경종·영조 때의 소론 문신. 1714년 문과에 급제하여 승문원정자·지평·수찬·부교리 등을 역임하였다. 영조가 즉위하자 양역불균良役不均의 폐를 논하고 개혁할 것을 주장했으며 신임사화와 관련하여 관직을 삭탈당하고 사형을 당하였다.

金弘郁(김홍욱) : 1602~1654년. 자는 문숙文叔, 호는 학주鶴洲. 1635년 문과에 급제하여 검열·당진현감·승지·충청도관찰사·황해도관찰사 등을 역임하였다. 효종 때 강빈의 신원을 주장하는 상소를 올렸다 장살되었다.

金煥(김환) : ?~1689년. 조선 후기의 무신. 서인의 과격파로서 남인을 모함하여 민암·권대운 등을 파직 또는 유배시켰으나 1689년 기사환국으로 참형을 당하였다.

金孝元(김효원) : 1532~1590년. 선조 때 동인東人의 영수로서 이조전랑 자리를 놓고 심의겸과 다투어 당쟁의 실마리를 열었다. 자는 인백仁伯, 호는 성암省庵.

羅萬甲(나만갑) : 1592~1642년. 인조 때의 서인 문신. 자는 몽뢰夢賚,

호는 구포鷗浦. 1613년 진사시에 급제. 성균관에 입학했으나 인목대비
서궁 유폐사건이 일어나자 낙향하였다. 인조반정 후 교리·병조정랑·형
조참의 등을 역임하였다.

羅良佐(나량좌): 1636~1710년. 자는 현도顯道, 호는 명촌明村. 구포 만갑
의 손자. 윤선거尹宣擧의 문하생으로 스승의 촉망을 받아 학업과 수양에
만 전념하였다. 윤증과 함께 소론이었으나 노론인 김수항은 자형이었고,
이사명은 매제였다.

南袞(남곤): 1471~1527년. 자는 사화士華, 호는 지족당知足堂·지정止亭.
김종직의 문하생으로 부제학·좌부승지 등을 역임했으며 1504년 갑자사
화甲子士禍 때 유배되었으며, 그 후 이조참판·대사헌·지중추부사·대제
학·예조판서·영의정 등을 역임하였다. 1519년 기묘사화己卯士禍를 일
으켰다.

南九萬(남구만): 1629~1711년. 숙종 때 소론의 거두이며 명신. 자는 설로
雪路, 호는 약천藥泉. 송준길의 문하에서 수학, 한성좌윤·병조판서·영
의정 등을 역임하였다.

南師古(남사고): 명종 때의 예언자. 호는 격암格菴. 의령사람. 풍수, 천문,
복서, 상법相法의 비결에 정통하여 모든 예언이 들어맞았다고 한다.

南龍翼(남용익): 1628~1692년. 자는 운경雲卿, 호는 호곡壺谷. 숙종 때의
서인 문신. 1648년 문과에 급제하여 삼사三司·이조판서 등을 역임하고
1689년 기사환국으로 명천에 유배되었다.

南以恭(남이공): 1565~1640년. 조선 중기의 북인·소북 영수. 자는 자안子
安, 호는 설사雪簑. 1590년 문과에 급제했고 정유재란 때 이발李潑·정인
홍鄭仁弘 등과 함께 북인의 수뇌로 당쟁에 가담, 1599년 북인이 분열될
때 소북의 영수가 되었다가 파면되었다. 광해군 초 예조참의, 1637년
판서에 승진, 대사헌, 공조판서가 되었다가 청나라에 볼모로 보내게

된 왕제와 대신들을 다른 사람으로 바꾸어 보낸 사건을 책임지고 파면
당하였다.

南二星(남이성): 1625~1683년. 숙종 때의 서인 문신. 자는 중휘仲輝,
호는 의졸宜拙. 1662년 문과에 급제하여 예조참의·대사간·예조판서
등을 역임하였다.

南以雄(남이웅): 1575~1648년. 자는 적만敵萬, 호는 시북市北. 인조 때의
북인 문신. 1613년 문과에 급제. 이괄의 난 때 공을 세우고 1648년
우의정이 되어 소현세자 빈 강빈의 사사를 반대하여 사직했다가 1648년
좌의정이 되었다.

南天漢(남천한): 1607~1686년. 자는 장우章宇, 호는 고암孤巖. 숙종 때의
남인 문신. 1646년 문과에 급제. 지평·대사간·호조참의 등을 역임했고
송시열의 유배와 송준길의 관작추탈을 주장하였다. 경신대출척으로
벼슬을 박탈당하였다.

南就明(남취명): 1661~1741년. 자는 계량季良, 호는 약파藥坡. 숙종·경종
때의 소론 문신. 1694년 문과에 급제하여 수찬·승지·예조참판·대사간
등을 역임하였다.

南泰齊(남태제): 1699~1776년. 자는 원진元鎭, 호는 담정澹亭. 영조 때의
노론 문신. 1727년 문과에 급제해 이인좌의 난 때 공을 세우고 예조좌랑·
대사간·이조참의·이조판서 등을 역임한 노론 문신.

南泰徵(남태징): ?~1728년. 숙종 때 무과에 급제하여 충청도수군절도사·
평안도병마절도사 등을 역임하였다. 소론 강경파로서 이인좌의 난에
연좌되어 참형 당하였다.

盧守愼(노수신): 1515~1590년. 선조 때의 서인 문신. 자는 과회寡悔,
호는 소재蘇齋·이재伊齋·암실暗室·여봉노인茹峰老人 등이 있고 시호는
문의文懿이며 뒤에 문간文簡으로 고쳤다. 본관은 광주. 1543년 문과에

급제. 대사간·부제학·대사헌·대제학·우의정·좌의정·영의정에 이르
렀다. 문장과 서예에 능하였다. 서인이었으나 동인과 화합하려 애썼다.

盧稷(노직): 1518~1578년. 선조 때의 남인 문신. 자는 자응子應, 호는
옥계玉溪. 1546년 문과에 급제. 시호는 문효공文孝公.

盧稙(노직): 1536~1587년. 선조 때의 서인 문신. 자는 사치士稚, 호는
별유別宥·호폐헌好閉軒. 1569년 문과에 장원급제. 형조좌랑·정언·예
문관제학·수찬·지평·동부승지·부제학 등을 역임하였다. 시호는 헌민
공憲敏公.

綾昌(능창): ?~1615년. 능창대군. 조선 인조의 동생, 선조의 손. 인헌왕후
의 소생. 1615년 능창군 추대사건으로 교동에 유배되었다가 죽었다.

東平君杭(동평군 항): 숙종 때의 왕족. 이름은 항杭. 숭선군崇善君 징徵의
아들. 장희빈사건에 관련되어 유배, 1701년 사사되었다.

明聖大妃(명성대비): 1642~1683년. 현종의 비. 성은 김金, 본관은 청풍.
영돈녕부사 우명佑明의 딸. 숙종의 어머니.

明宗(명종): 조선의 제13대 임금. 이름은 환峘. 자는 대양對陽. 중종의
둘째 아들이요, 인종의 아우이다. 재위在位 중에 을사사화乙巳士禍와
왜구의 출몰이 있었다. 1546~1567년까지 재위하였다.

睦來善(목래선): 1617~1704년. 숙종 때의 남인 문신. 자는 내지來之,
호는 수옹睡翁. 허목許穆의 문인. 1650년 문과에 급제하여 호조·형조판
서를 거쳐 좌의정이 되었다.

睦性善(목성선): 1597~1647년. 자는 성지性之, 호는 병산瓶山. 남인 문신.
1624년 문과에 급제하고 검열·정언·예조정랑·집의·동부승지·경상도
감사·대사간 등을 역임하였다.

睦昌明(목창명): 1645~1695년. 자는 융세隆世, 호는 취강翠岡. 숙종 때의
남인 문신. 별시문과에 급제. 언관직을 거쳐 대사간·이조참의·도승지·

대사성·부제학이 되었고 1694년 갑술옥사甲戌獄事 때 탄핵을 받고 삭주에 안치되었다.

睦虎龍(목호룡): 1684~1724년. 소론 강경파로 노론 사대신을 역모로 모는 고변을 해 신임사화辛壬士禍를 일으켜 3등 공신이 되었으나 영조 즉위 후 체포되어 옥중에서 사망하였다.

文定王后(문정왕후): 1501~1565년. 중종의 비. 성은 윤尹. 본관은 파평. 지임之任의 딸. 1545년 명종이 즉위하자 수렴청정을 하였다.

文弘道(문홍도): 1553~?. 선조 때 문신. 자는 여중汝中. 1588년 문과에 급제. 북인에 가담하여 정인홍의 일파가 되어 임진왜란 때 강화를 주장한 남인 유성룡을 탄핵하여 축출하였다.

閔慶基(민경기): 1576~1610년. 자는 선여善餘. 선조 때의 동인 문신. 1599년 문과에 급제, 검열·사간·헌납·이조정랑·교리 등을 역임했으나 1610년 유영경사건에 연루되어 관직을 삭탈 당하였다.

閔百祥(민백상): 1711~1761년. 자는 이지履之. 1740년 문과에 급제한 노론 문신으로 영의정 등을 역임하였다. 신임사화 때 화를 입은 아버지 민진원閔鎭遠의 신원과 소론에 대한 처벌을 주장하다가 거제도에 유배되었다.

閔聖徽(민성휘): 1582~1648년. 인조 때의 문신. 자는 사상士尚, 호는 졸당拙堂. 1609년 문과에 급제하였고 안동부사로서 대지주들의 밀린 세곡을 징수하여 공평한 행정을 하였다. 1642년 척화파 김상헌金尚憲 등과 함께 청나라에 잡혀갔으나 풀려 돌아왔으며 1647년 사신으로 북경에 갔다가 죽었다.

閔著重(민시중): 1625~1677년. 자는 공서公瑞, 호는 인재認齋, 송시열의 문인인 노론 문신. 1664년 문과에 급제하여 이조좌랑·교리·호조참판·대사헌·형조참판 등을 역임하였다.

閔黯(민암) : 1636~1694년. 숙종 때의 남인 문신. 자는 장유長孺, 호는
차호叉湖. 1668년 문과에 급제, 우의정에 이르렀다.

閔翼洙(민익수) : 1690~1742년. 자는 사위士衛, 호는 숙야재夙夜齋. 영조
때의 노론 문신. 공조좌랑·지평 등을 역임하였다.

閔維重(민유중) : 1630~1687년. 숙종의 장인. 인현왕후의 아버지. 자는
지숙持叔, 호는 둔촌屯村. 노론 영수.

閔鼎重(민정중) : 1628~1692년. 숙종 때의 노론 문신으로 자는 대수大受,
호는 노봉老峰. 1649년 문과에 장원급제하여 이조·공조·호조·형조판
서·좌의정 등을 역임했고 정중의 아우 유중의 딸인 인현왕후가 폐위된
후 벽도에 유배되어 죽었다.

閔鎭遠(민진원) : 1664~1736년. 노론의 거두로 자는 성유聖猷, 호는 단암丹
巖. 부제조·우상 등을 역임하였다.

閔鎭周(민진주) : 1646~1700년. 자는 유문孺文. 숙종 때의 서인 문신.
문과에 급제하고 참판·도승지·평안도관찰사·이조판서·판의금부사
등을 역임하였다.

閔鎭厚(민진후) : 1659~1720년. 자는 정순靜純, 호는 지재趾齋. 인현왕후의
오빠. 1686년 문과에 급제. 대사간·판의금부사 등을 역임하였다.

閔馨男(민형남) : 1564~1659년. 자는 윤부潤夫, 호는 지애芝崖. 1600년
별시문과에 급제하여 지돈녕부사·예조참판·형조판서·우찬성 등을 역
임하였다.

閔亨洙(민형수) : 1690~1741년. 아버지가 좌의정 민진원으로 노론 문신.
1725년 문과에 급제하여 검열·교리·대사간·도승지·형조참판 등을 역
임하였다.

閔熙(민희) : 1614~1687년. 숙종 때의 남인 문신. 자는 호여皞如, 호는
설루雪樓. 문과에 급제하고 우의정·좌의정 등을 역임했으며 경신환국으

528

로 쫓겨났다.

朴謹元(박근원): 1525~?. 명종·선조 때의 동인 문신. 자는 일초一初, 호는 망일재望日齋. 1552년 문과에 급제. 예조좌랑禮曹佐郎·부수찬副修撰·이조참판·도승지 등을 거쳐 대사헌 등을 역임. 동인東人의 중진으로 1583년 이이李珥를 탄핵시켜 유배 보내고 자신도 강계로 유배되었다가 1585년 영의정 노수신의 상소로 풀려났다.

朴萬鼎(박만정): 1648~1717년. 자는 사중士重, 호는 동계東溪. 윤휴에게서 수학하고 1683년 문과에 급제하여 수찬·사헌부집의·영광군수·암행어사 등을 역임하였다.

朴文秀(박문수): 1691~1756년. 자는 성보成甫, 호는 기은耆隱. 경종·영조 때의 소론 문신. 1723년 문과에 급제. 병조정랑·영남암행어사를 지냈으며 소론으로서 이인좌의 난을 평정하는 공을 세웠다. 어영대장·충주목사·판의금부사·우참찬 등을 역임하였다.

朴尙儉(박상검): 경종 때의 환관. 왕세제인 영조를 내쫓으려 하였다.

朴世堂(박세당): 1629~1703년. 자는 계긍季肯, 호는 서계西溪. 숙종 때의 소론 문신. 1660년 문과에 급제한 후 황해도암행어사·이조좌랑·판중추부사 등을 역임했으며 1703년『사서집주四書集註』에서 주자의 학설을 비방했다 하여 추방되었다.

朴世采(박세채): 1632~1695년. 자는 화숙和叔, 호는 현석玄石. 숙종 때의 소론 영수. 효종 때 자의대비 복상문제로 숙청되었으나 다시 등용, 동부승지 등을 역임하였다.

朴淳(박순): 1522~1589년. 선조 때의 영의정. 자는 화숙和叔, 호는 사암思庵. 충주 사람. 율곡과 퇴계를 변론한 까닭으로 서인으로 지목되었다. 한당체漢唐體의 시를 잘 썼다.

朴承宗(박승종): 1562~1623년. 광해군 때의 북인 문신. 자는 효백孝伯,

호는 퇴우당退憂堂. 1586년 문과에 급제. 병조정랑·부제학·병조판서·
우의정·좌의정·영의정 등을 역임하였다. 1617년 폐모론을 반대했으며
1623년 인조반정 후 아들 자흥의 딸이 광해군의 세자빈으로 권세를
누린 것을 자책하여 자결하였다.

朴顔賢(박안현): 1574~1616년. 자는 기백畿伯, 호는 선곡仙谷. 선조 때의
북인 문신. 1603년 문과에 급제하여 예문관검열·홍문관정자·사간원정
언·성천부사 등을 역임하였다.

朴應南(박응남): 1527~1572년. 선조 때의 서인 문신. 자는 유중柔仲,
호는 남일南逸. 1553년 문과에 급제. 육조의 참의와 참판 등을 역임,
대사헌을 거쳐 도승지에 이르렀다. 시호는 문정공文貞公.

朴彝叙(박이서): 1561~1621년. 광해군 때의 문신. 북인이 유영경의 유당
과 남이공의 남당으로 갈릴 때 남당이었다. 자는 서오叙吾, 호는 비천泌川.
1588년 문과에 급제하여 임진왜란 때 병조좌랑으로 활약하였다. 한때
좌천되었다가 다시 정언·홍문관교리·대사간이 되고 도총부 부총관을
지냈다.

朴而章(박이장): 1540~1622년. 광해군 때의 소북 문신. 자는 숙빈叔彬,
호는 용담龍潭. 1586년 친시문과에 급제하여 도사·지평·이조정랑·이조
참판·부제학 등을 역임하였다. 1615년 폐모론을 반대하다가 삭직되어
후진양성으로 여생을 보냈다.

朴自興(박자흥): 1581~1623년. 광해군 때의 문신. 자는 인길仁吉. 1610년
별시무과에 급제하고 이듬해 딸이 세자빈이 되자 참관에 이르렀다.
인조반정 때 자결하였다.

朴漸(박점): 1532~?. 자는 경진景進, 호는 복암復庵. 1569년 문과에 급제한
서인 문신으로 정언·홍문관부수찬·이조좌랑·도승지·이조참의 등을
역임했고 1591년 당쟁에 휘말려 서인이 몰락할 때 삭탈당하여 벼슬길에

나아가지 않았다.

朴炡(박정): 1596~1632년. 자는 대관大觀, 호는 하석霞石. 광해군·인조 때의
서인·소서 문신. 1619년 문과에 급제하였으며 인조반정에 가담하고
좌승지·대사간·병조참지 등을 역임하였다.

朴鼎吉(박정길): 1583~1623년. 자는 양이養而. 1606년 문과에 급제한 대북
문신으로 이조좌랑·응교·우부승지·대사성·병조참판 등을 역임했고
인조반정 때 폐모에 앞장선 죄목으로 주살되었다.

朴致遠(박치원): 1680~1764년. 경종·영조 때의 노론 문신. 자는 사이士邇,
호는 설계雪溪. 1708년 문과에 급제하여 지중추부사·기로소 등을 역임하
였다.

朴泰輔(박태보): 1654~1689년. 숙종 때의 소론 문신. 자는 사원士元, 호는
정재定齋. 문과에 장원. 예조좌랑·교리·암행어사 등을 역임하고 기사환
국己巳換局 때 인현왕후의 폐출을 반대하다가 고문을 받고 유배 도중
사망하였다.

朴泰尙(박태상): 1636~1696년. 자는 사행士行, 호는 만휴당萬休堂. 1671년
문과에 급제하여 이조참의·대사헌·평안도관찰사·형조판서·대제학·
이조판서 등을 역임하였다.

朴泰遜(박태손): 1641~1692년. 자는 여길汝吉, 호는 천휴天休. 1673년 문과
에 급제하여 정언·헌납·이조좌랑·대사간·대사성 등을 역임하였다.

朴泰淳(박태순): 1653~1704년. 숙종 때의 남인 문신. 자는 여후汝厚,
호는 동계東溪. 1686년 문과에 급제, 대사성에 이르렀다.

朴泰維(박태유): 1648~1746년. 숙종·영조 때의 소론 문신. 자는 사안士安,
호는 백석白石. 1681년 알성 문과에 급제하여 검열·병조좌랑 등을 역임하
였다.

朴泰恒(박태항): 1647~1737년. 자는 사심士心. 1687년 문과에 급제. 헌납·

충청도관찰사·형조판서·대사헌 등을 역임하였다.

朴弼夢(박필몽): 1668~1728년. 자는 양경良卿. 증광문과에 급제. 소론으로 지평·참찬 등을 역임했으나 1724년 영조가 즉위하자 갑산에 유배되었고 이인좌의 난에 연루되어 참살되었다.

朴弼顯(박필현): 1680~1728년. 1723년 생원시에 합격하고 이인좌의 난 때 함께 반란을 꾀하다가 참수 당하였다.

朴弘耉(박홍구): 1552~1624년. 1582년 문과에 급제하여 교리·병조참판· 홍문관응교·도승지·대사간·대사헌·호조판서·병조판서 등을 역임하 였다. 인조반정으로 삭직당하고 역모죄로 사사되었으나 1691년 신원되 었다.

白大珩(백대형): 1575~1623년. 자는 이헌而獻. 1599년 문과에 급제하여 공조좌랑·황해도관찰사·형조참의 등을 역임하였다. 이이첨의 심복으 로 폐모론의 주동이 되었고 인조반정으로 참수되었다.

白惟讓(백유양): 1530~1589년. 선조 때의 동인 문신. 자는 중겸仲謙. 문과에 급제하여 홍문관교리·대사성·이조참의·병조참지·부제학에 이르렀 다. 1589년 정여립의 모반사건 때 아들이 사형 당하자 사직, 서인의 탄핵으로 유배, 장살杖殺되었다.

白惟咸(백유함): 1546~1618년. 광해군 때의 서인 문신. 자는 중열仲悅. 1576년 문과에 급제, 조정에 당쟁이 심해지자 향리에서 제자를 양성하다 가 정여립의 모반사건 때 헌납獻納이 되고 검상檢祥, 사인舍人에 이르렀 다. 1591년 서인이 물러날 때 유배되었으나 임진왜란 이후 풀려나왔다. 1597년 정유재란 때 명나라 사신과 일본과의 강화를 의논하다가 탄핵을 받고 유배되었다가 신원되었다.

白仁傑(백인걸): 1497~1579. 조선의 정치가. 자는 사위士偉, 호는 휴암休 菴. 시호는 충숙忠肅. 본관은 수원. 조광조의 제자. 1519년 기묘사화

때 스승과 동지를 잃고 금강산에 입산. 그 후 사마시에 합격. 동지경연사·
동지의금부사·대사헌을 역임하고 조정의 권신 몇 사람을 탄핵하다가
사임하였다. 청렴결백하였고 조광조를 문묘에 배향할 것을 건의하였다.
뒤에 참찬으로 다시 등용되기도 하였다.

徐命均(서명균): 1680~1745년. 숙종 때의 서인 문신. 자는 평보平甫,
호는 소고嘯皐. 영의정 종태宗泰의 아들. 1710년 문과에 급제. 좌의정
등을 역임하였다.

徐文重(서문중): 1634~1709년. 숙종 때의 소론 문신. 자는 도윤道潤,
호는 몽어정夢魚亭. 1657년 진사시에 합격. 1673년 학행學行으로 추천을
받아 동몽교관童蒙教官을 지내고 영의정·판중추부사 등을 역임하였다.

徐渻(서성): 1558~1631년. 자는 현기玄紀, 호는 약봉藥峯. 1586년 문과에
급제. 병조정랑·경기감사 등을 역임하였다.

徐宗玉(서종옥): 1688~1745년. 자는 온숙溫叔, 호는 인재訒齋. 영조 때의
소론 문신. 1725년 문과에 급제하여 사헌부지평·이조참의·대사간·대
사헌·이조판서·우참찬·호조판서 등을 역임하였다.

徐宗泰(서종태): 1562~1719년. 숙종 때의 소론 문신. 자는 군망君望, 호는
만정晩靜·서곡瑞谷. 1680년 문과에 급제. 검열·공조판서·대사헌·이조
판서·우의정·좌의정 등을 역임하였다.

徐宗廈(서종하): 1670~1730년. 자는 비세庇世. 1711년 문과에 합격한 소론
강경파로 사간원·사헌부의 여러 관직을 거쳐 참의에 이르렀다. 1728년
서소문의 괘서의 변이 일어나 이인좌 등의 반란에 연관되어 유배지에서
서울로 압송되어 죽었다.

宣祖(선조): 조선 14대 임금. 덕흥대원군의 셋째 아들이며 명종의 양자.
당파싸움이 시작되어 정권이 당인들의 손에 있었고 임진왜란이 일어난
뒤부터는 명明나라를 사대지성事大至誠으로 섬겼던 인물.

成文濬(성문준): 1559~1626년. 성혼의 아들이며 조선 중기의 학자. 자는 중심仲深, 호는 창랑滄浪.

成泳(성영): 1547~1623년. 선조 때의 문신. 자는 사함士涵, 호는 태정苔庭. 1592년 임진왜란이 일어나자 경기도 순찰사로 참전. 호조참판·한성부좌윤·지중추부사 등을 거쳐 1607년 병조판서·이조판서 등을 지냈으나 광해군이 즉위하자 정인홍 등의 모함으로 파직 유배되어 죽었다.

成以文(성이문): 1546~1618년. 자는 질부質夫, 호는 은궤옹隱几翁. 1594년 문과에 급제하여 예문관검열·예조좌랑·대사간 등을 역임하였다.

成俊耈(성준구): 1574~1633년. 자는 덕보德甫, 호는 장곡藏谷. 1599년 문과에 급제하여 시강원설서·병조좌랑·부응교·서천군수·황해도관찰사 등을 역임하였다. 이괄의 난 때 의병을 모집하여 난을 평정하였다.

成渾(성혼): 1535~1598년. 선조 때의 학자. 서인 영수. 자는 호원浩原, 호는 우계牛溪. 백인걸의 제자로 한문과 덕망이 뛰어났다. 이이李珥와 사단칠정이기설四端七情理氣說을 토론하고 새로운 학설을 주장하였다. 시호는 문간공文簡公.

昭顯嬪姜氏(소현빈강씨): ?~1646년. 인조의 아들인 소현세자의 빈. 성은 강姜. 1627년 세자빈이 되었으나 세자가 죽은 후 시부 인조와 숙원淑媛 조씨의 모략으로 여러 모해사건에 부딪혀서 폐빈이 되고 사사되었다가 1718년 신원·복위되었다.

宋光淵(송광연): 1638~1695년. 자는 도심道深, 호는 범허정泛虛亭. 1666년 문과에 급제하여 정언·지평·순창군수·사간·예조참의·이조참판 등을 역임하였다.

宋尙敏(송상민): 1626~1679년. 숙종 때의 학자. 자는 자신子愼, 호는 석곡石谷. 송시열의 문인. 1660년 사마시司馬試에 합격했으나 송시열 문하에서 학업에 전념하였고 1679년 2차 예송논쟁 때 송시열의 예론을

534

지지하는 소疏를 왕에게 바쳤다가 탄핵을 받고 장사杖死되었다.

宋錫慶(송석경): 1560~1637년. 자는 경수景受, 호는 졸암拙庵. 1596년 문과
에 급제하여 세자시강원사서·예조좌랑·동부승지·예조참판·대사헌
등을 역임하였다.

宋時烈(송시열): 1607~1689년. 숙종 때의 학자. 노론의 영수. 자는 영보英甫,
호는 우암尤庵·화양동주華陽洞主. 김장생의 제자로 1633년 생원시에
합격되고 1635년 봉림대군의 사부가 되었다. 효종의 장례로 복상문제가
제기되자 기년설을 건의하여 채택됨으로 남인을 제거하였고 그 후 자의
대비의 복상문제에서 남인의 기년설이 채택됨으로 유배되었다가 경신
대출척으로 영중추부사로 기용되었다. 남인의 처벌에 있어서 윤증 등
서인의 소론파와 대립되었다. 1689년 왕세자[景宗]가 책봉되자 이를
시기상조라 하여 반대하는 상소를 올렸다가 사사되었다. 이이李珥의
학통을 계승하여 기호학파의 주류를 이루었으며 예론禮論에도 밝았다.

宋言愼(송언신): 1542~1612년. 선조 때의 문신. 자는 과우寡尤, 호는 호봉壺
峰. 노수신·이황李滉의 문하에서 학문을 닦고 1577년 문과에 급제하여
정언을 지냈다. 정여립과 가까운 사이였다는 죄목으로 1589년 기축옥사
때 부교리에서 파면되었으나 다시 등용되었다. 광해군 초에 파면되어
시골로 내려가 지냈다.

宋應漑(송응개): ?~1588년. 조선의 정치가. 본관은 은진. 기수麒壽의
아들. 명종 때 정언正言을 거쳐 대사간을 지내고 동서東西분당 이후에는
동인 승지로 있으면서 이이를 탄핵했다가 회령會寧으로 유배. 1585년
영의정 노수신의 상소로 풀려났다.

宋應洞(송응형): 1539~1592년. 선조 때의 동인 문신. 자는 공원公遠.
본관은 은진恩津. 기수麒壽의 아들. 1571년 음보蔭補로 예빈시별제禮賓寺
別提가 되고 이듬해 문과에 급제. 정언·황주목사를 지냈다.

宋翼弼(송익필): 1534~1599년. 선조 때의 서인 학자. 자는 운장雲長, 호는 귀봉龜峰. 이이李珥, 성혼 등과 사귀어 성리학과 예학禮學에 밝았다. 고양高陽의 귀봉산 기슭에서 후진을 양성하여 그 문하에 김장생, 정엽鄭曄 등 여러 선비를 키웠다. 시호는 문경공文敬公.

宋寅明(송인명): 1689~1746년. 영조 때의 소론 문신. 자는 성빈聖賓, 호는 장밀헌藏密軒. 1719년 문과에 급제하여 이조판서·우의정·좌의정 등을 역임하고 신임사화辛壬士禍의 전말을 기록한 『감란록勘亂錄』을 편찬하였다.

宋馹(송일): 1557~1640년. 자는 덕보德甫, 호는 반학伴鶴. 1595년 문과에 급제하여 예조좌랑·홍문관수찬·광주목사·형조참판 등을 역임하였다.

宋浚吉(송준길): 1606~1672년. 효종 때의 서인 문신. 산당의 영수. 자는 명보明甫, 호는 동춘당同春堂. 이이의 문하에서 공부하고 대사헌·병조판서·이조판서 등을 역임하였다. 송시열과 더불어 노론老論의 쌍견을 이루었으며 이이의 학설을 지지했고 문장과 글씨에도 능하였다.

宋眞明(송진명): 1688~1738년. 영조 때의 문신. 자는 여유汝儒, 호는 소정疏亭. 1714년 문과에 급제하여 검열·홍문관부제학·대사성·이조참판·이조판서·예조판서 등을 역임하였다.

申景禛(신경진): 1575~1643년. 인조 때의 서인 문신. 자는 군수君受. 인조반정 때 공을 세웠으며 병조판서·우의정·영의정을 역임하였다.

申球(신구): 1666~1734년. 영조 때의 유생儒生. 자는 군미君美, 송시열의 문인. 1689년 기사환국으로 제주에 안치된 송시열을 위해 상소를 올렸고 1722년 신임사화로 거제도에 유배되었다가 영조가 즉위하자 방면되었으나 1727년 정미환국으로 다시 쫓겨나 고향에서 은거하였다.

申冕(신면): 1607~1652년. 인조 때의 문신. 자는 시주時周. 1637년 문과에 급제하여 1642년 이조좌랑·부제학·대사간 등을 역임했다가 1651년 김자점金自點의 옥사가 일어나자 그 일당으로 몰려 자결하였다.

申昉(신방): 1685~1736년. 숙종 때의 노론 문신. 자는 명원明遠, 호는 둔암鈍庵. 1719년 문과에 급제하여 승문원·삼사·대사간·이조참판 등을 역임하였다.

申範華(신범화): 1647~?. 조선 중기의 선비화가. 자는 윤명允明. 1674년 진사가 되고 군수를 지냈으며 인물화를 잘 그렸다고 전해진다. 「여협도 女俠圖」, 「송하수면도」 등이 대표적 작품이다.

信城君(신성군): ?~1592년. 선조의 넷째아들. 어머니는 인빈仁嬪 김씨. 평양부원군 신립申砬의 딸과 결혼하였다. 선조의 총애를 받았으며, 1591년 서인 정철鄭澈에 의해 세자로 책봉되려다가 동인의 반대로 좌절되었다. 임진왜란이 일어나자 선조와 함께 평양까지 갔다가 의주에서 죽었다.

申汝哲(신여철): 1634~1701년. 숙종 때의 서인 무신. 현종 때 무과에 급제하여 삼도수군통제사와 평안도병마절도사를 역임하고 병조참판·공조판서·형조판서·호조판서·총융사 등을 역임하였다.

申琓(신완): 1646~1707년. 숙종 때의 문신. 소론이었다 노론이 되었다. 자는 공헌公獻, 호는 경암絅庵. 1672년 문과에 급제, 대사헌·이조판서·우의정·영의정 등을 역임하였다.

申橈(신요): 1550~?. 인조 때의 문신. 자는 계섭季涉, 호는 운와雲臥. 1608년 문과중시에 합격. 병조정랑·직강 등을 지내고 1609년 권신에 아부했다는 탄핵을 받고 파직되었다. 인조반정 이후 여러 번 등용되었으나 사퇴하였다.

辛應時(신응시): 1532~1585년. 선조 때의 서인 문신. 자는 군망君望, 호는 백록白麓, 시호는 문장文莊. 본관은 영월. 백인걸의 문인. 1559년 문과에 급제. 1566년 문과중시에 급제. 좌랑을 거쳐 예조참의·병조참지·대사간·홍문관부제학에 이르렀다.

申翼相(신익상): 1634~1697년. 숙종 때의 소론 문신. 자는 숙필叔弼, 호는 성재醒齋. 1662년 문과에 급제하여 검열·사관史官 등을 거쳐 공조판서·우의정 등을 역임하였다.

申최(신정): 1628~1687년. 숙종 때의 서인·노론 문신. 자는 백동伯東, 호는 분애汾厓. 1664년 문과에 급제하여 지평·수찬·대사간·대사성·예조판서 등을 역임하였다.

申致雲(신치운): 1700~1755년. 자는 공망公望, 1721년 문과에 급제하여 예문관한림·춘추관기사관·대사간 등을 역임했으며 1755년 나주 괘서 사건 이후 모반사건에 연루되어 처형당하였다.

申厚載(신후재): 1636~1699년. 숙종 때의 남인 문신. 자는 덕부德夫, 호는 규정葵亭. 1660년 문과에 급제하여 부교리 등을 지내다가 경신대출 척으로 삭직되었다. 1689년 기사환국으로 남인이 집권하자 도승지 등을 역임했으나 1694년 갑술옥사 때 귀양 갔다가 1697년 석방되었으나 은퇴하여 학문에만 전념하였다.

申欽(신흠): 1566~1628년. 선조 때의 학자. 자는 경숙敬叔, 호는 상촌象村·현 헌玄軒. 1586년 문과에 급제하여 학유·병조좌랑 등을 역임하였다. 선조 로부터 영창대군의 보필을 부탁받은 유교칠신遺敎七臣의 한 사람으로 1613년 계축옥사가 일어나자 파직, 춘천에 유배되었다. 인조반정 후 이조판서·대제학·우의정·영의정을 역임하였다.

沈檀(심단): 1645~1730년. 경종·영조 때의 남인 문신. 자는 덕여德輿, 호는 약현藥峴. 1673년 문과에 합격하여 사관士官이 되었으나 자의대비의 복상문제로 서인이 추방될 때 유배되었다가 다시 등용되어 이조판서·형 조판서·공조판서 등을 역임하였다.

沈命世(심명세): 1587~1632년. 자는 덕용德用. 인조의 종모제從母弟. 인조 반정에 공을 세워 정사공신으로 책봉되고 부총관이 되었다.

538

沈壽賢(심수현): 1663~1736년. 경종·영조 때의 소론 문신. 자는 기숙耆叔, 호는 지산止山. 1704년 문과에 급제하여 수찬·이조판서·우의정·영의정 등을 역임하였다.

沈義謙(심의겸): 1535~1587년. 선조 때의 서인. 자는 방숙方叔, 호는 손암巽庵. 청송靑松 사람. 젊은 학자 김효원과 대립이 발단이 되어 서인西人의 거두가 된 뒤에 선조 8년 김효원과 함께 외직으로 내쫓겼다가 14년에 파직되었다.

沈梓(심재): 1624~1693년. 자는 문숙文叔, 호는 양졸재養拙齋. 1654년 문과에 급제하여 교리·경기도관찰사·이조참판·대사간·도승지·공조판서 등을 역임하였다.

梁士瑩(양사형): 1547~1599년. 자는 계평季平, 호는 영하정暎霞亭. 1588년 명경과에 급제하여 군자감봉사·경기도사·예조정랑·영광군수 등을 역임하였다.

梁山璹(양산숙): 1561~1593년. 선조 때의 무신. 자는 회원會元. 벼슬에 뜻을 두지 않고 경전經典에만 전심, 천문·지리·병학에도 능통하였다. 임진왜란이 일어나자 김천일金千鎰과 함께 의병을 일으켜 진주에서 싸우다 전사하였다.

梁益標(양익표): ?~1722년. 숙종 때 무과에 급제하여 비변사낭청 등을 역임하였다. 이몽인과 함께 노론측 입장에서 왕세제의 대리청정을 상소했다가 사천현에 유배되었고 1722년 석방되었으나 노론 사대신의 처형과 동시에 해를 입었다.

楊鎬(양호): 명나라 장군. 1597년 정유재란 때 경략조선군무사經略朝鮮軍務使가 되어 명나라의 원병을 거느리고 참전, 처음 서울에 머물렀다가 뒤에 울산 도산성의 일본군을 쳤으나 실패하고 파면되었다.

魚有龜(어유구): 1675~1740년. 경종의 장인. 자는 성칙聖則, 호는 긍재兢

齋. 1699년 사마시에 급제하였고 1718년 딸이 세자빈에 책봉되었으며 1720년 경종이 즉위하자 어영대장으로 훈련대장을 겸했으며 영조 즉위 후 여러 벼슬에 기용되었으나 모두 사퇴하였다.

魚有龍(어유룡): 1678~1764년. 1713년 문과에 급제하여 지평·헌납·장령·안동부사·대사간 등을 역임하였다.

呂聖齊(여성제): 1625~1691년. 숙종 때의 서인 문신. 자는 희천希天, 호는 운포雲浦. 1650년 문과에 장원급제하여 검열·호조참의·대사간·예조판서·이조판서·우의정·영의정을 역임하였다.

永昌大君(영창대군): 1606~1614년. 선조의 아들. 인목대비의 소생. 1613년 김제남이 영창대군을 추대하려 한다는 무고 때문에 강화에 가두어졌다가 8세의 어린 나이로 죽었다.

吳健(오건): 1521~1574년. 함양咸陽 사람. 호는 덕계德溪. 선조 때의 동인 문신. 자는 자강子强. 세기世紀의 아들. 1558년 진사로 문과에 급제. 홍문관弘文館 전한典翰에 이르고 말년에 덕계지에 들어가 독서로 여생을 보냈다. 문집은『덕계집德溪集』과『정묘일기』가 있다.

吳道一(오도일): 1645~1703년. 숙종 때의 소론 문신. 자는 관지貫之, 호는 서파西坡. 1673년 문과에 급제, 부수찬·지제교·대사간·부제학·대사헌 등을 역임하였다. 1702년 민언량閔彦良의 옥사에 연루되어 유배되었다.

吳斗寅(오두인): 1624~1689년. 숙종 때의 소론 문신. 자는 원징元徵, 호는 양곡陽谷. 문과에 장원급제하여 형조판서 등을 역임하였다. 숙종 때 사화와 옥사가 연달아 일어나자 벼슬에 취임하지 않았고 왕후 민씨가 폐위되자 그 불가함을 상소하다가 귀양 가는 도중 객사하였다.

吳命恒(오명항): 1673~1728년. 경종·영조 때의 소론 문신. 이조·병조판서 등을 역임하였다.

吳始復(오시복): 숙종 때의 남인. 인현왕후가 죽은 후 장희빈을 복위시키려다가 귀양을 갔다.

吳始壽(오시수): 1632~1681년. 숙종 때의 남인 문신. 자는 덕이德而, 호는 수촌水村. 1656년 문과에 급제하여 이조좌랑·우의정 등을 역임했고 1680년 경신환국 때 귀양을 갔다 사사되었다.

吳允謙(오윤겸): 1559~1636년. 자는 여익汝益, 호는 추탄楸灘. 1582년 사마시에 합격, 여러 벼슬을 거치다가 정인홍이 이황 등 선현들의 문묘종사를 반대하자 탄핵하다가 강원도관찰사로 좌천되었다. 폐모론을 반대하다가 탄핵을 받았고 1623년 인조반정 후 북인 남이공南以恭의 등용문제로 서인이 노서老西와 소서少西로 분열되자 노서의 영수로 대사헌·이조판서를 지냈다.

吳挺緯(오정위): 1616~1692년. 숙종 때의 남인·청남 문신. 자는 군서君瑞, 호는 동사東沙. 1645년 문과에 급제하여 호조·예조·형조·공조판서 등을 역임하였다.

吳挺昌(오정창): 1634~1680년. 자는 계문季文. 1662년 문과에 급제한 남인 문신으로 설서·정언·부교리·부응교·대사간·대사성을 역임하였다. 숙종 초년 자의대비 상복 논의에서 윤휴의 설을 따라 예론을 주장했고 남인이 청남과 탁남으로 분리될 때 탁남에 가담하여 대사간·이조참판·예조판서 등을 역임했으며 경신환국 이후 삭직·처형되었다.

吳瓚(오찬): 영조 때의 노론 문신.

禹性傳(우성전): 1542~1593년. 선조 때의 동인 문신. 자는 경선景善, 호는 추연秋淵. 현령縣令 언겸彦謙의 아들. 1561년 진사進士가 되고 1568년 별시문과에 급제. 검열檢閱·봉교奉教 등을 역임하였다. 시호는 문강공文康公.

禹洪采(우홍채): ?~1722년. 조선 후기의 무신. 무과를 거쳐 여러 무관직을 역임한 후 재령군수에 이르렀다.

元景夏(원경하): 1698~1761년. 자는 화백華伯, 호는 창하蒼霞. 1736년 문과
    에 급제한 소론 문신으로 정언·예문관제학·이조참판·판돈녕부사 등을
    역임하였다.

元斗杓(원두표): 1593~1664년. 효종 때의 서인 문신. 자는 자건子建,
    호는 탄수灘叟. 인조반정에 가담했으며 이괄의 난 때 공을 세웠다. 형조판
    서·강화유수·호조판서·우의정 등을 역임하였다.

兪棨(유계): 1607~1664년. 자는 무중武仲, 호는 시남市南. 노론. 1633년
    문과에 급제하고 병조참지·대사간·공조참의·대사헌·이조참판 등을
    역임하였다. 성리학과 예론에 정통한 학자로 1715년 그의 저서『가례원
    류家禮源流』를 중심으로 노소론 사이에 치열한 당쟁이 벌어졌다.

柳拱辰(유공진): 1547~1604년. 자는 백첨伯瞻. 이이·성혼의 문인인 서인.
    1583년 문과에 급제하여 이조정랑·예조정랑·홍문관응교·남원부사·
    우승지 등을 역임하였다.

柳奎(유규): 1735~1806년. 자는 사극士極, 호는 임여재臨汝齋. 1791년 채제
    공蔡濟恭의 천거로 의금부도사에 재수되었고 사옹원주부·사헌부감찰·
    돈녕부도정 등을 역임하였다. 이황·유성룡의 학풍을 이어받았다.

柳帶春(유대춘): 1603~1691년. 자는 영숙榮叔, 호는 동촌東村. 성혼·이이의
    문인. 1642년 문음으로 예빈시봉사에 임명되었는데 입사하지 않았다.
    이이의 문묘종사문제를 둘러싸고 삼사가 탄핵을 하자 이에 대항하여
    왕에게 상소했으며 이후 중앙정계의 진출을 단념하고 학문연구에만
    전념하였다.

兪得一(유득일): 1650~1712년. 자는 영숙寧叔, 호는 귀와歸窩. 박세채의
    문인인 소론. 1677년 문과에 급제하여 지평·진도군수·부수찬·대사성·
    대사헌·형조판서·병조판서 등을 역임하였다.

柳命堅(유명견): 1628~?. 자는 백고伯固, 호는 모산茅山. 남인. 1672년 문과에

급제하여 수찬·이조참판 등을 역임하였다. 1701년 장희재 등과 인현왕
후를 살해하려 하였다는 죄로 위도에 안치되었다가 1704년 풀려나왔다.

柳命天(유명천): 1633~1705년. 자는 사원士元, 호는 퇴당退堂. 1672년 문과
에 급제한 남인 문신으로 정언·지평·대사간·이조참판 등을 역임하고
경신환국으로 음성에 유배되었다가 풀려나와 강계부사·예조판서·판
중추부사 등을 역임하였다. 1701년 장희재와 함께 인현왕후를 모해하려
했다는 탄핵을 받고 지도智島에 안치되었다가 1704년 고향으로 돌아왔다.

柳命賢(유명현): 1643~1703년. 자는 사회士希, 호는 정재靜齋. 남인. 1673년
문과에 급제하여 부수찬·이조판서·형조판서 등을 역임했는데 1701년
인현왕후를 해치려 했다는 죄로 탄핵받아 남해도에 안치되어 죽었다.

柳夢寅(유몽인): 1559~1623년. 조선 중기 때의 문신. 자는 응문應文,
호는 어우당於于堂. 1589년 문과에 급제. 이이첨 등 대북파와 교유하며
중북의 영수가 되었다. 폐모론 때 이이첨과 대립. 1623년 인조반정
때 화를 면했으나 유응시의 고변으로 체포되어 아들과 함께 사형되었다.
조선 중기의 설화문학의 대가였으며 전서·해서·초서에 모두 뛰어났다.

柳復明(유복명): 1685~1760년. 영조 때의 문신. 자는 양휘陽輝, 호는 만촌晚
村. 1718년 문과에 장원급제한 노론으로 신임사화 때 파직되었다 1724년
영조가 즉위하자 지평에 복직되고 도승지·대사간·지중추부사·판돈녕
부사 등을 역임하였다.

柳鳳輝(유봉휘): 1659~1727년. 자는 계창季昌, 호는 만암晚菴. 1699년 문과
에 급제하여 수찬·부제학·이조판서·우의정·좌의정 등을 역임했고 소
론 강경파로서 신임사화를 일으킨 주동자라는 노론의 공격을 받고 사형
을 당하였다. 유상운의 아들이다.

柳尙運(유상운): 1636~1707년. 자는 유구悠久, 호는 누실陋室. 1666년 문과
에 급제한 소론 문신으로 대사간·이조판서·형조판서·우참찬·좌의정·

우의정·영의정 등을 역임하였다.

柳碩(유석): 1595~1655년. 자는 덕보德甫, 호는 개산皆山. 1624년 문과에
급제하여 사헌부 등의 관직을 역임한 후 강원감사를 역임하였다. 변려체
문장으로 유명하다.

柳悍(유성): 1572~1616년. 자는 자경子敬. 영의정 이산해의 사위이다. 1599
년 문과에 급제하여 공조좌랑·지평 등을 역임하였다. 숙부인 유영경이
이끄는 소북으로, 영창대군을 세자로 옹립하려 했으나 1608년 광해군이
즉위하여 탄핵받고 삼수三水로 유배되어 죽었다.

柳成龍(유성룡): 1542~1607년. 자는 이견而見, 호는 서애西厓. 풍산 사람
으로 선조 때의 남인 영수. 임진왜란 때 도체찰사都體察使로서 명明나라
장군들과 같이 국난을 처리하였다. 저서는『징비록』,『서애집西厓集』,
『신종록愼終錄』 등이 있다.

柳世哲(유세철): 1627~1681년. 1654년 사마시에 합격한 남인 문신. 내식관·
공조좌랑·군위현감 등을 역임하였다. 자의대비 복상문제에 서인측의
기년설을 반박하였다.

柳壽垣(유수원): 1694~1755년. 조선 후기의 문신. 자는 남로南老, 호는
농암聾菴. 정언·낭천현감·사복시정 등을 역임하였다. 그의 집안은 소론
강경파에 속하여 영조 즉위 후 노론이 득세하자 심한 정치적 규제를
받았다. 1755년 반역을 모의한 혐의로 체포되어 처형당하였다. 학문과
경륜이 높았는데 그의 대표적 저서인『우서迂書』는 현실 개혁 방법을
제시한 것이다. 실학파의 한 사람으로서 이용후생파의 선구적 인물로
자리 잡고 상공업 중심의 부국안민론을 주장한 대표적 인물이다.

俞崇(유숭): 1661~1734년. 1699년 문과에 급제한 노론 문신. 정언·지평·강
원도관찰사·공조참의·도승지·공조참판 등을 역임하였다. 1723년 신
임사화 때 파직되었고 이인좌의 난 때 공을 세웠다.

柳永謹(유영근): 1550~?. 선조 때의 문신. 자는 근지謹之. 1582년 생원시에 합격. 1601년 문과에 급제. 호조정랑·부교리·세자시강원보덕 등을 거쳐 사간에 이르렀다.

柳永吉(유영길): 1538~1601년. 자는 덕순德純, 호는 월봉月蓬. 1559년 문과에 급제하여 부수찬·병조좌랑·한성부우윤·예조참판 등을 역임하였다.

柳永詢(유영순): 1552~?. 자는 순지詢之, 호는 졸암拙庵. 1579년 문과에 급제하여 장령·병조참지·성주목사·좌승지·경상도관찰사·호조참판 등을 역임하였다.

柳子光(유자광): ?~1512년. 연산군 때의 문신. 자는 우복于復. 이시애의 난 때 공을 세워 병조정랑이 되었고 1468년 남이南怡 등이 모반한다고 무고하여 숙청했으며 1498년 무오사화를 일으켜 김종직 문하의 사림파를 제거하였다. 중종반정 후 대간·홍문관의 탄핵으로 훈작을 빼앗기고 유배되어 죽었다.

柳㙉(유전): 1531~1589년. 선조 때의 문신. 자는 극후克厚, 호는 우복愚伏. 1531년 문과에 급제하고 정자正字·수찬修撰·병조정랑 등을 역임하고 한성부판윤·우의정·좌의정·영의정을 거쳤다. 시호는 문정공文貞公.

兪集一(유집일): 1653~1724년. 자는 대숙大叔. 1680년 문과에 급제한 소론 문신. 지평·장령·경상도관찰사·대사간 등을 역임하였다.

兪拓基(유척기): 1691~1767년. 영조 때의 노론 문신. 자는 전보展甫, 호는 지수재知守齋. 1714년 문과에 급제하여 검열·이조참의·대사간·호조판서·우의정 등을 역임하였다. 신임사화로 죽은 김창집·이이명李頤命 등의 복관을 건의하여 신원시켰다.

柳就章(유취장): 1669~1722년. 자는 여진汝進. 무과에 급제하여 선전관·봉산군수·전라도수군절도사·훈련중군 등을 역임하였다. 신임사화로 소론의 공격을 받아 장흥부로 유배된 후 처형되었다.

俞夏益(유하익): 1631~1699년. 자는 사겸士謙, 호는 백인당百忍堂. 1660년 문과에 급제한 남인으로 지평·부교리·황해도 암행어사·이조참판·대사헌·형조판서 등을 역임하였다. 1694년 갑술옥사로 남인이 정권에서 물러날 때 같이 삭출되었다가 2년 뒤에 풀려났다.

柳赫然(유혁연): 1616~1680년. 숙종 때의 남인 무신. 자는 회이晦爾, 호는 야당野堂. 1644년 무과에 급제하여 훈련대장·공조판서 등을 역임했으며 경신환국으로 유배되어 사사되었다.

柳孝立(유효립): 1579~1628년. 자는 행원行源. 유희분의 조카이다. 1609년 문과에 급제하여 수찬·우부승지 등을 역임하다가 인조반정으로 숙부 희분이 참형되고 북인이 쫓겨나자 제천으로 유배되었다가 인성군 공을 추대하려는 음모가 사전에 발각되어 처형되었다.

柳希奮(유희분): 1564~1623년. 광해군 때의 대북 문신. 자는 형백亨伯. 광해군의 처남. 1597년 문과에 급제, 예조좌랑이 되고 1599년 수찬으로 유성룡을 탄핵하다 파직되었고 1601년 다시 등용되었다. 광해군이 즉위하자 예조참판이 되고 소북의 유영경 일파를 탄핵하여 숙청한 후 정권을 좌우하며 형조참판 등을 역임하였다. 임해군·영창대군·능창대군을 무고로 죽이는 데 가담한 공으로 익사공신에 책록되었고 인목대비의 폐모론을 일으켜 서궁에 유폐시키는 데 성공했으며 반대하는 서인과 유생들을 모두 투옥, 유배하는 등 횡포를 자행하다가 1623년 인조반정으로 참형되었다.

柳希緒(유희서): 1559~1603년. 자는 경승敬承, 호는 남록南麓. 1586년 문과에 급제하여 홍문관 정자·병조좌랑·예조참의·동부승지·도승지 등을 역임하였다.

尹根壽(윤근수): 1537~1616년. 선조 때의 서인 문신. 자는 자고子固,

호는 월정月汀, 시호는 문정文貞. 본관은 해평. 군자감 변卞의 아들이며 당시의 영의정 윤두수尹斗壽의 동생. 1558년 문과에 급제. 대제학을 지냈으며 문장이 고아高雅하고 고문을 즐겼다. 저서는『사서토석四書吐釋』등이 있다.

尹汲(윤급): 1679~1770년. 영조 때의 문신. 자는 경유景孺, 호는 근암近菴. 1725년 문과에 급제하여 이조좌랑·승지·대사간·호조참판 등을 역임하였다.

尹東度(윤동도): 1707~1768년. 자는 경중敬仲. 1745년 문과에 급제하여 사서司書·이조참판·부제학·우의정·좌의정·영의정 등을 역임하였다.

尹斗壽(윤두수): 1533~1601년. 선조 때의 서인 문신. 자는 자앙子仰, 호는 오음梧陰. 해평海平 사람. 선조 때 영의정. 시호는 문정文靖. 저서는『연안지延安志』,『평양지』,『기자지』 등이 있다.

尹昉(윤방): 1563~1640년. 인조 때의 서인 문신. 자는 가회可晦, 호는 치천稚川. 영의정 두수斗壽의 아들. 이이의 문인. 1588년 문과에 급제하여 정언·병조참판·도승지·형조판서·우의정·좌의정·영의정 등을 역임하였다.

尹鳳朝(윤봉조): 1680~1761년. 자는 명숙鳴叔, 호는 포암圃巖. 1705년 문과에 급제하여 홍문관응교·대사간·대제학 등을 역임하였다.

尹宣擧(윤선거): 1610~1669년 조선 중기의 학자. 자는 길보吉甫, 호는 미촌美村·노서魯西·산천재山泉齊. 파평 사람. 병자호란 때 가족들이 변을 당하였고 그 뒤 금산錦山에 은거하여 성리학에 힘써 이름이 알려졌다. 서인이었으나 윤휴를 옹호하여 송시열과 불화하였고 이것이 노론과 소론이 분열하는 단초가 되었다. 유계兪棨와『가례원류』를 함께 지었는데 그가 죽은 뒤 노론과 소론의 당쟁의 불씨가 되었다.『노서유고』,『계갑록』 등의 저서가 있다.

尹善道(윤선도): 1587~1671년. 자는 약이約而, 호는 고산孤山·해옹海翁.

1628년 문과에 급제하고 예조참의·동부승지 등을 역임하였다. 남인의 거두로 여러 번의 복상문제에 관여하였고 치열한 당쟁으로 일생을 거의 벽지 유배소에서 보냈다. 노후에 지은 『어부사시가漁夫四時詞』 등의 시가가 대표적이며 그의 시조는 정철의 가사歌詞와 더불어 조선 시가에서 쌍벽을 이루고 있다.

尹聖時(윤성시): 1672~1730년. 경종 때의 문신. 자는 계성季成. 1705년 문과에 급제하여 수찬 등을 지냈다. 소론의 선봉으로 1724년 영조 즉위 후 노론이 재집권하자 삭출되었고 1727년 유배되었다가 죽었다.

尹守謙(윤수겸): 1573~1624년. 자는 명익鳴翼. 1601년 식년문과에 급제하여 예조좌랑·정언·동래부사·분호조참판 등을 역임하였다. 이괄의 난 때 그 사실을 알고서도 관에 알리지 않았다는 죄목으로 연루되어 죽음을 당하였다.

尹淳(윤순): 1680~1741년. 자는 중화仲和, 호는 백하白下. 소론 온건파의 영수. 1712년 문과에 급제하여 부수찬·이조참판·경기도관찰사 등을 역임하였다. 양명학의 태두인 정제두鄭齊斗의 문인이며 시문은 물론 그림도 잘하였으며 우리나라의 역대 서법과 중국서법을 아울러 익혀 한국적 서풍을 일으켰다.

尹承勳(윤승훈): 1549~1611년. 자는 자술子述, 호는 청봉晴峰. 1573년 문과에 급제한 동인 문신. 사간원정언·형조참의·호조참판·대사헌·우의정·좌의정·영의정 등을 역임하였다.

尹深(윤심): 1633~1692년. 숙종 때의 문신. 자는 현통玄通, 호는 징암懲庵. 1660년 문과에 급제하여 홍문관정자·대사간·공조판서·병조판서 등을 지냈다.

尹心衡(윤심형): 1698~1754년. 1721년 문과에 급제하여 정언·이조좌랑·부제학·예조참판 등을 역임하였다.

尹陽來(윤양래): 1673~1751년. 자는 계형季亨, 호는 회와晦窩. 1708년 문과에 급제하여 지평·경상우도 암행어사·병조참의·우부승지·호조판서·대사헌·판돈녕부사 등을 역임하였다.

尹元衡(윤원형): 명종 때의 권신. 자는 언평彦平. 파평坡平 사람. 명종 원년(1546)에 문정왕후가 수렴청정을 할 때 을사사화를 일으켜 윤임尹任 등을 죽였다.

尹毅立(윤의립): 1568~1643년. 자는 지중止中, 호는 월담月潭. 1594년 문과에 급제하여 검열에 이르렀다가 1624년 조카가 이괄의 난에 관련되고 처형된 후 사직했다가 경주부윤, 경상도관찰사, 형조판서, 예조판서에 이르렀다.

尹訒(윤인): 1555~1623년. 광해군 때의 문신. 자는 인지訒之. 음보로 등용되었다가 1601년 문과에 급제하였다. 정조와 함께 이이첨의 심복으로 영창대군의 생모 인목대비의 폐모론을 주장하였고 인조반정 후 사형당하였다.

尹拯(윤증): 1629~1714년. 자는 자인子仁, 호는 명재明齋·유봉酉峯. 송시열·유계兪棨·권시權諰의 문인. 대사헌·우참찬 등에 임명되었으나 사퇴하고 나가지 않았다. 소론의 영수로 추대되었으나 끝내 출사하지는 않고 향리 논산에서 학문연구와 후진의 교육에 힘썼다.

尹趾善(윤지선): 1627~1704년. 숙종 때의 문신. 자는 중린仲麟, 호는 두포杜浦. 1662년 문과에 급제하여 이조좌랑·도승지·병조판서·지경연사·공조판서·우의정·좌의정 등을 역임하였다.

尹志述(윤지술): 1697~1721년. 조선 중기의 유생儒生. 노론. 자는 노팽老彭, 호는 북정北汀. 1715년 노론의 권상하權尙夏가 소론의 유규柳奎 등의 상소로 삭직되자 성균관 유생으로서 권상하의 신구伸救를 상소하였다. 1721년 신임사화 때 사형 당하였다.

尹趾完(윤지완): 1635~1718년. 숙종 때의 소론 문신. 자는 숙린叔麟, 호는
　　동산東山. 1662년 문과에 급제하여 지평·부교리·좌참찬·우의정 등을
　　역임하였다.

尹就商(윤취상): ?~1725년. 경종·영조 때의 소론 무관. 1676년 무과에
　　급제하여 양주목사·황해도순무사·포도대장·한성좌윤·형조판서 등
　　을 역임하였다. 1724년 영조 즉위 후 김일경의 일당으로 몰려 노론에
　　의해 탄핵, 파직 당하였다.

尹晛(윤현): 1536~?. 조선조의 문관. 자는 백승伯昇, 호는 송만松巒. 본관
　　은 해평. 담수聃壽의 아들. 1567년 문과에 급제. 이조좌랑, 이조정랑에
　　이르렀다. 윤근수, 윤두수 등과 함께 당시 삼윤三尹으로 칭해졌다. 근수,
　　두수의 조카.

尹鑴(윤휴): 1617~1680년. 조선 중기의 학자. 남인의 거두. 호는 백호白湖.
　　학행으로 천거되어 이조판서 등을 역임하였다. 주자의 학설에 추종하지
　　않고 주자와 대등한 입장에서 유학의 독자적인 경지를 개척하였고 예송
　　논쟁 때 서인과 치열하게 다투었다. 경신환국으로 서인이 집권한 후
　　갑산甲山에 유배되어 사사되었다.

懿仁后(의인후): 1555~1600년. 선조의 비. 성은 박朴. 번성부원군 응순應
　　順의 딸. 1569년 왕비에 책봉되었다. 1604년 존호를 휘열徽烈, 1610년
　　정헌貞憲을 가상하였다. 소생은 없고 능은 목릉이다.

李巨源(이거원): 1685~1755년. 1717년 문과에 합격하여 시강원문학·홍문
　　관부수찬 등을 역임하였다. 1755년 춘천의 역모사건과 심정연沈鼎衍의
　　흉서사건에 연루되어 친국 후에 효시되었다.

李慶禥(이경기): 1554~1632년. 자는 군응君應, 호는 낙천재樂天齋. 1585년
　　문과에 급제하여 예조좌랑·경기도어사·사간원정언·봉상시의정 등을
　　역임하였다. 광해군 때 서인으로 삭탈관직 되어 농사를 지으며 보냈으며

550

인조반정 이후 내섬시정에 제수되었으나 벼슬에 뜻이 없어 곧 물러났다.

李景奭(이경석): 1595~1671년. 효종 때의 문신. 자는 상보尙輔, 호는 백헌白軒. 1623년 문과에 급제하여 승문원·이조판서·좌의정·영의정 등을 역임하였다. 1642년 척화신으로 심양에 잡혀갔다가 돌아왔으며 효종의 북벌계획이 청나라에 알려지자 그 책임으로 감금당했다가 석방되었다. 평생 당이 없이 화합에 힘쓰며 많은 인재를 등용하였다.

李敬輿(이경여): 1585~1657년. 인조 때의 상신相臣. 인조의 부탁으로 효종도 중용하였다.

李慶全(이경전): 1567~1644년. 인조 때의 문신. 자는 중집仲集, 호는 석루石樓. 영의정 이산해李山海의 아들. 1590년 문과에 급제. 1608년 정인홍 등과 함께 영창대군의 옹립을 꾀하는 소북의 유영경을 탄핵하다가 강계에 안치되었다. 북인이었으나 1623년 인조반정 때 서인西人과도 원만한 관계를 유지하여 생명을 보존하고 1640년 형조판서를 지냈다.

李敬中(이경중): 1543~1585년. 선조 때의 문신. 자는 공직公直, 호는 단애丹崖. 1568년 성균관 유생이 되었으며 1570년 문과에 급제하였다. 1581년 이조좌랑으로 있을 때 정여립을 극력 배척하다가 논핵되었다. 뒤에 응교를 거쳐 집의에 이르고 경상도 추쇄어사를 거쳤다.

李烓(이계): 1603~1642년. 인조 때의 문신. 자는 희원熙遠, 호는 명고鳴皐. 1621년 문과에 급제, 여러 벼슬을 지냈고 1642년 선천부사로 명나라 상선과 밀무역을 하다가 청나라에 발각되어 의주에 구금되었다. 청나라 장수 용골대龍骨大에 의해 처형당할 위기에 처하자 최명길 등이 명나라와 밀통하는 사실을 고하여 그들을 심양에 가두게 하여 목숨을 건지려 하다가 조정에서 보낸 의금부 부사에 의해 참수되었다.

李觀命(이관명): 1661~1733년. 영조 때의 노론 문신. 자는 자빈子賓, 호는 병산屛山. 1698년 문과에 급제하여 예조·이조참판·대제학·이조판서·

우의정·좌의정 등을 역임하였다.

李觀徵(이관징): 1618～1695년. 자는 국빈國賓, 호는 근옹芹翁. 현종·숙종
　　때의 남인 문신. 이옥李沃의 아버지. 1653년 문과에 장원급제하여 내외직
　　을 역임하였다. 1659년 복제문제로 연루되어 전라도사로 좌천되었다.
　　숙종이 즉위하자 경연經筵을 담당, 형조·예조·이조판서를 거쳐 보국輔
　　國 판중추부사에 이르렀다.

李适(이괄): 1587～1624년. 자는 백규白圭. 무관 출신으로 1623년 북평사에
　　보직되어 부임하기 전에 인조반정에 참여하여 2등 공신이 되었으나
　　논공행상에 불만이 커 1624년 난을 일으켰다가 실패하여 부하의 손에
　　죽었다.

李匡德(이광덕): 1690～1748년. 자는 성뢰聖賴, 호는 관양冠陽. 박세채의
　　외손자. 소론 문신. 1722년 문과에 급제하여 시강원설서·수찬·호남감진
　　어사·이조참의·형조참의·대제학·예조참판 등을 역임하였다. 이인좌
　　의 난을 토벌하는데 공을 세웠으며 1741년 위시사건僞詩事件이 일어났을
　　때 아우인 광의가 김복택金福澤을 논죄하다가 국문을 받자, 광의를 구하
　　려고 변론하여 정주에 유배되었다. 1744년 서용되어 관직에 임명되었으
　　나 사양하였다.

李光庭(이광정): 1552～1627년. 자는 덕휘德輝, 호는 해고海皐. 1590년 문과
　　에 급제하였고 여러 벼슬을 거쳤으며 인조반정 후 이조·형조판서가
　　되었다.

李光佐(이광좌): 1674～1740년. 영조 때의 소론 문신. 자는 상보尙輔, 호는
　　운곡雲谷. 1694년 문과에 급제하여 전라도관찰사·이조참의·예조참판·
　　우의정·영의정 등을 역임하며 소론의 영수로 활동.

李喬岳(이교악): 1653～1728년. 숙종 때의 노론 문신. 자는 백첨伯瞻, 호는
　　석음와惜陰窩. 1705년 문과에 급제하여 지평·대사헌·대사간·형조참판·

이조참판 등을 역임하였다.

李貴(이귀): 1557~1633년. 인조 때의 반정공신. 자는 옥여玉汝, 호는 묵재默
齋. 이이李珥·성혼의 문인으로 1603년 문과에 급제하여 형조좌랑·양재
도찰방·배천군수·함흥판관 등을 역임하였다. 광해군의 문란함을 개탄
하고 김유金瑬와 능양군綾陽君을 추대, 반정을 성취하고 정사공신에
책록되었다. 이괄의 난 때 임진강에서 패하자 탄핵을 받고 사직했으며,
1627년 정묘호란 때 최명길崔鳴吉 등과 함께 화의를 주장하다 대간의
탄핵을 받았다. 시호는 충정공忠定公.

李奎齡(이규령): 1625~1694년. 자는 문서文瑞. 1662년 문과에 급제하여
지평·정언·동부승지·예조참판·도승지·형조판서 등을 지냈다. 1689
년 기사환국으로 벼슬을 그만두었다가 1694년 인현왕후가 복위되자
다시 대사헌으로 임명되었다.

李墍(이기): 1522~1600년. 자는 가의可依, 호는 송와松窩. 1555년 문과에
급제, 장령·수찬·좌승지·강원도관찰사·대사헌·예조판서·이조판서
등을 역임하였다.

李箕翊(이기익): 1653~1738년. 경종·영조 때의 노론 문신. 자는 국필國弼,
호는 시은市隱. 1713년 문과에 급제. 강원도 감사가 되었으나 1721년
신임사화 때 파직되고 1725년 영조가 즉위하자 병조참판·공조판서를
역임하였다.

李基祚(이기조): 1595~1653년. 인조 때의 문신. 자는 자선子善, 호는 호암浩
菴. 1615년 문과에 급제하고 1623년 인조반정 후 형조좌랑·호조판서·예
조판서·공조판서 등을 역임하였다.

李端夏(이단하): 1625~1689년. 자는 계주季周, 호는 외재畏齋. 노론 영수.
1662년 문과에 급제하여 이조정랑·동부승지·대사성·대제학·예조판
서·우의정 등을 역임하였다.

李堂揆(이당규): 1625~1684년. 자는 기중基仲, 호는 퇴촌退村. 남인 문신. 1668년 문과에 급제하여 홍문관수찬·이조좌랑·동부승지·대사간·대사성·이조참판·대제학 등을 역임하였다. 경신환국으로 파직되어 폐서인이 되었다.

李大成(이대성): 1651~1718년. 자는 시숙時叔, 호는 삼취헌三翠軒. 1699년 문과에 급제하여 호조좌랑·지평·이조좌랑·이조참의·대사성·이조참판 등을 역임하였다.

李德壽(이덕수): 1673~1744년. 영조 때의 문신. 자는 인로仁老, 호는 서당西堂. 1713년 문과에 급제, 간성군수·대제학·이조판서 등을 역임하였다.

李德溫(이덕온): 1562~1635년. 자는 사화士和, 호는 구촌龜村. 1591년 문과에 급제하여 승문원박사·우부승지 등을 역임하였다. 광해군이 즉위하여 영창대군을 박해하자 직간하여 대북파에 의해 삭탈되었고 인조반정 후 관작이 복귀되었으나 나가지 않았다.

李德周(이덕주): 1617~1682년. 숙종 때의 남인 문신. 1668년 문과에 급제하여 장령·집의·한산군수·강원도관찰사 등을 역임하였다. 1682년 허새許璽의 역모사건에 연루되어 신문 도중 죽었다.

李德馨(이덕형): 1561~1613년. 선조 때의 문신. 자는 명보明甫, 호는 한음漢陰·포옹산인抱雍散人. 1580년 문과에 급제하여 여러 벼슬을 거친 후 좌의정·우의정·영의정을 역임하였다. 1613년 영창대군의 처형과 폐모론을 반대하다가 삭직되었다. 인조 때 복관되었다.

李東彦(이동언): 1662~1708년. 자는 국미國美, 호는 삼복재三復齋. 노론 문신. 1693년 문과에 급제하여 성균관박사·사간원정언·지평·정언·문학 등을 역임하였다.

李樑(이량): 호는 지호芝湖. 이조좌랑吏曹佐郎을 지냈다. 명종 때의 권신. 자는 공거公擧. 효령대군孝寧大君의 5대손. 국구國舅 심강의 처남. 1552년 문과에 급제.

李晚成(이만성): 1659~1722년. 자는 사추士秋, 호는 귀락당歸樂堂. 노론
　문신. 1696년 문과에 급제하여 좌랑·지평·동부승지·이조참의·대사성·
　경기도관찰사·형조판서·이조판서 등을 역임하였다. 신임사화에 연루
　되어 전라도 부안에 유배되었다가 서울로 불려 와서 국문을 받다가
　옥사하였다.

李萬元(이만원): 1651~1708년. 자는 백춘伯春, 호는 이우당二憂堂. 1678년
　문과에 급제하여 지평·헌납·함경도암행어사·대사간·이조참의·이조
　참판 등을 역임하였다.

李溟(이명): 1570~1648년. 자는 자연子淵, 호는 귀촌龜村. 1606년 문과에
　급제하여 호조참판·호조판서·형조판서를 거치고 지중추부사를 역임
　하였다.

李明誼(이명의): 1670~1728년. 자는 의백宜伯. 소론 문신. 1712년 문과에
　급제하여 정언·홍문관수찬·대사간 등을 역임하였다. 영조가 즉위하여
　노론이 집권하면서 김일경의 상소에 동참했다는 죄로 귀양 갔고 1728년
　무신란戊申亂에 연루되어 고문을 당하다가 죽었다.

李潑(이발): 1544~1589년. 자는 경함景涵, 호는 동암東菴. 본관은 광주光
　州. 신호伸虎의 아들. 동인東人의 영수. 1573년 문과에 급제. 이이, 성혼
　등과 다투고 정여립을 끌어들이는 등 동인의 영수로 활약하다가 정여립
　의 난에 연루되어 모진 고문으로 사망했고 팔순 노모와 아들, 제자,
　종까지도 모두 장살杖殺되었다.

李秉常(이병상): ?~1748년. 영조 때의 문신. 자는 여오汝五. 1711년 문과에
　급제하여 대제학·이조판서 등을 역임하였다.

李福源(이복원): 1719~1792년. 영조·정조 때의 노론 문신. 자는 수지綏之,
　호는 쌍계雙溪. 1754년 문과에 급제하여 대제학·이조판서·우의정·좌의

정 등을 역임하였다.

李鳳徵(이봉징): 1640~1705년. 자는 명서鳴瑞, 호는 은봉隱峰. 숙종 때의
남인·청남 문신. 1675년 문과에 급제하여 수찬·전라도관찰사·대사헌·
형조참판 등을 역임하였다. 1694년 갑술옥사 때 파직되었다가 이후
복직되었고 1701년 희빈 장씨의 사사를 반대하다가 유배되었다.

李師命(이사명): 1647~1689년. 숙종 때의 서인 문신. 자는 백길伯吉, 호는
포암蒲菴. 1680년 문과에 장원하고 정언·사간원·형조판서·병조판서
등을 역임했으나 1689년 기사환국 때 사형 당하였다.

李思晟(이사성): ?~1728년. 영조 때의 무신. 전라우도수군절도사·경상도
병마절도사·평안도관찰사·형조좌랑 등을 역임했으나 이인좌의 난 때
참형 당하였다.

李山海(이산해): 1539~1609년. 선조 때의 동인·북인·대북 영수. 자는 여수
汝受, 호는 아계鵝溪·종남수옹終南睡翁. 시호는 문충文忠. 본관은 한산韓
山. 내자시정內資寺正 지번之番의 아들. 1561년 문과에 급제. 1578년 대사
간에 이르렀으며 이때 삼윤(三尹: 두수, 근수, 현) 등의 죄를 탄핵하였다.
1590년 영의정에 올랐다. 두 번이나 영의정을 역임하고 아성부원군에
봉해졌다. 김효원을 중심으로 동인에 속했으며 다시 북인北人에 속했다
가 마지막에는 대북大北의 우두머리가 되었다. 저서는 『아계유고鵝溪遺
稿』가 있다.

李森(이삼): 1677~1735년. 자는 원백遠伯. 영조 때의 소론 무신. 1705년
무과에 급제하여 정주목사·평안도병마절도사·수원부사·우포도대장·
어영대장·병조판서 등을 역임하였다. 이인좌의 난 때 관문을 잘 지킨
공으로 공신에 책록되었다.

李翔(이상): 1620~1690년. 숙종 때의 노론 문신. 자는 운거雲擧, 호는 타우打
愚. 송시열·김집의 문인. 지평·형조참의·호조참의·대사헌·이조참판

등을 역임하였고 1689년 기사환국 때 투옥, 옥사하였다.

李尙眞(이상진) : 1614~1690년. 숙종 때의 서인 문신. 자는 천득天得, 호는 만암晚庵. 1645년 문과에 급제하여 이조참판·대사간·대사헌 등을 역임하였고 1689년 인현왕후 민씨의 폐위를 반대하다가 종성 등지에 귀양 갔다.

李瑞雨(이서우) : 1633~?. 현종·숙종 때의 남인 문신. 자는 윤보潤甫, 호는 송곡松谷. 1660년 문과에 급제. 정언·함경도관찰사·공조참판 등을 역임하였다. 1694년 갑술옥사로 삭직되었다가 1697년 복관되었다.

李錫杓(이석표) : 1704~?. 1733년 문과에 급제하여 사간원정언·이조정랑·홍문관교리·홍문관부제학 등을 역임하였다.

李選(이선) : 1632~1692년. 숙종 때의 서인 문신. 자는 택지擇之, 호는 지호芝湖. 송시열의 문인. 1664년 문과에 급제하여 정언·이조좌랑·함경도관찰사·예조참판·이조참판 등을 역임하였다. 1689년 기사환국으로 서인이 숙청당하자 유배되어 죽었다.

李惺(이성) : 1562~?. 1596년 문과에 급제하여 성균관학록·이조좌랑·사간원정언·헌납·대사성·대사간·이조참판 등을 역임하였다. 대북파로 유영경의 옥사에 깊이 관여하여 공신에 책봉되었다.

李聖求(이성구) : 1584~1643년. 자는 자이子異, 호는 분사汾沙. 1608년 문과에 급제하였고 이항복이 정협鄭浹의 문제로 간당奸黨에게 모욕을 당하자 지평으로 간당을 물리치고 이항복을 구출하였다. 1623년 인조반정 후 사간이 되었고 여러 벼슬을 거치다가 병자호란 때 좌의정이 되었다. 1641년 영의정이 되었으나 모함하는 사람이 많아 사임하고 그해 선천부사 이계·도신 구봉서의 사건을 논하다가 파면되었다.

李成中(이성중) : 1539~1593년. 선조 때의 문신. 자는 공저公著, 호는 파곡坡谷. 1570년 문과에 급제, 대사간·대사헌·부제학 등을 역임하였다.

李世白(이세백): 1635~1703년. 숙종 때의 노론 문신. 자는 중경仲庚, 호는 운사雲沙·북계北溪. 1675년 문과에 급제하여 황해도관찰사·한성판윤·이조판서·우의정·좌의정 등을 역임하였다. 장희빈을 살려달라는 세자의 청을 거절하고 소론을 공격하는데 앞장섰다.

李世華(이세화): 1630~1701년. 숙종 때의 서인 문신. 자는 군실君實, 호는 쌍백당雙栢堂. 1657년 문과에 급제하여 정언·황해도관찰사·전라도관찰사·호조판서·이조판서·지중추부사 등을 역임하였다. 1689년 인현왕후의 폐위에 반대하는 상소를 올려 정주에 유배되었고 뒤에 풀려나왔다.

李壽慶(이수경): 1627~1680년. 숙종 때의 남인 문신. 자는 자인子仁, 호는 만성晚醒. 1665년 문과에 급제하여 정언·부호군을 지내고 1680년 경신환국 때 변방에 안치, 그곳에서 죽었다.

李秀彦(이수언): 1636~1697년. 숙종 때의 서인 문신. 자는 미숙美叔, 호는 농계聾溪. 송시열의 문인. 1669년 문과에 급제하여 지평·경상도관찰사·대사헌 등을 역임하였다. 1689년 기사환국 때 이산理山에 유배되었다가 1694년 갑술옥사 때 풀려나와 형조판서에 올랐으며 예조판서·우참찬 등을 지냈다.

李舜臣(이순신): 1545~1611년. 선조 때의 명장. 자는 여해汝諧. 1579년 무과에 급제. 1591년 동인 유성룡의 천거로 전라좌도 수군절도사에 승진하고 이듬해 임진왜란이 일어나자 최초의 옥포해전에서 왜군을 격파하고 한산도대첩에서 승리하는 등 연전연승하였다. 한때 당쟁에 희생되어 백의종군 했으나 정유재란 때 삼도수군통제사에 재임되어 명량해전을 승리로 이끌고 노량해전에서 적의 유탄에 맞아 전사하였다. 시호는 충무공忠武公.

李時萬(이시만): 1601~1672년. 자는 석여錫汝. 인조·효종·현종 때의 문신. 1630년 문과에 급제하여 승문원정자·예조좌랑·전라도관찰사·철원부사 등을 역임하였다. 김자점의 낙당으로 불렸다.

李時楷(이시해): 1600~1657년. 자는 자범子範, 호는 남곡南谷. 1630년 문과
에 급제하여 정언·우승지·좌승지·대사간·대사헌·이조참판 등을 역임
하였다. 원두표의 원당으로 분류되었다.

李陽元(이양원): 1526~1592년. 자는 백춘伯春, 호는 노저鷺渚. 이황의 문인.
1555년 문과에 급제하여 검열·호조참의·형조판서·대제학·대사헌·영
의정 등을 역임하였다.

李畬(이여): 1503~1544년. 중종 때의 학자. 자는 유추有秋, 호는 송애松厓.
1531년 문과에 급제하여 헌납·교리 등을 역임했고 세자시강원에서
강론하였다.

李沃(이옥): 1641~1698년. 숙종 때의 남인 문인. 자는 문약文若, 호는 박천博
泉. 1660년 문과에 급제하여 삼사부학三司副學·경기도관찰사 등을 역임
하였다.

李宇鼎(이우정): 1635~1692년. 자는 중백重伯. 숙종 때의 남인 문신. 1662년
문과에 급제하여 병조좌랑·장령·헌납·좌부승지·대사간·예조참판·
대사헌·형조판서·예조판서 등을 역임하였다.

李宇恒(이우항): ?~1722년. 숙종·경종 때의 노론 무신. 무과에 급제하여
함경도 병마절도사·총융사·포도대장·삼도수군통제사 등을 역임하였
다. 신임사화로 소론의 탄핵을 받아 고금도에 유배되었다가 장살되었다.

李元翼(이원익): 1547~1634년. 광해군·인조 때의 남인 문신. 자는 공려公勵,
호는 오리梧里. 1569년 문과에 급제하였다. 1592년 임진왜란 때 평안도관
찰사가 되어 왕의 피난을 선도하고 군사를 모아 적군과 싸웠다. 광해군이
즉위하자 영의정이 되었으나 인목대비 폐위를 반대하다가 홍천에 유배
되었다. 1623년 인조반정 후 영의정이 되고 인목대비가 광해군을 죽이고
자 할 때 모든 공신이 이에 찬성했으나 대비에게 간청하여 유배에 그치게

하였고 대동법大同法을 시행하여 공부貢賦를 단일화하였다.

李元禎(이원정): 1622~1680년. 숙종 때의 남인 문신. 자는 사징士徵, 호는 귀암歸巖. 1652년 문과에 급제하고 검열·대사간·형조판서 등을 역임하였다. 1680년 경신환국 때 초산楚山에 유배되었다가 장살되었다.

李偉卿(이위경): 1586~1623년. 북인 문신. 1605년 진사가 되고 문과에 급제하여 동부승지·대사간·예조참의 등을 역임하였다. 1623년 인조반정이 일어나자 능지처참되었다.

李惟泰(이유태): 1607~1684년. 현종 때의 서인 문신. 자는 태지泰之, 호는 초려草廬. 세자사부·공조참의·이조참의 등을 역임하였다. 효종 즉위 후 북벌계획에도 참여하였다.

李惟弘(이유홍): 1567~1619년. 자는 대중大仲, 호는 간정艮庭. 1596년 정시 문과에 급제하여 춘추관검열·병조좌랑·평안도암행어사·승정원부승지·예조참의 등을 역임하였다. 1608년 광해군 즉위 후 소북파라는 탄핵을 받아 유배되어 죽었다.

李義淵(이의연): 1692~1724년. 경종 때의 소론 유생. 자는 방숙方叔, 호는 유시재有是齋. 1724년 영조가 즉위하자 신임사화를 일으킨 노론들의 축출을 상소했다가 유배되었다.

李義徵(이의징): ?~1695년. 숙종 때의 남인 무신. 호조참의·한성부판윤·의금부사 등을 역임하였다.

李宜顯(이의현): 1669~1745년. 영조 때의 노론 문신. 자는 덕재德哉, 호는 도곡陶谷. 1694년 문과에 급제하여 검열·정언·예조판서 등을 역임하고 신임사화 때 유배되었고 영조 즉위 후 이조판서·영의정 등을 지냈다.

李珥(이이): 1536~1584년. 선조 때의 대유학자. 호는 율곡栗谷. 본관은 덕수. 아홉 번이나 과거에 장원하여 9도장원공으로 불림. 어머니 신씨의 죽음에 충격을 받아 금강산에 입산했다가 동인들로부터 '선비가 아니라 승려'라는 공격을 받았다. 벼슬은 찬성贊成에 이르렀고 서인의 영수로서 동서東西 당쟁을 조정하려는 '조제론調劑論'을 주장했으나 끝내 동인들의 지지를 받는 데는 실패하였다. 해동공자海東孔子라고 일컬어지고 성균관成均館 문묘文廟에 배향된 동국십팔선정東國十八先正의 한 사람이다. 시호는 문성文成. 문집으로『율곡전서栗谷全書』가 있다.

李頤命(이이명): 1658~1722년. 숙종 때의 서인·노론 문신. 자는 양숙養叔, 호는 소재疏齋. 이조·병조·우의정·좌의정을 역임한 노론 영수였으나 경종 2년 임인옥사에 연루되어 자신이 임금이 되려 했다는 혐의를 받고 사형 당하였다. 영조 때 신원되었다. 노론 사대신을 모신 사충사四忠祠에 배향되었다. 함께 사형당한 이기지는 그의 조카이다.

李爾瞻(이이첨): 1560~1623년. 광해군 때의 권신. 자는 득여得輿, 호는 관송觀松·쌍리雙里. 1582년 사마시司馬試에 급제하고 1599년 문과에 급제하였다. 선조의 후사문제로 대북大北·소북小北이 대립하자 대북의 영수로서 광해군의 옹립을 주장하고 정인홍과 모의, 영창대군을 추대하는 유영경 등 소북을 논박하다가 왕의 노여움을 사 갑산으로 유배되었으나 선조가 급사하고 광해군이 즉위하자 예조판서가 되 대제학을 겸임하였다. 정인홍과 함께 대북의 세력을 강화하는 한편 임해군과 유영경을 사사케 하는 등 소북일파를 숙청하고 영창대군을 강화에 안치시키며 인목대비를 유폐하였다. 1623년 인조반정으로 광해군이 폐위되자 도망가다가 광주 이보현에서 체포되어 참형되었다.

李翊(이익): 1629~1690년. 숙종 때의 서인 문신. 자는 계우季羽, 호는 농재農齋. 1657년 문과에 급제한 후 사간·동부승지·부제학·이조판서 등을 역임하였다.

李翊相(이익상): 1625~1691년. 숙종 때의 서인 문신. 자는 필경弼卿, 호는 매간梅磵, 1660년 문과에 급제한 후 대사헌·도승지·우참찬·이조판서

등을 역임하였다. 경신환국 때 강릉부사로 좌천되었으며 인현왕후가
폐위되자 사직하였다.

李益壽(이익수): 1653~1708년. 숙종 때의 소론 문신. 자는 구이久而, 호는
　　백묵당白默堂. 1682년 문과에 급제하여 지평·대사간·이조판서·좌참찬
　　등을 역임하였다.

李仁居(이인거): ?~1627년. 인조 때의 반란자. 익찬 벼슬을 지녔으며
　　강원도 횡성에서 반란을 일으키고 관군을 소집하여 그들의 군기를 탈취
　　하고 서울을 침범하려다 원주목사 홍보洪寶에게 체포되어 처형되었다.

李潛(이잠): ?~1593년. 조선 중기의 무신. 무과에 급제하고 임진왜란
　　때 진주성에서 싸우다가 전사하였다.

李縡(이재): 1680~1746년. 자는 희경熙卿, 호는 도암陶庵. 경종·영조 때의
　　노론 문신. 1702년 문과에 급제하여 예조참판·도승지·대사헌·공조판
　　서·부제학 등을 역임하였다. 신임사화 때 사직하고 영조 즉위로 복직하
　　였다.

李瀞(이정): 생몰년 미상. 조선 중기의 문신. 조식의 문하생. 1650년 문과에
　　급제하여 정언·지평·암행어사·좌우부승지 등을 역임하였다.

李廷熽(이정소): 1674~1736년. 자는 여장汝章, 호는 춘파春坡. 경종·영조
　　때의 노론 문신. 1714년 문과에 급제하여 지평·정언·승지·이조참판
　　등을 역임하였다. 신임사화 때 유배되었으나 영조가 즉위하자 풀려나왔다.

李正英(이정영): 1616~1686년. 숙종 때의 소론 문신. 자는 자수子修, 호는
　　서곡西谷. 1636년 문과에 급제하여 교리·형조판서·판돈녕부사 등을
　　역임하였다.

李濟(이제): 1654~?. 선조 때의 문신. 자는 경인景仁, 호는 성곡星谷. 승지·충
　　청도관찰사·대사성·예조참판·대사간 등을 역임하였다.

李肇(이조): ?~1726. 숙종 때의 소론 문신. 자는 자시子始, 호는 학산鶴山.

1696년 문과에 급제하여 검열·전랑·대제학·형조판서 등을 역임하였다.

李肇敏(이조민): 윤원형의 데릴사위. 친구인 김효원과 원형의 집에서 같이 기거하며 훈장을 지낸 사실이 심의겸에게 목격되어 동서분당의 실마리가 되었다.

李宗城(이종성): 1692~1759년. 영조 때의 소론 문신. 자는 자고子固, 호는 오천梧川. 1727년 문과에 급제한 후 전직·정언·경기도관찰사·도승지·형조판서·좌의정·영의정 등을 역임하였다.

李埈(이준): 1560~1635년. 자는 숙평叔平, 호는 창석蒼石. 유성룡의 문인. 남인. 1591년 문과에 급제하고 임진왜란 때 의병을 모집하여 적군과 싸웠다. 광해군 때 대북의 횡포가 심해지자 사직하였다. 인조반정으로 응교·전한 등을 역임하고 정묘호란 때 다시 의병을 일으켰다.

李浚慶(이준경): 1489~1572년. 명종 때의 이름난 신하. 호는 동고東皐. 명종 10년에 도순찰사都巡察使로 왜구倭寇를 물리쳤고 벼슬이 영의정에 올랐다. 시호는 충정忠正. 죽음을 앞두고 율곡 중심의 당이 생길 것이라는 상소를 올려 반대파로부터 "죽음을 앞두고 그 말이 악하다."는 비난을 받았으나 수년 후 그의 말이 사실이 되자 율곡이 부끄러워하였다.

李之翼(이지익): 1625~1694년. 숙종 때의 남인 문신. 자는 여휘汝輝, 호는 계촌桂村. 1652년 문과에 급제한 후 검열·성주목사·예조판서·대사헌·형조판서 등을 역임하였다. 기사환국으로 파직되었다.

李鎭儉(이진검): 1671~1727년. 숙종·경종 때의 소론 문신. 1704년 춘당대 시에 급제하여 사서·수찬·평안도관찰사 등을 역임하고 1725년 소론 실각 때 강진에 정배되어 그곳에서 죽었다.

李眞洙(이진수): 1684~?. 경종·영조 때의 소론 온건파. 자는 자연子淵, 호는 서간西澗. 1723년 문과에 급제한 후 삼사·황해도관찰사 등을 역임하였다.

李眞儒(이진유): 1669~1730년. 경종·영조 때의 소론 문신. 자는 사진士珍, 호는 북곡北谷. 1707년 문과에 급제한 후 부제학·이조판서에 이르렀다가 김일경사건에 몰려 옥사하였다.

李徵明(이징명): 1648~1699년. 자는 백상伯祥. 송시열의 문인인 서인·노론 문신. 1680년 문과에 급제하여 예조좌랑·정언·이조정랑·평안도관찰 사 등을 역임하였다.

李天紀(이천기): ?~1722년. 김춘택金春澤의 사위. 노론 사대신과 함께 세제(영조)를 임금으로 만들려 했다는 혐의로 사형을 당하였다.

李坦(이탄): ?~1729년. 소현세자의 셋째 아들인 경안군 회의 손자이며 임창군 곤의 아들이다. 1728년 이인좌 등이 반란을 일으켰을 때 훈련대장 남태징 등이 그를 임금으로 추대하고자 하였다는 말이 퍼지자 난이 평정된 후 사사되었다.

李台佐(이태좌): 1660~1739년. 숙종 때의 문신. 소론이었으나 영조 즉위 후 탕평을 주장하였다. 자는 국언國彦, 호는 아곡鵝谷. 경주 사람. 이항복 의 현손이고 이세필李世弼의 아들. 형조판서 때 신임사화辛壬士禍를 맞아 노론을 숙청하고 예조, 호조 판서를 지냄. 삭탈되었다 다시 등용되어 좌의정·판중추부사를 역임하였다. 시호는 충정忠定.

李台重(이태중): 1694~1756년. 영조 때의 노론 문신. 자는 자삼子三, 호는 삼산三山. 1730년 문과에 급제한 후 지평을 거쳐 부교리·황해감사·예조 참판·부제학·호조판서 등을 역임하였다.

李必榮(이필영): 1573~?. 자는 이빈而賓. 영의정 이준경의 증손. 1597년 문과에 급제하여 병조좌랑·이조정랑·대사간·경기도관찰사·예조참 판 등을 역임하였다.

李河(이하): ?~1728년. 조선 후기의 역신逆臣. 이인좌의 난에 가담하여 처형되었다.

564

李夏鎮(이하진): 1628~1682년. 숙종 때의 남인 문신. 자는 하경夏卿, 호는
　매산梅山. 1666년 문과에 급제, 전적·지평·도승지를 지내고 경신환국
　때 진주목사로 좌천되었다가 운산雲山에 귀양 가서 죽었다.

李夏徵(이하징): ?~1755년. 소론 강경파. 1726년 음보로 동몽교관에 서임
　되었고 나주목사 등을 역임하였다. 나주 괘서사건이 있을 때 연루되어
　종성으로 유배되었다가 사형 당하였다.

李沆(이항): ?~1637년. 1618년 무과에 급제하고 인조반정 때 공을 세워
　공신으로 책록되었고 훈련도감·포도대장·평안도병마절도사 등을 역
　임하였다.

李恒福(이항복): 1556~1618년. 선조 때의 문신. 자는 자상子常, 호는 백사白
　沙·소운素雲. 1580년 문과에 급제, 응교·직제학·우승지 등을 거쳐 우의
　정에 이르렀다. 1602년 성혼成渾을 구하려다 정철의 일당이라는 탄핵을
　받고 사직했다가 1617년 폐모의 논의가 일어나자 반대하다 관작이 삭탈
　되고 이듬해 북청北靑에 유배되어 죽었다. 죽은 해에 복관되고 청백리에
　녹선錄選되었다.

李海壽(이해수): 1536~1598년. 선조 때의 서인 문신. 자는 대중大中, 호는
　약포藥圃. 1563년 문과에 급제하여 검열檢閱·설서說書·봉교奉教 등을
　역임하였다. 응교應教·동부승지同副承旨·호조참의·대사간·병조참의·
　공조참의 등을 거쳐 도승지 역임. 정철의 건저문제建儲問題에 연루되어
　종성鍾城으로 유배되었다가 임진왜란 때 석방되어 대사간·대사성·예조
　참의·홍문관부제학 등에 이르렀다.

李海朝(이해조): 1660~1711년. 숙종 때의 노론 문신. 자는 자동子東, 호는
　명암鳴巖. 1702년 문과에 급제한 후 정언·대제학·전라도관찰사 등을
　역임하였다.

李海昌(이해창): 1599~1651년. 자는 계하季夏, 호는 송파松坡. 1630년 문과

에 급제하여 검열·정언·이조정랑·사간 등을 역임하였다.

李行進(이행진): 1597~1665. 자는 사겸士謙, 호는 지암止菴. 1635년 문과
에 급제하여 군자감정·홍문관수찬·사간·한성부우윤·도승지·대사헌·
경기도관찰사 등을 역임하였다.

李憲國(이헌국): 1525~1602년. 선조 때의 문신. 자는 흠재欽哉, 호는
유곡柳谷. 1551년 문과에 급제하였다. 도승지로서 정여립의 모반사건을
다스리는데 공을 세워 1590년 평난공신이 되고 임진왜란이 일어나자
형조판서로 세자를 강계에 호종하였다.

李玄逸(이현일): 1627~1704년. 자는 익승翼昇, 호는 갈암葛庵. 1666년
영남유생을 대표하여 송시열의 기년예설을 비판하는 소를 올렸고 공조
정랑·지평·대사헌·병조참판 등을 역임하였다. 남인.

李馨長(이형장): ?~1651년. 본래 군관이었으나 1629년 청나라에 국서를
가지고 갈 인물로 발탁됨으로 역관으로 활약하게 되었다. 1651년 신면申
冕의 역모사건에 연루되었다는 고변으로 참형 당하였다.

李好閔(이호민): 1553~1634년. 선조 때의 동인 문신. 자는 효언孝彦, 호는
오봉五峰. 1584년 문과에 급제하여 집의·부제학·예조판서·대제학·좌
찬성 등을 역임하였다. 1615년 정인홍鄭仁弘 등의 원찬론遠竄論에 봉착되
어 7년간 교외에서 대죄待罪함. 인조반정 후 선조의 구신으로 우대를
받았다.

李弘老(이홍로): 1560~1612년. 조선의 문관. 자는 유보裕甫, 호는 판교板橋.
본관은 연안. 군수 간旰의 아들. 1583년 문과에 장원, 병조좌랑·함경도관
찰사·경기도관찰사 등 역임하였다. 소북小北의 일파로 제주도에 유배되
었고 1612년 참형되었다.

李弘述(이홍술): 1647~1722년. 숙종 때의 노론 무신. 자는 사선士善, 1674년
무과에 급제, 삼도수군통제사·총융사·어영대장 등을 역임하다가 신임

옥사 때 사형 당하였다.

李弘濟(이홍제): 1722~1784년. 1753년 문과에 급제하여 예조정랑·병조좌
랑·사간원정언·장령 등을 역임하였다.

李效元(이효원): 1549~1629년. 자는 성백誠伯, 호는 장포長浦. 1584년 문과
에 급제하여 병조정랑·한성부좌윤·이조참판 등을 역임하였다. 광해군
이 즉위하여 대북파가 집권하자 삭직되어 거제도에 유배되었고 인조반
정으로 풀려나와 공조참판에 임명되었으나 사직하였다.

李厚源(이후원): 1598~1660년. 효종 때의 문신. 자는 사심士深, 호는 우재迂
齋. 1635년 문과에 급제하여 사헌부지평·대사간·우의정 등을 역임했으
며 효종을 도와 북벌계획을 추진하였다.

李后定(이후정): 1631~1689년. 자는 정숙定叔, 호는 만안당晩安堂. 남인
문신. 1675년 문과에 급제하여 지평·부수찬·병조참의 등을 역임하였다.

李興立(이흥립): ?~1624년. 광해군 때의 무신. 무과에 급제하여 인조반정
의 모의에 가담하였으며 이괄의 난 때 수원부사 겸 경기방어사로 적에게
투항했으므로 난이 평정된 후 자결하였다.

仁穆后(인목후): 인목대비. 1584~1632년. 선조의 계비. 성은 김金. 영흥부
원군 제남의 딸. 영창대군의 어머니. 1602년 왕비에 책봉되었으며 1608
년 광해군이 즉위하자 광해군을 폐하고 영창대군을 추대하려던 소북
유영경 일파가 몰락하고 대북의 정인홍 등이 득세하여 1612년 윤인
등에 의해 살해될 뻔 했으나 박승종의 저지로 목숨을 보전하였다. 1613년
친아들 영창대군이 강화로 쫓겨나고 김제남 등이 사사된 뒤 1618년
서궁에 유폐되었다. 1623년 인조반정으로 복호되어 대왕대비가 되었다.
존호는 소성정의명렬昭聖貞懿明烈, 휘호는 광숙장정光淑莊定. 능은 목릉
穆陵이다.

仁嬪(인빈): 1555~1613년. 인빈 김씨. 선조의 후궁.

仁宣后(인선후): 1618~1674년. 효종의 비. 성은 장張. 신풍부원군 유維의
딸이다.

仁城君珙(인성군 공): 1558~1628년. 선조의 일곱째 서자. 호는 백인당百忍
堂. 정빈 민씨의 소생. 인목대비의 폐위를 주장했다 하여 인조반정
때 이귀 등에 의해 처벌이 논의되었으나 왕명으로 무사했고 그 후 이괄의
난 때 적당에 가담했다 하여 간성에 유배되었다가 풀려나왔다. 1628년
유효립이 대북의 잔당을 모집하여 모반을 기도할 때 왕으로 추대되었다
하여 다시 진도에 안치, 서인과 남인간의 논쟁 끝에 서인의 주장이
관철되어 자살을 강요받고 죽었다. 1637년 복관復官되었다.

仁順后(인순후): 1532~1575년. 인순왕후. 명종의 비. 성은 심沈. 휘호는
선열宣烈. 본관은 청송. 청릉부원군靑陵府院君 강강鋼의 딸. 1545년 왕비로
책봉되고 1567년 선조가 즉위하자 잠시 수렴청정 하였다. 1569년 존호인
의성懿聖이 진상되었다. 순회세자順懷世子를 낳았다.

仁元后(인원후): 1687~1757년. 성은 김金. 숙종의 제2계비. 소론인 경은부
원군 주신柱臣의 딸.

仁顯后(인현후): 1667~1701년. 숙종의 계비繼妃. 노론인 여양부원군 민유
중의 딸이다. 1689년 기사환국으로 폐위당하고 1694년 갑술옥사로 복위
되었다.

任國老(임국로): 1537~1604년. 선조 때의 문신. 자는 태경台卿, 호는
죽오竹塢. 1562년 문과에 급제하여 승문원에 보직되었고 선조 때 대제학
을 거쳐 이조참판에 이르렀으며 1589년 기축옥사 때 물러났다. 1591년
대사헌으로 부름을 받고 그 후 이조판서에 이르렀다.

林墰(임담): 1616~1652년. 인조 때의 문신. 자는 재숙載叔, 호는 청구. 1635년
문과에 급제하여 지평·형조참판·도승지 등을 역임하였다.

任蒙正(임몽정): 1559~1602년. 자는 직초直初, 호는 운호雲湖. 1584년 문과

에 급제하여 예문관검열이 되고 수찬·부교리·동부승지·대사간·예조
참의·부제학·대사성 등을 역임하였다.

任堕(임방): 1604∼1724년. 숙종·경종 때의 노론 문신. 자는 대중大仲, 호는
수촌水村. 호조정랑·공조판서·우참찬 등을 역임하고 신임사화로 유배
되어 배소에서 죽었다.

任徵夏(임징하): 1687∼1730년. 1713년 문과에 급제한 노론 문신으로 지평·
사간원정언 등을 역임했으나 신임사화로 삭직되었고 1725년 노론이
다시 집권하자 장령으로 기용되었으며 1727년 소론이 집권하면서 제주
도에 유배되었다.

任敞(임창): 1652∼1723년. 자는 회이晦而, 호는 강개옹慷慨翁. 1701년
인현왕후가 죽자 장희빈 일파의 저주 때문이라고 상소하다 왕의 노여움
을 사 나주에 유배되었다가 참형되었다.

臨海君(임해군): 1574∼1609년. 선조의 첫째 서자. 성품이 사나워 세자에
책봉되지 못하고 아우 광해군이 세자가 되었다. 1608년 광해군이 즉위하
자 대북파인 이이첨, 정인홍 등의 모함으로 영창대군·김제남 등과 함께
역모죄로 몰려 진도에 유배된 후 살해되었다.

慈懿大妃(자의대비): 조대비趙大妃. 조선 제16대 인조의 계비繼妃. 양주
사람. 한원부원군漢原府院君 창원昌遠의 딸. 1659년의 1차 예송 때 그녀의
상복문제를 두고 다퉈 서인이 승리했고, 1674년의 2차 예송 때도 역시
그녀의 상복을 두고 다투다가 남인이 승리하였다. 효종 2년에 '자의'로
존칭을 받았고 뒤에 공신恭愼, 휘헌徽獻, 강인康仁 등의 존호가 더해졌다.

張維(장유): 1587∼1638년. 자는 지국持國, 호는 계곡溪谷. 인선왕후의
아버지. 1609년 문과에 급제, 인조반정에 가담한 후 여러 벼슬을 거쳤다.
그의 딸이 효종의 비가 되었다. 양명학자.

莊獻世子(장헌세자): 1735∼1762년. 일명 사도세자. 영조의 둘째 아들.

어머니는 영빈 이씨. 부인은 영의정 홍봉한의 딸 혜경궁 홍씨. 왕세자에
책봉되었으나 폐위되었다.

張顯光(장현광): 1554~1637년. 자는 덕회德晦, 호는 여헌旅軒. 1595년
천거되어 보은현감이 되었고 광해군 때 벼슬에 임명되었으나 사퇴하고,
인조 때도 사퇴하고 학문연구에만 전념하였다.

全翊戴(전익대): ?~1683년. 남인 유명견柳命堅의 척족으로 훈국초관訓國
哨官을 지냈다. 남인이 모반한다는 반역음모를 허위로 고발했다가 무고
임이 밝혀져 주살되었다.

鄭介淸(정개청): 1529~1590년. 자는 의백義伯, 호는 곤재困齋. 1574년
천거로 임관, 교정청校正廳의 낭관을 거쳤다. 박순이 서인西人으로 영의
정에서 파직되자 화를 입을까 두려워 동인東人 정여립·이발李潑 등과
친교를 맺고 은사인 박순을 배반하였다. 정철을 비롯한 많은 학자들로부
터 배절의론排節義論이라는 비난을 받던 중 정여립의 모반사건이 일어나
자 연루되어 경원에 유배되어 가는 도중 죽었다.

鄭經世(정경세): 1563~1633년. 선조 때의 서인 문신. 자는 경임景任,
호는 우복愚伏. 유성룡의 문인으로 1586년 문과에 급제하여 여러 벼슬을
거친 다음 임진왜란 때는 의병을 모집하여 공을 세웠다. 인조반정으로
부제학에 발탁되고 그 후 이조판서, 대제학에 이르렀다. 성리학에 밝았
으며 이이李珥의 설에 찬동했고 특히 예론에 밝았다.

鄭大年(정대년): 1507~1579년. 선조 때의 문신. 자는 경로景老, 호는 사암思
菴. 시호는 충정忠貞. 본관은 동래. 1532년 문과에 장원, 호조판서·이조판
서가 되고 우의정에 임명되었으나 취임하지 않았다.

鄭夢周(정몽주): 1337~1392년. 고려의 문신·학자. 호는 포은圃隱. 1360년
문과에 급제하여 예문관검열·전보도감판관典寶都監判官·예조정랑·문
하찬성사·예문관대제학 등을 역임하였다. 이성계를 제거하려 하다가

이방원의 문객 조영규에게 격살되었다. 성리학에 조예가 깊어 '동방
이학理學의 시조'라 불렸다.

丁思愼(정사신): 1662~1722년. 숙종 때의 문신. 자는 성공聖功, 호는 기수畸
叟. 1691년 문과에 급제한 후 정언·수찬·공조참의·호조참의 등을 역임
하였다. 남인을 구제하려 하였다.

鄭錫三(정석삼): 1690~1729년. 자는 명여命汝. 소론 문신. 1711년 문과에
급제하여 병조정랑·사간·승지·형조참판·예조참판 등을 역임하였다.

鄭壽期(정수기): 1664~1752년. 1699년 문과에 급제하여 사간원정언·홍문
관수찬·대사성·공조참판·대사헌 등을 역임하였다. 신임사화의 주동인
물로 탄핵되어 삭탈관직을 당했고 1727년 복직되었다.

鄭栻(정식): 1683~1746년. 영조 때의 학자. 자는 경보敬甫, 호는 명암明菴.
당세에 영리를 구하지 않기로 결심하고 명산을 유람하다가 두류산 속에
암자를 짓고 여생을 마쳤다.

鄭彦信(정언신): 1527~1591년. 선조 때의 문신. 자는 입부立夫, 호는 나암懶
庵. 1566년 문과에 급제하고 호조좌랑·춘추관기사관·경기도관찰사·우
찬성 등을 역임하였다. 1589년 우의정이 되어 정여립의 모반사건 후
그 잔당의 옥사를 다스리는 위관委官이 되었으나 대간臺諫으로부터 정여
립의 친척이라는 이유로 위관을 삭직당하고 우의정도 사퇴하였다. 그
후 정철鄭澈 등으로부터 계속 모함을 받아 유배되었고 유배 도중 죽었다.

鄭汝立(정여립): ?~1589년. 선조 때의 사람. 자는 인백仁伯, 전주全州 출신.
1570년 문과에 급제하여 이이·성혼의 문하에서 총애를 받았으며 예조좌
랑이 되고 1584년 수찬修撰으로 사직하였다. 본래 서인西人이었으나
1585년 집권당인 동인東人으로 전향하였다가 선조가 받아들이지 않자
사직하고 고향으로 돌아갔다. 그 후 많은 선비들과 접촉하며 대동계大同
契를 조직하는 등 세력을 확장한 것이 역모의 혐의를 받았다. 진압군이

포위하자 자살하였다. 이 사건으로 동인 영수 이발이 죽는 등 동인에
엄청난 타격을 가져왔다.

鄭曄(정엽): 1563~1625년. 자는 시회時晦, 호는 수몽守夢·설촌雪村. 이이·성
혼의 문인인 서인 문신. 1583년 문과에 급제하고 여러 벼슬을 거치고
인조반정 후 대사성 겸 동지경연 원자사부가 되었으며 좌참찬, 좌부빈객
등을 지냈다.

鄭榮國(정영국): 1564~1623년. 선조 때의 북인 문신. 자는 방언邦彦,
호는 관원灌園. 1594년 문과에 급제. 1603년 춘추관기주관이 되어 임진왜
란으로 소실된 역대 실록의 중간重刊에 참여하였다. 이이첨의 심복으로
1623년 인조반정으로 교살되었다.

鄭蘊(정온): 1569~1641년. 인조 때의 문신. 북인이었으나 인목대비 폐위를
반대한 중북이었다. 자는 휘원輝遠, 호는 동계桐溪. 정인홍·정구鄭逑의
문인. 1610년 문과에 급제하여 1614년 부사직으로 영창대군의 처형이
잘못임을 상소하다가 10년간 제주도에 유배되었다. 인조반정 이후 석방
되어 이조참의·대사간·부제학 등을 역임하다가 1636년 병자호란 때
척화를 주장하는데 화의가 이루어지자 벼슬을 단념하고 덕유산으로
들어갔다.

鄭宇寬(정우관): ?~1722년. 숙종·경종 때의 노론 문신. 신임사화와 연관되
어 1722년 의금부에서 조사를 받다 복주伏誅되었다.

鄭惟吉(정유길): 1515~1588년. 선조 때의 동인 문신. 자는 길원吉元, 호는
임당林塘, 또는 상덕재尙德齋. 본관은 동래. 영의정 광필光弼의 손자이며
부사府使 복겸福謙의 아들. 1538년 문과에 장원급제한 후 이조좌랑에서
중추부도사中樞府都事·경상관찰사·경기관찰사·대제학·예조판서·좌
의정을 역임하였다. 문장과 시에 모두 능하였다. 저서는『임당유고』가
있다.

鄭仁弘(정인홍): 1535~1623년. 광해군 때의 문신. 대북大北의 영수. 자는 덕원德遠, 호는 내암萊菴.

鄭載禧(정재희): 1631~1711년. 자는 자순子純, 호는 양촌陽村. 1660년 문과에 급제하여 승문원부정자·사헌부지평·사간원정언·동부승지·대사헌·대사간 등을 역임하였다.

鄭造(정조): 1559~1623년. 광해군 때의 대북 문신. 자는 시지始之. 1605년 문과에 급제하여 1613년 장령으로 인목대비를 죽이려고 했으나 박승종의 방해로 실패했고 1617년 인목대비를 서궁에 유폐시키는데 성공하였다. 인조반정으로 동생들과 함께 사형되었다.

鄭載嵩(정재숭): 1632~1692년. 숙종 때의 영의정 정태화의 아들. 벼슬이 우의정에 이름.

鄭芝衍(정지연): 1527~1588년. 명종·선조 때의 문신. 자는 연지衍之, 호는 남봉南峯. 본관은 동래. 광필光弼의 증손이며 정랑正郎 유인惟仁의 아들. 1549년 사마시司馬試에 합격. 이황의 추천으로 왕손사부가 되고 1569년 문과에 급제하여 이조좌랑 직제학直提學·승지·우의정에 올랐다. 1583년 와병 중에 이산해와 이이 등을 천거하여 등용케 하였다.

鄭之虎(정지호): 1605~1677년. 자는 자피子皮, 호는 무은霧隱. 1637년 문과에 급제하여 정언·개성부경력·예빈시정·호조참의·도승지·대사간 등을 역임하였다.

鄭知和(정지화): 1613~1688년. 서인 문신. 자는 예경禮卿, 호는 남곡南谷. 1637년 문과에 급제하고 부수찬·대사간·전라도관찰사·형조판서·좌의정 등을 역임하였다.

鄭昌順(정창순): 1727~?. 영조·정조 때의 노론 문신. 자는 기천祈天, 호는 사어四於. 1757년 문과에 급제한 후 지평·함경도관찰사·예조판서·판중추부사 등을 역임하였다.

鄭昌衍(정창연): 1552~1636년. 인조 때의 문신. 자는 경진景眞, 호는 수죽水
竹. 1579년 문과에 급제하여 이조좌랑·동부승지 등 여러 벼슬을 거쳤다.
1614년 폐모론이 일어나자 사퇴, 1623년 인조반정으로 다시 좌의정을
지냈다.

鄭澈(정철): 1536~1593년. 선조 때의 서인 문신. 시인. 자는 계함季涵,
호는 송강松江, 시호는 문청文淸. 본관은 연일延日. 판관 유침惟沈의 아들.
벼슬은 예조판서·대사간 등을 지냈으며 서인西人의 거장으로 당쟁에
몸을 던져 파란 많은 곡절을 겪었다. 시가에 능하며 『송강가사』와 많은
시조를 지어 국문학에 공헌한 바가 크다.

鄭琢(정탁): 1526~1605년. 선조 때의 문신. 자는 자정子精, 호는 약포藥圃.
본관은 청주淸州. 1558년 문과에 급제하여 교리敎理·이조참판·대사헌
을 거쳐 우의정·좌의정 등을 역임하였다. 박학다식하여 경서는 물론
천문, 지리, 상수, 병법에 이르기까지 정통하였다. 임진왜란 때는 이순신,
곽재우, 김덕령 등 명장을 발탁하였다.

鄭太和(정태화): 1602~1673년. 현종 때의 서인 문신. 자는 유춘囿春,
호는 양파陽坡. 1628년 문과에 급제, 한성부우윤·이조참판·형조판서·
우의정·영의정 등을 역임하였다.

鄭宅河(정택하): 1693~1741년. 자는 자중子中. 노론 문신. 1715년 문과에
급제하여 정언·지평·헌납·승지 등을 역임하였다. 신임사화 때 파직을
당했다가 영조가 즉위한 후 다시 기용되었고 1727년 정미환국으로 소론
이 다시 등장하자 삭직되었다가 풀려나왔다.

鄭楷(정해): 1673~1725년. 자는 여식汝式. 1705년 문과에 급제한 소론 문신
으로서 지평·장령 등을 역임하였다. 1721년 왕세제의 대리청정을 주장
한 노론 사대신을 논죄하는 소를 올렸고 1724년 영조가 즉위하자 관직을
삭탈당하고 영천에 유배되었다.

鄭澔(정호): 1648~1736년. 자는 중순仲淳, 호는 장암丈巖. 서인 문신. 좌의정 정철의 현손이며, 송시열의 문인. 1684년 문과에 급제하여 검열·사간·대사성·부제학·이조판서·영중추부사 등을 역임하였다.

鄭弘翼(정홍익): 1571~1626년. 선조·광해군 때의 서인 문신. 자는 익지翼之, 호는 휴옹休翁. 1597년 문과에 급제하였으며 정언에 올라 성혼을 극력 변호하며 정인홍을 공격하다가 좌천되었다. 폐모론이 일어나자 이를 반대하다가 진도에 유배되었다. 인조반정 후 풀려나와 동부승지·부제학 등에 임명되었으나 병으로 나가지 못하였다.

鄭希亮(정희량): ?~1728년. 영조 때의 소론 강경파. 1728년 이인좌 등과 공모하여 벼슬에서 밀려난 소론 일파의 호응을 얻어 밀풍군密豊君 탄坦을 추대해 왕통을 바로 세워야 한다고 주장, 반란을 일으켰다.

趙嘉錫(조가석): 1634~1681년. 숙종 때의 문신. 자는 여길汝吉, 호는 태촌苔村. 1660년 문과에 급제하고 정언·동부승지·이조참의 등을 역임하였다.

趙絅(조경): 1586~1669년. 자는 일장日章, 호는 용주龍洲. 1626년 문과에 급제한 후 여러 벼슬을 거쳐 병자호란 때 척화를 주장했고 1648년 우참찬을 지내고 1650년 청나라의 척화신 처벌 요구로 의주에 안치되었다가 이듬해 풀려나왔다.

趙觀彬(조관빈): 1691~1757년. 영조 때의 노론 문신. 자는 국보國甫, 호는 회헌晦軒. 1714년 문과에 급제하여 수찬·이조참의·대사헌·호조참판·호조판서 등을 역임하였다.

趙根(조근): 1631~1690년. 자는 복형復亨, 호는 손암損庵. 송시열의 문인. 1666년 문과에 급제하여 지평·충청도 도사 등을 역임하였다.

曹大中(조대중): 1549~1590년. 선조 때의 동인 문신. 자는 화우和宇, 호는 정곡鼎谷. 이황李滉의 문인. 1582년 문과에 급제하였다. 1589년 전라도사로 지방을 순시하다가 보성에 이르러 부안에서 데려온 관기官

妓와 헤어지며 석별의 눈물을 흘렸다. 이것이 정여립의 추형追刑을 슬퍼한 것으로 오해받아 국문을 받다가 이듬해에 장살杖殺되었다.

趙道彬(조도빈): 1665~1729년. 자는 낙보樂甫, 호는 수와睡窩. 1702년 문과에 급제하여 호조참판·우의정 등을 역임하였다.

曺明勗(조명욱): 1572~1637년. 인조 때의 문신. 자는 여우汝偶, 호는 율촌栗村. 1605년 문과에 급제하여 검열·정언 등을 역임하고 1609년 대북의 탄핵으로 경사도 도사로 좌천되었다가 파직되었다. 1613년 폐모론을 주장하자 극간하여 이를 중지케 했고 1636년 병자호란이 일어나자 왕을 남한산성에 호종하다가 과로로 죽었다.

趙明翼(조명익): 1691~1737년. 영조 때의 문신. 자는 사휘士輝, 호는 긍재肯齋. 1725년 문과에 급제하여 수찬·도승지·예조참판·대사헌 등을 역임하였다.

趙明鼎(조명정): 1709~1779년. 자는 화숙和叔, 호는 노포老圃. 1746년 문과에 급제한 노론 문신으로 우승지·충청도관찰사·대사헌·이조판서 등을 역임하였다.

趙文命(조문명): 1680~1732년. 자는 숙장叔章, 호는 학암鶴巖. 영조 때의 소론 문신. 김창협의 문인. 1713년 문과에 급제하여 수찬·이조참의·이조참판·대제학·우의정에 올랐다. 이인좌의 난을 평정하는 데 공을 세웠다.

趙嗣基(조사기): 1617~1694년. 자는 경지敬止. 1648년 문과에 급제하여 예문관검열·사간원정언·사헌부장령 등을 역임하였다. 1678년 송시열을 공격한 일로 인해 귀양보내지고 참형 당하였다.

趙相愚(조상우): 1640~1718년. 자는 자직子直, 호는 동강東岡. 송준길의 문인. 서인 문신. 1683년 문과에 급제, 지평·대사성·이조판서·좌찬성·우의정 등을 역임하였다.

趙錫命(조석명): 1674~1753년. 자는 백승伯承, 호는 묵소墨沼. 1707년 문과에

576

급제하여 삼사의 관직을 두루 역임한 후 대사간·형조판서를 역임하였다.

趙聖復(조성복): 1681~1723년. 자는 사극士克, 호는 퇴수재退修齋. 노론 문신. 1702년 문과에 급제한 후 지평·정언 등을 역임했으나 세제 대리청정을 주장하다 화를 입었다.

曺植(조식): 1501~1572년. 명종 때의 학자. 자는 건중楗仲, 호는 남명南冥. 본관은 창녕昌寧. 어려서부터 학문에 열중하여 당시 유학계의 대학자로 추앙되었다. 성리학에 능통하였으며 벼슬에 임명되었지만 모두 사퇴하고 만년에 학문연구와 후진양성에 전념하였다. 문하에서 김효원, 김우옹金宇顒 등 저명한 학자들이 배출되었다.

趙榮國(조영국): 1698~1760년. 자는 군경君慶, 호는 월호月湖. 1730년 문과에 급제한 후 검열·대사간·대사성·이조참의·호조판서 등을 역임하였다. 농업분야에 해박하여 『농사총론農事總論』을 저술, 천시天時·농기農器, 인사人事·수리水利 등 농사 전반에 대해 기술하였다.

趙榮福(조영복): 1672~1728년. 자는 석오錫五, 호는 이지당二知堂. 김창협의 문인. 1714년 문과에 급제, 지평·대사간·한성부부윤 등을 역임하였다.

趙榮順(조영순): 1725~1775년. 조태채의 손자. 자는 효승孝承, 호는 퇴헌退軒. 소론 문신. 1751년 문과에 급제한 노론 문신으로 정언·동부승지·호조참판 등을 역임하였고 1770년 소론 영수 최석항崔錫恒의 신원伸寃을 상소했다가 갑산에 유배되었다.

趙雲逵(조운규): 1714~1774년. 영조 때의 노론 문신. 자는 사형士亨. 1740년 문과에 급제하여 검열·전라도관찰사·호조판서·예조판서·좌참찬 등을 역임하였다.

趙遠命(조원명): 1675~1749년. 자는 치경致卿. 1710년 문과에 급제하여 정언·부교리·부제학·공조참의·공조판서 등을 역임하였다.

趙翼(조익): 1579~1655년. 자는 비경飛卿, 호는 포저浦渚. 서인·한당 문신.

1602년 문과에 급제하여 여러 벼슬을 거친 후 정인홍 등이 이언적·이황
의 문묘종사를 반대하자 이를 탄핵했다가 좌천. 인조반정으로 다시
기용되어 여러 벼슬을 거쳤고 1648년 이이·성혼의 문묘종사를 상소했다
가 허락되지 않자 사직하고 학문연구에 힘썼다.

趙載浩(조재호): 1702~1762년. 자는 경대景大, 호는 손재損齋. 학문이 뛰어
났고 1744년 문과에 급제하여 승지·지돈녕부사·우의정 등을 역임하였
다. 1762년 장헌세자가 화를 입게 되자 이를 구하려다 실패, 종성에
안치되어 사사되었다. 소론이었으나 "노론은 흉악하고 소론은 간사하니
오랫동안 쓰이지 못한 남인을 등용해야 한다."고 주장하였다.

趙正純(조정순): 1676~1732년. 자는 성지誠之, 호는 석곡石谷. 노론 문신.
1727년 문과에 급제하여 예조정랑·익산군수·지평 등을 역임하였다.
1728년 영의정 이광좌李光佐를 논척하다가 김제에 유배되었다.

趙持謙(조지겸): 1639~1685년. 자는 광보光甫, 호는 우재迂齋. 소론 문신.
1670년 문과에 급제하여 정자·부제학·대사성·형조참의·경상도관찰
사 등을 역임하였다.

趙泰耉(조태구): 1660~1723년. 숙종 때의 소론 문신. 자는 덕수德叟, 호는
소헌素軒. 1686년 문과에 급제하여 설서·부제학·호조판서·우의정·영
의정 등을 역임하였다. 소론의 영수로 1725년 노론의 재집권으로 신임사
화의 원흉으로 탄핵받아 관직이 추탈되었다.

趙泰億(조태억): 1675~1728년. 자는 대년大年, 호는 겸재謙齋. 1702년 문과
에 급제한 소론 문신으로서 검열·대사성·호조참판·호조판서·좌의정
등을 역임하였다.

趙泰采(조태채): 1660~1722년. 숙종·경종 때의 노론 문신. 자는 유량幼亮,
호는 이우당二憂堂. 조태구의 종형. 1686년 문과에 급제하여 수찬·교리·
호조참판·우의정 등을 역임하였다. 노론으로 소론 김일경의 사주를

받은 목호룡의 고변으로 진도에 유배된 뒤 사사되었다.

曹漢英(조한영): 1608~1670년. 현종 때 문신. 자는 수이守而, 호는 회곡晦谷. 김장생의 문인. 1637년 문과에 급제하여 지평·한성부우윤·예조참판· 한성부좌윤 등을 역임하였다.

趙憲(조헌): 1544~1592년. 선조 때의 서인 문신. 자는 여식汝式, 호는 중봉重 峯·도원陶原·후율後栗. 1567년 문과에 급제. 1586년 공주 제독관提督官에 임명되어, 당시 동인東人들이 이이·성혼 등을 추죄하려 하자 이를 반대하 는 상소를 하고, 고향에 돌아간 사실로 인해 파직 당하였다. 1589년 동인의 전횡을 공격하는 소를 올렸다가 유배되었는데 정여립사건으로 동인이 실각하자 용서받았다. 임진왜란 때 옥천에서 의병을 일으켰다가 금산전투에서 칠백의총과 함께 전사하였다. 시호는 문열공文烈公.

趙珩(조형): 1606~1679년. 자는 군헌君獻, 호는 취병翠屛. 1630년 문과에 급제한 후 검열·부교리·대사간·병조참판·도승지·대사헌·좌참찬 등 을 역임하였다. 제1차 예송논쟁 때 서인으로 대공설大功說을 주장하다가 양주에 유배되었다.

蔡謙吉(채겸길): 1559~1623년. 광해군 때의 문신. 자는 길원吉元. 함경도순 안어사·필선弼善·장령掌令을 역임하였다. 1620년 정인홍 등 대북 일파 에 속했다가 1623년 인조반정으로 반정군에게 살해당하였다.

崔奎瑞(최규서): 1650~1735년. 자는 문숙文淑, 호는 간재艮齋·소릉小陵·파 릉巴陵, 시호는 충정忠貞. 본관은 해주. 1680년 문과에 급제, 대사간이 되고 영의정이 되어 치사하였다. 이인좌의 난을 고변하였다.

崔鳴吉(최명길): 1586~1647년. 인조 때의 문신. 자는 자겸子謙, 호는 지천遲川. 이항복과 신흠의 문인. 1614년 광해군의 폐모론에 관련되어 파면, 인조반정에 가담해 1등공신이 되고 1636년 병자호란 때 주화론을 주장하였다. 양명학자.

崔錫鼎(최석정): 1646~1715년. 숙종 때의 소론 문신. 호는 명곡明谷. 1671년 문과에 급제, 검열·이조판서·우의정·영의정 등을 역임하였다.

崔錫恒(최석항): 1654~1724년. 자는 여구汝久, 호는 손와損窩. 1680년 문과에 급제하여 이조판서·좌의정 등을 역임한 소론 영수. 소론의 사대신 중의 한 사람이다.

崔愼(최신): 1642~1708년. 자는 자경子敬, 호는 학암鶴菴. 송시열의 문하에서 공부하여 1689년 송시열이 사사됨에 따라 귀양 갔다가 갑술옥사 때 풀려나와 광주廣州에 은거하였다.

崔永慶(최영경): 1529~1590년. 선조 때의 동인 학자. 자는 효원孝元, 호는 수우당守愚堂. 어려서 조식曺植에게 배웠으며 커서 문명이 높았으나 벼슬에 나가지 않고 당론에만 열중하였다. 1589년 정여립의 모반사건 때 관련되어 죽었다.

崔昌大(최창대): 1669~1720년. 자는 효백孝伯, 호는 곤륜昆侖. 소론 영수 최석정의 아들. 1694년 문과에 급제하여 부수찬·이조좌랑·응교·대사성·이조참의 등을 역임하였다.

崔天健(최천건): 1538~1617년. 선조 때의 문신. 유영경의 유당으로 분류된다. 자는 여이汝而, 호는 분음汾陰. 1588년 문과에 급제, 병조좌랑 등을 역임하였다. 이조판서에 이르렀다가 인조반정 후 명나라에 다녀와 인조의 신임이 두터웠다.

韓明澮(한명회): 1415~1487년. 자는 자준子濬, 호는 압구정鴨鷗亭. 장순왕후·공혜왕후의 아버지. 1453년 계유정란 때 수양대군을 도와 공신이 되고 우승지·우의정·좌의정·영의정 등을 역임하였다.

韓配夏(한배하): 1650~1722년. 자는 하경夏卿, 호는 지곡芝谷. 1693년 문과에 급제, 설서·충청도관찰사·무주부사·공조판서 등을 역임하였다.

韓聖佑(한성우): 1633~1710년. 자는 여윤汝尹. 1684년 문과에 급제하여 예조좌랑·대사간·이조참판 등을 역임하였다.

韓世良(한세량): 1653~1723년. 자는 상오相五. 1699년 문과에 급제하여 승지·여주목사·공조참의 등을 역임하였다.

韓應寅(한응인): 1554~1614년. 선조 때의 문신. 자는 춘경春卿, 호는 백졸재百拙齋. 1577년 문과에 급제하고 1590년 정여립 모반을 고변한 공으로 평난공신에 책록되었다. 1592년 임진왜란이 일어나자 왜군 격퇴에 힘썼으며 1607년 우의정에 올랐고 1613년 계축옥사에 연루되어 관작을 삭탈 당하였다.

韓重爀(한중혁): ?~1697년. 숙종 때의 문신. 기사환국으로 민비가 폐위되고 남인이 득세하자 서인인 김춘택 등과 함께 민비의 복위를 꾀하다가 남인의 영수인 민암에 의해 투옥 당했으나 그 후 남구만의 탄핵으로 장살되었다.

韓纘男(한찬남): 1560~1623년. 자는 경서景緒. 1605년 문과에 급제하여 성균관박사가 되고 1615년 호조참의 등을 역임하였다. 이이첨의 사주로 해주옥사海州獄事를 일으켰다. 1623년 인조반정 때 주살되었다.

韓泰東(한태동): 1646~1687년. 자는 노첨魯瞻, 호는 시와是窩. 1669년 문과에 급제하여 집의·사간 등을 역임하였다.

韓孝純(한효순): 1543~1621년. 선조 때의 문신. 자는 면숙勉叔, 호는 월탄月灘. 1576년 문과에 급제, 검열檢閱·영해부사·이조판서·우의정·좌의정을 역임하고 폐모론廢母論을 발의하여 서궁西宮에 유폐케 하였다.

咸以完(함이완): 금영군관禁營軍官 최산해崔山海의 매부.

許筠(허균): 1569~1618년. 선조 때의 문신. 자는 단보端甫, 호는 성소惺所. 1594년 문과에 급제하여 형조참의가 되고 1613년 계축옥사에 박응서 등이 처형당하자 권신인 이이첨과 결탁해 예조와 호조참의를 지내고 1617년 폐모론을 주장하는 등 대북파의 일원이 되었다. 반란 혐의를 받고 가산이 적몰되고 능지처참되었다. 시문에 뛰어난 여류시인 난설헌의 동생이다. 그의 소설 『홍길동전』은 사회제도의 모순을 비판한 조선시대 대표적인 걸작이다.

許穆(허목): 1595~1682년. 숙종 때의 남인 문신. 자는 문부文父, 호는 미수眉叟. 1657년 지평에 초임되었고 장령·대사헌·이조참판·우의정 등을 역임하였다. 남인 중 청남淸南으로 1679년 탁남濁南인 허적을 탄핵했다가 파직, 고향에서 저술과 후진교육에 전심하였다.

許篈(허봉): 1551~1588년. 선조 때의 동인 문인. 자는 미숙美叔, 호는 하곡荷谷.

許璽(허새): ?~1682년. 숙종 때의 남인 유생. 1680년 경신환국으로 남인이 쫓겨나고 서인이 집권한 뒤 남인의 잔여세력을 완전히 숙청하기 위해 서인 김석주金錫胄·김익훈 등이 주도한 공작정치에 걸려 처형당하였다. 1689년 기사환국 이후 신원되었다.

許曄(허엽): 1517~1580년. 자는 태휘太輝, 호는 초당草堂. 1546년 문과에 급제하여 부교리·대사간·부제학·경상도관찰사 등을 역임하였다. 선조대에 동서분당이 시작될 때 동인의 영수가 되었다.

許頊(허욱): 1548~1618년. 자는 공신公愼, 호는 부훤負暄. 1572년 문과에 급제하여 여러 벼슬을 거치고 임진왜란 때 청주 탈환에 공을 세웠으며 1604년 이조판서에 전임하였다. 1606년 우의정을 거쳐 좌의정에 올랐으나 1608년 유영경의 일파라 하여 파직되었다가 능창군의 추대사건에 관련되어 1616년 원주에서 죽었다. 인조반정 후 관작이 복구되었다.

許積(허적): 1610~1680년. 숙종 때의 남인·탁남 영수. 자는 여차汝車, 호는 묵재默齋. 1637년 문과에 급제하여 검열·호조판서·우의정·영의정 등을 역임하였다. 1678년 국가재정의 고갈을 막기 위해 상평통보를 주조 사용하게 하였다.

許珽(허정): 1621~?. 자는 중옥仲玉, 호는 송호松湖. 1651년 문과에 급제하여 성천부사·승지 등을 역임했으며 인평대군麟坪大君의 아들인 복창군 정과 복평군 연이 관계된 홍수(궁녀)의 변 때 그 사건의 전말을 김우명金佑明에게 알려주어 죄를 논핵하게 하였다.

許浚(허준): ?~1615년. 명종 때의 명의. 선조 때 내의內醫가 되어 왕실의 진료에 많은 공적을 세웠다. 1592년 어의御醫로 끝까지 왕을 호종, 호성공신이 되어 숭록대부崇祿大夫에 올랐으나 중인中人 출신에게 당상관은 불가하다는 대간의 반대로 취소되었다. 1610년 16년의 연구 끝에 의서『동의보감東醫寶鑑』을 완성하였다.

顯宗(현종): 조선의 제18대 임금. 휘는 연棩. 즉위 초부터 조대비趙大妃의 복상服喪 문제로 당론이 분분해 많은 유신儒臣들이 희생되었다.

洪啓迪(홍계적): 1680~1722년. 경종 때의 노론 문신. 자는 혜백惠伯, 호는 수허재守虛齋. 1708년 문과에 급제하여 정언·부제학·대사헌 등을 역임하였다. 신임사화로 흑산도에 유배되었다가 옥사하였다.

洪得一(홍득일): 1577~?. 자는 형제亨諸, 호는 만회晚晦. 1613년 문과에 급제하여 호조좌랑·예조좌랑·예조참의·좌승지 등을 역임하였다.

洪瑞鳳(홍서봉): 1572~1645년. 인조 때 문신. 자는 휘세輝世, 호는 학곡鶴谷. 1594년 문과에 급제. 인조반정에 공을 세워 병조참의가 되고 우의정을 거쳐 좌의정을 역임하였다. 소현세자가 급사하자 봉림대군의 세자책봉을 반대하고 소현세자의 아들로써 적통을 잇게 하라고 주장했으나 허락되지 않았다.

洪錫輔(홍석보): 1672~1729년. 자는 양신良臣, 호는 수은睡隱. 1706년 문과에 급제하여 검열·교리·대사간·대사헌·이조참의 등을 역임하였다.

洪暹(홍섬): 1504~1585년. 선조 때 문신文臣. 1531년 문과에 급제하여 좌랑·대사헌·대제학·영의정을 지냈다. 호는 인재忍齋, 시호는 경헌景憲. 본관은 남양. 영의정 언필彦弼의 아들. 저서는 『인재집』이 있다.

洪聖民(홍성민): 1536~1594년. 선조 때의 서인 문신. 자는 시가時可, 호는 졸옹拙翁, 시호는 문정文貞. 본관은 남양. 진사시에 1등을 하고 1564년 경명시에 급제. 호조참판·대사헌을 거쳐 광국공신光國功臣 2등에 책록되고 익성군益城君에 봉해졌다. 서인西人.

洪受瀗(홍수헌): 1640~1711년. 자는 군택君澤, 호는 담포淡圃. 1682년 문과에 급제하여 수찬·헌납·대사성·대사간·형조판서·좌참찬 등을 역임하였다.

洪湜(홍식): 1559~1610년. 선조 때의 문신. 자는 중청仲淸, 호는 서호西湖. 1588년 문과에 급제하여 검열·도승지·대사헌 등을 역임하였다. 소북에 속하여 대북의 탄압에 앞장섰다. 1608년 광해군 즉위로 강진에 유배되어 배소에서 죽었다.

洪汝諄(홍여순): 1547~1609년. 자는 사신士信. 1568년 문과에 급제하여 황해도도사·병조판서 등을 역임하였다. 대북大北으로서 남이공南以恭의 소북小北과 당쟁을 벌이다 1600년 병조판서에서 삭직되었다. 1608년 대간의 탄핵으로 진도珍島에 유배되어 죽었다.

洪禹瑞(홍우서): 1662~1716년. 숙종 때의 문신. 자는 중웅仲熊, 호는 서암西巖. 1702년 문과에 급제하여 검열·수찬·대사간·우승지 등을 역임하였다.

洪宇遠(홍우원): 1605~1687년. 자는 군징君徵, 호는 남파南坡. 현종·숙종 때의 서인 문신. 1645년 문과에 급제하여 검열·부수찬·예조판서·이조판서 등을 역임하였다. 1680년 경신환국으로 파직당해 문천에 유배되어 죽었다.

洪義人(홍의인): ?~1722년. 조선 후기의 무신. 1722년 선공감봉사로 있다가 목호룡睦虎龍의 무고로 장살되었다.

洪翼漢(홍익한): 1586~1637년. 삼학사의 한 사람. 자는 백승伯升, 호는 화포花浦. 1624년 문과에 급제하고 병자호란이 일어나자 오달제 등과 함께 청나라로 잡혀가 살해당하였다.

洪處大(홍처대): 1609~1676년. 자는 중일仲一, 호는 역헌櫟軒. 1639년 문과에 급제하여 황해도암행어사·우승지·병조참의·지중추부사 등을 역임하였다.

洪處亮(홍처량): 1607~1683년. 자는 자회子晦, 호는 북정北汀. 1637년 문과에 급제하여 봉교·수찬·대사간·이조판서 등을 역임하였다.

洪致中(홍치중): 1667~1732년. 자는 백형伯亨, 호는 내재耐齋. 노론. 1689년 기사환국에 아버지 치상致祥이 화를 입자 벼슬을 버리고 일생동안 학문에 정진하였다.

洪好人(홍호인): 1674~?. 자는 유재有哉, 호는 노포老圃. 홍처량의 손자. 1706년 문과에 급제하여 정언·충청도관찰사·좌부승지·한성부판윤 등을 역임하였다.

黃謹中(황근중): 1560~1633년. 자는 일지一之, 호는 월담月潭. 1589년 생원시에 합격하고 공조정랑·지평·동부승지 등을 역임하였다.

黃暹(황섬): 1544~1616년. 자는 경명景明, 호는 둔암遯庵. 정탁의 문인. 1570년 문과에 급제하고 사간·도승지 등을 거쳐 대사헌에 이르렀다. 1608년 처남인 유영경이 화를 입자 연좌되어 파직되었다.

黃愼(황신): 1560~1617년. 광해군 때의 문신. 자는 사숙思叔, 호는 추포秋浦. 성혼·이이李珥의 문인. 1588년 문과에 급제, 여러 벼슬을 거친 후 임진왜란 때 광해군을 시종한 공으로 위성공신衛聖功臣에 봉해졌다. 1613년 계축옥사癸丑獄事 때 옹진에 유배되어 그곳에서 죽었다.

孝章世子(효장세자): 경의군敬義君. 영조의 세자. 1725년 왕세자로 책봉되었으나 불과 10세에 죽자 진종眞宗으로 추존되었다.

孝宗(효종): 조선 제17대 왕. 휘는 호淏, 호는 죽오竹梧. 병자호란의 이듬해 형인 소현세자昭顯世子와 함께 청나라에 볼모로 잡혀가 8년 동안 있었다.

禧嬪張氏(희빈장씨): 숙종의 빈. 경종景宗의 어머니. 역관 장현張炫의 종질
녀로 숙종의 총애를 받고 숙원으로 있다 자신이 낳은 경종이 세자로
책봉되자 희빈이 되었다. 기사환국 때 폐위된 민비閔妃 대신 정비正妃가
되었다가 갑술년의 옥사 후에 강등된 후 무고巫蠱의 옥에 연루되어
죽음을 받았다.

希載(희재): ?~1701년. 장희재張希載로 장희빈의 오빠. 금군별장·총융사로
승진했으나 인현왕후를 해치려는 음모가 발각되어 1701년 사형을 당하
였다.

이덕일李德一

한가람역사문화연구소 소장.

식민사관 극복과 새로운 역사관 정립에 열정을 쏟고 있는 우리 시
대의 대표적 역사가이자 저술가.『당쟁으로 보는 조선역사』,『송시
열과 그들의 나라』,『조선 왕 독살 사건』,『이덕일의 고금통이』등
50여 권의 저서가 있다.

이준영李俊寧

동양문화사상연구소 소장.

어릴 때부터 노사蘆沙 학맥인 일재逸齋 정홍채鄭弘采 선생 문하[月山書
堂]에서 경전經典을 배우고 연구하였다. 자는 도문道文, 호는 지한止
漢이다.

해역서로『대학大學』,『시경詩經』,『십팔사략十八史略』,『주역周易』,
『묵자墨子』,『중용中庸』,『주례周禮』등 다수가 있다.

《동양학총서39》 당의통략黨議通略

개정판 1쇄 발행 2015년 1월 28일 | 개정판 2쇄 발행 2021년 1월 27일
지은이 이건창 | 해역 이덕일·이준영 | 펴낸이 김시열
펴낸곳 도서출판 자유문고
　　　　서울시 성북구 동소문로 67-1 성심빌딩 3층
　　　　전화 (02) 2637-8988 | 팩스 (02) 2676-9759
ISBN 978-89-7030-084-9 04150　값 27,000원
ISBN 978-89-7030-000-9 (세트)
http://cafe.daum.net/jayumungo